Inhaltsverzeichnis

Vorwort

Alltäglich stellen sich uns Fragen, die wir längst von der Wissenschaft beantwortet wähnten. Viele sind allerdings trivial, andere hingegen sollten uns nachdenklich machen. Weshalb z. B. erscheinen Sonne und Mond am Horizont größer als im Zenit, und warum überschätzen wir vertikale Gebilde, also z. B. Türme in ihrer Ausdehnung gegenüber horizontalen Erstreckungen. Die Wahrnehmungsforschung erkennt in diesen Täuschungen, dass unser visueller Wahrnehmungsraum „anisotrop" ist, d. h. dass die verschiedenen Dimensionen des Sehfeldes verschiedene Metrik besitzen.

Aber was hat diese Unausgewogenheit in unserer Wahrnehmungswelt mit der Ungleichheit z. B. in der Feinmotorik unserer Hände zu tun? Nun, Wahrnehmung und Motorik der Hände gründen sich beide auf Vorgänge im Gehirn, und dieses ist, wie auch unser ganzer Körper, alles andere als ausgewogen, symmetrisch oder harmonisch, weder anatomisch noch funktional. Ungleichheit, gestörte Symmetrie, anatomische und funktionale Bevorzugungen oder Benachteiligungen scheinen nun einmal Lebensvorgänge zu kennzeichnen. Die Natur ist in ihrem Streben nach Vollkommenheit besonders bei ihren kompliziertesten Geschöpfen nicht immer an ihr Ziel gelangt.

Ungleiche Seitigkeit ist in der Natur „angelegt". Das gilt es zu bedenken, denn jedes „Angelegte" leistet Widerstand gegen jeden Versuch, es zu beseitigen oder zu verändern, und Reaktionen sind umso heftiger und nachhaltiger, je mehr Gewalt bei diesem Versuch im Spiel ist.

Das ist der Grundgedanke, der dieses Buch beherrscht und der die pädagogischen Anliegen und Ziele der Autorin bestimmt.

Bemerkenswert ist, dass Frau Dr. Sattler auf höchst interessantem „Umweg" zu ihrem eigentlichen Ziel gelangt ist. Die approbierte Psychotherapeutin und Kunstwissenschaftlerin befasste sich mit räumlichen Ordnungsstrukturen, Ausrichtungen, Seitigkeiten, Unausgewogenheiten in Gemälden, Plastiken und Bauwerken. Ihre Analysen, besonders des Problems der Seitenverkehrung bei Grafiken und der Seitengewichtung romanischer Tympana burgundischer Kathedralen hatten mich als Wahrnehmungspsychologen sehr beeindruckt. Es ist schon immer kein Nachteil gewesen, wenn man sich rein praktischen Themen aus ungewohnter theoretischer Richtung nähert.

Ästhetischen und pädagogischen Problemen ist gemein, dass sie von Werturteilen (schön, hässlich, geschickt, linkisch usw.) bestimmt sind. Niemand nimmt daran Anstoß, dass das Herz links schlägt, die Leber sich auf der rechten Seite des Körpers befindet; aber bei der Händigkeit eines Kindes endet oft die Akzeptanz und links gilt als falsch, rechts als richtig. Neutrale, wertfreie Lage- und Richtungsbezeichnungen werden plötzlich zu positiven oder negativen Eigenschaften. Aber diese Wertakzentuierung bleibt nicht auf die Händigkeit eines Menschen beschränkt. Links-Rechts gewinnt symbolische, mythologische, religiöse Bedeutung, charakterisiert politische Einstellungen und auch Persönlichkeitseigenschaften.

Wir haben also ein weites und vielschichtiges Problem vor uns. Wer sich mit ihm als Forscher und Erzieher befasst, muss Kenntnisse und Fähigkeiten besitzen, die zusammengenommen nur selten bei einer Person anzutreffen sind. Frau Dr. Sattler verfügt über Sachkenntnis und pädagogische Erfahrung gleichermaßen, und da diese durch eine gute schriftstellerische Begabung ergänzt werden, darf der Leser dieses Buches mit Recht erwarten, dass ihm nicht nur sachliche Belehrung, sondern auch ein wirkliches Lesevergnügen bevorstehen.

Prof. Dr. Kurt Müller
Professor (em.) der Psychologie und Philosophie
der Ludwig-Maximilians-Universität München

Aspekte der emanzipatorischen Entwicklungen der Linkshänder in der zweiten Hälfte des zwanzigsten Jahrhunderts

Ein Rückblick

In dem „Curriculum vitae meiner Arbeit“ zu Beginn des Buches „Der umgeschulte Linkshänder oder Der Knoten im Gehirn“[1] habe ich sehr ausführlich darauf hingewiesen, wie es zu meiner Beschäftigung mit der Händigkeitsproblematik kam, welche Menschen wesentlich für diesbezügliche Überlegungen waren und auf das ganze Studium entscheidenden Einfluss genommen haben.

Diese Veröffentlichung basiert nun einerseits auf meiner 1983 abgeschlossenen Doktorarbeit. Auf der anderen Seite werden hier aber sich zeitlich anschließende Entwicklungen bei der Betrachtung der Händigkeit und der Linkshänder in unserem Kulturkreis geschildert und dokumentiert.

Linkshändigkeit in der Schulzeit

Ich persönlich habe lange Zeit Linkshändigkeit für eine Angewohnheit gehalten, von der sich die Menschen allgemein zur Rechtshändigkeit durcharbeiten müssen. So habe ich brav die Hinweise meines Lehrers in der ersten Klasse befolgt und mit der rechten Hand schreiben gelernt. Das war eine Doktrin, die für mich als Kind nicht zu hinterfragen war. Alles andere ließ man mich allerdings weiter links machen und das störte niemanden, solange meine Linkshändigkeit nicht auffiel. Erst wenn meine Tätigkeit, nach dem Eindruck des Betrachters, ungeschickt oder gefährlich aussah, wurde ich darauf angesprochen: „Pass auf, dass du dich mit dem Messer nicht verletzt beim Brotschneiden, es sieht so ungeschickt und abenteuerlich aus, mit der linken Hand!“

Manchmal habe ich dann darüber nachgedacht, warum es überhaupt Linkshänder und Rechtshänder gibt, denn so ganz schien ich ja doch die Linkshändigkeit nicht abgelegt zu haben, auch wenn ich mit der rechten Hand schrieb. Unser Biologielehrer, der uns später auch auf das Abitur vorbereitete, wusste

1 Sattler, Johanna Barbara, Der umgeschulte Linkshänder oder Der Knoten im Gehirn. Auer Verlag Donauwörth, 1995, 1999 (5). „Curriculum vitae meiner Arbeit“, S. 17–21.

keine Antwort, vermittelte aber den Eindruck, dass Rechtshändigkeit normal und wünschenswert sei. Ein Thema für den Biologieunterricht aber war Händigkeit seiner Einschätzung nach zumindest nicht.

Jedoch so ganz unwichtig muss meine Linkshändigkeit nicht gewesen sein. Ich erinnere mich noch schemenhaft, wie mich der Kinderarzt vor der Einschulung aufforderte, die Hände zu falten, die Arme einzuschlagen und in die Hände zu klatschen, und wie er dann meine Mutter bezüglich meiner Linkshändigkeit beruhigte, dass diese wohl doch nicht so durchschlagend sei, denn der rechte Daumen beim Händefalten lag oben! Diese Untersuchung war derartig nebensächlich und anscheinend unwichtig, dass ich mich daran nur noch deshalb erinnere, weil sie mit einem etwas peinlichen Ereignis verbunden war: Bei diesem Arztbesuch verwechselte ich die Frage nach meinem Stuhlgang mit Schulgang und zum Erstaunen der Anwesenden begann ich detailliert den Schulweg zu beschreiben.

Meine Großmutter, Dr. med. Johanna Haupt, die sich als Ärztin mit der Linkshändigkeit schon vor dem Krieg beschäftigt hatte und in mir daher eine eindeutige Linkshänderin erkannte, weckte mein Interesse an der Thematik noch während meiner Schulzeit. Sie sah in unerklärlichen Schulschwierigkeiten von mir einen Zusammenhang mit der Umschulung der Linkshändigkeit und half mir so, manches besser zu verstehen. Sie hielt die Problematik der Händigkeit und der Umschulung der Linkshändigkeit für ein soziales, beziehungsweise für ein pädagogisches Problem, das auch Folgen im medizinischen Bereich haben konnte.

Hebräisch – die ideale Schrift für den Linkshänder?

Nach dem Abitur verbrachte ich ein soziales Jahr in Israel. Mich interessierten die geschichtlichen und gesellschaftlichen Hintergründe im Mittleren Osten, und ich wollte sie näher kennen lernen, vor allem faszinierte mich die einsame Wüstenlandschaft. Dass der Jom-Kippur-Krieg im Herbst 1973, kurz nach meinem Eintreffen, ausbrach, hatte ich mir allerdings nicht vorgestellt. Nachdem die militärischen und politischen Angelegenheiten und schließlich auch meine persönliche Betroffenheit wieder in normaleren Bahnen liefen, hatte ich Gelegenheit, in einem Kibbuz etwas Hebräisch zu lernen.

Die von rechts nach links verlaufende Schrift eignet sich eigentlich hervorragend für das Schreiben mit der linken Hand, aber leider kam ich damals nicht auf die Idee, es auszuprobieren. Auch hier war Rechtshändigkeit anscheinend die Norm, und es fielen mir damals fast keine links schreibenden Israelis auf.

Studium – die Suche nach einem interdisziplinären Ansatz

Die theoretischen Überlegungen meiner Großmutter, dass die Händigkeitsproblematik in unserer Gesellschaft vor allem in dem sozialen und pädagogischen Bereich anzusiedeln sei, führten mich in der Praxis zu herben Enttäuschungen.

Nach meiner Rückkehr nach Deutschland wollte ich mittels eines Studiums der Sozialpädagogik mein Vorhaben an kompetenter Stelle verwirklichen und mich mit Aspekten der Händigkeit näher beschäftigen. Mich interessierte vor allem die Umsetzung in die Praxis, und darum durchforstete ich die Lehrpläne nach Hinweisen auf die Thematisierung der Händigkeitsproblematik. Aber es war nichts Relevantes zu finden, und auch die Gespräche mit Hochschullehrern zeigten, dass in diesen Bereichen damals keine Offenheit bestand und keine Möglichkeit für Studierende, sich eingehender mit Händigkeit zu beschäftigen. Ich erfuhr zwar, dass man sich in der Sprachheilkunde (Logopädie) und auch in der Heilpädagogik linkshändiger Kinder annähme, aber es wurden jeweils andere Teilprobleme, streng eingebettet in dem jeweiligen Bereich, ohne einen interdisziplinären Ansatz behandelt, der meiner Ansicht nach notwendig war, um die Gesamtzusammenhänge zu begreifen.

So immatrikulierte ich mich an der Universität München, nachdem ich erfahren hatte, dass in der Kunstpsychologie, in Anlehnung und Weiterentwicklung von Fragestellungen der Ästhetik und in der visuellen Wahrnehmungspsychologie, am ehesten ein interdisziplinärer Ansatz zu finden wäre, um konkreten Fragen in Bezug auf die Händigkeitsproblematik nachzugehen. Schon im ersten Semester beschäftigte mich der Aufsatz von Heinrich Wölfflin „Über das Rechts und Links im Bilde“[1], und ich beschloss, hier einen Weg zu suchen, der nicht stur nur an eine Disziplin gebunden war, sondern freie Möglichkeiten, weiterzudenken, eröffnete.

Auch die romanische Kunst in Burgund, mit der strikten Aufteilung in den Figurendarstellungen über den Portalen (Tympana), mit den guten Personen und dem Paradies zur Rechten von Christus und der Höllendarstellung und den Verdammten auf der linken Seite des Erlösers, faszinierten mich und begleiteten meine weitere Forschung genauso wie Schriften und Gedanken von Heinrich Wölfflin seit Beginn des Studiums.

1 Wölfflin, Heinrich, ‚Über das Rechts und Links im Bilde‘. In: Münchner Jahrbuch der bildenden Kunst. Neue Folge, Band 5, Heft 3 (1928), S. 213–224. Wieder abgedruckt in: Wölfflin, Heinrich, Gedanken zur Kunstgeschichte. Benno Schwabe Verlag, Basel, 1940, S. 82–90.

Unmittelbar nach diesen Entdeckungen wurden wir mit der Händigkeitsproblematik und ihrer direkten Abhängigkeit von der Hirnhemisphären-Lateralisation in einem Psychologieseminar von Professor Dr. Kurt Müller konfrontiert. Endlich bekam ich konkrete Antwort auf frühere Fragen und eine Reaktion auf das, was mich schon so lange immer wieder beschäftigt hatte. Es war faszinierend, wie die scheinbar nebensächliche und untergeordnete Geschicklichkeit der einen oder anderen Hand in direkter Verbindung mit der Persönlichkeit des Menschen steht und welche spektakulären Zusammenhänge sich so entwickeln können. Es wurden auch die negativen Ergebnisse aufgezeigt, die durch Eingriffe in die angeborene Händigkeit häufig entstehen.

Das genannte Seminar war ein persönliches Schlüsselerlebnis, und ich legte in der Folge den Schwerpunkt des weiteren Studiums auf diesen bisher anscheinend nur marginalen Bereich. Ich beschäftigte mich danach intensiv mit Wahrnehmungspsychologie, Neuropsychologie, Klinischer Psychologie, Sozialpsychologie bis hin zur Pädagogik und Genetik, und es waren auf den verschiedensten Gebieten auch mannigfaltige Aspekte der Händigkeitsproblematik zu finden. Von vielen Universitätslehrern und anderen Wissenschaftlern kamen Erklärungen für Einzelsegmente in Fragen der Händigkeit und der Hirnhemisphären-Lateralisation. In der Geschichte, der christlichen Liturgie und im Aberglauben fanden sich tief verwurzelte Vorbehalte und Vorurteile gegenüber der linken Seite und gegenüber Linkshändern allgemein.

Auch in der wissenschaftlichen Literatur war Rechtshändigkeit die Norm. Linkshänder weckten meist nur in der Sonderpädagogik, im Sonderschulbereich, in der Sprachheilwissenschaft (Logopädie), der Heilpädagogik und der Neuropädie Interesse. Sie wurden im Zusammenhang mit Sprachstörungen, Gehemmtheit, Legasthenie, Immunschwäche oder mit einem angeblichen Hang zur Homosexualität und zur Androgynie (Zwitterbildung) genannt und auch statistisch berücksichtigt.

Dass Linkshänder auch normale Menschen wie Rechtshänder sein könnten, wurde selten formuliert und in wenigen Publikationen an der einen oder anderen Stelle zwar behauptet, dann aber meist im Laufe derselben Veröffentlichung wieder bestritten oder infrage gestellt.

Es war also unumgänglich, an die bisherige Tradition anzuknüpfen, um dann neue, eigene Gedankenwege gehen zu können. Gleichzeitig ist man oft darauf gestoßen, dass viele Links und Rechts nur unter dem politischen Aspekt verstanden, und auf die Tatsache, dass der Mensch zwei Seiten hat, die er als linke und rechte bezeichnet und die sich auch funktional unterscheiden, wurde überhaupt nicht eingegangen. Auch in der angelsächsischen Literatur fanden sich keine grundlegenden Untersuchungen, die sich umfassend mit dem Thema der Händigkeit auseinandersetzten.

Es war unbedingt notwendig, der Geschichte von Links und Rechts in philosophischer, weltanschaulicher, religiöser (insbesondere christlich-liturgischer) Verbindung nachzugehen, um einen Weg zu öffnen und neue, innovative Gedanken interdisziplinär weiter verfolgen zu können. Ich habe die Forschungen über die unterschiedliche Seitenwahrnehmung, die besonders aufgrund der Untersuchungsergebnisse von Roger Sperry und seinen Mitarbeitern möglich wurden – er führte Lateralitätsforschung im Großhirn durch – in die kunstwissenschaftliche Forschung über die Wahrnehmung von Kompositionsrichtungen in Gemälden und Zeichnungen aufgenommen und als wahrnehmungspsychologischen Faktor von Links und Rechts verarbeitet.

Ich hätte mich damals in meiner Dissertation gern weit intensiver mit dem Thema der Händigkeit auseinander gesetzt und mit den damit in Zusammenhang stehenden Auswirkungen auf die menschliche Wahrnehmung der Welt. Aber die Zeit schien irgendwie noch nicht reif dafür zu sein.

Die Kunstpsychologie war damals, wie sich in der Praxis gezeigt hat, quasi einer der wenigen Zugänge, sich – fächerübergreifend – mit der Händigkeitsproblematik als mit einer „normalen" Eigenschaft von Menschen, deren Ursprung nicht in einer Störung lag, zu beschäftigen.

Die Dissertation – ein Versuch der Interdisziplinarität

So dokumentiert meine Dissertation mit dem Titel „Ikonographische und psychologische Aspekte der ‚Seitigkeit' in der Kunst. Dargestellt an ausgewählten Beispielen der romanischen Plastik in Burgund"[1] in ihrer Form auf der einen Seite den bis heute geltenden Stand der Wissenschaft bzw. Forschung, aber in einem gewissen Grad auch das, was üblicherweise zur Linkshändigkeit gedacht wurde. Die Verbindung zwischen Kunst und Händigkeit wurde für wert gehalten, eine Doktorarbeit darüber zu schreiben. Gleichzeitig sind das auch meine ersten eigenen Schritte, an das Thema der Linkshändigkeit forschungsmäßig heranzugehen.

Die Dissertation wurde in Seminaren und Fachkreisen in Deutschland, einschließlich der ehemaligen DDR, aber auch im Ausland diskutiert und

1 München, 1983.

fand Niederschlag in wissenschaftlichen[1] und zum Teil implizit auch in populärwissenschaftlichen Veröffentlichungen.

Diese hier vorliegende Publikation bleibt aber nicht bei der damaligen Fassung stehen, sondern die Dissertation wird ergänzt und erweitert durch die Beschreibung der Entwicklung, die sich bezüglich der Bewertung von Links und Rechts und der Linkshändigkeit überhaupt in unserem Kulturkreis in den folgenden zwei Jahrzehnten vollzogen hat.

Der Text der Doktorarbeit wird im Großen und Ganzen in seiner damaligen Form übernommen. Ergänzt werden Angaben von neuer, zwischenzeitlich erschienener, nennenswerter Literatur, sowie Hinweise auf Werke, die für noch mehr an der Problematik interessierte Leser relevant sein könnten. Teile des Kapitels über die wissenschaftlichen Forschungen zur Gehirnhemisphären-Lateralisation aus der Dissertation habe ich in dem Buch „Der umgeschulte Linkshänder"[2] weiter verarbeitet und manche Stellen leicht ergänzt. Hier werden die entsprechenden neuen Teile übernommen.

An dieser Stelle war in der Dissertation im Kapitel „Vorbemerkung" eine Danksagung an meine Professoren, Lehrer, im Bereich der Forschung und Wissenschaft tätigen Kollegen und mir persönlich nahe stehenden Menschen ausgeführt. Ohne sie alle hätte meine Doktorarbeit nie in der Form und Zeitspanne entstehen können, wie sie entstanden ist. Dieses Buch nun beinhaltet zwar eine an die Gegenwart angepasste Neuauflage meiner Dissertation, aber letztere bildet jetzt nur einen Teil des Ganzen. Darum entfiel auch das oben genannte Kapitel. Aufgrund der zeitlich übergreifenden Hilfe möchte ich jedoch einen Menschen nennen – meinen Vater, Friedrich Sattler. Dies wird verständlich, wenn ich auf seine Einzigartigkeit kurz eingehe. Mein Vater arbeitet nicht nur in der Forschung, sondern hat auch Erfolge in langjähriger Lehrtätigkeit, was schließlich durch die Verleihung des Bundesverdienstkreuzes öffentlich gewürdigt wurde. Ich denke jedoch an eine andere Seite von ihm, die ich in den letzten Jahren so nah und gut kennenlernte: sein energisch engagierter, jugendlicher Zugang zur Materie, verbunden mit strenger Diszi-

1 Mayer, Hans, Theaterraum – Filmraum. Figurenspiel und Kameraperspektive – dargestellt am Emil-Jannings-Film „Der zerbrochene Krug" nach dem Lustspiel Heinrich von Kleists. Dissertation, München, 1987, S. 44.
– Mayer, Hans, „Die Bewegung nach links und rechts. Beispiele aus Literatur, bildender Kunst, Theater und Film". In Reihe: diskurs film, Münchner Beiträge zur Filmphilologie, Bd. 1, Verlegergemeinschaft Schaudig, Bauer, Ledig, München, 1987, S. 87–98. S. 89.
– Kanzog, Klaus, Einführung in die Filmphilologie. Reihe: diskurs film, Münchner Beiträge zur Filmphilologie, Bd. 4, Verlegergemeinschaft Schaudig, Bauer, Ledig, München, 1991, S. 43.

2 Kapitel 1: „Die Händigkeit und das menschliche Gehirn." S. 25–47.

plin und Fleiß. An eigenen Publikationen über biologisch-dynamische Landwirtschaft, die entsprechenden Erfolg brachten, hat mein Vater das Autorenhandwerk erlernt. Mit äußerster Intensität übte er dabei mit neuen technischen Mitteln umzugehen und kann seinen Computer mit beeindruckender Bravour benutzen. Ich habe immer diesbezüglich Rat und Hilfe bei ihm gefunden, was mir bei meiner Arbeit und vor allem bei der Auswertung langjähriger Forschungsergebnisse sehr geholfen hat. Mein Vater identifizierte sich auch sehr schnell mit der gesamten Problematik der Händigkeit und ich konnte immer wertvolle Rücksprache mit ihm halten. Und für dies alles möchte ich ihm hier aus ganzem Herzen meinen Dank aussprechen.

Grundlagenforschung

Nach meiner Promotion und dem Praktikum im IIT (Institut für Integrierte Therapie) habe ich die Gelegenheit bekommen, innerhalb der ONRS (Organisation für neutrale Wissenschaften, ein gemeinnützig arbeitender, international tätiger Verein) selbstständig ein Forschungsprojekt durchzuführen. So konnte ich die Händigkeitsforschung das erste Mal so gestalten, wie es meinen Erfahrungen und Vorstellungen entsprach.

Anfangs stieß ich bei Kollegen, die sich mit der Materie nicht auskannten, oft auf skeptische Bemerkungen bis hin zur Ironie. Dazu gehörten auch spöttische Vorschläge, doch auch über Rothaarige, Blauäugige und Langnasige zu forschen. Aber im Laufe der Fortschritte bei den praktischen Untersuchungen, in Verbindung mit der Notwendigkeit, neue diagnostische Methoden zu entwickeln, wurden die früheren Kritiker immer nachdenklicher, vor allem weil es sich deutlich zeigte, wie sich in der Praxis die Händigkeitsproblematik oft auf das gesamte Leben der Linkshänder, die auf ihre nicht dominante Hand umgeschult wurden, auswirkt. Das beeinflusst nicht nur als unerwartet massiver Faktor die gesamte Entwicklung von der Kindheit an, sondern später basiert darauf für den Einzelnen oft eine Diskrepanz innerhalb der Rangordnung in der Gesellschaft, und meist kommt es zu einer reduzierten und verzerrten Manifestation der eigentlichen Fähigkeiten der Betroffenen. Daraus entwickelt sich häufig eine schwerwiegende Sekundärproblematik, die möglicherweise die von Sigmund Freud aufgestellten Störungskomplexe übertrifft, die ebenfalls in Ereignissen in der Kindheit ihren Anfang haben.

Eine unerwartet große Anzahl der umgeschulten Linkshänder schien sich zu Patienten in der Psychotherapie zu entwickeln. Sicher spielte dabei auch das

Bedürfnis, eine anscheinend lebenslang geltende Ungerechtigkeit wieder gutzumachen, eine große Rolle, welches man aber nicht näher identifizieren konnte. Ursachen und Wirkungen stehen nicht in einer deutlichen Verbindung, und zur weiteren großen Überraschung, vor allem der Psychotherapeuten, genügt es daher oft, die Kausalität zu erklären bzw. mit dem Patienten zu analysieren, und der stetige Druck ist vorbei und der Therapieerfolg setzt meist schlagartig ein.

Wenn man bedenkt, dass der umgeschulte Linkshänder oft mit Schuldzuweisungen an andere und an sich selbst in dem gesamten, die individuelle Existenz betreffenden Spektrum lebt, wobei fast immer ein bohrendes Gefühl der möglichen Unzulänglichkeit auf seine Selbstwahrnehmung im Unterbewusstsein wirkt und keine Ruhe gibt und die daran anknüpfenden Minderwertigkeitskomplexe schleichend überhand nehmen, ist die Erleichterung durch eine sichtbare und beweisbare Kausalität äußerst verständlich.

Das Forschungsprojekt bekam Beachtung von drei Universitäten und wurde personell und ausstattungsmäßig unterstützt.

Die erste deutsche Beratungs- und Informationsstelle für Linkshänder und umgeschulte Linkshänder

Parallel mit dem Wachsen des Projektumfeldes steigerte sich auch der Bekanntheitsgrad der durchgeführten Forschungen, und durch die sich andauernd erhöhende Anzahl der Probanden kam es zu einem von ihnen ausgehenden unerwarteten Multiplikationseffekt. Immer mehr Rat- und Hilfesuchende wandten sich an die Projektleitung. Man versuchte zuerst spontan, aber unkoordiniert zu helfen. Allerdings drohten – mit der Erhöhung des Ausmaßes dieser ungeplanten Tätigkeit nach außen – immer größere Organisationsschwierigkeiten für das gesamte Forschungsprojekt.

Der Faktor Zeitplanung entwickelte sich zu einer unberechenbaren Größe, und administrative Mitarbeiter wurden immer weniger mit den an sie gestellten Ansprüchen fertig. Dieser Zustand führte dazu, dass man für die auf Praxis bezogenen Tätigkeiten einen neuen Rahmen schuf, mit einer klaren Trennungslinie von der Forschung: So entstand 1985 in München die erste deutsche Beratungs- und Informationsstelle für Linkshänder und umgeschulte Linkshänder. Möglicherweise war sie die einzige ihrer Art, nicht allein in Deutschland, sondern weit darüber hinaus.

Von Anfang an wurden folgende Aufgabenbereiche realisiert (und nach 15 Jahren, d. h. bis heute, ist es bei den Arbeitsschwerpunkten geblieben, die von durch Erfahrungen bedingten Modifikationen begleitet waren). Zur Tätigkeit der Beratungsstelle gehören:

- Beratung von Eltern linkshändiger Kinder
- Beratung von Linkshändern
- Beratung von Pädagogen in Kindergarten, Schule und Hort
- Beratung für umgeschulte Linkshänder allgemein
- Beratung und Hilfestellungen für umgeschulte Linkshänder bei der Rückschulung auf ihre dominante Hand
- Beratung für Psychologen, Ärzte, Psychotherapeuten, Ergotherapeuten, Heilpädagogen und Motopäden, Sozialpädagogen u. a. mit Linkshänderfragen betroffene Berufsgruppen
- Testung der Händigkeit
- Aufarbeitung der Einstellung zur Händigkeit des Kindes, besonders in der Kindergartenzeit, der Phase der Einschulung und in der Schulzeit
- Hilfestellungen bei dem Erlernen einer lockeren Schreibhaltung
- Informationen über Gebrauchsgegenstände für Linkshänder
- Hilfe bei der Berufswahl des Linkshänders
- Beratung bei Schulschwierigkeiten des umgeschulten linkshändigen Kindes
- Verarbeitung der seelischen Belastungen des umgeschulten Linkshänders
- Beratung und Hilfestellungen für umgeschulte linkshändige Kinder, ihre Eltern und Lehrer bei der Rückschulung auf die dominante Hand
- Berufswahl des umgeschulten Linkshänders
- Vorträge, Seminare und Fortbildungsveranstaltungen
- Öffentlichkeitsarbeit
- Zusammenarbeit mit den verschiedensten wissenschaftlichen, politischen (z. B. bildungs-, gesundheits- und sozialpolitischen) und pädagogischen Institutionen.

Von besonderer Wichtigkeit sind interaktive Prozesse: Erfahrungsaustausch, Anregungen, Hilfen durch

- Selbsthilfegruppen für Linkshänder, umgeschulte Linkshänder, Eltern linkshändiger Kinder
- Kindergruppen, z. B. zum Erlernen des Handarbeitens und Schreibens mit der linken Hand und zur besseren Integration in der vornehmlich rechtshändig orientierten Gesellschaft.

Interessenvereinigung für Linkshänder und Deutsche Brain-Breaking-Hilfe

Gleichzeitig mit dem Bekanntheitsgrad und der Effektivität des Forschungsprojektes wuchs auch das Bedürfnis der Hilfe- und Ratsuchenden nach eigenen Selbsthilfemöglichkeiten. Auch ihre Familienmitglieder fragten oft nach Chancen einer aktiven Mitarbeit und nach regelmäßigen Informationen über Möglichkeiten innerhalb dieser neu entdeckten Welt der Linkshänder.

So kam es spontan zur Gründung der Interessenvereinigung für Linkshänder am 22. Oktober 1985. Die Mitglieder gehörten praktisch allen Berufsgruppen an. Sie bildeten einen Kern von wertvollen Mitarbeitern, die vor allem bei der praktischen und kritischen Überprüfung der im Forschungsprojekt aufgestellten und erarbeiteten Theorien tätig waren. Es zeigte sich auch, dass dieses auf gleichberechtigter Basis verlaufende Engagement später ebenso effektiv war wie die Tätigkeit der Beratungsstelle, und dieses Engagement machte es möglich, die Wirkung der Beratungsstelle sogar über die deutschen Grenzen hinaus zu tragen.

Aber auch die Behandler – Ärzte, Pädagogen und Therapeuten – hatten ein Bedürfnis, ihre Erfahrungen und Fragen auszutauschen, und so entstand zeitgleich die Deutsche Brain-Breaking-Hilfe.

Auf diese Entwicklung, die in selbst gewachsenen Wechselwirkungen abgelaufen ist, wird wegen ihres Einflusses auf die sozialen Prozesse in unserem Land, die damals niemand vorauszusagen gewagt hätte, am Ende des Buches konkret eingegangen.

Diese Entwicklung wird auch durch die Aussagen von Eltern linkshändiger Kinder, umgeschulten und nicht umgeschulten Linkshändern und durch ihre unterschiedlichen Meinungen zur Linkshändigkeit dokumentiert. Ebenso sollen Spender oder Menschen, die um Unterstützung für die Tätigkeit zugunsten der Linkshänderforschung und -aufklärung gebeten worden sind, mit ihrer damaligen Auffassung zu Wort kommen.

In den von uns realisierten Ausstellungen von Werken linkshändiger Künstler wurde auf ihre oft besonders ausgeprägten Fähigkeiten, kreative Vorstellungen auf faszinierend individuelle Art darzustellen und insbesondere mit Raum und Komposition beeindruckend umzugehen, hingewiesen. Es wurden zahlreiche Fernsehberichte und sogar ganze Filme über die Thematik und die beschriebene Arbeit gedreht, viele Artikel verfasst und Hörfunksendungen zusammengestellt.

Es ist unübersehbar, dass heute Linkshändern ein anderer Stellenwert eingeräumt wird als noch Anfang der 80er-Jahre und dass die Linkshändigkeit des Menschen inzwischen anders wahrgenommen wird, d. h. nicht mehr als eine Störung schlechthin, sondern als eine Eigenschaft, die mit speziellen menschlichen Komponenten verbunden und nicht per se negativ oder positiv belastet ist.

Es zeigte sich wieder, welche bestimmende Rolle die Lernprozesse in der Sozialisation des Kindes und dem weiteren Leben des Menschen spielen; nur durch Mitarbeit der Interessenvereinigung für Linkshänder in der Beratungsstelle und im Forschungsprojekt war es möglich, empirisch auf die Problematik einzugehen und Grundlagenforschung zu realisieren. Die Vorteile dieser Art zu arbeiten liegen anscheinend außerhalb des Betriebs einer Universität, die praktisch wenig Möglichkeiten zur Datengewinnung aus einer so großen Anzahl an Untersuchungen unterschiedlicher Gruppen hat. Es wurde eine derartige Verbindung zwischen Praxis und der davon abgeleiteten Theorie geschaffen, dass die so gewonnenen Erhebungen wahrscheinlich in ihrem Umfang und Ergebnis die größte Linkshänderdatei – aus einer heterogenen Bevölkerungsgruppe – darstellen, die es auf der Welt gibt.

Einleitung zur Dissertation

Die Wahrnehmungspsychologie hat in den letzten Jahrzehnten das Phänomen der unterschiedlichen Rezeption der rechten und linken Seite beim Menschen entdeckt und kann inzwischen mit großer Sicherheit einzelne Unterschiede zwischen Links und Rechts nachweisen und benennen. Diese Asymmetrie der menschlichen Seitenwahrnehmung schlägt sich auch in den bildenden Künsten nieder, und zwar sowohl beim Schaffen des Künstlers als auch beim Rezipienten.

Die symbolisch tradierte Bedeutung von Links und Rechts ist eine weitere Kraft, die Wirkung auf die Seitengestaltung in Kunstwerken haben kann. Ihre Inhalte schöpft sie aus Religion, Mythos und Weltanschauung und tradiert diese Ideen in Sitten, Bräuchen und Aberglauben. Diesen Bedeutungen in der Kunst nachzuforschen, ist ein Thema der Ikonographie.

Der Begriff *„Seitigkeit“* wird aus der Arbeit von Vilma Fritsch übernommen. Sie versteht unter der menschlichen Seitigkeit die Dominanz der rechten oder linken Körperseite, also die funktionale Asymmetrie der Seiten beim Menschen.

Im Rahmen dieser Arbeit wird der Begriff etwas weiter gefasst, quasi als Oberbegriff – als Ausdruck für alles, was mit einer unterschiedlichen, hauptsächlich nicht symmetrischen Seitengestaltung, -bedeutung und -wirkung zu tun hat, sowohl im Leben ganz allgemein als auch speziell in der bildenden Kunst. Darunter fallen z. B. die unterschiedliche Seitenrezeption, also die wahrnehmungspsychologische Wirksamkeit, wie auch die ikonographischen, d. h. überlieferten Seitengestaltungen und -bedeutungen in Kunstwerken.

Diese tradierten Einflüsse und die wahrnehmungspsychologische Wirkung haben einen entscheidenden Einfluss auf die Anordnung in Gemälden und Zeichnungen, und daher werden sie hier als *Faktoren* (lat.: Macher, Verfertiger) bezeichnet.

Hinzu kommt die, zumindest für die europäischen zweidimensionalen Kunstwerke, oft bezeichnende Bewegungsrichtung in der Malerei: die Kompositionsrichtung. Es ist eine Kernfrage der Arbeit, ob die Kompositionsrichtung auch ein selbstständiger Faktor (wie die anderen beiden Faktoren) ist oder sich mehr oder weniger aus deren Kräftewirkungen zusammensetzt. Der Untersuchung dieser beiden erstgenannten Faktoren ist der erste Abschnitt der Arbeit gewidmet. Der zweite behandelt die kunstwissenschaftliche Auseinandersetzung mit der linken und rechten Seite und mit der berühmten Theorie von Heinrich Wölfflin. Nach Wölfflin soll es nämlich eine festgelegte Blickbahn im Gemälde geben, wobei die Frage entsteht, worum es sich dabei handeln könnte und wie die Kompositionsrichtung damit zusammenhängt.

Es stellte sich während der Bearbeitung der Thematik immer mehr heraus, dass die beiden Faktoren und die Kompositionsrichtung in den verschiedenen Epochen der darstellenden Kunst unterschiedlich stark hervortreten. Manchmal dominiert mehr die eine, ein anderes Mal mehr die andere Kraft, bedingt durch traditionelle Zwänge, denen der Künstler unterworfen ist, oder durch neue Freiräume, die sich ihm eröffnen oder die er sich selbst geschaffen hat. Aber nicht nur Kunstepochen und -stile spielen eine wichtige Rolle für die Dominanz einer dieser seitenwirksamen Kräfte; auch bestimmte Themen lassen den Künstler freier gestalten oder zwingen ihn mehr in ein traditionelles Muster. Als ein sehr typisches Beispiel kann man Epitaphe und Stifterbildnisse nennen, auf denen gewöhnlich links (vom Betrachter aus) der Stifter und rechts seine Frau oder andere Stifterinnen ihren traditionellen Platz haben (von den dargestellten Heiligen ist der Mann rechts und die Frau links platziert). Daher wären diese einzelnen Kräfte am typischsten in verschiedenen Epochen nachzuweisen, was aber den Rahmen einer Doktorarbeit sprengen würde. Deshalb beschränkt sich die Arbeit (neben einigen Beispielen aus verschiedenen Stilepochen) auf einen Abschnitt, in welchem an ausgewählten Beispielen der romanischen Plastik Burgunds die Seitengestaltung hinsichtlich der beiden Faktoren und der Kompositionsrichtung untersucht wird.

Es darf im Voraus gesagt werden, dass in diesen Kunstwerken hauptsächlich der traditionell ikonographische Faktor und zum Teil die Kompositionsrichtung zur Wirkung kommen. Was das Zutreffen der Seitigkeit auf die verschiedenen Kunstgattungen betrifft, war Wölfflin der Meinung, dass für die Architektur das Problem des Rechts und Links keine Rolle spielen würde[1]. Ich glaube auch, dass es für unsere allgemein sehr symmetrisch angelegte Architektur nicht von erheblicher Bedeutung ist. Das trifft allerdings nicht auf bewusst asymmetrische Architektur zu und auf funktionelle Abläufe innerhalb bestimmter Gebäude, z. B. bei der Sitzordnung in Gotteshäusern oder der Bedeutung von verschiedenen Eingängen in die Kirche, und schließlich auch nicht auf das ikonologische Gesamtprogramm in Kirchen.

1 Wölfflin, Heinrich, „Über das Rechts und Links im Bilde“. In: Wölfflin, Heinrich, Gedanken zur Kunstgeschichte. Benno Schwab Verlag, Basel, 1940, S. 90.

Die Arbeit versucht auf der einen Seite einen Beitrag zur ikonographischen Forschung über Links und Rechts zu leisten, und zwar hauptsächlich in synthetischer Hinsicht. Auf der anderen Seite wurde viel Material zur Voraussetzung der formalen Wahrnehmung der Seiten zusammengetragen und untersucht. Der Anwendungsversuch an der romanischen Skulptur Burgunds versteht sich weniger als ein weiterer Forschungsbeitrag auf diesem Gebiet, als vielmehr als ein Versuch, an einigen konkreten Beispielen die Ergebnisse der vorherigen Untersuchungen durchzudiskutieren.

I. Faktoren, die zur Seitigkeit in der menschlichen Wahrnehmung und im Bilde beitragen

1 Der Traditionsfaktor

1.1 Einleitung

Für unser tägliches Leben heute sind die Himmelsrichtungen ziemlich bedeutungslos geworden. Sie interessieren nur noch, wenn wir uns auf einer Landkarte zurechtfinden wollen oder einen Platz in der Sonne suchen.

Bei der rechten und linken Seite hingegen werden auch heute noch bestimmte konventionelle Regeln eingehalten, wie z. B. das Geben der rechten Hand – eine Vereinbarung, die auch dem reibungslosen Begrüßungsablauf dient – oder auf dem Gebiet des guten Tons, wo es etwas Verschiedenes bedeuten kann, an welche Seite ein Gast gesetzt wird; so gehört es sich auch heute noch für den Herrn, an der linken Seite einer Dame zu gehen. Doch sind das nur Überreste von den Bedeutungen, die den Seiten früher zugeschrieben wurden.

In der Zeit der Antike bis ins hohe Mittelalter kam auch den Himmelsrichtungen eine immense Bedeutung zu. Häuser, Tempel und Kirchen wurden nach kosmischen Richtungen angelegt. Man betete nach Osten, und sogar Zukunftsvoraussagen wurden mittels der Flugrichtungen der Vögel bei der Vogelschau gemacht.

Da die Menschen Links und Rechts in der Außenwelt im höchsten Grade von den Himmelsrichtungen abhängig machten, wird zunächst auf einige Aspekte der so genannten Orientation, d. h. der Ausrichtung innerhalb der Himmelsrichtungen, eingegangen, um vor diesem Hintergrund traditionelle Bedeutungen der rechten und linken Seite zu untersuchen.

1.2 Bemerkungen über die Orientation bei verschiedenen Völkern und in verschiedenen Religionen

1.2.1 Allgemeine Bemerkungen

Die Orientation des Menschen in der Welt war in der Antike primär an der Sonne, als dem richtunggebenden Prinzip, ausgerichtet. Durch ihre Bahn wurden die Himmelsrichtungen bestimmt.

Der Begriff Orientation wird in doppelter Bedeutung benutzt; zunächst in der „spezifischen und wörtlichen" als Richtung nach Osten (Sonnenaufgang) oder andere bestimmte Himmelsgegenden, dann „allgemein als Ausdruck der kosmischen Ordnung, wonach alles in der Welt seine bestimmte Stellung und Richtung im Kosmos hat"[1].

Um uns die immense Bedeutung der Sonne für die antiken Menschen klarzumachen, müssten wir all das vergessen, was wir über die Erde als Kugel, über ihre Rotation und Bahn um die Sonne wissen, und uns die dauernde Ungewissheit des damaligen Menschen über die tägliche Wiederkehr der Sonne vorstellen. So könnten wir etwas von der Abhängigkeit der Menschen in ihrer Hoffnung auf die tägliche Wiederkehr der Sonne fühlen, die zur Personifikation der Sonne in einer Gottheit führte. Mit anderen Worten, die Menschen erkannten den täglichen Weg der Sonne nicht als gesetzmäßig, und so erwarteten sie ängstlich die Rückkehr der Sonne und begrüßten sie jedes Mal freudig.

Viele Völker hatten Sonnengottheiten, von denen sie die verschiedensten Eigenschaften kannten und sich Geschichten erzählten. Um deren Gnade zu bewahren und die Kraft der Götter zu erhalten, gab es die unterschiedlichsten Bräuche, die besonders bei einer Sonnenfinsternis und der Sonnenwende vollzogen wurden.

Ein Sonnenkult, der uns heute noch fasziniert, ist der ägyptische, in dem der Sonnengott Re in der Sonnenbarke thront; in der 5. Dynastie erreichte er dann die Stellung eines unumschränkten Weltgottes. In der Reform Amenophis' IV. wurde sogar eine monotheistische Verehrung der Sonnenscheibe propagiert.

Die Griechen verehrten den Sonnengott Helios, der täglich mit seinem Gespann in rasender Fahrt über den Himmel fuhr und im Westen in die

1 RGG[3] (siehe Abkürzungen im Literaturverzeichnis), IV, 1689.

Totenwelt hinabstieg, von wo er sich seinen Weg durch die Unterwelt zurück nach Osten erringen musste. Daher wurde die Sonne in der Spätantike auch als Sol Invictus – Sonne der Auferstehung – bezeichnet. Ein Ausdruck, der auf Christus im frühen Christentum übertragen wurde, in dem Christus im Zusammenhang mit Taufliedern als Licht der Welt und Sonne der Auferstehung bezeichnet wird[1].

Als Beispiel für die Orientation, im Sinne einer Ostung, findet man in früheren Kulturen häufig Gräber gen Osten angelegt. Die Diskussion über die Blick- oder Achsenrichtung bei Gräbern soll hier nur erwähnt werden, genauso wie für Altägypten die Frage nach der tatsächlichen Beabsichtigung der Blickrichtung der Toten nach Osten. Sicher ist allerdings, dass der spätere Re-Glaube der Orientation nach Osten einen tieferen Sinn gegeben hat.

Über die Gebetsrichtung nach Osten berichtet Dölger in seinem Buch „Sol salutis". In den meisten Religionen, die Sonnengottheiten verehrten, soll auch das Gebet in Richtung der aufgehenden Sonne üblich gewesen sein. So gibt es eine genaue Gebetsanweisung für die Römer: „Eine eigentümliche römische Sitte verlangt, dass man, nachdem ein Teil des Gebetes gen Osten gesprochen, sich rechts umdrehend das Antlitz nach Westen wandte, sei es im allgemeinen der Weltgegend oder auch dem Tempel zu, vor welchem man gerade betete. Die Sitte war auf Numa zurückgeführt… Die Wendung geschah nach rechts, also von Ost durch Süd nach West, dem Lauf der Sonne entsprechend"[2].

1.2.2 Die Einteilung des Himmelstemplums nach Heinrich Nissen

Die allgemeinere Bedeutung des Begriffs Orientation kommt z. B. bei den Römern zum Ausdruck. Sie besaßen in ihrer Augurallehre eine festgesetzte Einteilung des Weltalls.

Der Schlüsselbegriff für die römische Auguration, die Lehre von den göttlichen Zeichen am Himmel, war das „Templum". Über die Herleitung des Begriffes und dessen, was damit bezeichnet werden darf, gehen die Meinun-

---

1 Nach Dölger, Franz Joseph, Die Sonne der Gerechtigkeit und der Schwarze. Eine religionsgeschichtliche Studie zum Taufgelöbnis. Aschendorffsche Verlagsbuchhandlung, 2. Aufl., Münster, 1971, Kap. 12–14.
Derselbe, Sol salutis. Gebet und Gesang im christlichen Altertum. 3. Aufl. (1. Aufl. 1920), Aschendorffsche Verlagsbuchhandlung, Münster, 1972, S. 237 ff. u. S. 336 ff.

2 Das Templum. Antiquarische Untersuchungen von Heinrich Nissen. Weidmannsche Buchhandlung, Berlin, 1869, S. 170.

gen in der Forschung auseinander[1]. Nach Paulys Real-Encyclopädie bezeichnet das Templum, „als Terminus der Augurallehre, die Beobachtungshütte und das Beobachtungsfeld des Auguren“[2].

Nissen hingegen leitet den Begriff von temno – schneiden – ab und kommt so zu einer breiter gefassten Vorstellung von der ursprünglichen Bedeutung des Wortes, nämlich als der Sonderung und Eingrenzung von Eigentum: der Aussonderung des Volkes aus den Völkern, des Staates aus den Staaten usw.[3] Er geht schließlich so weit, selbst das begrenzte Land, ein Lager oder einen Acker, als Templum zu bezeichnen.

Die Einteilung des Templums wird, nach Nissen, durch die so genannte Limitatio vorgenommen, die bei den Römern, vielleicht zurückgehend auf die Etrusker, zur Einteilung des Bodens verwendet wurde und mittels zweier senkrecht aufeinander stehender Geraden, des Decimanus und des Cardo, das Gebiet aufteilte. Die Limitatio war nach einer bestimmten Richtung orientiert und legte dadurch ein Vorn und Hinten und ein Links und Rechts fest. Es gibt aber keine ausschließliche Orientationsrichtung der Limitatio; überwiegend praktische Zwecke waren es wahrscheinlich, die für die Richtung ausschlaggebend gewesen sind, doch boten sich natürlich besonders die Himmelsrichtungen an[4].

Schränkt man den Begriff „Templum“ auf die Auspiziation ein, so bezeichnet er erstens das Beobachtungsfeld, das wie bei der Limitatio in vorn und hinten, links und rechts eingeteilt wird, und zweitens ein heiliges Gebäude, in dem auspiziert werden kann, meist ein Tempel; in beiden Fällen ist die Orientation strenger festgelegt als bei der Limitatio. Nissen vollzieht die Erweiterung des Templums auf den gesamten Himmel: „... es ist nicht gleichgültig wie der Augur den Himmel limitiert; denn zwar reicht der Wille Jupiters durch den ganzen Umfang desselben, gleichwie der pater familias das ganze Haus beherrscht, aber in den verschiedenen Regionen wohnen andere Götter, und je nachdem man den Willen dieses oder jenes erkunden will, werden die Linien gezogen. Die Konstituierung eines Templums hat sofort zur Folge, dass der also eingehegte Raum von einem Geist in Besitz genommen wird“[5].

---

1 Paulys Real-Encyclopädie der classischen Altertumswissenschaft. Neue Bearbeitung, begonnen von G. Wissowa. J.B. Metzlerscher Verlag, 2. Reihe, 9. Halbband, Stuttgart, 1934, Sp. 481–482.

2 Pauly, ebd., Sp. 480.

3 Nissen, S. 1.

4 Paulys Real-Encyclopädie der classischen Altertumswissenschaft. Neue Bearbeitung, begonnen von G. Wissowa. Bd. 13, Stuttgart, 1927, Sp. 688.

5 Nissen, S. 1.

Aus der Beobachtung, dass die römischen Tempel nicht streng nach Osten oder Westen orientiert sind, sondern ihre Richtung relativ stark streut (mehr, als zufällige Ungenauigkeit erwarten ließe), und aufgrund von schriftlichen Quellen kommt Nissen schließlich zu der Einteilung des Himmelstemplums[1].

Seine Erklärung für die Streuung der Orientation im Osten und Westen ist folgende: Die Tempel waren nach dem Geburtstag des Gottes orientiert, dem sie geweiht waren, d h. in Richtung der auf- oder untergehenden Sonne an dem jeweiligen Tag. Damit wird allerdings nicht erklärt, wie die Orientation der südlich und nördlich wohnenden Götter festgelegt wurde. Allerdings muss man auch auf die Schwierigkeit hinweisen, die sich auftut, genaue Quellen über die ursprünglich streng geheime Auguration zu finden.

Schließlich fasst Nissen zusammen: „Die italischen Tempel sind so ziemlich nach allen Teilen der Windrose orientiert. Man kann nicht sagen, dass die eine oder andere Richtung vorherrscht; die Alten selber wissen nicht, ob West oder Ost bedeutsamer sei. Der Betende beginnt sein Gebet gen Ost, aber vollendet dasselbe gen Abend gewandt. Hierin liegt die Anschauung von der Einheit und Unteilbarkeit der Natur ausgedrückt. Ihr Symbol ist die eigentümliche Gestalt der italischen Religion, der doppelköpfige Janus …“ [2].

1.2.3 Die christliche Gebetswendung nach Osten

Die christliche Gebets-Ostung wurde mit Handlungen Christi begründet: Er soll nach Osten am Ölberg in den Himmel gefahren sein und werde auch von Osten wiederkehren, denn im Osten liege das Paradies. Diese Vorstellung des Ostens, als Ort des Guten und des Paradieses, ist nicht mit dem Christentum entstanden, sondern wurde von ihm übernommen, und so verwundert es nicht, dass die Apologeten (die Verfasser der ersten Streitschriften für das Christentum) und die Kirchenväter diese Lehre mit Zitaten aus dem Alten und Neuen Testament zu begründen suchten und jede irgend mögliche Bibelstelle als Verweis auf den – aus dem Osten kommenden – Christus genutzt haben[3].

---

1 Grafische Darstellung des Nissenschen Himmelstemplums siehe im Anhang, 5.1.

2 Nissen, S. 228.

3 Besonders charakteristisch: Johannes von Damaskus (um 650 – um 750), De fide orthodoxa I. IV, 12 (MPG 94, 1133–1136): „Nicht zufällig und ohne Grund beten wir nach Osten hin an … Da … Gott geistiges Licht ist und Christus in der Schrift *Sonne der Gerechtigkeit und Aufgang* genannt wird, so ist ihm auch die Seite des Sonnenaufgangs als Gegend der Anbetung zuzuweisen. Denn alles Gute ist Gott zuzuweisen, von dem alles Gute seine Güte erhält. Es sagt ja auch der göttliche David: „Königreiche der Erde, singet Gott, lobpreiset den Herrn, der aufstieg über den Himmel des Himmels nach Sonnenaufgang hin“ (Ps. 67,34). Die Schrift sagt

Christus wurde auch als Sonne der Auferstehung und wahre Sonne der Gerechtigkeit gefeiert, wobei versucht wurde, sich von den heidnischen Sonnenkulten abzusetzen[1].

Dölger untersucht auch das Problem von Zusammenhang und Abhängigkeit der christlichen und der jüdischen Gebetsrichtung. Die Juden hatten zwei Punkte, auf die sie ihr Gebet richteten, den Berg Garizim jenseits des Jordans und den Tempelberg in Jerusalem.

Dass es die östliche Gebetsrichtung der Juden war, die westlich von Jerusalem wohnten, die von den Christen übernommen wurde und zur Ostung des christlichen Gebets führte, stellt Dölger sehr infrage: „Allerdings ist nicht zu leugnen, dass für einen großen Teil des Römerreiches westlich von Jerusalem jüdische und christliche Gebetsrichtung zusammenfiel. Aber es ist die Frage in Rechnung zu ziehen, ob die christliche Gebets-Ostung nicht noch früher liegt als die stärkere Ausbreitung des Christentums in die westlichen Provinzen. Wie ist die Sachlage zu beurteilen, wenn in Palästina selbst, nördlich, südlich und östlich von Jerusalem, wenn besonders im Mittelpunkt Syriens, in Antiochien, die christliche Gebets-Ostung bereits im ersten Jahrhundert vorhanden war?“[2]

Abschließend stellt er fest, dass die christliche Gebets-Ostung ebenso eine Loslösung vom jüdischen Ritualgesetz war wie die Abschaffung der Beschneidung und der Speisegesetze. Daraus folgert er auch, dass die Heidenchristen „mit der Gebets-Ostung einfach eine angestammte Sitte ihres heidnischen Vorlebens beibehalten“ haben; „diese Sitte haben sie aber mit neuem Inhalt erfüllt, dadurch vom Heidentum losgelöst und zugleich zu einem unterscheidenden Merkmal zwischen Judentum und Christentum gemacht“[3]. Somit

---

ferner: „Es pflanzte Gott einen Garten in Eden nach Osten. Dorthin setzte er den Menschen, den er gebildet (Gen. 2,8); nach der Sünde aber trieb er ihn hinaus und ließ ihn gegenüber dem Paradiese wohnen (Gen. 3,23), d. h. offenbar im Westen. Da wir nun die alte Heimat suchen, beten wir Gott an, indem wir nach ihr hin unser Auge richten. Und auch das Zelt des Moses hatte den Vorhang nach Osten und den Sühneraum (Lev. 16,14). Und der Stamm Juda, als er am meisten geehrt, schlug sein Lager im Osten auf (Num. 2,3). Und in dem berühmten Tempel Salomons lag das Tor des Herrn nach Osten. Aber auch der Herr schaute bei seiner Kreuzigung nach Westen, und so beten wir ihn an, hinschauend nach ihm. Und bei seiner Himmelfahrt fuhr er nach Osten auf, und so beteten ihn die Apostel an, und so wird er wiederkommen, wie sie ihn haben hingehen sehen in den Himmel, wie der Herr selbst sagte: ‚Wie der Blitz ausgeht vom Anfang und leuchtet bis zum Untergang, so wird auch die Ankunft des Menschensohnes sein‘ (Matth. 24,27). *Da wir ihn erwarten, beten wir ihn nach Osten an.*“ (Übersetzung nach F. J. Dölger, Sol salutis, S. 237/8; zweite Hervorhebung vom Autor).

1 Dölger, Sol salutis, S. 377. Siehe auch: Derselbe, Die Sonne der Gerechtigkeit. Kap. 12–14. – Frühchristliche Einwände gegen die Gebets-Ostung bei Dölger, Sol salutis, S. 336 ff.

2 Dölger, Sol salutis, S. 193.

3 Dölger, Sol salutis, S. 198.

kann man mit Dölger feststellen, dass die Gebets-Ostung bei den Christen aus heidnischen Kulturen übernommen wurde und nicht aus dem Judentum, und zu Letzterem eher in beabsichtigtem Gegensatz steht.

Wie weit die Ostung der Gebetsrichtung in das frühe Christentum eingegangen ist und für wie selbstverständlich sie gehalten wurde, weist Dölger auch an der Liturgie nach; so hatte der Diakon das Volk z. B. folgendermaßen darauf aufmerksam zu machen:

> „Der Diakon: Kommet (näher) heran, stehet, ihr Männer,
> mit Ehrfurcht und *schauet nach Osten.* Lasset uns aufmerken."

Und etwas später in derselben Präfation, mitten in das Gebet des Priesters hineingeschoben:

> „Der Diakon Die ihr sitzet, stehet auf.
> Der Diakon: *Nach Osten schauet*"[1].

Auch bei Sterbenden wurde oft die Blickrichtung nach Osten eingehalten. Von dort erwarteten sie die Engel, die ihre Seelen in das Paradies holen sollten[2].

1.3 Die Orientation des Kirchengebäudes im Christentum

1.3.1 Ostung oder Westung der Kirche

Die Frage nach der Altar-Ostung und deren bindender Gesetzlichkeit im Kirchenbau ist eine problematische, denn wenn im Mittelalter (bis mindestens zur Gotik) die Ostung fast als allgemeine Regel festgestellt werden kann, so findet sich gerade bei frühchristlichen Kirchen genauso oft die Altar-Westung (das entspricht dann einer Portal-Ostung).

Wenn ich hier auch keine breit angelegte Untersuchung durchführen kann – diese ist für mein Thema nicht erforderlich – so will ich doch versuchen, kurz einige Ursachen, die auf die Orientation der Kirchen gewirkt haben, aufzuzeigen und die Altar-Ostung oder -Westung nach Gebiet und Zeit etwas zu differenzieren.

Vorausschicken möchte ich, dass es mir nicht auf die Frage, wie die Ostrichtung festgelegt wurde, ankommt. Dazu ist z. B. auf H. Wehners These hinzuweisen, dass der Kompass schon länger, als man allgemein annahm, gebraucht worden

1 Dölger, Sol salutis, S. 327/8.
2 Ebenda, Kap. 15.

sei und dass durch die schwankende Deklination der Magnetnadel auch die Schwankungen bei der Genauigkeit der Ostung zustande kämen[1].

Bei den frühchristlichen Kirchen fällt auf, dass im syrischen und nordafrikanischen Raum die Kirchen meistens geostet, während die konstantinischen Kirchenbauten größtenteils gewestet waren. Wichtig ist, dass nach der frühchristlichen Liturgie der Priester hinter dem Altar (in Richtung der Gemeinde) den Gottesdienst vollzog, also die meiste Zeit in die entgegengesetzte Richtung wie die Gemeinde blickte. Später änderte sich die Liturgie und der Priester wechselte seinen Platz am Altar, sodass er den Gläubigen den Rücken zukehrte, solange er am Altar stand; heute ist das häufig wieder auf die ursprüngliche Form geändert worden[2]. Zu beachten ist, dass im zweiten Fall Priester und Gemeinde in dieselbe Richtung blicken.

Die Gebets-Ostung hat für die Orientation des Kirchengebäudes sicher eine wichtige Rolle gespielt. Hinzu kommt das Bild von der Kirche als Schiff auf Fahrt gen Osten, mit Christus als Steuermann. Die Ekklesia war die Gemeinschaft der Ekkletoi, der Herausgerufenen[3]. In der frühchristlichen Zeit war mit Ekklesia also die Gemeinde gemeint; im Laufe der Zeit bezieht sich diese Bezeichnung immer mehr auf das Kirchengebäude. Zu der symbolischen Verbindung von Schiff, Gemeinde und Kirchengebäude (die sicher den seefahrenden Völkern des Mittelmeerraums nicht fern lag) hat wohl auch die biblische Geschichte der Arche Noah beigetragen, in der die von Gott auserwählten Menschen die Stürme der Sintflut überlebten. Dieser Vergleich von Schiff und Kirche kann durch verschiedene frühchristliche Autoren belegt werden, z. B.: „Das Meer ist die Welt, in der die Kirche wie ein Schiff auf dem Meere vom Sturm umher geworfen wird, aber nicht untergeht; denn sie hat bei sich den erfahrenen *Steuermann Christus*. In der Mitte trägt sie ja ein Siegeszeichen gegen den Tod, da sie das Kreuz des Herren bei sich hat; denn ihr *Schiffsvor-*

---

1 Wehner, Heinrich, „Zur Ostung mittelalterlicher Kirchen“. In: Denkmalspflege, 2 (1899). Andere Autoren (z. B. Sauer, Kunze) führen die Tag- und Nachtgleiche für die Bestimmung der Ostrichtung an. Selbstverständlich gibt es dann noch die technischen Gründe für die Abweichung bei einer ungünstigen Geländebeschaffenheit, die keine genaue Ostung zulässt, oder den Zwang, sich an ein gegebenes Wohngebiet anpassen zu müssen.

2 Siehe: Das Zweite Vatikanische Konzil. Bd. 1. Zusatzband zum Lexikon für Theologie und Kirche, Freiburg, Basel, Wien, 1966, Kommentar zu Artikel 128 und Fußnote 5: In der Instructio vom 26. 9. 1964 wurden bereits Grundlinien für die Neuordnung des Kirchenraums gegeben: „Es ist gut (praestat), dass der Hauptaltar von der Wand getrennt angelegt werde, leicht umschreitbar und geeignet für die Zelebration zum Volke hin.“ Die Instructio wünscht allerdings nicht ausdrücklich die Zelebration „versus populum“, sondern nur die Möglichkeit dazu.

3 Kunze, Gerhard, Lehre, Gottesdienst, Kirchenbau in ihren gegenseitigen Beziehungen. Vandenhoeck & Ruprecht, Göttingen, 1949, S. 28.

derteil ist der Osten, das Hinterteil der Westen, der Schiffsrumpf ist der Süden"[1]. „*Die Kirche ist hiernach ein Schiff, das nach Osten fährt*… Christus als Steuermann ist gedacht im Westen sitzend und nach Osten blickend, denn der Steuermann sitzt in der Fahrtrichtung des Schiffes, und zwar im Hinterteil des Schiffes. Dass im Hintergrund der ganzen Symbolik der Osten als Ort des Paradieses steht, auf den die Kirche durch Christus hingesteuert wird, ist nach unseren Ausführungen über die Ostung des Gebetes nur natürlich"[2].

Auch in Abbildungen, besonders auf Grabplatten, hat diese Vorstellung Ausdruck gefunden[3]. Ein letzter Rest dieser einst mit tief empfundener Symbolik verbundenen Bedeutung der Kirche, als des Schiffes auf der Fahrt, ist in unserer Bezeichnung des Langhauses als Schiff der Kirche übrig geblieben[4], ein Fossil, für uns heute selten mehr als ein bloßer Terminus technicus.

Wie schon erwähnt, sind im *westlichen Asien* (Syrien) im frühen Christentum nicht geostete Kirchen verhältnismäßig selten. Kunze vermutet, dass dieser Raum in einer festeren Überlieferung gestanden haben könnte als Byzanz und der Westen[5]. Bei Ausnahmen seien fremde Bauherren, wie Konstantin, oder Einströmungen aus alten Kultgewohnheiten u. Ä. nachweisbar oder sehr wahrscheinlich. Was man sich unter „festeren Überlieferungen" vorstellen soll, wird bei ihm nicht sehr deutlich, einzig der Satz, dass dies als „allgemeinreligionsgeschichtliches Phänomen zureichend zu verstehen" sei.

Dem stehen die gewesteten *Kirchenbauten Konstantins* gegenüber, auf die sich das Bild des Schiffes auf Fahrt besonders gut übertragen lässt, mit dem Priester anstelle von Christus im Westen und dem Blick nach Osten.

Konstantin baute „die Lateran- und die Petersbasilika in Rom, wohl auch die (erste) Basilika S. Paolo fuori le mura und San Lorenzo f. l. m. (vor der Vereinigung mit St. Maria) in Rom: *sämtliche gewestet!*[6] Ebenso sind das Apostoleion in Konstantinopel und die Bauten Konstantins und seiner Mutter Helena in Jerusalem gewestet gewesen. Und die Grabeskirche hat aller Wahrscheinlichkeit nach eine Nachbildung in Mainz erfahren… in Fulda, Bam-

---

1 Dölger, Franz Joseph, Sol salutis, S. 277. Zitat des Hippolyt (2. Hälfte 2. Jh. bis um 235).

2 Dölger, Sol salutis, S. 278.

3 Ebenda, S. 278 ff.

4 Heyne, M., äußert sich direkt in diese Richtung, in: Deutsches Wörterbuch. 3 Bde., Bd. 3. 2. Aufl. 1905/06 (1. Aufl. 1890 f.), Sp. 333/34. Eindeutig ist auch der französische Ausdruck „nef" für das Kirchenschiff, der früher das „Schiff" bezeichnete, heute aber in dieser Bedeutung veraltet ist und nur als eigener Terminus für Kirchenschiff besteht. Herleitung von lat. „navis" Schiff, das abgeleitet von griech. ναοσ ist (Gamillscheg, Etymolog. Wörterbuch der franz. Sprache, 1928).

5 Kunze, S. 52.

6 Eigene Hervorhebung.

berg, Augsburg, im alten Kölner Dom: der Hauptchor lag im Westen"[1]. Kunzes Interpretation gipfelt darin, dass „die auffällige Tatsache der Westung der Konstantinbauten als ‚Überbleibsel' des ‚Schiffes auf Fahrt' zu bezeichnen" sei. „In ihnen ist das Bildgesetz des altchristlichen Raumes noch bestimmend: Das Schiff fährt nach Osten"[2]. „Diese Bauten stellen also trotz aller *architektonischen Fortgeschrittenheit einen liturgisch älteren Typus dar als die gleichzeitigen geosteten Kirchen*"[3].

Kunzes Argumentation stützt sich hier auf eigene Thesen, die ein Kernstück seiner Arbeit darstellen, deren Beurteilung hier aber weder möglich noch notwendig ist. Wichtig ist jedoch, dass sie zu seinem Urteil über die frühchristliche Orientation beitragen. Sein Ergebnis war, dass die westasiatischen Kirchenbauten in einer *festeren Überlieferung* stünden und dass die konstantinischen Bauten dem *liturgisch älteren Typus* entsprächen.

Kunze ist überzeugt, dass „das Verlangen, die prägnante Gegenwart Christi in der Versammlung der Gemeinde baulich auszuformen, ... die geheime Triebfeder für alle Veränderungen und Fortbildungen, die wir an den christlichen Kirchen feststellen müssen", sei[4]. Das hat zur Folge, dass man „sein Gebet nicht mehr nach dem symbolhaft verstandenen Osten" richtete, „sondern man verlegte die Realisierung der Ankunft und Gegenwart des Herren auf den Altar und in die in der Apsis angebrachten Attribute der göttlichen Gegenwart; Apsis und Altar ersetzten sozusagen den Osten"[5]. Hier ist ein Sprung in seiner Beweisführung, denn wenn der Altar und die Apsis den Osten ersetzen sollen, müsste es ziemlich gleichgültig sein, in welche Richtung die Kirche orientiert ist und *beide Typen, Ostung und Westung, wären als überholt zu bezeichnen*. Tatsächlich kommt es Kunze aber darauf an, zu zeigen, dass der frühchristlichen Gemeinde liturgisch eigentlich nur der Zentralraum entspräche, und so ist es wohl müßig, sein unsystematisches Kapitel über die Ostung weiter zu verfolgen.

Wichtig erscheint mir Kunzes Hinweis auf den machtpolitischen Anspruch bei den Bauten Konstantins. Es handelt sich dabei meistens „um Repräsentativbauten erster Ordnung, um ausgesprochene Machtzeugnisse, um öffentliche Verkündigung des kaiserlichen Berufungsbewusstseins ... Konstantin weiß sich als Analogie des Messias im neuen Äon und gehört als solcher in die Mitte der Apostel als ‚Herrscher aller Herrscher und Gott'"[6].

---

1 Kunze, S. 53.
2 Ebenda.
3 Ebenda, S. 54.
4 Kunze, S. 51.
5 Ebenda, S. 52.
6 Ebenda, S. 77.

Es liegt nahe, dass sich dieser Machtanspruch auch in der Orientation äußerte, und so wundert es nicht, dass der Papst Leo der Große (440–461) und andere römische Autoren weiter in diesem Sinne argumentierten[1] und ihre Positionen auf den tradierten konstantinischen Brauch stützten. Denn wenn auch Leo gegen die angeblich heidnische Sitte der Gebets-Ostung argumentierte, so war diese, wie Dölger nachweist, an anderen Orten schon längere Zeit in das Christentum und seine Liturgie aufgenommen. So erhärtet sich auch bei Leo dem Großen der Verdacht, dass bei ihm eine Art machtpolitischer Argumentation in der Tradition Konstantins vorliegt.

Obwohl auch im Norden die Westung der Apsis für einige Zeit Einfluss ausübte, so setzte sich doch immer mehr die Altar-Ostung durch, und auch in Rom wurden später bei Um- oder Neubauten viele Kirchen geostet.

Mit Joseph Braun[2] lässt sich feststellen, dass (vom frühen Christentum bis ins Mittelalter) *die Ostung des Gebetes für die Christen ein entscheidendes Bedürfnis war* und dass *die Richtung des Altars* – d. h. entweder in Richtung der Apsis, wobei der Priester dem Volk den Rücken zuwendet, oder in Richtung des Kirchenraums, wo der Priester hinter dem Altar steht und ins Schiff zum Volk blickt, – *in unmittelbarer Abhängigkeit von der Orientation der jeweiligen Kirche stand.* Im 15./16. Jahrhundert wurde die Ostung immer nebensächlicher, der Platz des Priesters vor dem Altar wurde zum allgemein verbindlichen Brauchtum, und der Ort des Altars hing von den örtlichen Gegebenheiten ab.

Braun nennt drei Umstände für einen zum Schiff gewendeten Altar:

1. „In bischöflichen Kirchen, in denen sich hinter dem Altar in der Apsis die Cathedra des Bischofs und die Sitze der sein Gefolge bildenden Priester befand …"
2. „Wenn der Altar mit einer Confessio ausgestattet war. Denn dann drängte es die Gläubigen, möglichst nahe an den Altar heranzukommen, um die unter ihm geborgenen Reliquien zu verehren …"
3. „Wenn die Kirche nach Westen (…) gewendet war." Denn so erhielt „der hinter ihm stehende Liturg die beim Gebet übliche, so bedeutungsvolle Richtung nach Osten"[3].

1 Dölger, Sol salutis, S. 3. – Kunze, S. 54.
2 Braun S. J., Joseph, Der christliche Altar in seiner geschichtlichen Entwicklung. 2 Bde.; Bd. 1, München, 1924. Zweiter Abschnitt, achtes Kapitel, S. 411–417.
3 Braun, 1. Bd., S. 412–413.

Nach Brauns Ausführungen war es in Nordafrika und in Ravenna im 5. und 6. Jahrhundert die Regel, die Apsis nach Osten zu wenden, und er meint, dass damals der Liturg auch (noch) zur Gemeinde geschaut hat[1].

Im 9. und 10. Jahrhundert jedoch „war der Brauch, den Altar nach der Apsis statt nach dem Schiff hin zu richten, zweifellos schon das Gewöhnlichere, wie ja auch damals die Kirchen nach der ausdrücklichen Angabe Walafried Strabos († 849) am häufigsten ostwärts gekehrt wurden und demnach der weitaus größte Teil derselben in jener Zeit den Altarraum im Osten hatte“[2].

Neben anderen bezeugt auch Amalarius (9. Jh., Lehrer an der Aachener Hofschule), dass zu jener Zeit der Zelebrant bei der Feier des heiligen Opfers an der Vorderseite des Altars seinen Platz hatte[3]. Daraus schließt Braun, dass es auch diesseits der Alpen im 9. und 10. Jahrhundert üblich gewesen sei, dass Altar und Priester der Apsis zugewendet waren. Konfessionsanlagen unter der Front des Altars habe es damals sehr selten gegeben, und der Bischofsthron habe meist rechts neben dem Altar gestanden. Bei zweichörigen Kirchen der romanischen Zeit wurde der Westaltar oft auf das Schiff zu gerichtet, sodass auch er geostet war[4].

Durch die immer üblicher werdende Stellung des Priesters vor dem Altar ergab sich die Möglichkeit zu einer Veränderung des Altars. Es entwickelten sich ab dem 11./12. Jahrhundert Aufbauten am Altar, die so genannten Retabel.

Im 15./16. Jahrhundert hatte sich als verbindlich für die Aufstellung des Altars nur noch die Regel erhalten, dass der Priester der Gemeinde den Rücken zuwendete. „Das war nachgerade der modus communis geworden, wie Burckard von Straßburg, der Zeremonienmeister der Kapelle Alexanders VI., in seinem 1501 und 1502 erschienenen Ordo missae die Stellung des Zelebranten charakterisierte“[5].

Die Himmelsrichtungen scheinen in dieser Zeit von keiner wirklichen Bedeutung mehr für die Richtung des Altars zu sein.

---

1 Ebenda, S. 413.
2 Ebenda, S. 414.
3 Ebenda.
4 Braun, S. 415.
5 Ebenda, S. 416.

1.3.2 Auswirkungen der symbolischen Bedeutung der Himmelsrichtungen auf das Kirchengebäude

Die Bedeutungen, die den Himmelsrichtungen zugeschrieben wurden, sind stark von *kosmologischen* Eigenarten geprägt, die *moralisch-theologisch interpretiert und ausgeschmückt* wurden. Dies ist oben schon für den *Osten* beschrieben worden; der ideelle Gegensatz zum Osten sei der kalte *Norden*, der Ort der Dunkelheit, wo die Geister der Finsternis hausen und der Gott der Abgekehrten vom Glauben und vom Licht der Wahrheit wohnt[1]. Der *Süden* in seiner Lichtfülle sei das Sinnbild Gottes und Symbol des Heiligen Geistes[2]. Es habe aber noch eine andere Auffassung bestanden, die in dem Übermaß der Südhitze das Feuer der Leidenschaften und der Versuchung des bösen Geistes erblickte[3].

Jedoch überwiegt die Vorstellung vom lichtvollen, positiven Süden. Lactantius identifiziert den Osten, das Licht und das Leben und den *Westen*, die Finsternis und den Tod. Gott habe dem Osten den wärmeren Süden zugeordnet und dem finsteren Westen den kalten Norden. Wie Licht und Wärme zusammen gehörten, so auch Finsternis und Kälte. Den Himmelsrichtungen weist Lactantius die Zeiten des Jahres zu, den Frühling dem Osten, den Sommer dem Süden. Der Herbst gehört zum Westen und der Winter zum Norden[4]. Auch hielt er den Süden und Osten für höher und den Westen und Norden für tiefer gelegen: „... partem Orientis, quae sit quasi superior, quod inde lux nascitur, Occidentis autem velut inferior"[5].

Sauer behandelt ein weiteres wichtiges Moment, das im christlichen Denken häufig im Zusammenhang mit den Weltgegenden erwähnt sein soll: die Iden-

---

1 Sauer, Joseph, Symbolik des Kirchengebäudes und seiner Ausstattung in der Auffassung des Mittelalters. 2. Aufl. (1. Aufl. 1902), Herder Verlagsbuchhandlung, Freiburg i. Br., 1924, S. 90.
Melito Clavis: „Aquilo diabolus vel homines infideles." In: Pitra, Anal. sacra, II, 14.
Eucherius: „Aquilo diabolus vel homines infideles aut mali." In: Form. spirit. c. 2; ed. Vindob I, 11.
Hieronymus: „Omnis haereticus habitat in Aquilone." In: Migne PL 24, 729.

2 Gregorius Magnus: „Per Austrum vero, calidum scil. ventum, Spiritus sanctus figuratur." In: Super cant. c. 4 n. 21 (Migne PL 79, 516).

3 Sauer, S. 90.

4 Lactantius, Divinae Institutiones II, 9. In: Corpus scriptorum ecclesiasticorum latinorum, 19, S. 143, Brandt.

5 Lactantius, Institutionum epitome c. 12, 2. In: Corpus scriptorum ecclesiasticorum latinorum, 19, S. 684, Brandt.
Zitate zum Westen: Melito Clavis: „Vesper Antichristus eo quod in finem mundi sit venturus." Pitra, Anal. sacra II, 14. Hieronymus: „Arabia ... vesperam sonat, quae noctis et tenebrarum principium est, omnisque, qui habet initium peccatorum, versatur in vespera." In: Is. 7,21 (Migne PL 24, 273).

tifizierung der Enden des Kreuzes Christi mit den vier Himmelsrichtungen. „Der Gekreuzigte schaut nach Westen, dort wo das Heidentum thront und die Nacht des Götzendienstes und Unglaubens haust, seine Rechte ist nach Norden gestreckt, seine Linke nach Süden; und so umfängt sein brechendes Auge, nach den Ausführungen des ‚Carmen paschale', die ganze Welt, ihr Hoffnung und neues Leben spendend[1]. Dem Osten aber, der Stätte, wo bisher das Licht der Wahrheit geleuchtet, Jerusalem, auf dem das Wohlgefallen Gottes und der Segen seiner Gnade geruht hat, kehrt der Welterlöser den Rücken. „... Von allen bedeutenden Autoren unterlässt es keiner, auf diese Gedanken hinzuweisen"[2].

Mir scheint diese Symbolik weniger Einfluss auf das Kirchengebäude gehabt zu haben. Wahrscheinlich aus dem Widerspruch heraus zwischen der Gleichsetzung von der rechten Seite Christi mit dem Norden, denn die rechte Seite, wie später noch weiter ausgeführt wird, gilt im Christentum allgemein als die bevorzugte, und der Norden wurde eher mit allem Negativen und Nachgestellten identifiziert. Im typologischen Programm finden sich öfter im Norden der Kirche Abbildungen der Propheten[3]; die Nordseite wurde gängigerweise den Frauen zugewiesen, die im Christentum den Männern nachgestellt waren; in nördlicher Richtung lag das Reich der Sünde[4] und der Fleischlichkeit. Die Südseite dagegen gehörte den Männern, hier wurden die Apostel, die Stützen des Christentums, abgebildet[5]. Es gab auch typologische Anordnungen, nach denen in der Nordwand alttestamentliche Szenen, an der Südseite der Kirche neutestamentliche Abbildungen angebracht waren[6].

Die Orientation, Anlage und Ausschmückung des Kirchengebäudes standen also unter einem außerordentlich großen kosmologischen Einfluss. Die Symbolik der Himmelsrichtungen wirkte nicht nur auf die Ausrichtung der Kirche und die Anordnung der bildnerischen Ausschmückung, sie wirkte sich manchmal sogar in unterschiedlich großen Seitenschiffen[7] im Norden und Süden aus und bestimmte die Platzverteilung an Männer und Frauen sowie den Ort

1 Sedulius, Carmen paschale 5, 189 (Migne PL 19, 725).
2 Sauer, S. 91/2.
3 Ebenda, S. 298.
4 Ebenda, S. 93, Anmerkung 1.
5 Genaueres siehe Kap. 1.5.3.
6 Sauer, S. 299, Anmerkung 1. Beispiele siehe Kap. 1.5.3.
7 Selhorst, Heinrich, Die Platzordnung im Gläubigenraum der altchristlichen Kirchen. Diss., Münster i. W., 1931 (Teildruck), S. 38 (diese Arbeit wurde nur als Teildruck veröffentlicht = Antwort auf Anfrage der Fernleihe der Münchner Staatsbibliothek in Münster).

bestimmter liturgischer Handlungen. Nicht zuletzt manifestiert sie sich auch in einer koptischen Gewohnheit, die Südkapellen mehr mit Blumen zu schmücken als die Nordkapellen[1].

Doch bei aller Bedeutung des Nordens und Südens liegt die Präferenz eindeutig beim Osten.

1.4 Die Bedeutung von Links und Rechts in der abendländischen Kultur

1.4.1 Vorbemerkungen

Die Orientation war, wie oben gesehen, abhängig von der Sonne, von ihrem Aufgangspunkt, ihrer Bahn über den Himmel, ihrem Untergangspunkt und ihrer Ekliptik. Links und Rechts hingegen werden durch den Menschen selbst festgelegt. Im Bau des menschlichen Körpers sind sie verankert, und der Bezugspunkt zur Bestimmung von Links und Rechts ist kein kosmischer, sondern jeder Mensch selbst. So ändert sich die Richtung von Links und Rechts mit dem Verlassen und Hinwenden des Menschen von dem einen zu dem anderen Ort.

Es erscheint mir sehr wichtig, auf diesen grundlegenden Unterschied bei der Festlegung hinzuweisen. Rechts und Links definieren sich durch den Menschen, sie werden *subjektbezogen* festgelegt. Die Orientation lässt sich von unserem an die Erde gebundenen Standpunkt fest bestimmen und bleibt stabil, während sich Rechts und Links labil zu den Himmelsrichtungen verhalten.

Interessanterweise lässt sich in manchen Sprachen ein geografisch-kosmischer Zusammenhang der Bezeichnungen für Rechts und Links finden: „Für den Chinesen ist Osten = links; der Ägypter hat für Süden das Wort ‚Gesicht' und für Norden ein Wort, das mit dem Wort für ‚Hinterkopf' verwandt ist, Osten und links werden durch dasselbe Wort bezeichnet, und entsprechend Westen und rechts. Im Hebräischen werden yamin (rechts) und sem'ol (links) für Süden und Norden gebraucht"[2].

Betrachten wir nur die Bewertung von Links und Rechts in unserem Kulturkreis, so finden wir eine Bevorzugung der rechten Seite. Dies zeigt sich nicht

1 Butler, Alfred J., The ancient Coptic churches of Egypt. Clarendon Press, Oxford, 1884, S. 41 ff.
2 Fritsch, Vilma, Links und Rechts in Wissenschaft und Leben. W. Kohlhammer, Stuttgart, 1964, S. 32.

zuletzt in unserem Sprachgebrauch. Rechts ist als Wortstamm in vielen positiven Wörtern, im Sinne unseres Weltverständnisses, enthalten: Recht, richtig, Rechtschaffenheit, auch rechte Seite z. B. einer Jacke als Außen- oder Schauseite, rechtgläubig, rechtzeitig. Links erscheint in Worten, die eindeutig pejorativen Sinn haben: linkisch, linke Seite (als Innenseite), links liegen lassen. Dies könnte man auch in der englischen Sprache und in dem romanischen Sprachkreis weiterverfolgen.

Für das Mittelalter stellt Sauer fest, „dass im Allgemeinen die rechte Seite als die ehrenvollere, vorzüglichere und bessere gilt“[1].

Es gibt also anscheinend, zumindest in unserer abendländischen Kultur, eine relativ doktrinäre Bevorzugung der rechten und Abwertung und Hintanstellung der linken Seite. Ob diese Bewertung für unsere Kultur typisch ist und von jeher so bestanden hat, ist zu untersuchen. Dabei muss darauf geachtet werden, von welcher Art die Seitenbevorzugung ist:

1. ob es sich um das bloße Kriterium der größeren Geschicklichkeit der rechten Hand beim Rechtshänder handelt; davon leitet sich wohl auch die Voranstellung von rechts bei bloßer Aufzählung der beiden Seiten ab;
2. ob es um eine von der Orientation abhängige Bestimmung der Seiten geht; dazu können auch strategische Aspekte gezählt werden, wenn nämlich das seit Generationen am feindlichsten gesinnte Volk in einer bestimmten Richtung haust, wird diese nicht gerade als die glückliche bezeichnet worden sein;
3. ob es sich um eine generelle Bewertung von Rechts und Links handelt und die eine Seite durchgängig als gut und die andere als schlecht (böse) charakterisiert wird, d. h. ob die Seitenfrage zu einer moralischen Frage wird.

1.4.2 Römer und Griechen

Bei den Römern findet man die bemerkenswerte Konstellation, dass *Links als die Glück bringende Seite* betrachtet wurde:

> „Vix ea fatus erat senior, subitoque fragore
> intonuit laevum, et de caelo lapsa per umbras …“[2].

1 Sauer, S. 95.

2 Vergil, M. Publius, Aeneidos. In: Ders., Opera, Scriptorum Classicorum. Oxonii MCMLXIX. II, 692–93: „Vater, so sende auch ferner uns Hilf' und bestärke das Zeichen. / Kaum noch hatte gesprochen der Greis, da – mit plötzlichem Krachen / *Donnert zur Linken es schon und ein Stern dem Himmel entfallend,* / Eilet und zog einen Schweif durch die Nacht mit strahlendem Lichte.“ Übersetzt und herausgegeben von W. Plankl. Reclam, Stuttgart, 1976, II. 691–94.

„Audiit et caeli genitor de parte serena
intonuit laevum, sonat una fatifer arcus“[1].

Wie in den beiden Zitaten von Vergil bezog sich diese ältere römische Deutung auf göttliche Zeichen und dann überhaupt auf die Auguration[2]. Bis zur Kaiserzeit hat aber ein Bedeutungswechsel stattgefunden, und *Rechts wurde zu der Seite des Glücks*, z. B. bei dem Stoiker Seneca:

„et laevo aethere / atrum cucurrit limitem sidus trahens“[3].

Die Römer kannten jedoch keine direkte Diskrimination der rechten oder linken Seite; so wurde Rechts im menschlichen Bereich für die stärkere Seite gehalten, entsprechend der üblichen Rechtshändigkeit[4], und daher vermutlich auch mit der Männlichkeit verbunden, während die linke Seite als die schwächere galt, die an die Weiblichkeit gekoppelt war:

„saepius in utero moveri mares et in dextra fere geri parte, in laeva feminas“[5].

Plinius d. Ä. (23–79 n. Chr.), der sich an sich dafür ausspricht, dass von links gute Zeichen zu erwarten sind – „laeva prospera existimantur, quoniam laeva parte mundi ortus est“[6]–, vertritt ansonsten die vom menschlichen Körper ausgehende Vorstellung von der schwächeren linken Seite und beruft sich

1 Vergil, Aeneidos, IX, 630–31: „*Ihn erhörte der Vater, und links aus heiterem Himmel / Donnert er,* und es ertönet zugleich der tödliche Bogen.“ Ebenda, IX, 630–31.
Ebenso Ennius, Annales I, Vers 94 ff.: „Und zugleich aus der Höh' schwang sich mit beglückendem Fluge / Links ein herrlicher Vogel …“ In: Cicero, Von der Weissagung. Übersetzt v. R. Kühner. Wilhelm Goldmann Verlag, München, 1962, I, 48, 108. Auch Cicero bestätigt, dass linke Blitze für günstig gehalten wurden: „Daher ist der Blitz bloß bei den Wahlversammlungen ein Hindernis, bei allen anderen Dingen halten wir ihn für das beste Auspizium, wenn er zur Linken erscheint.“ Ebenda, II, 18, 43; vgl. auch II, 35, 74.

2 Die ältere römische Zeichendeutung soll von der etruskischen abhängig gewesen sein. Siehe Dölger, Die Sonne der Gerechtigkeit. S. 37.

3 Seneca, Thyestes. In: Bibliothek der Alten Welt. Lat.-dt., übersetzt von T. Thomann, Zürich, 1969, Bd. 2, S. 698 ff: „… am Altare *von links her fuhr ein Gestirn daher, eine düster Furche* ziehend … Einen jeden bewegten die Wunderzeichen, aber ungerührt bleibt einzig Atreus fest, mehr noch, er setzt die Götter in Schrecken, die ihm drohen.“

4 Plinius Secundus (d. Ä.), Gaius, Naturkunde. Lat.-dt., herausgegeben und übersetzt von Roderich König, Heimeran Verlag, München, 1973 ff., mehrbändig. VII. Anthropologie, 77: „Man hat beobachtet, … dass die größte Kraft auf der rechten Seite liegt, dass jedoch bei einigen diese auf beiden Seiten gleich verteilt ist, bei manchen die linke Hand die meiste Stärke hat, dass dies aber nie bei Frauen der Fall ist …“ „… observatum est; sicuti vires dextra parte maiores, quibusdam aequas utraque, aliquis laeva manu praecipuas, nec id umquam in feminis.“

5 Derselbe, VII, Anthropologie, 37: „*… die Knaben bewegen sich öfter im Mutterleib und liegen mehr auf der rechten, die Mädchen mehr auf der linken Seite.*“

6 Derselbe, II, Kosmologie, 142: „*Blitze von links gelten als glückbringend*, weil der Sonnenaufgang auf der linken Seite der Welt liegt.“

öfter auf griechische Quellen. Am Abgang der Stiere nach der Begattung könnte man voraussagen, ob ein männliches oder ein weibliches Tier gezeugt wurde, je nachdem ob sie nach rechts oder nach links abgingen[1]. Von den Hermaphroditen berichtet er, dass sie eine rechte männliche und eine linke weibliche Brust besessen hätten[2].

Bei den *Griechen galt jedoch die linke nie als die Glück bringende, sondern als die Unheil verkündende Seite*:

„Aber von links her kam ein Unglück drohender Vogel …“[3]
„Jüngling, nicht ohne Gott flog dir zur Rechten ein Vogel,
Denn ich erkenn' an ihm die heilsweissagenden Zeichen!“[4]
„Rechtshin zuckte ein Blitz, ein heilsweissagendes Zeichen“[5].

Die Ursache für diese diametral entgegengesetzte Bewertung bei Römern und Griechen wird im Allgemeinen an der verschiedenen Orientation bei der Auguration festzumachen versucht.

Die Römer sollen sich bei der Augurenbefragung nach Süden orientiert haben und hatten dann den Osten zur Linken. Eine Quelle für das nach Süden gerichtete Himmelstemplum ist Festus' Bericht über Varro: „sinistrae aves auspicium id quod sinat fieri. Varro libro quinto epistolicarum quaestionum ait: a deorum sede cum in meridiem spectes, ad sinistram sunt partes mundi exorientes; factum arbitror, ut sinistra meliora auspicia dextera esse existimentur“[6].

---

1 Plinius, VIII. Zoologie: Landtiere, 176–77: „Man sagt, wenn die Stiere nach der Begattung nach der *rechten Seite abgehen, seien männliche Tiere gezeugt, nach der linken Seite aber, weibliche.*“ „Tradunt, si a coitu in dextram partem abeant tauri, generatos mares esse, si in laevam, feminas.“

2 Plinius, VII. Anthropologie, 15–16. „Jenseits der Nasamonen und ihnen benachbart wohnen, wie Kalliphanes berichtet, die androgynen Machlyer, Menschen beiderlei Geschlechts, die sich wechselweise begatten. Aristoteles fügt noch hinzu, dass ihre rechte Brust männlich, ihre linke weiblich gebildet sei.“ „ Supra Nasamonas confinesque illis Machlyas androgynos esse utriusque naturae, inter se vicibus coeuntes, Calliphanes tradit. Aristoteles adicit dextram mammam iis virilem, laevam muliebrem esse.“

3 Homer, Odyssee. In: Griechische Klassiker. Übersetzt von J. H. Voss. Verlag Kurt Desch, Wien, München, Basel, 1959. 20, 242.

4 Ebenda, 15, 530–31.

5 Homer, Ilias. Ebenda, 2, 353.

6 Nissen, S. 171. „Wenn du vom Sitz der Götter nach Süden schaust, ist zu deiner Linken die Weltgegend der aufgehenden Sonne, zu deiner Rechten die Gegend der untergehenden Sonne; daher kommt es, wie ich glaube, dass die Vorzeichen zur Linken für günstiger erachtet werden als die Vorzeichen zur Rechten.“ Übersetzung von Dölger, Die Sonne der Gerechtigkeit, S. 37. Entsprechend auch Accius (röm. Tragiker, geb. 170 v. Chr.). „Dies mög' Heil dem Volke bringen: denn dass *grad zur Rechten hin / Von der Linken her das hohe Licht der Sonne* nahm den Lauf, / Deutet schön, dass einst der Römerstaat sehr glänzend werd' erblühn.“ Cicero, Von der Weissagung, I, 22, 45.

Allerdings ist es nach obigen Ausführungen über das Himmelstemplum und folgenden Angaben in Paulys Real-Encyclopädie sehr fraglich, ob diese Kausalität zwischen Augural-Orientation, Osten und Links wirklich so schlüssig ist und nicht gerade auch alogische, tradierte Bräuche mit anzunehmen sind: „Dass wir nicht wissen, in welcher Weise bei den auguralen Kulthandlungen diese Himmelsbeobachtung nach Regionen zur Anwendung kam und welche Anlässe die Wahl der Süd- oder Ostorientierung bedingten, ist bei der Dürftigkeit des Materials keineswegs verwunderlich“[1].

Jedoch betont Nissen, dass in der Lehre der Auguren Rechts und Links aufs Ängstlichste ausgewogen sei[2], und er unterstreicht das fein berechnete und durchgegliederte System der Römer, gegenüber dem die Hellenen sehr im Rückstand erschienen[3].

Für die griechische Bevorzugung von rechts gibt es besonders zwei Erklärungsmodelle:

1. Die Griechen schauten bei der Auguration nach Norden und hatten den Westen, den Ort der Unterwelt, zur Linken.
2. Die Griechen blickten bei der Auguralbefragung nach Osten und hatten somit den Norden zur Linken.

Zu 1.: Diese These vertritt Vilma Fritsch. Die Griechen schauten zur Erkundung des Götterwillens nach Norden, „weil Zeus auf dem im Norden Griechenlands gelegenen Berg Ida wohnt“[4], und so haben sie den Westen zur Linken. (Anzumerken ist, dass Fritsch das Bergmassiv Ida auf Kreta (südlich von Griechenland) mit dem nördlich gelegenen Olymp verwechselt hat.)

„Den Ausgangspunkt für die Verehrung des Zeus in Hellas bildete wahrscheinlich der Berg- und Wettergott. Man stellte sich vor, dass er auf einem höheren Berge (...) sitze und Wolken sammele, um aus ihnen Regen und Schnee, Blitz und Donner auf die Erde zu senden. Mit diesem in Griechenland mehrfach bezeugten Wettergott verband sich offenbar der von den einwandernden Hellenen mitgebrachte indogermanische Himmelsgott zu dem uns bekannten Olympier. Denn nach dem höchsten Berg Griechenlands, dem Olympos, nannte sich nun vornehmlich der höchste der griechischen

---

1 Paulys Real-Encyclopädie der classischen Altertumswissenschaft. II, Stuttgart, 1896. Sp. 2342.
2 Nissen, S. 143.
3 Ebenda, S. 229. Auch meint er, es sei unbezweifelbar, dass sich „die italische Religion reiner und unverfälschter gehalten hat, der griechische Anthropomorphismus dagegen eine verhältnismäßig junge Bildung“ sei. Ebenda, S. 229.
4 Fritsch, S. 34.

Götter"[1]. Der Westen aber war der Ort, wo täglich die Sonne untergeht und Helios über Nacht im Lande der Hesperiden oder im Okeanos weilt. Die Hesperiden waren, „als Töchter der Nacht, keineswegs freundliche Mädchen, sondern gefährliche Vögel"[2], und es soll zahlreiche Belege für eine enge Beziehung zwischen dem Okeanos, dem Weltmeer, und dem Totenreich geben[3].

Auch Stemplinger vertritt die Meinung, dass die griechischen Vogeldeuter mit dem Antlitz nach Norden standen[4].

Zu 2.: Diese Meinung wird in Langenscheidts Handwörterbuch vertreten, welches ich daher hier zitieren möchte[5]; es geht dabei um die verschiedenen sprachlichen Anwendungen des Wortes: *laevus*: die allgemeine Bedeutung ist links, im Gegensatz zu rechts (dexter), substantiviert – die Linke (Seite oder Hand). Im übertragenen Sinn: „a) (dcht.) linkisch, ungeschickt, unbesonnen; b) (dcht.) α) (in der Auguralsprache lag bei Südorientierung nach röm. Ritus zur Linken der Osten, die Glück bringende Weltgegend; daher:) Glück bringend, günstig, glücklich; β) (*im Aberglauben lag bei Ostorientierung nach griech. Vorbild zur Linken der Norden*; daher:) unheilbringend, ungünstig, unglücklich ..."[6].

Bei Plato gibt es eine Stelle, die eine Diskriminierung der linken Seite sehr nahe legt, wo die Richter, zwischen Himmel und Erde, die gerechten Seelen rechts nach oben in den Himmel und die ungerechten links nach unten schicken[7].

Aristoteles hingegen argumentiert heftig gegen die Meinung der Vorsokrati-

---

1 Hunger, Herbert, Lexikon der griechischen und römischen Mythologie. 6. erweiterte und ergänzte Aufl., Rowohlt Taschenbuch Verlag, Reinbek bei Hamburg, 1976, S 431 f.

2 Ebenda, S. 182. Weitere Hinweise und Quellen über die Verbindung des Westens mit der Finsternis, dem Totenreich und dem Teufel bei Dölger, Die Sonne der Gerechtigkeit. Besonders Kap. 7: Rechts und Links, Osten und Westen in religiöser Bewertung. S. 37 ff.

3 Hunger, Lexikon der griechischen und römischen Mythologie, S. 289.

4 Stemplinger, Eduard, Antiker Volksglaube. W. Spemann Verlag, Stuttgart, 1948, S. 70.

5 In den großen Nachschlagewerken wird dieser Unterschied nicht so deutlich ausgedrückt, am nächsten kommt noch: Ausführliches Lat.-Dt.-Handwörterbuch, ausgearbeitet von Karl Ernst Georges. 8. verb. u. vermehrte Aufl. von Heinrich Georges. 2. Bd. Hannover, Leipzig, 1918, S. 543. – Konsultiert habe ich des Weiteren: Menge-Güthling, Enzykl. Wörterbuch. Lateinisches Etymolog. Wörterbuch von A. Walde. Thesaurus Linguae Latinae. U. a.

6 Langenscheidts Handwörterbuch. Lat.-Dt., bearbeitet von E. Pertsch auf der Grundlage des Menge-Güthling, Berlin, München, Zürich, 1971, S. 328. Eigene Hervorhebung. Die Abkürzung: „dcht." bedeutet „dichterisch".

7 Plato, Politeia. X. Buch, 614 c. Große Ähnlichkeit mit der Scheidung der Böcke von den Schafen im Neuen Testament (Matth. 25, 32 ff.).

ker, dass sich ein Männchen rechts, ein Weibchen links in der Gebärmutter bilde[1].

Eine genauere Untersuchung der kausalen Herkunft erscheint mir jedoch nicht so wichtig wie die Tatsache selbst, dass Griechen und Römer der linken Seite ursprünglich eine gegensätzliche Bedeutung beimaßen.

Es stellt sich schließlich die Frage, warum es bei den Römern zu der Umpolung der Seitenbedeutung kam?

Sowohl ein innerer wie ein äußerer Grund werden wohl zu der Verlagerung der glücklichen Seite nach rechts geführt haben. So schreibt de Waal, dass die griechische Auffassung der Seiten in der Kaiserzeit bei den Römern vielfach umso mehr durchdrang, „als neben dem altrömischen Ritus, wonach der Augur nach Süden schaute, also den Osten mit den günstigen Zeichen links hatte, andere Riten mit anderer Richtung aufkamen“[2].

Dies wird wahrscheinlich nicht zuletzt dadurch verstärkt worden sein, dass die tiefere Bedeutung der Auspizien im Bewusstsein der Römer nachließ und sie zum Teil als politische Zweckmäßigkeit betrachtet wurden, „denn am Anfang der Republik war die ganze Auspization derart zur äußeren Form geworden, dass es gar nicht darauf ankam, ob wirklich ein Blitz gefallen war oder die heiligen Hühner gefressen hatten, sondern nur, dass dies als geschehen dem auspizierenden Beamten gemeldet wurde oder dieser selbst behauptete, das Erforderliche gesehen zu haben“[3].

Bei Plinius kann man dann auch die Labilität bemerken, mit der die Linke behandelt wird. Als gutes Omen ist sie noch mit der altrömischen Tradition verbunden, in anderen Bereichen, besonders auf das Biologisch-Geschlechtliche bezogen, sind griechische Einflüsse stark bemerkbar.

Von seinem philosophischen Standpunkt aus setzt sich Cicero in der Schrift „De divinatione“ mit der Weissagung durch die Auspizien auseinander; die Schrift ist in Gesprächsform mit seinem Bruder Quintus gehalten, welcher dem Kreis der Stoiker zugeneigt war (diese verteidigten die Augurallehre). Cicero dagegen leugnet den Wahrheitsgehalt der Weissagung und fragt nach

---

1 Aristoteles, Über die Zeugung der Geschöpfe. Hg. und erläutert v. P. Gohlke, Paderborn, 1959. IV. Buch, 1 ff. (S. 169 u. S. 173–74). Es gibt eine dazu im Widerspruch stehende Stelle bei Aristoteles, Tierkunde. Hg. v. Gohlke, Paderborn, 1957. VII. Buch, 3–8 (S. 308–9). Vgl. Anmerkung *141 des Kommentators.*

2 De Waal, „Rechte und Linke“. In: F. X. Kraus, Real-Enzyklopädie der christl. Altertümer. 2. Bd. 1886, S. 682.

3 Paulys Real-Encyclopädie. 2. Bd. 2333. Vgl. Cicero, De divi. I, 105 und ebenda, II, 70.

dem Grund, warum z. B. linke Blitze günstiger sein sollten und warum es einigen Vögeln verliehen ist, „von der Linken, anderen, von der Rechten ein Auspizium gültig zu machen“[1]. Schließlich stellt er fest: „So erscheint uns das Linke, den Griechen und Barbaren das Rechte als günstiger – obgleich ich sehr wohl weiß, dass wir das, was günstig ist, links nennen, auch wenn es zur Rechten ist. Aber sicherlich haben die Unsrigen es links genannt, die Fremden rechts, weil es ihnen wenigstens günstiger erschien. Was ist das für ein großer Widerspruch!“[2]

Zusammenfassend kann man feststellen, dass bei den Römern die linke Seite ursprünglich als Glück bringend betrachtet wurde, diese Vorstellung sich aber im Laufe der Zeit zu der griechischen Bedeutung, als Unheil vorhersagende Seite, umgewandelt hat[3].

1.4.3 Altes Testament

Um den Gebrauch von Rechts und Links im Alten Testament zu beurteilen, muss man immer beachten, dass bei den Juden im Allgemeinen Rechtshändigkeit die Norm war und so die Nennung der Rechten bei bestimmten Tätigkeiten noch lange nicht bedeutet, dass hier eine deutliche Bevorzugung von Rechts und eine Diskriminierung von Links vorliegt. Auf der anderen Seite wird aber auch abzuwägen sein, ob es sich bei Ausdrücken wie z. B. diesem: „In deinem Arme ist Macht, stark ist deine Hand, deine Rechte erhoben“ (Ps. 89,14), bloß um Ausführungen mit der rechten Hand handelt oder ob hier schon eine besondere Betonung der Rechten im Gegensatz zur Linken vorliegt.

Hier soll nun das Alte Testament auf diese Frage hin untersucht werden; unberücksichtigt bleiben das Brauchtum und die Dogmatik des späteren Judentums, denn es unterliegt in der Folgezeit immer mehr dem Einfluss verschiedener Strömungen, mit denen es sich auseinandersetzen muss, und es würde wenig zu der Fragestellung dieser Arbeit beitragen, hier weiterzuforschen.

1 Cicero, Von der Weissagung (De divinatione), bearbeitet von R. Kühner, München 1962, II. 38, 80 (S. 123).

2 Ebenda, II, 39, 82 (S. 123–24).

3 Zu diesem Ergebnis kommt auch Dölger, Die Sonne der Gerechtigkeit, S. 38: „Der semitisch-griechische Einfluss war aber in der römischen Kaiserzeit so stark geworden, dass die römische Auffassung der morgenländischen Platz machen musste. Rechts wurde auch in Rom die Glücksseite.“

An den meisten Stellen, in denen es im Alten Testament um Rechts geht, handelt es sich um die rechte Hand oder die rechte Seite Gottes; oft wird von Gottes Hand oder Arm gesprochen, und im nächsten Satz, wie um alle Zweifel auszuräumen, wird gesagt, dass es sich um die Rechte Gottes handelt; zum Beispiel in Psalm 21,9: „Es komme deine Hand über all deine Feinde; die dich hassen, es treffe sie deine Rechte …"

Man könnte den Eindruck gewinnen, dass Gottes Hand und seine Rechte Synonyme sind, dass er gar keine andere Hand besitzt (vgl. auch 2 Mos. 15,6; Psalm 44,4; 74,11; 89,14; 138,7 und 139,10).

Des Weiteren heißt es, dass die Armen und Verfolgten an Gottes Rechter Schutz fänden oder dass Gott ihre Rechte erfasst, „…denn du rettest vor dem Feind, die zu deiner Rechten sich flüchten" (Ps. 17,7). Und Psalm 73,23: „Nun aber bleibe ich immer bei dir,/du hast mich ergriffen an meiner Rechten" (s. a. Ps. 16,9; 109,30/1; 110,5; Jesaia 41,13; 63,11/2). Interessanterweise legt sich die Bibel nicht streng auf Gottes Rechte fest, sondern es ist genauso möglich, dass der Schützling an seiner eigenen Rechten durch Gott gefasst wird, wobei bei normaler Stellung Gott seine Linke geben müsste; man könnte daraus schließen, dass die Rechte für den „Normalhändigen" wichtiger ist und daher ganz natürlich überbetont wird; vielleicht erfolgt diese häufige Wiederholung der „Rechten Gottes" auch als Zitat in Erinnerung an andere Stellen der Bibel. Dem Vorherigen entspräche auch, dass sich Gott auf der rechten Seite eines bedrängten Menschen befindet, um dessen von Natur aus geschicktere, rechte Hand zu unterstützen. Um pedantisch noch eine Möglichkeit aufzuführen, ließe sich denken, dass Gott hinter dem Menschen stehen könnte und so mit seiner Rechten die rechte Hand seines Schützlings führen kann.

Nach Jesaia 62,8 hat sich Jahwe bei seiner Rechten und bei seinem starken Arm geschworen: „Nimmer will ich dein Korn deinen Feinden zu essen geben …" Auch hier könnte man so interpretieren: Man schwört bei einer Instanz oder einer Person, die man für mächtig und stark hält; Gottes Rechte ist, da er wohl auch als Rechtshänder betrachtet wird, die stärkere Hand, und so schwört eben auch Gott bei seiner rechten Hand. Allerdings kommt in Daniel 12,7 ein Schwur mit beiden Händen vor: „Da hob der Mann, der in Linnen gekleidet über den Wassern des Flusses stand, seine Rechte und seine Linke zum Himmel und schwur bei dem ewig Lebenden …"

Der Platz an der Rechten scheint in alttestamentarischer Zeit der Ehrenplatz zu sein, diesen Eindruck vermitteln zwei Bibelstellen; einmal bietet Salomo seiner Mutter den Platz zu seiner Rechten an (1 Könige 2,19). Eine andere Stelle findet sich in Psalm 110,1: „Es sprach Jahwe zu meinem Herrn:/‚Setze dich mir zur Rechten!/Und ich lege deine Feinde dir als Schemel zu Füßen!'" Diese Stelle wird später von Christus aufgegriffen, im Disput mit den Schriftgelehrten (Mark. 12,36), und auch Paulus und Petrus zitieren sie (Hebr. 10,12; Röm. 8,34; Petrusbrief 3,22), dadurch kommt ihr eine nicht geringe Bedeutung bei den Christen zu. Aber nicht nur der mit Ehre behandelte Gast sitzt zur Rechten, auch der Ankläger steht auf der rechten Seite (Ps. 109,6). Vielleicht soll hier auf die begründeten Vorwürfe hingewiesen werden, weil der Ankläger, im Sinne des strafenden jüdischen Gottes, diesen und das jüdische Recht vertritt. Handelt es sich aber um den Satan, wie bei Sacharia 3,1, so ist dessen Berechtigung, auf der „ehrenvollen" Seite zu stehen, nicht begründet, und man könnte darin wieder ein Argument für die mehr konventionelle Betonung als die moralische Aufwertung der rechten Seite sehen.

Die Juden kannten auch die außergewöhnliche Linkshändigkeit; sie wird ohne moralische Bewertung, aber im Rahmen der Beurteilung einer besonderen kriegerischen Tüchtigkeit erwähnt. „Und unter diesem ganzen Volk waren siebenhundert auserlesene Männer, die linkshändig waren und mit der Schleuder ein Haar treffen konnten, ohne zu fehlen" (Richter 20,16). Oder es wurde von Kämpfern gesprochen, die beidhändig waren und den Bogen mit der rechten und der linken Hand bedienen konnten (1 Chronik 12,2). Eine etwas fragwürdige Heldentat vollbringt der linkshändige Ehud mit dem Meuchelmord an dem Unterdrücker der Israeliten, dem Amalekiter-König Eglan: „Ehud aber streckte seine linke Hand aus und nahm den Dolch von seiner rechten Hüfte und stieß ihm den in den Bauch" (Richter 3,15–21); seine Linkshändigkeit diente ihm wohl als Überraschungseffekt.

Bei der Reinigung von Aussätzigen wird das Blut des Schuldopfers auf das rechte Ohrläppchen, den rechten Daumen und den rechten großen Zeh getan und mit der rechten Hand das Öl in der linken versprengt (3 Moses 14,25). Es ist sicher, dass hier die rechte Seite hervorgehoben wird, vielleicht ist sie als die aktive auch die, die eher unrein wird oder durch die die linke mit gereinigt wird.

Eine besondere Bedeutung hat der Segen mit der rechten Hand; im 1. Buch Moses 48,14 ff. wird der Segen mit der *linken Hand nicht als Unglück bringend*, aber als weniger wert als der mit der Rechten geschildert: Als der Vater Israels (Jakob) seine Enkel Manasse und Ephraim segnet und seine rechte Hand auf das Haupt des jüngeren Enkels legt, protestiert sein Sohn Joseph: Nicht so, mein Vater, dieser ist der Erstgeborene, lege deine rechte Hand auf sein Haupt. Aber sein Vater weigerte sich und sprach: Ich weiß wohl, mein Sohn, ich weiß wohl. Dieser soll auch ein Volk werden und wird groß sein, aber sein jüngerer Bruder wird größer als er werden, und sein Geschlecht wird eine Menge von Völkern werden“ (1 Moses 48, 18/9).

Es gibt nun zwei Tendenzen bei der Beurteilung. Die eine tendiert mehr dazu, Bevorzugungen der rechten Seite in Zusammenhang mit der Rechtshändigkeit zu sehen, diese Position vertritt Fritsch; die andere sieht einen grundlegenden Unterschied in der Beurteilung der Seiten, hier wäre z. B. der Artikel der Encyclopaedia Judaica zu nennen.

Fritsch hebt hervor, dass „im alttestamentarischen Text rechts und links überhaupt nur recht *selten* erwähnt werden: Es handelt sich … hauptsächlich um den Segen (der aber nicht notwendig mit der Rechten erteilt werden muss!) und die stereotyp wiederholten Reinigungsvorschriften … In beiden Fällen besteht ein unmittelbarer Zusammenhang mit der Rechtshändigkeit.

Überhaupt nicht erwähnt aber werden rechts und links beachtlicher Weise in den Angaben über den Bau der Stiftshütte, der Bundeslade, des Brandopferaltars, während die grundlegende Bedeutung des ‚heiligen Raumes‘ und seiner mikrokosmischen Darstellung doch erwarten ließe, dass, wenn überhaupt ein Unterschied zwischen rechts und links gemacht wird, dieser gerade hier zu Tage treten müsste“[1].

Die Encyclopaedia Judaica will für die Linkshändigkeit des Ehud nachweisen, dass diese hier als eine Schwäche, sogar als eine Krankheit betrachtet wurde; Ehud „is called ‚ish ’itter yad yemino (…), ‚a man obstructed (in the use of) his right hand‘. The word used for ‚obstructed‘ is of the nominal construction that is usually utilized for physical defects – e. g., ‚blind‘ (…), ‚dumb‘ (…), and ‚deaf‘ (…). Left-handed men are mentioned elsewhere in Judges 20:16, where it is stated that (despite their left-handedness) they never missed the target …“[2] Die Israeliten benutzten einen Begriff für „linkshändig“, der sich durch eine ungeschickte („lahme“, ‚gehemmte“) Rechte definierte, das bedeutete aber nicht, dass die so Bezeichneten in dem biblischen Zusammenhang abgewertet wurden, im Gegenteil, überall wird die Geschicklichkeit der Linkshänder gelobt. Die Einschränkung „despite their left-handedness“ wurde von dem Autor in Parenthese gesetzt und eigens von ihm hinzugefügt; in der Interlinearübersetzung Hebräisch-Deutsch von Rita Maria Steurer gibt es keine Aussage, dass diese Männer „trotz“ ihrer Linkshändigkeit ihr Ziel nicht verfehlten. Das bedeutet, der Autor unterliegt hier dem mythischen Denken, wie Fritsch es bezeichnet.

1 Fritsch, S. 44/45.
2 Encyclopaedia Judaica. Volume 14. Jerusalem, 1971, Sp. 178.

Fritsch meint mit dem mythischen Denken jenes Denken, das über viele Jahrhunderte die linke Seite als schlecht und böse disqualifiziert hat und das sich auf alogische Prämissen stützt.

Vielleicht bewegten den Autor der Encyclopaedia Judaica solche Vorstellungen, als er schließlich noch die Glück-Unglücks-Interpretation von H. L. Ginsberg zu der zugegeben eigentümlichen Bibelstelle[1] zitiert: „The wise man's mind (tends) to his right (i. e. what brings him good luck), and the fool's to his left“[2].

Zusammenfassend kann festgestellt werden, dass es zu keiner eindeutig moralisch bewertenden Beurteilung der Seiten im Alten Testament kommt. Rechts wird zwar bei vielen Handlungen bevorzugt genannt, doch beweist schon die Tatsache, dass die linke Hand auch zum Segnen gebraucht werden darf, dass keine Ächtung dieser Seite vorliegt.

1.4.4 Neues Testament

Wie im Alten Testament wird auch im Neuen Testament die rechte Hand öfter als aktive, handelnde erwähnt, im Sinne der Aktion des normalen Rechtshänders, ohne dass dabei der Eindruck der Zurückstellung der linken oder ihrer bewussten Diskriminierung entstünde; sie bleibt als momentan funktionslos unangesprochen. So heilt z.B. Christus die verdorrte rechte Hand eines Mannes und bricht dabei die Sabbatruhe. Hier wird ganz nebenbei erwähnt, dass es sich um die rechte Hand handelt, denn das Hauptgeschehen ist ja der Bruch der Sabbatruhe (Lukas 6,6; andere vergleichbare Stellen: Mat. 27,29; Offenb. 1,16; 5,1; 13,16; Mat. 5,39; 5,29).

Es ist auch kaum als eine Bevorzugung des Meeres vor der Erde zu verstehen, dass der Engel „seinen rechten Fuß auf das Meer und den linken auf die Erde“ (Offenb. 9,10) setzt. Ähnliches gilt für den Jüngling, der zur Rechten im verlassenen Grab Christi sitzt (Mark. 16,5). Auch in der folgenden Stelle des Johannesevangeliums (21,6) scheint mir kein Hinweis auf eine rituelle Vorstellung von der rechten Seite, wie sie die Griechen in der Bedeutung als Glück bringende Seite aus der Augurallehre kennen, zu sein: „Er aber sprach zu ihnen: Werfet das Netz zur Rechten des Schiffes, so werdet ihr finden. Da warfen sie und konnten's nicht mehr ziehen vor der Menge der Fische.“

1 Prediger Salomo 10,2: „Des Weisen Herz ist zu seiner Rechten, aber des Toren Herz ist zu seiner Linken.“
2 Encyclopaedia Judaica, Sp. 178/9.

Wollte man in dem Erfolg des Fischfangs einen Hinweis auf die Glück bringende rechte Seite sehen, so wäre das durch den Umstand, dass sich kein Hinweis auf die guten Eigenschaften dieser Seite findet, wenig überzeugend.

Aus Psalm 110 wird in den Evangelien öfter im Wortlaut zitiert oder sich auf ihn berufen. In ihm gilt, wie oben schon beschrieben, die rechte Seite Gottes als die Ehrenseite, an welcher einmal Christus Platz nehmen wird. Man sollte diese Stelle nicht als direkte Diskriminierung der linken Seite überinterpretieren, doch geschieht das indirekt später dadurch, dass die Stelle als einschlägiges Argument für die rechte Seite als Ehrenplatz in der christlichen, theologischen Diskussion benutzt wird.

Eine deutliche Bevorzugung, der auch bewertende Züge zukommen, ist die berühmte Trennung der Böcke von den Schafen nach Matthäus 25,32 ff. als Gleichnis für das Jüngste Gericht: Der Menschensohn wird die Völker „voneinander scheiden, gleichwie ein Hirt die Schafe von den Böcken[1] scheidet, und wird die Schafe zu seiner Rechten stellen und die Böcke zur Linken. Da wird dann der König sagen zu denen zu seiner Rechten: Kommt her, ihr Gesegneten meines Vaters, ererbet das Reich, das euch bereitet ist von Anbeginn der Welt! ... Dann wird er auch sagen zu denen zur Linken: Gehet hin von mir, ihr Verfluchten, in das ewige Feuer, das bereitet ist dem Teufel und seinen Engeln." Hier wird man an die platonische Richterszene erinnert, wo Gerechte und Ungerechte nach rechts oben und links unten getrennt geschickt wurden. Für die bildende Kunst ist diese Matthäus-Stelle eine Primärquelle bei der formalen Bildaufteilung in Darstellungen des Weltgerichts.

Im Rahmen einer abschließenden Beurteilung ist festzustellen, dass es bei dem Ehrenplatz auf der rechten Seite trotz der häufigen Erwähnung im Neuen Testament zu keiner ausdrücklichen Abwertung der linken Seite gekommen ist. Eine Abwertung, die durch die Nichtnennung vielleicht im späteren Brauchtum aufgetreten ist, war hier nicht explizit vorgegeben.

Schwerer wiegt die Abwertung bei der Trennung der Böcke von den Schafen, denn wenn hier keine Bewertung beabsichtigt worden wäre, hätte es an dieser Stelle nicht rechts und links, sondern die eine und die andere Seite lauten können. Außerdem kann man annehmen, dass die Zuweisung

1 Kommentar in der Zürcher Bibel: „Gemeint sind nicht Schafböcke, sondern Ziegenböcke, und gedacht ist an den Gegensatz zwischen Schafen und Ziegen, die in Palästina zusammen geweidet haben und dann durch den Hirten für die Nacht getrennt werden." Die Heilige Schrift. Verlag der Zwingli-Bibel Zürich, 1955. Das Neue Testament. S. 41.

der Guten auf die rechte Seite und der Verdammten auf die linke nicht reiner Zufall gewesen sein wird, sondern hier eine moralische Wertung der Begriffe anklingt.

Auf der anderen Seite ist – im Gegensatz zu der später dogmatische Züge annehmenden Seitenverteilung in Kreuzigungsdarstellungen der bildenden Kunst – die tatsächliche Lokalisierung des guten und bösen Schächers neben Christus im Evangelium nicht gemacht.

Aus der nicht stringenten Seitenbewertung dieser beiden in ihrer moralischen Bewertung vergleichbaren Stellen über die Seitigkeit kann man schließen, dass das Neue Testament in seiner Seitenbewertung nicht fanatisch auf eine ethische Bewertung aus ist und wir hier eine allgemeine, nicht moralisch wertende Bevorzugung der Rechten als der stärkeren Seite, nach der Erfahrung des üblichen Rechtshänders, haben.

1.5 Links und Rechts in der ausgehenden altchristlichen Zeit, im frühen und im hohen Mittelalter, untersucht mittels verschiedener Quellen

1.5.1 Methodische Vorüberlegungen

In den direkt vorausgehenden Kapiteln wurde die Bedeutung und Bewertung von Links und Rechts innerhalb ausgewählter, einflussreicher Schriften und in rituellen Bräuchen bis zum Aufkommen des Christentums untersucht. Dieses Material spiegelt etwa das, was das frühe Christentum bezüglich Rechts und Links vorfand und wozu es irgendeine Stellung einnehmen musste, wider.

Zuvor wurde die Ostung reflektiert, ihr Einfluss auf Brauchtum und auf das Kirchengebäude und ihre Beziehung zu Rechts und Links.

Dieses Kapitel behandelt die Problematik, welche Bedeutung Rechts und Links in der symbolischen Vorstellungswelt der Menschen in der ausgehenden altchristlichen Zeit bis etwa zum hohen Mittelalter hatten. Denn aus dieser symbolischen Vorstellungswelt werden auch die Künstler geschöpft haben, und bestimmte Ideen sind so in die Kunst eingegangen.

Es stellt sich hier also die Frage nach den Quellen, die für die Bewertung von Links und Rechts in der Kunst als maßgeblich gelten könnten. Die Schwierigkeit liegt darin, dass sich die Fragestellung nicht nur auf ein wichtiges literarisches Werk oder einen einzelnen rituellen Brauch reduzieren lässt, sondern weiter gefasst werden muss.

Welche Bedeutung Rechts und Links in der symbolischen Vorstellungswelt eines Volkes in einer bestimmten Zeit zukommt, ist nicht aus einer einzigen Quelle allein zu deduzieren, sondern es sind verschiedene Quellen heranzuziehen und nach ihrer Wertigkeit zu hinterfragen.

Denn wenn sich z. B in gnostisch-christlichen Schriften eine eindeutige Herabsetzung von Links als der Seite der Finsternis, des Todes und des Leidens findet, so wiegt das Gewicht dieser Zitate für die Wirkung auf die symbolische Vorstellungswelt des Volkes nicht sehr schwer. Erst wenn jemand diese Vorstellungen aufnimmt und in eine Lehre einfügt, können diese Wirkungen haben, vorausgesetzt, die Lehre ist bedeutungsvoll genug, dass sie in kultische Bräuche mit eingeht. Diese Art des Mechanismus bei der Informationsübertragung kann jedenfalls für die damalige Zeit festgestellt werden, in der die gedanklichen Anregungen der Menschen hauptsächlich durch die Kirche geprägt waren. Was die gnostischen Schriften betrifft, ist nun mit großer Wahrscheinlichkeit eine Übernahme durch den Perser Mani geschehen. Gerade dualistische Gegensatzpaare bestimmter Begriffe, die aus der gnostischen Literatur stammen könnten, wurden in den Manichäismus übernommen. Durch den großen Einfluss des Manichäismus könnten auf diesem Wege tatsächlich Auswirkungen auf die symbolische Vorstellungswelt des Volkes stattgefunden haben.

Zu der Problematik der Quellen für die christliche Kunstvorstellung äußert sich Künstle folgendermaßen: „… ob die christlichen Künstler bei der Darstellung der Offenbarungstatsachen, die ja den wesentlichen Inhalt der mittelalterlichen Kunst ausmachen, unmittelbar von der Bibel ausgingen und diese direkt als Quelle für ihre Kunstvorstellungen benützten", ist „mit Sicherheit zu *verneinen*"[1].

Und er fährt fort: „Wenn nun nicht einmal die Heilige Schrift selber den Künstlern als unmittelbare Quelle für ihre Kunstvorstellungen diente, so ist es von vornherein ganz unwahrscheinlich, dass die zeitgenössische theologische Literatur, *die Werke einzelner Autoren* als Programme für die Kunstwerke anzusehen sind. Heute, wo jedermann liest und Bücher haben kann, kommt den Werken der Literatur eine ganz andere Bedeutung für die

1 Künstle, Karl, Ikonographie der christlichen Kunst. 2 Bde., Herder Verlagsbuchhandlung, Freiburg i. Br., 1926 u. 1928. Bd. 1, S. 105.

gesamte Kultur zu als im christlichen Altertum und Mittelalter, wo die Schriften auch ganz hervorragender Autoren immer nur auf kleine Kreise wirkten. In dieser Zeit haben die Werke der Kunst, die sich in ihrer Öffentlichkeit und Monumentalität dem Beschauer geradezu aufdrängten, viel öfter jenen der Literatur Ideen vermittelt als umgekehrt“[1].

Diese Behauptung belegt er mit den Ergebnissen der christlichen Archäologie, nämlich „dass die Kunst der vier ersten Jahrhunderte sich ganz unabhängig von den Schriften eines Klemens von Rom, Pseudo-Barnabas, Klemens von Alexandrien, Origenes usw. gestaltet hat … Zudem wissen wir heute ganz genau, dass die direkte Quelle der meisten Kunstvorstellungen der frühchristlichen Zeit aus dem lebendigen Wort der Kirche stammen“[2].

Als Fazit stellt Künstle fest: „Die symbolische Literatur[3] ist für den Forscher ein wichtiges Hilfsmittel, in die symbolische Vorstellungswelt einzudringen und den Sinn der Kunstwerke richtig zu erfassen. *Als Quelle für die Künstler kommt sie im allgemeinen nicht in Betracht*“[4]. Symbolische Literatur und symbolische Kunst sind somit „Äußerungen einer und derselben Kraft, nämlich der symbolischen Vorstellungswelt“[5].

Zu einem ähnlichen Ergebnis gelangt auch Sauer, wenn er die Ansicht *ablehnt*, dass *„die … behandelten Schriftwerke*[6] *direkte Vorlage der Künstler* gewesen seien; bezeichnet man sie als *Quellenschriften der symbolischen Literatur*, dann dürfte ihr wirklicher Charakter getroffen sein“[7].

Die Liturgie ist somit die eigentliche Quelle der Kunstvorstellungen: „… aus der *Liturgie, wie die Kirche sie im Verlauf des Jahres im reichen Kranz der Feste begeht, lässt sich die Hauptsumme aller Motive erklären, die uns in der christlichen Kunst entgegentreten.* Wenn auch ein Rest von Kunstvorstellungen übrig bleibt, der nicht aus der Liturgie stammt, so hindert das nicht an der hier aufgestellten Regel festzuhalten, denn in jeder Periode gab es Künstler, die dem vorhandenen Schatz von Kunstvorstellungen irgend eine neue volkstümliche Idee hinzufügten, die dann zur Nachahmung reizte“[8].

---

1 Künstle, S. 105–106.
2 Ebenda, S. 106.
3 Symbolische Literatur: „… die auf dem durch allegorische Schriftauslegung begründeten christlichen Symbolismus beruht.“ Ebenda, S. 106.
4 Ebenda , S. 107.
5 Ebenda.
6 Es handelt sich um theologische Schriften, besonders Durandus v. Mende, Honorius Augustodunensis und Sicardus v. Cremona.
7 Sauer, S. 383.
8 Künstle, S. 116.

Bei all diesen Einschränkungen für die direkte Wirkung der theologischen Literatur auf die Kunst, muss allerdings der Auftraggeber berücksichtigt werden. Die meisten Kunstwerke aus dieser Zeit sind sakraler Art und wurden entweder von geistlichen Würdenträgern oder von weltlichen Herrschern (häufig für das Heil ihrer eigenen Seele im kirchlichen Bereich) in Auftrag gegeben. Diesen Menschen, besonders den Theologen, waren aber sowohl die Schriften der Kirchenväter als auch andere theologische Abhandlungen gut bekannt, und es ist anzunehmen, dass ihr Wissen und ihre Vorstellungen in die Aufgabenstellung an die Künstler mit einflossen, besonders bei wichtigen Aufgaben mit Lehrcharakter für das Volk. Die Frage nach dem Anteil der theologischen Literatur, der künstlerischen Vorbilder und nach dem Freiraum der schaffenden Künstler ist eine der wichtigsten und schwersten in kunsthistorischen Erörterungen.

Möglicherweise wurde aufgrund von Übertreibungen zugunsten der theologischen Literatur in vorausgegangenen Untersuchungen sowohl bei Künstle als auch bei Sauer der Aspekt der Liturgie so stark hervorgehoben.

Man müsste durch die Art der Lösung künstlerischer Aufgaben durch die Liturgie und durch die wahrscheinlich sekundär davon abhängende christliche Literatur zu der Bewertung von Links und Rechts in der symbolischen Vorstellungswelt der jeweiligen Zeit gelangen.

Bei der Frage nach den Quellen für die symbolischen Kunstvorstellungen in der früh- und hochmittelalterlichen Zeit gelten die *Liturgie und das Kunstwerk*, hauptsächlich das *Kirchengebäude und seine Symbolik,* als *Primärquelle*. Als *Sekundärquelle* ist das philosophisch-theologische Schrifttum anzusehen, welches für die Liturgie allerdings wieder Primärquelle sein kann.

Das Kernstück der Untersuchung werden daher die Abschnitte über die Seitigkeit in künstlerischen Bereichen sein: Es bezieht sich einerseits auf das Kirchengebäude und beinhaltet gleichzeitig eine dem Thema angemessene Berücksichtigung der Liturgie und andererseits auf einzelne künstlerische Thematiken, die eine unterschiedliche Seitenbewertung implizieren und die für den hier gewählten Zeitabschnitt relevant sind. Davor wird aber noch ein einleitender Bericht über schriftliche Quellen und den geschichtlichen Einfluss des Manichäismus auf das abendländische Denken zu stehen kommen.

1.5.2 Schriftliche Quellen

Die Ausgangssituation für die Links-Rechts-Beziehung im Christentum war die allgemeine Ausdeutung der griechisch-römischen Kultur, nach welcher Rechts die glückliche, Links die unglückliche Seite bedeutete.

Auch im semitischen Sprachbereich war Rechts Synonym für bevorzugt und günstig, hingegen Links für verkehrt, minderwertig und ungünstig[1].

Besonders extrem war diese Polarisierung bei den Pythagoreern und in den orphischen Mysterien, die verwandte Kultbräuche hatten. So entsprach den orphischen Jenseitsvorstellungen ein seliges Rechts und ein unglückliches Links[2]. Und in der pythagoreischen Tradition soll *das Eine, Männliche, das Licht, das Gerade, das Gute* und *das Rechts* einander entsprochen haben, sowie *das Viele, das Weibliche, das Finstere, das Böse und das Links*[3]. Die Pythagoreer sahen *links den leichteren Weg zum Bösen und Verderben*, wohingegen *der Weg zur Tugend und Seligkeit rechts steil empor ging*[4].

Diese Vorstellungen blieben natürlich nicht ohne Einfluss auf das frühe Christentum, und die „antike Ausdrucksweise begann schon in der ersten Hälfte des zweiten Jahrhunderts auch in hellenistisch angehauchten Kreisen des Christentums geläufig zu werden, indem man hier von linken und rechten Engeln redete und gute und böse Engel damit meinte“[5].

Die Beeinflussung der christlichen Mystik durch den Neupythagoreismus spiegelt sich besonders in koptisch-gnostischen Schriften der ersten nachchristlichen Jahrhunderte wider. Der Gnostizismus, der Anfang des 2. Jahrhunderts in Vorderasien auftritt, ist ein Gemisch aus den verschiedensten Religionen und philosophischen Lehren. Zu seinen Grundgedanken gehört der *metaphysische Dualismus von Geist und Materie* und „in der Überwindung dieses Dualismus die Entwicklung des gesamten Universums aus dem Urgrund in unendlichen Abstufungen“[6]. Der Gnostizismus übte auf die junge

---

1 Dölger, Die Sonne der Gerechtigkeit, S. 39.

2 Dölger, Die Sonne der Gerechtigkeit, S. 42.

3 Fritsch, S. 17.

4 Dölger, Die Sonne der Gerechtigkeit, S. 41

5 Ebenda, S. 40. Klemens von Alexandrien, Fragment 69, De poenitentia (armenisch überliefert) (GCS Bd. 17: Clem. III, 229, Z. 17 ff. Stählin): „Qui in vetito malo perseverant homines, a sinistri lateris supervenientibus angelis violenter percutientur forasque eiecti duris (ligati) vinculis a spiritu deducentur in ignem aeternum … Qui vero dignos poenitentiae fructus egerint, illos angeli sinistri lateris neque aspicere in facie neque tangere neque appropinquare valebunt. Hos autem laudabunt atque amplectentur angeli dextri lateris, summo gaudio illos prosequentes, coelo atque ante omnia ipsi Salvatori gratias agentes.“

6 Vorländer, Karl, Philosophie des Mittelalters. Geschichte der Philosophie II. Rowohlt Taschenbuch Verlag, Reinbek bei Hamburg, 1964, S. 17.

Kirche einen nicht geringen Einfluss aus als „Begründer der christlichen Dogmatik und Ethik“[1].

Die neutestamentliche Scheidung der Schafe rechts und der Böcke links neben Christus kam ihrer dualistischen Grundhaltung entgegen, und man möchte sich hier fragen, ob vielleicht Matthäus pythagoreische Gedanken übernommen hat.

Dölger zeigt in einem eigenen Kapitel die Gleichsetzung von Rechts mit dem Osten und Links mit dem Westen[2]; diese Tendenz lässt sich besonders in der gnostischen Schrift Jeû feststellen: „Diese aber werden *nach Westen nach links* mit all ihren Archonten und all ihren Insassen fliehen“, oder: „Wenn aber die Archonten des ersten Äons diese Namen hören, so werden sie sich sehr fürchten und sich zurückziehen und nach *Westen nach links* fliehen und *ihr werdet nach oben gehen*“[3].

Jedoch halte ich diese Gleichsetzung eher für eine Tendenz als für eine immer geltende Regel. Links wird seit dem Untergang der altrömischen Tradition mit den hintangestellten Richtungen identifiziert, also genauso mit dem Totenreich im Westen wie mit dem Norden und dem Teufel, der von dort zu erwarten sein soll (siehe nächstes Kapitel).

Ein altgnostisches Werk mit unbekanntem Verfasser beschrieb den Gott, der seinen Anbetern das Gebiet zu seiner Rechten gab; ihnen schenkte er das ewige Leben. „Und er nannte das (Gebiet) zur Rechten ‚das Gebiet des Lebens‘ und das zur Linken ‚das Gebiet des Todes‘; und er nannte das Gebiet zur Rechten ‚das Gebiet des Lichtes‘; und das zur Linken ‚das Gebiet der Finsternis‘; und er nannte das Gebiet zur Rechten ‚das Gebiet der Ruhe‘ und das Gebiet zur Linken ‚das Gebiet des Leidens‘“[4]. Genauso selbstverständlich befindet sich in der ebenfalls gnostischen Schrift, Pistis Sophia, der Gute am Ort zur Rechten[5]. Und Johannes Chrysostomos (344/54–407) stellt die Gerechten und Weisen auf die rechte, die Ungerechten und Unklugen auf die linke Seite[6].

---

1 Vorländer, S. 17.

2 Dölger, Die Sonne der Gerechtigkeit, S. 37–48.

3 Jeû II. In: GCS, Bd. 45: Koptisch-gnostische Schriften. Hg. Schmidt. Bd. 1. 3. Aufl. Berlin, 1962. S. 314 u. 322. Eigene Hervorhebungen.

4 Unbekanntes altgnostisches Werk, GCS Bd. 45, S. 359–60.

5 Pistis Sophia, ebenda, S. 8. „Und an Stelle der Seele stieß ich ihn hinein in die Kraft, (welche ich) von dem großen Sabaoth, *dem Guten, der sich in dem Orte der Rechten befindet, …*“ Eigene Hervorhebung. – Siehe auch ebenda, S. 11.

6 Johannes Chrysostomos, Homilia in Ev. Matthaei (Migne PL 56, 930) „… sed necesse est, ut justi quidem fiant ad dexteram, id est, quinque sapientes, injusti autem ad sinistram, id est insipientes.“

Mani, der Begründer des Manichäismus, übernahm aus dem Gnostizismus entscheidende Grundgedanken für seine Lehre. Fritsch vertritt die These, dass der Manichäismus den Höhepunkt des *bewertenden Dualismus* darstellt und er sich weiter auf das abendländische Denken ausgewirkt habe. Sie proklamiert ein *manichäisches Denken*, unter dem sie das (aus Volks- und Aberglauben gespeiste) *mythische Denken* versteht, das dem Glauben an die tatsächliche Wahrheit der Wortbedeutung huldigt (rechts = richtig = gut) und der Vorstellung von der besseren Rechten und der schlechteren Linken[1].

Aufgrund dieser recht schwerwiegenden Bedeutung, die Fritsch dem Manichäismus für meine Fragestellung beimisst, erscheint es mir notwendig, kurz auf seine Geschichte und Lehre einzugehen.

Der Perser Mani (lat. Manes oder Manichaeus, 216–um 276) kam weit in seinem Leben herum, und so ist seine Lehre ein Konglomerat aus den Geistesrichtungen, die er zu seinen Lebzeiten vorfand, griechische Elemente (Pythagoreismus, Platonismus), Hellenismus, Hinduismus, persische (zarathustrische) und christliche Elemente. Seinen Tod fand er durch Steinigung auf Betreiben der Zarathustra-Priester.

In der darauf folgenden Zeit verbreitete sich der Manichäismus über das Sassanidenreich, später bis nach China und gewann im Westen bis nach Spanien und Gallien Einfluss. In den jeweiligen Gebieten glich er sich sprachlich und vor allem auch inhaltlich an die jeweiligen Kulturen an. Umgekehrt hatten sich alle geistigen Strömungen mit dem Manichäismus auseinanderzusetzen. „Im Islam ist die orthodoxe Dogmatik u. a. mit dem Manichäismus ausgebildet worden, im Christentum hat Augustinus, der selbst neun Jahre manichäischer Auditor war, wesentliche Positionen im Kampf gegen den Manichäismus gewonnen. In der islamischen wie in der abendländischen (Bogomilen, Katharer, Albigenser) Welt führt der allezeit inoffizielle dualistische Spiritualismus Strömungen weiter, die sich im Manichäismus kristallisiert hatten, aber nicht als seine direkte Auswirkung betrachtet werden können“[2].

Grundzug des Manichäismus ist der radikale Dualismus, der Kampf zwischen dem Guten und dem Bösen, dem Licht und der Finsternis. Die Materie, auch das, was am Menschen der Stofflichkeit angehört, ist böse und ungöttlich. „Welt und Mensch sind schlecht, da sie eine anormale Vermittlung zweier entgegengesetzter Prinzipien darstellen; das Heil kann nur von einer absoluten Scheidung beider ‚Naturen‘ kommen“[3].

---

1 Fritsch, S. 17 und 28.
2 RGG, IV, Sp. 721.
3 Lex. f. Theologie und Kirche, 6, Sp. 1352.

„Aber der Mensch trägt einen göttlichen Funken in sich. Durch seine Hilfe vermag er die leidvolle Vermischung des göttlichen Lichts mit der teuflischen Materie aufzuheben. Daraus ergaben sich die Lebensideale. Strenge Enthaltung von allem Unreinen in Worten und Werken (daher Ehelosigkeit, Fasten u. a.)“[1].

Bei Augustinus, dem großen Bekämpfer des Manichäismus, findet man eine generelle Abwertung von Links und eine selbstverständliche Bevorzugung von Rechts: „... ita sunt *viae bonae quae a dextris* sunt, ut in dextram tamen declinare non sit bonum“[2]. „... sinistra est animi cupiditas carnalis, dextra est animi caritas“[3], und das ewige Leben wird durch die Rechte bezeichnet[4]. Dies überträgt er auch auf die alltäglichen Handbewegungen und fordert, dass Dinge, die das ewige Leben betreffen, mit der Rechten getan werden sollen, während die Linke das zu tun hat, was für das irdische Leben erforderlich ist[5].

Wenn man davon ausgeht, dass Augustinus Rechtshänder gewesen ist, wird er sich beim täglichen Waschen seines irdischen Körpers mit der linken Hand wohl etwas schwer getan haben!

Aus diesen eindeutig bewertenden Äußerungen Augustinus‘ kann geschlossen werden, dass, trotz all seinem Kampf gegen die manichäische Lehre, sein Aufenthalt in dieser „Sekte“ nicht spurlos an ihm vorüber gegangen ist, denn er ist, soweit ich die Quellen überschaue, der Erste, der so breit bewertend hinsichtlich der Seitigkeit vorgegangen ist.

Seine Kampfschriften haben noch lange Zeit Auswirkungen auf die Ketzerverfolgung der Kirche gehabt, in deren Verlauf jeder Andersdenkende sofort als „Manichäer“ verunglimpft wurde.

---

1 Vorländer, S. 19.

2 Augustinus ep. 215, 7 (CSEL, 57, 393, Goldbacher).

3 Ders., sermo 149, 14 (Migne PL 38, 806).

4 Ders., sermo 149, 14 (Migne PL 39, 1867): „... vitae aeternae, quae per dexteram significatur. – Aug. en. in Ps. 136, 15 (CC 40, 1797, Dekkers-Fraipont): „Dextera nostra est vita aeterna, sinistra nostra est vita temporalis. Quidquid facis propter vitam aeternam, dextra operatur.“ Die vita activa et contemplativa kommt schon bei Platon (Georgias, Theaetet), Aristoteles (Eth. Nic. I 5, X 7), Seneca (De otio 7, 1; 5, 8) und Cicero (De orat., De rep. I 1 s, 17, 26 ss, III, 455) vor. Übernahme durch das Christentum, interpretatio Christiana, bei den alexandrinischen Kirchenvätern: grundlegend für das Mittelalter Gregor I. (Kirschbaum, 4, Sp. 463 ff.). Die Verbindung mit Rechts und Links ist neu.

5 Aug. Serm. dom 1, 13 (Migne PL, 34, 1248) „... dextera manu accipiatur dilectus adiutor et minister in divinis operibus ... ut sinistra manus intelligatur in operibus quae huic vitae et corpori sunt necessaria.“ Ebd. 1, 37 (MPL, 34, 1247 f.). – Weitere Zitate zur Bevorzugung von Rechts: Aug. en. in Ps. 120, 8 (CC 40, 1793, Dekkers-Fraipont). Ebd. Ps. 136, 16; und Ps. 113, 16.

So berichtet Grundmann, dass die Ketzer der ersten Hälfte des 11. Jahrhunderts „von den Zeitgenossen von Anfang an als Manichäer bezeichnet" wurden. „Diese Bezeichnung beruht wahrscheinlich auf der Augustin-Kenntnis der katholischen Beurteilung, sie ist keine Selbstbenennung der Ketzer"[1]. Allerdings fehle „bei den abendländischen Ketzern des 11. Jahrhunderts jede Spur von dualistischer Spekulation und mythologischer Weltlehre, wie sie die Manichäer und die von ihnen abstammenden Sekten des Orients vertreten haben. Wo überhaupt spekulative Gedanken hervortreten, stimmen sie weder mit diesen noch untereinander überein"[2].

Im 12. Jahrhundert kommt dualistischen Weltlehren bei bestimmten Wanderpredigern etwas Bedeutung zu, doch stehen sie nach Grundmanns Ansicht keineswegs an erster Stelle bei den Vorwürfen gegen die Ketzer[3]. Solche Kreise haben sich besonders in Südfrankreich und der Lombardei gebildet, und ihre Ideen kommen ohne Zweifel vom griechischen Osten her[4].

Seit Ende des 12. Jahrhunderts trat dann die dualistische Spekulation stärker hervor[5]. Träger waren die Katharer. Ihre dualistische Lehre kam aus dem Osten und war verquickt mit der iranisch-manichäischen Tradition[6]. Außer bei den Katharern findet sich bei den Bogomilen und den Paulikianern manichäisches Gedankengut[7].

Hier ist Fritsch Recht zu geben, wenn sie den Manichäismus so betont, der durch seinen relativ einfachen Dualismus (im Gegensatz zu der komplizierten Lehre von dem dreieinigen Gott) ungebildeten Gläubigen leichter verständlich war und von dem man behaupten kann, dass er viele Auswirkungen auf die christliche Theologie hatte.

---

1 Grundmann, Herbert, Religiöse Bewegungen im Mitttelalter. Untersuchungen über die geschichtlichen Zusammenhänge zwischen der Ketzerei, den Bettelorden und der religiösen Frauenbewegung im 12. und 13. Jahrhundert und über die geschichtlichen Grundlagen der deutschen Mystik. 2. Aufl., Georg Olms Verlagsbuchhandlung, Hildesheim, 1961, S. 476.

2 Ebenda, S. 479–80.

3 Ebenda, S. 24–25: „In Wirklichkeit stehen aber vor dem Ende des 12. Jahrhunderts keineswegs die spekulativen Probleme des Dualismus im Mittelpunkt der Auseinandersetzung zwischen Ketzertum und Katholizismus, sondern durchaus die Fragen des religiösen Lebens und der Kirche. „Überhaupt sei in allen kirchlichen offiziellen Dokumenten über die Ketzerfrage von einer „dualistischen Spekulation entweder überhaupt nichts zu verspüren, oder sie tritt doch ganz in den Hintergrund ..." – Siehe S. 26–27.

4 Runciman, Steven, The medieval Manichee. A study of the Christian dualist heresy. Univ. Pr., Cambridge, 1955, S. 116, auch 123.

5 Grundmann, S. 27.

6 Ebenda, S. 514.

7 Runciman, Kapitel 3, 4, 6.

Für Ephräm den Syrer (um 306–373) ist es so selbstverständlich, die bösen Mächte links zu lokalisieren, dass man manchmal glauben möchte, er spräche in unserem parteipolitischen Jargon als Vertreter der Konservativen: „Die Stütze der Linken war eben nur ein zerbrechliches Rohr“[1]. Oder: „In ihm wurde die ganze linke Seite als Macht bloßgestellt, die ihren Anbetern nicht helfen kann“[2].

Auch Gregor der Große äußerte sich sehr scharf: „… pro dextro habere dicimus, quod pro magno pensamus; pro sinistro vero id quod despicimus“[3]. Weniger hart ist die schon von Augustinus getroffene Aufteilung des aktiven Lebens nach links und des kontemplativen Lebens nach rechts, die auch Gregor vornimmt[4]. Doch ist auch hier eine deutliche Bevorzugung von rechts anzumerken, denn schon den Griechen galt das dem Denken gewidmete Leben mehr als das der körperlichen Arbeit, und so sagt Gregor an anderer Stelle: „… quamvis activa bona sit, melior tamen est contemplativa, quia illa cum mortali vita deficit, ista vero in immortali vita plenius excrescit“[5].

Aus den nächsten Jahrhunderten liegt wenig Material vor (wenn auch für diese Lücke vielleicht nicht nur die wenigen Aussagen der Theologen verantwortlich sind, so spiegelt sich hier doch sicher eine Tendenz deutlich wider).

Im 12./13. Jahrhundert gibt es wieder Aussagen, die allerdings nichts Neues bringen. Die Bevorzugung der rechten Seite ist geblieben, und der linken kommt weiter, in Anknüpfung an die Väter und die Bibel, das aktive Leben

---

1 Ephräm der Syrer, 1. Lied über Julian den Apostaten, 2. Vers. In: Bibliothek der Kirchenväter. Bd. 37. München, 1919, S. 213. Nach dem Kommentator bezieht sich diese Stelle auf Matth. 25,33, das Weltgericht. Die Stütze der Linken, das Haupt der gottesfeindlichen Partei, sei Julian.

2 Ephräm der Syrer, 4. Lied über Julian den Apostaten, 6. Vers, S. 232. Von demselben, Nisibenische Hymne, 35. Vers, ebenda, S. 289: „Da eilten herbei die Scharen des Satans mit seinen Dienern. Das Lager des Unkrauts versammelte sich ganz, weil sie sahen, dass Jesus zum Ärger der ganzen linken Seite (d. h. der Partei der Gottlosen) glorreich sei.“
Johannes Mandakuni (5. Jh.): „Mache dich los von der linken Seite des Teufels, und Gott ist auf deiner rechten.“ In: Reden, Bibliothek der Kirchenväter. Bd. 58. München, 1927. Ausgewählte Schriften der armenischen Kirchenväter. Bd. 2, S. 195.
Etwas neutraler werden im folgenden Zitat beide Seiten als Gefahr bringend beschrieben: „Satan aber wendet die einen nach rechts, die anderen nach links ab. Die Linke kennen wir alle, denn die Werke der linken Seite sind offenbar, aber die Rechte kennen wir nicht, denn die Abwendung geschieht durch die Arten der Gottesverehrung.“ Ebenda, S. 267–268. – Siehe auch ebenda, S. 249.

3 Gregorius Magnus, M. mor. 20, 22, 48 (Migne PL 76, 166).

4 Gregorius Magnus, Homil. In Evang. II, homil 21, 2 (Migne PL 76, 1170): „Quid namque per sinistram nisi vita praesens, quid vero per dextram, nisi perpetua vita significatur?“

5 Gregorius Magnus, Hom. In Ez. I, hom. III (Migne Pl 76, 809). Vgl. Anmerkung 5 S. 44.

zu[1], da stehen auch die Sünder[2], und mit der linken Seite wird das Sterbliche bezeichnet: „... per sinistram enim mortalis, per dextram immortalis designatur“[3].

Der mittelalterliche Autor ist in schwierige scholastische Diskurse verstrickt, und er versucht bewusst keine eigenen originellen Interpretationen zu kreieren; „von vornherein erklärt er, Vermittler der Tradition sein zu wollen, und seine Abhängigkeit gegenüber der Tradition war oft so stark, dass er glaubte wegen eines allenfallsigen Abweichens davon sich rechtfertigen zu müssen“[4].

Und so bleibt die linke Seite in der theologischen Literatur immer die, die mit der minder wertvollen Eigenschaft bedacht wird, sodass ich Fritschs These weitgehend zustimmen möchte, dass das „manichäische“ Denken sich in dem Christentum verwurzelt hat und dort weiter wirkte.

1.5.3 Links und Rechts im Kirchengebäude

Gottesdienst und Kirchengebäude sind die Zeit und der Ort, in denen man am ehesten vermuten möchte, dass die spezifische Symbolik von Links und Rechts, wie sie aus der Antike dem Christentum überliefert wurde, wie sie sich in der theologischen Literatur offenbart und wie sie im Volksglauben gegeben war, Niederschlag gefunden hat.

Tatsächlich lassen sich im Folgenden verschiedene Bereiche zeigen, in denen Rechts und Links eine festgelegte Bedeutung haben.

Besonders ausgeprägt äußert sich die Seitensymbolik in der Geschlechtertrennung bei der Sitzordnung im Kirchenraum und in liturgischen Handlungen. Es finden sich aber auch bestimmte künstlerische Programme an den Wänden der Kirche, die sowohl mit den Bedeutungen, die den Seiten an sich zukommen, als auch mit den Bedeutungen, die den Seitenschiff-Wänden der Kirche zugeschrieben wurden, korrespondieren.

Die Funktion der Kirche, die spezifischen Bedeutungen von Links und Rechts im Kirchengebäude und in der Liturgie, werden Wirkungen auf die romanische Plastik in Burgund gehabt haben, die, als Architekturplastik, in

1 Honorius Augustodunensis, Gemma animae I, 9 (Migne PL 172, 547): „... quia dextra contemplativam, sinistra activam vitam significat.“ – Siehe: derselbe, Migne PL 172, 550/1.
2 Innocentius III., s. alt. myst. 2,35 (Migne PL 217, 820): „... per dextram enim iusti, per sinistram peccatores figurantur.“
3 Durandus, Rationale divinorum officiorum, VII, 44, Lugduni, 1559, S. 461.
4 Sauer, S. 381.

ein architektonisches Ganzes eingebunden ist und in Programm und Anordnung unter anderem auch von der Funktion und Bedeutung des Bauwerks abhängt. So hat dieser Abschnitt eine besonders wichtige Rolle für die Arbeit hinsichtlich der konkreten Untersuchung an den ausgewählten Kunstwerken.

Das frühe Christentum kennt zwei Möglichkeiten der *Sitzordnung: die Querteilung*, die Männer sitzen vorne und die Frauen dahinter, und die *Längsteilung*, Männer und Frauen sitzen nach Seiten getrennt nebeneinander.

Die *Didaskalia* aus dem nördlichen Syrien legt im 3. Jahrhundert die Platzordnung im Kirchengebäude so fest: „Wiederum aber auf der anderen (östlichen) Seite des Hauses sollen die männlichen Laien sitzen. So nämlich ziemt es sich, dass *die Presbyter mit den Bischöfen an der Ostseite des Hauses sitzen, und danach die männlichen Laien, und alsdann die Frauen* ...“[1].

In den *Apostolischen Konstitutionen*, die sich in vielem an der Didaskalia orientierten, wird die genaue Platzordnung offen gelassen, wobei die Geschlechtertrennung jedoch aufrechterhalten bleibt. „Diese aber (die Diakone) sollen sorgen, dass die Laien in dem unteren Teile Platz nehmen in aller Ruhe und Ordnung. Die Frauen sollen getrennt sitzen und Stillschweigen beobachten.“[2]

Auch Augustinus erwähnt die Trennung der Geschlechter: „... weil die Scharen, in keuscher Feierstimmung nach Geschlechtern ehrbar getrennt, zur Kirche strömen ...“[3].

In dem ebenfalls im syrischen Kulturraum entstandenen sog. *Testament unseres Herrn*, das etwa zweihundert Jahre jünger ist als die Didaskalia, wird eindeutig den Frauen die linke und den Männern die rechte Seite im Kirchenraum zugewiesen[4].

Sicherlich tragen der Zeitunterschied und die verschiedene Umwelt der Verfasser von Didaskalia und dem Testament unseres Herrn zu den auffällig verschiedenen Platzordnungen bei.

Trotz allem ist es beachtenswert, dass die Apostolischen Konstitutionen (zeitlich etwa zwischen den beiden anderen Schriften anzusetzen) diese Frage deutlich offen lassen, obgleich sie sich sonst sehr gewissenhaft, manchmal sogar wörtlich[5] auf die Didaskalia beziehen. Selhorst bietet dazu einen, mei-

1 Selhorst, S. 11.
2 Ebenda, S. 11–12.
3 Augustinus, De Civitas Dei, II, 28. Übersetzung: Bibliothek der Kirchenväter. Hg. v. Bardenhewer. Bd. I. München, 1911, S. 126.
4 „*Die Männer sollen auf der rechten, die Frauen auf der linken Seite stehen.*“ Selhorst, S. 12.
5 Selhorst, S. 14.

ner Ansicht nach, einleuchtenden Erklärungsvorschlag an: Er stellt fest, dass es schwer festlegbar sei, wie alt die verschiedenen Platzanweisungen in Syrien-Palästina seien. „Vielleicht haben beide Platzordnungen von Anfang an oder doch schon längere Zeit nebeneinander bestanden. Die Sprache des Testaments, das überhaupt an manchen Stellen auf recht alte Quellen zurückzugehen scheint, lässt die Anordnung über den Männer- und Frauenplatz nicht als Neuerungen erkennen, sondern als rechtliche Anerkennung einer herkömmlichen Einrichtung“[1]. Die Zurückhaltung der Apostolischen Konstitutionen hält er nicht für zufällig, sondern für wohl begründet: „Sie erklärt sich ganz ungezwungen bei der Annahme, dass die Apostolischen Konstitutionen in einem Gebiet entstanden sind, wo beide Platzordnungen bekannt und gebräuchlich waren. Die Kirchenordnung wollte keiner von beiden den Vorzug geben. Sie begnügte sich mit der Vorschrift der Geschlechtertrennung und überließ die nähere Anweisung der getrennten Plätze dem Ermessen der örtlichen Kirchenleitung. Das Testament dagegen fand später in seinem Entstehungsgebiet mehr die Platzordnung zur Rechten und Linken vor und machte diese somit zur rechtlichen Norm, im Gegensatz zur Didaskalia“[2].

Die *Querteilung des Gläubigenraums* war in *Syrien-Palästina, Ägypten und auch in Mesopotamien* bekannt[3]. Für den Westen lässt Selhorst nur eine sichere Nachricht bei Tertullian gelten[4]. Im *Okzident* ist im Gegensatz dazu die *Längsteilung* als die üblichere bekannt. Nur das sog. Testament unseres Herrn gibt Nachricht von der Längsteilung im Morgenland.

Bei der Längsteilung entstehen die interessanten Fragen, welcher Gruppe die rechte und welcher die linke Seite zugewiesen wird und von wo aus Links und Rechts bestimmt werden, sowie die weitere Frage nach dem Zusammenhang mit den Himmelsrichtungen.

Zum Problem des Standpunktes, von dem aus Links und Rechts festgelegt werden, kann man im Großen und Ganzen sagen, dass, mindestens solange es sich um die Platzverteilung handelt, vom Eingang eine Bestimmung vorgenommen wird[5]. Daraus folgt, dass in geosteten Kirchen Rechts und der

---

1 Selhorst, S. 14.

2 Ebenda.

3 Selhorst, S. 18. In Mesopotamien gibt es Kirchen mit einer Scheidewand quer durch den Gläubigenraum.

4 Ebenda, S. 19. Betrifft allerdings Nordafrika.

5 Zu diesem Ergebnis kommt auch Selhorst für die Ordines Romani (Selhorst, S. 32). – Für spätere Zeiten trifft diese Behauptung auch zu, z. B. in den Zuordnungen des Durandus u. a. für die mit großer Wahrscheinlichkeit geostete Kirche: SÜDEN – MÄNNER – RECHTS und NORDEN – FRAUEN – LINKS – EVANGELIENSEITE.

Süden, und Links und der Norden zusammenfallen; dagegen sind umgekehrt, bei gewesteten Kirchen, Rechts und der Norden sowie Links und der Süden verbunden (Fig. 1).

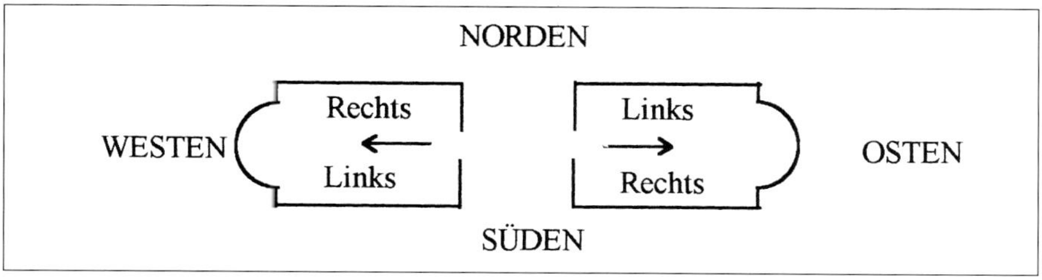

Fig. 1 Bestimmungsstandort und die Seiten Links und Rechts bei geosteter sowie gewesteter Kirche

Es sei an die gewesteten konstantinischen Bauten erinnert, bei denen die Beobachtung dieser Umkehrung zu Schlüssen über die stärkere Zusammengehörigkeit der Platzordnung mit den Seiten Links und Rechts oder mit den Himmelsrichtungen führen könnte.

Aus einem Bericht des Paulinus von Nola über den Bilderschmuck in der Basilika zu Nola (Kampanien, Wende zum 5. Jh.) geht mit großer Wahrscheinlichkeit hervor, dass auf der *rechten Seite heilige Männer* und auf der *linken das „geringere Geschlecht“ der Frauen* dargestellt waren[1]. Dabei kommen Selhorst und Kraus zu der Meinung, dass dieser Aufteilung auch die Geschlechtertrennung in der Basilika entsprach[2]. Leider lässt sich aber gerade bei diesem – wohl frühesten nachweisbaren – Beispiel der Längsteilung im Westen der Bestimmungsstandpunkt nicht sicher nachweisen.

Glücklicher ist die Lage bei den uns erhalten gebliebenen Mosaiken in S. Apollinare in nuovo, Ravenna (553–566 von Bischof Agnellus in Auftrag gegeben). Im Liber Pontifikale der Kirchen von Ravenna schreibt Abt Agnellus (830): „Dort aber (nämlich an den Hochwänden des Mittelschiffs)

1 Selhorst, S. 25. „Und die Doppelhallen, die offen stehen zur Rechten und Linken, / Schmückt mit Geschichten je zwei die gläubige Bildkunst. / Heiliger Männer heilige Taten füllen die eine aus, Job, der durch Wunden Geprüfte, und Tobias, der des Augenlichtes Beraubte. / Und die andere ziert das geringere Geschlecht, die ruhmreiche Judith, / Und mit ihr ist dort Esther gemalt, die mächtige Königin.“ Paulinus von Nola, Carmen 28, 22–27. – Die Zuweisung der Bilder der heiligen Männer in die rechte Doppelhalle und die der Frauen in die linke, die aus dem Text nicht explizit hervorgeht, wird aus der Reihenfolge der Nennung abgeleitet.

2 Selhorst, S. 25–26.

wurden, wie ich sagte, zwei Städte abgebildet. Aus Ravenna gehen Märtyrer hervor, im Männerteil, und gehen zu Christus; aus Classis treten die Jungfrauen hervor und schreiten zur heiligen Jungfrau der Jungfrauen"[1]. Wenn uns Abt Agnellus auch keine Zuweisung der Frauen- und Männerseite zur Rechten oder Linken angibt, d. h. auch keinen Betrachter-Standpunkt in dem Kirchenraum einnimmt, so wird aber zumindest aus seinem Bericht und dem Vergleich der erhaltenen Mosaiken in der Kirche eindeutig klar, dass die *Männerseite im Süden* und die *Frauenseite im Norden* lag. Vom Eingang aus gesehen stehen die *Frauen links* und die *Männer rechts*, denn die Kirche ist geostet.

Aus dem Osten haben wir im 6. Jahrhundert auch eine Nachricht, nach der in der Hagia Sophia der Kaiserplatz, um den herum auch die Männer saßen, im Süden gelegen und den Frauen die andere Seite, folglich der Norden, zugeteilt war[2].

Hier wird eine Bindung der Platzzuteilung an die Himmelsrichtungen gegeben. Aus der Ostlage der Kirche ergibt sich dann, dass der Männerplatz mit der rechten Seite, vom Eingang aus gesehen, zusammenfällt.

Die Peterskirche in Rom liefert schließlich, neben anderem, auch einen Nachweis, dass der Bestimmungspunkt für Links und Rechts am Eingang gelegen war. Eine Inschrift lautet:

AD SANCTUM PETRUM APOSTOLUM ANTE REGIA
IN PORTICU COLUMNA SECUNDA QUAMODO INTRAMUS
SINISTRA PARTE VIRORUM
LUCILLUS ET JANUARIA HONESTA FEMINA[3].

Bei der gewesteten Basilika lag also der *Männerplatz links* und der *Frauenplatz rechts* vom Eingang; Selhorst bringt noch verschiedene weitere Quellen, die diese Tatsache stützen[4].

---

1 Agnellus, Liber Pontifikalis, Vita S. Agnellus (Migne PL 106, 601). Übersetzung von Selhorst, S. 26.

2 Selhorst, S. 27: „Um 563 spricht Paulus Silentarius bei der Beschreibung der Hagia Sophia vom Kaiserplatz im Südschiff. Einige Jahrzehnte früher berichtet Prokop von Gaza von derselben Kirche: ‚Säulenhallen aber sind auf jeder Seite zwei … Die eine hat die betenden Männer erlost, den gleichfalls betenden Frauen ist die andere zugeteilt'."

3 Selhorst, S. 27.

4 Selhorst, siehe S. 27–28.

Hingegen wird in den römischen Ordines (6.–9. Jahrhundert) bei geosteten Kirchen die Frauenseite pars sinistra genannt[1], und in der II. Ordo liegt die *pars virorum im Süden*[2]. *„Rechts und links werden somit nach den Ordines Romani im Gläubigenraum vom Eingang aus bestimmt"*[3].

Dazu kommt auch Braun, der die Männerseite (pars virorum) als „die *rechte* in geosteten Kirchen, also die *südliche Seite* des Schiffes derselben" bestimmt. „Sie war schon in altchristlicher Zeit, wie das Testament D. N. Jesu Christi (5. Jh.) bezeugt, als *die ehrenvollere den Männern* zugewiesen"[4]. Die linke Seite, also die nördliche in der geosteten Kirche, war dann den Frauen überlassen[5]. Darauf, wie sich dies bei nicht geosteten Kirchen verhielt, geht er leider nicht ein.

Die übliche Gebetsrichtung war im Christentum die nach Osten, das bedeutet, dass die Gläubigen sich wahrscheinlich zum Beten in der Peterskirche umwandten[6] und dann die Männer rechts auf der südlichen Seite und die Frauen auf der nördlichen links standen.

Selhorst fasst zusammen: *„Der Männerplatz zur Linken der gewesteten Kirchen war somit nicht der bevorzugte, weil die linke Seite die vornehmere, sondern weil sie für die zum Gebet nach Osten gewandte Gemeinde die rechte war."*[7]

Bei der Platzordnung blieb es in der folgenden Zeit dabei, dass die *Frauen*

1 Ebenda, S. 32. Quelle für die Bedingung der Ostung: Ordo Romanus I, 9. Migne PL 78, 942.

2 Migne PL 78, 972.

3 Selhorst, S. 32.

4 Braun S. J., Joseph, Liturgisches Handlexikon. 2. Aufl. Verlag Josef Kösel & Friedrich Pustet, Regensburg, 1924, S. 202. Eigene Hervorhebung.

5 Ebenda, S. 116–117.

6 Ein direkter literarischer Nachweis ließ sich nicht finden, doch wandte sich Leo der Große gegen die „gottlose Sitte" mancher Christen Roms, die sich im Atrium von St. Peter gegen die Eingangstür nach Osten gekehrt haben, um ihr Gebet zu verrichten (Dölger, Sol Salutis, S. 3). Möglicherweise übte man den Brauch auch innerhalb der Kirche; immerhin ist anzunehmen, dass Frauen und Männer schon im Atrium getrennt zu ihren Plätzen gingen, und dort zumindest, beim Gebet nach Osten, die Männer dann tatsächlich rechts standen. Dieser Brauch soll sich bis zum Jahr 1300 erhalten haben: „In diesem Jahre habe der Kardinal Stephanesco, der Neffe Bonifaz' VIII., den Florentiner Giotto veranlasst, über jene Türe ein Mosaik anzubringen, das Christus mit Petrus und den übrigen Aposteln im Schiffe darstellte, so dass nun die Christen beim Gebet dieses Bild vor sich sahen und die Gefahr der Sonnenanbetung vermieden wurde" (Dölger, Sol Salutis, S. 258).

7 Selhorst, S. 33.

links im Norden und die *Männer rechts im Süden* saßen[1]. In bayrischen Dorfkirchen ist diese Ordnung teilweise heute noch der Brauch[2].

In der Zeit, die vergangen ist, seitdem diese Doktorarbeit geschrieben wurde, und ihrer jetzigen Veröffentlichung in neuer Form, bestätigte sich durch viele Aussagen, dass dieser Brauch bis heute existiert und sich nicht nur auf kleine Kirchen in Bayern bezieht, sondern allgemein auch in vielen größeren katholischen Gotteshäusern in ganz Deutschland bis heute so gehandhabt wird.

Eine umgekehrte Sitzordnung hat meist eine eher profane Begründung, die mit individuellen Eigenheiten des Standortes der Kirche und der Gemeinde verbunden ist. Es kann sein, dass z. B. von einer kleinen, in der nördlichen Kirchenwand eingelassenen Pforte ein Weg über den Friedhof direkt ins Wirtshaus führt und die Männer den Platztausch durchgesetzt haben, um nach der Messe gleich zum Frühschoppen gehen zu können.

---

1 *Quellen:*
Amalarius, 8. Jh. (Migne PL 105, 1105 und 1322). Übersetzung bei Selhorst, S. 32: „Die Männer stehen auf der Südseite und die Frauen auf der Nordseite."
Micrologus de ecclesiasticis observationibus. Vermutlicher Verfasser: Bernold von Konstanz († 1100). Übersetzung bei Selhorst, S. 32: „Wenn der Diakon das Evangelium liest, wendet er sich nach Süden, wo auch die Männer zusammenströmen, nicht nach Norden, wo die Frauen stehen."
Honorius Augustodunensis, 12. Jh. (Migne PL 172, 551): „... Diaconus secundum ordinem se vertit ad austrum dum legit Evangelium, quia in hac parte viri stare solent quibus spiritualia praedicari debent. Per viros quippe spirituales significantur, et per austrum spiritus sanctus designatur. Nunc autem secundum solitum morem se ad aquilonem vertit ubi feminae stant, quae carnales ad spiritualia vocat. Per aquilonem quoque diabolus designatur, qui per Evangelium impugnatur. Per aquilonem enim infidelis populus denotatur, cui Evangelium praedicatur, ut ad Christum convertatur."
(Migne PL 172, 551): „In ecclesia masculi in australi parte stant, quod fortiores in fide ardore spiritus sancti fervidi praelati fieri debeant ... Feminae vero in boreali parte ... quod fragiliores subesse debeant, quia aestum tentationum ferre nequeant atque nuptiale medicamine aestum carnis temperare."
(Migne PL 172, 661): „Postquam introducti fuerint catechumeni, sunt masculi in austro, feminae in aquilone statuendi, quia videlicet fortiores contra aestum tempestatum sunt ponendi, infirmiores sub magisterio erudiendi, ..."
Sicardus, 1155–1215 (Migne PL 213, 279): „Seorsum mares ad austrum, seorsum feminae ad aquilonem exorcizantur, quia majora magis intelligentibus, et minora minus capientibus, et frigidis sunt propinanda."
Durandus, 1230/1–1296 (Rationale divinorum officiorum, 1, 1, 46/7): „Masculi autem in australi, feminae autem in boreali siue in aquilonari parte manent ..."

2 Siehe auch Nussbaum, Otto, „Die Bewertung von Rechts und Links in der römischen Liturgie". In: Jahrbuch für Antike und Christentum, Jahrgang 5, 1962, Münster/Westfalen. S. 169–170.
– Wurde mir auch von einem Kommilitonen berichtet als Brauch in Weihenstephan bei Landshut.

Dass dies keine auf Deutschland begrenzte Platzaufteilung war, beweist auch eine Schilderung bei Leo Tolstoj: „Die Kirche war voll von feierndem Volk. Rechts standen die Männer: alte Bauern, in selbst gemachten Kaftanen und Bastschuhen … Links die Frauen in roten Kopftüchern, Wämsern aus Plüsch …“[1].

Die ziemlich übereinstimmenden Aussagen der Quellen berechtigen zu dem Schluss, dass die Zuteilung der linken Seite und des Nordens an die Frauen nicht zufällig war, sondern typisch für deren Hintanstellung und Herabsetzung ist, genauso wie die Abwertung des Nordens und der linken Seite:

1. Die Frauen standen schon im Judentum dem Manne nach, ebenso in der Antike[2], und das Christentum übernimmt größtenteils antike Denkart: Nach den pseudo-klementinischen Homilien ist das Weib nur die Hälfte des Mannes, und Tertullian bezeichnet das männliche Geschlecht als das ehrenvollere. Ähnlich äußern sich Paulinus von Nola, Augustinus und Ambrosius[3]. Die Mandäer (Anhänger einer gnostischen Religionsgemeinschaft) „setzten Rechts und Links mit Adam und Eva gleich“![4]
2. Die Abwertung der linken Seite ist oben ausführlich beschrieben worden und trifft besonders auf das frühe Christentum in der Liturgie zu.
3. Auch die Hintanstellung des Nordens und die Verbindung mit dem Teufel und dem Bösen ist genügend dargestellt worden.

Wenn das Beispiel der Peterskirche in Rom zeigt, dass die Bindung des „ehrenvolleren“ Geschlechts der Männer an die Südseite, d. h. an eine Himmelsrichtung, etwas stärker zu sein scheint als an die rechte Seite, so erweist sich hier wieder sehr deutlich die Labilität von Links und Rechts und ihre untergeordnete Ausrichtung an den Himmelsrichtungen. Die Lösung des Problems durch die Gebetswendung nach Osten ist meiner Meinung nach nicht als Sophistik zu verstehen, sondern entspricht der starken Beziehung der Menschen zum Kosmos und dem mythischen Denken hinsichtlich der Seiten auch im Christentum.

In seiner Untersuchung der „Bewertung von Rechts und Links in der römischen Liturgie“ stellt Nussbaum abschließend fest: „*Sprache und Ritus der römischen Liturgie schließen sich ganz der Bewertung von Rechts und Links*

---

1 Tolstoj, Leo, Auferstehung. I. Teil. Manfred Pawlak Verlagsgesellschaft, Herrsching, 1979, 2. Band, S. 225.

2 Siehe: Moses 3,12. – Zur Antike: Selhorst, S. 21.

3 Quellen bei Selhorst, S. 21.

4 Nussbaum, S. 160. Ebenda: „Clemens von Alexandrien hat ein apokryphes Herrenwort bewahrt …: ‚Ich bin gekommen, die Werke des Weiblichen aufzulösen.‘ In diesem Weiblichen sieht Clemens die Begierde.“

an, wie sie in der Antike gegeben war"[1]. *Das heißt, die Bevorzugung von Rechts wird in die Liturgie übernommen.*

Für die *Körperseiten* bedeutet das keine Ausschaltung von Links, doch wird der Ritus zuerst an der rechten Körperseite vollzogen[2].

Auf die *Hände* wird die Bestimmung der linken Seite für das irdische und der rechten für das ewige Leben übertragen, wie es besonders Augustinus predigt: „Dextera nostra est vita aeterna, sinistra nostra est vita temporalis. Quidquid facis propter vitam aeternam, dextera operatur"[3]. „Diesen Grundsatz, alles für das ewige Leben Erforderliche mit der rechten Hand zu tun, hat die Liturgie gewissenhaft befolgt"[4].

Jeder Ritus, den der Priester mit nur einer Hand zu vollziehen hat, wird mit der rechten ausgeführt, dies betrifft die Segnung, die Besprengung mit Weihwasser, jede Salbung und Handauflegung und das Abendmahl.

Abgesehen von der größeren Geschicklichkeit des Rechtshänders mit der rechten Hand, ist das doch eine starke Bevorzugung, und die Verbundenheit mit diesen Vorschriften scheint bis heute tief in der Liturgie verhaftet zu sein, denn selbst im 20. Jahrhundert gab es Bedenken gegen einen einarmigen Priester, weil ihm der rechte Arm zum Segen fehlte[5].

Die gleiche Bewertung, die der rechten und linken Hand zukommt, wird auch den Füßen zuteil: „Als es üblich wurde, den christlichen Altar auf ein Podium mit vorgelagerten Stufen zu stellen, legte man Wert auf eine ungerade Stufenzahl. Für den Hauptaltar sind drei Stufen die Regel, für den Nebenaltar eine Stufe. Der Zelebrant einer Messe aber soll nach dem Stufengebet dextro pede den Aufstieg zum Altar beginnen ..."[6].

Nussbaum hält die Vorschrift für den Zelebranten, in der Messe die Wendungen immer nach rechts zu machen, für einen alten Ritus, „der wohl so alt sein

1 Nussbaum, S. 171. Eigene Hervorhebung.

2 Ebenda, S. 160: „Weder bei der Taufe, noch bei den Gradstufen der Priesterweihe, noch bei der Krankensalbung beschränken sich die Zeremonien etwa nur auf die rechte Körperseite."

3 Aug. en. in Ps. 135, 15 (CC 40, 1797 Dekkers-Fraipont). – Ders. en. in Ps. 113, 16 (CC 40, 1974 Dekkers-Fraipont): „... si mensae tuae iniuriam putas fieri manducante conviva de sinistra, quomodo non fit iniuria mensae dei, si quod dextrum est, sinistrum feceris, et quod sinistrum est, dextrum feceris?"
Ders. en. in Ps. 136, 16 (CC 40, 1974 Dekkers-Fraipont): „Meministis fortasse hic me aliquando tractasse de quibusdam, qui quod sinistrum est, faciunt dextrum; id est qui temporalia bona plus habent, et in istis beatitudinem ponunt, ignorantes quae sit vera felicitas, vera dextera ... omnis ista terrena felicitas sinistra vobis sit."

4 Nussbaum, S. 162.

5 RGG2, III, 1961 (RGG^3, IV).

6 Nussbaum, S. 163–164.

dürfte, wie die vom Volk abgewandte Stellung des Priesters bei der Messfeier“[1].

Der Zelebrant hat sich demnach „stets nach rechts umzuwenden, wenn er den Altar verlässt und die Stufen hinabsteigt. Ebenso hat er sich nach rechts zu wenden, wenn er der Gemeinde seinen Gruß entbietet. Ferner muss er den Circulus nach rechts vollenden, wenn er sich nach der Gebetsbitte des Orate fratres erneut dem Altar zuwendet“[2]. Die Festlegung von Rechts und Links erfolgt hierbei von der handelnden Person aus.

Die *Altarumkreisung*, circumambulatio, hatte in der Antike nach rechts zu geschehen, d. h. die rechte Seite des Schreitenden musste dem Gegenstand zugewandt sein (Fig. 2). Nussbaum meint, dass einiges dafür spreche, „dass auch in der Liturgie die circumambulatio ursprünglich nach Art der Antike stattgefunden hat“[3].

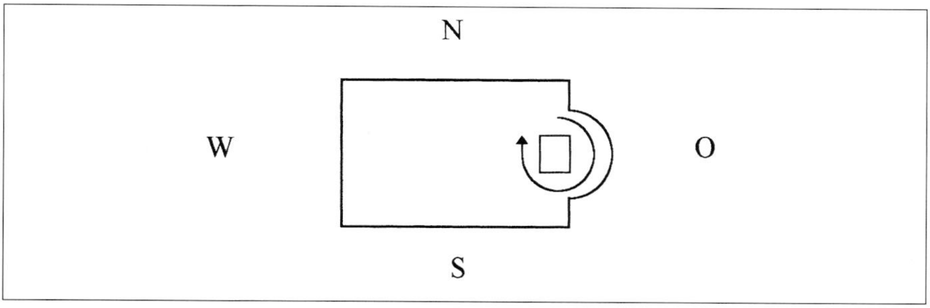

Fig. 2 Antiker Brauch der Altarumkreisung

In der römischen Liturgie scheint nach seinen Ausführungen ein anderer Brauch geherrscht zu haben, nämlich dass man rechts vom Gegenstand bleibt (Fig. 3).

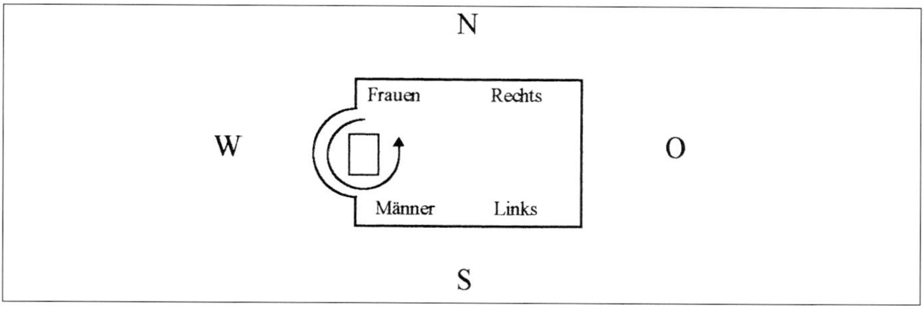

Fig. 3 Römischer Brauch der Altarumkreisung und Aufteilung der Kirchenseiten

1 Nussbaum, S. 167.
2 Ebenda, S. 166.
3 Ebenda, S. 167.

Dabei würde sich wieder ergeben, dass der Zelebrant (in den häufig gewesteten Kirchen Roms) sich zuerst nach Süden den Männern zuwendet, und die übliche Bevorzugung der Geschlechter und Himmelsrichtungen bliebe gewahrt.

Zu dem oben beschriebenen Standpunkt zur Bestimmung von Rechts und Links bei der Sitzordnung der Gemeinde am Eingang der Kirche, kommt ein zweiter hinzu, nämlich der, nach dem Links und Rechts am Altar bestimmt werden. Diese Problematik wird sehr verwirrend, da dieser zweite Standort nach den verschiedensten Kriterien wechselte. Es gab Zeiten, da war der Bischof, der in der Mitte der Apsis saß, ausschlaggebend (in diesem Fall sind Links und Rechts genau umgekehrt wie bei dem ersten, obigen Standpunkt); später bestimmte man Rechts und Links von dem zelebrierenden Priester aus[1] (in der Zeit, als dieser dem Volk den Rücken zuwandte, was dann der Bestimmungsrichtung der Sitzplätze von Männern und Frauen entsprach). In seinem 1924 herausgekommenen Liturgischen Handlexikon erklärt Braun, dass der rechten bzw. linken Altarseite nach „heutigem liturgischen Sprachgebrauch die rechts bzw. links vom Altarkreuz liegende Seite des Altars“ entspreche. „In geosteten Kirchen ist diesem Sprachgebrauch zufolge demnach die rechte Seite des Altars die nach Norden, die linke die nach Süden gerichtete“[2]. Dieser Bestimmung entspricht diejenige von der Bischofs-Cathedra aus und diejenige der heute wieder zugelassenen Stellung des Priesters versus populum.

Wichtig ist dieser Bestimmungsort für die Evangelien- bzw. Epistelseite, d. h. die Seite, auf der das Evangelium und die Epistel gelesen wird.

Seit dem 9.–10. Jahrhundert wurde die *Lesung des Evangeliums* in den geosteten Kirchen immer häufiger an der *Nordseite in nördlicher Richtung* durchgeführt, also *links* von der Gemeinde aus, dort *wo die Frauen saßen*. Die *Epistel*, von niedrigerem Rang als das Evangelium, wird auf der anderen Altarseite, also im *Süden, rechts, wo die Männer saßen*, gelesen. Dieser Brauch stand zu den ambivalenten symbolischen Bedeutungen der beiden Seitenwände des Kirchenschiffs im Gegensatz und wurde vermutlich durch seinen in Vergessenheit geratenen Sinn erklärungsbedürftig; Jungmann vermutet, dass wir „lediglich eine nachträgliche, allegorische Erklärung eines schon vorher geübten, nicht mehr verstandenen Brauches haben, eines Brauches, bei dem es noch gar nicht auf Nord und Süd, sondern auf andere Gesichtspunkte ankam“[3]. So interpretiert Ivo von Chartres das Lesen des Evangeliums im

1 Braun, S. 289.
2 Ebenda.
3 Jungmann S. J., Josef Andreas, Missarum Sollemnia. Eine genetische Erklärung der römischen Messe. 2 Bde. 5. verbesserte Aufl. (1. Aufl. 1948), Herder, Wien, Freiburg, Basel, 1962. 1. Bd., S. 529–530.

linken Teil der Kirche als die Folge davon, dass die Juden (denen die südliche Seite zugewiesen war) nicht die Worte der Apostel annehmen wollten und diese sich von ihnen abgewendet haben und zu den Heiden predigen gegangen sind. In deren Richtung, in welcher die Kälte des Unglaubens lange herrschte, würde deshalb jetzt das Evangelium gepredigt[1].

Der Autor des Micrologus (um 1100) empfindet die *Predigt des Evangeliums nach Norden, wo die Frauen stehen*, als eine Verletzung der römischen Ordnung, nach der sich der Diakon zu dem verdienstvolleren Geschlecht der Männer zu wenden hatte[2].

Jungmann gibt dagegen zu bedenken, dass der Autor Bernold „offensichtlich an den Ordo secundum Romanos" denkt, „von dem er aber nicht wissen konnte, dass er seine Fassung erst gegen Ende des 9. Jahrhunderts auf fränkisch-deutschem Boden erhalten hatte"[3].

Auch Honorius Augustodunensis stellt fest, dass es vor seiner Zeit die Regel war, das Evangelium nach Süden zu lesen, wo die Männer standen, die Geisterfülltes anzeigten, und dass sich jetzt, zu seiner Zeit, der Diakon gewöhnlich nach Norden wandte, wo die Frauen stünden. Er rufe die Irdischen (die Frauen sind gemeint) zum Geistigen. Außerdem käme der Teufel aus dem Norden und würde so durch das Evangelium bekämpft[4].

Eine weitere Interpretation führt Innocent III. (1215), mit Berufung auf Matth. 9,13, an: Das Evangelium wird an der *linken Seite des Altars* vorgetra-

---

1 Ivo von Chartres (um 1040–1116): „… transit levita aut sacerdos ad sinistram partem ecclesiae, lecturus evangelium. Quo facto significatur illud, quod Iudeis credere nolentibus, apostoli dixerunt: ‚primum oportebat vobis loqui verbum dei, sed quia repulistis illud, et indignos vos exhibuistis ecce convertimus ad gentes'. Adversus gentilitatem ergo, in qua frigus infidelitatis diu regnavit, tamquam in plaga septentrionali adhuc praedicatur Evangelium." (Migne PL 162, 550).

2 Micrologus (Migne PL 151, 982/3): „Diaconus cum legit evangelium, juxta Romanum Ordinem, in ambone vertitur ad meridiem, ubi et masculi conveniunt; non ad aquilonem, ubi feminae consistunt. Ad principalem enim sexum merito vertitur, cui, ut Apostolus instituit, infirmior sexus domi instituendus committitur. Quod autem presbyteri ad legendum evangelium non se ad meridiem vertunt, hoc ideo inolevisse credimus, quia nec Ordo illis injunxit, ut in ambonem ad legendum sicut diacones ascenderent, ubi necessario ad masculos potius quam ad feminas se vertere deberent. Nam juxta ecclesiasticam consuetudinem ad altare legunt, ubi nulla diversitas auditorum approximat, quae legentes magis in hanc partem quam in aliam converti exigat. Nusquam ibi feminae, sed soli religiosi ad dexteram et ad sinistram permittuntur stare … Unde ad aquilonem magis quam ad meridiem versi videntur, cum annuntiant evangelium. Hinc itaque (utique) illa usurpatio emersisse videtur, ut etiam diacones in ambone, contra Romanum Ordinem, se vertant ad aquilonem, potiusque se ad partem feminarum quam masculorum vertere non vereantur."

3 Jungmann, S. 530.

4 Honorius Augustodunensis (Migne PL 172, 551). Schon oben ausführlich zitiert.

gen (damals kehrte der Priester dem Volk den Rücken zu), und dies bedeute, dass Christus nicht gekommen sei, um die Gerechten (die ja rechts stehen) zu berufen, sondern um die Sünder (links) zur Buße zu ermahnen[1]. Ebenso äußert sich Durandus (1230/1–1296) und weist noch auf das Matthäus-Gleichnis des Jüngsten Gerichts hin[2].

Durch die Erklärungen für die Lesung des Evangeliums, entgegen der allgemeinen Symbolik, erfährt man viel über die Bedeutungen, die den Seitenschiff-Wänden der mittelalterlichen Kirche zugeschrieben wurden (Fig. 4).

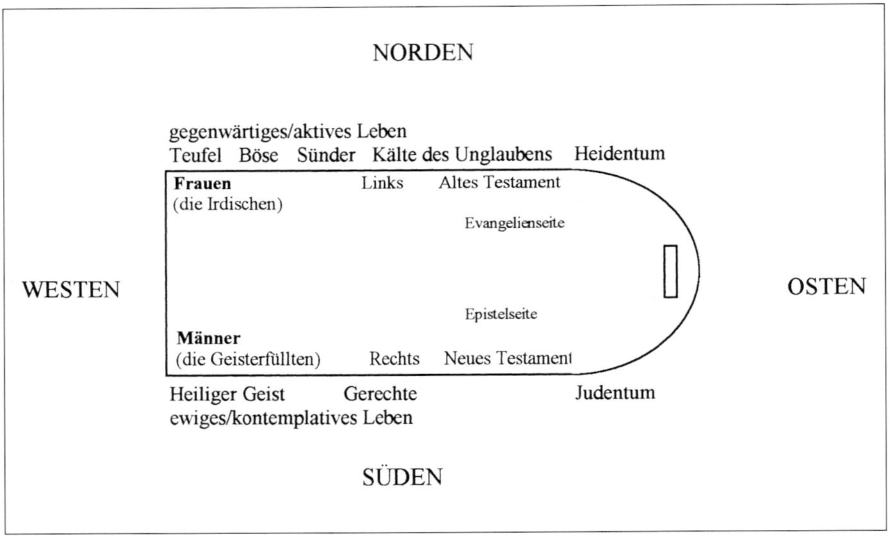

Fig. 4 Schematische Darstellung der Seitensymbolik und -aufteilung im Kirchengebäude bei geosteter Kirche

1 Innocent III. s. alt. myst. 2, 35 (Migne PL 217, 8207): „... sacerdos ad sinistram partem altaris accedens pronuntiat evangelium, significans quod Christus non venit vocare iustos, sed peccatores ad poenitentiam ... per dextram enim iusti, per sinistram peccatores figurantur."

2 Durandus, Rationale divinorum officiorum, 4, 23: „& ad sinistram altaris partem accedens, pronunciat evangelium, significans, quod Christus non venit vocare iustos, sed peccatores iuxta quod ipse in evangelio dixit. Quia non indigent qui sani sunt, medico sed qui male habent quaestione multi per dextram enim iusti, per sinistram autem peccatores significantur propter quod Dominus in iudicio statuet quidem oues a dextris hoedos vero a sinistris, de hoc dictum est sub titul de oratione. Quidem tamen dixerunt, quod ideo sacerdos in principio missae consistit ad dextram cum vero pronunciat evangelium conuertitur ad sinistram & circa finem iterum redit ad dextram quia cultus Dei primo fuit in populo Iudaeo, & Iudaea tunc erat ad dextram deinde Iudaeis non credentibus, & verbum Dei tanquam indignis respuentibus, cultus Dei transiuit ad gentes, ad quas Apostoli transierunt, & tunc Iudaea fuit a sinistra parte ... Dextera Iudaeos, gentiles laeva figurat."

Der wirkliche römische Brauch war aber keineswegs so eindeutig, wie ihn die späteren Theologen haben möchten. Jungmann hält sich bei seiner Untersuchung weniger an literarische als an archäologische Quellen. „Der Punkt, von dem aus der Diakon beim feierlichen Gottesdienst in angemessener Weise lesen konnte, musste in der Basilika des ausgehenden Altertums, in deren Apsis die Cathedra des Bischofs stand, so gewählt werden, dass der Leser einerseits das Volk vor sich hatte, andererseits dem Bischof und dem um ihn versammelten Klerus nicht den Rücken kehrte. Er musste also seitlich im Vordergrund des Chores stehen, und zwar an der rechten Seite des den Vorsitz führenden Bischofs; denn *von der Cathedra des Bischofs* aus wurde der Ehrenrang der Plätze bestimmt. Dabei war sein Blick nach Norden oder nach Süden gerichtet, je nachdem die Apsis mit der bischöflichen Cathedra nach Westen zu lag ... oder nach Osten ...“[1].

Es finden sich nach Jungmanns Angaben tatsächlich verschiedene Fälle, die nach diesem Gesichtspunkt angelegt waren. Im „Fall der nach Osten gerichteten Apsis schaut der Diakon, der zum Volke hin lesen wollte, gegen Süden; diese Richtung ist durch Amboanlagen und auch literarisch bezeugt“ (Fig. 5a) „... In den römischen Kirchen ..., die die Apsis nach Westen hatten, ergab sich für den Diakon unter dem gleichen Gesichtspunkt die Leserichtung nach Norden, und tatsächlich zeigen verschiedene römische Basiliken diese Anlage“ (Fig. 5b)[2].

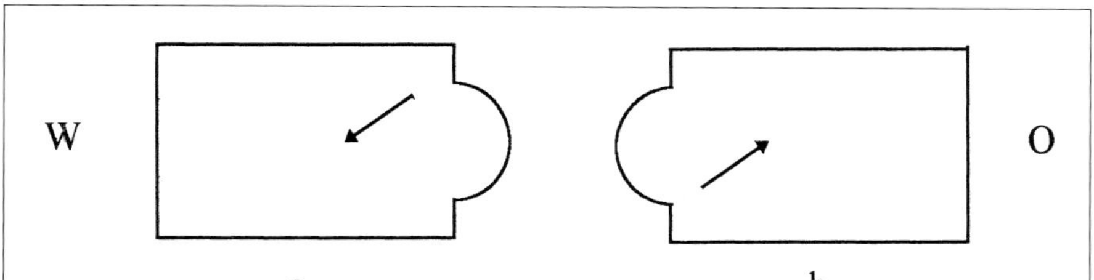

Fig. 5 Leserichtung des Diakons nach Süden (a) oder nach Norden (b). Skizzen nach J. A. Jungmann, S. 532

Diese Leserichtung sei auf die geostete Kirche übertragen worden, und Jungmann kann auch einige Beispiele angeben, wo sich nachweisen lässt, dass der Diakon im Süden, links von dem Bischofsstuhl aus stand und das Evangelium Richtung Norden vortrug. „Doch schien es auf die Dauer offenbar unerträglich, dass das Evangelium zur Linken der Cathedra gelesen werden musste

1 Jungmann, S. 531–532.
2 Jungmann, S. 532.

und überdies nach der Seite der Frauen hin"[1]. So entschied man sich für folgende Lösung: „Der Diakon tritt noch einmal zur Rechten und nimmt in Kauf, dass er zur nördlichen Wand der Kirche hin singen muss – wie wir es gewohnt sind" (Fig. 6)[2].

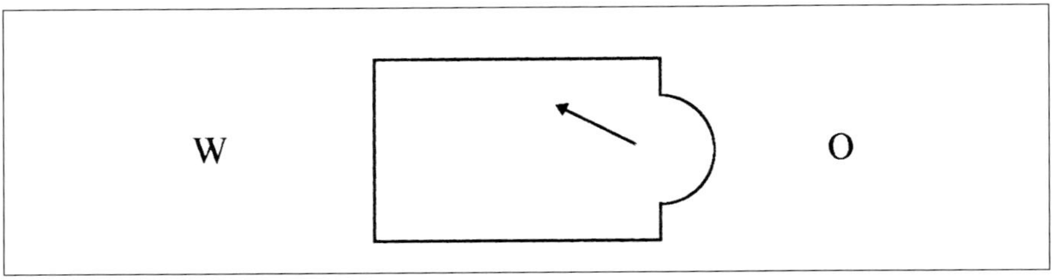

Fig. 6 Leserichtung des Diakons, die sich nach und nach einführte. Skizze nach J. A. Jungmann, S. 533

Diese Ordnung wurde natürlich erst nach und nach eingeführt, und es gibt immer wieder entgegengesetzte Beispiele. Auch der Platz der Evangelienlesung wurde allmählich von der Altarseite auf den Ambo verlegt, wobei in Kirchen, die zwei Ambonen besaßen, der für die Lesung des Evangeliums der prächtigere war.

Sehr interessant ist, dass, trotz des Hineinrückens des Altars in die Apsis, der Ausbildung des Hochaltars und des zwangsläufigen Herausrückens der Cathedra aus dem Scheitelpunkt der Apsis, die linke Seite von der Gemeinde aus die Evangelienseite geblieben ist.

Fragt man sich nach dem Einfluss der Bedeutung von Links und Rechts auf die Kunst im Kirchengebäude, so sind zunächst die schon oben behandelten Beispiele anzuführen: der Bericht des Paulinus von Nola über die Basilika zu Nola, die, mit großer Wahrscheinlichkeit, *rechts mit Bildern heiliger Männer und links mit denen heiliger Frauen* geschmückt war[3]. Ein ähnliches Beispiel ist S. Apollinare in nuovo in Ravenna, wo die *linke* Kirchenseite mit Darstellungen von *Märtyrerinnen* und die *rechte* mit denen von *Märtyrern* ausgeschmückt war[4].

Ein weiteres Thema, bei dem es zu spezifischen Ausschmückungen der beiden Kirchenschiff-Wände kam, war die *Concordia veteris et novi testamenti*, in der Szenen aus dem Alten Testament Szenen aus dem Neuen gegenübergestellt

1 Ebenda, S. 533.
2 Jungmann, S. 533.
3 Vgl. oben S. 61.
4 Vgl. oben S. 61.

wurden. Beabsichtigt war, die Beziehung zwischen dem Neuen und dem Alten Testament zum Ausdruck zu bringen; eine rein typologische Gegenüberstellung sei der Kunst des frühen Christentums noch fremd gewesen, schreibt Künstle[1].

Ein sehr frühes Beispiel finden wir dafür in der *alten Petersbasilika* in Rom. In einem Inventar, das vor dem Abbruch der alten Basilika von Grimaldi aufgestellt wurde, beschreibt dieser, dass auf der *Nordwand, der rechten Wand* vom Eingang aus gesehen, zwischen den Fenstern *Propheten* dargestellt waren, unmittelbar darunter *Gemälde aus dem Alten Testament*. Gegenüber, links, auf der Südwand waren Darstellungen aus dem *Neuen Testament*, und Wilpert hält es für sehr wahrscheinlich, dass darüber *Apostel* abgebildet waren. Wilpert schreibt die Malereien in Grimaldis Bericht aus stilistischen Gründen der Zeit unter Papst Liberius (352–360) zu, also dem 4. Jahrhundert, und er betont, dass die Szenen aus dem Alten denen aus dem Neuen Testament rein materiell, nicht gedanklich gegenübergestellt waren[2].

Oben wurde festgestellt, dass in der gewesteten Petersbasilika die Männer auf der südlichen, linken Seite ihren Platz hatten, unter den Darstellungen der Apostel und den Szenen aus dem Neuen Testament, die Frauen auf der rechten Seite, unter den Szenen des Alten Testaments und den Propheten-Bildern.

Die Concordia veteris et novi testamenti war ein beliebtes Thema bei der Ausschmückung altrömischer Kirchen. Aber nicht immer war die Seitenzuordnung der Darstellungen so eindeutig wie in der Petersbasilika.

In der ursprünglich gewesteten, beim bald notwendig werdenden Erweiterungsbau dann entgegengesetzt orientierten Basilika des heiligen Paulus waren die *neutestamentlichen Malereien links vom Eingang*[3], also bei Ostung der Kirche im *Norden* angebracht. Wir können aus Wilperts Ausführungen annehmen, dass die *alttestamentlichen Szenen* gegenüber, also *rechts*, *im Süden* dargestellt waren, denn er betont die große Ähnlichkeit der biblischen Gegenstände auf beiden Hochwänden mit St. Peter[4]. Da eine weitere Nachforschung nach den üblichen Plätzen der Geschlechter für die Paulsbasilika hier nicht unternommen werden kann, bleibt die Frage offen, warum in einer

1 Künstle, I, S. 34 u. S. 35.
2 Wilpert, Joseph, Die römischen Mosaiken und Malereien der kirchlichen Bauten vom 4. bis 13. Jahrhundert. 4 Bde., Herder, Freiburg i. Br., 1916ff.; 1. Bd., S. 377–379.
3 Wilpert, Bd. 2, S. 620.
4 Ebenda, S. 580.

geosteten Kirche an der linken, nördlichen Hochwand Szenen des Neuen Testaments dargestellt wurden.

Auch die Anordnung der ältesten römischen Darstellungen von Zyklen aus dem Alten und Neuen Testament mit Propheten und Aposteln in der Lateransbasilika[1] unterscheidet sich von der in der Peterskirche und in gewisser Hinsicht auch von der in der Paulsbasilika.

Die Existenz und der konstantinische Ursprung der Darstellungen der beiden Testamente an den Hochwänden der Lateransbasilika ist durch die Legaten Hadrians I. (772–795) bezeugt[2]. Doch wurden die Ausschmückungen 896 bei einem Erdbeben zerstört. Sie wurden erneuert und im 17. Jahrhundert durch barocke Stuckreliefs ersetzt. Vom Eingang der gewesteten Basilika aus gesehen, ist an der *rechten Hochschiff-Wand das Neue*, an der *linken das Alte Testament dargestellt.* Da aus Wilperts Ausführungen nichts Gegenteiliges hervorgeht, gehe ich davon aus, dass die ursprünglichen Plätze der Zyklen beibehalten worden sind, ganz ausschließen lässt sich jedoch eine Umkehrung bei den Umbauarbeiten nicht. Wenn dieser Zuordnung ein symbolischer Wert zugekommen ist, dann wohl der, dass das Neue Testament mit der rechten Seite verbunden wurde und das Alte mit der linken.

Vielleicht missfiel an dieser Anordnung das Zusammenkommen des Neuen Testaments mit dem Norden, und man entschloss sich, dies in der Petersbasilika zu ändern.

Leider habe ich auch für die Lateransbasilika keine Angaben über die Geschlechterordnung; man könnte vermuten, dass die Männer im Norden ihren Platz hatten – die Darstellungen des Neuen Testaments und die rechte Seite (vom Eingang aus) sprechen dafür.

Ähnlichkeiten zwischen der Lateransbasilika und der Paulsbasilika ergeben sich bei der Zuordnung des Neuen Testaments zum Norden. Vielleicht waren in der ersten, kleineren Paulsbasilika die Zyklen entsprechend denen der Lateranskirche angeordnet, und es kam dann durch die Umorientierung beim Umbau, Richtung Osten, zu der Seitenumkehrung.

Aus Bildzyklen der karolingischen Kunst ist uns ein weiteres Beispiel der Concordia schriftlich überliefert: der große Bildzyklus in der Palastkapelle zu Ingelheim, der „vielleicht noch der Zeit Karls des Großen“ angehörte[3] und den

1 Wilpert, Bd. 1, S. 19.
2 Ebenda, S. 202.
3 Künstle, I, S. 55.

Ermoldus Nigellus in seinem Lobgedicht auf Ludwig den Frommen beschreibt[1]. Dort waren an der *linken Wand Szenen des Alten*, an der *rechten Szenen des Neuen Testaments* dargestellt. Wenn man annimmt, dass die Kapelle geostet war, wie es zu dieser Zeit zumindest für den Hauptaltar üblich war, befand sich das Neue Testament auf der Südseite, das Alte auf der Nordseite.

Diese bloße Gegenüberstellung von Altem und Neuem Testament kommt in der mittelalterlichen Kunst nur noch sporadisch vor. Doch findet man in der Zeit der Scholastik immer häufiger typologische Bildanordnungen, in denen bestimmten Ereignissen aus dem Leben Christi vorbildliche Bezugsstellen aus dem Alten Testament in Parallele zugewiesen werden[2].

Kirchenwände werden allerdings seltener mit typologischen Darstellungen geschmückt, doch finden diese in der Buchmalerei, auf liturgischen Geräten und in der Fenstermalerei oft Verwendung. Diese Anordnungsschemata sind weniger interessant für Fragen nach der unterschiedlichen Seitenbehandlung, da sie oft auf ein zentrales Ereignis hin komponiert sind.

Die Malereizyklen in Kirchen illustrieren in der vorromanischen Zeit häufig das Leben Christi, so z. B. in Müstair (Graubünden, Schweiz). Dort sind die Szenen in drei untereinander angeordneten, horizontal verlaufenden Bildbändern an den beiden Hochwänden des Kirchenschiffes angeordnet. Interessant ist, dass die Szenen – vom Eingang aus gesehen – vorne rechts, bei den Apsiden, an der südlichen Wand beginnen, gegenüber an der nördlichen, linken Seite enden

---

1 Schriftquellen zur Geschichte der karolingischen Kunst. Gesammelt und erläutert von Julius von Schlosser. In der Reihe: Quellenschriften für Kunstgeschichte und Kunsttechnik des Mittelalters und der Neuzeit. Begründet von Rudolf Eitelberger von Edelberg. Bd. 4, Verlag von Carl Graeser, Wien, 1892. Nr. 925: Ermoldus Nigellus, De laude Hludowici. – Schlosser, Julius von, Beiträge zur Kunstgeschichte aus den Schriftquellen des frühen Mittelalters. Sitzungsberichte der Kais. Akademie der Wissenschaften in Wien. Philos.-historische Classe. Band CXXIII, Wien, 1891, S. 24.

2 Im Zusammenhang mit dem Wiederaufleben der Typologie ab dem 11. Jh. berichtet Floridus Helmut Röhrig (Rota in medio rotae. Forschungen zur biblischen Typologie des Mittelalter. Diss., Wien, 1959, S. 12–13) über die interessante These von Alfred Weckwerth („Die Zweckbestimmung der Armenbibel und die Bedeutung ihres Namens“. In: Zs. F. Kirchengeschichte. 4. Folge, VI, 68 (1957), S. 225 ff.): Weckwerth „weist darauf hin, dass jene Schriften, in denen Augustinus am häufigsten die Typologie verwendet, hauptsächlich gegen die Manichäer gerichtet seien und den Zweck gehabt hätten, diesen gegenüber das Alte Testament zu rechtfertigen, das bekanntlich von ihnen verworfen wurde. Nun traten im 11. und 12. Jahrhundert im Abendland neumanichäische Häretiker auf, die Katharer und Waldenser. Aus dem Kampf gegen die Irrlehren erklärt Weckwerth das starke Zurückgreifen auf Augustinus gerade in dieser Zeit. Damit in Zusammenhang steht das Wiedererwachen der typologischen Kunst, die sich nun, von der Kirche als geistige Waffe bewusst in ihren Dienst gestellt, von vornherein an der gelehrten Theologie orientiert und daher einen viel systematischeren Zug und größere Folgerichtigkeit aufweist als in früheren Epochen.“

und im Süden wieder ansetzen. Aus dem Alten Testament befand sich ganz oben ein Szenenstreifen mit Darstellungen aus dem Leben Davids.

In der Malerei der Reichenauer Schule ist nach Künstles Meinung keine deutliche thematische Absetzung der linken oder rechten Seite zu finden. Dagegen sieht er in der Ausschmückung der nahen Petershausener Klosterkirche, die nach dem Prinzip der Concordia erfolgt ist, eine sich von dem Einfluss der Reichenau bewusst absetzende Haltung am Werk[1]. Zumindest genauso ausschlaggebend, wenn nicht noch richtungweisender, war aber die Tatsache, dass der Bischof Gebhard II. (979–995) von Konstanz 989 das Haupt des heiligen Gregor des Großen von einer Romfahrt für diese Kirche mitbrachte und danach, im Jahr 992, die nach *Westen* gerichtete Kirche des Klosters Petershausen Papst Gregor geweiht wurde. Auf die Ausrichtung und das Ausmalungsprogramm wird dann zweifellos die römische Mutterkirche Einfluss genommen haben[2]. Der Casus Petrihusensis monasterii berichtet: „Muri quoque basilicae erant ex omni parte pulcherrime depicti, *ex sinistra parte habentes materiam de veteri, a dextra autem de novo testamento* …“[3]. Da im Jahre 1159 ein Feuer Kirche und Kloster vernichtete, bleiben einige Fragen unbeantwortbar: Von welchem Standpunkt aus wurden die Seiten im Kirchenschiff bestimmt? Welche römische Kirche ist als „Mutterkirche“ zu betrachten, die Peterskirche oder die Lateranskirche?

Wenn der Bestimmungsstandpunkt am Eingang war, wäre die Lateransbasilika als Vorbild anzusehen, wegen der gleichen Anordnung der Zyklen an der nördlichen und südlichen Hauptschiff-Wand (der Lateran war bis 1305 Regierungssitz der Päpste).

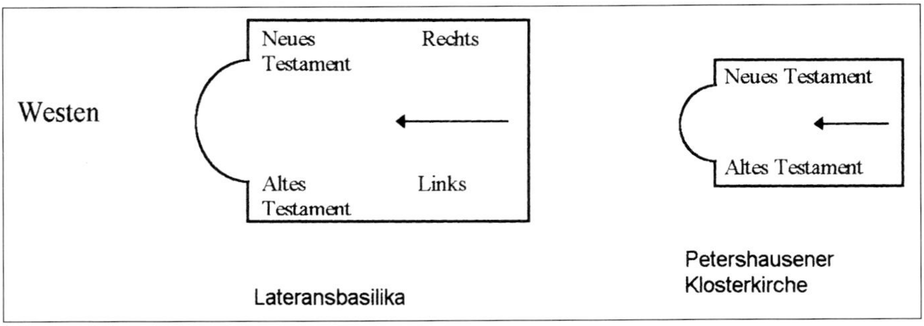

Fig. 7 Bestimmungsstandpunkt der Seiten in der Lateransbasilika und in der Petershausener Klosterkirche

1 Künstle, I, S. 58.
2 Hecht, Josef, Konrad Hecht, Die frühmittelalterliche Wandmalerei des Bodenseegebietes. 2 Bde., Jan Thorbecke Verlag, Sigmaringen, 1979. Bd. 1, S. 29–30.
3 Hecht, Bd. 1, S. 30.

Lag der Bestimmungsstandpunkt aber am Altar mit Blick zur Gemeinde, so würden die Darstellungen mit denjenigen in der Peterskirche in Rom übereinstimmen[1]. Diese Möglichkeit des Bestimmungsstandpunktes wäre aber nur dann überzeugend, wenn in Petershausen in der Zeit der Abfassung dieser Beschreibung die Messe noch versus populum gehalten wurde.

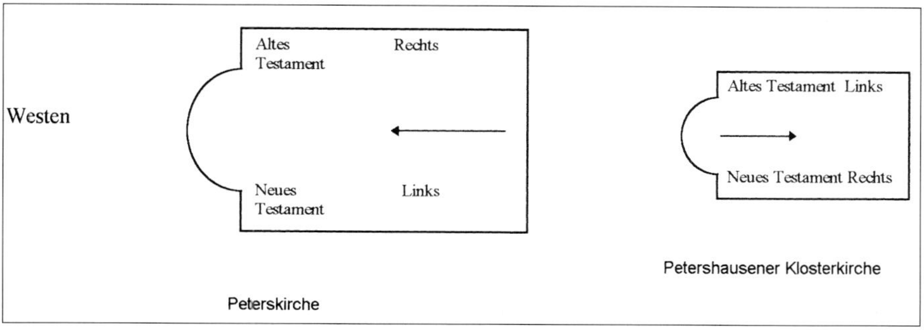

Fig. 8 Bestimmungsstandpunkt der Seiten in der Peterskirche und in der Petershausener Klosterkirche

Von den verschiedenen erhaltenen Kirchenportalen mit Figurenschmuck hat nur die Bernwardstür in Hildesheim (um 1015) die Concordia veteris et novi testamenti in reiner Form übernommen. Die linke Seite ist dem Alten, die rechte dem Neuen Testament gewidmet. Seit etwa dem zweiten Viertel des 11. Jahrhunderts[2] sind die Bernwardstüren im westlichen Hauptportal des Hildesheimer Doms angebracht. Die Frage nach ihrem ursprünglichen Bestimmungsort (für St. Michael oder den Dom) ist in der Forschung lebhaft erörtert worden[3], sie kann hier – aus Gründen der fehlenden Übersicht über die Situation – nicht weiter behandelt werden. Festzustellen ist bei dem jahrhundertelangen Anbringungsort, dass wieder das Alte Testament auf der nördlichen, das Neue auf der südlichen Seite platziert ist.

Unter den Programmen anderer Figurenportale finden sich verschiedene Szenenanordnungen. Eine Mischung von Szenen aus beiden Testamenten, z. B. bei San Sabina, Rom und San Zeno, Verona. Einzelne Reliefs mit Allegorien des Alten Testaments auf Christus und des Sieges über den Teufel und die Versuchung sind an den Domtüren in Augsburg dargestellt. Szenen aus dem Leben Christi finden sich am Domportal zu Pisa und an der Holztür von S. Maria im Kapitol, Köln.

1 Der Name des Klosters – Haus des Petrus – muss sich nicht unbedingt auf die Peterskirche in Rom beziehen, er könnte auch von der Reliquie des Papstes hergeleitet werden, die ja in der Kirche aufbewahrt wurde.
2 Storm, Ursula, Die Bronzetüren Bernwards zu Hildesheim. Diss., Berlin, 1966, S. 127.
3 Siehe Literaturhinweise bei Storm, S. 127.

Die Darstellung von Christus an der nördlichen und Maria an der südlichen Chorschranke (Halberstadt, um 1200) und am Chorgestühl (z. B. Friedberg i. H., 2. Hälfte 14. Jh.) erklären Dinkler und Schubert als Bezug auf die Evangelien- und Epistelseite[1].

Als so genannte Brauttür benutzte man im Mittelalter möglichst eines der Portale an den Breitseiten des Kirchengebäudes. Von kirchlicher Seite strebte man etwa seit dem 11. Jahrhundert an, bei der Eheschließung auch einen Priester zu beteiligen, sodass es nicht bei einer rein eherechtlichen Zeremonie blieb. So fand die Eheschließung für lange Zeit vor dem Kirchenportal in Anwesenheit eines Priesters statt und wurde ab dem 15. Jahrhundert ganz ins Kircheninnere verlegt. Eines der Seitenportale wählte man aus praktischen Gründen, um den Verkehr vor dem Hauptportal nicht zu stören. Aber auch die feierlich-freudige Stimmung bei der Eheschließung mag nach Bauerreis zu der Verlegung weg vom Hauptportal beigetragen haben, welches im krassen Gegensatz zu dieser Feierlichkeit oft mit düsteren Themen – wie Buße, Jüngstes Gericht – geschmückt war. Oft führte auch eine Gasse (die Brautgasse) für den Festzug auf dieses Portal zu. Nach Bauerreis soll die Südseite der Kirche bevorzugt worden sein, Zoepfle hingegen spricht von einer Präferenz der Nordseite[2].

Die Brauttüren waren oft überdacht und der Figurenschmuck im Bogenfeld und im Gewände bezog sich auf das Ereignis der Eheschließung, z. B. die den Bräutigam erwartenden klugen und törichten Jungfrauen. Obwohl es reizvoll wäre, der Frage nach den Auswahlkriterien für das Süd- oder Nordportal als Brauttür weiter nachzugehen, ist es hier sowohl aus Gründen mangelnder wissenschaftlicher Untersuchungen als auch wegen der notwendigen Einschränkung dieser Arbeit nicht weiter realisierbar.

Aus allem Vorausgegangenen geht eindeutig hervor, dass die symbolische Bedeutung der Seiten im Kirchengebäude keineswegs gleichgültig ist. Auch hier finden wir oft, dass, wenn sich ein Bezugspunkt ausmachen lässt, die rechte Seite mit der bevorzugten, besseren Bedeutung belegt ist, während der linken Seite das Zweitrangige und Minderwertige zugeschrieben wird. Bei Ausnahmen waren die ausschlaggebenden Faktoren meist die Himmelsrichtungen, wobei dann die Südseite mit dem Bevorzugten verbunden wurde.

---

1 Dinkler, E., v. Schubert, „Rechts und Links“. In: E. Kirschbaum, Lexikon der christlichen Ikonographie. Bd. 3., 1968, Sp. 514.

2 Bauerreis, Romuald, Das „Lebenszeichen“. Studien zur Frühgeschichte des griechischen Kreuzes und zur Ikonographie des frühen Kirchenportals. Birken Verlag, München, 1961, S. 63. – Zoepfle, Friedrich, „Brauttüre“. In: RDK, II, Sp. 1134–1137.

1.5.4 Kreuzigungsdarstellungen

Die Kreuzigung Christi ist ein bildnerisches Thema, das sich besonders gut für eine Seitenambivalenz eignet, aufgrund der Darstellung Christi in der Mittelachse und der links und rechts davon, oft spiegelbildlich angeordneten Personen. Eine symbolische Ausdeutung der Seiten schien fast unumgänglich gewesen zu sein, und so entsteht die Vermutung, dass neue Figuren in die durch Tradition festgelegten Seitenverteilungen nach bestimmten Seitenkriterien eingefügt wurden, deren Nährboden weniger in kompositorischen als in gedanklichen Gesichtspunkten begründet liegt.

Zum Methodischen ist zu bemerken, *dass links und rechts hier immer von Christus aus angegeben werden* und bei den herangezogenen Beispielen keine Gesamtbeschreibung beabsichtigt ist, sondern nur auf die Figuren eingegangen wird, die für die Problematik von Interesse sind.

Eine sehr frühe Kreuzigungsdarstellung findet man in *dem Relief der Holztüren von S. Sabina, Rom* (um 432)[1]. Christus in der Mitte überragt die zwei kleineren Schächer (Mörder), alle Figuren schauen nach rechts (dies kann in der Gesamtkomposition der Tür begründet sein). Der linke Schächer ist eindeutig größer und näher an Christus herangerückt und durch die Kopfwendung nach rechts mehr zu ihm hingeneigt (auch seine rechte Hand reicht weiter in das Feld von Christus hinein). Alle drei Figuren stehen vor übergiebelten Rechtecken (wahrscheinlich eine Andeutung der Stadt Jerusalem), den Hintergrund des ganzen Reliefs füllt eine Mauerstruktur aus. Eigentümlich ist das Rundbogenfenster im Giebel über dem rechten Schächer. Es gibt Autoren, die schon hier von einer beabsichtigten unterschiedlichen Darstellung der Schächer sprechen. Wenn diese tatsächlich gegeben sein sollte, so handelt es sich aber wahrscheinlich nicht um eine Unterscheidung, die auf Links und Rechts zu beziehen ist, sondern um eine Unterscheidung, die dahin zielt, dass sich einer der beiden, der Bibel entsprechend, Christus zuwendet und bereut. Dies könnte man hier eventuell am linken Schächer erkennen, der auch etwas größer dargestellt ist. Sollte diese Unterscheidung tatsächlich eine beabsichtigte Bedeutung haben, so ist es etwas irreführend, wenn Dinkler und Schubert meinen, dass dieses Relief schon die Abwendung des *linken Schächers* zeige[2]. Denn diese geben selbst

---

1 Die Abbildungen für die Kreuzigungsdarstellungen werden aus zwei Büchern angegeben: Schiller = Schiller, Gertrud, Ikonographie der christlichen Kunst. Bde. 1 bis 5.1 und Registerbeiheft, Gütersloher Verlagshaus Gerd Mohn, Gütersloh, 1969–1990; oder Thoby = Thoby, Paul, Le crucifix des origines au Concile de Trente. Étude iconographique. A. Bellanger, Éditeur, Nantes, 1959. – Relief von S. Sabina: Schiller, 2, Abb. 326.

2 Dinkler, Schubert, Sp. 513.

an, dass bei den Bildern „von der Bildmitte, nicht vom Beschauer" auszugehen sei[1]. Sollten sie allerdings tatsächlich der Meinung sein, dass hier eine Herabsetzung der linken Seite vorliegt, so würde das eine Berücksichtigung des Betrachterstandpunkts seitens des Künstlers implizieren und nicht Christus als Bezugspunkt haben, denn dieser „linke Schächer" ist tatsächlich auf Christus' rechter Seite: Das wäre für die damalige Zeit recht ungewöhnlich. Sollte es sich um eine beabsichtigte Unterscheidung handeln – dahin gehend, dass der Schächer zu Christi rechter Seite der nicht bereuende wäre, so wäre dieses Relief kein Beispiel für die Bevorzugung von Rechts (die später für dieses Thema quasi zur Regel wird). Diese Deutung stünde freilich auch im Gegensatz zu den zeitgenössischen literarischen Äußerungen.

Ich neige mehr zu der Meinung, dass hier eine ziemlich unspezifische Bewertung vorliegt und sich der reuige Schächer nicht eindeutig auf eine der Figuren festlegen lässt. Sollte es der linke sein, würde Christus sich von ihm abwenden und das Rundbogenfenster im Giebel über dem nicht bereuenden wäre noch schwerer zu erklären.

Die kosmische Bedeutung der Kreuzigung wird durch die Einbeziehung von *Sonne und Mond* dargestellt; erste Beispiele sollen sich schon im 4. und 5. Jahrhundert finden lassen[2]. Von da an gehören sie zum festen Bestandteil der meisten Kreuzigungsbilder, und zwar *rechts die Sonne und links der Mond*.

Im Lukas-Evangelium (23,45) ist von der Sonne die Rede, die beim Tod Christi ihren Schein verlor. Ihr wurde der Mond zugesellt. Auf einer anderen Bedeutungsebene wurde Christus mit der Sonne der Gerechtigkeit und der Sonne der Auferstehung verglichen und im Mittelalter sind dann Sonne und Mond öfter Symbole von Christus und der Ekklesia[3].

In den apokryphen Pilatus-Akten (5. Jh.) erhalten die Schächer ihre Namen, der reuige wird Dysmas, der andere Gestas genannt[4]. Hier wird auch die Lokalisation von Dysmas zur Rechten von Christus schriftlich niedergelegt[5], wovon im Neuen Testament noch keine Rede war.

---

1 Ebenda, Sp. 512. – Und Verweis auf Bd. 2, Sp. 677: „In Beschreibungen von Darstellungen des Gekreuzigten wird links und rechts grundsätzlich vom Leib des Gekreuzigten aus bezeichnet, auch bei Angaben der Bewegungsrichtung."

2 Schiller, 2, S. 100. Etwas späteres Beispiel: Steinskulptur am Ziborium in S. Marco, Venedig (6. Jh.), Abb.: Thoby Nr. 14.

3 Kirschbaum, Hg., IV, 178/9.

4 Acta Pilati, IX. Deutsche Übersetzung in: Hennecke, Edgar, Neutestamentliche Apokryphen. Herausgeg. v. W. Schneemelcher. Bd. 1, 4. Aufl., Tübingen, 1968. Nikodemusevangelium. Pilatusakten und Höllenfahrt Christi. S. 330–358. S. 340. Ältere griechische Bearbeitung (Rez. A).

5 Ebenda, S. 340, Anmerkung 2: „Zusatz der kopt. u. armen. Übersetzung: ‚den Dysmas rechts, den Gestas links'."

Auch der Name des *Hauptmanns Longinus*, der manchmal auf Kreuzigungsbildern geschrieben steht – der Hauptmann sticht zur Rechten mit der Lanze Christus in die Seite – stammt aus den apokryphen Pilatusakten[1], hingegen steht nicht fest, wann der Name Stephanos für den Soldaten, der Christus links den Schwamm reicht, aufkommt[2].

Dass der *Schwammträger* zur Linken abgebildet wird, ist wohl ein Zeichen für seine Zweitrangigkeit hinter Longinus, dessen Handlung mit der Blutumwandlung im Abendmahl des Gottesdienstes in Zusammenhang gebracht wird, jedoch stellt Essigwasser auch heute noch in südlichen Ländern ein wirkungsvolles Getränk gegen den Durst dar[3] und eine abwertende Ausdeutung des Essigs als besondere Böswilligkeit der Juden Christus gegenüber ist eher als Symptom für die Abwertung der linken Seite bei späteren Kommentatoren zu sehen[4].

Im 6. Jahrhundert etwa erscheinen *Maria zur Rechten und Johannes zur Linken von Christus*, diesen Platz behalten sie auch in Zukunft im Allgemeinen. Ein Beispiel dafür ist das *Metallrelief* auf einer palästinensischen Ampulle[5]. Dieses ist auch ein frühes Beispiel für eine unterschiedliche Darstellung der beiden Schächer: der *rechte Schächer schaut deutlich zu dem Christussymbol, der linke blickt entschieden weg*[6].

Diese kontrastierende Art der Charakterisierung verschärft sich in den späteren Kreuzigungsdarstellungen, und ab dem 10./11. Jahrhundert sind die früher nur sporadisch mit dargestellten Schächer regelmäßig dabei. Im 13./14. Jahrhundert wird das unterschiedliche Schicksal der beiden Schächer immer drastischer dargestellt durch Teufel, die um den verkrümmten Schächer

1 Ebenda, S. 347, XVI, 7: „… und der Soldat Longinus durchbohrte mit einer Lanze seine Seite." – In der zweiten, späteren Bearbeitung (Rez. B): 11, 1.

2 Schiller, 2, S. 99. Aus dem 8. Jh. finden sich die ersten Beispiele: Freske in Santa Maria Antiqua, Rom (Abbildung: Thoby Nr. 20), Longinus beschriftet, Schwammträger nicht benannt.

3 Siehe Paulys Real-Encyclopädie. Bd. 11, Stuttgart, 1907, 691 und Thesaurus Linguae Latinae, Volumen 1, 1905, unter „acetum".

4 Hierzu ist anzumerken, dass außer bei Matthäus der Essig neutral erwähnt wird: Bei Johannes (19,29) und Lukas (23,36) nahm Christus den Essig, bei Markus (15,23) gaben sie ihm Myrrhe in den Wein zu trinken, aber er trank nicht (Myrrhe besitzt einen herben Geschmack), nur bei Matthäus reichte man ihm Wein, in den Galle vermischt war, und als dies Christus merkte, lehnte er ab. Nach dem Nikodemusevangelium (X und XVI, 7) verspotteten ihn die Soldaten und boten ihm Essig mit Galle an.

5 Metallrelief auf palästin. Ampulle, Ende 6. Jh., Monza. Schiller, 2, Abb. 324.

6 Im Chludoff-Psalter, Konstantinopel (Moskau, Histor. Mus., gr. 129 fol. 45 v) hat der rechte Schächer den Kopf mit geschlossenen Augen zu Christus erhoben, der Kopf des linken ist ihm auf die Brust herabgefallen; eine konträre Charakterisierung, die nach Schiller in der frühbyz. Kunst sonst nicht zu finden ist (Schiller 2, S. 108, Abb. 335).

herum auf seine Seele harren[1], und durch Engel, die das Hinscheiden des reuigen rechten erwarten.

In der karolingischen Epoche erscheinen am unteren Bildrand *Personifikationen vom Wasser rechts und von der Erde links*. Schiller sieht darin die Darstellung der vier Elemente, die aus antiker Symbolik in die christliche Kunst übernommen wurden[2]. Die Erde wird als Gäa personifiziert, Füllhorn, Kinder und eine Schlange, die an ihrer Brust saugt (Veranschaulichung der Fruchtbarkeit), können Attribute sein; für das Wasser kann Okeanos erscheinen mit Meerdrachen, Wassergefäß, welches er ausgießt, Ruder, Schilfrohr oder Krebsscheren auf dem Kopf. Diese beiden wurden dann den Gestirnen gegenübergestellt, und die Sonne vertritt in diesem Fall über ihre eigene Bedeutung hinaus das Feuer, der Mond die Luft. Insofern bietet diese Zuordnung eine Erklärung für die Zusammenstellung von Sonne/Feuer und Wasser auf der rechten Seite von Christus und von Mond/Luft und Erde auf der linken Seite[3] (diese Ordnung ist meistens eingehalten).

Dieser Anordnung entspricht aber auch die Stelle in der Offenbarung 9,10, wo der Engel seinen rechten Fuß auf das Wasser und seinen linken auf die Erde setzt.

Die *Gegenüberstellung der alten und der neuen Kirche* findet sich zum ersten Mal in einer *O-Initiale des Drogo-Sakramentars* (9. Jh.)[4]. Die personifizierte Ekklesia fängt rechts von Christus das Blut aus seiner Seitenwunde in einem Kelch auf, gegenüber sitzt der Prophet Hosea als Vertreter des Alten Bundes. Auf dem *Nicasius-Elfenbein* (um 900) stehen die personifizierte Ekklesia und die Stadt Jerusalem sich noch ohne Rivalität und Machtinsignien gegenüber[5].

Dieses Bild des Miteinanders unter dem Kreuz wandelt sich allmählich. „Von nun an werden häufig die Ekklesia als Repräsentantin der christlichen Kirche und die Synagoge als Vertreterin des christusfeindlichen Judentums als Gegner unter dem Kreuz konfrontiert … Diese Absetzung der Synagoge fußt auf der pseudo-isidorischen Schrift ‚De altercatione ecclesiae et synagogae dialogus' (Migne PL 42, 1131 f.), die Mitte des 9. Jh. entstand. Das Thema ist jedoch älter, speziell in der syrischen Tradition. Wenn die Ekklesia diese Herrschafts-

1 Zum Beispiel Fresko des Andreas von Florenz in der florentinischen Kapelle der Spanier, um 1355; Thoby Nr. 278. Eine Andeutung der Seeleneinholung der Schächer zeigt schon der ir. Cod. theol. 69 fol. 7 der Universitätsbibliothek Würzburg, um 800. Engel nähern sich dem reuigen Schächer, hingegen zwei schwarze Vögel dem bösen (Abb. bei: Zimmermann, Vorkarol. Miniaturen. 4 Bde., Berlin, 1916, Tf. 220).

2 Schiller, 2, S. 121.

3 Darstellung im Elfenbeinrelief der Liuthard-Gruppe, Mitte 9. Jh., München (Schiller, 2, Abb. 365) und Evangeliar von Bernward, Anfang 11. Jh., Hildesheim (Thoby Nr. 38).

4 Schiller, 2, S. 122, Abb. 364. Drogo-Sakramentar, Metz um 830 oder nach 844, Paris.

5 Schiller, 2, S. 122, Abb. 367. Nicasius-Elfenbein, um 900, Tournai.

insignien von der Synagoge übernimmt, so heißt das, dass ihr nun die Macht von Christus gegeben ist, die bis zu seiner Todesstunde die Synagoge, das im Alten Bund erwählte Gottesvolk, innehatte …"[1].

Auf dem *Elfenbeinrelief der Liuthard-Gruppe*[2] steht Ekklesia mit einem Kreuzzepter, an welchem eine dreigeteilte Fahne befestigt ist, und mit dem Kelch, den sie unter die Lanzenwunde Christi hält, auf der rechten Seite. Auf der linken Seite erscheint sie hinter Johannes wieder und fordert von der Synagoge den Globus, das Symbol für das Anrecht auf die Weltherrschaft.

Ein besonders aussagekräftiges Beispiel für die Darstellung des Alten und des Neuen Bundes ist die Zeichnung nach der Kreuzigung aus der Handschrift Hortus deliciarum, 12. Jh. (Fig. 9)[3].

Fig. 9 Kreuzigung Christi aus der 1870 in Straßburg verbrannten Sammlung „Hortus deliciarum" der Äbtissin Herrad von Landsberg, 2. Hälfte 12. Jahrhundert

1 Schiller, 2, S. 122.

2 Darstellung im Elfenbeinrelief der Liuthard-Gruppe, Mitte 9. Jh., München (Schiller, 2, Abb. 365) und Evangeliar von Bernward, Anfang 11. Jh., Hildesheim (Thoby Nr. 38).

3 Kreuzigung Christi aus der 1870 in Straßburg verbrannten Sammlung „Hortus deliciarum" der Äbtissin Herrad von Landsberg, 2. Hälfte 12. Jahrhundert. Dieses Blatt ist noch als Kopie in Paris vorhanden, fol. 150 r. Reproduktionen bei Schiller mit Beschriftung 4, 1, Abb. 111, bei Thoby Nr. 132 ohne Beschriftung. Abgebildete Reproduktion bei: Gillen, Otto (Hrsg.), Herrad von Landsberg: Hortus deliciarum. Pfälzische Verlagsanstalt, Neustadt/Weinstraße, 1979.

Neben den üblichen Figuren, wie Maria und Johannes, Sonne und Mond, dem zu- und dem abgewandten Schächer, Longinus und dem Schwammträger, reitet die gekrönte Ekklesia auf einem so genannten Tetramorph heran, einem Tier mit vier Köpfen, die den Evangelisten-Symbolen entsprechen. Sie hat dabei jeweils einen Fuß von den drei Tieren und von dem Menschen, was eine Versinnbildlichung der Evangelisten als Stütze der Kirche ist; in der einen Hand hält sie den Kelch, in der anderen die Fahne. Von der linken Seite kommt die personifizierte Synagoge auf einem strauchelnden Esel daher, sie sitzt rücklings, von Christus abgewandt, auf dem Tier, ihre Lanze mit der Fahne ist nach unten gerichtet und wird im nächsten Moment zu Boden gleiten, über die Augen fällt der Überhang herab, und in der Hand und im Arm hält sie neben einem Buch ein Böcklein und ein Beschneidungsmesser, als Zeichen des jüdischen Opferkultes. Schiller fasst den Esel nicht als Verhöhnung auf, sondern sieht in ihm eine Parallele zu dem Esel Bileams, welcher vor dem ihm in den Weg tretenden Engel Gottes scheute, weil er ihn erkannte[1]. Als Eigentümlichkeit kommt hier noch die Schlinge hinzu, in die der Esel beim nächsten Schritt treten wird.

Bei den Kreuzigungsdarstellungen kann man also eine feste Seitensymbolik feststellen; es gibt gute und schlechte Plätze, alle zur Rechten Christi stehenden Personen nehmen einen bevorzugten Platz ein, alle zu seiner Linken sind zweitrangig (so rangiert Johannes hinter Maria, der Mond hinter der Sonne) oder direkt abgewertet (wie der uneinsichtige Schächer und das starrsinnige Judentum in der Personifikation der Synagoge). Folgerichtig hält sich z. B. in der Kreuzigung des Rogier van der Weyden[2] die Aufteilung an das alte Schema, wenn auf der linken Seite demütig das Stifterpaar dargestellt ist und Johannes, höher im Rang, auf die rechte Seite zu Maria hinüberrückt.

Schematisch ordnen sich die Personen folgendermaßen:

rechte Seite	**linke Seite von Christus**
reuiger Schächer Dysmas	uneinsichtiger Schächer Gestas
Sonne	Mond
Maria	Johannes
Hauptmann Longinus	Soldat, der den Schwamm reicht, Stephanos
Wasser	Erde
Ekklesia	Synagoge

1 Schiller, 4, 1, S. 52. 4 Mos. 22.
2 Kreuzigung, Rogier van der Weyden, 15. Jh., Wien, Thoby Nr. 323.

Die Kreuzigung bietet eine besonders gute Gelegenheit für eine unterschiedliche Seitenbewertung, weil die beiden – einer zur Rechten und einer zur Linken (Luk. 23,33) Christi – gekreuzigten Schächer ein moralisches Gegensatzpaar darstellen. Aus der Bewertung der linken Seite vor der Entstehung der christlichen Religion und im frühen Christentum leitet sich leicht die linke Seite als die moralisch negative ab, zumal bei der Scheidung der Schafe von den Böcken, als Allegorie auf das Weltgericht, Christus selbst eine solche Bewertung vornimmt. Eine Parallele zwischen diesen beiden Stellen wurde sicherlich gezogen. Die übrigen Figuren und Personifikationen lassen sich dann sehr gut in dieses Schema einpassen.

Die spätere dogmatische Seitenbewertung war nicht von Anfang an so gegeben, sondern entwickelte sich im Laufe der Zeit zu einer bindenden Gesetzlichkeit. Ein entscheidender Punkt war die Einführung der Rivalität von Synagoge und Kirche, durch welche einer immer dogmatischeren Seitenbewertung der Weg gebahnt wurde.

1.5.5 Rechts und Links im Weltgerichtsbild

In den äußerst wenigen bildnerischen Darstellungen des Jüngsten Gerichts im frühen Christentum findet man von Anfang an eine moralische Seitenbewertung, nach der auf Christi linker Seite die Verdammten, auf seiner rechten die Seligen erscheinen.

Dieses Faktum erstaunt nicht, da diese Art der Trennung in der Beschreibung des Weltgerichts bei Matthäus mit der genauen Bestimmung der Seiten vorgegeben war und sich die bewertende Seitenbehandlung nicht, wie bei den Kreuzigungsdarstellungen, erst langsam herausbilden musste.

Auf einem *römischen Sarkophagdeckel*[1] (ausgehendes 3. Jh.) thront Christus in der Mitte und wendet sich zu acht Schafen an seiner Rechten, die mit erhobenen Köpfen auf ihn zustreben, mit annehmender Geste berührt seine rechte Hand den Kopf des ersten Schafs; seine Linke ist abwehrend gegen die herantrottenden Böcke erhoben, und das erste Tier geht unter der Ablehnung in die Knie, die anderen haben trotzig die Köpfe gesenkt; zwischen dem

1 Sarkophagdeckel aus Rom, ausgehendes 3. Jh., New York. Abbildung bei: Brenk, Beat, Tradition und Neuerung in der christlichen Kunst des ersten Jahrtausends. Studien zur Geschichte des Weltgerichtsbildes Wiener byzantinistische Studien, Bd. III, Wien, 1966, Abb. 1.

ersten Bock und Christus „steht das Scrinium mit den Rollen"[1], das die Ziegenböcke gewissermaßen daran hindert, näher an Christus zu gelangen. Hinter dieser Hirtenszene erscheinen Bäume als weitere Charakterisierung des ländlichen Geschehens.

Von der starken Abwertung der linken Seite und den ausführlichen Formulierungen der Schrecken des Jüngsten Gerichts[2] in der frühchristlichen Literatur findet sich wenig in dieser symbolischen, eher bukolischen Beschreibung des Weltgerichts. Diese unterschiedliche Behandlung in Schrift und Bild zeigt die Diskrepanz zwischen der symbolischen Literatur einerseits und der symbolischen Vorstellungswelt des Volkes und der Künstler andererseits. Ein großer Mangel ist der geringe Umfang des künstlerischen Materials, der eine ganz genaue Beurteilung nicht zulässt; jedoch bestätigt auch Brenk in seiner ausführlichen Behandlung des Themas diese Diskrepanz und er stellt fest, dass das Jüngste Gericht kein Kardinalthema der altchristlichen Kunst gewesen sei, wie es das später im hohen Mittelalter wurde[3].

Um 400 beschreibt der Bischof Paulinus von Nola ein *Apsismosaik in der Kirche des hl. Felix zu Fundi*, in welchem Christus als Opferlamm auf einem Felsen steht und die Trennung der Schafe und Böcke vollzieht; nach der rekonstruierten Zeichnung stehen die Böcke links, die Schafe rechts von dem Richter[4].

Ein weiteres Beispiel für diese Darstellungsart ist das *Obergadenmosaik in S. Apollinare Nuovo, Ravenna*[5] aus dem 6. Jahrhundert. Wieder sitzt Christus in der Mitte und hält in Aufnahmegeste den drei weißen Schafen zu seiner Rechten seine Hand entgegen. Die andere Hand ist verborgen, so als lehne er jeden Kontakt mit den drei grau gesprenkelten Ziegenböcken zu seiner Linken ab. Hinter den Tieren steht jeweils ein Engel, den Schafen zugeordnet ein rot bekleideter, den Böcken ein blauer Engel. Zur Interpretation beruft sich Brenk auf eine überzeugende Deutung Kirschbaums: „Nach einem verbreiteten Glauben ist jedem Menschen ein guter und ein böser Engel beigegeben …

---

1 Brenk, S. 38: „Ob darunter das Buch des Lebens verstanden werden soll, ist nicht mit Sicherheit anzunehmen, immerhin wenig wahrscheinlich. Sollte das Scrinium dem Hirten als Lehrer zugeordnet sein, so würde es das Evangelium bedeuten; aber auch diese Ansicht kann nicht bewiesen werden."

2 Besonders bei dem syrischen Kirchenlehrer Ephräm, 4. Jh., Homilien.

3 Brenk, Tradition und Neuerung, S. 43.

4 Ebenda, S. 40, mit Rekonstruktionszeichnung, aus: Ihm, Christa, Die Programme der christlichen Apsismalerei vom vierten bis zur Mitte des achten Jahrhunderts. Wiesbaden, 1960 (Forschungen zur Kunstgeschichte und christlichen Archäologie, Bd. 4). Fig. 17.

5 Ebenda, Abb. 3. Farbige Abbildung bei: Deichmann, Friedrich, Ravenna, Hauptstadt des spätantiken Abendlandes. Bd. 1, Wiesbaden, 1969, Abb 2.

Der rote Engel verkörpert den guten Engel: Seine Gestalt besteht aus Licht (corpus aethereum) und Licht wird in der Antike als Feuer gesehen; die Farbe des Feuers ist rot. Der blaue Engel gehört zu der Gattung der gestürzten Engel, zu den Dämonen. Von den schlechten Engeln glaubt der spätantike Mensch, sie besäßen einen Körper aus Luft (corpus aereum). Die Luft wird im Gegensatz zum Feuer als Dunkelheit gesehen und ihre Symbolfarbe ist das Blau oder Violett"[1].

Die eigentliche Ausformung des vielteiligen Weltgerichtsbildes, das nicht mehr allein auf dem Matthäus-Evangelium fußt, sondern auf zusätzlichen Bibeltexten, geschieht im Westen erst im 8./9. Jahrhundert, und nach Brenks Forschungen stellt fast jedes Gerichtsbild aus dieser Zeit eine Neuschöpfung dar, während sich im Osten ein kanonischer Typus ausgebildet hat[2].

Eines der frühesten Beispiele eines monumentalen Weltgerichtsbildes ist in *Müstair* an der Innenseite der Westwand in St. Johann aus der karolingischen Zeit[3]. Es ist nicht möglich, eine ganze Beschreibung des Bildes und seiner Bedeutung zu geben, wichtig ist allerdings, dass Christus in der Mitte mit Aufnahmegebärde zu den Seligen an seiner Rechten sitzt und mit der linken Hand abwehrend in Richtung der Hölle mit den Verdammten zeigt.

Vergleichbar ist die Haltung Christi auf einer *Elfenbeintafel aus dem 10. Jahrhundert*[4]; seine rechte Handfläche ist nach oben gewendet, seine linke nach unten, die Seligen und die Hölle befinden sich an den entsprechenden Orten.

Vergleicht man die Entwicklung der Vorstellung vom Weltgericht in der christlichen symbolischen Literatur und in der bildnerischen Gestaltung bis etwa zum 10./11. Jahrhundert, fällt besonders die Diskrepanz zwischen diesen beiden Medien in der Schilderung auf.

Das frühchristliche Weltgericht stellt in der metaphorischen Umschreibung die ländliche Szene der Trennung der Schafe von den Böcken dar, dieses Thema wurde relativ selten gestaltet. Hingegen schildert schon im 4. Jahrhundert Ephräm die Schrecken des Jüngsten Tages, und Gregor der Große schürt die Angst vor den Strafen Gottes.

---

1 Brenk, Tradition und Neuerung, S. 42; er zitiert hier Kirschbaum, Engelbert, „L'angelo rosso e l'angelo turchino". In: Rivista di Archeologia Cristiana, 17 (1940), S. 209–248.

2 Brenk, „Weltgericht". In: Kirschbaum. Bd. 4., 1972, Sp. 516.

3 Weltgerichtsbild an der Innenseite der Westwand in St. Johann zu Müstair (Graubünden, Schweiz), 8. Jh., Abb.: Brenk, Tradition und Neuerung, Abb. 30-34, Beschreibung S. 107 ff.

4 Elfenbeintafel, 10. Jh., wahrscheinlich byzantinisch, London. Brenk, Abb. 23. Beschreibung S. 84–87. Weitere Beispiele: Perikopenbuch Heinrichs II., Reichenauerschule, ottonische Zeit, München. Brenk, Abb 46. Jüngstes-Gerichts-Fresko an der Außenseite der Westapsis an St. Georg, Reichenau-Oberzell, frühes 12. Jh., Brenk, Abb. 49.

Im karolingischen und ottonischen Weltgerichtsbild wird eine reichhaltige Beschreibung des tatsächlichen und wörtlichen Geschehens am Jüngsten Tag nach verschiedenen biblischen Quellen abgebildet, mit den Posaune blasenden Engeln, der Aufrollung des Himmels und einer ganz besonders ausführlichen Beschreibung der Gerichtssitzung über den einzelnen Menschen mit dem gebührenden Lohn oder den entsprechenden Höllenqualen der Strafe. Das Thema erscheint immer häufiger an hervorgehobener Stelle, wie der Westwand oder dem Hauptportal im Westen.

Hingegen erschöpfen sich die zeitgenössischen Theologen in Wiederholungen der Väter, was Ernst Curtius veranlasst hat, von einem „Imitationsstil des karolingischen Humanismus" und von einer „Epoche reiner Rezeption mit geringer Selbständigkeit" zu sprechen[1]. „Dieses strenge und extreme Urteil trifft auf die bildende Kunst nicht ganz zu"[2], meint Brenk. Einzelmotive haben wohl ihre Vorbilder in der altchristlichen Kunst, doch vollzöge sich der Umbruch „weniger innerhalb der Einzelmotive und allgemeinen Vorstellungsformen als innerhalb der spezifischen Bildauffassung"[3]. Um diesen Umbruch weiter zu charakterisieren, zitiert er den Liturgieforscher Jungmann, der „nicht von einer vollständigen Wandlung der religiösen Kultur spricht, sondern lediglich von ‚Akzentverschiebungen und Aspektveränderungen'"[4].

So steht im Frühmittelalter die *Sündhaftigkeit* des Menschen im Vordergrund. Diese Anschauung „vom vollständig sündhaften Menschen geht in der Hauptsache auf Gregor den Großen zurück"[5].

Hier bestätigt sich ganz deutlich die Abhängigkeit der künstlerischen Vorstellungswelt von der symbolischen Vorstellungswelt des Volkes, sie ist hier also nicht unmittelbar von der symbolischen Literatur abhängig (vgl. oben Kap. 1.5.1).

Was die Seitenbewertung angeht, muss man eine Verstärkung der moralischen Bewertung hervorheben (die allerdings folgerichtig aus dem Gleichnis des Evangelisten Matthäus hervorgeht). Sie erfolgt durch die Darstellung der Hölle zur Linken Christi und des Paradieses zu seiner Rechten.

---

1 Curtius, Ernst Robert, Europäische Literatur und lateinisches Mittelalter. 2. Aufl., Bern, 1954, S. 294 und 319.

2 Brenk, Tradition und Neuerung, S. 211.

3 Ebenda.

4 Ebenda, S. 211–212. – Jungmann S. J., Josef Andreas, „Die Abwehr des germanischen Arianismus und der Umbruch der religiösen Kultur im frühen Mittelalter". In: Zs. f. kath. Theol., 69 (1947), 36–99. S. 36.

5 Brenk, Tradition und Neuerung, S. 213.

Als ausgesprochene Seltenheit erscheint im Türsturz der romanischen *Église de Perse zu Espalion*[1] die *Hölle auf der rechten Seite*, von den abgebildeten Figuren aus gesehen. Oben im Tympanon sind Sonne und Mond dargestellt auf ihren üblichen, von Kreuzigungsdarstellungen bekannten Plätzen, darunter ein steifes Pfingstbild. Im Türsturz reihen sich folgende Szenen *vom Betrachter aus von rechts nach links* aneinander: Christus in der Mandorla mit kreuzgeschmücktem Nimbus, umgeben von den Evangelisten-Symbolen, dann eine unbestimmte Figur und zwei fliegende Engel, die eine Seele heraufheben, in der Mitte die fragmentarische Seelenwägung und daneben Dämonen, die versuchen, einen Toten von einem Sarkophag zu sich herüberzuziehen. Auf der linken Seite der Höllenrachen, in dem Verdammte verschwinden, und dahinter sitzt Luzifer mit schlangenumwundenen Knien und von Teufeln umgeben. Durch die Umkehrung der traditionellen Seitensymbolik erscheint Christus auf der herkömmlichen Höllenseite und die Hölle auf dem allgemeinen Platz des Paradieses, was sehr eigentümlich ist. Merkwürdig ist auch, dass Sonne und Mond im Tympanon diese Seitenumkehrung nicht mitmachen. Im Türsturz ist auch keine reine Gerichtsdarstellung gegeben, denn Christus erscheint nicht als Richter mit Maria und Johannes als Fürbitter, sondern er hat mit den Evangelisten-Symbolen apokalyptischen Charakter. All diese Ungereimtheiten sprechen sehr für die Vermutung Gaillards[2], dass für den Türsturz verschiedene Werke kopiert wurden. Er hält es auch für fraglich, ob Tympanon und Türsturz ursprünglich füreinander bestimmt waren.

Offensichtlich war kein einheitliches Konzept vorhanden, und Einzelmotive wurden relativ verständnislos für die traditionelle Ikonographie und Ikonologie übernommen. Der Grund für die Umkehrung mag wohl weniger ein beabsichtigter, mit einer besonderen Aussage verbundener gewesen sein als vielmehr der, dass ein zweitklassiger Bildhauer für eine abgelegenere Kirche einen Portalschmuck schuf, der dem zeitgenössischen Geschmack entsprach und in seiner Melange der Motive moderne Themen anderer romanischer Portale aufnahm und so vorgab, up to date zu sein. Dieser Behauptung würde auch die nicht exakt bestimmbare, aber eher späte Datierung bei Gaillard entsprechen[3].

---

1 Liegt in der Landschaft Rouergue, im heutigen Département Aveyron. – Abbildungen in: Rouergue Roman. Hg. von Gaillard, Georges u. a. (Zodiaque, la nuit des temps 17). Paris, 1963, Abb. 82.

2 Gaillard, S. 199–200.

3 Gaillard, S. 200: „Œeuvre plus émouvante que belle, le portail de Perse, impossible à dater faute de documents et de rapprochements exacts, parait archaique, mais non pas très ancien: mélant sans discernement le souvenir de plusieurs oeuvres diverses, imparfaitement interprétées, il pourrait n'être qu'une oeuvre tardive, attribuable à la survivance de goût roman dans l'art populaire du Rouergue."

Jedoch behalten in den ausführlichen romanischen Darstellungen des Weltgerichts Paradies und Hölle im Allgemeinen ihre traditionellen Plätze; Beispiel dafür ist das Portal von *Saint-Lazare zu Autun* und das von *Sainte-Foy in Conques*.

Abb. 1 Autun. Kathedrale Saint-Lazare. Tympanon: Jüngstes Gericht. Christus in Mandorla, vier Engel, Sonne und Mond. Zu Christi Rechter (vom Bild aus gesehen): Maria, Engel, darunter neun Apostel, himmlisches Jerusalem (Paradies), Selige. Zu Christi Linker: Apostel (Johannes?), Engel, darunter Erzengel Michael, Seelenwägung, Teufel, Verdammte, Luxuria, Höllenbau und -rachen, Verdammte werden hineingezogen und -geworfen.
Türsturz: rechts von Christus Gräber, aus denen Selige auferstehen; links von Christus Auferstehung der Verdammten, Darstellung des Geizes und nochmals Luxuria

Das Programm des Jüngsten Gerichts wurde immer mehr erweitert, indem man Personen und Gruppen hinzufügte, deren gemeinsames Merkmal oft die Einordnungsmöglichkeit in das Schema von Gut und Böse war. Schon in der Elfenbeintafel aus dem 10. Jahrhundert (siehe oben) erscheinen *Abraham*, in dessen Schoß Selige Frieden finden, im Paradies auf der rechten Seite Christi sowie *Maria rechts* und *Johannes links* (wie in den Kreuzigungsdarstellungen ist ihre Platzzuteilung weniger moralisch als erst- und zweitrangig zu verstehen) als Fürbitter vor Christus (Deesis). Abraham mit Seligen im Schoß erscheint fortan regelmäßig im Paradies, genauso wie Maria und Johannes zu

Hauptpersonen im Jüngsten Gericht werden; manchmal werden auch *Sonne und Mond*, übernommen aus den Kreuzigungsdarstellungen, abgebildet.

Anfang des 13. Jahrhunderts treten in der äußeren Archivolte des *Portals von Notre-Dame zu Laon rechts die fünf klugen und links die fünf törichten Jungfrauen* auf.

Besonders reichhaltig ist *das mittlere Westportal von Notre-Dame in Paris*, wo neben den üblichen moralisierenden Szenen im Sockelrelief *rechts von Christus die Tugenden und links die Laster* dargestellt sind. Man könnte noch weitere Beispiele anreihen, z. B. in Reims, Le Mans, Bourges.

> Normalerweise wird immer die Hölle zur Linken Christi und das Paradies zu seiner Rechten dargestellt. Die moralische Ortsgebundenheit der Szenerie scheint erstarrt zu sein.
>
> Eine *Aufhebung der Links-Rechts-Seitenbindung* in Bildern des Jüngsten Gerichts nimmt erst *Jan van Eyck* vor[1], durch eine vertikale Aufteilung: Im oberen Teil des Bildes werden von beiden Seiten die Seligen herbeigeführt, in der Mitte stehen die Toten aus Erde und Wasser auf, und unten sieht man in die Hölle hinein. Diese Aufteilung machte jedoch nicht Schule, nur Petrus Christus, der vielleicht sein Schüler war, übernahm in seinem Jüngste-Gericht-Bild (Berlin) die vertikale Konzeption.
>
> Ansonsten blieb es bei der frühchristlichen Einteilung, wir finden diese sowohl bei Rogier van der Weyden als auch bei Michelangelo (Rom) und Rubens (München).

1.5.6 Ehrenplatz rechts oder links

Wie schon bemerkt, gibt es einige Themen, bei denen die Platzzuteilung weniger eine Abwertung, als vielmehr eine Rangordnung darstellt. Dies wurde oben für Johannes und Maria als Fürbitter vor Christus (Deesis) festgestellt und gilt ebenso für die Traditio legis (die Gesetzesübergabe), die Traditio clavis (die Schlüsselübergabe), die Anordnung der Erzengel und der Evangelisten-Symbole um Christus.

Die ersten Darstellungen der *Traditio legis* (auch: Dominus legem dat) gehen auf das 4. Jahrhundert in Rom und seinen Einflussbereich zurück. Sie befinden sich häufig in Kuppelmosaiken und an Sarkophagen. Christus steht fron-

1 Jüngstes Gericht, Jan van Eyck (auch Hubert zugeschrieben), 15. Jh., New York.

tal in der Mitte und reicht mit seiner Linken dem an ebendieser Stelle stehenden Petrus die oft entfalteten Rollen. Petrus trägt meistens den Kreuzstab; zu Christi rechter Seite steht dann Paulus[1].

Um die Traditio legis entzündete sich Ende des letzten und Anfang dieses Jahrhunderts eine Streitdiskussion mit den ausgeklügeltsten Argumenten. Auf die Frage, warum Petrus, dem bei der Gesetzesübergabe doch eine ehrende Aufgabe zugewiesen wurde, meistens auf Christi linker Seite steht, wurde unter anderem damit geantwortet und argumentiert, dass hier die Seiten vom Zuschauer aus zu bestimmen seien[2]. De Waal hingegen führt die Platzierung auf heidnische Anschauungen über die Himmelsrichtungen und die Seitenaufteilung zurück. So gehöre Petrus mehr dem Osten an, der bei Blickrichtung nach Süden links lag, während „Paulus, als der Apostel des Westens, die westliche, d. h. die rechte Seite einnimmt“[3]. Und er meint schließlich, dass in diesem Fall die linke Seite die Ehrenseite geworden sei.

In der späteren Literatur wird meistens die Ansicht vertreten, dass hier nicht eine Bevorzugung ausgedrückt werden sollte[4], sondern es zu einer Äquivalenz der Seiten gekommen sei[5].

Es trifft sicher zu, dass zu manchen Zeiten die Symbolik der rechten und linken Seite bei der Interpretation von Kunstwerken auf jeden nur irgendwie denkbaren Fall angewendet und – gerade bei der Traditio legis – übermäßig herangezogen wurde. Trotz allem muss anfangs ein Sinn dahinter gestanden haben, dass Petrus mit großer Regelmäßigkeit auf Christi rechter Seite abgebildet wurde. Wenn auch Kollwitz, laut Schiller, meint, dass damals der Primatgedanke nicht im Vordergrund der theologischen Diskussion stand[6], schließt das nicht eine damals allgemein verständliche Symbolik aus, und sei es diese, dass Petrus als „Menschenfischer“ (Luk. 5, 3–10) und als Vertreter der Menschengemeinde (auf dessen Nachfolge sich die Päpste bis heute berufen) mit dem *irdischen Leben*, welches im 4. Jahrhundert nachweislich mit Links gleichgesetzt war, identifiziert wurde[7]. Solche Fragen waren offensichtlich in dieser Zeit weniger ein Streitthema als eine nur am Rande erwähnte Selbstverständlichkeit.

---

1 Genaueres bei Schuhmacher, W. N., „Traditio legis“. In: Kirschbaum, 4, (1972), Sp. 347–351 sowie bei Schiller, 3, S. 202 ff.

2 Leclerq, zitiert bei Sauer, S. 391.

3 Waal, de, „Rechte und Linke“. In: Kraus, Real-Enzyclopädie der christlichen Altertümer, 2, S. 683. Weitere Literatur zu der Diskussion bei Sauer, S. 96 und S. 391 und Jungmann, S. 28 ff.

4 Schiller, 3, S. 207.

5 Dinkler und Schubert, in: Kirschbaum, 3, Sp. 512.

6 Schiller, 3, S. 207, Anmerkung 11.

7 Vgl. das Zitat von Gregor in Kapitel 1.5.2.

So bedeutet hier der linke Platz (des Petrus) nicht in erster Linie eine Abwertung bzw. die rechte Seite nicht eine besondere Erhöhung (des Paulus); eine Symbolik ist aber sicher darin zu finden. Die von mir vermutete Bedeutung wird im 13. Jahrhundert durch ein Zitat von Durandus bekräftigt. Er bezeichnet den Platz zur Linken Christi als den der Sterblichen, daher würde Petrus links und Paulus rechts dargestellt[1].

Die Abwertung ist damit nur in kodierter Form gegeben, insofern als das geistige Leben höher gerechnet wurde als das irdische. Ob aber schon in der frühchristlichen Kunst, wie später Durandus die Sache erklärt, Paulus mit dem Unsterblichen und Rechten identifiziert wurde oder ob er den Platz anfangs mehr zufällig, weil dieser eben noch frei war, erhielt, muss hier als Frage offen bleiben.

Ich meine, dass die Interpretation von Schuhmacher[2], der die Traditio legis nicht als Missionsauftrag, sondern als „Erscheinung des Auferstandenen vor Petrus, Selbstoffenbarung des Gesetzes und eschatologische Vision" deutet, die hier versuchte Begründung für die Platzzuweisung nicht tangiert, denn der Augenblick der Darstellung ändert nichts daran, dass Petrus als Vorsteher der christlichen Gemeinde auserwählt und verehrt wurde.

Ziemlich gleichzeitig mit der Traditio legis erscheinen im 4. Jahrhundert, ebenfalls in Rom, Darstellungen der *Schlüsselübergabe* an Petrus (Mt. 16,19), und laut Schiller wird etwa seit 800 die Schlüsselübergabe an Petrus mit der Gesetzesübergabe an Paulus verbunden[3]. Dabei kann es zur Umkehrung der Plätze kommen, sodass Petrus aus Christi rechter Hand und Paulus aus seiner linken Schlüssel und Gesetz erhalten[4].

Auch mit der *Platzierung des Erzengels Michael* auf Christi rechter Seite und *des Erzengels Gabriel* auf Christi linker Seite ist eine Rangordnung ausgedrückt[5]. Ebenso ist bei den *Evangelisten-Symbolen* in der Maiestas-Domini-Darstellung eine Rangordnung gegeben; am beständigsten erscheint

---

1 Durandus, R. D. Guilelmus, Rationale divinorum officiorum. Apud Haeredes Iac. Iuntae, Lugdunum, 1559. VII, 44. „... per sinistram enim mortalis per dextram immortalis designatur, secundum illud laeua eius sub capite meo & dextra illius amplexabitur me. Et propter hanc causam in picturis ecclesiarum Paulus ad dexteram & Petrus ad sinisteram statuuntur salutoris ..." – Reine Feststellung der Plätze ohne Kommentar, ebenda, 1,3 und 12.

2 Schuhmacher, in: Kirschbaum, 4, Sp. 349.

3 Schiller, 3, S. 213.

4 Magdeburger Antependium, 962–973 n. Chr., Abb. 602 bei Schiller, Bd. 3. – Ebenda, Abb. 603, ein Evangelistar, 1. Hälfte 13. Jh., Brandenburg.

5 Dinkler und Schubert, in: Kirschbaum, 3, Sp. 512. Beispiel in S. Apollinare in Classe, Ravenna am Triumphbogen.

der Löwe rechts und der etwas niedriger eingeschätzte Stier links – die Plätze des Engels und des Adlers werden manchmal ausgetauscht, wobei etwas häufiger der Engel rechts und der Adler links von Christus dargestellt werden. Möglicherweise steht die linke Platzierung des Adlers, Symbol des Lieblingsjüngers Johannes, im Zusammenhang mit seiner Darstellung im Abendmahl an Christi linker Brust.

Es gibt also für die linken und rechten Plätze sowohl die Möglichkeit der Rangordnung ohne direkte Auf- oder Abwertung als auch die der gezielten Wertung im moralischen Sinne. Feststellen kann man schließlich, dass in der christlichen Symbolik im Großen und Ganzen *der rechte Platz der Ehrenplatz ist.*

1.6 Zusammenfassung der Ergebnisse

Die ikonographische Untersuchung von Links und Rechts zeigte, dass den Seiten schon in der Antike bei den Römern und Griechen ganz spezielle ethisch behaftete Bedeutungen zugeschrieben wurden. Eigentümlicherweise hielten die Römer in sehr früher Zeit, konträr zu den Griechen, die linke Seite für die der guten Zeichen und die rechte für die der schlechten. Doch der symbolische Bedeutungsgehalt, den die Griechen den Seiten zuschrieben, setzte sich im Laufe der Zeit auch bei den Römern durch.

Die Juden waren einer ethischen Auf- oder Abwertung der Seiten nicht so „verfallen“. Bei ihnen galt zwar die rechte Hand Gottes mehr, aber es ging damit nicht sofort eine Abwertung der linken einher.

Ein starker Impuls zu der moralischen Sichtweise der Seiten war der Manichäismus, in dessen strikten Dualismus von Gut und Böse man die Seiten nur zu gut einpassen konnte. Manichäisches Gedankengut floss auch in die Schriften der Patristiker (Kirchenväter) ein, und man könnte überspitzt sagen, dass der Gipfel der seitenbezogenen ethischen Gegenüberstellung im frühen Christentum erreicht wurde, eben in der Zeit der Kirchenväter.

Dadurch wird verständlich, warum es schon sehr früh in der Kunst zu einer ausgesprochenen Bevorzugung der rechten und einer Abwertung der linken Seite gekommen ist. Denn die Kunst des frühen Christentums war überwiegend religiös orientiert.

Typische Themen für diese Seitenbehandlung in der Kunst waren das Jüngste Gericht und die Kreuzigung.

Da schon vom Alten Testament her die Frau wertmäßig unter dem Mann stand, wurden ihr auch die linken – durch die Seitensymbolik minderwertigeren – Plätze im Kirchengebäude und auf Stifterbildnissen zugewiesen.

Besonders im Kirchengebäude spielte das Problem der Orientation eine große Rolle. Bei der geosteten Kirche fiel die linke Seite mit der nördlichen zusammen. Aus dieser Richtung sollte alles Übel kommen, und auch der Teufel wurde von dort erwartet. In gewesteten Kirchen, die es zur Zeit Konstantins häufig gab, kam es durch die Orientationsänderung zu einer Seitenverkehrung. Im Falle von Bischofskirchen wurde die Frage des Bezugspunktes für die Orientation (durch den Priester vor oder aber durch den Bischof hinter dem Altar) noch komplizierter. Beim Studium der erhaltenen und erreichbaren alten Quellen hatte ich den Eindruck, dass den Himmelsrichtungen der Vorrang vor der linken und rechten Seite gegeben wurde, wenn es darum ging, die symbolische Bedeutung der Kirchenseiten festzulegen.

Bei bildlichen Darstellungen (z. B. Stifterbildnissen und Kreuzigungen) ist der Bezugspunkt für die Seitenaufteilung in der ganzen christlichen Kunst nicht der Betrachter, sondern Christus oder der zentrale Heilige, um den sich die Szene gruppiert.

2 Der wahrnehmungspsychologische Faktor von Links und Rechts

2.1 Einleitung

Nach der oben behandelten Problematik der Labilität bei der Festlegung von Links und Rechts in der Außenwelt des Menschen – im Gegensatz zu der Stabilität der Himmelsrichtungen – soll nun Links und Rechts im Menschen selbst untersucht werden.

Links und Rechts sind im Menschen und im Tier ein für alle Mal festgelegt. Im ersten Moment scheint es so, als seien die Seiten des menschlichen Körpers genau spiegelbildlich, doch trifft das nur für die groben Umrisse zu, und es ist eine bekannte Tatsache, dass auch diese scheinbar spiegelbildlichen Seiten es tatsächlich und in Wirklichkeit keineswegs sind. Das Trickfoto eines Gesichts, aus nur einer Hälfte und deren Spiegelbild zusammengesetzt, zeigt, wie unterschiedlich das Ergebnis zu dem tatsächlichen Gesicht des Menschen ist. Diese nur annähernde Symmetrie betrifft auch alle anderen Körperteile; selbst die Oberflächenstruktur der Gehirnwindungen der beiden Hemisphären unterscheidet sich in ein und demselben Menschen etwas.

Die nächste differenzierende Beobachtung der menschlichen Seiten zeigt die allgemeine Dominanz der rechten Seite. Doch kennen wir auch den umgekehrten Fall des Linkshänders, bei dem die linke Seite die bevorzugte, aktivere und geschicktere ist. Man weiß aus experimentellen Untersuchungen, dass diese Dominanz sich nicht nur auf die Hände beschränkt, sondern dass es auch für andere Körperteile und Sinnesorgane Dominanzen gibt.

Ausgehend von den *äußerlich* unterschiedlich gestalteten lateralen Körperteilen sind wir nunmehr zu den *funktionellen* Unterschieden der Seiten beim Menschen gekommen, und so ist es das Anliegen dieses Kapitels, auf diese Unterschiede weiter einzugehen und diese, soweit sie erforscht sind, in die Diskussion der Arbeit mit einzubeziehen.

Die Neurophysiologie hat gefunden, dass die verschiedene Seitenbetonung im Körper auf eine unterschiedliche motorische und sensorische Dominanz im zentralen Nervensystem zurückgeht und dass sich die beiden Gehirnhemisphären grundlegend in ihren spezifischen Funktionen unterscheiden. Als Drittes kommt noch hinzu, dass die verschiedenen zerebralen Funktionen wahrscheinlich nicht bei allen Menschen nach dem gleichen Muster in den beiden Hemisphären verteilt sind, d. h., dass zum Beispiel die Sprachfähigkeit zwar bei den meisten Menschen in der linken Hemisphäre lokalisiert ist, bei einigen aber in der rechten. Da man weiß, dass die menschliche Wahrnehmung grundlegend von dem zentralen Nervensystem abhängt und von dort auf die komplizierteste Weise gesteuert wird, sind diese Überlegungen von größter Bedeutung für die visuelle Wahrnehmung überhaupt und speziell für die Wahrnehmung der Seiten.

All diese Fragen gehören in das Gebiet der physiologischen Psychologie, deren Teilgebiet die *Wahrnehmungspsychologie* ist, die sich auf interdisziplinäre Weise mit den Zusammenhängen „zwischen den objektiven (physikalischen) Eigenschaften des durch Rezeptoren Wahrzunehmenden und den physiologischen Bedingungen der Wahrnehmung einerseits (auch Psychophysik) sowie den dabei auftretenden Sinneserlebnissen andererseits“[1] auseinander setzt.

2.2 Die zwei Gehirnhemisphären[2]

2.2.1 Anatomische Funktion

Das menschliche Großhirn (cerebrum) ist in zwei Hemisphären aufgeteilt, in eine rechte und eine linke. Ein Teil aus Milliarden Nervenfasern bildet eine kabelförmige Struktur, die beide Hemisphären verbindet, den Balken (corpus callosum)[3].

Andere Bahnen verbinden das Großhirn mit dem Kleinhirn und anderen Hirnteilen. Eine besonders wichtige Funktion nimmt der Hirnkern, der Thalamus, als Schaltzentrum ein[4].

---

1 Meyers Enzyklopädisches Lexikon, Bd. 24. 1976.

2 Die Kapitel 2.2 bis 2.2.4 wurden in dem Buch: Sattler, Der umgeschulte Linkshänder, 1995 mit einigen Ergänzungen bzw. Aktualisierungen übernommen. Diese überarbeiteten Teile sind hier wiedergegeben und nochmals etwas aktualisiert.

3 Betz, Dieter, Psychophysiologie der kognitiven Prozesse. Reinhardt, München, 1974, S 47. – Vgl. Fig. 10.

4 Ebenda, S. 48: „Im Zwischenhirn, ziemlich genau in der Mitte des Gehirns, liegt eine der wichtigsten Strukturen, der Thalamus. Dies ist ein großer Hirnkern, der mit fast allen Teilen des Gehirns und des Rückenmarks durch sensorische und motorische Fasern verbunden ist. Er ist ein wichtiges Schaltzentrum mit eigenen Funktionen. Alle sensorischen Erregungen, außer den olfaktorischen, enden in den Kernen des Thalamus, werden hier umgeschaltet und weitergegeben an die Hirnrinde. Bei dieser Umschaltung werden sie miteinander integriert.“ Als weiterführende Literatur zu empfehlen: Schmidt, Robert F. (Hrsg.), Neuro- und Sinnesphysiologie. Springer Verlag, Berlin, Heidelberg, New York, 1993, 1998 (3).

Die Hemisphären sind beim Menschen kontralateral organisiert, d. h., dass periphere Reize auf der einen Körperseite vorwiegend von der gegenüberliegenden Hemisphäre verarbeitet werden und auch die efferenten (zur Peripherie hinziehenden) Impulse an die Muskeln von der gegenseitigen Gehirnhälfte ausgesendet werden. Die Kreuzung (decussatio) der meisten Nerven vollzieht sich in der Regel im oberen Rückenmark (medulla oblongata)[1].

Auch das visuelle System erfährt eine Kreuzung der Nerven, doch handelt es sich hierbei um eine *partielle Kreuzung der Sehnerven* im Chiasma opticum. „Die Kreuzung besteht nicht einfach darin, dass das linke Auge nach rechts geschaltet wird und das rechte nach links. Vielmehr bezieht sich die Trennung ursprünglich auf die Umgebung. Die linke Hälfte des Gesichtsfeldes wird in der rechten Hemisphäre ausgewertet, die rechte Hälfte in der linken Hemisphäre des Gehirns“[2] (siehe Fig. 10). „Anatomisch drückt sich das so aus, dass die Fasern in jedem Sehnerv, die von der äußeren, lateralen Hälfte der Netzhaut stammen, ungekreuzt weiterziehen, während die Fasern von der inneren, nasalen Hälfte, auf die andere Seite kreuzen. Jedes Auge für sich ist also funktional in zwei Hälften geteilt, eine rechte und eine linke. Für diese funktionalen Hälften gilt nun die Kreuzungsregel: Eine Reizquelle, z. B. ein Licht, das sich in der linken Hälfte des Gesichtsfeldes befindet, wird auf der rechten Netzhauthälfte abgebildet und in der rechten Hirnhemisphäre verarbeitet.

Für eine Stelle gilt dies nicht: Dies ist die Fovea, die Stelle des schärfsten Sehens. Die Fasern, die von hier kommen, kreuzen zum Teil, zum Teil nicht. Die *Fovea jedes Auges ist also in beiden Hemisphären repräsentiert*“[3].

---

1 Benninghoff/Goerttler, Lehrbuch der Anatomie des Menschen. 3. Band. Neu bearbeitet von H. Ferner. Urban und Schwarzenberg, München, Wien, Baltimore, 1977 (10). S. 115: „Am Übergang der Medulla oblongata in das Rückenmark kreuzen in der Regel 70–90 % der Fasern in der *Decussatio pyramidum* die Seite …“ „Die in der *Decussatio pyramidum nicht kreuzenden Fasern* (normalerweise 10–30 % der Pyramidenfasern) (Anmerkung: Es wurden seltene Fälle beschrieben, in denen alle Fasern in der Decussatio pyramidum die Seite kreuzen, andererseits vereinzelt aber auch solche, bei denen die Decussatio pyramidum fehlt.) ziehen als *Tractus corticospinalis anterior* im Vorderstrang des Rückenmarks abwärts (…). Die Fasern dieser Pyramidenvorderstrangbahn kreuzen jeweils in der *Commissura anterior alba* jenes Segmentes die Seiten, in welchem sie im Bereich des Vorderhorns ihr Ende finden.“ – Dieses Lehrbuch wurde inzwischen überarbeitet und besonders aus didaktischen Gründen gestrafft und erscheint nur noch in zwei Bänden: Benninghoff, Alfred, Anatomie. Makroskopische Anatomie, Embryologie und Histologie des Menschen. Herausgegeben von Detlev Drenckholm und Wolfgang Zenker. Urban und Schwarzenberg, München, Wien, Baltimore, 1993, 15., völlig neu bearbeitete Auflage. Die zitierte Thematik wird in dieser neuen Auflage in Band 2, S. 463 f. behandelt.

2 Betz, S. 49.

3 Betz, S. 49–50. Eigene Hervorhebung.

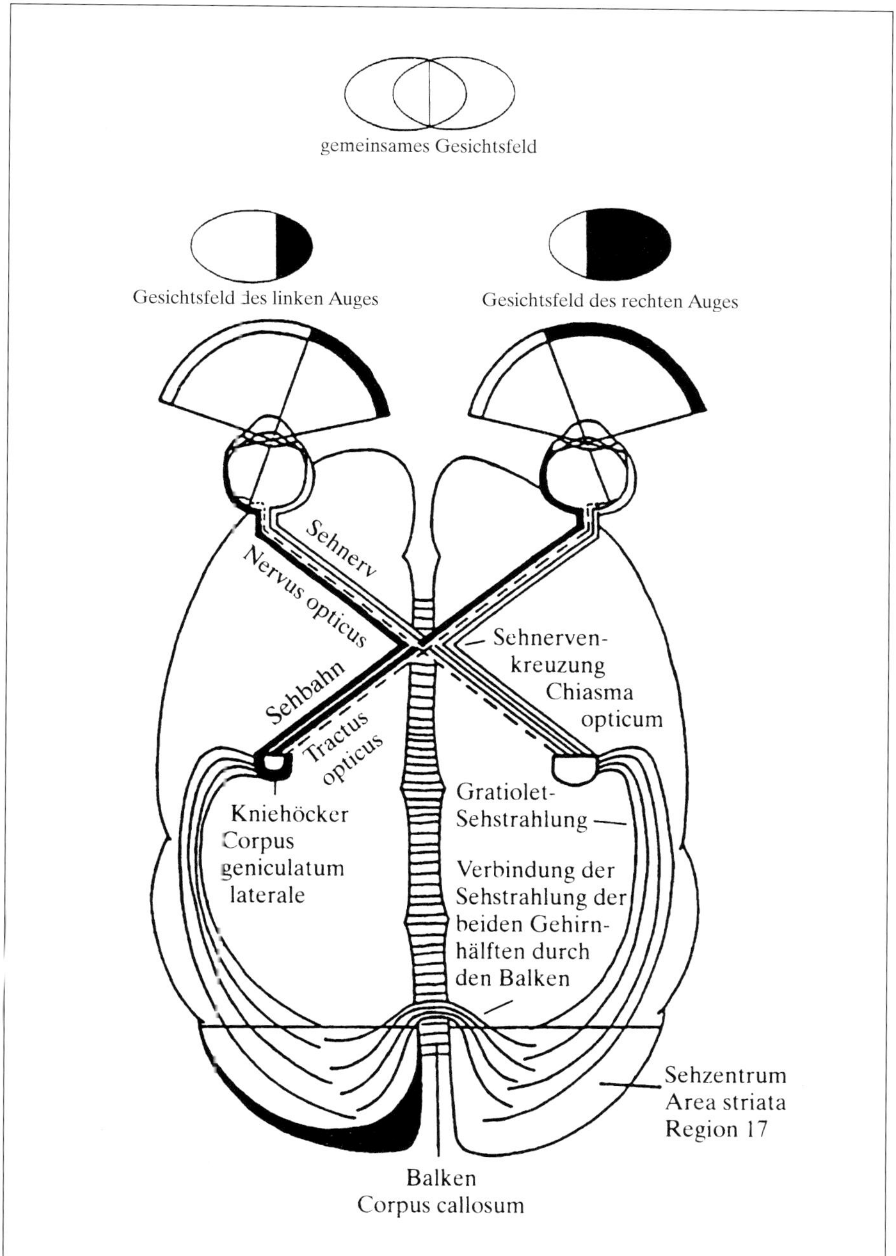

Fig. 10 Schema der Physiologie der visuellen Wahrnehmung. Eigene Zeichnung nach Anregungen von: Betz, S. 48 f. – Benninghoff, Goerttler, S. 373. – Meyers Enzyklopädisches Lexikon, Bd. 5, 1972, S. 543

Von dem Chiasma opticum (an der Basis des Zwischenhirns[1]), nicht weit hinter den Augen, werden die Reize weiter über den Tractus opticus in das Corpus geniculatum, den seitlichen Kniehöcker im Thalamus, geleitet[2]. Hier werden die Reize umgeschaltet und miteinander integriert[3] und über die Sehstrahlung zur Area striata (oder Region 17) im Cortex (also in der Großhirnrinde) des Occipitallappens[4] geleitet. Von dem Occipitallappen, der der visuellen Wahrnehmung dient, verbinden Nervenfasern über den Balken (corpus callosum) die beiden Hemisphären.

Was die Ohren und das Hören betrifft, gibt es keine so eindeutige Hörnervenkreuzung, doch gilt auch hierbei, dass gekreuzte und ungekreuzte Nervenfasern in das so genannte Corpus geniculatum mediale im Mittelhirn kommen und in Hörstrahlen zur Cortex (Gehirnrinde) weitergeleitet werden: „Die Hörrindenfelder bekommen die Meldungen überwiegend von der Gegenseite (...). Die aufsteigende kortikale Projektion ist also größtenteils gekreuzt. Das rechte Ohr hat also zur linken Hemisphäre leichter Zugang ...“[5].

2.2.2 Unser Wissen über die verschiedenen Funktionen der Gehirnhemisphären

Wie oben schon bemerkt, ist unser Gehirn nicht nur bezüglich der physiologischen Funktionen in zwei Hemisphären geteilt, sondern die Teile haben auch ganz unterschiedliche Aufgabenbereiche und Spezialisationen. Diese Aufteilung der verschiedenen Funktionen im Gehirn betrifft praktisch alle Tätigkeitsgebiete: die Rezeption (Aufnahme), die Verarbeitung und die Reaktion hinsichtlich der emotionalen wie kognitiven Bereiche und auch die Geschicklichkeit, das manuelle Reaktionsvermögen und das Abrufen der gespeicherten Inhalte.

---

1 Meyers Enzyklopädisches Lexikon. 5. Band, 9. Auflage. Mannheim, 1972, S. 543.

2 Betz, S. 59. – Ebenda: Das Corpus geniculatum laterale „ist das ursprüngliche Sehorgan ... Im menschlichen Gehirn scheint der Thalamus keine unmittelbare *Seh*funktion mehr zu haben; er ist ein wichtiges Integrationszentrum, in dem die visuelle Information mit der Information aus anderen Sinnesgebieten zusammengebracht wird.“ Sehr ausführlich behandelt in: Nieuwenhuys, R., J. Voogd, Chr. van Huijzen, Das Zentralnervensystem des Menschen. Ein Atlas mit Begleittext. Springer Verlag, Berlin, Heidelberg, New York, 1980, 1991 (2), S. 182 ff.

3 Ebenda, S. 48.

4 Ebenda, S. 51: „Die Region 17 ist der Beginn des visuellen cortex, zu dem auch die nach außen und oben angrenzenden Teile der Hirnrinde gehören. Der ganze Occipitallappen dient der visuellen Wahrnehmung.“

5 Benninghoff/Goerttler, 1997 (10), S. 436. – Sehr ausführlich behandelt in: Nieuwenhuys, Voogd, Huijzen, 1991 (2), S. 175 ff.

Ein großer Teil unserer Kenntnis über die Hemisphärenaufteilung ist ein Nebenprodukt der Untersuchungen verschiedener Gehirnverletzungen und -beeinträchtigungen („klinische Daten"). Erst in den letzten Jahrzehnten sind experimentelle Methoden entwickelt worden, um an Menschen mit unbeeinträchtigtem Nervensystem die Aufteilung untersuchen zu können:

a) *Die gewaltsamen Verletzungen des Gehirns durch Unfälle, durch Schussverletzungen im Krieg oder durch Tumore* gaben anhand der Ausfälle bestimmter Fähigkeiten, z. B. der Sprache (Aphasie) oder der räumlichen Wahrnehmung (ohne jegliche Verletzung der Sinnesorgane oder der weiterleitenden Nerven), viel von den Geheimnissen der Funktionen und Lokalisationen einzelner Fähigkeiten frei[1]. Diese Entdeckungen wurden zunehmend seit der zweiten Hälfte des 19. Jahrhunderts gemacht. Um 1861 hat Broca entdeckt, dass man bei Menschen mit Sprachstörungen, beim Sezieren nach ihrem Tod, häufig eine Verletzung an der linken Seite im Gehirn finden konnte[2], und 1864 notierte der „große Neurologe Hughlings Jackson… über eine Patientin mit einem Tumor in der rechten Hemisphäre: ‚Sie kannte keine Gegenstände, Personen und Orte'"[3]. Man tendierte damals immer mehr dazu, die linke Hemisphäre als die wichtigere, beherrschende Haupthemisphäre zu bezeichnen und die rechte als die untergeordnete Nebenhemisphäre[4].

b) Eine andere Art der massiven Gehirnschädigung (allerdings ohne jeglichen direkten mechanischen Eingriff von außen auf das Gehirn), die uns weitere Informationen über spezifische Hemisphärenfunktionen gibt, ist die *Umschulung des Linkshänders auf die rechte Hand* (allgemeine Bemerkungen zur Linkshändigkeit: Anhang 5.2.). Dadurch scheinen bestimmte – bis zum Zeitpunkt der Umschulung im Gehirn nach dessen eigenen Gesetzen aufgebaute –

---

1 Sehr eindrucksvoll beschrieben z. B. von dem als Begründer der Neuropsychologie geltenden Arzt Alexander R. Lurija, Der Mann, dessen Welt in Scherben ging. Zwei neurologische Geschichten. Rowohlt Verlag, Reinbek, 1991.

2 Paul Broca (1824–1880), franz. Chirurg und Anthropologe, Entdecker des motorischen Sprachzentrums.

3 Ornstein, Robert E., Die Psychologie des Bewusstseins (1. dt. Ausgabe 1974). Zitiert wird aus der Taschenbuchausgabe: Fischer Taschenbuch Verlag, Frankfurt am Main, 1976 (2), S. 63.

4 Ornstein, Robert E., 1976 (2), S. 63. – Ebenso: Deglin, Wadim L., „Unsere zwei Gehirne". Vortrag Juni 1975 in Varna (Bulgarien), abgedruckt in: Unesco-Kurier, Nr. 1, 17. Jahrgang, Bern, 1976, S. 4–32.
Eine sehr übersichtliche und verständliche Beschreibung mit einem geschichtlichen Überblick und weiterführender Literatur findet sich bei Springer, Sally P., Georg Deutsch, Linkes Gehirn/Rechtes Gehirn. Funktionelle Asymmetrien. Spektrum der Wissenschaft Verlag, Heidelberg, 1987, S. 1 ff.; in der überarbeiteten 3. dt. Auflage, Spektrum Akademischer Verlag, Heidelberg, Berlin, Oxford, 1995, S. 19 ff.

Strukturen zerstört oder zumindest so stark gehemmt und belastet zu werden, dass dadurch andere gleich- oder kontrahemisphärische Funktionen beeinträchtigt werden und es zu massiven Störungen kommt, die sich nach außen hin als Fehlverhalten und Störungen bestimmter Fertigkeiten (z. B. Legasthenie) manifestieren können (Anhang 5.2.4.). Es gibt eine unüberschaubare Zahl an Veröffentlichungen über die Problematik der Linkshändigkeit. Die verschiedenen Ausgangspositionen und Fragestellungen sowie die daraus resultierenden Ergebnisse sind ebenso unüberschaubar wie kaum zu integrieren. So ergibt sich, dass selbst eine befriedigende und ausreichende Definition des Linkshänders und seiner spezifischen Eigenschaften bis heute noch nicht zureichend gegeben ist. Global lässt sich sagen, dass Linkshändigkeit, d. h. die Disposition, Bewegungen mit der linken Hand leichter, schneller und exakter ausführen zu können, auf die motorische und sensorische Dominanz der kontralateralen, rechten Gehirnhemisphäre zurückgeht[1].

c) 1981 hat der Amerikaner Roger W. Sperry für seine Forschungen über die selbstständige Funktionsweise der beiden Hemisphären an so genannten *„Split-Brain-Patienten“* (Patienten mit *durchtrenntem Corpus callosum*, dem beide Hirnhälften verbindenden Balken aus Nervenfasern) den Nobelpreis bekommen. Anfang der Fünfzigerjahre untersuchte er zusammen mit Ronald E. Meyers Katzen mit durchtrenntem Balken und fand, dass dabei kein Lerntransfer mehr stattfindet, ja sogar, dass jede Hemisphäre *so funktioniert, als wäre sie allein ein komplettes Gehirn*[2]. 1961 wurde der erste Versuch der Durchtrennung des Corpus callosum (Kommissurotomie) an einem Menschen durchgeführt[3].

Im normalen menschlichen Gehirn werden die sensorischen Inputs mittels des Corpus callosum integriert und zu einer koordinierten Wahrnehmung sowie zu koordiniertem Verhalten verarbeitet. Über den Balken setzen sich aber auch Störungen, die z. B. von einem epileptischen Anfall in einer Hemi-

---

1 Manche Autoren möchten diese zerebrale Dominanz zunächst nur auf die Händigkeit beschränken und untersuchen andere Organpaare, wie Augen und Füße separat, z. B. H.-J. Steingrüber, „Entwicklung und Veränderung der Händigkeit“. Unveröffentlichter Aufsatz. S. 1. – Zur weiteren Klärung verweise ich auf meine Begriffsbestimmung in Kapitel 2.2.4. – Später erschienene Veröffentlichungen der Autorin: Sattler, Johanna Barbara, Der umgeschulte Linkshänder oder Der Knoten im Gehirn. Auer Verlag, Donauwörth, 1995, 1999 (5). – Sattler, Die Psyche des linkshändigen Kindes. Von der Seele, die mit Tieren spricht. Auer Verlag, Donauwörth, 1999 (2).

2 Gazzaniga, Michael S., „The Split Brain in Man“. In: Scientific American. August 1967, S. 24–29. Abgedruckt auch in: Robert E. Ornstein (Hrsg.), The Nature of Human Consciousness. W. H. Freeman, San Francisco, 1973, S. 87–100. Ich beziehe mich auf Ornsteins Buch, 1973, S. 87.

3 Gazzaniga. In: Ornstein, 1973, S. 88.

sphäre herrühren, fort, und so wird „manchmal an Patienten mit schweren epileptischen Anfällen, die durch Medikamente nicht zu heilen sind“[1], diese Operation durchgeführt. „Nach einer solchen Operation wird der Patient von seinen Anfällen befreit und berichtet über eine Verbesserung seines Befindens. Ein Nebenprodukt dieses Eingriffs ist ein natürliches Experiment: Es arbeiten jetzt zwei Gehirne innerhalb eines einzigen Körpers. Jede Hälfte funktioniert unabhängig von der anderen, und jede scheint ihre eigenen Empfindungen, Wahrnehmungen, Gedächtnisinhalte wie auch kognitive und emotionale Erlebnisse zu haben“[2].

Experimente von Sperry, Gazzaniga und Bogen (erste Hälfte der Sechzigerjahre) haben weitere Hinweise auf die zwei verschiedenen Aufgabenbereiche der Hemisphären gegeben[3]. Bei diesen Experimenten fällt besonders auf, dass die Patienten unfähig waren, einen Befehl, der nur einer Hemisphäre über das Auge mitgeteilt worden war (nur eine Hälfte der Netzhaut jedes Auges empfängt die Information – siehe Fig. 10; das Chiasma opticum wird von der Operation nicht beeinträchtigt), mit der kontralateralen Hand auszuführen. Umso schneller waren jedoch diese Versuchspersonen bei der Ausführung, wenn es sich um Aufgaben für beide Hemisphären gleichzeitig handelte oder die Befehle sofort an die der Handlungsbestimmung entsprechende Hemisphäre geleitet wurden. Sie waren dabei Versuchspersonen mit unbeeinträchtigtem Gehirn weit überlegen, denn bei diesen kam es zu einer längeren Reaktionszeit, weil die sensorischen Inputs beider Hemisphären erst koordiniert werden mussten.

Bei den Patienten mit durchtrenntem Balken zeigte sich auch ganz deutlich die einseitige Sprachdominanz: Eine visuelle Information konnte nur dann verbal wiedergegeben werden, wenn sie in die linke Hemisphäre kam; wurde sie nur der rechten mitgeteilt, zeigte der Patient zwar emotionale Reaktionen, konnte diese aber nicht begründen[4].

d) Erhebliches Aufsehen erregte das 1972 erschienene Buch des amerikanischen Psychologen Robert E. Ornstein „The Psychology of Consciousness“[5],

---

1 Ruch, F. L., P. G. Zimbardo, Lehrbuch der Psychologie. Springer-Verlag, Berlin, Heidelberg, New York, 1975. S. 73: „Ohne einen solchen chirurgischen Eingriff wären diese Anfälle zumeist tödlich.“

2 Ruch, F. L., P. G. Zimbardo, Lehrbuch der Psychologie, 1975, S. 73.

3 Gazzaniga. In: Ornstein, 1973, S. 88 ff. – Siehe auch Bogen, Joseph E., „The other Side of the Brain: An Appositional Mind“. In: Bulletin of the Los Angeles Neurological Societies. 34 (3) 1969, S. 135–162. Nachdruck in: Ornstein, 1973, S. 101–125.

4 Weitere Ausführungen z. B. Ornstein, 1976, S. 65 f. – Gazzaniga. In: Ornstein, 1973, S. 87–100.

5 Deutsche Übersetzung (bereits oben zitiert): Die Psychologie des Bewusstseins (1. dt. Ausgabe 1974).

in dem er – veranlasst durch die eben beschriebenen Untersuchungen – versuchte, das menschliche Bewusstsein auf zwei Grundfunktionen des Gehirns zurückzuführen.

e) In einem recht optimistischen Ton berichtet der russische Forscher Deglin über ein Verfahren, das eine Art „*reduzierten Elektroschock*" darstellt. Man brachte bei diesem Verfahren die Elektroden nicht mehr an beiden Seiten des Schädels an, wie beim bisherigen Elektroschock üblich, sondern nur noch an einer Schädelseite[1]. Von 1967 an wurden in der UdSSR Untersuchungen über diesen einseitigen Elektroschock durchgeführt: Dieser betäubt nicht das gesamte Gehirn, „sondern nur jene Hälfte, über der sich die Elektroden befinden. Die andere Hälfte arbeitete uneingeschränkt weiter. Sehr vereinfachend kann man sagen, dass der Kranke nach einem einseitigen Schock nur mit der tätigen Hälfte seines Gehirns fühlt, handelt und denkt. Nach solchen Schocks aufgenommene Elektroenzephalogramme zeigen das überraschende Bild einer schlafenden und einer – weil in Arbeit begriffenen – wachen Gehirnhälfte"[2]. Man machte diese einseitigen Elektroschocks bei ein und demselben Patienten nacheinander sowohl auf der einen wie auf der anderen Gehirnseite und erhielt so bestimmte grundsätzliche Eigenschaften von jeder der beiden Gehirnhälften und, was sehr wichtig ist, bei ein und demselben Menschen.

f) Mittels *tachistoskopischer Darbietung* einer Information, die in einer sehr kurzen Zeitspanne erfolgt, kann man nur einer Hemisphäre die visuelle Wahrnehmung zukommen lassen, die dann natürlich bald über den Balken in die andere weitergeleitet wird. Bei einer tachistoskopischen Darbietung im äußeren Gesichtsfeld ist die Möglichkeit der Fixierung relativ gering, sodass auch die Weiterleitung über die Fovea-Nerven weitgehend ausgeschlossen ist.

Wenn der rechten Hemisphäre eine tachistoskopische visuelle Mitteilung gemacht wird und „eine nicht-verbale oder eine verbale Reaktion verlangt wird, kommt die nicht-verbale Reaktion schneller als die verbale"[3].

g) Die *Augenbewegungen* sind ein weiterer Indikator für die Hemisphäre, die zur Beantwortung einer bestimmten Frage (z. B. mathematischer oder räumlicher Art) besonders aktiviert wird[4].

---

1 Deglin, 1976, S. 8. Er fügt hinzu: „Diese einseitigen Schocks haben wie die üblichen zweiseitigen gleichfalls starke Heilwirkung, sind aber weniger heftig und werden vom Kranken leichter ertragen."
2 Deglin, 1976, S. 8.
3 Ornstein, 1976, S. 71.
4 Ornstein, 1976, S. 71 f. Weitere Ausführungen dazu in Kapitel 3: „Die visuelle Lateralität".

h) Mittels der *Elektroenzephalografie* hat man entdeckt, dass unterschiedliche „Hirnwellen“ aufgezeichnet werden, wenn die Versuchsperson mit einer verbalen oder mit einer räumlichen Aufgabe beschäftigt ist. Der so genannte Alpha-Rhythmus, der ein „Abschalten“ der Informationsverarbeitung in dem betroffenen Feld anzeigt, steigert sich in der linken Hemisphäre, wenn die Lösung eines räumlichen Problems verlangt wurde, und in der rechten, wenn eine verbale Frage gestellt war[1].

i) Der so genannte *Wada-Test* wird vornehmlich vor Gehirnoperationen, zur Feststellung, in welcher Hemisphäre die Sprache lokalisiert ist, benutzt. Dabei wird jede Hemisphäre einzeln anästhesiert. „Dazu legt man zunächst eine Kanüle in eine der großen Arterien am Hals des Patienten (in die rechte oder die linke Arteria carotis). Durch diese Kanüle kann der Neurochirurg später Natriumamobarbital (...) oder ein ähnliches Barbiturat (Anmerkung der Verfasserin: Grundsubstanz vieler Schlafmittel) injizieren. Jede Karotisarterie versorgt jeweils die auf derselben Seite gelegene Hemisphäre mit Blut; so gelangt das in die rechte Karotis gespritzte Natriumamobarbital ausschließlich zur rechten Hemisphäre und umgekehrt“[2]. Durch die besondere Injektionsform wird beim Wada-Test also nur eine Hemisphäre betäubt. „Wenn das Anästhetikum in diejenige Hemisphäre gespritzt wurde, die das Sprechen kontrolliert, so ist der Patient dosisabhängig ungefähr zwei bis fünf Minuten lang sprachlos. Bei Injektion in die andere Seite beginnt er gewöhnlich innerhalb von Sekunden wieder zu zählen und kann dann auch ohne große Schwierigkeiten auf Fragen antworten, obwohl seine andere Hirnhälfte weiterhin betäubt ist“[3].

j) Verfahren, die Morphologie und Funktionen, insbesondere auch Durchblutung und Stoffwechsel des Gehirns, analysieren, eröffnen weitere Möglichkeiten, Aussagen über Hemisphären-Asymmetrien zu machen. Genannt werden soll die *Computertomografie (CT)*, wo mittels Röntgenstrahlen Messungen durchgeführt werden, nachdem man dem Menschen bestimmte markierte Stoffe injiziert hat, die zum Hirnstoffwechsel notwendig sind (z. B. radioaktiv markierte Glukose)[4].

Eine weitere Methode ist als *Positronen-Emissions-Tomografie (PET)*

---

1 Ornstein, 1976, S 72.

2 Ornstein, 1976, S. 72.

3 Springer, Sally F., Georg Deutsch, Linkes Gehirn/Rechtes Gehirn. Funktionelle Asymmetrien. Spektrum der Wissenschaft Verlag, Heidelberg, 1987, S. 15. Zum Wada-Test in der überarbeiteten 3. dt. Auflage, Spektrum Akademischer Verlag, Heidelberg, Berlin, Oxford, 1995, S. 38 f.

4 Springer, Deutsch, 1995 (3), S. 106 f.

bekannt. Dieses Verfahren soll ein besonders breites Einsatzspektrum haben, und mit dieser Methode ist es möglich, „sowohl die regionale Hirndurchblutung und den zerebralen Glukoseumsatz zu messen als auch Dichte und Funktion verschiedener Rezeptorsysteme darzustellen. Ein wesentlicher Nachteil der PET ist der große technische, personelle und finanzielle Aufwand."[1]

Die Methode der *Single-Photonen-Emissions-Computertomografie (SPECT)* „ermöglicht es ebenfalls, Hirndurchblutungen und -metabolismus sowie die Verteilung von Rezeptoren der Neurotransmitter dreidimensional und funktional darzustellen. Nachteile gegenüber der PET sind die geringe Anzahl bisher verfügbarer radioaktiver Liganden (Anmerkung der Verfasserin: Gruppe von Atomen, die wie ein Element reagieren und chemisch sehr reaktionsfähig sind) und die schlechte räumliche Auflösung; Vorteile sind der geringere finanzielle und personelle Aufwand bzw. die bessere Verfügbarkeit von entsprechenden Untersuchungsmöglichkeiten."[2]

Diese Untersuchungsmöglichkeiten stehen aber heute noch ziemlich am Anfang und werden hauptsächlich dazu benutzt, Art und Lokalisation unterschiedlicher Krankheitsbilder in der psychiatrischen Praxis zu eruieren (Psychosen, Demenzen, Alzheimer-Krankheit, aber auch Zwangssyndrome, Panikattacken und Essstörungen)[3].

Springer und Deutsch erwarten von diesen Methoden „in naher Zukunft noch viele Einsichten in die Funktionen der Hemisphären" und weisen ausdrücklich darauf hin, dass die vorläufigen Studien bereits bestätigt haben, „dass sich – wenn man Veränderungen des Hirnmetabolismus misst – die Aktivierung der Hemisphären während verbaler beziehungsweise visuell-räumlicher Aufgaben unterscheidet."[4]

k) Ein weiteres Verfahren ist die *Kernspintomografie*. Als System scheint sie in der Zukunft besonders bei Gehirnuntersuchungen viele Vorteile zu bieten: „Dieses auch als Magnet-Resonanz-Tomografie (MRT) bezeichnete Verfahren (Anmerkung: nach dem Englischen auch NMR-Tomografie – nuclear magnetic resonance – genannt) bietet im Vergleich zur CT-Untersuchung eine

---

1 Tegeler, J., „Bildgebende Verfahren in der Psychiatrie". In: Münchener Medizinische Wochenschrift, 135 (1993), Nr. 32/33, S. 404/24–405/25. – Siehe auch Springer, Deutsch, 1995 (3), S. 124–128.

2 Tegeler, J., S. 405/25. – Siehe auch Springer, Deutsch, 1995 (3), S. 122.

3 Beschreibungen der Techniken und medizinischen Möglichkeiten sowie weiter führende Literatur finden sich in dem Sonderteil „Psychiatrie für die Praxis". In: Münchener Medizinische Wochenschrift, 135 (1993), Nr. 32/33. S. 404/24–422/44. Dort wird von verschiedenen Wissenschaftlern über Kraniale Computertomografie, Kernspintomografie, PET und SPECT in der Psychiatrie berichtet.

4 Springer, Deutsch, 1987, S. 76.

schärfere Abgrenzung zwischen grauer und weißer Substanz und eine genauere Darstellung knochennaher Strukturen."[1] Die Methode der Kernspintomografie basiert auf der magnetischen Kernresonanz von Wasserstoff in den Wassermolekülen in einem starken Magnetfeld. Hierbei werden keine Röntgenstrahlen oder chemische Indikatoren benutzt. Inwieweit aber direkte Reaktionen auf sprachliche oder visuelle Reize untersucht werden können, wird von der Weiterentwicklung der Methode abhängen, denn bis heute hört der Proband noch das sehr irritierende, dumpfe Klopfen des Magnetfeldwechsels, das an einen mechanischen Lufthammer in einer Eisenschmiede erinnert.

2.2.3 Die Gehirnhemisphären-Lateralisation – zwei verschiedene Funktionsfähigkeiten – zwei verschiedene Bewusstseinsmodi

Unsere beiden Gehirnhemisphären sind auf verschiedene Funktionen spezialisiert. Die meisten Menschen haben aber ein ähnliches Aufteilungsmuster der Funktionen.

Der grundlegendste Unterschied zwischen den Hemisphärenfunktionen ist, dass die linke Hemisphäre (die sensorisch und motorisch die rechte Körperseite kontrolliert) das analytische, logisch-sprachliche Denken beherrscht und linear, d.h. aufeinander folgend, operiert, während die rechte Hemisphäre das synthetische, ganzheitliche Denken bevorzugt, welches beziehungsreich und gleichzeitig ist.

Aus diesen grundlegend verschiedenen Verarbeitungsarten lassen sich spezifische Funktionen der Hemisphären ableiten; hinzu kommen zwei ganz verschiedene Gefühlsstimmungen, deren Zusammenhang mit den eben genannten Spezialisationen nicht ohne weiteres erklärbar ist: Die linke Hemisphäre neigt zur *optimistischen* Weltansicht, die rechte zur *pessimistischen*[2].

---

1 Tegeler, J., 1993, S. 404/24. – Siehe auch Springer, Deutsch, 1995 (3), S. 107 f.

2 Hinweise dazu finden sich bei Deglin (Vortrag 1975) sowie in dem Artikel von Geschwind, Norman, „Specializations of the human brain". In: Scientific American, 241 (3), September 1979, S. 158–168. S. 165. Er stellt überraschend fest, dass Schädigungen entweder der linken oder der rechten Hirnhälfte grundsätzlich unterschiedliche Reaktionen bei den Patienten hervorrufen. Verletzungen der linken Hemisphäre sind von einem Gefühl des Verlustes begleitet. Die Behinderung belastet den Patienten sehr und löst häufig Depressionen aus. Treten Verletzungen dagegen in der rechten Hemisphäre auf, so macht sich der Patient manchmal überhaupt keine Sorgen über seinen Zustand, auch nicht im Hinblick auf die Zukunft. Übereinstimmend damit hat inzwischen Paul Ekman, Universität von Kalifornien, San Francisco, herausgefunden, dass sich beim echten, freundlichen Lächeln die Aktivitäten in den Bereichen der linken Hirnhälfte erhöhen: „The brain behind that happy face". In: Science, Bd. 262, 15. Oktober 1993, S. 336.

Das Sprachzentrum ist normalerweise hauptsächlich in der linken Hemisphäre lokalisiert, doch soll es auch in der rechten Hemisphäre rudimentäre Ansätze dazu geben[1], sodass Kinder, die einen Schaden an der linken Hemisphäre erlitten, in der rechten die Sprache entwickeln können[2].

Deglin berichtet von seinen Versuchen, bei denen er zeitweise eine Hemisphäre durch Elektroschock ausschaltet, dass den Patienten, deren linke Hemisphäre in Aktion ist, die Sprache erhalten bleibt und es sogar zu einem Anstieg aller sprachlichen Aktivität kommt: Typisch sind vermehrte Gesprächsbereitschaft und die Tendenz, eine Diskussion zu beginnen. Des Weiteren werden der Wortschatz umfangreicher und die Antworten ausführlicher. Gleichzeitig hört der Patient besser zu und kann leisere Sprachlaute wahrnehmen, als wenn beide Hemisphären in Aktion sind[3].

‚Schläft' aber die linke Hemisphäre, so zeigt die rechte ein gegenteiliges Bild: Die Sprache ist beeinträchtigt, der Wortschatz verliert an Umfang (besonders abstrakte Begriffe gehen verloren), der Patient äußert sich in kurzen, einfachen Sätzen, auch ein Hörmangel tritt auf. Wenn auch die Sprache nicht völlig verloren geht und man schließen darf, dass auch die rechte Hemisphäre eingeschränkte sprachliche Möglichkeiten hat, sind diese Fähigkeiten doch sehr niedrig anzusetzen, denn Deglin berichtet weiter, dass das theoretische, durch Wörter angeeignete Wissen verloren gehe und das Kurzzeitgedächtnis sehr schlecht sei[4].

---

1 Geschwind, 1979, S. 165.

2 Ornstein, 1976, S. 62. – Interessant und mit vielen Literaturhinweisen versehen ist auch: Sacks, Oliver, Stumme Stimmen. Reise in die Welt der Gehörlosen. Rowohlt Verlag, Hamburg, 1990.

3 Deglin, 1976, S. 10.

4 Deglin, 1976, S. 13.

5 Die Praxis zeigt, dass die Fähigkeit, Sprache als zuverlässiges Werkzeug verbal anzuwenden, oft in direkter Relation zur Entwicklung bestimmter Persönlichkeitseigenschaften steht und sehr mannigfaltig und individuell, vor allem durch positive und negative Erfahrungen während der Kindheit, geprägt sein kann. Hier wirkt sich auch, massiv störend, gerade eine Umschulung der Händigkeit aus. Dieses Geschehnis bekommt somit nachträglich einen besonderen Schwerpunkt vor allem in gesellschaftlichen Interaktionen.

6 Nochmalige Zusammenfassung wichtiger Veröffentlichungen zu den unterschiedlichen Verarbeitungsarten der beiden Gehirnhemisphären: – Bogen, Joseph E., „The other side of the brain: An appositional mind". In: Bulletin of the Los Angeles Neurological Societies, 34 (3), 1969, S. 135–162. Nachdruck in: Ornstein, 1973, S. 101–125. – Deglin, Wadim L., „Unsere zwei Gehirne". Vortrag Juni 1975 in Varna (Bulgarien), abgedruckt in: Unesco-Kurier, Nr. 1/1976, Bern, 1976, S. 4-32. – Gazzaniga, Michael S., „The split brain in man". In: Scientific American. August 1967, S. 24–29. Abgedruckt auch in: Robert E. Ornstein, (Hrsg.), The Nature of Human Consciousness. W. H. Freeman, San Francisco, 1973, S. 87-100. – Geschwind, Norman, „Specializations of the human brain". In: Scientific American, Bd. 241 (3), September 1979, S. 158–168. – Herron, Jeannine (Hrsg.), Neuropsychology of left-handedness. Academic Press, New York, London, 1980. – Levy-Agresti, Jerre, Roger Sperry, „Differential perceptual capa-

Die Hemisphärenspezialisationen[5]

Die Erkenntnisse über die Aufteilung der verschiedenen Funktionen in den beiden Gehirnhemisphären lassen sich vereinfacht folgendermaßen darstellen[6]:

linke Hemisphäre (rechte Körperseite)	**rechte Hemisphäre** (linke Körperseite)
analytisches, logisch-sprachliches Denken, linear, d. h. aufeinander folgend	synthetisches, ganzheitliches Denken beziehungsreich und gleichzeitig
Zeit	Raum und Perspektive
Sprachzentrum	körperliche Vorstellung im Raum räumliche Orientierung
grammatikalisches Verständnis	bildhafte Vorstellung Erkennen von Gesichtern
sprachliche Sinnerfassung der Worte Wortschatz, insbesondere abstrakte Begriffe	Melodiegedächtnis Erkennen von Tonhöhe und Tonfall in der Stimme Gefühlsverständnis Ausdrucksverständnis sprachfreie, soziale Wahrnehmung
Intellekt	Intuition
optimistisch	pessimistisch

Linkshänder sollen aber öfter von diesem Muster der Sprachlateralisation abweichen (vgl. Kapitel 2.2.4).

Jerre Levy-Agresti und Roger Sperry[7] nehmen an, dass der Mensch sich in dieser gehirnasymmetrischen Weise entwickelt habe, „weil die folgerichtige

cities in major and minor hemispheres“. In: Proceedings of the National Academy of Sciences, USA, Bd. 61, 1968, S. 1151. – Ornstein, Robert E., Die Psychologie des Bewusstseins. Fischer Taschenbuch Verlag, Frankfurt am Main, 1976 (2), S. 73–74. – Sperry, Roger, „Mental unity following surgical disconnection of the cerebral hemispheres“. In: The Harvey Lectures, Series 62, Academic Press, New York, London, 1968, S. 293–323. – Springer, Sally P., Georg Deutsch, Linkes Gehirn/Rechtes Gehirn. Funktionelle Asymmetrien. Spektrum der Wissenschaft Verlag, Heidelberg, 1987. Überarbeitete 3. dt. Auflage, Spektrum Akademischer Verlag, Heidelberg, Berlin, Oxford, 1995. – Witelson, Sandra F., „Neuroanatomical asymmetry in left-handers: A review and implications for functional asymmetry“. In: Herron, Jeannine (Hrsg.), Neuropsychology of left-handedness. Academic Press, New York, London, 1980, S. 83–108.

7 Levy-Agresti, Jerre, Roger Sperry, „Differential perceptual capacities in major and minor hemispheres“. In: Proceedings of the National Academy of Sciences, USA, Bd. 61, 1968, S. 1151.

Informationsverarbeitung, die der Sprache, der Mathematik und dem ‚rationalen' Denken zugrunde liegen muss, nicht ohne weiteres mit der eher gleichzeitigen Art der Informationsverarbeitung vereinbar ist, die der Wahrnehmung von Beziehungen, der Orientierung im Raum und dem, was unser Verbal-Intellekt nur als ‚Intuition' bezeichnen kann, zugrunde liegt"[1].

Die Fähigkeit der rechten Hemisphäre, vorwiegend simultan zu arbeiten und unterschiedliche Informationen schnell zu integrieren, könnte nach Ornstein für die Informationsverarbeitung bei der *räumlichen Orientierung* vorteilhaft sein. Daraus lässt sich wahrscheinlich auch die Fähigkeit bei Split-Brain-Patienten ableiten, mit der linken Hand (bei aktiver kontralateraler, also rechter Hemisphäre) perspektivisch zeichnen zu können, während die rechte Hand nur unperspektivische, unvollständige Darstellungen fertig bringt[2]. Dazu veröffentlichte Geschwind einen weiteren Versuch, in dem Split-Brain-Patienten bestimmte Mustervorlagen nachlegen sollten. Wenn auch beide Hände ähnlich häufig Fehler machten, so unterschieden sich die Fehlertypen grundlegend: Die Muster, die mit der linken Hand (rechte Hemisphäre) gelegt wurden, waren im Umriss und in der inneren Form abgeschlossen, die der rechten Hand (linke Hemisphäre) waren im Umriss und der inneren Form unsymmetrisch[3]. Dieses Phänomen bestätigt auch Deglin, der bei aktiver linker Hemisphäre eine Unfähigkeit feststellte, farblich unterschiedliche Figuren zusammenzuordnen oder fehlende Einzelheiten an einer Gestalt zu finden; außerdem sei die Perspektivwahrnehmung gestört. Bei wacher rechter Hemisphäre bleibt jedoch die visuelle, praktische Orientierung erhalten[4].

Schwierigkeiten scheint es mit der Zuweisung von *arithmetischen Fähigkeiten* an die eine oder andere Hemisphäre zu geben. So nahm Sperry 1968[5] an, dass Rechenfähigkeiten bei Split-Brain-Patienten fast gar nicht in der rechten Hemisphäre vorhanden seien; in einer späteren Arbeit hat er jedoch, laut Dimond und Beaumont, von guten Möglichkeiten für Subtraktion und Multiplikation in der rechten Hemisphäre berichtet. Dimond und Beaumont fanden (allerdings mit nur zwölf Studenten als Versuchspersonen) eher eine rechtshirnige Basis für das Rechnen. Sie sehen es allerdings als besonders schwierig an, aus den beiden Möglichkeiten gerade die Hemisphäre mit speziellen arithmeti-

---

1 Ornstein, 1976, S. 73.
2 Gazzaniga, wieder abgedruckt in: Ornstein, 1973, S. 98.
3 Geschwind, 1979, S. 159.
4 Deglin, 1976, S. 12 und 14.
5 Sperry, Roger, „Mental unity following surgical disconnection of the cerebral hemispheres". In: The Harvey Lectures, Series 62, Academic Press, New York, London, 1968, S. 293–323. S. 310 f.

schen Fähigkeiten herauszufinden – und somit zu eindeutigen Ergebnissen zu kommen – , weil in diesem Fall die schwer umgehbare Notwendigkeit eintritt, dass die entsprechende Antwort verbalisiert werden muss[1].

Hier ist dementsprechend große Vorsicht geboten, zumal sich gleichzeitig auch viele Messfehler einschleichen können: Eine Schlussfolgerung, dass die Mathematik mit der linken Gehirnhemisphäre mehr als mit der rechten verbunden sei, ist daher sehr infrage zu stellen. In der Mathematik ist es nämlich notwendig, abhängig vom zunehmenden Schwierigkeitsgrad der Aufgaben, immer kompliziertere, vielschichtigere Zusammenhänge herzustellen, und das erfordert eigentlich mehr ein beziehungsreiches, synthetisches als ein lineares, aufeinander folgendes Denken.

Besonders interessant scheint die *rechte Hemisphäre hinsichtlich ihrer Fähigkeit des Melodie- und Tonhöhengedächtnisses*. Durch ihre Aktivierung werden Laute besser erkannt und Melodien sehr genau wiedergegeben[2]. Auch sollen Aphasie-Patienten (Sprachbeeinträchtigte) mit linkshemisphärischem Schaden besser oder problemloser singen als sprechen können[3]. Mit dieser Spezialisation hängt sicherlich auch das *Verständnis für Gefühlswerte im mimischen Ausdruck* und in der Stimme anderer Menschen zusammen. So berichtet Deglin von einer bei „Rechtshirnigkeit“ subtileren Fähigkeit, den Tonfall zu deuten und Stimmen zu unterscheiden; auch bleibe die Stimme des Patienten gleich, während bei aktiver linker Hemisphäre der Tonfall an Ausdruck verliere, monoton, flach und farblos wirke und die Person Schwierigkeiten habe, musikalische Töne zu erkennen oder männliche und weibliche Stimmen zu unterscheiden, ganz zu schweigen von ihrer Unfähigkeit, Melodien zu erfassen[4]. (Musik wird aber wahrscheinlich in beiden Hemisphären verarbeitet; es handelt sich dann, wie noch zu sehen sein wird, um verschiedene Wahrnehmungs- und Verarbeitungsmethoden.)

Der deutsche Psychologe Mathias Wais untersuchte Rechtshirngeschädigte. Er prüfte ihre Fähigkeit, soziale Situationen in Zeichnungen, ohne sprachliche Hinweise, erfassen zu können. Die Fehlerquote war im Vergleich mit Linkshirngeschädigten siebenmal so groß. Aus einem statistischen Vergleich mit einem anderen Test über das Nachzeichnen von geometrisch räumlichen Formen bei Rechtshirngeschädigten schloss er, dass „die (sprachfreie) soziale

1 Dimond, Stuart J., J. G. Beaumont, „A right hemisphere basis for calculation in the human brain“. In: Psychonomic Science, Bd. 26 (3), (1972), S. 137-138.
2 Deglin, 1976, S. 13.
3 Geschwind, 1979, S. 164.
4 Deglin, 1976, S. 10 und 13.

Wahrnehmung… also tatsächlich eng an die räumliche Wahrnehmung und damit an die rechte Hirnhälfte gebunden zu sein" scheint[1]. Ich meine, man kann noch einen Schritt weiter folgern. Und zwar hängt die sprachfreie soziale Wahrnehmung aufs Engste mit der gleichzeitigen Verarbeitung vieler verschiedener Informationen aus Mimik, Gestik und Stimme zusammen, und das sind Funktionen, die ganzheitliche und beziehungsreiche gleichzeitige Wahrnehmung und Verarbeitung erfordern.

Sehr aufschlussreich sind die *emotionalen Veränderungen* bei Gehirngeschädigten oder beim Ausschalten der einen Hemisphäre, von denen Deglin und Geschwind berichten. Verletzungen in den meisten Gebieten der linken Hemisphäre sollen von den Gefühlen des Verlustes begleitet werden. Der Patient ist über seine Unfähigkeit beunruhigt und oft depressiv. Ein Schaden in einem großen Teil der rechten Hemisphäre lässt den Patienten dagegen oft uninteressiert an seinem Zustand[2]. Wie Geschwind selbst einleuchtend hinzufügt, ist es ein Ergebnis jeder ernsthaften Verletzung, dass sich der Patient über seinen Zustand beunruhigt und eventuell depressiv zeigt. Dass ein Patient, der nur noch die linke Hemisphäre funktionsfähig hat, emotional uninteressiert an seinem Zustand werden kann, lässt sich vielleicht noch verstehen, wenn man bedenkt, dass er von der Hemisphäre abgeschnitten ist, die Gefühle stärker wahrnimmt; auffallend ist aber, dass Patienten mit „schlafender" rechter Hemisphäre positiver, umgänglicher und heiterer werden sollen[3].

Man könnte fast annehmen, dass die linke Hemisphäre, überspitzt gesagt, den Charakter eines Luftikus oder Sanguinikers hat, der negative Gegebenheiten gerne ignoriert, während die rechte Hemisphäre umso melancholischer und pessimistischer ihren Zustand deutet.

Ornstein leitet von diesen unterschiedlichen Spezialisationen der Hemisphären zwei verschiedene Bewusstseinsmodi ab. Im täglichen Leben „wechseln wir bei den meisten gewöhnlichen Aktivitäten einfach zwischen den beiden Modi ab; wir wählen den passenden und halten den anderen zurück. Es ist keineswegs klar, wie sich dieser Prozess abspielt. Arbeiten die beiden Systeme ständig parallel nebeneinander her und wechseln sie sich lediglich in der Kontrolle über den Körper ab, oder übernimmt wirklich jedes nur zeitweilig die Kontrolle?

---

1 Wais, Mathias, „Hirnforschung: Computer-Verhalten". In: Psychologie heute, April 1981, S. 8–10.

2 Geschwind, 1979, S. 165. Er verweist auf eine detaillierte Zusammenstellung der unterschiedlichen emotionalen Antworten, die Guido Gainotti von der katholischen Universität Rom gemacht habe.

3 Deglin, 1976, S. 12.

Fest steht, dass jeder von uns in beiden Modellen operieren kann – wir sprechen alle, wir können uns alle im Raum bewegen, wir alle können beides gleichzeitig tun"[1]. Und weiter nimmt er an, dass die zwei Operationsmodi sich ergänzen, aber nicht ohne weiteres füreinander einspringen können[2]. Doch ziehen „viele Menschen gewohnheitsgemäß einen Modus dem anderen" vor[3]. So stellt er dem zum analytischen, verbalen Denken tendierenden Schulmeister den Künstler und Handwerker gegenüber. Auch verschiedene Kulturen tendieren mehr zu dem rationalen, verbalen oder auf der anderen Seite eher zu dem meditativen Bewusstseinsmodus.

Was oben in zwei Kolumnen getrennt aufgelistet ist, stellt, nach den neuesten Untersuchungen, wahrscheinlich mehr ein Modell der durchschnittlich häufigsten Kombinationen der Lateralisation unserer Gehirnspezialisationen dar als ein ein für alle Mal festgelegtes Schema. Verschiedene Versuchsergebnisse deuten an, dass Ausnahmen recht häufig sind und die Kombinationen zwar am Normmodell orientiert, aber individuell verschieden sind, wobei Vererbung und Prozesse bei der Entwicklung und Ausbildung des Gehirns ausschlaggebend sein dürften. So berichten Levy und Gur, dass die Muster der Funktionen der Gehirnasymmetrie schon bei der Geburt vorhanden seien und einen genetischen Ursprung zu haben scheinen. Und sie stellen die These auf, dass fetale Geschlechtshormone und Geburtsstress die hemisphärische Lateralisation mildern könnten[4].

Es scheint bei der Lateralisation auch geschlechtsspezifische Unterschiede zwischen Männern und Frauen zu geben. Meistens soll die männliche Gruppe eine in speziellen Funktionen ausgeprägtere Lateralisation zeigen als die weibliche. Das wurde für die verbale Funktion in der linken Hemisphäre und die räumliche Wahrnehmung in der rechten festgestellt[5]. Tucker kommt zu ähnlichen Ergebnissen. Er konstatiert, dass Männer ihre rechten hinteren Gehirnregionen für synthetische und sehräumliche Verarbeitung benutzen, während bei Frauen auch die linke Hemisphäre an der Wahrnehmungssynthese beteiligt sei. Bei Männern fände sich im Allgemeinen ein größerer Unterschied zwischen den Spezialisationen der Hemisphären als bei Frauen, und er vermutet, dass Männer meist synthetische und analytische Fähigkeiten in getrennten Hemisphären entwickeln würden, während sich bei Frauen eher verschiedene

1 Ornstein, 1976, S. 72–73.
2 Ebenda.
3 Ebenda, S. 74.
4 Levy, Jerre, Ruben C. Gur, „Individual differences in psychological organization". In: Herron, J. (Hrsg.), Neuropsychology of left-handedness. Academic Press, New York, London, 1980, S. 199–210. S. 207 f.
5 Bericht über Forschungsergebnisse bei Witelson. In: Herron, Neuropsychology, S. 83.

Funktionsarten (wie analytische und synthetische) in einer Hemisphäre zeigten[1]. Ob sich hieraus wirklich einmal grundlegende mentale Unterschiede zwischen Männern und Frauen herleiten lassen werden, muss sich aus weiteren Versuchen, auch mit mehr Versuchspersonen, erst ergeben (Tucker analysierte zwanzig männliche und neunzehn weibliche rechtshändige Studenten).

Chemtob untersuchte ästhetische Präferenzurteile der beiden Hemisphären und berichtet von einer Art Kontrastverhalten der später aktivierten Hemisphäre gegenüber der erstaktivierten. Er fand keine Evidenz für Komplexität (womit er wohl an die synthetische Aktivität denkt) in einer der Hemisphären. Chemtob meint, dass es zwischen den Hemisphären eine Interaktion gibt, die ein Komplementärverhalten in der anderen Hemisphäre hervorruft, und dass weniger die Spezialisation jeder Hemisphäre bei der Präferenzwahl ausschlaggebend sei als eine antithetische, aber nicht fixierte Entscheidung. Diese Untersuchung wurde allerdings an nur zwölf Studenten durchgeführt[2].

Schließlich erwiesen sich auch die Linkshänder hinsichtlich der funktionalen Spezialisation als eine sehr heterogene Gruppe.

Trotz alledem sollte man aber vorerst sehr vorsichtig mit diesen Ergebnissen aus klein angelegten Studien umgehen, welche durch Teilergebnisse ein allgemeineres Aufteilungsmodell der Funktionen in den Hemisphären anzugreifen und infrage zu stellen versuchen. Meistens ist die Zahl der Versuchspersonen sehr klein, und es handelt sich oft um Studenten, die Experimenten gegenüber zwar aufgeschlossen sind, aber durch ihr Vorwissen unbeabsichtigt zur Beeinflussung der Ergebnisse neigen.

Viele Fragen stehen noch offen, und das obige Aufteilungsmodell sollte zur Untersuchung und Diskussion benutzt werden, ohne dass dadurch der Eindruck entsteht, dass wir es mit einem wissenschaftlich endgültig abgesteckten Gebiet zu tun haben[3].

---

1 Tucker, Don M., „Sex differences in hemispheric specialization for synthetic visiospatial functions“. In: Neuropsychologia, Vol. 14 (1976), S. 447–454. S. 452 f.

2 Chemtob, Claude M., „Paradoxical complementarity in the esthetic preferences of the cerebral hemispheres: An exploratory study“. In: Perceptual and Motor Skills, 48 (1979), S. 799–806. Die Untersuchung hat 1972 stattgefunden.

3 Diese Entdeckungen der asymmetrischen Funktion der Hemisphären werden sehr interessant bei Paul Watzlawick behandelt (in: „Die Möglichkeit des Andersseins. Zur Technik der therapeutischen Kommunikation“. Bern, Stuttgart, Wien, 1977). Er untersucht unter diesem Gesichtspunkt den häufig zitierten, aber nie ganz begründbaren Komplex menschlicher Dualität, den man, wenn man so will, Denken und Fühlen, Intellekt und Intuition nennen kann, mit Beispielen aus Wissenschaft und Dichtung. Sein Hauptanliegen ist jedoch, neue psychotherapeutische Interventionsmethoden zu entwickeln, die auf die beiden spezifischen, unterschiedlichen hemisphärischen Eigenheiten eingehen. Watzlawick kommt aus der Palo-Alto-Richtung und berücksichtigt sehr den Milton-Ericksonschen-Ansatz (Hypnotherapie).

Dieser kurze zusammenfassende Einblick in die Geschichte der Forschung über die Gehirnhemisphären-Spezialisation soll zeigen, wie man auf die in der Tabelle vorgenommene Aufteilung gekommen ist. Mit fortschreitender wissenschaftlicher Methodik wird man aber in der Zukunft sicher noch weit genauere Ergebnisse erhalten, auch in Bezug auf die Zusammenarbeit der beiden Gehirnhemisphären und auf Störungen zwischen ihnen. Wir sehen wahrscheinlich erst die Spitze des Eisbergs und sollten vorsichtig sein, von ihr auf Form und Ausmaße des Massivs unter der Wasseroberfläche zu schließen.

In diesem Zusammenhang wehrt sich die Biopsychologin Jerre Levy ganz entschieden „gegen den Mythos", dass „unterschiedliche Aktivitäten und psychische Anforderungen" nur eine der beiden Hemisphären in Gang setzten, „während die jeweils andere Seite des Hirns bloß in einem Zustand der Bewusstlosigkeit vor sich hindämmere. Der Mythos von den zwei Gehirnen war auf eine irrige Voraussetzung gegründet, nämlich: Da jede der Hirnhälften spezialisiert war, müsse sie wie ein völlig eigenständiges Gehirn funktionieren. Tatsächlich ist das genaue Gegenteil richtig. In dem Maß, wie Hirnregionen differenziert sind, müssen sie ihre Aktivitäten auch aufeinander abstimmen. Gerade diese Integration ermöglicht erst Verhaltensweisen und Bewusstseinsprozesse, die über die spezifischen Einzelwirkungen jeder Region hinausgehen."[1]

Und weiter stellt sie fest: „Es gibt sowohl psychologische als auch physiologische Anhaltspunkte dafür, dass Menschen sich im relativen Gleichgewicht der Aktivierung beider Hirnhälften unterscheiden. Zudem besteht ein deutlicher Zusammenhang in der Hinsicht, wie aktiv eine Hemisphäre ist und wie stark sprachliche oder räumliche Fähigkeiten im Vergleich zueinander ausgeprägt sind. Doch es gibt keinerlei Belege dafür, dass Menschen reine „Linkshemisphäriker" oder „Rechtshemisphäriker" sind. Nicht einmal die Personen mit den extremsten Asymmetrien in der Aktivierung der Hemisphären denken nur mit der intensiver angeregten Hälfte. Vielmehr besteht ein Kontinuum. Bei einigen ist, in variierendem Umfang, die linke Hemisphäre aktiver und die Sprachfunktionen sind entsprechend ausgeprägter. Ähnlich sind bei

---

Die durch die Entdeckung der funktionellen hemisphärischen Asymmetrie entstandene neue Situation ist auch Gegenstand von philosophischen Untersuchungen geworden, z. B. bei Rigterink, Roger J., „Puccetti and brain bisection: An attempt at mental division". In: Canadian Journal of Philosophy, Vol. X (Sep. 1980), S. 429–452. Gerhard Roth diskutiert in seinem Buch, Das Gehirn und seine Wirklichkeit. Kognitive Neurobiologie und ihre philosophischen Konsequenzen. Suhrkamp Verlag, Frankfurt am Main, 1994, 1996 (5), innerhalb welcher Grenzen Bewusstsein und Geist mit den heutigen neurophysiologischen und bildgebenden Verfahren „sichtbar" gemacht werden können.

1 Levy, Jerre, „Das Gehirn hat keine bessere Hälfte". In: Psychologie heute, Januar 1986, S. 32–37. S. 35.

Menschen mit einer aktiveren rechten Hemisphäre die räumlichen Fähigkeiten besser entwickelt. Obwohl also die Muster physiologischer Aktivierung und kognitiver Leistung in einer Relation zueinander stehen, ist diese bei weitem nicht vollständig. Das heißt, die Unterschiede in der Aktivierung der Hemisphären sind bloß einer von vielen Faktoren, die unsere individuelle Art des Denkens beeinflussen."[1]

Festzustellen ist letztendlich aus all den beschriebenen Forschungsergebnissen und wissenschaftlichen Experimenten, dass die Hemisphären anlagebedingt eigene Funktionsbereiche haben, aber auch fähig sind, manche (anderen) bei Bedarf als Ersatz zu entwickeln (allerdings nicht auf dem ursprünglichen Niveau). Des Weiteren ist festzustellen, dass zwischen den Hemisphären Informationen ausgetauscht werden, dass die Hemisphären miteinander kooperieren, aber auch, dass sie sich gegenseitig behindern und hemmen können.

2.2.4 Die Händigkeit als Ausdruck einer motorischen Gehirnhälften-Dominanz

In der älteren Literatur herrschte die Meinung, dass „das bessere Funktionieren der rechten Hand (bei Rechtshändern) … auf das bessere Funktionieren der linken Hirnhälfte" zurückgehe[2]. Und man bezog den Begriff *Dominanz* auf die Höherwertigkeit der gesamten Hemisphäre und leitete die Händigkeit aus der Dominanz einer Hemisphäre ab. Gramm nennt das auch Rechts- oder Linkshirnigkeit[3].

In der jüngeren Literatur wird „unter *cerebraler Dominanz … die Überlegenheit einer Hirnhemisphäre in Bezug auf bestimmte Funktionen verstanden* (z. B. Sprachdominanz)"[4].

In der amerikanischen Literatur werden hauptsächlich die Begriffe Gehirnlateralisation, hemisphärische Spezialisation und funktionelle Asymmetrie, und zwar fast synonym, gebraucht. Auch die Händigkeit hielt man für eine funktionelle Lateralisation, doch hätte sich herausgestellt, dass es in der Gruppe der Linkshänder noch weitere Untergruppen gäbe, die sich wahr-

1 Levy, 1986, S. 37.
2 Fritsch, 1964, S. 101. Ebenda: „Der Satz Brocas, wir seien Rechtshänder, weil wir Linkser des Gehirns sind …"
3 Gramm, Dieter, Probleme der Linkshändigkeit. Ein Ratgeber für Lehrer, Eltern und Erzieher. Verlag Ludwig Auer (jetzt Auer Verlag), Donauwörth, 1977, S. 8–9.
4 Steingrüber, um 1980, S. 1. Eigene Hervorhebung.

scheinlich zusätzlich durch ihre verschiedenen Lateralisationsvarianten unterschieden. So meint Paul Satz, aufgrund seiner Forschungsergebnisse, dass Linkshänder bezüglich ihrer hemisphärischen Gehirnlateralisation eine heterogenere Gruppe als Rechtshänder darstellen würden[1].

Wenn man das Phänomen der Händigkeit oder, allgemeiner, der Seitigkeit, mit den anderen asymmetrischen Gehirnfunktionen vergleicht, muss man sich den spezifischen Unterschied verdeutlichen: Es handelt sich dabei nämlich nicht um eine mehr oder weniger rein gehirninterne Verarbeitungs- und Funktionsart, sondern um die Verarbeitung von sensorischen und motorischen Prozessen, also um ein Tätigkeitsfeld, das den ganzen Körper betrifft.

Ein großer Teil der Untersuchungen, die sich mit unterschiedlichen Lateralisationen innerhalb der Gruppe der Linkshänder beschäftigen, betraf den Ort der hemisphärischen Sprachrepräsentation. So meinte Satz, dass ein einseitiges Modell am wahrscheinlichsten die Sprachlateralisation im Gehirn von Rechtshändern repräsentiert, wohingegen bei Linkshändern beidseitige oder variabel einseitige Sprachpräsentation feststellbar wäre[2]. Auch Witelson berichtet über tachistoskopische Teste, die ergaben, dass die linke Hemisphäre bei Linkshändern nicht so häufig für linguistische Funktionen spezialisiert sei wie bei Rechtshändern. Sie vermutet eine Verbindung zwischen der Händigkeit und der Sprachlateralisation; so seien die meisten Menschen, die eine rechtshemisphärische oder beidseitige Sprachrepräsentation hätten, Linkshänder[3].

Shanon fand, dass sowohl bei amerikanischen als auch bei israelischen Studenten von der Norm abweichende Handhaltungen beim Schreiben *vorherrschend bei Linkshändern vorkommen*[4]. Dazu muss man anmerken, dass die hebräische Schrift mit ihrem Verlauf von rechts nach links eigentlich ideal für einen linkshändigen Schreiber wäre und dass bei israelischen Linkshändern daher eine relativ einheitliche Schreibhaltung zu erwarten wäre.

---

1 Satz, Paul, „Incidence of aphasia in left-handers: A test of some hypothetical models of cerebral speech organization". In: Herron, Jeannine (Hrsg.), Neuropsychology of left-handedness. Academic Press, New York, London, 1980, S. 189–198. S. 196. – Ebenso: Witelson, Sandra. In: Herron, 1980, S. 82. Deutsch, Diana, „Handedness and memory for tonal pitch". In: Herron, 1980, S. 263–271. S. 263 f. – Darauf weisen auch Springer und Deutsch in der überarbeiteten deutschen 3. Auflage, 1995, hin, S. 35.

2 Satz,1980, S. 196.

3 Witelson, 1980, S. 82.

4 Shannon, Benny, „Writing positions in Americans and Israelis". In: Neuropsychologia, Vol. 16 (5), (1978), S. 587–591.

Levy und Reid schlossen bei Linkshändern mit „normaler" Schreibhaltung auf rechtshemisphärische Sprachrepräsentation und bei der „gekrümmten" Haltung auf linkshemisphärische[1]. Zu wenig wird möglicherweise die Frage berücksichtigt, ob den linkshändigen Kindern eine „normale" Schreibhaltung rechtzeitig gezeigt wurde oder ob sie, auf sich selbst gestellt, vornehmlich die „gekrümmte" Haltung bei anderen Linkshändern sahen und, um nicht die Tinte zu verwischen, nachahmten.

R. C. Gur und R. E. Gur berichten von Ergebnissen (die ihre Hypothese stützen), dass Linkshändigkeit mit einem schwächeren Grad der hemisphärischen Spezialisation verbunden sei und oft sogar mit einer umgekehrten Richtung der Spezialisation[2].

Eigentümlicherweise stellten sich also die Linkshänder anscheinend als eine besonders heterogene Gruppe der Lateralisationsvarianten dar. Aus den wissenschaftlichen Veröffentlichungen ging nicht klar hervor, ob es die Veranlagung zu einer unterschiedlichen sensorischen und motorischen Aktivierung ist (verglichen mit den Rechtshändern), die funktionelle Dominanzen sich von der Norm abweichend entwickeln lässt (z. B. die Sprache), oder ob Linkshändigkeit – unter anderen – ein Symptom für eine größere Lateralisationsvariabilität in den Hemisphären darstellt. Wir wissen aber durch die Schäden bei der Umerziehung der Händigkeit, dass diese sensorische und motorische Dominanz zumindest zu der Entwicklung der Sprache engste Verbindungen zeigt und diese Koppelung in den meisten Fällen äußerst störungsempfindlich ist.

Häufig jedoch sind die untersuchten Linkshänder-Populationen von eher geringer Anzahl und oft wird nicht aufgeführt, ob es sich bei den linkshändigen Probanden um links schreibende oder um zum Schreiben umgeschulte Linkshänder handelt. Das heißt, die Forscher gehen von einer angeblich vergleichbaren linkshändigen Probandengruppe aus. Tatsächlich haben sie aber mindestens zwei verschiedene Gruppen an Linkshändern unter ihren VPn., die sich möglicherweise zerebral ziemlich voneinander unterscheiden: einerseits die Gruppe der Linkshänder, die von der dominanten linken auf die rechte Hand zum Schreiben umgeschult wurden mit möglichen in kausalem Zusammenhang dazu stehenden zerebralen Irritationen von variierendem

1 Levy, Jerre, MaryLou Reid, „Variations in writing posture and cerebral organization". In: Science, 194 (1976), S. 337. Kritische Diskussion bei Springer, Deutsch, überarbeitete 3. dt. Auflage, 1995, S. 150 f.

2 Gur, Ruben C., Raquel E. Gur, „Handedness and individual differences in hemispheric activation". In: Herron, Jeannine (Hrsg.), Neuropsychology of left-handedness. Academic Press, New York, London, 1980, S. 211–231, S. 227.

Ausprägungsgrad und andererseits die Linkshänder, die keinen zerebralen Störungen durch eine Umschulung der Händigkeit zum Schreiben unterworfen waren.

Diese Unterschiede in einer als vergleichbar betrachteten VPn.-Gruppe könnten dazu beigetragen haben, dass die Gruppe der Linkshänder heterogener wirkte und es tatsächlich auch war. Der Fehler läge dann in falsch erstellten Prämissen bezüglich der VPn. Das kann sich auf das Ergebnis verzerrend niederschlagen.

Die Schlussfolgerung ist, dass zur Aussage darüber, ob sich die Gehirnhemisphären-Lateralisation von Links- und Rechtshändern wirklich stark unterscheidet, möglichst keine Verunsicherung bei den untersuchten Probanden bezüglich ihrer Händigkeit bestehen darf. Es müssten also wirklich einheitliche VPn.-Gruppen gebildet werden: Linkshänder, die links schreiben, Linkshänder, die zum Schreiben und belastenden anderen Tätigkeiten umgeschult wurden, Rechtshänder und zerebral irritierte Links- und Rechtshänder in der jeweiligen Gruppe. Erst dann sind wissenschaftlich relevante Aussagen über die Gehirnhemisphären-Lateralisation zu erwarten.

Bis heute gibt es auch Schwierigkeiten bei der klaren Begriffsbestimmung von Lateralität und Lateralisation. Eine gute Definition ist die folgende von Elizabeth Murray: „Der Begriff ‚*Lateralität*' bezeichnet, in welchem Maß entweder die Aufnahme sensorischer Reize oder das motorische Output auf der einen Körperseite *stärker ausgeprägt* ist als die Aufnahme oder das Output auf der anderen Körperseite. ‚Lateralität' ist somit die *gemessene* Dominanz einer Funktion (z. B. Handpräferenz).

Da die primäre Aufnahme der meisten Sinneseindrücke sowie die Kontrolle über Teile des motorischen Outputs von der kontralateralen Hemisphäre gesteuert werden, geht man davon aus, dass man durch eine Messung der Lateralität den Grad der *Lateralisation* der Funktionen der jeweiligen Hemisphäre feststellen kann.

Der Begriff ‚*Lateralisation*' bezeichnet die Spezialisierung einer Hemisphäre auf bestimmte Funktionen"[1].

Darüber, ob das analytische und synthetische Denken bei Linkshändern

---

1 Murray, Elizabeth A., „Hemisphärenspezialisierung". In: Fisher, Anne G., Elizabeth A. Murray, Anita C. Bundy, Sensorische Integrationstherapie. Theorie und Praxis. Rehabilitation und Prävention Bd. 41, Springer-Verlag, Berlin, Heidelberg, New York, 1998, S. 282–329. S. 289 f. Zu dem Begriff „Lateralität" siehe auch: Springer, Deutsch, 1995 (3), S. 282 und Fußnote auf S. 100.

ebenfalls anders repräsentiert ist als bei Rechtshändern, sagten die weiter oben zitierten Untersuchungen sehr wenig aus. Meiner Ansicht nach muss die Sprachfähigkeit nicht unbedingt nur als ein Ausdruck des analytischen Denkens gewertet werden. Sollte aber auch bei Linkshändern ursprünglich das analytische Denken eher links- und das synthetische eher rechtshemisphärisch lokalisiert sein, könnte man annehmen, dass durch das größere Aktivations-Potenzial der Sensorik und Motorik diese Spezialisation der rechten Hemisphäre auch mehr und anders genutzt werden könnte. Wenn dies etwa so zutrifft und auch eine Anlage der Sprache in der rechten Hemisphäre vorhanden ist, könnte man vermuten, dass dieser Mensch ganz andere biologische Erschließungsmöglichkeiten seiner Wahrnehmung und der Verarbeitung dieser Wahrnehmung haben könnte. In diesem Sinne behauptet z. B. Gramm, dass man bei Linkshändern mehr Un-Gebundenheit im Denken und eine stärkere Erlebnisfähigkeit beobachten könnte[1].

Es gibt die verschiedensten Theorien über das Zustandekommen der Händigkeit. Manche Wissenschaftler, wie z. B. Geschwind und Behan, glauben, dass das Sexualhormon der „wahre Linksmacher“ sei: Testosteron, das im männlichen Fötus kurz vor der Geburt in großen, im weiblichen aber nur in kleinen Mengen vorkomme, steuere außer den Sexualmerkmalen auch die Entwicklung des Gehirns. Beispielsweise könnten große Mengen des Hormons das Wachstum der linken Gehirnhälfte verzögern. Weil diese Hirnpartie aber die gegenüberliegende Körperseite kontrolliere, sei dann die rechte Körperhälfte motorisch benachteiligt. Außerdem sei bekannt, dass Testosteron die körpereigene Abwehr verändere. Das Hormon verringere nämlich die Größe der Thymusdrüse, die entscheidend am Aufbau des Immunsystems beteiligt sei[2].

Der Kommentar, den der Facharzt für das Säuglings- und Kindesalter, Professor Dr. med. B. Leiber, zu dieser Auffassung gibt, ist fast bissig. Er schreibt, dass „dem Kenner die gesamte Hypothese der beiden Autoren fast als Aprilscherz (...), jedenfalls als absoluter Nonsens vorkommen“ muss. „Die von den Autoren konstruierte mehrstufige Hypothese geht bereits in der Anfangsstufe von unrichtigen Voraussetzungen aus, und alles, was dann hierauf aufbaut, kann auch durch geistreiche Bocksprünge nicht mehr richtig werden: Die Autoren ignorieren kurzerhand die allgemein bekannte und anerkannte Tatsache (oder haben sie sie nicht gekannt?), dass Androgene während der Fetalzeit bei beiden Geschlechtern etwa in gleicher Menge vorhanden sind ...

1 Gramm, 1977, S. 12.

2 Geschwind, Norman, Peter Behan, „Left-handedness: Association with immune disease, migraine, and developmental learning disorder“. In: Proceedings of the National Academy of Sciences, USA, Bd. 79, 1982, S. 5097–5100.

und als Androgene nicht mehr zur Wirkung kommen können… Die abenteuerliche Testosteronhypothese von Geschwind und Behan, nach der sogar die beiden Gehirnhälften und ihre neuronale Reifung durch das Hormon seitenunterschiedlich beeinflusst würden, sollte man doch so schnell wie möglich wieder vergessen. Sie ist ganz unhaltbar.“[1]

Manche Wissenschaftler scheinen aber diesem Rat nicht folgen zu wollen (oder kennen ihn vielleicht nicht), und so werden immer wieder Arbeiten publiziert, in denen Forscher sich ernsthaft auf die genannte Hypothese über die Wirkung von Testosteron auf die Händigkeit stützen und ihre eigenen Arbeiten daran ausrichten.

Interessant ist in diesem Zusammenhang der Ansatz von Rik Smits. In der Forschung über eineiige Zwillinge ist bekannt, dass es häufig vorkommt, dass ein Zwilling rechts- und der andere linkshändig ist und dass selbst bei zweieiigen Zwillingen ein angeblich erhöhter Prozentsatz an Linkshändern auftritt. Und Smits gibt zu bedenken, dass „es … zwar doppelt so viele Linkshänder unter ihnen als normal“ gibt, „aber Zwillinge, die beide Linkshänder sind, muss man suchen wie die Nadel im Heuhaufen“[2]. Schließlich stellt er die Frage, wie es bei den unter absolut gleichen Umständen im Mutterleib heranwachsenden Zwillingen möglich ist, dass einer weit mehr als der andere von Testosteron beeinflusst werden soll? „Am Erbmaterial kann es nicht liegen, das ist bei beiden genau gleich. Aber die Umgebung ist das auch: Einflüsse, die von der Mutter herrühren, müssten beide Zwillinge in gleichem Maße affizieren. Das gleiche Problem stellt sich noch schwerwiegender bei weiblichen Zwillingen. Das Testosteron, das bei ihnen für die erwähnte Abweichung sorgt, stammt immer aus dem Mutterleib. Wieso dann die beiden genetisch identischen‘ weiblichen Föten „trotzdem ganz unterschiedlich beeinflusst werden, ist nicht eins, zwei, drei zu beantworten“[3].

Es ist ein wissenschaftlich bekanntes Phänomen, dass häufig bei eineiigen Zwillingen verschiedene körperliche Eigenschaften des einen wie ein Spiegelbild des anderen sind, das betrifft auch die Linien in den Fingerkuppen, die spiegelbildlich ähnlich sind – z. B. die Linien in dem rechten Daumen des einen Zwillings den Linien in dem linken Daumen des anderen usw.

---

1 Leiber, Berdfried, „Haben Linkshänder andere Krankheiten?“. In: pais. Fachzeitschrift für praktische Kinder-Jugendheilkunde und allgemeine Medizin, Januar 1983, S. 19–21. – Kritisch äußern sich auch Bryan Kolb und Ian Q. Whishaw zu dieser Theorie in: Neuropsychologie. 2. Aufl., Spektrum Akademischer Verlag, Heidelberg, Berlin, Oxford, 1998, S. 183.

2 Smits, Rik, Alles mit der linken Hand. Geschick und Geschichte einer Begabung. Rowohlt, Berlin, 1994, S. 171.

3 Smits, 1994, S. 182.

Auf dieser Tatsache kann man aber eine ganz andere Hypothese über die Händigkeit bei eineiigen Zwillingen aufstellen, für deren Wahrscheinlichkeit, nach den aus der Praxis bekannten Fällen, viel spricht: Ein Erkennungszeichen für eineiige Zwillinge könnte, neben dem ähnlichen Abdruck der spiegelbildlichen Fingerlinien, auch die „spiegelbildliche Händigkeit" sein, dass also bei eineiigen Zwillingen immer einer rechts- und einer linkshändig veranlagt ist. Das würde bedeuten, dass es bei eineiigen Zwillingen zu einer spiegelbildlichen Veranlagung der motorischen Dominanz im Gehirn kommt.

Aber die bis heute noch weit unterschätzte Rolle des *Nachahmungs- und Modellverhaltens* der Kinder könnte der Faktor sein, der, wie so oft, so auch hier zu irritierenden Verzerrungen in Richtung der rechtshändigen gesellschaftlichen Norm führt[1].

Mit einer komplizierten Theorie über den Mangel eines Gens und die dadurch verursachte Entwicklung zur Linkshändigkeit hat Marian Annett die Händigkeit als solche genetisch zu erklären versucht[2]. Die Frage bleibt aber auch hierbei, ob ihr „right shift" tatsächlich genetischer oder eher soziologischer Natur, also Ergebnis des Nachahmungs- und Modellverhaltens der Kinder, ist. Sicher ist aber, dass hier erbliche Zusammenhänge eine wichtige Funktion haben.

Auch dieser ansonsten sehr interessanten Theorie setzt Smits die Erkenntnisse aus der Zwillingsforschung als Störfaktor entgegen. Denn „mit Annettes rechtsverschiebendem Faktor lässt sich die Anzahl der Linkshänder und ihre Verteilung sowohl bei eineiigen wie bei zweieiigen Zwillingen immer noch nicht erklären"[3].

Über kulturell bedingte Einflüsse, die bei der Messung der Händigkeit dominierend auftreten können, gibt eine überzeugende Antwort die äußerst genaue und fachbezogene Forschung Professor Üner Tans von der Atatürk-Universität in Erzurum, Türkei. In seinen Veröffentlichungen wird direkt

1 Sattler, Der umgeschulte Linkshänder, 1995, S. 176ff. Siehe in Kapitel 7.3.2 den Abschnitt: „‚Ich will keine Linkshänderin sein' – Die Heimtücke und der Sinn des Modellverhaltens" und daran anschließende Fallbeschreibungen.

2 Annett, Marian, „The binomal distribution of right, mixed and left handedness". In: Quarterly Journal of Experimental Psychology, 19, 1967, S. 327–333.
Dieselbe, „A classification of hand preference by association analysis". In: British Journal of Psychology, 61, 1970, S. 303–321.
Dieselbe, „The right shift theory of handedness and developmental language problems". In: Bulletin of the Orton Society, 31, 1981, S. 103–121.

3 Smits, 1994, S. 175.

und indirekt bewiesen, wie sich zum Beispiel auch bei einem sehr hohen Ansatz an präziser Messmethodik das Geschlecht der untersuchten Probanden durch vorherige soziokulturelle Einflüsse ergebnisverzerrend manifestieren kann[1].

Das Problem unserer Forschungsmöglichkeiten auf diesem Gebiet ist, dass es nach wie vor äußerst große Schwierigkeiten bereitet, „saubere" Untersuchungsgruppen zu bekommen, da viele Linkshänder umgeschult wurden und sich als Rechtshänder bezeichnen (vor allem bei der Anwendung von Methoden, die auf Selbsteinschätzung basieren). Des Weiteren werden durch die Vorgaben bei der Gruppeneinteilung oft viele umgeschulte Linkshänder in die Rechtshändergruppe eingereiht und verzerren deren Ergebnisse.

Unsere Methode, Gehirnfunktionen zu erforschen, sind auf der einen Seite sehr teuer (siehe Kapitel 2.2.2), und auf der anderen Seite ist es, gerade was die Linkshändigkeit betrifft, sehr schwierig, die verschiedenen Forschungsarten und auch die erforschten Gruppen auf einen Nenner zu bringen, und infolgedessen ist es dann problematisch, die Ergebnisse zu instrumentalisieren. Häufig wird die Händigkeit nur an einer Gruppe der Linkshänder beobachtet. Solche typischen Vorgehensweisen verlaufen z. B. in Frühförderstellen an Kindern, die dort – oft belastet mit den verschiedensten Störungen, die mit der Händigkeit keinen kausalen Zusammenhang haben – unter anderem auch als Linkshänder erfasst werden, und die so erhaltenen Ergebnisse werden dann unreflektiert auf alle Linkshänder übertragen.

Die eigentliche Schwierigkeit ist also die, dass der Forschung selten eine der realen Population entsprechende heterogene Gruppe an Linkshändern zur Verfügung steht.

Händigkeit ist vor allem *Ausdruck einer motorischen Dominanz* im menschlichen Gehirn, und diese betrifft sowohl die Bevorzugung der einen Hand als auch die stärkere Betonung der hemisphärischen Verarbeitungsart in der entsprechenden, nämlich kontralateralen Gehirnhälfte.

Die Praxis zeigt überzeugend, dass, gerade weil die Händigkeit des gesunden Menschen durch genetische Vorgänge für sein ganzes Leben festgelegt ist, jeder Versuch, sie nachträglich zu ändern, meist in schwere Schädigungen des Betroffenen mündet.

1 Tan, Üner, „The distribution of hand preference in normal men and women". In: Intern. J. Neuroscience, Vol. 41, 1988, S. 35–55.

2.3 Die visuelle Lateralisation

Die partielle Kreuzung der Sehnerven, die eine Trennung des Sehfeldes in zwei Teile zur Folge hat, sodass jeder Hemisphäre Informationen über eine der beiden Seiten vermittelt werden, ist bereits beschrieben worden (2.2.1). Nur die Fasern aus der Fovea jeden Auges verlaufen zur Hälfte gekreuzt und zur Hälfte ungekreuzt, d. h., die direkt fokussierte Wahrnehmung ist in beiden Hemisphären repräsentiert. Daraus folgt, dass die Seiten in unserer Umgebung bei nicht fokussierter Wahrnehmung und in den „Augenwinkeln" verschieden wahrgenommen werden müssten, denn die jeweils angeregte Hemisphäre wird das Wahrgenommene auf die ihr spezifische Art „sehen", verarbeiten und begreifen. Der rechte Teil des Sehfeldes wird an die linke Hemisphäre vermittelt, in der bei Rechtshändern und aller Wahrscheinlichkeit nach auch bei der Mehrzahl der Linkshänder meistens die Sprache lokalisiert ist und die linear und analytisch operiert. Man könnte vermuten, dass im rechten Gesichtsfeld mehr auf Einzelheiten geachtet würde und diese aufmerksamer untersucht würden, wobei sprachliche Benennungen diesem Teil eines Bildes oder einer Szene eher zukommen könnten. Auf der linken Seite des Sehfeldes, das an die rechte Hemisphäre vermittelt wird, werden wahrscheinlich räumliche und perspektivische Umstände deutlicher wahrgenommen und weniger mit sprachlichen Begriffen behaftet, dafür aber im ganzheitlichen, synthetischen Zusammenhang aufgefasst werden.

Levy hat diesbezüglich festgestellt, dass Bilder mit dem wichtigeren Inhalt oder der größeren „Schwere" auf der rechten Seite von rechtshändigen Betrachtern bevorzugt würden, während das für Linkshänder nicht signifikant zutraf. Für eine weitere Rechtshändergruppe war daraus die Präferenz für diese Bilder gegen ihre Spiegelbilder voraussagbar, aber für Linkshänder ergab sich, dass man keine sichere Voraussage machen konnte. Levy schließt daraus, dass beim Bilderbetrachten die rechte, seh-räumlich spezialisierte Hemisphäre selektiv aktiviert und die Aufmerksamkeit in diese Richtung gelenkt wird und ein psychologisches Abwägen der linken Seite des Raumes stattfindet. Bilder, die dieses Ungleichgewicht ausgleichen, indem sie ihren wichtigeren Inhalt oder die größere Schwere auf der rechten Seite haben, würden aus diesem Grund als ästhetisch ansprechender betrachtet[1].

Nelson und MacDonald haben bei ihrem Versuch das Ergebnis erhalten, dass Versuchspersonen einen vorgeschriebenen Titel eher demjenigen Bild – Ori-

1 Levy, Jerre, „Lateral dominance and aesthetic preference". In: Neuropsychologia, Vol. 14 (1976). 431–445. England. S. 442.

ginal- oder Spiegelansicht – gaben, dessen Titel sich auf den linken Vordergrund bezog; an ihrem Experiment nahmen allerdings nur 29 Studenten als Versuchspersonen teil! Außerdem berichten sie von anderen Studien, in denen sie zu dem Resultat gelangten, dass die wahrgenommene Tiefe auf der linken Seite größer als auf der rechten war[1].

Interessanterweise berücksichtigen viele Studien die Linkshändigkeit zwar oft, aber die spezifische Äugigkeit in optischen Versuchen überprüfen sie fast nie und sie beziehen diese in die Diskussion auch gar nicht mit ein.

So wie es eine motorische Dominanz der Händigkeit gibt, ist auch bei den meisten Menschen ein Auge dominanter als das andere. Es wird bei Tätigkeiten mit nur einem Auge, z. B. beim Zielen mit dem Gewehr, bevorzugt und nimmt wohl die Umwelt stärker wahr. Daraus dürfte man folgern:

1. Die visuelle Wahrnehmung wird an erster Stelle von der Hemisphäre verarbeitet, deren kontralaterales Auge dominant ist.
2. Die spezifischen Funktionen der Hemisphäre werden sich auf die Verarbeitung der Informationen auswirken.
3. Das temporale (äußere) Gesichtsfeld des dominanten Auges wird stärker wahrgenommen und in die hemisphärische Verarbeitung einbezogen.

Bei Linkshändern wäre die Sache komplizierter, wenn sich bewahrheitet, dass Linkshänder von dem relativ einheitlichen Modell der Lateralisation, das bei Rechtshändern angeblich vorliegt, unregelmäßig abweichen würden.

Dazu kommt noch die Frage nach einer Einheitlichkeit der sensorischen und motorischen Dominanzen in unseren Körperseiten. Die meisten Forscher sind der Ansicht, dass eine bestimmte Händigkeit nicht unbedingt mit derselben Äugigkeit verbunden sein müsse, sondern dass die Dominanzen „gekreuzt“ sein könnten. Wegner (zitiert nach Rett u. a.) „fand bei 70 Linkshändern:

Linkshändigkeit und Linksäugigkeit	30 Prozent,
Linkshändigkeit und Rechtsäugigkeit	70 Prozent“[2].

Die Resultate sollen ungefähr mit den Ergebnissen anderer Autoren übereinstimmen. Wenn also tatsächlich die motorische und sensorische Dominanz für Hand und Auge öfter verschieden sein sollte, ergäbe sich ein weiterer, die

1 Nelson, Thomas M., Gregory A. MacDonald, „Lateral organisation, perceived depth and title preference in pictures“. In: Perceptual and Motor Skills, 33 (1971). 983–986.

2 Rett, Andreas, Thaddäus Kohlmann, Günter Strauch, Linkshänder. Analyse einer Minderheit. Jugend und Volk Verlag, Wien, München, 1973, S. 49.

Problematik der visuellen Lateralisation noch komplizierter machender Umstand.

Leider differieren die Kriterien, nach denen Äugigkeit bestimmt wird. So kommt es vor, dass bei derselben VP. nach einer Testmethode „Linksäugigkeit" diagnostiziert wird und sich bei Anwendung einer anderen Methode eine umgekehrte Augendominanz herausstellt. Irritationen können auch noch durch funktionale Störungen eines Auges entstehen, die sich in verschiedenen Formen des Schielens oder in Weit- oder Kurzsichtigkeit manifestieren.

Außerdem weisen experimentelle Ergebnisse der neueren Forschung immer mehr darauf hin, dass zwischen Händigkeit und Augenpräferenz (Äugigkeit) kaum eine Beziehung zu erkennen sei[1].

Eine weitere Methode, mit der versucht wurde Rückschlüsse auf die hemisphärischen Funktionen zu ziehen, ist das Phänomen der *lateralen Augenbewegungen* bei bestimmten Fragen, die der Reflexion bedürfen.

Die Richtung der lateralen Augenbewegung, die durch eine Frage angeregt wird, scheint stark von den kognitiven Anforderungen der Frage abhängig zu sein und mit der Aktivierung der kontralateralen Hemisphäre zusammenzuhängen.

Kocel, Galin u. a. fanden, dass verbale und arithmetische Fragen mehr Augenbewegungen nach rechts (von der Versuchsperson aus) hervorriefen als räumliche und musikalische Fragen[2].

Der Versuch von G. E. Schwartz u. a. bestätigt ebenfalls, dass rechtshändige Versuchspersonen dazu tendieren, nach links zu schauen, wenn sie affektive Fragen beantworten. Diese Blickrichtung würde noch betont, wenn die Frage auch räumliche Inhalte einschließe, und abgeschwächt, wenn verbale Tätigkeit gefordert sei[3].

Die Untersuchungen von R. C. und R. E. Gur bestätigten auch, dass die Richtung der Augenbewegungen die hemisphärische Aktivierung in Beziehung zu dem Gefragten widerspiegelt, sie ist als eine Funktion von individuellen Unterschieden der hemisphärischen Aktivation anzusehen[4]. Bei manchen

1 Springer, Deutsch, Linkes Rechtes Gehirn, 1995 (3), S. 142 f.

2 Kocel, Katherine, David Galin, Robert Ornstein and Edward Merrin, „Lateral eye movement and cognitive mode". In: Psychonomic Science, Vol. 27 (4), (1972). 223–224.

3 Schwartz, Gary E., Richard J. Davidson, Forster Maer, „Right hemisphere lateralization for emotion in the human brain: Interactions with cognition". In: Science, 190 (1975). 286–288.

4 Gur, R. C., R. E. Gur, S. 227.

Lesern werden diese Entdeckungen vielleicht Erinnerungen an Schulsituationen hervorrufen, in denen ein aufgerufener Schüler sich mühsam zu erinnern suchend, mit zur Seite gelegtem Kopf, nach oben schaute und vom Lehrer getadelt wurde, die Lösung stünde nicht an der Decke. Dort steht sie natürlich auch nicht, aber nach den vorgelegten Ergebnissen kann man annehmen, dass sich durch die Blickrichtung und vielleicht auch durch die Kopfhaltung (wie Maler in etwas Entfernung vor der Staffelei) verschiedene Gedächtnisgebiete eher aktivieren lassen.

Die Erkenntnisse über den Zusammenhang von Blickrichtung und hemisphärischer Aktivation könnten in den Kunstwissenschaften als eine Art Prüfstein bei der Interpretation eines Gesichtsausdrucks fungieren. Zum Beispiel könnte das Gesicht eines bildlich Dargestellten entsprechend seiner Blickrichtung z. B. als sinnend, träumend oder kalkulierend, verbalisierend gedeutet werden und so auf eine seelisch-geistige Tätigkeit des Dargestellten geschlossen werden. Hier wäre ein Hilfsmittel zur Interpretation der wahrscheinlichsten Absicht des Künstlers gegeben, das über eine hohe Nachweiskraft verfügt.

Hierzu ist noch ein weiteres Phänomen anzumerken: Ein Gemälde wirkt anders, je nachdem ob man ihm genau gegenübersteht (wie es beim Besuch einer Galerie üblich ist) oder es mehr von links oder rechts her betrachtet. Dieses Phänomen lässt sich am besten in Situationen beobachten, in denen man in einem Raum aus anderen Gründen, als um ein Bild zu betrachten, sitzt und zufällig auf ein dort aufgehängtes Bild schaut. Sitzt man dann einmal auf einem anderen Platz, ist man manchmal ganz erstaunt, wie anders das gleiche Bild plötzlich wirken kann[1].

2.4 Kunst und Lateralisation

Durch ihre Fähigkeit zur Synthese vieler Einzelheiten und ihre besseren Möglichkeiten zur Wahrnehmung des Raumes ist die rechte Hemisphäre besonders für die Wahrnehmung und Verarbeitung von Werken der bildenden Kunst geeignet, d. h. von Darstellungen in Fläche und Raum, außerdem kommt ihr dabei noch die Fähigkeit zugute, leicht Gefühle anderer im Gesichtsausdruck und in der Gestik zu erkennen.

1 Man darf natürlich keinen extrem schrägen Ansichtspunkt haben, sonst ist die Wirkung nur ein Effekt der optischen Verzerrung. Dieser verschiedenen Wirkung werden wahrscheinlich unterschiedliche Grade des plastischen Sehens, hervorgerufen durch eine größere Aktivierung der rechten Hemisphäre, zugrunde liegen.

An Split-Brain-Patienten wurde beobachtet, dass nur noch ihre linke Hand fähig war, perspektivisch zu zeichnen, und man könnte annehmen, dass auch der zerebral ungeschädigte Mensch eher mit seiner linken Hand diese Fähigkeiten beherrschen würde, wäre nicht die Ungeschicklichkeit beim Rechtshänder behindernd. Es wundert daher nicht, dass bekannte Künstler Linkshänder gewesen sein sollen und ihre künstlerische Begabung vielfach mit dem Umstand ihrer Linkshändigkeit in Verbindung gebracht wird. Das berühmteste Beispiel ist Leonardo da Vinci, desweiteren sollen auch Michelangelo, Lenbach, Adolf Menzel Linkshänder gewesen sein oder zumindest manchmal mit der linken Hand gezeichnet haben[1]. Aber auch unter weniger berühmten Künstlern soll es einen größeren Anteil an Linkshändern als auf anderen Berufsgebieten geben[2].

Wie schon festgestellt wurde, meinen manche Forscher, dass Linkshänder sich auch in ihrer Lateralisation von Rechtshändern unterscheiden und dass sie dazu noch untereinander ziemlich verschieden erscheinen würden. Das wurde mit einer möglicherweise anderen Gehirnhemisphären-Lateralisation und der Annahme von häufig beidseitig repräsentierter Sprachfähigkeit in Verbindung gebracht[3]. Aber auch das interessante Phänomen, dass viele Linkshänder Spiegelschrift schreiben können, sollte hier bedacht werden[4].

Es fällt sowohl bei linkshändigen Kindern als auch bei erwachsenen Linkshändern auf, dass einige Bilder von rechts nach links auffassen und Bildfolgen von rechts nach links interpretieren. Dazu möchte ich nach 15-jähriger praktischer und forschungsmäßiger Arbeit mit Linkshändern anmerken: Dieses

---

1 Gramm, S. 33. – Über Michelangelos Linkshändigkeit heißt es: „depigneva con la mano mancha". Zitiert in der „Michelangelo Bibliografie 1510–1926" (herausgegeben von Ernst Steinmann und Rudolf Wittkower, Leipzig, 1927. Nr. 388, nach der „Istorie die Giovanni Cambi cittadino fiorentino pubblicate, e di antichi monimenti accresciute, ed illustrate da Fr. Ildefonso di San Luigi. In: Delizie degli Eruditi Toscani. Tomo XX–XXIII. Firenze, … 1785–1786. … XXII. S. 177."

2 „Leonardo was a southpaw:" In: ART news, Volume 76, 4 (1977). 22–23. – Peterson, John M., „Left-handedness: differences between student artists and scientists". In: Perceptual and Motor Skills, 48 (1979). 961–962. – Mebert, Carolin, George Michel, „Handedness in artists". In: Herron, Neuropsychology, 273–279. – Witelson, S. 103–106.

3 Eine gegensätzliche Hypothese vertrat Levy 1969 (zitiert nach Witelson), nämlich, dass bilaterale Sprachrepräsentation bei Linkshändern in eine relativ niedrigere räumliche als verbale Geschicklichkeit münde, verglichen mit Rechtshändern (Witelson, S. 104). Vergleiche im Anhang 5.2.5 die verschiedenen Begabungen der beiden linkshändigen Schwestern, wo die künstlerischere die Legasthenikerin war und die weniger künstlerische besondere verbale Leistungen vollbracht hat.

4 Siehe auch Sattler, Der umgeschulte Linkshänder, S. 229 ff.

Phänomen ist bei manchen Linkshändern sehr ausgeprägt. Es gibt sogar linkshändige Studenten an Kunstakademien, denen vorgeworfen wird, dass sie den Bildaufbau „falsch herum“ anlegen würden. „Richtig“ sei von links nach rechts.

Denkbar ist auch, dass die größere Aktivierung der rechten Hemisphäre durch die überwiegende Tätigkeit der linken Hand zu einer stärkeren Durchblutung der rechten Gehirnhälfte führt und die visuelle Welt für den Linkshänder anders erschließbar macht.

Man könnte also annehmen, dass diese Menschen die visuelle Umwelt anders, vielleicht intensiver und beziehungsreicher wahrnehmen und daher ein linkshändiger, bildnerischer Künstler seine visuellen Wahrnehmungen auch so wiederzugeben versucht. Die Behauptung, dass ein Rechtshänder die Kunstwerke eines linkshändigen Malers nicht adäquat wahrnehmen könnte und umgekehrt, ist sicher übertrieben, aber wahrscheinlich ist seine Art, die Welt darzustellen, in bestimmten Zügen sehr andersartig, und diese Andersartigkeit ist es vielleicht, die die Rechtshänder anrührt und fasziniert und das Bild für sie neuartig und in gewisser Weise überraschend macht.

Das Medium, in dem die bildende Kunst gestaltet wird, ist vornehmlich Fläche und Raum, das Medium der *Musik* ist die Zeit. Die Zeit wird eher in der linken Hemisphäre verarbeitet, und man könnte dies von linear verlaufenden Melodien auch vermuten.

Auf der anderen Seite wurde von der guten Sensibilität der rechten Hemisphäre für Töne und Stimmen bei verletzter oder betäubter linker Hemisphäre berichtet. Mit dieser Fähigkeit stehen sicher die Ergebnisse mehrerer Untersuchungen in Zusammenhang, die bei Nichtmusikern eine Überlegenheit des linken Ohres bei Wahrnehmungsaufgaben von Melodien und musikalischen Klängen beobachtet haben[1].

Es muss noch bemerkt werden, dass es über die hemisphärische Wahrnehmung von musikalischen Reizen eine Reihe verschiedener Untersuchungen gibt, die den Umstand nutzen, dass der größte Teil der Hörnerven eines Ohres mit der kontralateralen Hemisphäre verbunden ist.

Sehr interessant sind nun Untersuchungen über Unterschiede zwischen

1 Cook, Roger B., „Left-right differences in the perception of dichotically presented musical stimuli“. In: Journal of Music Therapy, Vol. 10 (2), (1973). 59–53. – Witelson, S. 105, mit Forschungsbericht.

Musikern und Nichtmusikern bei Hörtests. Johnson berichtet: *Musiker* benutzen bei dichotomischen (zweiteiligen, gegabelten) Zuhöraufgaben von Violinenmelodien die *linke Hemisphäre*, um die musikalischen Reize zu verarbeiten, *Nichtmusiker die rechte*. Er nimmt an, je geübter eine Person auf musikalischem Gebiet sei, umso mehr Gebrauch mache sie von den zeitlich aufeinander folgenden analytischen Mechanismen der linken Hemisphäre[1]. Dagegen wird eine Überlegenheit des linken Ohres bei Nichtmusikern vermutet, die eine holistische kognitive Strategie anzeigen soll (rechte Hemisphäre)[2].

Des Weiteren stellt Deutsch aufgrund ihrer Experimente über die Beziehung von Händigkeit und Tonhöhengedächtnis die Vermutung auf, dass es substanzielle Variationen zwischen Händigkeitsgruppen gibt, und zwar in der Art, *wie* sie Musik verarbeiten[3].

Dennoch muss man feststellen, dass trotz der bisherigen Untersuchungen die Ergebnisse nur Splitter der Problematik beleuchten, sodass umfassende Aussagen noch nicht gemacht werden können und über die funktionellen Strukturen und Verarbeitungsweisen der Hemisphären von Musikern im Vergleich mit Nichtmusikern nur Hypothesen aufgestellt werden können[4].

Aber soweit wir heute von der Problematik Kenntnis haben, können wir sicher Levys Vermutung zustimmen, dass der ästhetische Sinn des Menschen tiefgehend von der Tatsache betroffen ist, dass das menschliche Gehirn lateral unterschiedlich ist[5].

1 Johnson, Peter R., „Dichotically-stimulated ear differences in musicians and nonmusicians". In: Cortex, Dec. Vol. 13 (4), (1977). 385–389.

2 Witelson, S. 105.

3 Deutsch, S. 270.

4 Siehe z.B. Witelson, S. 103–106. – Neue Forschungsergebnisse finden sich in: Jourdain, Robert, Das wohltemperierte Gehirn. Wie Musik im Kopf entsteht und wirkt. Spektrum Akademischer Verlag, Heidelberg, Berlin, Oxford, 1998.

5 Levy, 1976, S. 443. Unter „ästhetischem Sinn" ist hier nicht etwas Kompliziert-Philosophisches zu verstehen, sondern einfach die Tatsache, dass der Mensch die Fähigkeit besitzt, an Kunstwerken, bestimmten Gegenständen oder auch an der Natur Gefallen zu finden, bzw. das Merkmal, dass bei ihm dabei angenehme Gefühle hervorgerufen werden.

2.5 Zusammenfassung der Thesen

Die Untersuchung hat deutlich gezeigt, dass der Mensch die rechte und linke Seite seines Gesichtsfeldes verschieden wahrnimmt und dass diese Unterschiede auf neurophysiologischen Gegebenheiten basieren.

Diese grundlegenden Unterschiede bei der visuellen Wahrnehmung der Seiten entstehen durch verschiedene Funktionen, die in den beiden Gehirnhemisphären lokalisiert sind. Wahrscheinlich ist die Kombination und Aufteilung der Funktionen in den Hemisphären bei den meisten Menschen relativ ähnlich. Feine individuelle Unterschiede der Begabungsausrichtungen sind u. a. auch mit diesen Kombinationen in Verbindung zu bringen.

Die unterschiedliche visuelle Wahrnehmung der Seiten wirkt sich auch auf die Rezeption des Kunstwerks aus; dafür gab es recht überzeugende Beispiele. Allerdings ist die genaue Art der Mechanismen und Reaktionen noch nicht sehr ausführlich erforscht. Eine Hauptkomponente dabei ist wahrscheinlich die bessere Fähigkeit der rechten Hemisphäre, räumlich und plastisch zu sehen sowie Einzelheiten besser zu integrieren. Dies kommt in speziellen Situationen der stärkeren Tätigkeit der rechten Hemisphäre zur Auswirkung und zum Vorschein.

Linkshänder hingegen verarbeiten anscheinend Visuelles häufig anders als Rechtshänder. Sie treffen z. B. oft entgegengesetzte Präferenzauswahlen bei Bildern und deren Spiegelansicht als Rechtshänder.

Manche Forscher meinen, dass Linkshänder auch stark in ihrer hemisphärischen Aufteilung untereinander differieren würden. Aber die oft in ihrer Händigkeit nicht eindeutigen Probandengruppen (Linkshänder, umgeschulte Linkshänder und Rechtshänder) lassen vermuten, dass gerade hier ein kausaler Zusammenhang durch die Auswahl der Probanden für diese Forschungsergebnisse verantwortlich sein könnte.

Da anscheinend eine große Anzahl bildender Künstler linkshändig ist, stellt sich die Frage, wie stark das Phänomen ihrer Linkshändigkeit (d. h. einer spezifisch unterschiedlichen hemisphärischen Aufteilung) mit ihrem künstlerischen Schaffen in Verbindung steht. Offen bleibt, ob ein Zusammenhang besteht zwischen ihrer Art, die visuelle Welt (mittels ihrer spezifischen Wahrnehmung) zu strukturieren und wiederzugeben, und der Faszination des Andersartigen (Neuen und Unerwarteten) in ihren Bildern, wie sie oft von Rechtshändern wahrgenommen wird.

II. Die kunstwissenschaftliche Forschung zur Seitigkeit und Kompositionsrichtung

3 Wissenschaftliche Erklärungsmodelle für die unterschiedliche Seitenwahrnehmung

3.1 Einleitung

Die kunstwissenschaftliche Forschung, die sich mit Fragen der Seitigkeit in Kunstwerken (üblicherweise in zweidimensionalen Werken und im Relief) beschäftigt, untersucht hauptsächlich zwei Gebiete der Komposition: *die Richtung der Komposition und die ikonographische und wahrnehmungspsychologische Bedeutung der Seiten.*

Die Richtung kann durch eine vermeintliche Bewegung der Figuren oder Gegenstände (Fahrzeuge, aber auch Windrichtung, Lichteinfall), durch eine Handlungsabfolge in einem geschlossenen Bilderzyklus (d. h. in verschiedenen, inhaltlich zusammengehörenden Szenen) oder durch geometrische Formen, die eine Richtung fingieren, gegeben sein. Dabei ist die Festsetzung des Anfangspunktes der Bewegung und die Richtung von besonderem Interesse.

Untersuchungen der so genannten Kompositionsrichtung wurden in der kunstwissenschaftlichen Forschung meistens eng mit Beobachtungen und Überlegungen über Bedeutung und Stimmungswert der Seiten im Kunstwerk verbunden.

So besteht die Meinung, dass es eine so genannte „Blickbahn" in den Gemälden gibt, welcher der Blick der meisten Menschen am *liebsten* folgt und nach der daher auch viele Gemälde kombiniert worden seien. Diese Blickbahn soll z. T. von bestimmten wahrnehmungsimmanenten Stimmungswerten der Seiten abhängen.

In den kunstwissenschaftlichen Arbeiten über diese Thematik taucht viel von den bereits behandelten beiden Faktoren (Traditionsfaktor und wahrnehmungspsychologischer Faktor von Links und Rechts) auf und wird oft sehr eng mit der These der Blickbahn in Verbindung gebracht.

Dieser zweite Teil der Arbeit ist eine kritische Darstellung der kunstwissenschaftlichen Forschung über die Seitigkeit, die Blickbahn und die Kompositionsrichtung in der Malerei und Grafik, wobei Ergebnisse der Untersuchung der oben genannten beiden Faktoren mit einbezogen werden.

Schließlich ist die Frage sehr wichtig, ob die Kompositionsrichtung ein selbstständiger Faktor der Seitigkeit in der Malerei ist, mit eigenen Gesetzen, oder ob sie sich hauptsächlich aus den beiden obigen Faktoren rekrutiert.

3.2 Die Anfänge der kunstwissenschaftlichen Untersuchung der „Blickbahn“

3.2.1 Einführende Bemerkungen

Heinrich Wölfflin wird üblicherweise für den Vater der Diskussion über die Blickbahn und über die Bedeutung der rechten und linken Seite in der Malerei gehalten. Und er hat auch zweifelsohne das Verdienst, als Erster einem Nebenproblem, innerhalb der allgemeinen Diskussion über Komposition und formale Aspekte, Beachtung geschenkt zu haben. Diese Fragen wurden früher wahrscheinlich entweder für eine nicht weiter zu problematisierende Selbstverständlichkeit gehalten oder als unbedeutend abgetan[1]. Man kann annehmen, dass durch den Aufsatz des „großen Wölfflin“ (1928) „Über das Rechts und Links im Bilde“, einerseits die Problematik quasi „salonfähig“ geworden ist, andererseits endlich etwas ausgesprochen wurde, was sich in der allgemeinen Forschung schon lange vorbereitet hatte, denn sofort danach erschienen mehrere Veröffentlichungen über das gleiche Thema, welche sich alle auf Wölfflin beziehen.

Wölfflin, der sich sein Leben lang mit Kompositionsgesetzen in der Kunst auseinander gesetzt hatte, stand zeitweise stark unter dem Einfluss von Adolf

1 So hat Ernst Cassirer die Unvertauschbarkeit von Links und Rechts erkannt und schon 1910 bemerkt: „Für die sinnliche Auffassung ist jede Untersuchung des Ortes notwendig an einen Gegensatz im Inhalt der Empfindung geknüpft. Oben und unten, rechts und links sind hier nicht gleichwertige Richtungen, die ohne Änderung miteinander zu vertauschen wären, sondern sie beschreiben, da ihnen völlig verschiedene Gruppen von Organempfindungen entsprechen, qualitativ eigenartige, nicht weiter aufeinander reduzierbare Bestimmtheiten.“ In: Substanzbegriff und Funktionsbegriff. Untersuchungen über die Grundfragen der Erkenntniskritik. Verlag Bruno Cassirer, 1910, S. 138.

von Hildebrand, dessen Arbeit über das „Problem der Form“ (erste selbstständige Fassung 1890) wiederum eine große Wirkung auf die Kunstwissenschaft um die Jahrhundertwende hatte. Es findet sich aber bei von Hildebrand keine direkte Formulierung der Frage nach der Seitigkeit; Hildebrands Schrift ist mehr als ein starker Impuls für die formale Forschung innerhalb der Kunstwissenschaft zu betrachten.

Wie Wölfflin selbst am Rande bemerkt, hat auch die damals neue technische Möglichkeit, Bilder mittels Dias zu reproduzieren, die verschiedenen Wirkungen der Seiten besonders deutlich gemacht, und zwar bei versehentlicher Umkehrung des Dia.

3.2.2 Harmonische und disharmonische Diagonalen nach Wassily Kandinsky

In dem Buch „Punkt und Linie zu Fläche“ (1926) schreibt Kandinsky den vier Seiten einer rechteckigen Grundfläche (definiert durch zwei vertikale und zwei horizontale Linien) je einen ganz besonderen „Klang“ zu. Die Lagen der vier Linien sind: oben, unten, rechts und links[1].

„Das ‚Oben‘ erweckt die Vorstellung eines größeren Lockerseins, ein Gefühl der Leichtigkeit, einer Befreiung, und schließlich der Freiheit ... Das ‚Unten‘ wirkt vollkommen entgegengesetzt: Verdichtung, Schwere, Gebundenheit“[2]. Das „Links“ der Grundfläche ist mit dem „Oben“ verwandt, der Hauptunterschied liegt nur im Grade der Eigenschaften. Genauso soll das „Rechts“ mit dem „Unten“ verwandt sein, wobei das „Rechts“ nach oben an Dichte, Schwere und Gebundenheit abnimmt und das „Links“ von der Mitte an nach unten zunimmt[3].

Die linke und rechte Seite charakterisiert er folgendermaßen: „Das nach ‚Links‘ – Insfreiegehen – ist eine Bewegung *in die Ferne*. Hierhin entfernt sich der Mensch aus seiner gewohnten Umgebung, er befreit sich von den auf ihm lastenden Gewohnheitsformen, die seine Bewegungen durch eine fast steinerne Atmosphäre hemmen, und er atmet immer mehr und mehr Luft. Er geht auf ‚Abenteuer‘. Die Formen, die ihre Spannungen nach links gerichtet haben, haben dadurch etwas ‚Abenteuerliches‘, und *die ‚Bewegung‘ dieser Formen gewinnt immer mehr an Intensität und Geschwindigkeit*[4].

1 1. Auflage, Bern, 1926. Hier wird aus der 3. Auflage (1955) zitiert. S. 130 f.
2 Ebenda, S. 131 f.
3 Ebenda, S. 137.
4 Eigene Hervorhebung.

Das nach ‚Rechts' – Insgebundengehen – ist eine Bewegung *nach Hause.* Diese Bewegung ist mit einer gewissen Müdigkeit verbunden, und ihr Ziel ist die Ruhe. Je näher bei ‚Rechts', desto *matter und langsamer wird die Bewegung*[1] – so werden die Spannungen der nach rechts gehenden Formen immer geringer, und die Bewegungsmöglichkeit wird immer begrenzter"[2].

Mittels eines komplizierten Herleitungsverfahrens unterscheidet Kandinsky eine grundlegende Wirkung der beiden Diagonalen in einem Quadrat (Fig. 11). Die *harmonische Diagonale* von C nach B drückt eine „*lyrische Spannung*" aus, die *disharmonische Diagonale* von A nach D eine „*dramatische Spannung*"[3]. Entscheidend ist für ihn nicht die Richtung von oben nach unten oder umgekehrt, sondern ob die Diagonale nach rechts oder links (bei einem festen Bezugspunkt) gerichtet ist.

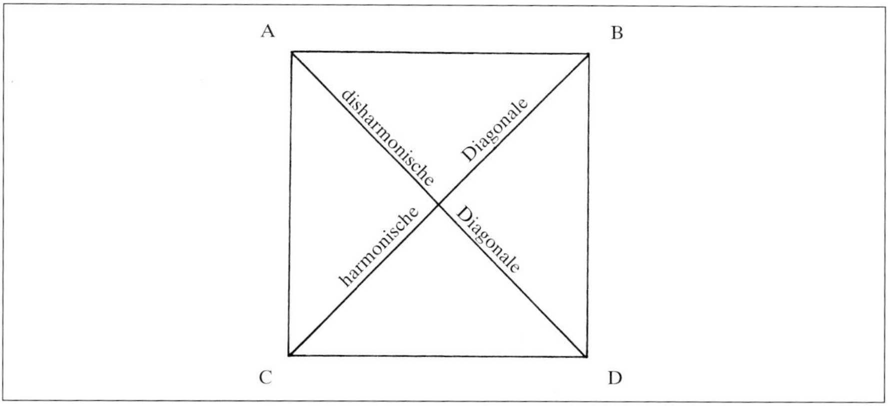

Fig. 11 Harmonische und disharmonische Diagonalen nach Wassily Kandinsky

Diese formanalytischen Gedanken Kandinskys sind nicht in die kunstwissenschaftliche Diskussion über die Seitigkeit und über eine eventuelle Blickbahn eingegangen. Mir erscheinen sie aber erwähnenswert, weil Kandinsky zu Ergebnissen kommt, die von der übrigen Diskussion stark abweichen. Es entsteht die Frage, ob sich hier hauptsächlich ein Schlüssel zu Kandinskys eigenen Kompositionen finden lässt oder ob seinen Gedanken vielleicht doch eine gewisse Allgemeingültigkeit zuzuschreiben ist?

Es wäre auch sehr interessant, zu wissen, welche Händigkeit Kandinsky hatte.

1 Eigene Hervorhebung.
2 Kandinsky, S. 137 f.
3 Kandinsky, S. 145.

3.2.3 August Schmarsow und Anton Faistauer

Im ersten Viertel des 20. Jahrhunderts scheint die Vorstellung immer selbstverständlicher geworden zu sein, dass es eine Blickbahn gebe, die in direktem Zusammenhang mit der Leserichtung stehe und von links nach rechts verlaufe.

So findet man bei August Schmarsow in seinem vierteiligen Werk „Kompositionsgesetze in der Kunst des Mittelalters" (ab 1915 erschienen) öfter den Hinweis, dass unser Blick von links nach rechts verläuft, wie wir es vom Lesen her gewohnt sind[1].

Zyklische Darstellungen, die einen zeitlichen Geschehensablauf schildern, werden häufig von links nach rechts komponiert; und anlässlich der Beschreibung solch einer „kontinuierlichen Darstellungsweise in der stehen bleibenden Bildeinheit" bemerkt Schmarsow, dass ein alter Hebräer, der gewohnt ist, „seine Schrift von rechts nach links zu lesen", eine Darstellung von links nach rechts für eine törichte Handlungsabfolge halten würde[2].

Schmarsow lokalisiert den fiktiven Standpunkt des Betrachters am Anfang seiner Blickbahn an der linken Seite und weist (in einem Kapitel über „Regeln der Bildpantomime") auf den Unterschied hin, von welcher Seite eine dargestellte dritte Person „kommt": „Kommt er (der Dritte) von links, also mit dem Blick des Beschauers, herein – oder von rechts, der gewohnten Blickbahn des Betrachters unerwartet, ja zuwider ..."[3].

Auch Anton Faistauer vertritt die Meinung, dass der Beschauer gewohnt ist, „ein Bild zu lesen wie die Schrift von links nach rechts"[4].

---

1 I. Halbband: Grundlegung und romanische Architektur. Verlag B. G. Teubner, Leipzig, 1915. S. 9, Fußnote 1: „Da wir gewohnheitsmäßig vom Lesen her die Richtung von links nach rechts bevorzugen ..."
II. Band: Darstellende Kunst. 1922. S. 7: „... so ist diese Länge auch zugleich die Tiefendimension für jegliche sich im Bild etwa vollziehende Bewegung; sie verläuft mit unserem Blick von links nach rechts. Und es bedeutet anfänglich schon eine stark gefühlte Überraschung, wenn diese Vorwärtsbewegung der Reihe sich einmal nicht in identischer Richtung mit der unsrigen vollzieht, sondern uns *entgegen* „umgekehrt", als wie sie erwartet wird."
Interessanterweise betont Schmarsow nirgends in seinen 1905 erschienenen „Grundbegriffen der Kunstwissenschaft" (Leipzig, Berlin) eine Blickbahn, nur bemerkt er einmal, dass der Blick des Beschauers diagonal über hellenistische Reliefbilder gleitet. Seite 304.

2 II. Band, S. 17. – Doch auch im europäischen Kulturkreis – der die Leserichtung von links nach rechts kennt – sind durchaus Gemälde zu finden, die sowohl in der Kompositionsrichtung als auch in der Szenenfolge von rechts nach links aufgebaut sind. Ein besonders gutes Beispiel: „Der heilige Thomas von Villanueva heilt einen Lahmen" von Murillio (Alte Pinakothek, München), entstanden um 1670–80.

3 II. Band, S. 20. Im gesamten Kontext untersucht Schmarsow die Wirkung einer dritten Person; die zitierte Stelle kann aber meiner Ansicht nach ebenso auf nur eine Person angewendet werden, ohne dass die von Schmarsow beabsichtigte Aussage dadurch entstellt würde.

4 Faistauer, Anton, „Aus meinem Tagebuch. Links und Rechts im Bilde". In: AMICIS, Jahrbuch der österreichischen Galerie, Wien, 1925, S. 77–78.

Faistauer betont besonders den Zusammenhang von Zeichnen und Schreiben: „Es ist der Hand am gemäßesten (naturgemäß), ein Bild von links nach rechts zu malen, zu schreiben, da wohl Zeichnen vom Schreiben kommt, beziehungsweise umgekehrt"[1]. Und er scheint die Vorstellung von einer Art technischem Zusammenhang zwischen dem Prozess des Zeichnens und dem Ausdruck der Gefühle des Malers zu haben: „Der Maler soll die natürlichen Vorteile ausnützen, weil er bei weniger manuellen Schwierigkeiten seinen Willen deutlicher und freier zum Ausdruck bringen kann." Diese Wirkung soll noch durch den Lichteinfall begünstigt werden: „Der Lichteinfall von links ist sowohl dem Auge als dem Pinsel am bequemsten." Diesen formalen Eigenarten entspräche ein „anerzogenes Gefühl" im Betrachter, an welches der Maler appellieren solle, wenn er besser verstanden werden wolle.

Faistauer schreibt *den Seiten eine verschiedene emotionale Wirkung zu*: „... links bedeutet etwa Heimat, rechts die Ferne, die Fremde"[2].

Faistauer kommt also interessanterweise zu einer genau entgegengesetzten Auffassung über die Ausdrucksqualität von links und rechts wie Kandinsky; dabei ist bemerkenswert, dass Kandinsky nicht von der Schriftrichtung, sondern von seiner künstlerischen Anschauung ausgegangen ist – ich werde darauf noch einmal zurückkommen.

Faistauer postuliert aus seinen Beobachtungen schließlich bestimmte Forderungen ans Theater und an die Malerei (besonders an Schlachtengemälde): Die Hauptperson soll von links kommen, die gegnerische Person aber von rechts. Interpretationsabsichten des Künstlers bei Schlachtengemälden entschlüsselt er ebenfalls nach diesem Muster.

Eine sehr wichtige und sicher höchst aufschlussreiche Frage, die sich daran anschließt, wäre die nach der Handhabung der Seitenaufteilung im Theater und nach der gegenseitigen Beeinflussung von Theater und Malerei[3].

Man kann an diesem Punkt der Arbeit einwendend fragen, ob die Aussagen von nur zwei Kunsthistorikern ausreichend sind, um von einer allgemeinen Auffassung ihrer Zeit zu sprechen, nämlich dass man einen kausalen Zusammenhang zwischen Schrift und Blickbahn in Gemälden für ziemlich selbstverständlich hielt. Dafür spricht aber bei Schmarsow die Sicherheit, mit der er diese Behauptung aufstellt, ja fast nur wie selbstverständlich am Rande an

---

1 Ebenda.

2 Faistauer, S. 77.

3 Siehe dazu z. B.: Mayer, Hans, „Die Bewegung nach links und rechts. Beispiele aus Literatur, bildender Kunst, Theater und Film". In Reihe: diskurs film, Bd. 1, 1987, S. 87–98 sowie Hickethier, Knut, Film- u. Fernsehanalyse. 2. überarbeitete Auflage, 1996, S. 52 und S. 64 f.

diese Auffassung erinnert. Hätte er damit, nach seinem eigenen Selbstverständnis, etwas völlig Neues sagen wollen, wäre eine breitere Untersuchung und Begründung zu erwarten. Ähnlich selbstverständlich baut auch Faistauer seine Erörterungen auf dieser These auf. Eine weitere Problematisierung des Zusammenhangs von Leserichtung und Blickbahn oder Kompositionsrichtung wird noch separat behandelt werden (3.7).

3.2.4 Heinrich Wölfflin

Zum siebzigsten Geburtstag von Paul Wolters (1928) widmete Wölfflin diesem den Aufsatz „Über das Rechts und Links im Bilde“[1], welcher zum Grundstein der Diskussion über die Bedeutung der Seiten, über die Blickbahn in der Malerei und Zeichenkunst und über die Wirkung der Umkehrung bei der Druckgrafik wurde. Zwei Jahre danach (1930) veröffentlichte er einen Aufsatz über „Das Problem der Umkehrung in Raffaels Teppichkartons“[2].

Wölfflins Theorie besagt, dass es eine „natürliche Blickbahn“ gebe. Gemäß dieser Theorie steigt der Blick von links unten empor und fällt danach nach rechts wieder ab. Wölfflin spricht von steigenden und fallenden Schräglinien: „Was im Sinne der Links-Rechts-Diagonale läuft, wird als steigend, das Entgegengesetzte als fallend empfunden“[3]. Die Treppe führt von links hinauf und nach rechts hinab (Fig. 12).

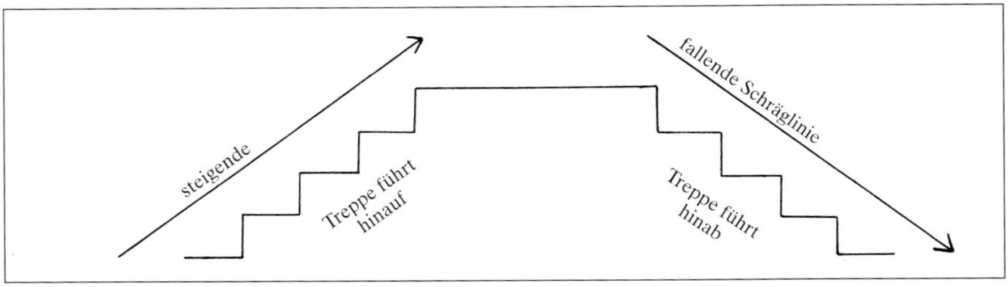

Fig. 12 Steigende und fallende Schräglinien nach Heinrich Wölfflin

„Die gleiche Berglinie wird sich emporziehen, wenn die Höhe rechts liegt, und wird sich senken, wenn die Höhe links liegt (daher auf Abendlandschaf-

1 In: Münchner Jahrbuch der bildenden Kunst. Neue Folge V (1928), S. 213–224. Wieder abgedruckt in: Gedanken zur Kunstgeschichte. (1940), S. 82–90. Zitiert wird aus der 2. Auflage (1941).

2 In: Belvedere. Monatsschrift für Sammler und Kunstfreunde. IX. Jg., Heft 7–12. Wien, 1930. S. 63–65. Wieder abgedruckt in: Gedanken zur Kunstgeschichte. (1940), S. 90–96. Zitiert wird aus der 2. Auflage (1941).

3 Gedanken zur Kunstgeschichte, S. 83.

ten so häufig die Abdachung des Berges von links nach rechts hin)"[1]. Dies gilt, solange nichts dagegen spricht. „Es gibt Kombinationen, die diese elementare Wirkung modifizieren können, zum Beispiel wenn die objektive Bewegung der Figuren gegensätzlich läuft. Aber auch die Lichtführung kann als Gegenkraft wirken", ebenso können die Farben und Formen wirken[2].

Unsere Kunst habe zwar einen objektiven Bewegungszug, wie unsere Schrift (von links nach rechts), aber die Blickbahn entspreche einer Art, „die Formen anzuordnen, die sich im Norden so gut findet wie im Süden"[3], und sicher sei das nicht nur eine Gewöhnung des Sehens dem Bild gegenüber. Wölfflin stellt sich nicht die Frage nach dem Zusammenhang der Blickbahn und der Schriftrichtung, er hält die Blickbahn allerdings auch nicht nur für eine reine Gewöhnung des Sehens (sie ist also nicht völlig von der Tradition abhängig), sondern führt sie zusätzlich auf einen anderen Stimmungswert der Bildseiten zurück: „Es entscheidet über die Stimmung des Bildes, wie es nach rechts ausgeht. Gewissermaßen wird dort das letzte Wort gesprochen"[4].

Entsprechend der Blickbahn ist links unten die Einleitung in das Bild und gewöhnlich rechts unten dann der Bildabschluss. Bei Dürers „Hieronymus im Gehäuse" stellt Wölfflin fest, dass das Bild den „Charakter der Stille und Befriedigung" bekommt, weil von den gewählten Formen alle lauten und unruhigen links bleiben und rechts die Erscheinung ins Klare, Begrenzte, Durchgebildete mündet"[5].

Zu einer spiegelbildlichen Seitenaufteilung und Kompositionsrichtung kommt es bei der Umkehrung des Dargestellten bei den druckgrafischen Techniken. Wie gesagt, war es Wölfflin, der als Erster so deutlich auf die verschiedenen Stimmungen von Plattenbild und grafischem Abzug hingewiesen hatte. Es handelt sich dabei weniger um die „richtige" Händigkeit und den korrekten Schriftverlauf im Abdruck als vielmehr um die Kompositionsumgestaltungen und die unterschiedliche Seitenwirkung bei der Umkehrung. In einem späteren Kapitel dieser Arbeit werden in einem Exkurs Fragen nach der Ansicht (Plattenbild oder Druck) problematisiert werden, in welcher des Künstlers Intention am besten verwirklicht wurde, und das Problem angesprochen werden, inwieweit ein Künstler überhaupt fähig sein könnte, seine künstlerischen Vorstellungen seitenverkehrt vorzuzeichnen. Neben den

1 Gedanken zur Kunstgeschichte, S 83.
2 Ebenda.
3 Ebenda.
4 Ebenda.
5 Ebenda, S. 86 f.

druckgrafischen Techniken unterliegen auch die Kartons für Teppiche der Umkehrung (berühmte Beispiele stammen von Raffael und Rubens).

Mit seinem abschließenden Satz ist Wölfflin der Erste, der auf eine physiologische Grundlage für die Seitenwahrnehmung hinweist: Das Phänomen „hat offenbar tiefe Wurzeln, Wurzeln, die in die untersten Gründe unserer sinnlichen Natur hinabreichen“[1].

Die Frage nach der Tradition der formalen Anordnung und dem Zusammenhang mit der Blickbahn wird bei ihm dagegen nur berührt. Auch wird man ganz im Unklaren gelassen, was die Blickbahn tatsächlich ist und wo man sie eigentlich lokalisieren soll? Dazu bieten sich meiner Ansicht nach drei Möglichkeiten an:

1. die tatsächliche Fixierbahn unseres Augenapparates auf dem Kunstwerk (*Fixierbahn*),
2. die Richtung des Kompositionsaufbaus (*Kompositionsrichtung*),
3. das Muster der geistigen Wahrnehmungsart, mittels der ein Gemälde formal erschlossen wird (*kognitive Wahrnehmungsbahn*).

Eine oder auch mehrere dieser Möglichkeiten legten die meisten späteren Autoren ihren Ausführungen über die Kompositionsrichtung und Blickbahn zugrunde und leiteten daraus ihren eigenen Ansatz ab.

Anhand von Wölfflin erscheint es mir nicht sinnvoll die Fragen ausführlicher zu diskutieren, und zwar aufgrund der Stellung der Theorie der Blickbahn innerhalb seines Oeuvres[2]. Die Diskussion der kunstwissenschaftlichen Forschung über die Seitigkeit ist durch Wölfflins empirische Beobachtungen der Unumkehrbarkeit von zweidimensionalen Kunstwerken und seiner begründenden Theorie von dem Sehgesetz einer Blickbahn geprägt worden. Wölfflins weitere Aussagen über die verschiedene Wahrnehmung der Seiten treten sowohl hinsichtlich ihrer systematischen Bearbeitung in seinen Aufsätzen als auch in Bezug auf die Bedeutung, die er ihr beimisst, hinter der Theorie der Blickbahn zurück. Durch diese Theorie war der Ansatzpunkt für die spätere Forschung sehr stark vorbestimmt, und so haben auch die meisten Autoren an der Auseinandersetzung mit Wölfflins Blickbahn ihre Untersuchungen entwickelt.

1 Gedanken zur Kunstgeschichte, S. 90.

2 Er schrieb die Aufsätze sehr spät, lange nach seinen berühmten Büchern und kurz bevor er eine Revision seiner „Kunstgeschichtlichen Grundbegriffe“ (1933) veröffentlichte. Er ist in diesen beiden Aufsätzen nicht mehr so kategorisch und tritt nicht mehr so ausgeprägt als großer Theoretiker über Kompositionsgesetze auf, sondern schöpft sehr stark aus der praktischen künstlerischen Anschauung, daher ist u. a. auch diese Theorie viel „lockerer“ und weniger bindend dargestellt.

Abgesehen von Überlegungen über den Charakter dieser Blickbahn erhebt sich noch eine sehr wichtige Frage, nämlich *die nach den methodischen Möglichkeiten, über die Blickbahn und die spezifische Seitenwahrnehmung Aussagen zu machen.*

Es muss auch versucht werden, dem Verhältnis von Blickbahn und Kompositionsrichtung näher zu kommen.

Es ist besonders darauf zu achten, inwieweit innerhalb welcher künstlerischen Gattung und welcher künstlerischen Epochen die einzelnen Autoren ihre Ausführungen weiter entfalten und ob und wie sie diese Auswahl begründen und untersuchen.

Wölfflins Interesse an zeitgenössischen Künstlern bezog sich hauptsächlich auf Adolf von Hildebrand, Hans von Mareés, Ferdinand Hodler und Arnold Böcklin[1]. Zu Kunststilen seiner Zeit hat er sich direkt nur zum Impressionismus schriftlich geäußert[2]. Daher kann man als ziemlich sicher annehmen, dass er Kandinskys Überlegungen über die Wirkungen der Diagonalen nicht zur Kenntnis genommen hat.

Zwei Jahre nach Wölfflins Aufsatz über Rechts und Links erschien 1930 ein Artikel von Julius von Schlosser. Dieser bestätigt Wölfflins Theorie der Blickbahn und sieht einen möglichen Zusammenhang mit der Rechts- und Linkshändigkeit[3]. Zwei weitere Aufsätze, von Keller und Haak, zitiert bei Mercedes Gaffron, beschäftigen sich auch mit Wölfflins Theorie einer Blickbahn. Sie bringen jedoch nach Gaffrons Darlegung[4] keine nennenswerten Neuerungen ein[5].

---

1 Siehe: Wölfflin, H., Kleine Schriften. 1946. Herausgegeben von J. Gantner.

2 Zum Beispiel in den „Kunstgeschichtlichen Grundbegriffen". 8. Auflage (1943), S. 24 und S. 211.

3 „Intorno alla Lettura dei Quadri." In: Critica, 28 (1930), S. 72–79.

4 Der Artikel von Keller war selbst über die Fernleihe der Münchner Universitätsbibliothek nicht zu beschaffen. Zitiert bei Gaffron, Mercedes, „Right and left in pictures". In: The Art Quarterly, 13 (1950), S. 312–331: R. Keller, „The Right-Left-Problem in Art". In: Ciba Symposia, Summit, N. J., III (1942) 1139. Bei Keller soll die Arbeit von Th. Haak angeführt sein.

5 Ohne den weiteren Ausführungen vorgreifen zu wollen, erscheint es jedoch hier angebracht darauf hinzuweisen, dass Wölfflins Überlegungen maßgeblich der Anfang zum weiteren Nachdenken über die Blickbahn von links nach rechts in der bildenden Kunst und über die unterschiedliche Wahrnehmung der Seiten waren. Sie fanden Eingang in die Kompositionslehre. Zum Beispiel führt Rudolf Arnheim in seiner neuen Fassung des Buches „Die Macht der Mitte. Eine Kompositionslehre für die bildenden Künste" (DuMont, Köln, S. 61), 1996 aus: „Betrachter haben … eine … Neigung, ein Bild von links nach rechts organisiert wahrzunehmen, so dass die untere linke Ecke als Ausgangspunkt der Komposition erscheint … Die linke Seite ist mit deutlich mehr Gewicht ausgestattet und nimmt die Funktion eines starken Zentrums an, der Betrachter tendiert dazu, sich mit diesem zu identifizieren. Es liefert einen Festpunkt, von dem er den Rest der Komposition überblickt, obwohl er vor der Mitte der Leinwand steht."

3.3 Eine Weiterentwicklung des Ansatzes von Heinrich Wölfflin bei Mercedes Gaffron

Mercedes Gaffron greift Wölfflins Idee einer Blickbahn auf und erweitert die Theorie, indem sie

1. die *räumliche Wahrnehmung* mit einbezieht – sie „verräumlicht" die Blickbahn – und
2. den subjektiven Betrachterstandpunkt als häufig vorne links im Bild aufzeigt.

Sie argumentiert, dass die neuere Wahrnehmungsforschung nachgewiesen habe, dass die visuelle Raumwahrnehmung weder wirklich dreidimensionalen Raum erfordere noch die perspektivische Zeichnung[1]. Ihre weitere Behauptung (an derselben Stelle), dass es im Prinzip keinen Unterschied gebe zwischen der Raumwahrnehmung eines wirklichen Raumes und seiner Repräsentation in einem Bild, ist sicher einzuschränken. Denkt man an die erstaunlichen Effekte der dreidimensional erscheinenden Filme (die mit einer speziellen Brille betrachtet werden müssen) so steht außer Zweifel, dass hier der Raumeindruck um vieles stärker und zwingender ist als in herkömmlichen Filmen. (Die gleichen Wirkungen haben auch die stereoskopischen Bilder, die um die Jahrhundertwende sehr beliebt waren.) Wir haben es anscheinend mit zwei verschiedenen Rezeptionsmöglichkeiten des Raumes zu tun: 1. Durch die Koordination unserer zwei Augenrezeptionen entsteht der räumliche Eindruck. 2. Eine Hemisphäre ist, wie oben ausführlich gezeigt, für die Raumwahrnehmung besser prädestiniert. (Vermutlich handelt es sich bei Gaffron um Letzteres.)

Auch Gaffrons weitere empirische Beobachtungen, die zu ihrer Theorie führen, lassen vermuten, dass es sich hauptsächlich um diese Hemisphärenunterschiede bei der Raumwahrnehmung handelt. In diesem Sinne stellt sie folgende Veränderungen bei der Umkehrung von Gemälden fest:

1. Verschiebung des Betrachterstandpunkts, anderer Betrachterwinkel.
2. Durch diese Verschiebung können wir bestimmte Gegenstände nicht mehr so deutlich erkennen.
3. Änderung der Tiefe des Bildraumes.
4. Unterschiede in der Erscheinung von dargestellten Gegenständen (plastischer oder flächiger).

Unsere Seitenwahrnehmung scheint also räumlich zu differieren. Aus diesen

1 Gaffron, „Right and left in pictures", S. 315.

empirischen Erkenntnissen entwickelt Gaffron die Theorie der Blickbahn weiter und stellt bestimmte unterschiedliche Eigenschaften bei der Wahrnehmung der Seiten auf[1].

Die Blickbahn: Unser Blick folgt normalerweise scheinbar einem festen Weg im „Bildraum“. Figur 13 A zeigt die Kurve von vorne: Sie beginnt links unten und verläuft im Bogen nach rechts oben in den Raum hinein. Figur 13 B zeigt die Draufsicht der imaginierten Kurve[2].

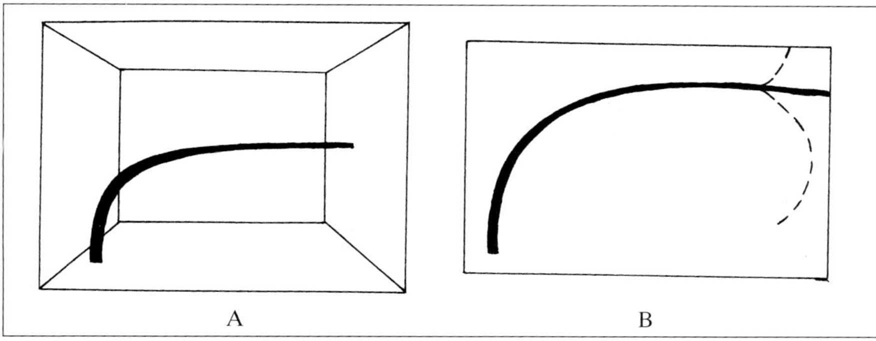

Fig. 13 Die Blickbahn nach Mercedes Gaffrons Theorie. Ansicht Figur A und Draufsicht Figur B

Der Betrachter hat die Tendenz, sich selbst an den Startpunkt der Blickbahn zu lokalisieren, also im linken Vordergrund des Bildraumes – dies geschieht unabhängig von der perspektivischen Konstruktion, bewirkt psychologisch eine verschiedene Bewertung der beiden Bildseiten und wirkt auf die unterschiedlich starke Beteiligung des Beschauers an den dargestellten Vorgängen[3]. Die an der linken Seite dargestellten Gegenstände würden wir nicht nur

1 Gaffron, Mercedes, Die Radierungen Rembrandts. Originale und Drucke. Florian Kupferberg Verlag, Mainz, 1950. Besonders S. 13.
Gaffron, Mercedes, Karl Zener, „Perceptual experience: An analysis of its relations to the external world through internal processings“. In: Psychology: A study of a Science. 4. Band, Hrsg. Sigmund Koch. New York, 1962. 515–618. Besonders S. 603.
Hier ist auf zwei Untersuchungen der unterschiedlichen Wirkungen einer Form, eines Gesichts oder einer Schriftzeile bei verschiedenen Orientationen hinzuweisen: Rock Irvin, „The perception of disoriented Figures“. In: Image, object, and illusion.With introductions by R. Held. Massachusetts Institute of Technology. San Francisco, 1974. 71–78. – Howard, Ian P., Human visual Orientation. Chichester, New York, Brisbane, Toronto, 1982. Besonders S. 521–588.

2 Zeichnungen nach Gaffron, „Right and left in pictures“, S. 313 und S. 314. – Ebenda S. 318: „The dotted lines shown in Figure B are compositional guides most frequently used by artists to avoid the impression of a hard collision with the right picture frame.“

3 Gaffron, Die Radierungen Rembrandts, S. 13.

als näher empfinden, sondern auch als von größerer Wichtigkeit für uns. Entsprechend würden wir uns eher mit einem links dargestellten Menschen, der in das Bild hineinschaut, identifizieren, weil seine Stellung der unseren als der des Betrachters am nächsten käme[1]. Bei zwei sich zugewandten Profilansichten in einem Gemälde liegt dadurch die Betonung auf dem linken Kopf, besonders im Zentrum um das Ohr herum.

Bei dem rechten Kopf jedoch werden Stirn, Nase, Mund und die Profillinie betont. Man sieht der rechten Person scheinbar ins Gesicht[2].

Eine weitere Auswirkung der Kurve sind Unterschiede bei der Wahrnehmung der verschiedenen Bildviertel, d. h., alle Gegenstände innerhalb der Reichweite dieser Kurve werden spontan erkannt, während wir extra auf jene Dinge schauen müssen, die im rechten Vordergrund oder im oberen, hinteren Teil des Hintergrundes platziert sind[3]. Diese beiden Bildviertel werden visuell vernachlässigt[4].

Gaffron schreibt der Kurve auch eine *dynamische Wirkung* zu, und zwar beschleunigt sie – so scheint es – mit ihr gleichlaufende Bewegungen und verlangsamt ihr entgegengerichtete[5].

---

1 Dies., „Right and left …", S. 321.

2 Gaffron, 1962. S. 605. Durch H. C. van der Meers experimentelle Untersuchung bekommt Gaffron hierzu eine Bestätigung. Van der Meer stellt fest, dass es „in der Wahrnehmung Organisationstendenzen, die die Gegenstände auf uns hin gerichtet strukturieren", gibt, „so dass die Vorzugsrichtungen, in denen statische Objekte wahrgenommen werden, nach links, nach oben und sagittal auf uns hin gerichtet sind". Meer, H. C. van der, „Phänomenale Geschwindigkeitsunterschiede bei Bewegungen in verschiedenen Richtungen". In: Acta Psychologica, 11 (1955), S. 475–503. S. 503.

3 Dies., „Right and left …", S. 317 und 321. Gaffron geht in ihrem Aufsatz von 1962 noch weiter und schreibt sogar den übereinander liegenden Vierteln des Bildes *verschiedene räumliche Eigenschaften* zu (eine These, die meines Wissens bis jetzt in keiner anderen Arbeit in dieser Art erwähnt oder bestätigt wird): „The object at the lower left shows the qualities of the exterior, textured, looked-at, convex chest surface, while interior volume shape becomes more prominent in the object at the upper left." S. 604.

4 Dies., 1962, S. 603.

5 Gaffron, „Right and left …", S. 321. – Damit stimmen auch Untersuchungen überein, die Professor Dr. Kurt Müller in seinem Seminar im Sommersemester 1980 erwähnte, denen zufolge herausgefunden wurde, dass eine Bewegung von links nach rechts als schneller wahrgenommen wurde als die mit einer objektiv genauso hohen Geschwindigkeit in die entgegengesetzte Richtung.
Van der Meers experimentelle Versuche bestätigen ebenfalls, dass „die nach links gerichtete Bewegung bei objektiver Gleichheit schneller gesehen wird als die nach rechts gerichtete". Sehr interessant finde ich, dass er – übrigens anscheinend unabhängig von der Idee der Wölfflinschen Blickbahn – zu ähnlichen Gesetzen, wie sie Gaffron für ihre Blickbahn postuliert, kommt. Er stellt experimentell fest, dass „man der nach rechts gerichteten Bewegung die Bedeutung von Ausfahren oder Entfernen, der nach links gerichteten die von Begegnen, Nähern beimisst" (S. 497).
Mit der asymmetrischen Wahrnehmung von physikalisch gleich schnellen Bewegungen im

Zur *Seitenwahrnehmung* stellt Gaffron fest, dass die Plätze an der rechten oder linken Seite verschieden wahrgenommen werden, *Gegenstände auf der linken Seite erscheinen plastischer, die Materialbeschaffenheit ihrer Oberfläche* und ihre Ausdehnung vom Boden aus werden betont. *Gegenstände auf der rechten Seite erscheinen abgeflacht*, und anstelle der Textur werden die *Farbe und Helligkeit* hervorgehoben. Ihre Form wird mehr von der Umrisslinie her bestimmt[1].

In Schwierigkeiten gerät man, wenn man die Blickbahn, wie sie Gaffron vorschwebt, genauer fassen möchte.

Sie schreibt, das Phänomen der Nicht-Umkehrbarkeit der Komposition (ohne starke Veränderungen der Wirkung) und der unterschiedlichen Seitenwahrnehmung sei physiologisch durch die besondere *Struktur unseres Gehirns, die Asymmetrie der Funktionen der linken und rechten Großhirnrinde*, begründet[2]. Auf der anderen Seite schreibt sie, dass sich die „Art unseres gegenständlich-räumlichen Sehens im Sinne der Blickwanderung… zuerst bei den Griechen nachweisen" lässt und dass die räumliche Komposition und „die daraus resultierenden Kompositionsgesetze das besondere Merkmal der europäischen Kunst" sind, „welches sie von der Kunst der übrigen Welt unterscheidet"[3]. Wir finden bei Gaffron also einerseits einen wahrnehmungspsychologischen Begründungszusammenhang und andererseits einen formal-traditionellen.

Die Blickbahn ist nach Gaffron ein Prozess, der unbewusst bleibt und uns erst durch seine Wirkung, z.B. bei der Umkehrung, bewusst wird. Es geht, so meint sie, nicht um willentliche oder unwillkürliche Augenbewegungen (Fixierbahn), sondern um *einen zentralen Prozess der visuellen Wahrnehmung*. Letzteres spricht wieder eher für einen physiologischen Prozess, und auch ihre Aussagen über den Zusammenhang von Linkshändigkeit und Blickbahn gehen in diese Richtung. Gaffron vermutet, dass bei einem Linkshänder diese Kurve genau entgegengesetzt verlaufen und „alle sich aus ihrem Verlauf ergebenden Folgerungen … für ihn im umgekehrten Sinne gelten"[4] müssten. Sie spricht von Versuchen mit reinen Linkshändern, die genau ent-

Raum beschäftigen sich besonders auch folgende zwei Arbeiten: Müller, Kurt, „Über visuell wahrgenommene Geschwindigkeit sagittal gerichteter Bewegungen". In: Zs. für experimentelle und angewandte Psychologie, 4 (1957), S. 307–318. – Takala, Martti, Asymmetries of the visual space. Suomalainen Tiedeakatemia, Bd. 72, 2, Helsinki, 1951.

1 Gaffron, 1962, S. 603 und 605.

2 Dies., Die Radierungen Rembrandts, S. 13.

3 Ebenda.

4 Ebenda.

gegengesetzte Resultate erbrachten, als es die mit Rechtshändern getan haben (leider macht sie keine Quellenangaben) und behauptet: „Der reine Linkshänder sieht ‚seitenverkehrt'. Die Auswirkungen eines solchen Sehens auf die Komposition von Bildern lässt sich am eindrucksvollsten am Beispiel Leonardos zeigen (Abendmahl, Anbetung der Könige, Heilige Anna Selbdritt, Louvre-Madonna usw.)“[1].

Dagegen lässt sich zunächst anführen, dass der Begriff der Linkshändigkeit bei Gaffron den üblicheren Vorstellungen ihrer Zeit verpflichtet ist. In einer Fußnote schränkt sie ihre Behauptung auf einen sehr kleinen Prozentsatz der Bevölkerung ein, indem sie erklärt, dass reine Linkshänder sehr selten seien, und gerade dabei zeigt sich ihr, gemessen am heutigen Wissensstand, undifferenziertes, vereinfachtes Bild von Linkshändigkeit sehr deutlich (vgl. Kap. 2.2.4 und Anhang 5.2.3). Ob außerdem Leonardo nach ihren eigenen Vorstellungen ein reiner Linkshänder war, ist zu bezweifeln, denn er konnte aller Wahrscheinlichkeit nach mit *beiden* Händen schreiben und zeichnen[2].

Ein weiterer Einwand gegen ihre kategorische Behauptung von dem „seitenverkehrten“ Sehen der Linkshänder ist, dass diese ebenso kulturellen und traditionellen Einflüssen auf die Blickbahn durch Vorbilder und Schrift unterworfen sind wie die Rechtshänder; dabei kommen auch für sie die von Gaffron selbst erwähnten traditionellen Einflüsse zur Wirkung[3].

---

1 Ebenda.

2 Siehe z. B. Fred Bérence, Leonardo da Vinci. Dt. Ausgabe. S. 33: „… da er sich unterschiedslos beider Hände bedienen kann.“ Leider ohne Quellenangabe. Leonardos Linkshändigkeit ist durch zwei seiner Zeitgenossen belegt: Luca Pacioli und Sabba da Castiglione. Auch Giorgio Vasari berichtet darüber. Siehe Ludwig Goldscheider, Leonardo da Vinci. Leben und Werk. Köln, 1960, S. 17. Dass Leonardo mit großer Wahrscheinlichkeit mit beiden Händen malen und schreiben konnte, lässt sich (auch ohne zeitgenössische Quellen) aus folgenden Merkmalen ableiten: Seine Zeichnungen weisen sowohl rechtsgerichtete wie linksgerichtete Schraffuren auf. Dabei geht man davon aus, dass mit der rechten Hand leichter von rechts oben nach links unten gerichtete Schraffuren gezeichnet werden können – mit der linken Hand umgekehrt von links oben nach rechts unten gerichtete Schraffuren. Leonardo konnte mühelos Spiegelschrift schreiben und hat seine naturwissenschaftlichen Notizen zum größten Teil so geschrieben. Spiegelschrift zu schreiben fällt Linkshändern im Allgemeinen leicht. – Siehe auch: Jung, Richard, „Über Zeichnungen linkshändiger Künstler von Leonardo bis Klee: Linkshändermerkmale als Zuschreibungskriterien“. In: Semper Attentus. Beiträge für Heinz Götze zum 8. August 1977. Springer Verlag, Berlin, Heidelberg, New York, 1977, S. 190–218.

3 Wenn diese These über das physiologisch aufgezwungene „seitenverkehrte“ Sehen der Linkshänder den Tatsachen entspräche (was selbst nach dem heutigen, immer noch relativ geringen Wissen über die Linkshändigkeit als viel zu vereinfacht abgelehnt werden muss), wären die Konsequenzen immens: Einem Linkshänder müsste die Wahrnehmung der Malerei eines rechtshändigen Künstlers, in der Art, wie dieser sie beabsichtigt hat, schon in den groben Zügen für immer verschlossen bleiben, ganz zu schweigen von den Details: Oder sollte es möglich sein, dieses angebliche „Manko“ durch seitenverkehrtes Betrachten aufzuheben?

Gaffron scheint sich unter der Blickbahn also einerseits einen an unser Zentralnervensystem und dessen Gesetze gebundenen Vorgang vorzustellen, der aber andererseits von außen durch traditionelle Sehgewohnheiten beeinflusst werden kann. Diese könnten auch auf die physiologischen Gegebenheiten über den Zeitraum von Generationen hinweg eine starke Wirkung ausüben. Daraus würden neue Fragen nach einer Entwicklung der Blickbahn entstehen und ihrer Bindung an zeitlich verschiedene Sehgewohnheiten. Es ist bis heute kaum möglich, diese These eindeutig zu verifizieren oder zu falsifizieren.

Mit dem Gehirnhemisphären-Modell (vgl. Fig. 10) stimmt Gaffrons Beobachtung, dass die linke Seite plastischer wahrgenommen wird und die rechte weniger räumlich, durchaus überein; denn, die Sehnerven, die das linke Sehfeld wahrnehmen, gelangen, wie oben ausgeführt, zum größten Teil in die rechte Hemisphäre. Auch Gaffrons Beobachtung, dass auf der rechten Bildseite mehr die Konturen wahrgenommen würden, kann mit der Eigenschaft der linken Hemisphäre, mehr auf Einzelheiten zu achten, erklärt werden. Bedenkenswert und neu ist ihre weitere Beobachtung einer größeren Farb- und Helligkeitsintensität im rechten Bildfeld, was meines Wissens in den Untersuchungen der Hemisphären nie berücksichtigt wurde[1].

Sehr eigentümlich ist aber in diesem Zusammenhang, dass gerade auf der (an sich flacher wahrgenommenen) rechten Seite die Blickbahn als in den Raum hineingehend wahrgenommen werden soll (die Blickbahn als unbewusster Prozess). Ist das ein auf Tradition beruhender Prozess (d. h. durch die traditionell üblichere Kompositionsrichtung – vielleicht im Zusammenhang mit dem Schriftverlauf – bedingt)? Hat sich so diese Blickbahn im Laufe der Zeit eingeschliffen, oder spielt dabei auch ein physiologisches Wahrnehmungsgesetz eine Rolle?

Vielleicht handelt es sich dann um eine Art physiologischer Kontrastwirkung: Die Künstler einerseits und die Betrachter andererseits versuchen, die an sich flacher wahrgenommene Seite durch eine größere Betonung des Raumes mit bildlichen Mitteln bzw. innerhalb ihrer Wahrnehmung zu kompensieren[2]?

Eine weitere Frage ist, warum sich der scheinbare Betrachterstandpunkt meist links vorne befinden soll?

1 Gaffron, 1962, S. 603.

2 Vgl. die ähnliche These, die Levy über das Korrigieren der Wahrnehmung bei einem Ungleichgewicht vorgeschlagen hat. Kapitel 2.3.

Bei allen Einschränkungen und offenen Fragen muss anerkannt werden, dass Gaffron – im Rahmen einer kunsthistorischen Untersuchung – als Erste deutlich auf physiologisch bedingte Gesetze der Wahrnehmung hingewiesen hat, die eine verschiedene Seitenwahrnehmung bedingen. Und man sollte würdigen, dass sie die Aufmerksamkeit auf die Händigkeit als Symptom für spezifische Gehirnstrukturen, die wesentlich für eine bestimmte Art der visuellen Wahrnehmung und Verarbeitung sind, gelenkt hat.

Was aber die Anwendung der Blickbahn, so wie sie sie versteht, auf die Druckgrafik betrifft (wovon noch ein folgendes Kapitel handelt), muss man leider eine gewisse Starrheit wie aufgrund von Indoktrination feststellen, welche auch bei verschiedenen Autoren heftigen Widerspruch hervorgerufen hat[1].

3.4 Die Kompositionsanalyse in Hinsicht auf Rechts und Links bei Kurt Badt

In seinem Buch „Modell und Maler von Jan Vermeer. Probleme der Interpretation“[2] befasst sich Kurt Badt mit der Interpretation der Bildstrukturen in der Malerei, dabei widmet er der rechten und linken Seite einige Aufmerksamkeit.

Badt sieht in der Ordnung des Bildaufbaus – abgesehen von dem Inhalt und der Thematik des Kunstwerks – einen wichtigen Zusammenhang mit der Erfahrung der Wirklichkeit des Lebens[3]. Und zwar leitet er die Struktur in der Malerei aus unserer Alltagserfahrung ab und meint, dass es wegen deren Allgemeinverbindlichkeit für alle Menschen zu einem Wechselverständnis zwischen bildender Kunst und dem Rezipienten kommt. „Im Vertrauen auf diese Tatbestände unserer Alltagserfahrung hat die europäische Malerei Entscheidungen getroffen, die für ihre Struktur wesentlich geworden sind“[4]. Diese Alltagserfahrung lässt den Menschen sich als stehend erfahren, mit den Füßen fest auf der Erde und nach oben zum Himmel gerichtet, welche nur durch die Überwindung der Schwere zu erreichen ist.

1 Rezension von Roosen-Runge, Heinz, „Mercedes Gaffron, Die Radierungen Rembrandts …“ In: Kunst Chronik, 4 (1951), S. 63–67. Boeck, Wilhelm, „Rechts und Links in Rembrandts Druckgrafik“. In: Wallraf-Richartz-Jahrbuch, XV (1953), S. 179–219. S. 179.
2 Eine Streitschrift gegen Hans Sedlmayr. DuMont, Köln, 1961.
3 Ebenda, S. 32.
4 Ebenda, S. 34.

Ein zweiter Einfluss, bestimmt durch unsere Umwelterfahrung, ist der Unterschied, den wir zwischen Links und Rechts machen: „Indem wir durch unsere Natur gezwungen sind, rechts und links verschieden tätig zu sein, sehen wir das Rechts und Links vor uns verschieden und werten es unterschiedlich“[1]. Dies wirkt sich im Gemälde bedeutungsvoll aus.

Badt spricht von einem physiologisch-psychologischen Einfluss („... aus Ursachen, die im asymmetrischen Bau des menschlichen Gehirns bedingt sein mögen“), der sich auf die europäische Malerei ausgewirkt hat (anders als z. B. in der chinesischen oder ägyptischen Malerei, die andere Bildformen kennen). Zu diesem in der von mir benutzten Terminologie als wahrnehmungspsychologisch bezeichneten Einfluss führt Badt noch den ikonographischen ein. Und zwar kommen den Seiten nicht nur *„mechanische Qualitäten“*, wie es die Begriffe leicht und schwer, gehemmt und ungehemmt, steigend und fallend anzeigen, sondern auch moralische Eigenschaften zu: „gut und schlecht, recht und unrecht, erwählt und verworfen“[2], also die bekannten moralischen Attribute, die in der abendländischen Tradition den beiden Seiten zugeschrieben werden.

Der europäische Maler hat sich der Auffassung von der moralischen Bevorzugung der rechten Seite und Hand angeschlossen. „Er hat sein Gemälde generell ins Rechts hinein entworfen. Da seine Rechte sich nach rechts freier, nach links gehemmter bewegt, beginnt der Maler, um die Grundtatsache der Freiheit für die Anschauung zu gewinnen, sein Bild im allgemeinen von links“[3].

In seiner Argumentation benutzt Badt einerseits Aussagen, die den technischen Prozess des Bildaufbaus („faktische Bildentstehung“) betreffen (die rechte Hand bewegt sich nach rechts freier), andererseits macht er eine moralische Aussage (das Schaffen nach rechts bringt Freiheit zur Darstellung). Dass er kompositionelle Eigenschaften mit Letzterem meint, geht aus folgendem Gedankenduktus hervor. Badt betont (in abgesetztem Druck), dass diese Gewohnheit eine beherrschende und erwartete Eigentümlichkeit der Bildkomposition sei, die zu einer *Norm* geworden sei, sodass „jede Abweichung ihre besondere Wirkung“ habe[4]. Und er unterstreicht, dass dies „nicht in Hinsicht auf den technischen Prozess der Bildherstellung, sondern in Bezug auf den inneren und äußerlich sichtbar gemachten Bildaufbau, die

---

1 Badt, 1961, S. 34 f.
2 Ebenda, S. 36.
3 Ebenda.
4 Ebenda, S. 37.

Komposition", gemeint sei („geistiger Zusammenhang")[1]. Das heißt aber auch, dass Badt hier in einer gewissen Weise die Bedeutung der physiologischen Konstitution des menschlichen Gehirns für die Seitengestaltung in der Malerei wieder zurücknimmt, zugunsten einer tradierten Norm der allgemeinen Bildkomposition.

Unter der „Komposition in die Freiheit" versteht Badt die häufig anzutreffende Bildstruktur in der europäischen Malerei, nämlich die Tendenz einer Gerichtetheit von links nach rechts und zugleich von unten nach oben und die dreiteilige Bildkomposition:

links unten ——► Kompositionsanfang

Bildmitte ——► Entwicklung des Themas

rechts (oben) ——► Schluss.

Die Methode der dreiteiligen Bildkomposition[2] ist nicht nur auf das Bildganze, sondern auch auf die einzelnen Bildteile anzuwenden (auch muss der Schluss nicht unbedingt rechts oben sein, er kann auch ins Bild zurückklingen).

Nach Kurt Badt gibt es zwei Arten der Ausnahme von der Regel der von links unten nach rechts oben orientierten Komposition:

1. die geistige Ausnahme und
2. die natürliche Ausnahme.

In der *Ausnahme geistiger Art* äußert sich eine bestimmte Weltdeutung des Künstlers oder eine spezielle Interpretation des Themas. „Bestimmte Bildthemen" erfordern „gerade nicht die Darstellung in die Freiheit, sondern das starre Stehen, das Vorherrschen des Gesetzes als etwas Festes über die Freiheit in der Gesetzmäßigkeit"[3].

Badt bezieht sich auf zentrale und bilateral-symmetrische Kompositionen, in denen der Aufbau hierarchisch ist und „den Repräsentationsformen der Wirklichkeit, dem Gottesdienst oder dem Hofzeremoniell" folgt[4]. Die zen-

---

1 Badt, 1961, S. 37.

2 Diese Figurenfolge in der Bildkomposition bezeichnet Hubala mit dem Begriff „Konfiguration", und er bezieht sich bei seiner Kompositionsanalyse von Rubensschen Gemälden ausdrücklich auf Kurt Badt. Erich Hubala, „Figurenfindung und Bildform bei Rubens". In: Rubens, Kunstgeschichtliche Beiträge. Herausgegeben von E. Hubala. Konstanz, 1979, S. 158–185. S. 171 f.

3 Badt, 1961, S. 68.

4 Ebenda.

trale Komposition kann auch textbedingt sein (Gott zwischen Gerechten und Ungerechten).

Nicht erst in der Gotik, sondern schon in irischen Miniaturen in St. Gallen und Salzburg (aus dem 8. Jh.) finden sich von links nach rechts orientierte Malereien, und Badt sieht „in der Überwindung der starren und schematischen Symmetrie der Repräsentation“ ein Wertmoment der Kunst[1]. Die Antithese ist also nicht die nach rechts gelenkte Komposition gegenüber der nach links gerichteten, sondern die nach rechts orientierte Komposition gegenüber der zentral-symmetrischen.

Die *natürliche Art der Ausnahme*, die nach links gerichtete Komposition, ist durch die angeborene physische Anlage des Künstlers zur Linkshändigkeit begründet. Zur Illustration analysiert Badt überzeugend mehrere Gemälde von Leonardo.

Zusammenfassung: Innerhalb seiner Kompositionsanalyse der europäischen Malerei stellt Badt die schon sehr früh in der Buchmalerei beginnende und immer häufiger auftretende formale Gerichtetheit nach der rechten Seite fest. Dieses „Schaffen nach rechts in die Freiheit“ steht für ihn als Antithese zur zentral-symmetrischen Komposition (welche sehr stark von der Bildthematik abhängig ist).

Es ist eigentümlich, dass Badt, trotz seiner stark auf traditionelle und symbolische Komponenten gegründeten Theorie, bei der außergewöhnlichen Kompositionsrichtung nach links außer der „geistigen“ Bedeutung zusätzlich auch eine physiologische, „natürliche“ Bedeutung einführt, nämlich die physiologisch bedingte Anlage zur Linkshändigkeit. Er setzt an diesem Punkt jedoch den Gedankengang nicht fort, sondern reduziert eher die (von Wölfflin schon erkannten) verschiedenen Stimmungswerte der Seiten, dahin gehend, dass die aus dem mechanischen Prozess herrührende Erleichterung, nach rechts zu schaffen, Norm geworden ist und weiter tradiert wurde[2]. Daher stellt sich für ihn auch nicht grundlegend die Frage nach der Anlage des Rezipienten und seinen Problemen bei der Wahrnehmung und Interpretation von Gemälden linkshändiger Künstler.

Es handelt sich bei Badts Theorie von der Kompositionsgerichtetheit einerseits um eine tradierte Norm des Kompositionsaufbaus, die aber auf der anderen Seite mit physiologischen Gegebenheiten in Verbindung steht

1 Badt, 1961, S. 69–70.
2 Ebenda, S. 36.

(also mit der kognitiven Wahrnehmungsbahn zu tun hat). Beim Versuch, diese beiden Ideen zu verbinden, stellen sich hauptsächlich Fragen nach dem Zusammenhang von Tradition und Anlage, m. a. W. nach den wahrnehmungspsychologischen Gebundenheiten der Rezipienten.

Badt hat sowohl Wölfflins Arbeiten zum Thema als auch diejenigen Gaffrons und anderer gekannt. In seinem Buch kommt es allerdings zu keiner tieferen Auseinandersetzung mit ihnen, was indes damit zu begründen ist, dass er sich dort hauptsächlich mit Sedlmayr auseinander setzte.

Neue Aspekte zur Seitigkeit treten bei ihm hinter eine ausführliche Kompositionsanalyse zurück. Besonders hervorzuheben sind seine sehr guten Beschreibungen der nach links gerichteten Kompositionen Leonardos.

3.5 Exkurs: Das Problem der Seitenumkehrung in der Druckgrafik

3.5.1 Einleitung

Die technisch bedingte Umkehrung bei der Druckgrafik haben verschiedene Kunstwissenschaftler zum Anlass genommen, die Seitenwirkung und -behandlung durch die Künstler zu untersuchen, und außerdem haben sie versucht – häufig mittels der Theorie von einer Blickbahn –, Aussagen darüber zu machen, welche Ansicht – Plattenbild oder Druck – der wahren Konzeption des Künstlers entspräche.

Man hoffte, dass, wenn man bei der Lösung dieses Teilproblems zu begründbaren Ergebnissen käme, man vielleicht sicherere Aussagen über Kompositionsgesetze und Wirkungen der Seitigkeit erhalten könnte.

Im Rahmen dieser Arbeit ist es natürlich kaum möglich, die verschiedenen Meinungen erschöpfend darzustellen oder gar näher zu untersuchen – das wäre ein eigenes Arbeitsthema. Da ich aber meine, dass der genannte Komplex nicht völlig übergangen werden darf, möchte ich nicht darauf verzichten, sehr gerafft über die verschiedenen Fragestellungen, methodischen Kriterien und Ergebnisse der Wissenschaftler zu referieren.

Zur Beurteilung, ob und wie weit die Umkehrung vom Künstler im Voraus kalkuliert wurde oder nicht, wurden hauptsächlich folgende Kriterien herangezogen (das Gewicht der Kriterien nimmt analog zur angeführten Reihenfolge zu):

1. *Formale Kriterien*
   - Buchstaben, Worte, Monogramme
   - Wappen
   - Händigkeit.

2. *Ikonographische Kriterien*
   - Einhaltung eines bestimmten ikonographischen Zusammenhangs (z. B. Maria rechts, Johannes links von Christus auf Kreuzigungsdarstellungen).

3. *Werkimmanente Kriterien*
   - Vergleich mit anderen (nicht für den Druck bestimmten) Zeichnungen und Gemälden mit gleicher oder sehr ähnlicher Thematik und Darstellung. (Dies bezieht sich auf die kompositionelle Anlage, ist aber noch keine eigentliche Kompositionsanalyse im Sinne des folgenden Punktes.)

4. *Kompositionelle Kriterien*
   - Vergleich mit der Kompositionsrichtung und -anlage mit anderen, nicht für den Druck bestimmten Werken.
   - Vergleich der üblichen Art der Behandlung des Lichteinfalls in der Druckgrafik und im übrigen Werk des Künstlers.
   - Untersuchung der für den Druck bestimmten Vorzeichnungen und Entwürfe hinsichtlich der Frage, ob sich der Künstler mit der Wirkung der Seitenverkehrung beschäftigt hat – ob z. B. im letzten Stadium, also auf der Druckplatte oder dem Druckstock, die Komposition noch hinsichtlich Richtung, Kompositionsanfang und -schluss entscheidend verändert wurde.

Es ist wichtig, die Originalgrafik (d. h. die Druckgrafik, zu der der Künstler selbst den Druckstock oder die Platte geschaffen hat und die Herstellung überwachte) von der Reproduktionsgrafik zu unterscheiden, mit welcher der Stecher unabhängig vom Künstler dessen Werk im Druck reproduziert. Denn bei Letzteren hat ein Beachten oder Nichtbeachten der originalen Seitenansicht eine ganz andere Wertigkeit, als wenn bei der Originaldruckgrafik seitenrichtige Zeichnungen nachzuweisen sind. Für einen reproduzierenden Stecher bedeutet die Reproduktion in der originalen Version einen Nachweis für sein Gefühl und Bewusstsein für die Seitenwirkung und dokumentiert zugleich den Willen, die Originalansicht aufrechtzuerhalten, was sicher einige Mühe bereitet und technisches Können voraussetzt.

Bei einem seine eigene Druckgrafik herstellenden Künstler muss man immer damit rechnen, dass er versuchte, die Seitenumkehrung mehr oder weniger einzubeziehen. Das Problem, das sich hier stellt, ist dieses Mehr-oder-Weniger zu beurteilen und den Grad seines Erfolgs.

Die Aufführung der Untersuchungen geschieht mehr oder weniger in chronologischer Reihenfolge.

3.5.2 Heinrich Wölfflin und Paul Oppé

Für Wölfflin sind die oben schon beschriebene Blickbahn und die verschiedenen Stimmungswerte, die er den Seiten zuschreibt, Voraussetzung für seine Untersuchung der Druckgrafik, und er bezieht Vorzeichnungen für den Druck in seine Beurteilung mit ein.

Für die Reproduktionsgrafik stellt er eine sehr uneinheitliche Lage fest; manche Stecher gaben sich viel Mühe mit der Beibehaltung der Seiten und ihrer Bedeutung (indem sie die Zeichnung im Gegensinn auf die Platte brachten), andere, z. B. Rubensstecher, haben die Sache sehr leicht genommen[1].

Rembrandt sei bei seinen selbst angefertigten Radierungen in seiner Jugend weniger richtungsempfindlich gewesen, habe aber später immer mehr Aufmerksamkeit auf die Seitenumkehrung gerichtet.

Bei der Frage nach dem Verhältnis von Zeichnung und Druck mit gleichem Thema und großen formalen Übereinstimmungen macht Wölfflin die etwas unpräzise Unterscheidung zwischen Vorzeichnung und Entwurf, und er kommt zu der Auffassung: je mehr in der Vorzeichnung auf Richtungswirkungen eingegangen wurde, desto weniger sei sie als selbstständiges Kunstwerk zu betrachten. Er wendet dann ein: „Was wir besitzen, sind aber meist Entwürfe, die, wenn auch deutlich auf Umkehrung berechnet, doch noch eine eigene Bildmäßigkeit festhalten. Das Entscheidende, Schlechthin-nicht-Umkehrbare scheint erst im letzten Stadium der Ausführung hinzugekommen zu sein“[2]. Das heißt, er schreibt sowohl der nach seiner Terminologie mit Entwurf titulierten Zeichnung als auch dem dazu seitenverkehrten Druck eine eigene künstlerische Bildmäßigkeit zu und meint, dass es die Absicht des Künstlers war, zumindest diese Richtungswirkung zu erwecken.

1 Gedanken zur Kunstgeschichte, S. 88. – Bemerkungen zur seitenverkehrten Wiedergabe Rubensscher Gemälde in der Reproduktionsgrafik und zu Rubens’ eigener Haltung bei der Anfertigung von Zeichnungen für die Druckumkehrung bei Glang-Süberkrüb, Annegret, „Peter Paul Rubens’ Buchtitelentwürfe für die Officina Plantiniana (1613–1640)“. In: Archiv für Geschichte des Buchwesens, XVIII (1977), Sp. 555–662. Besonders Sp. 578–582.

2 Gedanken zur Kunstgeschichte, S. 88.

Seine Seitenkriterien sind also – außer rein formalen – die durch die Blickbahn von links nach rechts festgesetzten Richtungswirkungen, die sich in der Konfrontation oder Abwendung der dargestellten Personen sowie aufwärts- oder abwärts gerichteter Gegenstände und Personen manifestieren.

Eine Umkehrung der Komposition findet auch bei Teppichkartons (d. h. bei den Entwürfen für Teppiche) statt. Obwohl es sich dabei um eine andere Technik und ein anderes Material als bei der Druckgrafik handelt, ist das eine mit der hier behandelten Fragestellung durchaus vergleichbare Problematik.

Ein sehr bekanntes Beispiel stellen die Kartons von Raffael dar, deren Kompositionsveränderungen zwischen Karton und der Umkehrung im Teppich von Wölfflin und Paul Oppé untersucht wurden.

Wölfflin stellt bei den sieben erhaltenen, im Victoria-and-Albert-Museum in London befindlichen Teppichkartons (Aquarellmalerei auf Papier) für fünf fest[1], dass sowohl die Händigkeit als auch die Kompositionsanordnung (Blickbahn) in den Teppichen die Raffaelsche Konzeption am besten wiedergeben würden und er erklärt: Die Komposition der Kartons hat in der Teppichumkehrung keine Einbuße erlitten, hier erst haben sie ihre eigentliche Form gewonnen, mit anderen Worten: man kann sie nicht *auch* so – in der vollzogenen Umkehrung – sehen, sondern man *muss* sie so sehen[2]. Bei den zwei weiteren Kartons (Die Blendung des Elymas, Das Opfer der Lystra) findet er weder eine überzeugende Händigkeitsumdrehung noch eine eindeutig für den Teppich entworfene Komposition.

Es stellt sich hier jedoch die Frage, ob ein Künstler, sogar vom Genie Raffaels, einen Entwurf machen kann, der seine künstlerischen Vorstellungen seitenverkehrt wiedergibt.

Die einfachen formalen Sachverhalte wie Händigkeit und Schrift stehen natürlich außer Frage, auch bestimmte Kompositionsanordungen, die ihm aus anderen Arbeiten schon geläufig waren, sind denkbar gegenseitig anzuordnen. Wie ist es aber mit Gesten, Kopfbewegungen und anderen, den Eindruck der Komposition stark beeinflussenden Momenten? Vorausgesetzt ist natürlich, dass der Künstler nicht schon Vorzeichnungen im Sinne der späteren Seitenkomposition machte. Bei der Kompositionsumkehrung handelt es sich ja nicht um einen Vorgang wie bei einer mathematischen Gleichung (in welcher es ziemlich unwichtig ist, wie die beiden Seiten aussehen, und in

1 Der wunderbare Fischzug, Die Schlüsselübergabe, Die Heilung des Lahmen, Der Tod des Ananias, Paulus predigt in Athen.
2 Gedanken zur Kunstgeschichte, S. 96.

der es lediglich darauf ankommt, dass der numerische Wert jeder Seite der gleiche ist), sondern um komplexe kompositionelle Eingriffe, die starke Veränderungen des gesamten Eindrucks mit sich bringen.

Wölfflins eindeutiger Entscheidung für die Teppiche wird durch Paul Oppé widersprochen. Dieser weist darauf hin, dass die meisten erhaltenen Vorzeichnungen in der Kompositionsrichtung der Kartons gehalten sind. Und Oppé folgert weiter, dass wenn (wie Wölfflin annahm) die Serie in Raffaels künstlerischer Vorstellung eindeutig im Sinne der Teppiche Gestalt angenommen hätte, die Teppiche wieder im Sinne der Vorzeichnungen gehalten worden wären[1]. Dieser Einwand ist keinesfalls zu übergehen, wenn man die Größe des Projekts und die Bedeutung des Aufhängungsortes bedenkt (Sixtinische Kapelle, Auftrag Leos X.). Man könnte bei einem solchen Auftrag den Aufwand, seitenverkehrte Zeichnungen herzustellen, umso mehr erwarten, als Raffael zunächst verwirrt über die Notwendigkeit der Seitenumkehrung gewesen sein soll[2]. So bemerkt auch Oppé, dass ihm schon sehr früh die Notwendigkeit der Umkehrung klar gewesen sein müsste, was man aus der Linkshändigkeit der Gebärden in Zeichnungen und Kartons feststellen kann; dies habe auch in einem gewissen Ausmaß die Zusammenstellung der Personen beeinflusst.

Oppé ist der Ansicht, dass keine eindeutige Entscheidung, weder für die Teppiche noch für die Kartons, möglich sei; zu dieser seiner Unschlüssigkeit in der Beantwortung der anstehenden Frage trägt nicht zuletzt auch der mangelhafte Erhaltungszustand der Teppiche bei, auf der anderen Seite aber auch die Tatsache, dass bestimmte kompositionelle Probleme in den Kartons besser gelöst worden seien, die bei der Umkehrung verloren gingen: „...both in the general direction of the composition and in important features, either the cartoons lack something because certain elements in them were fashioned or placed with reversal in view, or the tapestries suffer because reversal has distorted features which are proper only to the cartoons“[3].

Oppés Beurteilungskriterien sind Händigkeit, Stellung der Personen, Kompositionsrichtung (in Anlehnung an die Wölfflinsche Blickbahn) und Berücksichtigung der beabsichtigten Teppichaufhängung. Um zu entscheiden, ob

1 Oppé, Paul, „Right and left in Raphael's cartoons“. In: Journal of the Warburg and Courtauld Institutes, 7 (1944), S. 82–94. S. 92.

2 Kelber, Wilhelm, Raphael von Urbino. Verlag Urachhaus, Stuttgart, 1979, S. 473.

3 Oppé, S. 93.

seine Kompositionsanalyse eingehender und überzeugender in ihren Ergebnissen ist als die von Wölfflin, wäre, wie die obige Ausführung gezeigt hat, eine sehr genaue Untersuchung nötig.

In einer umfangreichen Veröffentlichung über Raffael (1979) spricht sich Kelber für den sinnvolleren Zusammenhang der Darstellung in den Teppichen und damit gegen die Kartons aus. Sowohl der landschaftliche Hintergrund als auch das dargestellte Bodenniveau würden in den Teppichen harmonieren und z. T. in der Teppichfolge fortgesetzt werden[1]. Er bezieht sich dabei auf den Aufhängungsvorschlag von John White und John Shearman als überzeugendste Lösung[2].

Für diese Hängung spricht meiner Ansicht nach auch der in den Teppichen dargestellte Lichteinfall und die Richtung, in die die Schatten fallen. Dazu muss noch bemerkt werden, dass damals noch die beiden Fenster in der Altarwand offen waren, die danach für Michelangelos Jüngstes Gericht zugemauert wurden. Die Schatten in dieser Aufhängungsordnung der Teppiche fallen entsprechend dem Lichteinfall durch diese beiden Fenster. Dies ist ein weiterer Hinweis darauf, wie stark Raffael auch die formalen Aspekte der Aufhängung für die Fassung der Teppiche eingeplant hat.

Alle diese noch offenen Fragen lassen sich vermutlich auch bei einer ausführlicheren Untersuchung, als sie hier möglich ist, nicht endgültig klären. Doch ist sehr deutlich geworden, dass selbst bei einer nachweisbaren Berücksichtigung der Umkehrung durch den Künstler, auch die Wölfflinsche Blickbahn keine Zauberformel ist, die uns den Grad der Fähigkeit und des Willens des Künstlers, die Umkehrung einzubeziehen, angibt. Und immer deutlicher stellt sich die Frage danach, wie weit überhaupt eine Umkehrung ohne Zuhilfenahme einer genau seitenverkehrten Vorzeichnung vom Künstler einberechnet werden kann.

3.5.3 Die Lichtführung als Kriterium bei Eduard Flechsig

Darin, dass häufig in Gemälden und Zeichnungen des 15. Jahrhunderts das Licht von links kommt und die Schatten nach rechts fallen, sieht Eduard Flechsig einen Zusammenhang mit der Gewohnheit jedes rechtshändigen Künstlers, entsprechend der Schreibrichtung auch von links nach rechts zu

1 Kelber, S. 475.
2 „Raphael's tapestries and their cartoons". In: The Art Bulletin, 40 (1958), S. 193–221, S. 299–323.

zeichnen[1]. Ein anderer Lichteinfall kann oft durch ein Fenster oder eine Tür im Gemälde begründet sein oder mit dem natürlichen Lichteinfall am Aufstellungsort zusammenhängen, z. B. im Falle eines Altars im rechten Seitenschiff einer Kirche.

Dieser Lichteinfall von links wurde zu einem allgemeinen Brauch, der, so meint Flechsig, nicht aus künstlerischen Gefühlen stammt. Seine Herleitung erinnert an die arbeitstechnische Erklärung für die Kompositionsrichtung von links nach rechts bei Faistauer.

Dieser Lichteinfall wird aus technisch bedingten Gründen in der Druckgrafik umgekehrt, sodass das Licht von rechts kommt, und Flechsig meint, dass dies vielen Künstlern als ein Fehler aufgefallen sei und sie den Lichteinfall dahin gehend korrigiert hätten, dass das Licht im Druck auch von links kommt. Dies sei eine Sache des Gefühls des Künstlers gewesen und seines Willens, in dem Druckstock den ungewohnten Lichteinfall zu realisieren. Daraus leitet Flechsig eine Regel für die kunstwissenschaftliche Praxis ab: „*... ein Stich mit Lichtführung von rechts gehört in der Regel der ersten Schaffenszeit eines Stechers an, ein Stich mit der Lichtführung von links einer späteren Schaffenszeit*“[2].

Natürlich ist das kein unumstößliches festes Gesetz, z. B. können Künstler, die ihr grafisches Schaffen längere Zeit unterbrochen haben, diese schon praktizierte technische Veränderung vergessen oder als lästig empfunden haben und erst allmählich wieder zu ihr zurückgekehrt sein. Bei einer starren Anwendung dieser Regel würde es dadurch natürlich zu einer falschen Datierung kommen.

Andererseits könnte die außergewöhnliche Lichtführung von rechts, wenn sie sich in einer Zeichnung innerhalb eines Künstlerœuvres mit Licht von links findet, ebendiese als Vorzeichnung für einen Druck ausweisen.

---

1 „Die Lichtführung. Ein nicht beachtetes Hilfsmittel der Forschung“. In: Zeitschrift für Kunstgeschichte, 8 (1939), S. 41–51. – Schon 1928 und 1931 hat Flechsig in seinem Werk über Dürer auf die Lichtführung hingewiesen. In diesem ein Jahrzehnt später erschienenen Aufsatz hat er Wölfflins Arbeiten über die Seitigkeit nicht verarbeitet, obwohl es von der Thematik her zu erwarten gewesen wäre.
Zu der Lichtrichtung schreibt auch Gombrich, Ernst H., in „Kunst und Illusion. Zur Psychologie der bildlichen Darstellung. Eine Studie über die Psychologie von Abbild und Wirklichkeit in der Kunst“ (Belser Verlag, Stuttgart, Zürich, 1978, S. 297) Folgendes: „Die Psychologen haben festgestellt, dass wir Menschen aus dem westlichen Kulturkreis automatisch annehmen, das Licht komme von links oben, solange keine gegenteiligen Anhaltspunkte vorhanden sind.“ Seine Begründung dafür ist auch das Schreiben und Malen mit der rechten Hand.

2 Flechsig, S. 43.

Es ist sehr schwer zu entscheiden, ob es sich bei dem Lichteinfall mehr um ein technisches Problem und um eine Gewohnheit handelt oder ob damit in die spezifische Wirkung der gesamten Komposition eingegriffen wird, denn auch die Schatten können manchmal eine eindeutige Beeinflussung der kompositionellen Richtungen hervorrufen.

3.5.4 Mercedes Gaffron und ihre Thesen zu Rembrandts Druckgrafik

Mercedes Gaffron empfindet, wenn sie Rembrandts Radierungen nicht nur auf ihre Schwarz-Weiß-Wirkung, sondern auch auf ihren gegenständlichen Inhalt hin betrachtet, Mängel und Unklarheiten in der Darstellung, wie sie bei seinen Gemälden und Zeichnungen niemals vorkämen[1]. Und da es nicht anzunehmen sei, dass er mit der Radiernadel weniger gut darzustellen vermochte als mit Pinsel und Feder, „kann die Erklärung nur darin liegen, dass die mit dem Druck verbundene Seitenverkehrung der Plattenzeichnung die Fehlerquelle bildet“[2].

Das vom Gefühl her begründete Urteil von Kunsthistorikern (einschließlich Wölfflins) über die Seitigkeit in Gemälden gilt ihr nicht viel. Sie meint bei „naiven“ rechtshändigen Betrachtern ein starkes Richtungsgefühl gefunden zu haben, die daher auch meist das Plattenbild dem Druck vorgezogen hätten, weil dieses klarer und deutlicher sei.

Gaffrons Hauptkriterien sind die Blickbahn und die unterschiedlichen Wirkungen der Seiten, die mit dem neurophysiologischen Bau des menschlichen Gehirns zusammenhängen. Außerdem achtet sie sehr auf Interaktionen der dargestellten Personen und die aus ihnen resultierenden kompositionellen Richtungswirkungen. Daher kommt sie oft zu anderen Ergebnissen bei der Beurteilung der Druckgrafik als Wölfflin; denn sie legt gewissermaßen einen verfeinerten Maßstab an.

Anders als Wölfflin ist sie der Meinung, dass Dürer in dem frühen Kupferstich des Hieronymus und in dem Holzschnitt des Marientods die Umkehrung im Druck nicht entscheidend einberechnet habe. Dürer erleichtert zwar im Druck den Eintritt des Blickes ins Bild von links (welcher bei der einfach seitenverkehrten Wiedergabe der – noch vorhandenen – Vorzeichnung ziemlich versperrt gewesen wäre), aber er nahm keine entscheidende Veränderung der Personengruppierung vor. Für Wölfflin hatten die links eingefügten

1 Gaffron, Die Radierungen Rembrandts, S. 10.
2 Ebenda.

Vorhänge in beiden Grafiken genügt, um den Druck zu begünstigen. In späteren Druckgrafiken allerdings hat Dürer auch nach Gaffrons Beurteilungskriterien die Seitenverkehrung eindeutig berücksichtigt[1].

Schließlich stellt Gaffron die Frage: „Kann ein Künstler überhaupt eine Zeichnung machen, die seine künstlerische Vorstellung seitenverkehrt wiedergibt?"[2]

Sie beantwortet sie selber ziemlich negativ anhand von Raffaels Teppichkartons. Raffael habe bewusst die Seitenverkehrung in den Entwürfen berücksichtigt, er habe aber nur einige lineare Auswirkungen dieses Gesetzes getroffen (wie z. B. die ansteigende Bergkette in der Schlüsselübergabe). *„Das beweist, dass bei auch nur einigermaßen komplizierten Darstellungen, eine willkürliche Umstellung unseres Sehens auf eine Seitenverkehrung nicht möglich ist"*[3].

Raffael habe die Blickwanderung bei der Komposition seiner Bilder genutzt. Rembrandt hingegen habe völlig unreflexiv-instinktiv komponiert[4], zwar im Sinne des räumlichen Sehgesetzes, aber ihm seien Kompositionsgesetze nicht so bewusst wie Raffael gewesen[5]. So habe er mit einer Ausnahme niemals größere lineare oder die Raumordnung beeinflussende Veränderungen in der Komposition bei Plattenkorrekturen vorgenommen.

Gaffron kommt zu folgendem Ergebnis: „Die vorhandenen Vorzeichnungen zu Rembrandts Radierungen sind also unbedingt als Entwürfe im Sinne seiner künstlerischen Absicht anzusehen. Die wirkliche Durchführung dieser Absicht – mit offensichtlicher Freude an den malerischen Möglichkeiten der Radierung – finden wir nur in den Plattenbildern, also in einer spiegelbildlichen Wiedergabe der bekannten Drucke"[6].

Sehr scharf wird Gaffron in einer Rezension von Heinz Roosen-Runge widersprochen[7]. Er kritisiert, dass sie in ihre Analyse von Rembrandts Radierungen nicht dessen Zeichnungen und Gemälde mit einbezieht und das reiche Material der Forschung über Rembrandt nicht berücksichtigt; außerdem wirft er ihr vor, die geschichtliche Gültigkeit ihrer Ergebnisse über Rembrandts Kompositionen nicht zu überprüfen, und bezweifelt die Beweiskraft ihrer Tests mit

1 Gaffron, Die Radierungen Rembrandts, S. 28.
2 Ebenda, S. 29.
3 Ebenda, S. 30. Eigene Hervorhebung.
4 Ebenda, S. 29–30.
5 Ebenda, S. 32.
6 Ebenda.
7 In: Kunst Chronik, 4 (1951), S. 63–67.

‚naiven' Betrachtern des 20. Jahrhunderts, denn es habe ein Wandel der Sehgewohnheiten stattgefunden. Damit mag er in seinem Sinne Recht haben, aber die Sehgewohnheiten, die er meint, treffen auf Gaffrons Blickwanderung meiner Ansicht nach nur bedingt zu. Gaffron meint hier nicht Sehgewohnheiten, die von diversen äußeren Umständen – wie die geschichtliche Situation, Zeit- und Lokalstil, Mode und individuelle Gegebenheiten – abhängen, sondern eine visuelle Wahrnehmung, die stark von neurophysiologischen Gesetzen beeinflusst wird. Allerdings setzt sie voraus, dass diese Sehgesetze nicht einer Änderung wie die anderen Sehgewohnheiten unterworfen sind und daher unsere Wahrnehmung in dieser Hinsicht mit der eines Rembrandts vergleichbar ist.

Was mich etwas irritiert, ist eine gewisse Starrheit, mit der Gaffron auf einen Eintritt des Blickes von links ins Bild und auf eine Kompositionsrichtung von links nach rechts (möglichst noch nach hinten) insistiert. Denn gerade der Effekt einer dazu entgegengesetzten Richtung kann sehr reizvoll und spannungsgeladen sein.

Auch möchte ich Roosen-Runge zustimmen, dass gerade in dieser technisch bedingten Umkehrung ein Reiz für den Künstler liegt, dessen er sich bewusst ist. Wahrscheinlich ist bei der Kompositionsuntersuchung die Druckgrafik nicht ohne weiteres mit Zeichnungen und Gemälden des Künstlers zu vergleichen, wenn man eine Entscheidung über die beabsichtigte Ansicht im Druck oder auf der Platte fällen will und Richtiges oder Falsches bzw. Intendiertes oder Nichtbeabsichtigtes bestimmen will (worauf es ja in den meisten Arbeiten hinausläuft). Vermutlich *ist die Druckgrafik künstlerisch etwas anderes als Zeichnungen und Gemälde – eben durch das Bewusstsein der Umkehrung beim Künstler*. Und wenn man hinter das Geheimnis der unterschiedlichen Seitenwahrnehmung und der wahrnehmungspsychologischen Bedeutung der verschieden gerichteten Diagonalen kommen will, darf man beide nicht einfach vergleichen.

Dazu kommt noch ein weiterer Aspekt, den weder Gaffron noch andere Autoren erwähnt haben. Es war durchaus üblich, mit dem Spiegel zu arbeiten, und es gab spezielle Radierspiegelkästen, mit denen der Künstler entweder das Bild, welches er im Spiegel sah, auf die Platte brachte oder die Komposition, wie sie endgültig im Druck erscheinen würde, überprüfen konnte. Vielleicht ist es bezeichnend, dass nie auf dieses technische Hilfsmittel hingewiesen wird, denn es kompliziert die an sich schon sehr schwierige Diskussionslage noch weiter und macht eine Entscheidung für das Druck- oder Plattenbild, wenn man gewissenhaft urteilt, unmöglich.

3.5.5 Wilhelm Boeck zu Rembrandts Druckgrafik

Auch Wilhelm Boeck beschäftigt die Frage, „ob Rembrandts Radierungen die künstlerische Konzeption des Meisters richtig, oder infolge der technischen Umkehrung des Druckverfahrens seitenverkehrt, darbieten“[1].

Unabhängig von Gaffrons Untersuchung kommt er zu ganz entgegengesetzten Ergebnissen. Er stimmt zwar einigen allgemeinen Erkenntnissen Gaffrons zu, schließt sich aber in Einzelheiten der Kritik Roosen-Runges an.

Auch Boeck setzt, wie z. B. Faistauer und Schmarsow, eine „Sehgewöhnung“ voraus, „im Bilde Dargestelltes von links nach rechts entsprechend der Schreib- und Lesebewegung ‚abzulesen‘“[2]. Doch will er sich nicht mit der psychophysischen Grundlage, von welcher diese Forscher ausgehen, auseinander setzen.

Er untersucht die Komposition nach dem Gesichtspunkt einer Links-Rechts-Ordnung und stimmt daher auch der Beobachtung zu, dass eine Diagonale von links unten nach rechts oben scheinbar ansteigt und die umgekehrte von links oben nach rechts unten fällt[3]. Eine *Gegendiagonale* (aufgrund von inhaltlichen Anordnungen z. B. von rechts unten nach links oben) oder allgemeiner eine *Gegenrichtung* von rechts nach links (eine Bewegung „gegen den Strich“[4]) sei im Sinne der barocken Gestaltung „wirkungsvoller als *mit* der Bewegung des Betrachters“[5].

Außerdem stellt Boeck fest, dass Rembrandt häufig die „Linksrechtsbewegung im linearen Sinne zugleich mit einer räumlichen Bewegung in die Tiefe verknüpft“[6]. Dies stellt, auf das Wesentliche reduziert, seine kompositionsanalytische Beurteilungsgrundlage dar.

Boecks Untersuchung ist sehr breit gefächert. Zunächst vergleicht er Gemäldekompositionen Rembrandts mit ihrer spiegelbildlichen Ansicht. Er beachtet die Beleuchtungsrichtung und speziell in den Drucken die Händigkeit. Er zieht Handzeichnungen und Gemälde zum Vergleich mit den Drucken heran und untersucht die übliche Kopfwendung bei Porträts. Auch Landschafts- und Stadtansichten vergleicht er, wenn möglich, mit dem realen Motiv.

---

1 „Rechts und Links in Rembrandts Druckgrafik.“ In: Wallraf-Richartz-Jahrbuch. XV (1953), S. 179–219. S. 179.

2 Boeck, S. 181.

3 Ebenda, zum Beispiel auf S. 185.

4 Ebenda, S. 206. Formulierung übernommen von Wölfflin.

5 Ebenda, S. 204 und S. 206.

6 Ebenda, S. 188.

Es kann hier nicht im Einzelnen auf den Gang seiner Untersuchung und auf die Zwischenergebnisse eingegangen werden. Seine wichtigste Schlussfolgerung aber ist, dass Rembrandt, „mindestens seit seiner Übersiedlung von Leiden nach Amsterdam (1631/32), die technisch bedingte Seitenverkehrung des Druckes in die künstlerische Rechnung einbezogen hat. Seine Radierungen geben die ursprüngliche Konzeption im allgemeinen unverfälscht wieder“[1].

Man kann sich hier wieder die Frage stellen, bis zu welchem Grad Rembrandt seine Konzeption umgekehrt auf die Platte bringen konnte und welche Elemente der Komposition das betrifft. Boeck traut Rembrandt ohne weiteres die Fähigkeit zu, vor dem Objekt sein Blatt im gegenseitigen Sinn zu komponieren. Seltsamerweise sind aber gerade Landschaftsradierungen, die nachweislich mit seitenverkehrtem realem Motiv im Druck wiedergegeben sind, für Boeck kein Grund zum Zweifel. Er muss zwar das spiegelbildlich dargestellte Stadtpanorama zugeben, behauptet aber, dass die „Komposition der Blätter, so wie sie gedruckt sind“, den Absichten des Künstlers entsprächen[2]. Diese Absichten Rembrandts betreffen nach Boeck das Arrangement des Vordergrundes und des Panoramas der Stadt sowie seine Staffagefiguren. Warum aber Rembrandt, wenn er angeblich seitenverkehrt komponieren konnte, nicht auch das Stadtpanorama im Druck dem realen Motiv entsprechend wiedergegeben hat, bleibt dann unverständlich.

Auch die Beleuchtungsrichtung hat Rembrandt in den Drucken ziemlich durchgehend (von rechts) – umgekehrt wie in seinen Gemälden und Zeichnungen (von links) – gegeben.

Ich denke, dass Boeck den von ihm eingeführten Begriff der „Gegenrichtung“, die einen besonderen kompositionellen Reiz haben soll (dem stimme ich im Allgemeinen zu), häufig dahin gehend benutzt, eventuelle Ungereimtheiten und unangenehm große Spannungen in den Drucken als speziell barockes Kompositionselement zu erklären. Er scheint den Begriff häufig quasi als einen Sicherheitsfaktor zu verwenden, um seine These von der wahren Bildidee im Druck – auch wenn vieles dagegen spricht – begründen zu können. Das wäre mithin ein Punkt, der noch genauer untersucht werden müsste.

---

1 Boeck, S. 218.
2 Ebenda, S. 187 f.

3.5.6 Karl Arndt zur Druckumkehrung in Dürers Apokalypse

Für eine allzu vorsichtig abwägende Erörterung halte ich das Kapitel über Dürers Apokalypse und das Problem der Druckumkehrung in Arndts Dissertation[1]. Er kommt zu keiner definitiven Aussage und zu keinem Ergebnis über die richtige Ansichtsweise und konnte sich weder allein für die Druckumkehrung noch für den Druck entscheiden.

Er stellte fest, dass Buchstaben, Worte, Monogramme für den Druck berechnet waren und dass „auch bestimmte ikonographische Züge im Hinblick auf die Seitenverkehrung durch den Druck konzipiert wurden“[2]. Auch die Komposition im Ganzen konnte der Seitenberechnung unterliegen, wenn ein ikonographischer Kanon es erforderte. Andererseits fand er aber auch Gestaltzüge, die nachweislich nicht für den Druck berechnet wurden.

Arndt neigt mehr dazu, der Druckumkehrung den Vorzug für den beabsichtigten künstlerischen Gedanken zu geben. Folgende Gründe machen ihn äußerst skeptisch hinsichtlich der Möglichkeit, zu einer endgültigen Entscheidung zu kommen:

1. die Voreingenommenheit durch langjährige Kenntnis des Druckbildes,
2. der Mangel an Tafelbildern bei Dürer, die mit der Grafik vergleichbar vielfigurig und erzählend sind,
3. dass man in der Grafik immer annehmen muss, dass für die Umkehrung Berechnetes und Nichtberechnetes vorkommt,
4. dass bei festgestellten Unterschieden Probleme mit der Bewertung auftreten. Es könnte selten eine deutliche Entscheidung für „falsch“ oder „richtig“ in der Komposition gefällt werden.

3.5.7 Zusammenfassung der Thesen

Die Diskussion über die Seitenumkehrung im Druck ist meines Wissens mittlerweile auf dem kunstwissenschaftlichen Feld abgeebbt, ohne dass man zu einer plausiblen, überzeugenden Einigung gekommen wäre. Verschiedenste Argumente, Kriterien und Methoden sind herangezogen worden, doch stehen nach wie vor die Verfechter der Auffassung, dass die künstlerisch ansprechendere Form im Plattenbild zu finden sei, denen

1 Arndt, Karl, Dürers Apokalypse. Versuche zur Interpretation. Diss., Göttigen 1956, S. 273 ff.
2 Ebenda, S. 280–81.

gegenüber, die im Gegensatz dazu die Komposition des Druckes favorisieren[1].

Es lässt sich – meiner Meinung nach, trotz mancher entgegengesetzter Ansichten – kaum sicher nachweisen, bis zu welchem Grad ein Künstler beabsichtigt hat, die technische Umkehrung einzubeziehen – bewusst oder unbewusst. Doch selbst wenn man positiv weiß, dass der Künstler die Umkehrung berücksichtigte, ist es sehr schwer zu beurteilen, wie weit ihm dies auch tatsächlich gelungen ist.

Dazu kommt noch, was zur Untersuchung von Gaffrons Arbeiten schon gesagt wurde, nämlich dass in dieser technischen Umkehrung für viele Künstler ein besonderer Reiz gelegen haben mag, eine Experimentiermöglichkeit, vielleicht auch hinsichtlich Gemäldekonzeptionen. Wahrscheinlich ist es unmöglich, bei Einzelheiten, die für die Frage der Seitenwirkung erst interessant würden, Berechnetes und Unberechnetes zu trennen. Außerdem könnte es auch möglich sein, dass oft, bedingt durch die technischen Vorüberlegungen, sowohl der Druck als auch das Bild des Druckstocks bzw. der Platte richtungsmäßig gefallen könnten, weil beide vorher in die Überlegung des Künstlers einbezogen wurden, während Gemälde und Handzeichnungen (die nicht als Druckvorzeichnung gemacht wurden) nur für die eine Seitenordnung konzipiert waren und daher bei einer Umkehrung sehr störungsempfindlich sind.

Dieses auf den ersten Blick als so ausgezeichnet anmutende Untersuchungsgebiet der visuellen Wirkung der rechten und linken Seite stellt sich bald als viel problematischer heraus, als man erwarten möchte. Denn die Untersuchung scheitert meist schon bei der Frage nach dem für die Umkehrung Berechneten und Nichtberechneten. Es zeigt sich dabei auch deutlich die Labilität des „Sehgesetzes“ der Blickwanderung, wenn man es auf die Druckgrafik anwendet. Und von den erhofften neuen Aussagen über die Seitigkeit wird auch bei einer ausführlicheren Darstellung und Untersuchung nicht viel zu erwarten sein.

1 In einem gewissen Sinn hat sich eine Fortsetzung hauptsächlich in amerikanischen Untersuchungen angebahnt, allerdings wird da weniger die Umkehrung in der Druckgrafik als die in Gemälden untersucht.

3.6 Experimentelle Untersuchungen

Die Problematik der Seitenwahrnehmung und Blickbahn ist in zunehmendem Maße Gegenstand experimenteller Studien geworden, in welchen mittels spezieller Versuchsanordnungen die Hypothesen einer Blickbahn, der unterschiedlichen Seitenwirkung und eines fiktiven Betrachterstandpunkts (vorne links) untersucht wurden.

Man könnte nach dem Sinn fragen, solche Untersuchungen hier noch anzuführen, da doch an eine detaillierte Analyse überhaupt nicht zu denken ist. Außerdem ist bekannt, dass manche Veröffentlichungen unter Publikationszwang geschaffen wurden und man daher ihre Ergebnisse nur sehr vorsichtig heranziehen sollte. Da aber die Untersuchungen in der kunstwissenschaftlichen Diskussion von Wölfflin und Gaffron ihren Ausgangspunkt haben – also eindeutig aus der Kunstwissenschaft hervorgehen –, möchte ich einige exemplarische Studien in der gebotenen Kürze vorstellen[1].

Paul Swartz hat von 1970 bis 1976 mit verschiedenen Mitarbeitern eine vierteilige Serie über die seitliche Organisation in Gemälden und die ästhetische Bevorzugung durchgeführt[2]. Swartz konnte nicht signifikant bestätigen, dass Versuchspersonen (Vpn.) die Originalansicht von der Spiegelbildansicht herausfinden konnten, wenn sie das Bild nicht schon zuvor kannten. Analog zur Vorstellung von Wölfflin und anderen Autoren zeigten sich folgende seitliche Eigenschaften der Bilder als besonders einflussreich auf die Beurteilung:

1. Muster der Beleuchtung
2. Profilorientierung
3. Händigkeitskriterien
4. Quadratverteilung der wichtigen Gegenstände
5. kompositionelle Erleichterung für den Blick, in den Bildraum einzutreten.

---

1 Ein Überblick über weitere experimentelle Literatur lässt sich aus den Literaturverzeichnissen der angeführten Arbeiten entnehmen.

2 Swartz, Paul, David Hewitt, „Lateral organization in pictures and aesthetic preference". In: Perceptual and Motor Skills 30, (1970), S. 991–1007.
Swartz, Paul, Shirley Swartz, „Lateral organization in pictures and aesthetic preference: II. A predictive study". In: Perceptual and Motor Skills, 33 (1971), S. 319–324.
Swartz, Paul, Shirley Swartz, Donna di Carlo, „Lateral organization in pictures and aesthetic preference: III. A search for additional predictor variables". In: Perceptual and Motor Skills, 38 (1974), S. 867–874.
Swartz, Paul, Shirley Swartz, „Lateral organization in pictures and aesthetic preference: IV. Construction with original vs mirror-image elements". In: Perceptual and Motor Skills, 42 (1976), S. 1023–1027.

In der dritten Studie sollten die Vpn. aus den einzelnen Bestandteilen eines Gemäldes ihre eigene bevorzugte Komposition zusammensetzen; dazu waren transparente Blätter vorbereitet worden mit jeweils einem Motiv, die, übereinander gelegt, das vollständige Gemälde zeigten. Die Autoren kamen zu folgenden Ergebnissen:

1. Die normale Wirkung, die das Gefallen einer Ansicht fördert und die durch die Masse in dem unteren linken Viertel entsteht, kann umgedreht werden, wenn der Gegenstand unter einem gewissen Niveau des Hervortretens dargestellt wird.
2. Für einige Vpn. hing der ästhetische Wert sehr davon ab, ob der Blick links leicht in den „Bildraum eintreten" konnte. Die Art der Verteilung der Hauptmassen im Gemälde trat für sie dahinter zurück.
3. Linien und Konturen, die mit der Blickbahn konsistent sind, erleichtern es, in den Bildraum einzutreten, daher fördern sie das Gefallen einer Ansicht.

In der letzten Untersuchung, die auf einer ähnlichen Versuchsanordnung wie 1974 basierte, stellten die Autoren als Ergebnis fest, dass es in jedem Bild eine Strukturstandhaftigkeit gab, die unabhängig von der seitlichen Organisation sei; außerdem erwiesen sich Spiegelbilddarstellungen gegenüber der Fragmentierung empfindlicher als die Originalansichten.

Auch nach der Untersuchung von Patricia Blount u. a. waren die untersuchten Personen (100 Vpn.) nur für jene Gemälde fähig, zwischen Original- und Spiegelansicht zu unterscheiden, bei denen sie sich ziemlich sicher waren, sie schon einmal gesehen zu haben[1]. Die Autoren halten die Ansichten von Wölfflin und anderen durch ihre eigenen Ergebnisse nicht für falsifiziert und lassen die Möglichkeit offen, dass Vpn. mit einer gesteigerten ästhetischen Sensitivität fähig sein könnten, die Originalansicht herauszufinden. Aber von einer eigenen weiteren (nicht veröffentlichten) Studie berichten sie, dass auch Kunststudenten nicht erfolgreicher als andere Studenten waren.

Anscheinend lassen sich mit dieser Versuchsanordnung keine gesicherten Ergebnisse erzielen. Wahrscheinlich sind die Fragen zu grob und undifferenziert, und sicher stehen die Vpn. auch vor dem schwierigen Problem, wie sie eine als „Gegendiagonale" empfundene Richtung beurteilen sollen, als Faktor der Spannung oder als ästhetisch weniger gefallend.

Kunststudenten werden für Richtungswirkungen zwar sicher sensibler sein, aber gleichzeitig auch empfänglicher für den ästhetischen Ausdruck von

1 Blount, Patricia, Janet Holmes, Jill Rodger, „On the ability to discriminate original from mirror-image reproductions of works of art". In: Perception, 4 (1975), S. 385–389.

Spannungen durch eine „Gegenrichtung", und für sie wird vermutlich schon die Frage nach der Version, der sie den Vorzug geben würden, erst in verschiedene spezifiziertere Fragen aufzuteilen sein.

So haben sich Gemälde immer mehr als ein sehr unzuverlässiges Versuchsmaterial aufgrund der zu vielseitigen Darstellung und des kaum kontrollierbaren Bekanntheitsgrades herausgestellt. Daher bedient sich die Forschung entweder sehr ausgesuchter Gemälde, in denen möglichst nur eine Richtung zum Tragen kommt, oder gesondert hergestellter Fotos oder Zeichnungen, mit denen differenziertere Einzeluntersuchungen leichter durchzuführen sind.

Als Letztes sei hier noch die Untersuchung von Freimuth und Wapner erwähnt[1]. Die Autoren wählten ihr Versuchsmaterial sehr bedachtsam aus, sie berücksichtigten besonders die Stellung der Hauptperson und die Kompositionsrichtung, und sie achteten darauf, dass möglichst nur eine dominante Richtung auftrat. Außerdem unterschieden sie zwischen einer fünf und einer zwanzig Sekunden langen Darstellungszeit. Sie fanden, und dies stimmt mit anderen Untersuchungsergebnissen überein, dass die Vpn. eher von links nach rechts gerichtete Kompositionen bevorzugten als von rechts nach links gerichtete. Im Gegensatz zu anderen Studien wurde in dieser Arbeit die Reihenfolge der Figuren vor der Stellung der Hauptperson in Gemälden bevorzugt. Die ausgesuchten Gemälde zeigten sowohl eine asymmetrisch gestellte Hauptperson als auch eine dominante Richtung in der Reihenfolge der Figuren.

Die Autoren bezweifeln stark, dass die originale, vom Künstler geschaffene Ansicht immer auch diejenige sei, die am meisten gefalle.

Schließlich fanden sie, dass asymmetrische formale Faktoren bei einer kurzen Wahrnehmung vorherrschend wirksam werden und erst mit der Zeit begriffliche Faktoren (z. B. semantische Analyse, Beziehung zwischen den Personen) in den Vordergrund treten. Das ist zwar eine Differenzierung, es wird aber dadurch nichts über eine weitere latent vorhandene Seitenwahrnehmung ausgesagt. Dieses Ergebnis ist eher trivial, denn semantische Bedeutungen brauchen immer eine genauere Beobachtung, und für den Menschen ist im ersten Moment wichtig, dass er die formalen Gegenstände in seiner Umwelt zuerst erfasst und dann ihre Bedeutung und die Bezie-

---

1 Freimuth, Marilyn, Seymour Wapner, „The influence of lateral organization on the evaluation of paintings". In: British Journal of Psychology, 70 (1979), S. 211–218. Diese Studie gibt auch einen recht guten Überblick über den Forschungsstand und problematisiert Streitfragen.

hungen zwischen Personen versteht. Außerdem schließt, wie gesagt, diese Erkenntnis eine andauernde spezifische Seiten- und Diagonalenwahrnehmung überhaupt nicht aus. Während wir den dargestellten Inhalt untersuchen, nehmen wir gleichzeitig weitere formale Umstände wahr, die sicher eine Wirkung auf die vermittelte Stimmung eines Bildes haben und wahrscheinlich unbewusst bleiben.

Die experimentellen Studien konnten immerhin zeigen, dass wir die rechte und linke Seite in Gemälden nicht gleich wahrnehmen und dass sich im Großen und Ganzen die Vorstellungen von einer bevorzugten Richtung in der Komposition (seitens des Rezipienten), wie sie Wölfflin und andere vorschlugen, bestätigen lassen. Für Kandinskys Bemerkungen über rechts und links, die zu den obigen Ergebnissen im Gegensatz stehen, wurde in den Studien kein Nachweis erbracht. Allerdings wurden seine Behauptungen nie wirklich untersucht (zumindest ist mir keine derartige Untersuchung bekannt). So findet man in der holländischen Landschaftsmalerei des 17. Jahrhunderts öfter Gemälde, die entsprechend Kandinskys These von den Seiten komponiert sind: Auf der linken Seite dehnt sich dann z. B. ein weites Wasser aus und vorne rechts ist das Ufer dargestellt, oft mit einem Weg, der links in die Ferne führt.

Es ist zu hoffen, dass sich mit differenzierteren Versuchsanordnungen und präziseren Fragestellungen in Zukunft genauere Ergebnisse erzielen lassen werden, mit welchen die Thesen der Kunstwissenschaftler im Einzelnen weiter bestätigt oder verworfen werden könnten.

3.7 Konvention und Schrift bei der Kompositionsrichtung

In der abendländischen Kunst findet man bei einer Gerichtetheit im Kompositionsaufbau häufiger den scheinbaren Bewegungszug von links nach rechts als den umgekehrten. Wegen dieser Übereinstimmung wurde die Schrift- bzw. die Leserichtung des Öfteren als bedingender Faktor für die Kompositionsrichtung genannt. Wie dachte man sich diesen Zusammenhang?

Die *Gewohnheit*, von links nach rechts zu lesen und zu schreiben, soll den Künstler veranlasst haben, in derselben Richtung zu komponieren. Auch der Rezipient würde sein beim Lesen gewonnenes Wahrnehmungsverhalten gewohnheitsgemäß auf die Malerei anwenden, indem er links seine Betrachtung beginnt und nach rechts fortsetzt. Damit wurde auch der scheinbar links lokalisierte Betrachterstandpunkt in Verbindung gebracht. Wie es sich oben schon gezeigt hat, war diese Ansicht weit verbreitet; sie wurde von Faistauer, Schmarsow, Flechsig und Boeck vertreten und lässt sich sicherlich auch noch bei anderen Kunsthistorikern finden. Diese These setzt zuallererst voraus, dass der Künstler sowie der Rezipient lesen und schreiben konnten. Zumindest müsste aber ein des Lesens und Schreibens nicht mächtiger Meister seine Vorbilder und Vorlagen bei lesetüchtigen Künstlern gesucht haben. Diese Bedingung wäre z. B. bei der Übernahme von Motiven aus der Buchmalerei in die Skulptur gegeben.

Hinzu kommt, dass die europäische bildende Kunst im Großen und Ganzen eine epische Kunst war. Das heißt, es werden Geschichten und Episoden der verschiedensten literarischen Quellen illustriert. Dieses epische Moment ist seit der griechischen Antike sehr typisch, und es begünstigt nicht nur, sondern erfordert geradezu eine Kompositionsrichtung in der Malerei, um den Verlauf eines Geschehnisses abzubilden und zu schildern. Ein Vergleich mit außereuropäischer Malerei wäre unter dem Aspekt der epischen Komposition und der Behandlung der Seitigkeit sicher sehr reizvoll.

Man möchte vermuten – und diese These wird immer wieder vertreten –, dass sich diese *europäische Gewohnheit zu der Konvention*, die Komposition von links nach rechts anzuordnen, entwickelt hat, die dann als eine Art Kompositionsgesetz weitergegeben wurde und die die Künstler mit bestimmten Bedeutungen behafteten, vielleicht mit einer solchen Bedeutung, die Badts Auffassung entspricht, der die „Figurenfolge" von links nach rechts als „Schaffen in die Freiheit" interpretiert hat. Ob der zwar lesegeübte, aber mit Kompositionsgewohnheiten nicht vertraute Rezipient diese Kompositionsrichtung oder gar diese Bedeutung erschließen kann, ist freilich eine andere Frage.

Die Kernfrage der Problematik dieses Kapitels ist, ob die konventionelle Gewohnheit, von links nach rechts zu komponieren, einen entscheidenden Einfluss auf unsere biologisch bedingten Rezeptionsgewohnheiten hat oder ob es vorwiegend die hemisphärische Asymmetrie ist, die unsere Wahrnehmung der Seiten und damit auch der Blickbahn beeinflusst. Mit anderen Worten: *Haben diese wahrnehmungspsychologischen Gesetze eine stärkere Wirkung auf konventionelle Gewohnheiten oder umgekehrt*?

Wenn die Kompositionsrichtung und die Blickbahn von links nach rechts aus der Lesegewohnheit resultieren, dann müssten Menschen, die den umgekehrten Schriftverlauf gewohnt sind, auch eine umgekehrte kognitive Blickbahn verfolgen und auch bestimmte Betonungen der Seitigkeit müssten bei ihnen ausgewechselt sein.

Diese Frage wurde z. B. von Lila Ghent Braine mit israelischen Studenten (32 Vpn.) untersucht[1]. Braine vermutete, dass sie durch die Schreib- und Leserichtung der hebräischen Schrift (von rechts nach links) die umgekehrte Gewohnheit zeigen würden, nämlich die rechte Seite zu betonen und eine Komposition von rechts nach links zu ordnen. Erstaunlicherweise ließ sich dies nicht bestätigen, sondern es zeigten sich eine größere Genauigkeit für das linke visuelle Feld und die Tendenz, bestimmte Versuchsbilder von links nach rechts zu komponieren. Diese Linkstendenz beginnt nach Braines Untersuchung etwa in der siebten Klasse (86 Vpn. aus drei verschiedenen Altersstufen). Das ist der Zeitpunkt, zu dem auch der Englischunterricht beginnt. Es muss noch erwähnt werden, dass im Hebräischen Musiknoten und mehrstellige Zahlen von links nach rechts gelesen werden, also im europäischen Modus. Trotz allem scheint aber zumindest hier die umgekehrte Leserichtung kein ausreichend starker Impuls zu sein, um bei den durchgehend rechtshändigen Versuchspersonen endgültig aus einer Links- eine Rechtstendenz zu machen.

Da die Juden auch in ihrer jahrhundertelangen Diaspora die hebräische Sprache und Schrift oft unermüdlich gepflegt und geübt haben, kann man kaum damit argumentieren, dass sie die Richtung der Schrift ihrer Gastländer derart verinnerlicht hätten, dass diese auch für die Zukunft auf ihr wahrnehmungspsychologisches Verhalten stärker als ihre eigene Schrift gewirkt haben sollte.

Soweit es sich bis heute beurteilen lässt, scheint die Schriftrichtung nicht der Hauptfaktor für die Kompositionsrichtung zu sein, es darf ihr somit kein zu großer Einfluss zugeschrieben werden.

Auch Faistauers technischer Erklärung – durch das einfachere Zeichnen von links nach rechts für den Rechtshänder käme die Kompositionsrichtung zustande – wird zwar ein gewisser Einfluss zukommen, aber auch sie darf in ihrer Argumentationskraft keineswegs überbewertet werden. Denn die rechtshändigen Juden schreiben trotz ihrer linksläufigen Schrift ganz gut mit der rechten Hand, und aller Wahrscheinlichkeit nach war, wie oben diskutiert wurde, auch schon zur Zeit des Alten Testaments Rechtshändigkeit die Norm.

Wahrscheinlich kommt der hemisphärischen Lateralität mit ihrer Wirkung auf die Kompositionsrichtung mindestens genauso viel – wenn nicht mehr –

1 Ghent Braine, Lila, „Asymmetries of pattern perception observed in Israelis“. In: Neuropsychologia, 6 (1968), S. 73–88.

Bedeutung zu wie der Schriftrichtung (Erklärungsversuche, wie sie z. B. von K. Badt oder M. Gaffron vertreten wurden).

Über das Ausmaß der Wirkung der Konvention kann man keine allgemeingültige Erklärung abgeben; sie ist stark von der Persönlichkeit und Anlage des einzelnen Künstlers, seiner Verbundenheit mit Vorbildern, seiner Zeit und der Auftragssituation abhängig, und nur eine jeweils personenspezifische Einzeluntersuchung kann ihren Anteil klären.

Dafür ist Leonardo ein recht überzeugendes Beispiel. Er lernte eine rechtsläufige Schrift lesen und schreiben; in seinen privaten naturwissenschaftlichen Manuskripten schrieb er diese Schrift jedoch einfach seitenverkehrt (Spiegelschrift), und auch seine Kompositionsrichtung tendiert zur Linksläufigkeit. Seine hemisphärische Lateralisation war ganz sicher entscheidend von der durchschnittlichen Norm abweichend (ausgedrückt auch in seiner Linkshändigkeit) und dieser spezifischen Eigenschaft hat er gewissermaßen seine schriftlichen Äußerungen angepasst.[1]

3.8 Blickbahn und Kompositionsrichtung

In den letzten Kapiteln ist es immer wieder um die Frage gegangen, ob es eine verbindliche Blickbahn bei der Mehrzahl der Menschen überhaupt gibt und ob die Komposition von Gemälden häufig entsprechend dieser Blickbahn angelegt ist.

In den Arbeiten wird oft kein scharfer Unterschied zwischen beiden Begriffen gemacht, sondern implizit werden häufig beide Begriffe miteinander gleichgesetzt. So macht Gaffron bei der Frage nach der vom Künstler intendierten Ansichtsseite in der Druckgrafik Analogieschlüsse von der Theorie der Blickbahn auf die entsprechende Kompositionsrichtung.

Hier soll noch einmal ganz konkret gefragt werden, was die Blickbahn eigentlich sein könnte und wie ihre Beziehung zur Kompositionsrichtung denkbar wäre.

Dem Namen nach möchte man annehmen, dass es sich dabei um die einzelnen Stationen (Fixierungen) unseres Blickes auf dem Gemälde handelt.

Die heterogene Struktur der Retina vermittelt uns ein ca. 180° umfassendes Bild von verschiedenen Schärfegraden. An der Peripherie sind die unschärfs-

1 Sattler, Johanna Barbara, „Spiegelschrift – das ‚Leonardo-Phänomen'". In: Sattler, Der umgeschulte Linkshänder, 1995, S. 229–238.

ten Stellen und nach innen nimmt die Schärfe zu – bis zum Brennpunkt (gelber Fleck, Fokus), dem Ort der absoluten Sehschärfe.

Um die Gegenstände unserer Umgebung genau wahrzunehmen, ist das Auge dauernd in Bewegung – es fixiert.

Es tauchte die Frage auf, ob die Reihenfolge der hintereinander ablaufenden Fixierungen auf einem Gemälde normalerweise ein bestimmtes Muster verrät, oder anders herum, „ob die Komposition eines Gemäldes beim Betrachter zwingend eine ihr eigentümliche Fixationssequenz in Gang" setzt[1], ja, ob es überhaupt bestimmte Regeln gibt, nach denen unsere Fixierungen erfolgen.

Die diesbezüglichen Untersuchungen werden mit speziellen technischen Apparaturen gemacht, die es ermöglichen, den genauen Verlauf der Fixierungen auf einem Gemälde grafisch aufzuzeichnen.

Eine sehr ausführliche Studie hat der Russe A. Yarbus veröffentlicht[2]. Er konnte keine festgelegte Blickbahn von größerer Allgemeingültigkeit ausmachen, sondern er stellte fest, dass bestimmte Fragen an die Versuchsperson, bezüglich des Inhalts des Gemäldes, ähnliche Fixierbahnen auch bei anderen Personen hervorrufen. Bei einer Betrachtung eines bestimmten Gemäldes, ohne thematisch vorgegebene Fragen, hatten einzelne Personen eine ihnen eigene Augenbewegungsbahn. Diese wiederholten sie auch bei einer nochmaligen Betrachtung nach einiger Zeit.

Wenn viel Zeit zur Wahrnehmung vorhanden war – stellte Yarbus fest – wurde diese nicht dazu benutzt, sekundäre Elemente zu betrachten, sondern vielmehr dazu, die wichtigsten Einzelheiten wiederholt zu untersuchen. Die Wahrnehmung schien sich aus einer Serie von Zyklen der Fixierungen zusammenzusetzen, die sich jeweils sehr ähnlich waren. Die Dauer eines solchen Zyklus, während der die Versuchsperson das ganze Bild betrachtete, belief sich manchmal auf mehrere Sekunden, manchmal aber auch nur auf Zehntelsekunden. Je komplexer ein Objekt ist und je mehr Assoziationen es entstehen lässt, desto länger ist die Dauer dieser Zyklen.

Neben wichtigen Einzelergebnissen konnte Yarbus experimentell nachweisen, dass die Verteilung der Fixierpunkte über ein Objekt, die Art und Weise,

1 Gibson, James J., Die Wahrnehmung der visuellen Welt. Aus dem Amerikanischen übertragen von Vera Schumann. Betz Verlag, Weinheim, Basel, 1973, S. 233. (Engl. Titel: The perception of the visual world. Boston, 1950.)

2 Yarbus, Alfred, Eye movements and vision. Plenum Pr., New York, 1967. Ausführungen neueren Datums findet man bei Howard, „Human visual orientation", besonders auch zu den physiologischen Grundlagen der Augenbewegungen, S. 176–274.

in der sich die Aufmerksamkeit des Betrachters von einem Fixierpunkt zu einem anderen bewegt, die Dauer der Fixierungen und die besonderen Zyklenmuster *durch die Beschaffenheit des Objektes und der Probleme, die sich der Betrachter dabei stellt, bestimmt werden.*

Eine Studie von Buswell (1935), die ich leider nicht einsehen konnte, hat nach Gibsons Ausführungen gezeigt, dass „die Bewegung der Fixationspunkte sich über das ganze Bild erstreckt, aber keine Ordnung erkennen lässt“[1]. Freimuth und Wapner berichten hingegen von derselben Studie, dass Buswell eine richtungsmäßige Präferenz der Augenbewegungen gefunden habe: Wenn beim Untersuchen eines Gemäldes zuerst linke Fixierungen vorhanden waren, wurden sie von einer Serie von Augenbewegungen von links-nach-rechts gefolgt. Andere Studien, erwähnt bei Freimuth und Wapner, sollen allerdings keine Gerichtetheit bei den einleitenden Fixierungen gezeigt haben[2].

Wenn wir jetzt auf die Ausgangsfrage zurückkommen, so scheint die Blickbahn – wie sie von Wölfflin und Gaffron proklamiert wurde – offensichtlich kein Pendant in der menschlichen Fixierbahn zu haben; denn es ließ sich keine einheitliche, von der Mehrzahl der Versuchspersonen bevorzugte Fixierbahn nachweisen. *Die Reihenfolge der Fixierungen hing von inhaltlichen Fragen und individuellen Interessen des Betrachters am Gemälde ab.*

Unter „Blick“ muss also etwas mehr verstanden werden als die bloße Fixierung und Augenbewegung.

So stellt sich nun die Frage, ob es die Kompositionsrichtung ist, die im Vorstellungsbild des Menschen eine Kurve oder eine Bahn strukturiert oder festlegt.

Gegen diesen Lösungsversuch spricht, dass Wölfflin und Gaffron die von ihnen definierten Blickbahnen als eine ziemlich unabhängige Komponente schildern, die umgekehrt Wirkungen auf die Kompositionsrichtung haben soll, sodass z. B. bei einer der Blickbahn entgegenlaufenden Komposition spezifische Ungereimtheiten entstehen würden.

Wie ist das Verhältnis von Blickbahn und Kompositionsrichtung denkbar? Ruft die Blickbahn bevorzugt eine bestimmte Kompositionsrichtung hervor, oder wirkt umgekehrt die Kompositionsrichtung mehr auf die Blickbahn?

Die Blickbahn und die Kompositionsrichtung scheinen zwar sehr eng zusammenzuhängen, sind aber keineswegs als Gegenstücke im Rezipienten und auf der Leinwand gleichzusetzen, die *Blickbahn scheint eher ein inneres Wahr-*

1 Gibson, S. 232.
2 Freimuth u. Wapner, S. 217.

nehmungsmuster zu sein; in der Kompositionsanlage im Gemälde kann entweder zu diesem Muster analog oder aber entgegen gerichtet komponiert werden, wodurch eine harmonische bzw. disharmonische Stimmung im Rezipienten entstehen könnte.

Das Problem ist hier nicht die interessante Frage danach, *wie es funktioniert,* dass wir aus Einzelfixierungen (einzelnen Retina-Bildern) ein Gesamt-Vorstellungsbild erlangen[1], *sondern die Frage danach, ob es bei diesem Vorgang bestimmte Muster oder geistige Pläne gibt, nach denen wir unsere Verarbeitung strukturieren,* und ob eine Parallele zu der Blickbahn in ebendiesen gefunden werden könnte.

Julian Hochberg proklamiert so etwas wie geistige Pläne, nach denen wir unser Vorstellungsbild strukturieren würden[2]. Diese Auffassung ist sehr interessant, doch sind die Hochbergschen Strukturen mehr von inhaltlichen Fragen und Erwartungen des Rezipienten abhängig, und hier wird wohl eher ein geistig-gedankliches Pendant zu den Fixierungsabläufen zu finden sein als ein bestimmtes kognitiv-formales Muster, nach dem sich das visuell Wahrgenommene strukturiert.

---

1 Vgl. dazu z. B. Gibson, S. 236 ff.

2 Hochberg, Julian, „Die Darstellung von Dingen und Menschen". In: Ernst H. Gombrich, J. Hochberg, Max Black, Kunst, Wahrnehmung, Wirklichkeit. Suhrkamp Verlag, Frankfurt, 1977, S. 61–114. Besonders Kapitel 3: „Wahrnehmung als zielgerichtetes Verhalten", S. 76 ff. Hochberg weist darauf hin, dass bei der Analyse von spezialisierten und folgerichtigen Verhaltensformen (wie z. B. beim Klavierspielen, Lesen und auch bei der visuellen Wahrnehmung) immer wieder auf Steuerungsstrukturen gestoßen wurde: „Erwartungen", „kognitive Pläne" oder „Tiefenstrukturen", und er meint, „dass ein sehr großer Teil der Wahrnehmungsvorgänge beim Erwachsenen dann am besten verstanden wird, wenn man diesen spezialisierten Verhaltensformen ‚Erwartungen' und ‚Pläne'" zugrunde lege (S. 78). Diese *Verhaltensprogramme* sind *selektiv* und *zielgerichtet:* „Wie einer seinen Blick auf die Welt richtet, hängt also sowohl von seinem Wissen über die Welt als auch von seinen Zielen ab – d. h. von der Information, die er sucht" (S. 79).
So hat auch Goethe gesagt: „Man erblickt nur, was man schon weiß und versteht. Oft sieht man lange Jahre nicht, was reifere Kenntnis und Bildung uns an dem täglich vor uns liegenden Gegenstand erst gewahren läßt." (In: Artemis-Gedenkausgabe der Werke, Briefe und Gespräche Goethes. Zürich, Stuttgart, 1948 ff., Bd. 23., S. 52 (F. v. Müller, 24. 4. 1819).
Hochberg schreibt weiter: „Die Ausrichtung der Fovea wird somit bei der Bildbetrachtung wie beim geübten Lesen durch die Hypothesen gesteuert, die durch das in der Peripherie Gesehene generiert werden. Und wie beim Lesen wird die Integration der einzelnen Seheindrücke, die wir beim Abtasten eines Bildes erhalten, von unserer Fähigkeit abhängen, jede neue Ansicht in eine ‚geistige Karte', eine kognitive Struktur einzutragen, welche die durch jede einzelne Blickwendung eingeholte Information in einer Form speichert, die es uns ermöglicht, unseren Blick auf jene Teile zu richten, die wir nochmals überprüfen wollen" (S. 83). „Wir erkennen also, dass der größte Teil des Bildes, so wie wir es wahrnehmen … sich im ‚Auge des Geistes'" befindet. „Und in diesem bislang so geheimnisvollen Bereich wird die wiedergegebene Szene in enkodierter Form und nicht als geistiger Spiegel der Szene festgehalten" (S. 84).

Bei Freimuth und Wapner findet sich die Idee, dass es bei den Prüfmechanismen einer visuellen Wahrnehmung eine *bevorzugte Ordnung geben könnte, in welcher die Verarbeitung der Teile zu einem komplexen Ganzen erfolgt*[1].

Schließlich möchte ich die These aufstellen, dass wenn es wirklich eine Blickbahn geben sollte, diese in formalen geistigen Mustern, die aus wahrnehmungspsychologischen Gründen bevorzugt zum Strukturieren benutzt würden, liegen müsste.

Diese These kommt wohl Wölfflins und Gaffrons Ausführungen am nächsten, da ja die von ihnen definierte Blickbahn in einer bevorzugten geistigen Struktur begründet liegt, nach der wir unser Vorstellungsbild gliedern. Man könnte sich das so vorstellen, dass wir quasi mittels dieses formalen Modells oder Gerüstes das einzelne Gemälde aufnehmen.

Wenn es tatsächlich so etwas wie eine innere Nötigung gibt (in Form einer formalen Struktur der Blickbahn), dann hat unsere Wahrnehmung des Kunstwerks von Anfang an Vorbedingungen, die grundlegend auf den Eindruck einwirken. So würde z. B. der – bisher nur als scheinbar festgelegt geltende – Betrachterstandpunkt der tatsächlichen, physiologischen menschlichen Wahrnehmung entsprechen. Auch vermeintlich näher oder ferner erscheinende Gegenstände, die objektiv gleich weit vom Betrachter dargestellt sind, wären als „optische Täuschungen" auf wahrnehmungspsychologischer Basis zu erklären. Ebenso ließen sich die von der allgemeinen Art abweichenden Wahrnehmungsstrukturen der Linkshänder hier einfügen.

Wenn es tatsächlich eine innere Blickbahnstruktur geben sollte, dann kann man davon ausgehen, dass die Kompositionsrichtung eine davon abhängige Variable ist und entsprechend ihrer Mit- oder Gegenwirkung andere Empfindungen im Rezipienten hervorrufen würde. Diese Empfindungen könnten unterschiedlich stark als „angenehm" und „gefallend" oder als das Gegenteil empfunden werden. Das kann sowohl von individuellen Veranlagungen und Erfahrungen als auch von äußeren Umständen (wie Zeitstil und Moden) abhängen und beeinflusst werden. Die Kompositionsrichtung wäre dann nicht einfach nur von der Blickbahn abhängig, sondern auch von verschiedenen anderen Seiten beeinflusst.

1 Freimuth u. Wapner, S. 217.

3.9 Die Kompositionsrichtung und die beiden Faktoren

Schließlich bleibt die Frage, ob die Kompositionsrichtung ein selbstständiger Faktor im Sinne der beiden anderen ist. Als feste und unumstößliche Grundlage bleibt eigentlich nur ein wahrnehmungspsychologisches Gesetz, durch das eine bestimmte Richtung begünstigt würde (und sei es auch nur durch das Gewöhnen an eine vorgegebene Richtung oder eine geometrische Flächeneinteilung und durch die Nachahmung derselben).

Im letzten Kapitel wurde festgestellt, dass es bis heute nicht gelungen ist, evident nachzuweisen, dass es wirklich die innere formale Blickbahnstruktur gibt, die die Kompositionsrichtung hauptsächlich begründen könnte.

Eine noch elementarere Wirkung auf die Kompositionsrichtung wäre es, wenn sich nachweisen ließe, dass die – eine rechteckige Fläche teilenden – Diagonalen unterschiedliche Wirkungen auf den Betrachter haben. Diese Wirkungen dürften sich nicht hauptsächlich aus unserer Links-Rechts-Wahrnehmung rekrutieren und müssten im neurophysiologischen Bereich wurzeln.

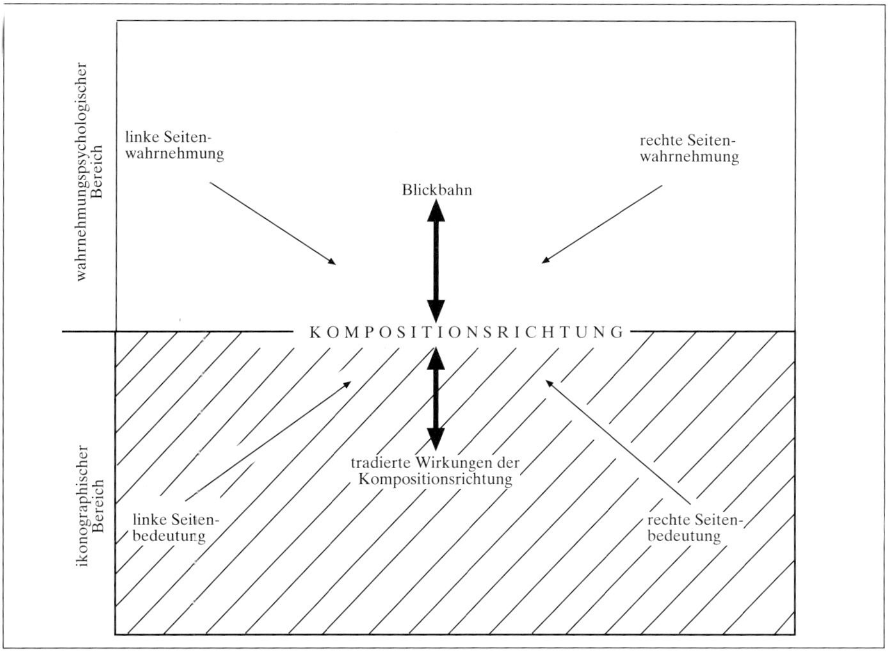

Fig. 14 Die Kompositionsrichtung und der Einfluss von Traditionsfaktor und wahrnehmungspsychologischem Faktor von Links und Rechts auf sie

Eine ikonographische Quelle im Sinne von „es ist gut/schlecht nach rechts/links die Komposition anzulegen" oder eine Bedeutung, wie sie Badt unterlegt hat, als „Schaffen nach rechts in die Freiheit", ist nicht belegt (bei Badt handelt es sich fast um eine „ikonologische" Interpretation, deren Berechtigung hier nicht untersucht werden soll, sie müsste auch erst ikonographisch belegt werden). Somit scheidet also auch eine rein traditionell-ikonographische Grundlage für die Kompositionsrichtung aus.

Vielleicht, und zu dieser Ansicht neige ich am meisten, ist die Kompositionsrichtung aus folgenden Komponenten zusammengesetzt: den beiden oben genannten Faktoren, einer bis heute hypothetisch angenommenen geistigen Blickbahnstruktur und Wiederholungen der traditionellen Kompositionsrichtung (wobei auch Wirkungen von der Schrift- und Leserichtung nicht ausgeschlossen werden sollten).

3.10 Kurze Zusammenfassung der Untersuchungen einiger Aspekte der Seitigkeit

Die ikonographische Untersuchung von Links und Rechts zeigte einen – mit ethischen Wertungen behafteten – tief in Religion, Mythos und Aberglauben verwurzelten Bedeutungsgehalt, der den Seiten zugeschrieben wurde.

Durch die Übernahme solcher moralischen Wertungen aus der spätantiken Weltanschauung in die christliche Lehre, besonders in der Zeit der Patristik (sogar in Form von praktischen Handlungsanordnungen), kam es zur Beeinflussung der Kunst. Rechts wurde zumindest bevorzugt, wenn nicht mit ethisch guten Eigenschaften belegt; Links kam an zweiter Stelle und wurde häufig als moralisch verwerflich oder abwegig belastet.

Dieser unterschiedlichen Bewertung der Seiten wird in der menschlichen Seitigkeit Vorschub geleistet. Daher beschäftigte sich diese Arbeit auch mit der bekanntesten Äußerung der menschlichen Seitigkeit: nämlich der Händigkeit. Diese ist eine Wirkung von Ursachen, die in der Konstellation des menschlichen Gehirns zu suchen sind.

Die visuelle Wahrnehmung der Linkshänder unterscheidet sich oft sehr von der der Rechtshänder. In der Forschung meinen manche, dass auch untereinander zwischen den Linkshändern große Differenzen in den hemisphärischen Funktionsaufteilungen zu existieren scheinen. Allerdings wird bei den Untersuchungen in der Regel nicht angegeben, ob es sich um links oder rechts schreibende Linkshänder handelt. Meist ist die Versuchsgruppe auch sehr klein. Linkshänder besitzen anscheinend oft bestimmte Fähigkeiten, die sie besonders zu künstlerischen Tätigkeiten und Fertigkeiten befähigen. So findet sich unter Künstlern ein immer wieder dokumentierter erstaunlich großer Anteil an Linkshändern.

Auch für die menschliche visuelle Seitenwahrnehmung ließen sich Differenzen feststellen, die auf unterschiedlichen neurophysiologischen Funktionsaufteilungen in den Gehirnhemisphären basieren.

Die Hemisphären sind gekreuzt mit dem rechten und linken Gesichtsfeld verbunden, wodurch es zu der unterschiedlichen Seitenwahrnehmung kommt.

Die bessere Fähigkeit der rechten Hemisphäre, räumlich und plastisch wahrzunehmen, ist inzwischen überzeugend dokumentiert worden. So konnte in Untersuchungen auch mehrfach für das linke Gesichtsfeld eine bessere Tiefenwahrnehmung nachgewiesen werden.

Die kunstwissenschaftliche Forschung hat sich auch mit Wirkungen der Seiten in Malerei und Grafik auseinander gesetzt. Am ausführlichsten wurde jedoch die Kompositionsrichtung untersucht. Dazu hat Wölfflin die Theorie einer festgelegten „Blickbahn" aufgestellt, die zeitweise rege diskutiert wurde.

In der Druckgrafik hoffte man ein ideales Untersuchungsgebiet zu finden, um zu weiteren Aufschlüssen über Gesetze der Kompositionsrichtung und Blickbahn zu gelangen, und zwar aufgrund der technisch bedingten Umkehrung. Jedoch stellte sich bei näherer Untersuchung heraus, dass gerade die Druckgrafik ein äußerst unsicheres Gebiet ist, da die Schwierigkeiten schon damit beginnen, das vom Künstler für die Umkehrung Beabsichtigte vom Nichtbeabsichtigten zu trennen.

Die von Kunstwissenschaftlern angenommene „Blickbahn" konnte nicht eindeutig lokalisiert werden. Ihr entspricht weder die Fixierbahn der Augen auf einem Gemälde noch die Kompositionsrichtung im Gemälde oder der Zeichnung selbst. Als eventuelle, zu postulierende Existenzbasis für eine Blickbahn schien schließlich am einleuchtendsten die These von einer wahrnehmungspsychologischen (geistig-formalen) Struktur: in Analogie zu dieser würde das visuell Wahrgenommene bevorzugt erfasst und verarbeitet.

Die Kompositionsrichtung scheint dagegen kein einfaches Pendant zur geistigen Blickbahn in den Gemälden zu sein. Wahrscheinlich ist sie zwar großenteils abhängig von ihr, aber im Grunde eine Variable von verschiedenen weiteren Kräften, wie der menschlichen Seitenwahrnehmung, der traditionsgemäß gepflegten Kompositionsrichtung und der tradierten Seitenbedeutungen.

III. Untersuchung ausgewählter Beispiele der romanischen Plastik Burgunds hinsichtlich der Faktoren und der Kompositionsrichtung

4 Liturgische Seitigkeit in der Kunst

4.1 Einleitende Wesensbestimmungen der romanischen Plastik in Burgund

4.1.1 Das historische Burgund als Kunstlandschaft

Besonders wegen der Gleichheit der Namen verschiedener geografischer und politischer Gebiete ist es notwendig, einige Bemerkungen zur geschichtlichen Entwicklung zu machen.

Burgund war in der zweiten Hälfte des ersten Jahrtausends nach Christus ein Teil des Fränkischen Reiches.

Bei der karolingischen Neuorganisation des Fränkischen Reiches wurde das bisherige Burgund im *Vertrag von Verdun 843* geteilt in das westliche *Burgundia*, die heutige *Bourgogne*, und in einen östlichen Teil, das Juragebiet. Durch Auseinandersetzungen im östlichen Teil entstanden im 9. Jahrhundert das *Königreich Niederburgund* (879) und das *Königreich Hochburgund* (888)[1]. Hochburgund schloss das Juragebiet und weite Teile der heutigen Westschweiz ein, Niederburgund das Gebiet um Lyon und die heutige Provence.

1 Ausführliche Darstellung bei Boehm, Laetitia, Geschichte Burgunds. Politik – Staatsbildungen – Kultur. Verlag W. Kohlhammer, Stuttgart, Berlin, 1971, S. 87 ff.

„Zur nämlichen Zeit, als die Königreiche Burgund begründet wurden, formierte sich jenseits der 843 festgelegten Saône-Grenze der *ducatus Burgundiae*, das Lehensherzogtum Bourgogne ... Um 900 gab es also *drei benachbarte Herrschaftskomplexe mit dem Namen Burgund*: zwei als karolingische Nachfolgestaaten konstituierte Königreiche auf dem Boden des einstigen Lotharreiches und das westfränkische Herzogtum"[1].

Bis 1031 stand das Herzogtum, der ducatus Burgundiae, unter der Herrschaft der Grafen von Autun, als französisches Lehensherzogtum. Nach längeren Kriegen zwischen dem französischen König und den Erben des letzten Herzogs wurde es „als Erbherzogtum für die Nebenlinie der Kapetinger vergeben ..., die das Land bis 1361, bis zum plötzlichen Tod des letzten Kapetingers, Philippe de Rouveres, inne hatten. 1363 vergab König Johann der Gute das Herzogtum wiederum als Apanage an seinen Sohn Philipp den Kühnen, sodass Burgund erneut von einer Nebenlinie des französischen Königshauses, diesmal der Valois, beherrscht wurde"[2].

Im gleichen Jahr, als das Herzogtum Burgund an die französische Krone gebunden wurde, entstand die deutsch-burgundische Personalunion zwischen Hoch-, Niederburgund und Deutschland, das so genannte Arelat (regnum Arelatense)[3].

Im 11./12. Jahrhundert erreichte die Kunst im Herzogtum Burgund auf religiösem Gebiet eine Blüte in der Romanik und im 14./15. Jahrhundert als weltliche Kunst unter den Valois in der Spätgotik.

Zu dem Aufschwung unter den Valois trugen die großen Gebietszugewinne durch Heirat und Kriege in den Niederlanden bei. Das plötzliche Ende des Burgundischen Herzogtums trat unter Karl dem Kühnen nach seinem Tod 1477 ein. Die französischen Gebiete wurden französische Provinzen, die anderen kamen zu Österreich.

In der heutigen „Verwaltungsaufteilung Frankreichs entsprechen dem alten Herzogtum im großen und ganzen die Departements Côte d'Or, Saône et Loire und Yonne; angliedern kann man diesem Kernbereich die frühere Grafschaft Nevers (Dep. Nièvre)"[4].

1 Boehm, S. 103.

2 Bußmann, Klaus, Burgund. Kunst – Geschichte – Landschaft. 3. Aufl., DuMont, Köln, 1980, S. 9 f.

3 Weitere Einzelheiten zur geschichtlichen Entwicklung bei L. Boehm, S. 123–165. Dort findet sich auch die einschlägige Literatur.

4 Bußmann, S. 11. Ebenda. „Das Departement Ain, die Bresse, das häufig zu Burgund gerechnet wird, ist altes Herrschaftsgebiet von Savoyen und erst 1601 der Provinz Burgund zugeschlagen worden."

Das Herzogtum Burgund, um das es hier geht, hat keine natürlichen geografischen Grenzen außer der Loire im Südwesten und der Saône im Südosten.

Die Loire wird nach Keller im Allgemeinen als die Trennungslinie zwischen mittelmeerischem und atlantischem Frankreich in kunsthistorischer Hinsicht bezeichnet. Gerade aber an Burgund fließt sie in nördlicher Richtung entlang, und erst ab Nevers wendet sie sich nach Westen; es gibt keinen Nebenfluss, der die Linie ihres westlichen Verlaufs nach Osten weiter fortsetzen würde, und das, so Keller, „macht die merkwürdige Zwitterstellung Burgunds aus. Es wird sich," fährt er fort, „aus der folgenden Betrachtung ergeben, dass die einzelnen Kunstlandschaften für alle Zeiten entweder sich zum atlantischen oder zum mittelmeerischen Frankreich halten. Nur Burgund wechselt seine Zugehörigkeit: während der romanischen Epoche die schöpferische Kunstlandschaft des mittelmeerischen Frankreich schlechthin, gerät es in der Früh- und Hochgotik unter den Einfluss der Île-de-France, seine Führerrolle aufgebend, in der Spätgotik in die Abhängigkeit gar von Flandern und Holland"[1].

Doch wenn man auch die romanische Kunstlandschaft Burgund mit dem Gebiet des Herzogtums annähernd gleichsetzen kann, darf das nicht darüber hinwegtäuschen, dass zur Zeit der Romanik weniger die Grafen, Herzöge oder die Krone Frankreichs Träger der romanischen Bildwelt waren, sondern vielmehr die Klöster, und ganz besonders das Kloster Cluny mit seinen z. T. weit entfernten abhängigen Klöstern.

4.1.2 Die romanische Plastik in Burgund und die Literatur

Die Epoche des romanischen Stils umfasst nach der heute üblichen Einteilung etwa die Zeit von 1000 bis in die erste Hälfte des 13. Jahrhunderts. Häufig wird eine frühromanische Zeit abgesetzt, ein „premier style roman", für den P. Meyer den Begriff „altromanisch" vorschlägt[2]. Darunter fällt hauptsächlich die Kunst des 11. Jahrhunderts. Für Deutschland bezeichnet man die Kunstepoche des letzten Drittels des 10. Jahrhunderts bis zum ersten Drittel des 11. Jahrhunderts als ottonischen Stil (dazu gehört z. B. die Bernwardskunst in Hildesheim und die Miniaturmalerei der Reichenauer Schule). Am frühesten setzt die Gotik in Frankreich ein (Neubau des Abtes Suger in St. Denis 1132–1144). Im Osten, z. B. im Rheinland, wird noch in der ersten Hälfte des 13. Jahrhunderts im spätromanischen Stil gebaut (z. B. St. Gereon in Köln 1230–1240).

1 Keller, Harald, Die Kunstlandschaften Frankreichs. Franz Steiner Verlag, Wiesbaden, 1963, S. 52.

2 Meyer, Peter, Europäische Kunstgeschichte. 1. Bd.: Vom Altertum bis zum Ausgang des Mittelalters. 1. Aufl., 1947. 4. Aufl., Verlag C. H. Beck, München, 1978, S. 168.

Um 1100 entstand in Burgund, Süd- und Westfrankreich und in Nordspanien die *erste monumentale Bauskulptur seit der Antike.*

Frühe Versuche, wie die Kapitelle von Saint-Bénigne in Dijon oder der marmorne Türsturz in Saint-Genis-des-Fontaines von 1019/20, erscheinen eher als „Versatzstücke", und Rupprecht bezeichnet diese frühen Werke noch als Steinmetzkunst im Unterschied zu den Bildhauerarbeiten der Romanik[1].

Zu den Voraussetzungen für das Entstehen der romanischen Skulptur gehört das Wechselverhältnis von Buch- und Großmalerei mit der Goldschmiedekunst, Elfenbeinschnitzerei und der Anfertigung von steinernem Kultgerät. Aber besonders die bewusste Bezugnahme auf antike Monumente, wie sie aus gallo-römischer Zeit damals noch reichlich vorhanden waren, übte einen starken Einfluss aus[2].

Frühe Beispiele figürlicher Dekoration des Kirchentores außerhalb des direkten Portals lassen sich für das 10. und 11. Jahrhundert sowohl in Deutschland wie in Frankreich nachweisen[3].

Das älteste erhaltene Skulpturenportal in Frankreich mit Tympanon, Türsturz, geschmückten Konsolen und Figurenkapitellen ist das Westportal der ehemaligen Kirche Saint-Fortunat in Charlieu um 1090. Doch zählt Rupprecht es nur bedingt zu der romanischen Skulptur Burgunds und setzt deren eigentlichen Beginn mit dem ehemaligen Westportal oder den Chorkapitellen von Cluny III an[4].

Um 1100 ist die Bauskulptur in Toulouse und Umgebung vorherrschend, und aus der Zeit vor 1118 ist in der dortigen Kollegiatskirche Saint-Sernin ein sehr frühes Beispiel eines vollständig ausgebildeten romanischen Skulpturportals, in dem der Zusammenhang von Tympanon- und Türsturzdarstellungen künstlerisch überzeugender gelöst ist als in Charlieu.

Ziemlich parallel hat sich in Cluny III das Tympanon-Motiv des Christus in der Mandorla fertig ausgebildet, es beeinflusste weit über Burgund hinaus die Bauskulptur.

---

1 Rupprecht, Bernhard, Romanische Skulptur in Frankreich. Aufnahmen von Max und Albert Hirmer. Hirmer Verlag, München, 1975, S. 9.

2 Rupprecht, Bernhard, Romanische Skulptur in Frankreich, S. 9, 48 und 54. – Ebenso Sauerländer, Willibald, „Über die Komposition des Weltgerichts-Tympanons in Autun". In: Zeitschrift für Kunstgeschichte, 29 (1966), S. 261–294. Er betont die monumentale Malerei und die Verbindung von Bau- und Bildwerk (im antiken Denkmälerbestand überliefert) als vorbildlich für die Ausbildung der romanischen Bauskulptur. S. 261 und S. 284 (Anmerkung 5 und 6).

3 Siehe Sauerländer, S. 284 (Anmerkung 4 und 5).

4 Rupprecht, S. 59.

Für die Datierung der cluniazensischen Bauskulptur am Westportal wird heute die Zeit zwischen 1109–1115 – wie sie von Cormant angesetzt wurde – weitgehend akzeptiert[1]. Schwieriger ist die Datierung der Chorkapitelle: Sie müssten nach Rupprecht in einem Toleranzzeitraum von ca. zwanzig Jahren angesetzt werden. 1095 wurden im Chor fünf Altäre geweiht, die Kapitelle selbst jedoch wären stilistisch nach der Westfront zu datieren. Rupprecht entschließt sich zu einer Datierung zwischen 1115–1120[2].

Die großen Werke der burgundischen Plastik stehen bis in das vierte Jahrzehnt des 12. Jahrhunderts stark unter dem Einfluss von Cluny: Vézelay, Montceau-l'Étoile, Autun. „Gegen 1140 gabelt sich die stilistische Entwicklung: Der Norden Burgunds hält die stilistische Kontinuität bis hin zum Akademischen und Schematischen, was dann in Dijon, La Charité-sur-Loire und Avallon zu Durchdringungen mit der von der Île-de-France ausstrahlenden Frühgotik führt. Im Süden jedoch werden burgundischer Linearismus und das Reliefprinzip in einem erneuten Schub aktiviert und gesteigert; am Narthex von Charlieu entstehen um die Jahrhundertmitte genuine Hauptwerke burgundischer Romanik, um die sich der Kreis der Portalskulptur des Brionnais ordnet"[3].

So gesehen entfaltete sich die romanische Skulptur Burgunds in der Zeit der ersten zwei Drittel des 12. Jahrhunderts. Im letzten Drittel des Jahrhunderts sind dann nur noch vereinzelte Spätwerke zu verzeichnen (z. B. Dijon, Cervon).

Literatur: Zur wichtigen älteren französischen Forschung sind besonders die Namen R. de Lasteyrie[4], Paul Deschamps[5] und Marcel Aubert[6] zu nennen (z. T. traditionelle Spätdatierungen, von der neueren Forschung überholt).

Der Amerikaner A. Kingsley Porter hat mit seiner Reihe „Romanesque Sculptur of the Pilgrimage Roads" eine enzyklopädische Materialsammlung der romanischen Skulptur an den großen Pilgerstraßen des 11./12. Jahrhunderts vorgenommen; seine Ausführungen dazu sind allerdings etwas veraltet[7].

---

1 Sauerländer, S. 288; ebenso Rupprecht, S. 57. Abbildung einer Zeichnung aus dem 18. Jahrhundert von der Westfront Clunys III bei Rupprecht, S. 28.

2 Rupprecht, S. 57.

3 Ebenda.

4 Lasteyrie, Robert-Charles de, L'architecture religieuse en France à l'époque romane. Paris, 1912.

5 Deschamps, Paul, La sculpture française. Époque romane. Paris, 1932. Deutsch: Die romanische Plastik Frankreichs. 11. und 12. Jahrhundert. Berlin, 1930.

6 Aubert, Marcel, La sculpture française au moyen-age. Paris, 1946.

7 10 Tafelbände, 1 Textband, Boston, 1923.

Die französische Formanalyse, deren Hauptvertreter Henri Focillon ist, hat hinsichtlich der formalen Aspekte auch für die romanische Skulptur Wichtiges geleistet[1]. Dabei treten allerdings ikonographische Fragen in den Hintergrund, die besonders Émile Mâle[2] und Adolf Katzenellenbogen[3] ausführlich behandelt haben.

Wichtige deutschsprachige Veröffentlichungen sind noch immer Wilhelm Vöges Werk[4] und speziell zur Ikonographie und Ikonologie Joseph Sauers „Symbolik des Kirchengebäudes und seiner Ausstattung in der Auffassung des Mittelalters"[5] sowie Adolf Goldschmidts Buch „Der Albanipsalter zu Hildesheim und seine Beziehung zur symbolischen Kirchenskulptur des 12. Jahrhunderts"[6]. Informativ sind G. H. Evers „Tod, Macht und Raum als Bereiche der Architektur"[7] und natürlich die bekannten ikonographischen Lexika.

Für die deutsche Forschung ist besonders Wilhelm Messerer zu nennen, der sich eingehend und fundiert mit symbolischer Interpretation und ikonologischen Fragen auseinander gesetzt hat. In der Einleitung seines Hauptwerkes und in einem separaten Literaturbericht findet man bei ihm einen guten Überblick über die wissenschaftliche Literatur bis 1964 bzw. 1955[8].

Eine sehr ausführliche Materialsammlung findet man in der französischen Reihe des Zodiaque-Verlags, mit einzelnen Bänden für die verschiedenen romanischen Landschaften in Frankreich, deren Vorteil darin liegt, dass man über den heutigen Zustand der Kunstwerke informiert wird und viele Abbildungen geboten bekommt. Der Nachteil für einen wissenschaftlichen Gebrauch liegt in der Ausrichtung auf ein breiteres Publikum, denn dadurch gewinnen die Bände mehr einen Charakter, dessen Auswahlkriterien im Text eher von der malerischen Schönheit als von der wissenschaftlichen Relevanz geleitet sind (entsprechend blumig ist ihr Stil).

Ähnliches gilt für das vom selben Verlag veröffentlichte Buch von Raymond Oursel, „Romanisches Burgund"[9]. Dagegen wird der im DuMont Verlag he-

1 Focillon, Henri, L'art des sculpteurs romans. Paris, 1931. – Baltrusaitis, Jurgis, La stylistique ornamentale dans la sculpture romane. Paris, 1931.
2 Mâle, Émile, L'art religieux du XIIème siècle en France. Paris, 1922.
3 Katzenellenbogen, Adolf, Allegories of the virtues and vices in medieval art. London, 1939.
4 Vöge, Wilhelm, Die Anfänge des monumentalen Stils im Mittelalter. Straßburg, 1894. Wieder abgedruckt in: W. Vöge, Bildhauer des Mittelalters. Gesammelte Studien. Berlin, 1958.
5 2. Aufl., Freiburg, 1924.
6 Berlin, 1895.
7 München, 1939.
8 Messerer, Wilhelm, Romanische Plastik in Frankreich, Köln, 1964. Ders., Die Kunst der vorromanischen und romanischen Zeit. Literaturbericht. Geht bis 1955.
9 Dt. Ausgabe Würzburg, 1981.

rausgekommene Führer von Klaus Bußmann auch etwas höheren wissenschaftlichen Ansprüchen gerecht.

Den stilistischen Aspekt der Entwicklung der französischen Monumentalskulptur behandelt die Dissertation von Bernhard Kerber; die Arbeit schließt die Entwicklung der Romanik zur Frühgotik ein[1].

Ein sehr gutes wissenschaftliches Niveau hat B. Rupprechts „Romanische Skulptur in Frankreich". Das Buch ist quasi zum Standardwerk geworden.

Schließlich sei noch auf den an Seiten und Material sehr umfangreichen Aufsatz von Willibald Sauerländer hingewiesen, dessen Lektüre für die Beurteilung der Situation der Forschung über das Westportal von Autun und das Thema „Christus in der Mandorla" unverzichtbar ist.

4.2 Zur Untersuchungsmethode und Auswahl der Beispiele

Untersuchungen von Links und Rechts wurden im Allgemeinen an Werken der Malerei oder Grafik durchgeführt.

Bei den hier ausgewählten plastischen Werken treten trotzdem keine spezifischen, andersartigen Probleme auf, da man die romanische Plastik nicht als „reduzierte Freiplastik", sondern als „plastisch erhöhte Zeichnung" betrachten kann[2].

Bevor die beiden oben behandelten Faktoren und die Kompositionsrichtung innerhalb dieses zeitlich und geografisch eingegrenzten Bereichs untersucht werden, müssen einige Vorüberlegungen angestellt werden, z. B. darüber, welche Fragen überhaupt zu problematisieren möglich sind und welche von vornherein außerhalb der Diskussion bleiben müssen.

Am aussichtsreichsten ist es, innerhalb des ausgewählten Objektbereichs ikonographische Bedeutungen (die sich auf Links und Rechts beziehen) zu finden. Der Traditionsfaktor von Links und Rechts ist die sich hier am stärksten durchsetzende Kraft.

Beweise für den wahrnehmungspsychologischen Faktor werden sich am schwersten finden lassen. Dazu muss man sich deutlich machen, dass die obige Untersuchung des Faktors (I. 2) zu einem großen Teil an zeitgenössi-

1 Kerber, Bernhard, Burgund und die Entwicklung der französischen Kathedralskulptur im zwölften Jahrhundert. Recklinghausen, 1966.

2 Meyer, Europäische Kunstgeschichte, Bd. 1, S. 200.

schen Versuchspersonen erfolgte. Aus den Ergebnissen wurden Schlüsse auf die so häufig links beginnenden Kompositionen gezogen, die in Leonardo als Linkshänder einen Beweis durch die Ausnahme fanden.

Aus der romanischen Zeit können wir kaum einzelne Künstler oder ihr Œuvre bestimmen, geschweige denn deren Händigkeit feststellen oder auf ihre Sehgewohnheiten schließen. Es kann sich also auch nicht ansatzweise um eine Untersuchung der Wahrnehmung von Links und Rechts bei den damals lebenden Menschen handeln; gewisse Schlüsse können einzig aus der strengen Einhaltung der festgesetzten Seiten oder einer Nicht-Einhaltung gezogen werden.

Wenn auch mit guten Gründen zu vermuten ist, dass rein physiologisch die damals lebenden Menschen ähnliche Voraussetzungen wie wir hatten, so ist damit noch nicht viel über ihre Nutzung dieser Möglichkeiten gesagt, und es bleibt die Frage, ob die Menschen damals nicht stark in bestimmten Wahrnehmungsmustern (die auch die traditionelle Seitenbedeutung und die Kompositionsrichtung betrafen) befangen waren[1]. Die Kompositionsrichtung ist das zweite große Untersuchungsgebiet, auf dem Ergebnisse zu erwarten sind.

Die folgende Untersuchung schließt alle erhaltenen romanischen Figurenportale Burgunds ein, die auf einer Karte gekennzeichnet sind. Figurenkapitelle werden hin und wieder zum Vergleich herangezogen, aber nicht in voller Systematik bearbeitet.

Es wird ganz bewusst keine ausführliche und vollständige Beschreibung der Werke gegeben (diese ist in der angeführten Literatur ausreichend zu finden), sondern ich beschränke mich auf eine Aufzählung und Kurzbeschreibung des Dargestellten in Form einer Liste (siehe Anhang 5.3, S. 245–253).

Da kein umfangreicher Abbildungsteil gegeben werden kann, sind im Anhang 5.4 (S. 253–255) Hinweise auf den Fundort von Abbildungen der behandelten romanischen Skulpturen in einer Liste zusammengestellt worden.

Die Exploration geht nach Themenbereichen vor. Die einzelnen Themendarstellungen werden meist chronologisch miteinander verglichen und hinsichtlich der Behandlung der Seitigkeit und der Kompositionsrichtung untersucht.

---

1 Dazu zeigen Ausführungen von Gombrich sehr anschaulich, dass häufig, trotz besseren Wissens bzw. trotz eines Vorbilds aus der Natur, Tiere und Pflanzen von Künstlern nach bestimmten formalen Schemata wiedergegeben wurden. Selbst bei bekundeter Absicht, „naturgetreu abzubilden", gibt es Fälle, in denen alte Fehler genauso weiter übernommen wurden. Ein berühmtes Beispiel sind Darstellungen des Rhinozerosses; immer wieder lehnten sich die Künstler an das Dürersche Vorbild an.
Siehe Ernst H. Gombrich, Kunst und Illusion. Stuttgart, Zürich, 1978, S. 99 ff.

4.3 Karte der burgundischen Orte mit skulptierten romanischen Portalen

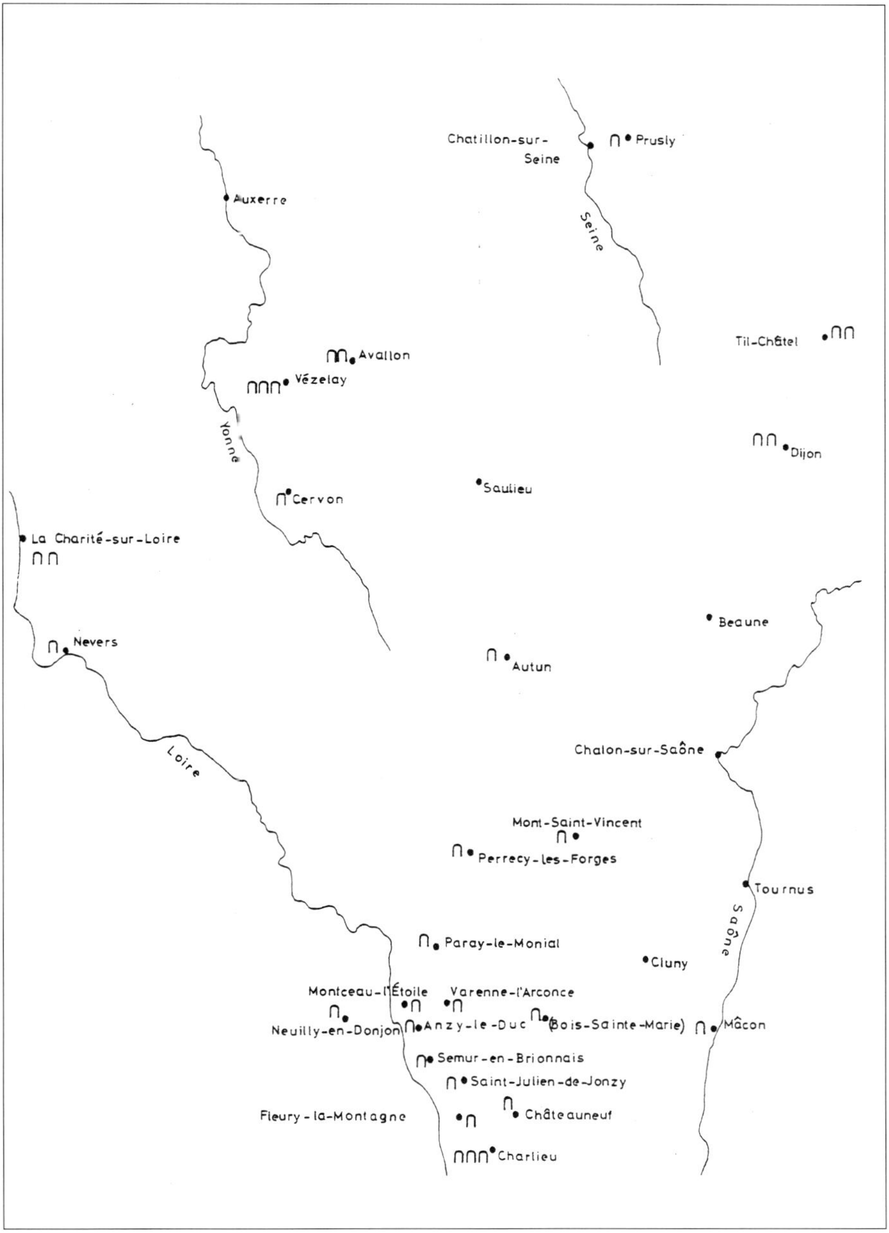

∩ = *Portal mit Skulpturen. Eigene Zeichnung*

4.4 Christus in der Mandorla

4.4.1 Christus in der Mandorla mit zwei Engeln

Christus in der Mandorla – der zumeist mandelförmigen Glorie (ganzfigurige Aura) – wird sehr häufig in romanischen Tympana in Burgund dargestellt.

Von zwei Engeln begleitet, stellt Christus in der Mandorla ein eigenes Bildthema dar, dem weitere Szenen im Türsturz thematisch zugeordnet oder inhaltlich ohne direkten Bezug beigefügt sein können.

Auch bei Himmelfahrts- und Pfingstdarstellungen (der Aussendung des Heiligen Geistes in Vézelay) erscheint das Motiv Christi in der Mandorla. Immer ist Christus in dieser Form in einer besonderen Erhöhung abgebildet, entweder als Pantokrator, thronend in der Mandorla mit Engeln, oder als Weltenrichter, in der Darstellung des Jüngsten Gerichts und in dem im engen Zusammenhang damit stehenden Motiv der Maiestas Domini[1].

Die erste monumentale Darstellung von Christus in der Mandorla im Medium der Bauskulptur findet sich in dem ältesten erhaltenen skulptierten Tympanon im Westportal von *Charlieu*[2].

Christus mit Kreuznimbus thront auf einer mit Bogenarkaden geschmückten Bank, die Rechte zum Segen erhoben, in der linken Hand das Buch; zwei annähernd spiegelbildlich gestaltete Engel halten die Mandorla. Im Türsturz sitzen die zwölf Apostel unter Bogenarkaden, einer fast das Abbild des andern; sie erheben die linke Hand so, dass die Handfläche nach außen gerichtet ist, und halten ein Buch in der rechten Hand. Die Konsolen der Türleibung schmücken Atlanten, die unter der Last förmlich in die Knie zu gehen scheinen. Einen symbolischen Gehalt gibt es ohne Zweifel in dem mit vegetativen Motiven geschmückten linken Gewändekapitell, er tritt aber an Bedeutung für die Frage nach der Seitigkeit zurück. Auch in der Figur an dem rechten inneren Gewändekapitell kann ich keine für diese Seite spezifische Symbolik erkennen.

Auch das Westportal von *Anzy-le-Duc* wird allgemein sehr früh angesetzt. Neu ist, dass die Apostel stehen und mit lebendigen Gesten nach oben weisen, außerdem ist in der Mitte zwischen ihnen Maria dargestellt. Die Apostel

1 Rupprecht, S. 36.

2 Sauerländer hält es für höchstwahrscheinlich, dass die „Transposition der Figur des thronenden Christus in der Mandorla an das Portal, … zuerst auf burgundischem Boden – im weiteren Umkreis der dritten Kirche von Cluny – erfolgt" sei. S. 266.

haben wie in Charlieu ein Buch und halten die Fläche der anderen Hand nach außen gewendet, es kommt auch vor, dass das Buch manchmal in die linke Hand überwechselt. Aber eine spezifische Seitensymbolik lässt sich nicht erkennen.

Abgesehen davon, dass die beiden weißen Männer fehlen, wäre vom Türsturz her eine motivische Zuschreibung als Himmelfahrt gegeben. Dagegen erscheinen aber die vierundzwanzig Ältesten (zwanzig auf den Archivoltenbögen und je zwei auf den Gewändekapitellen darunter) als ein Motiv aus der Apokalypse des Johannes. Sie erscheinen seit Moissac (Datierung nach Rupprecht: 1120–1135) manchmal in Darstellungen der Maiestas Domini.

Es handelt sich also im Westportal von Anzy-le-Duc offensichtlich nicht um einen einzigen bestimmten Moment der Geschichte Christi, sondern um verschiedene Ereignisse, die auf die Erhöhung Christi hinweisen sollen. Die Darstellung ist auf die Mittelachse hin konzentriert, und außer in kleinen Abweichungen entsprechen sich die Figuren der beiden Seiten an Zahl, in ihren Bewegungen und in ihrer Bedeutung.

Das Westportal von *Perrecy-les-Forges* wird ebenfalls zu den früheren romanischen Portalen gezählt. Christus thront in der Mandorla, seine Haltung und Attribute entsprechen denen in den beiden zuerst genannten Tympana. Die beiden Engel haben drei riesige, mit Augen besetzte Flügelpaare, was sie als Seraphim kennzeichnet. Auf dem Türsturz sind Szenen der Gefangennahme dargestellt. Die kontinuierende Darstellung verläuft in Schriftrichtung: links außen (noch unter den Archivolten) Christus am Ölberg, im eigentlichen Sturz Judaskuss, Gefangennahme, Petrus schlägt einem Soldaten ein Ohr ab, Christus vor dem Hohen Priester (?) und ganz rechts, sehr zerstört, Christus, begleitet von zwei Jüngern, trifft zwei Soldaten (Weg nach Emmaus [?], die letzte Szene befindet sich wieder unter den Archivolten). Hier besteht also eine eindeutige Szenenfolge von links nach rechts.

Auf dem linken Gewändekapitell ist laut Oursel[1] der heilige Antonius auf dem Weg zu Paulus dem Eremiten dargestellt; zwischen ihnen sind die Reste eines Teufels (seine Pferdefüße) erhalten, wohl der „Hippokentaur“, den Antonius auf seinem Weg traf[2]. An der linken Konsole steht ein Lanze tragender Engel auf einem Drachen als Symbol des Sieges über das Böse.

1 Oursel, 1981, S. 324.
2 Keller, Hiltgart L., Reclams Lexikon der Heiligen und der biblischen Gestalten. 3. Aufl. (1. Aufl. 1958), Philipp Reclam, Stuttgart, 1975, S. 414.

Abb. 2 Perrecy-les-Forges. Linkes Gewändekapitell am Westportal: Lanze tragender Engel auf einem Drachen

Abb. 3 Perrecy-les-Forges. Rechtes Gewändekapitell am Westportal: Männliches Fabelwesen (mit Entenfüßen und Phallus) kämpft gegen dreiköpfigen Vogel

An der rechten Konsole steht ein kämpfender Engel, hinter dessen Schwert sich eine menschliche Figur versteckt; am Kapitell kämpft ein männliches Fabelwesen (mit Entenfüßen und Phallus) gegen einen dreiköpfigen Vogel (beide sind dem Dämonischen zuzurechnen), dahinter befindet sich eine zusammengekauerte verzweifelte Gestalt.

Man kann hier, ohne zu weit zu gehen, zweifelsfrei eine klare Seitensymbolik ablesen. Auf der linken Seite (also zur Rechten Christi) sind zwei verehrte, ihrem Glauben ganz ergebene Christen dargestellt, die der gegenwärtigen Versuchung widerstanden haben; ebenso hat der Engel das Böse besiegt. Auf Christi linker Seite ist der Kampf noch in vollem Gange, der Kampf zwischen dem Guten und dem Bösen und der Kampf des Bösen mit sich selbst, und das Schicksal der geängstigten, verzweifelten Menschen ist noch nicht entschieden.

In *Paray-le-Monial im Musée Hiéron* wird ein weiteres Portal von *Anzy-le-Duc* aufbewahrt. Im Tympanon wird Christus wie üblich in der Mandorla von zwei Engeln gehalten (gegen 1150), im Sturz (evtl. etwas später zu datieren) erscheinen Maria, die dem Kind die Brust gibt, und vier weibliche sowie vier männliche Heilige. In der Darstellung der säugenden Gottesmutter und Christi in der Glorie soll eine Gegenüberstellung des Christus triumphans und humilis nach der Dichtung des Abtes Odilo von Cluny gegeben sein[1]. Sicherlich ist es kein Zufall, dass die männlichen Heiligen zur Rechten und die weiblichen zur Linken von Christus bzw. von Maria platziert sind.

Ohne eine besondere Seitensymbolik ist das Westportal von *Saint-Julien-de-Jonzy* (Mitte 12. Jh.). Christus sitzt wie üblich in der Mandorla, die von zwei Engeln gehalten wird. Im Türsturz ist das Abendmahl dargestellt.

Etwas abgewandelt von den bisherigen Abbildungen ist die Darstellung Christi in der Mandorla der folgenden drei Portale: Im *nördlichen Seitenportal* der Westfassade in *La Charité-sur-Loire* (kurz vor oder um 1150) wurde das traditionelle Motiv „Christus in der Mandorla mit Engeln" in eine Aufnahme Marias in den Himmel umgewandelt (Abb. 4). Christus wendet sich der Maria zu seiner Linken zu. Außerdem sind noch vier Engel und ein Mönch in dem

Abb. 4 La Charité-sur-Loire. Tympanon und Türsturz des nördlichen Seitenportals der Westfassade der ehemaligen Prioratskirche

1 Rupprecht, S. 116.

sehr zerstörten Tympanon erhalten. Eigentümlich ist, dass Maria auf Christi linker Seite erscheint, während ihr traditioneller Platz in der Deesis rechts ist.

Im Türsturz sind Szenen um die Geburt Christi dargestellt, ihre Anordnung ist von links nach rechts.

Auch auf dem *ehemals direkt daneben angebrachten Seitenportal* erscheint Christus in der Mandorla, und zwar segnend und mit Buch, jedoch stehend; direkt neben der Glorie sind zwei bärtige Heilige mit Spruchbändern. Außen sind rechts zwei Heilige und links ein weiterer Heiliger platziert.

Im Türsturz ist die Anbetung der Könige und die Darbringung im Tempel angebracht.

Abb. 5 La Charité-sur-Loire. Detail vom Türsturz des ehemaligen südlicheren Seitenportals der Westfassade: Anbetung der Könige

Schließlich erscheint Christus in der Mandorla in dem etwas plump wirkenden Tympanon in *Fleury-la-Montagne*. Manches hier scheint einfach schlecht nachgeahmt zu sein. Christus steht mit erhobener Rechter, die Handfläche nach außen gerichtet, und in der Linken hält er ein Kreuz. Zu seiner Rechten und Linken steht je eine Figur, die rechte mit Heiligenschein. Die Bögen hinter den Gestalten könnten Throne darstellen. Im Sturz kommen die drei Könige zur Anbetung, und laut Oursel reitet ganz links der heilige Joseph in einer Rosette (als Pendant zu Maria in einer Rosette auf der anderen Seite) hoch auf einem Elefanten[1].

Auf dem linken Gewändekapitell sind ein Fidel spielender Ziegenbock (Abb. 6) und ein Harfe spielender Esel dargestellt. Der musizierende Esel ist nach Wehrhahn-Stauch ein Symbol für Weltlust und Luxuria, und auch der Bock steht oft für Luxuria und Wollust[2]. Die Darstellung weltlicher Musik bedeutet Vanitas, und so symbolisieren diese Tiere die vergängliche weltliche Eitelkeit, gepaart mit Zügellosigkeit und Wollust. Auf dem rechten Gewändekapitell kämpft ein Ritter (?), mit dem Schild in der Rechten (!), gegen ein dämonisches Wesen mit Messer.

Abb. 6 Fleury-la-Montagne. Detail des linken Gewändekapitells am Portal: Fidel spielender Ziegenbock

In diesen Kapitellen sind das Laster der Vanitas und der Wollust und der Kampf des Dämonischen thematisiert; eine spezielle Bedeutung zur Seitigkeit scheint mir hier nicht feststellbar (auch die Figur des Ritters ist nicht eindeutig als christlich oder heidnisch/dämonisch zu bestimmen).

---

1 Oursel, 1981, S. 328

2 Wehrhahn-Stauch, L., „Esel, Wildesel". In: Kirschbaum, 1 (1968), S. 681–684. Ders., „Bock". In: Kirschbaum, 1 (1968), S. 314–316.

Auf dem äußerst verwitterten Tympanon in *Mont-Saint-Vincent* sitzt Christus in der Mandorla zwischen Petrus und Paulus[1]. Die Skulptur wird von Sauerländer als ein Frühwerk der burgundischen Romanik angesehen[2]. Die Wahl des Themas steht sicher im Zusammenhang damit, dass Cluny sein Gebiet 910 Petrus und Paulus weihte[3]. Wegen des schlechten Erhaltungszustands und der ebenfalls nicht sehr guten Abbildung bei Porter ist es mir nicht möglich, die Platzverteilung der beiden Apostel sicher festzustellen.

4.4.2 Himmelfahrt und Aussendung des Geistes

Christi Himmelfahrt gehört zu den selten dargestellten Themen in der romanischen Plastik Frankreichs. Jedoch stellt eines der frühesten Tympana (Rupprecht bezeichnet es als das erste „typisch" romanische Tympanon, Charlieu nicht mitgerechnet), das der Kollegiatskirche Saint-Sernin in Toulouse (um 1100), die Himmelfahrt dar.

In Burgund ist möglicherweise im nördlichen Seitenportal der Westfassade von Vézelay die Himmelfahrt gemeint, sicher ist sie aber im Bogenfeld von *Montceau-l'Étoile* (um 1130) dargestellt. Christus, stehend mit dem Kreuz in der Mandorla, wird von zwei fliegenden Engeln emporgetragen; der linke Engel schaut gen Himmel, der rechte hinab zu den aufgeregt gestikulierenden Aposteln. In der Mitte Maria und ein weiterer Heiliger, der als einzige Figur von keiner anderen überschnitten wird (vielleicht einer der weißen Männer). Am linken Archivoltenkapitell ist ein Kämpfer mit „Entenfüßen" und Schild und an der Konsole schlägt ein mit einem Kettenhemd bekleideter Engel auf ein Ungeheuer mit Schwimmfüßen und Affenleib ein.

An dem rechten Archivoltenkapitell ist ein Engel dargestellt, der einem auf die Knie fallenden oder sich krümmenden Heiligen das Wunder der Himmelfahrt zeigt. Oursel deutet den Heiligen als den Apostel Johannes bei seiner apokalyptischen Vision[4]. Dem entspricht jedoch nicht die Szene im Tympanon, auf welche der Engel zeigt, wodurch die Ereignisse im Tympanon und im Kapitell in einer engen inhaltlichen Beziehung stehen: Die Himmelfahrt wird in den Evangelien beschrieben, nicht in der Apokalypse. An der Kon-

---

1 Identifizierung der Apostel durch Kingsley Porter, 2, Abb. 3.

2 Sauerländer, S. 266.

3 Schiller, 3, S. 213.

4 Oursel, 1981, S. 322. – Er übernimmt die Deutung von Mayeux, der darin die apokalyptische Darstellung entschlüsseln will, als Johannes das Büchlein verschlang, nachdem der Engel ihm gesagt hatte: „Nimm hin und verschlings! Und es wird dich im Bauch grimmen; aber in deinem Mund wirds süß sein wie Honig." Offenbarung, 10,9.

sole ist laut Oursel eine aufzufliegen bereite Sirene dargestellt. Solche Sirenen gelten im Mittelalter meist als die Verführerinnen zur fleischlichen Sünde.

Hier scheinen also die guten und die bösen Wesen an den Kapitellen und Konsolen ziemlich gleichmäßig auf beide Seiten verteilt zu sein.

Im Hauptportal der Westfassade von *Saint-Madeleine in Vézelay* sind Christus in der Mandorla und die Aussendung des Heiligen Geistes als Missionsauftrag an die Apostel dargestellt. Für die hiesige Fragestellung ist das Portal nicht sehr ergiebig (das inhaltlich Dargestellte ist in der Liste aufgeführt; eine ausführliche Beschreibung ist deshalb nicht nötig). Der Unterkörper Christi ist nach links (von der Figur aus) gewendet, der Oberkörper und der Kopf sind frontal ausgebildet. Von den über den Mandorlarand ausgebreiteten Händen gehen die Strahlen zu den zwölf Aposteln aus, welche außerordentlich lebendig skulptiert sind – die frontale Reihung wurde aufgegeben –, es kann jedoch keine besonders hervorgehobene Seite ausgemacht werden. Auf Schulterhöhe neben der Mandorla ist auf Christi rechter Seite das Wasser, auf seiner linken die Erde dargestellt als Hinweis auf den gesamten Erdkreis, auf dem die Menschen missioniert werden sollen. Die Seitenaufteilung ist dieselbe wie jene bei Kreuzigungsdarstellungen, nur dass dort Erde und Wasser meist am unteren Bildrand platziert sind (vgl. 1.5.4).

Die Aufteilung der Völker im Türsturz und in den Radialfeldern scheint ziemlich gleichmäßig auf den beiden Seiten zu sein; vielleicht ist es beabsichtigt, dass gerade zu Christi Linker die Giganten, Pygmäen und großohrigen Völker auftreten, die den Christen besonders fern lagen und sehr fremdartige Züge hatten, vielleicht ist die Drehung von Christi Unterkörper als besondere Hinwendung auch an sie zu verstehen, und vielleicht sind sie der Grund, warum Petrus und Paulus gerade an dieser Seite zweimal auftreten (auch diese Völker sollten missioniert werden). Allerdings erscheint auch zu Christi Rechter ein sehr fremdartiges Volk, die hundsköpfigen Inder (Kynokephalen), von denen man sich nicht ganz sicher war, ob sie überhaupt noch zu den Menschen zu zählen wären[1].

Die Tierkreiszeichen und Monatsbilder beginnen mit dem Januar links unten (vom Betrachter aus) und wölben sich im Jahreslauf nach rechts.

In den Gewändekapitellen unter der Apostelzwischenzone ist links der Kampf einer dämonischen Jägerin gegen einen dreiköpfigen Vogel und eine

1 Schade, Herbert, Dämonische Monstren. Gestaltungen des Bösen in der Kunst des frühen Mittelalters. Regensburg, 1962, S. 51 f.

Vogelsirene zu sehen. Peter Diemer sieht hier in dem moralischen Inhalt eher negative und lasterhafte Züge ausgedrückt. Links daneben ist eine sehr schwer deutbare Szene mit einem Engel, der im Wasser steht, und zwei weiteren Figuren dargestellt; eine der Figuren trägt einen geflochtenen, rechteckigen Gegenstand auf dem Rücken; Diemer deutet die Szene mit einigen Vorbehalten als Bethsaida[1]. An den rechten Gewändekapitellen sind das Opfer Sauls, die Salbung Davids durch Samuel und der melancholische König Saul dargestellt.

Bei der Seitenaufteilung erscheint mir hier nicht eine besondere Absicht bezüglich Links und Rechts bestanden zu haben. Sollte jedoch in topologischer Gegenüberstellung links von Christus das Alte Testament und rechts das Neue dargestellt sein, dann stört rechts die Szene der „dämonischen Jagd" die christliche Thematik.

4.4.3 Maiestas Domini

Das Motiv geht auf visionäre und apokalyptische Texte zurück (Jesaja 6,1–4; Ezechiel 1,4–28; Apokalypse 4,2–9). Die frühesten Maiestas-Domini-Darstellungen finden sich im Osten; die im Westen entscheidende Formel wurde in dem „Scriptorium von Tours" (830–850) ausgebildet[2]. Bei diesem Bildthema thront Christus in der Mandorla, seine Füße stehen auf der Erdkugel oder einem Segment derselben – oft ein Thronschemel). Christus segnet mit der Rechten und hält mit der Linken das Buch; um die Mandorla gruppieren sich die vier Lebewesen aus der Apokalypse. Machmal erscheinen auch die vierundzwanzig Ältesten.

Bei den meisten romanischen Maiestas-Domini-Darstellungen in Frankreich sind die Evangelisten-Symbole folgendermaßen platziert: oben zur Rechten Christi der Engel (Matthäus), darunter der Löwe (Markus), zu seiner Linken der Adler (Johannes) und darunter der Stier (Lukas).

Die Anordnungen der Maiestas-Domini-Darstellungen Burgunds entsprechen diesem Schema (nur in Semur-en-Brionnais ist die Seitenaufteilung genau umgekehrt). Diese Anordnung trifft auch für die übrigen Darstellungen im romanischen Frankreich zu, mit Ausnahme von derjenigen in Angoulême, dort hat das obere Paar die Plätze vertauscht.

1 Diemer, Peter, Stil und Ikonographie der Kapitelle von Ste.-Madeleine, Vézelay. Diss., Heidelberg, 1975, S. 253.

2 Meer, Frits van der, „Maiestas Domini". In: Kirschbaum, 3 (1971), S. 136–142. Sp. 140.

In dieser Platzierung ist einerseits eine Rangordnung zu vermuten; jedoch passen sich die vier Wesen auch in die seit der Antike bestehende Tradition der kosmisch-anthropologisch bedeutsamen Vierergruppen ein, und ihren Plätzen könnte auch von dort eine eigene Symbolik zukommen. Zu diesem System analoger Vierergruppen gehören die vier Elemente, die Himmelsrichtungen, die Winde und Paradiesflüsse sowie die Lebensalter und Temperamente. Es ist eigentümlich, dass der Adler in der Maiestas Domini meist zur Linken Christi dargestellt wird, obgleich er den Jünger symbolisiert, den Jesus lieb hatte (Joh.13,23). Es wäre sicher reizvoll, diese Rangordnungen genauer zu untersuchen und zeitgenössische schriftliche Quellen heranzuziehen sowie Abendmahlsdarstellungen, denn auch dort ist Johannes meistens zur Linken Christi dargestellt (vgl. 4.5.2).

Im Moissac, wohl der ältesten erhaltenen monumentalen Darstellung der Maiestas Domini an einem Portal (um 1120–1135 nach Rupprecht), erscheinen auch die vierundzwanzig Ältesten der Apokalypse.

Nach den Erkenntnissen der Forschung, hauptsächlich den ausgedehnten Untersuchungen von Conant, war auch an dem verlorenen *Westportal von Cluny III* die Maiestas Domini dargestellt, und in den Archivolten sollen die vierundzwanzig Ältesten gesessen haben (das Portal datiert evtl. 1109–1115, also früher als Moissac, wenn die Daten von Rupprecht und Cornant stimmen).

Für die Seitigkeit ist interessant, dass links, d. h. zur Rechten des Christus, im Sturz die Frauen am Grabe dargestellt gewesen sein sollen; in der Mitte Maria und Apostel und rechts am traditionellen Platz Christus im Limbus, der Vorhölle[1] –, was eindeutig eine Einhaltung der Tradition wäre.

Das *Nordportal des Narthex von Charlieu* mit der Maiestas Domini gehört zur Endphase des romanischen Skulpturenstils im südlichen Burgund (Mitte 12. Jh.). Ungünstige Umstände des Geländes sollen dazu geführt haben, dass die Nordseite des Narthex durch ein skulpturengeschmücktes Portal und ein Fenster so außergewöhnlich hervorgehoben wurde[2]. Zur Seitensymbolik ist bedenkenswert, dass links David und rechts Johannes der Täufer und je ein Heiliger mit Kirchenmodell dargestellt sind (vom Betrachter aus). Die Gegenüberstellung von David und Johannes dem Täufer hat keine besondere Tradition, wahrscheinlich sind hier beide als Vorläufer Christi (ihm zugeordnet) zu verstehen: David ist Vertreter des Judentums und Vorfahre Christi,

1 Kerber, S. 17–18.
2 Bußmann, S. 86.

Johannes der Täufer ist direkter Wegbereiter desselben und steht zwischen Altem und Neuem Testament. Vielleicht kann man hier eine Zuordnung des Alten Testaments nach links und der beginnenden Zeit des Neuen Testaments nach rechts interpretieren. Durch die Darstellung der Luxuria in der Türleibung unter David mit einem auf sie zu beziehenden Fries von Tieren und dämonischen Gestalten widerfährt der linken Seite dieses Portals eine besondere Abwertung gegenüber der rechten mit rein vegetabilen Ornamenten in der Türleibung.

Man mag die Zuordnung von David und Johannes für relativ zufällig halten, Johannes bleibt entsprechend seinem Platz in der Deesis auf der Linken Christi. Doch ist der Platz der Luxuria sicher bewusst gewählt, und dies erinnert an Moissac, wo die Luxuria ebenfalls links vom Beschauer angebracht ist (vgl. 4.4.4). Es scheint hier in der dem Gläubigen näheren Türleibung zu einer Umpolung des Bezugspunktes für die Seitigkeit gekommen zu sein: von Christus in der Mandorla zu dem Besucher der Kirche.

In einem erhaltenen Tympanon in *Dijon aus Saint-Bénigne* findet sich die übliche Maiestas Domini; vier Engel halten die Mandorla, und die Evangelisten-Symbole sind an den herkömmlichen Plätzen[1].

Diesem Tympanon in Dijon ist die Maiestas-Domini-Darstellung am *Südportal in Til-Châtel* sehr ähnlich, sodass man den gleichen Meister oder eine Kopie vermutet hat[2].

Nur erwähnt sei das *Westportal von Til-Châtel*, dessen Entstehungszeitpunkt sehr unsicher ist und das eventuell in einem späteren Jahrhundert überarbeitet wurde. Wenn auch die Form der Glorie von der anderer Maiestas-Domini-Darstellungen abweicht und es bei diesem Thema im 12. Jahrhundert ungewöhnlich ist, dass dem Christus ein Hund als Fußbank dient, so behalten doch die Evangelisten-Symbole ihre üblichen Plätze.

Auch die Maiestas Domini in *Cervon* fällt, was die Seitigkeit betrifft, nicht aus dem Rahmen. In dem gemauerten Tympanon-Bogen sind in einem Rechteck die Mandorla und in den Zwickeln die Evangelisten-Symbole angebracht, aber ohne Engel – das Ganze macht einen etwas kargen Eindruck.

Schließlich ist noch das Skulpturenportal von *Semur-en-Brionnais* zu erwäh-

---

1 Zu erwähnen wäre eine Zeichnung (18. Jh.) des ehemaligen Westportals von Saint-Bénigne bei Kerber, S. 42. Sie zeigt die übliche Anordnung der Evangelisten-Symbole und auf dem Türsturz von links nach rechts: die Heiligen Drei Könige, ihre Anbetung des Kindes, in der Mitte Maria und Kind, Traum der Könige, Verkündigung an die Hirten, Szene im Stall.

2 Siehe Kerber, S. 41–44 und Anmerkung 151.

nen, von dem nicht sicher ist, ob, wie Bußmann meint, die Bauskulptur im 19. Jahrhundert zerstört wurde oder ob Oursel Recht hat, dass das Tympanon aus der zweiten Hälfte des 12. Jahrhunderts stammt und überarbeitet wurde[1]. Zumindest fällt auf, dass es die einzige Maiestas-Domini-Darstellung in der Romanik in Frankreich ist, auf der alle Evangelisten-Symbole seitenverkehrt gegenüber dem statistisch häufigeren Schema angeordnet sind. Der traditionellen Ordnung entsprechen jedoch wieder im Türsturz rechts von Christus das Paradies und links die Hölle und neben der Hölle im Gewändekapitell die zwei Stützfiguren, von denen die weibliche eine Schlange und eine Kröte säugt (Luxuria. Abb. 7).

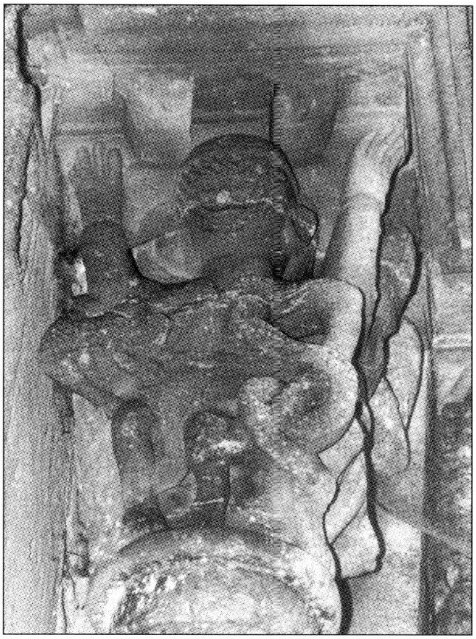

Abb. 7
Semur-en-Brionnais. Rechtes Gewändekapitell des Westportals: Luxuria

Auch im Hauptportal von *Saint-Lazare in Avallon* soll eine Maiestas Domini dargestellt gewesen sein. Allerdings saß, wenn der Stich von Plancher tatsächlich stimmen sollte, Christus nicht in der Mandorla[2]. Die Verteilung der Lebewesen ist, abgesehen von dem Adler zur Rechten Christi, nicht mehr sicher zu erkennen.

Zusammenfassend kann festgestellt werden, dass bei den Maiestas-Domini-Darstellungen, trotz aller Symmetrie, die zur Rechten Christi dargestellten Figuren im Rang etwas höher stehen als die zu seiner Linken.

1 Bußmann, S. 107. – Oursel, 1981, S. 328.
2 Abbildung bei Kerber, S. 56.

4.4.4 Jüngstes Gericht

Es sind zwei Darstellungen des Weltgerichts in Tympana in Burgund erhalten, und zwar in Autun und in Mâcon.

Die figurenreiche Darstellung in *Autun* zeigt eine ausgeprägte Seitensymbolik: Paradies und Selige zur Rechten des Christus in der Mandorla, Hölle und Verdammte zu seiner Linken. Nur der Erzengel Michael und drei Heilige (wohl Apostel) sind auf der Höllenseite dargestellt, Michael im Auftrag der Seelenwägung und die Apostel wohl als Beisitzer beim Gericht. Auch im Sturz bleibt diese Einteilung erhalten (siehe Abb. 1).

Das Skulpturenprogramm auf der geschmückten Archivolte beginnt links unten mit den Jahreszeitenbildern, und es folgen abwechselnd die Monatsarbeiten und Tierkreiszeichen, beginnend mit Januar und rechts unten endend mit dem Dezemberbild.

Interessant sind die Themenkreise an den Gewändekapitellen, auf denen zur Rechten Christi das alttestamentliche Thema der Verstoßung der Hagar, dann die Szene einer Tierfabel, ein Reiter auf einem Fabeltier und sechs Älteste

Abb. 8 Autun. Kathedrale Saint-Lazare. Linke Gewändekapitelle (vom Betrachter aus). Mitte: Verstoßung der Hagar; links: Fabel vom Wolf und Kranich

angebracht sind; zu seiner Linken finden sich Balaam auf der Eselin und der Engel, ansonsten neutestamentliche Szenen und Heilige (Darbringung im Tempel, Hieronymus und Eustachius). Offensichtlich sind die neutestamentlichen Szenen alle auf der Höllenseite (der rechten vom Betrachter aus) angebracht, auf der Paradiesseite dagegen, die weniger ehrwürdigen Ereignisse (ausgenommen die Darstellung der Ältesten). Dass hier eine bewusst herbeigeführte Seitensymbolik konstatiert werden kann, lässt sich wohl kaum bestreiten. Jedoch hat sich der Bezugspunkt geändert; das erhöhte, in visionäre Sphären entrückte Geschehen des Jüngsten Gerichts ist auf Christus bezogen, die Gewändekapitelle sind jedoch auf den Betrachter gerichtet.

Abb. 9 Autun. Kathedrale Saint-Lazare. Rechte Gewändekapitelle (vom Betrachter aus). Darbringung im Tempel; links: Balaam auf der Eselin. Im Türsturz darüber: Hölle, Auferstehung der Verdammten

In Moissac findet sich ein in gewisser Weise ähnliches Beispiel, wo vom Betrachter aus rechts Szenen der frühen Kindheit Jesu und links Avaritas, Luxuria und das Schicksal des reichen und des armen Lazarus abgebildet sind. Anders als in Autun gibt es in Moissac jedoch im Tympanon mit der Maiestas Domini keine so krasse Seitentrennung.

Die vier Kapitelle, der einzige Figurenschmuck der beiden Seitenportale der Westfront in Autun, weisen keine besondere Seitensymbolik auf.

Die zweite Weltgerichtsdarstellung Burgunds in *Mâcon* ist laut Sauerländer vermutlich etwas später als jene in Autun entstanden, doch seien beide Werke weder formal noch inhaltlich voneinander abhängig[1].

Was die Seitigkeit betrifft, ist die übliche Aufteilung der Seligen zur Rechten Christi und der Verdammten zu seiner Linken gewahrt. An den Gewändekapitellen ist, ohne besondere symbolische Bedeutung für die jeweilige Seite, rechts die Versuchung Christi und links der Kampf eines bewaffneten Engels mit einem Teufel angebracht.

4.5 Leben Christi

4.5.1 Szenen der frühen Kindheit Christi

Bei diesen Motiven sind, wie bei keinen anderen der romanischen Skulptur, Darstellungen mit gerichteter Szenenfolge zu finden; daher sind diese besonders interessant für die Frage nach der Kompositionsrichtung, soweit diese überhaupt an den ausgewählten Kunstwerken problematisiert werden kann.

Im *Südportal der Schiffsfassade von Vézelay* beginnt die Erzählung links im Sturz mit der Verkündigung an Maria, der Engel tritt von links heran und rechts hinter Maria in einer Wolke ist wohl Gottvater oder die Taube. Die nächste Szene ist die der Heimsuchung. In der Kirche zwischen beiden Szenen beobachten zwei viel kleiner proportionierte Figuren die Begegnung der beiden Frauen – vielleicht ist die eine der jüdische Priester Zacharias, der Mann der Elisabeth; rechts hinter den beiden Frauen verkündigen Engel den Hirten die Geburt Jesu, und unter einem Halbbogen lagern Maria mit dem Kind und Joseph, eine Frau und ein Tier stehen dabei.

Im Tympanon sitzt Maria mit dem Kind, und zu ihrer Linken (die Bewegungsrichtung hat sich geändert) kommen die Heiligen Drei Könige, um ihre Geschenke zu überreichen; ihre Pferde warten außen rechts. Zwei weitere, im Maßstab ziemlich große Figuren, befinden sich an der Rechten Marias.

Es ist eigenartig, dass die Könige an Marias linker Seite das Kind anbeten und an ihrer rechten Seite zwei andere Figuren den Ehrenplatz einnehmen.

An dem linken Gewändekapitell sind eine Sirene mit Fischschwanz, Fidel und Lanze und eine zusammengekauerte Figur mit Schwanz dargestellt; an der Konsole ein Engel mit Horn. An der rechten Konsole steht ein Engel mit

1 Sauerländer, S. 273.

Horn und am Kapitell ein Faun mit Pfeil und Bogen sowie ein Dämon. An beiden Seiten des Portals treten also sowohl böse, dämonische Figuren als auch Engel auf. Vielleicht sollten die Engel, wie Diemer bemerkt, „dem dämonischen Gelichter der weiter außen angebrachten Kapitelle“ den Zugang zur Kirche verwehren[1].

Thematisch sehr ähnlich sind die Szenen in den Türstürzen der beiden erhaltenen *Portale in La Charité*. In dem Türsturz am äußeren nördlichen Seitenportal der ehemaligen Westfassade (dem ursprünglichen Platz) tritt von links der Engel zur Verkündigung Maria entgegen[2], rechts daneben Maria und Elisabeth; dann folgen Joseph und ein rechteckiger hochkant stehender Kasten, in dem unten Maria im Bett liegt und oben drauf Ochs und Esel stehen – zwischen ihnen liegt das Jesuskind im Körbchen. Rechts außen erscheint der Engel zwei Hirten bei den Schafen (Abb. 4).

Eine Erzählung setzte sich in dem früher rechts daneben angebrachten Portal im Sturz fort (es ist heute innen an der Südwand des Querhauses zu finden). Die drei Könige überbringen der thronenden Mutter mit Kind von links her ihre Gaben (Abb. 5). Hinter dem Thron steht der alte Joseph. Dann wird der Raum durch eine Wand abgetrennt, und im rechten Teil findet die Darbringung im Tempel statt (Abb. 10). Eigentümlicherweise treten von rechts außen die Eltern heran, und Maria reicht dem alten Simeon den Knaben über den Altar hin, und Joseph folgt ihr mit den Opfertauben. Hinter Simeon ist eine Figur mit Buch zu sehen, vielleicht Hanna. Durch das Eintreten der Eltern in den Tempel von rechts wird die Links-Rechts-Bewegung über beide Türstürze hinweg förmlich gestoppt und abgeschlossen. Hier erscheint eine formal-kompositionelle Erklärung wahrscheinlicher, als dass eine besondere symbolische Bedeutung gegeben sein sollte[3].

Im Tympanon der *Pfarrkirche in Neuilly-en-Donjon* thront Maria mit dem Kind, sie ist etwas nach ihrer rechten Seite hin aus der Frontalansicht gewendet, von wo die drei Könige zur Anbetung kommen. Hinter dem Thron steht ein Engel und schreibt in ein Buch; alle diese Figuren stehen auf zwei Tieren, vielleicht einem Drachen und einem Löwen, nach Psalm 91,13. Auch die vier Hörner blasenden Engel sind nicht sicher zu bestimmen, doch ist in diesem Untersuchungsrahmen die Frage ihrer Identität nicht von Belang. Die Haupt-

1 Diemer, S. 259.

2 Es gibt im Museum in Charlieu ein romanisches Relief mit einer Verkündigungsdarstellung, in der gerade umgekehrt der Engel von rechts kommt und Maria links steht.

3 Hingegen kommen in dem Gewändekapitell am Portal von Autun mit dem Thema der Darbringung im Tempel, Maria und zwei Frauen von links, und rechts vor dem Altar erwartet Simeon das Kind.

Abb. 10 La Charité-sur-Loire. Detail vom Türsturz des ehemaligen südlicheren Seitenportals der Westfassade: Darbringung im Tempel

bewegungsrichtung ist von links nach rechts. (Thematisch gehören der Sturz und die Kapitelle zum Tympanon, hinsichtlich der Seitigkeit ist die Untersuchung aber erfolgversprechender im Kapitel der Adam-und-Eva-Darstellungen vorzunehmen.)

Thematische Ähnlichkeiten mit Neuilly zeigt das *Portal der ehemaligen Klostermauer von Anzy-le-Duc*. Auch hier kommen die Könige von links und fallen vor Maria auf die Knie. Maria sitzt unter einem Baldachin, dessen Rückseite etwa auf der Mittellinie des Tympanon-Feldes liegt. Dahinter essen Adam und Eva im Paradies von dem Apfel, und in einer zweiten Szene ganz rechts bedecken sie sich schamvoll ihre Blößen mit Blättern. Genau unter ihnen im Türsturz ist die Hölle mit Verdammten und mit der Schlange dargestellt. Auf der linken Seite hingegen, unter Maria und den Königen, treibt ein Engel Adam und Eva aus dem Paradies in Richtung Hölle. Man kann annehmen, dass die Seitenaufteilung bewusst so ausgeführt wurde, denn die Übereinanderstellung der Anbetung der Könige und des Paradieses auf Marias rechter Seite und des Sündenfalls und der Hölle auf ihrer linken Seite entspricht der traditionellen Einteilung[1].

1 Damit soll allerdings nichts über die Berechtigung bzw. den theologischen Sinn der Zusammenstellung dieser Motive unter ikonologischen Gesichtspunkten gesagt sein.

Abb. 11 Anzy-le-Duc. Portal an der ehemaligen Klostermauer

An den Kapitellen unter der Archivolte geht es ziemlich mörderisch zu, leider habe ich keine sichere Identifizierung der Szenen gefunden. Außen rechts ist noch ein kleines Fries mit einem Ritterkampf angebracht. Für diese Fragestellung aufschlussreich sind das Hinterteil (Abb. 12) und die ausgestreckten Beine links unter der Konsole auf der Seite des Paradieses und gegenüber unter der Hölle an der Konsole die gewandete Gestalt, deren Gürtel zu einem Kreuz geschlungen ist, was auf ihre Seligkeit hindeuten könnte (Abb. 13). Es ist nicht mit Sicherheit zu sagen, ob der Mensch links in einem Höllenrachen verschwindet, sicher hat die Darstellung aber eine Bedeutung im Bereich von Sünde oder Strafe. Wir können hier also zum wiederholten Male zwei verschiedene Bezugspunkte der Seitigkeit innerhalb eines Portals feststellen, immer unter der Voraussetzung, dass der linken Seite tatsächlich die negative Bedeutung zukommt.

Von der dreiportaligen *Anlage der Fassade von Saint-Lazare in Avallon* haben nur zwei Portale mit äußerst schlecht erhaltenen Skulpturen überdauert. Bemerkenswert ist, dass es nach historischen Aufzeichnungen anscheinend in den ehemaligen drei Türstürzen eine zusammengehörige Szenenfolge von links nach rechts gab, beginnend mit der Verkündigung, der Geburt und weiteren Ereignissen aus dem Leben Christi und solchen aus dem Leben des heiligen Lazarus. Dann kamen, wie auf einem Stich von Plancher noch zu sehen ist, ein Gastmahl (wahrscheinlich im Hause des Simon) und die Kreu-

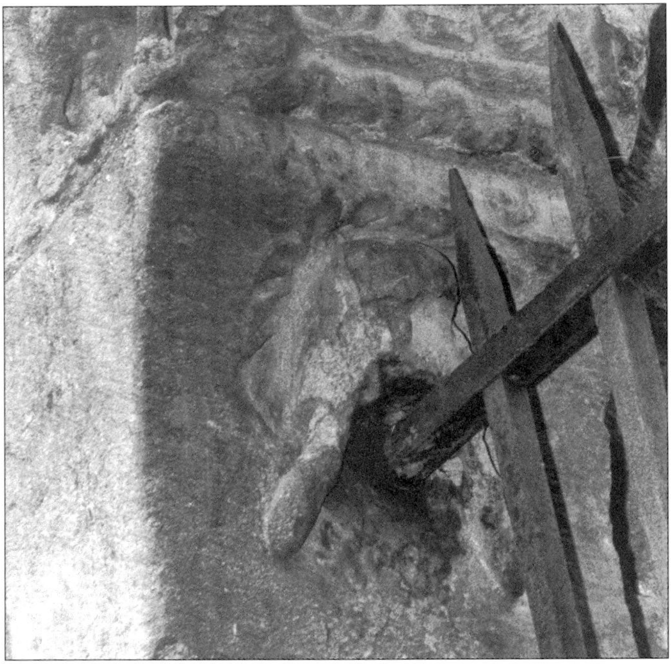

Abb. 12 Anzy-le-Duc. Portal an der ehemaligen Klostermauer. Linke Konsole in der Türleibung (vom Betrachter aus): Hinterteil einer Gestalt

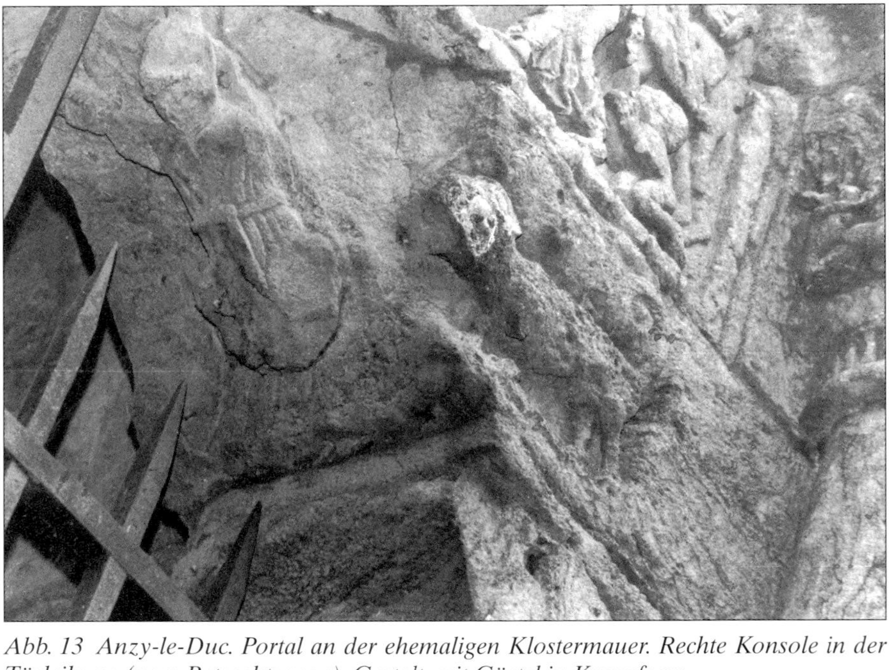

Abb. 13 Anzy-le-Duc. Portal an der ehemaligen Klostermauer. Rechte Konsole in der Türleibung (vom Betrachter aus): Gestalt, mit Gürtel in Kreuzform

zigung. Schließlich folgten im südlichen Portal die Auferstehung und Christus in der Vorhölle.

Nach den Resten des südlichen Tympanons zu schließen, gab es dort jedoch keine einheitliche Bewegungsrichtung wie in den Türstürzen. Die Anbetung der Könige wird auf der traditionell „guten Seite" dargestellt (aber links vom Betrachter aus), in der Mitte reiten die Könige entweder weg vom Ort der Anbetung oder, zeitlich davor, zu Herodes; rechts über der Vorhölle im Sturz sitzt im Tympanon Herodes und empfängt die Könige – die Szene ist im zeitlichen Ablauf der Ereignisse früher als die auf der linken Seite.

Die Figuren an den Basen der Gewändesäulen des Hauptportals und im südlichen Portal in dem Figurenfries bieten keinen klaren Ansatz für eine Seitigkeitsdeutung; sie sind oft von dämonischer Natur (Sirenen, Kentauren) oder weisen, wie die Tänzerin, auf weltliches Spiel, Vanitas und vielleicht auf „Verrenkungen des Geistes" hin.

Auffallend ist, dass die Tierkreiszeichen und die Monatsbilder in den Archivolten des Hauptportals rechts unten beginnen, wahrscheinlich mit den vier Elementen, dann kommen die Tierkreiszeichen und schließlich die Monatsbilder. Dieser Verlauf ist umgekehrt gegenüber dem in den anderen beiden Darstellungen dieser Themen (in Autun und Vézelay).

Die Flucht nach Ägypten auf dem Tympanon in *Bois-Sainte-Marie* ist ein Werk des 19. Jahrhunderts. Die Bewegungsrichtung ist nach rechts, und man könnte vielleicht meinen, dass die Komposition in dieser Hinsicht gut der Romanik nachempfunden wurde. Tatsächlich ist aber ein großer Teil der romanischen Darstellungen der Flucht nach Ägypten in Frankreich nach links gerichtet. In dem Motiv, das *hauptsächlich an Kapitellen dargestellt* ist, geht im burgundischen Raum die Fluchtrichtung nach rechts und in Saulieu nach links. (Um zu entscheiden, ob jeweils symbolische Seitenbedeutungen eine Rolle für die Richtung gespielt haben könnten, wäre für jedes Kapitell eine genaue Untersuchung des Anbringungsortes, seiner Beziehung im Kirchengebäude und möglicher anderer Figuren am Kapitell notwendig.)

Es kann festgestellt werden, dass bei mehrszenischen Darstellungen die Erzählrichtung überwiegend von links nach rechts verläuft. Bei der Darstellung von Bewegungsabläufen findet man beide Richtungen: In Neuilly und Anzy-le-Duc kommen die Könige von links zur Anbetung, in Vézelay und Avallon jedoch von rechts.

4.5.2 Abendmahl – Gastmahl

An dem Türsturz der *Pfarrkirche in Neuilly-en-Donjon* ist links der Sündenfall und rechts das Gastmahl im Hause des Simon dargestellt. An langer Tafel sitzen die zwölf Jünger und am linken Ende, ihnen zugewandt, Christus, dem die Sünderin mit ihren Haaren die Füße trocknet. In der Anordnung der Tafel und der Jünger ist keine besondere Seitenbehandlung zu finden (weitere Untersuchung des Türsturzes in Kapitel 4.6).

Im Bogen über dem *Nordfenster des Narthex von Charlieu* sitzt Christus mitten zwischen den Jüngern beim Abendmahl. Zur Linken Christi lehnt Johannes an seiner Brust, diesem gegenüber sitzt Judas. Diese Szene geht auf Johannes 13,22 zurück, wo es heißt, dass Johannes bei Tisch an der Brust Jesu lag. Dass Johannes oft an der linken Seite Christi abgebildet wird, könnte vielleicht in Zusammenhang mit dem Herzen in der linken Brust und dessen symbolischen Bedeutungen interpretiert werden. Allerdings wäre dabei zu hinterfragen, ob den Menschen damals bereits aus anatomischer Kenntnis bewusst war, dass das Herz etwas nach links im Körper verschoben ist. Johannes ist auch auf Kreuzigungsdarstellungen links von Christus abgebildet, was dort eher eine Rangordnung hinter Maria als Mutter Gottes auf der rechten Seite von Christus bedeutet.

Als topologische Gegenüberstellung sind im Sturz heidnische Tieropfer dargestellt. Bezeichnend für die Seitigkeit ist sicher das Brotbrechen in Emmaus an dem gemeinsamen Kapitell der beiden rechten Fensterleibungssäulchen.

In dem breiten Archivoltenbogen kommt die Verklärung Christi zur Darstellung.

Wie in Charlieu, ist auch in *Saint-Julien-de-Jonzy* im Sturz Johannes an Christi linker Brust und ihm gegenüber auf der anderen Seite des Tisches Judas dargestellt. An den Querseiten des Tisches sind Szenen der Fußwaschung beigefügt.

Eine weitere Abendmahlsdarstellung findet sich in dem aus *Saint-Bénigne* in Dijon stammenden Tympanon. Dort sprengen die Figuren durch ihre Größe förmlich den Bogen, sie sind so massiv dargestellt, dass nur neun Jünger Platz fanden. Johannes schläft, wie üblich, an Christi linker Brust, und der kleine Judas kniet vor dem Tisch, diesmal jedoch auf Christi rechter Seite.

> Bei den Abendmahlsdarstellungen ist für die Seitigkeit eigentlich nur der Platz des Judas und Johannes interessant. Und zwar Johannes erscheint meistens an Christi linker Seite, genauso wie bei vielen Maiestas-Domini-

Darstellungen und bei der Deesis. Bei Letzterem handelt es sich aber eher um eine Rangordnung zwischen Maria und Johannes als um eine Darstellung an der Brust Christi.

4.5.3 Christus und Jünger

Christus und Jünger werden in verschiedenen schon behandelten Motiven dargestellt. Zwei Arbeiten ließen sich jedoch nicht unter die anderen Themen einordnen; dies sind das Tympanon in Nevers, mit der Schlüsselübergabe an Petrus, und das nördliche Portal der Schiffsfassade in Vézelay, mit der Erscheinung Christi bei den Jüngern und der Emmausgeschichte.

Nur erwähnt sollen hier noch der Türsturz und die figuralen Gewändekapitelle von *Châteauneuf-en-Brionnais* sein; dort werden die Apostel in steifer Reihung abgebildet. Die Figuren erinnern etwas an den Türsturz des ehemaligen Westportals in Charlieu, doch sollen sie nach Oursel circa sechzig Jahre später, Mitte des 12. Jahrhunderts, entstanden sein[1]. Da das Tympanon verloren ist, bleibt der ursprüngliche Sinnzusammenhang verborgen.

Am Türsturz des *nördlichen Portals der Schiffsfassade von Vézelay* beginnt die Erzählung links mit Christus, der auf dem Weg nach Emmaus zwei Jüngern entgegentritt (der Gegenstand hinter Christus ist ein Baum). Ziemlich in der Mitte sitzt unter einem Kuppeldach Christus zwischen den Aposteln und bricht das Brot. Der Jünger zu Christi rechter Seite zeigt voller Erstaunen – wahrscheinlich im Augenblick des Erkennens – auf Christus. Auf der rechten Seite im Türsturz verlassen die Jünger durch die Pforte Emmaus und wenden ihre Schritte nach rechts.

Im Tympanon darüber findet sich die Erscheinung Christi bei den Jüngern. Der genaue Zeitpunkt nach der biblischen Überlieferung ist nicht sicher zu bestimmen; vielleicht ist die Figur rechts neben Christus der ungläubige Thomas. Die Komposition gruppiert sich um Christus und ist mit fünf Aposteln auf jeder Seite ziemlich ausgewogen, ohne besondere Betonung einer Seite.

In der Kapitellzone erscheint links ein Basilisk, ein Fabeltier mit einem langen, nach oben gewundenen Reptilienschwanz, und an der Konsole kämpft ein Engel mit einem sich heftig wehrenden Dämon.

1 Oursel, 1976, S. 127.

Auch an der rechten Konsole ist ein Engel in den Kampf mit einem Dämon verwickelt, und am Kapitell sind zwei Menschen mit Musikinstrumenten abgebildet, der linke mit einem Trumscheit und der rechte mit einer glockenbehängten Stange auf den Schultern.

Es ist nicht sicher zu entscheiden, ob in diesen Gewändekapitellen eine eindeutige Seitigkeit beabsichtigt war. Wie im südlichen Portal die zwei Engel mit Horn, sind auch hier an den Konsolen zwei Engel, diesmal in den Kampf mit Dämonen verwickelt abgebildet. Eindeutig bedrohlich ist der Basilisk an der linken Seite. Er galt im Mittelalter als ein gefürchtetes Ungeheuer. Die Schwierigkeit liegt in der ikonographischen Beurteilung der beiden musizierenden Menschen. Oft werden sie für Personifikationen von Tönen des Kirchengesangs gehalten (z. B bei Rupprecht); dies stellt aber Diemer infrage und formuliert die Hypothese, dass sie möglicherweise nicht das Gotteslob verkörpern, „wie ihre Kollegen in Cluny", sondern „vielmehr unter die aus der Kirche verbannten Wesen zu rechnen sind"[1]. Gemäß dieser Annahme würden sie der weltlichen Musik angehören und äußere Reize und sinnliche Verführung verkörpern.

Im Tympanon, das aus der Kirche St.-Saveur in *Nevers* stammt und heute im dortigen Museum aufbewahrt wird, thront rechts Christus, und vor ihm stehen Petrus sowie hinter ihm drei andere Jünger, die der Schlüsselübergabe beiwohnen. Hinter Christus sitzt ein weiterer Heiliger mit Buch. Im Türsturz sind in einer vegetabilischen Wellenranke Tiere eingeschlossen; identifizierbar ist rechts eine Vogelsirene, die anderen sind Vögel und große Wildkatzen.

Bei der Darstellung im Tympanon ist der rechte Sitzplatz von Christus sehr typisch, vergleichbar mit der Platzierung von Maria und Kind in der Darstellung der Anbetung der Heiligen Drei Könige.

4.6 Adam und Eva

Das Thema des Sündenfalls wird in der Romanik öfter dargestellt. Im Türsturz in *Neuilly-en-Donjon* verführt Eva Adam dazu, den Apfel zu essen, und diesem scheint der Bissen gerade im Halse stecken geblieben zu sein, so entsetzt fasst er sich dahin. Die um den Apfelbaum gewundene Schlange redet Eva von hinten weiter zu. Die Szene ist räumlich sehr eingeengt, den übrigen Platz nimmt das Gastmahl ein.

1 Diemer, S. 167.

Abb. 14 Neuilly-en-Donjon. Westportal der Pfarrkirche Sainte-Madeleine. Tympanon: Anbetung der Könige, Tuba blasende Engel, Tiermonster; Türsturz: Sündenfall und Gastmahl im Hause des Simon

Auf dem Kapitell an der linken Seite, neben dem Sündenfall, sollen nach Rupprecht die Bestrafung der Amalekiter sowie Saul und David dargestellt sein. Leider begründet er diese Identifizierung nicht weiter. An der rechten Seite sitzt eine bekleidete Figur und ist im Begriff, einer kopfüber stürzenden Gestalt den Kopf mit einem „Axt-Hammer" abzuschlagen. Der Stürzende trägt eine Art Kettenhemd und hält einen zylinderförmigen Gegenstand in den Händen.

Auf der linken Seite des Kapitells stürzt sich eine schreiende Figur, vielleicht ein Dämon, auf einen kleinen Menschen. Ob diese Szene die Bestrafung der Amalekiter, der Erbfeinde der Israeliten, sein soll, die von Saul besiegt wurden, kann hier nicht weiter untersucht werden.

An dem rechten Kapitell sitzt Daniel, rechts leckt ein Löwe seine Schulter und links bringt der Prophet Habakuk, von einem Engel getragen, eine Schüssel mit Essen. „Dass Daniel unbeschadet aus der Grube herauskommt, gilt als eines der Zeichen für die Auferstehung Christi"[1].

---

1 Keller, Harald, S. 143.

Das heißt, wir haben an beiden Kapitellen alttestamentliche Szenen, jedoch rechts einen Hinweis auf die Auferstehung Christi und links den Sündenfall und die Bestrafung von Feinden der Israeliten. Selbst wenn die Identifizierung der Szenen am linken Kapitell nicht zutreffen sollte, weisen sie mit dem am Türsturz direkt daneben dargestellten Sündenfall auf Bestrafung und Sünde hin, während rechts Christus und ein Hinweis auf seine Auferstehung gegeben sind. Die Seitigkeit ist, mit dem Sündenfall und den Bestrafungsszenen links und dem Hinweis auf Christus rechts, auf den Betrachter bezogen, und zwar nicht erst in den Gewändekapitellen, sondern schon im Türsturz.

Umgekehrt war vermutlich die Seitenaufteilung am ehemaligen Türsturz am *Nordportal von St.-Lazare in Autun*. Von dem Figurenschmuck des Portals hat sich wenig erhalten. Das berühmteste Stück ist die liegende Eva, die die rechte Seite des Türsturzes eingenommen haben soll, hinter ihr im Geäst des Apfelbaums kann man die Krallenhand des Teufels deutlich erkennen. Man nimmt an, dass ihr ursprünglich Adam gegenüberlag. Dies vorausgesetzt, war Eva auf der traditionellen Höllenseite bzw. der weniger bevorzugten Seite vom Bezugspunkt des Heiligen im Tympanon aus platziert, die gern auch den Frauen zugewiesen wurde (vgl. Paray-le-Monial).

Abb. 15 Autun. Musée Rolin. Eva vom Türsturz des ehem. Nordportals der Kathedrale Saint-Lazare

Auch am *Portal der ehemaligen Abteimauer in Anzy-le-Duc* sind, wie oben schon gesehen wurde, im Tympanon und Sturz die traditionellen Seiten für Paradies und Hölle eingehalten: Der Sündenfall ist rechts über der Hölle dargestellt, und aus dem Paradies unter der Anbetung der Könige werden Adam und Eva in Richtung Hölle vertrieben.

Bei den erhalten gebliebenen Darstellungen von Adam und Eva in Burgund wird die gewohnte Seitenaufteilung von Gut und Böse im Allgemeinen beibehalten. Nur Neuilly macht eine Ausnahme, indem im Türsturz und fortgesetzt in den Gewändekapitellen die Seitensymbolik umgekehrt ist, sodass sie vom Betrachter her zu entschlüsseln wäre.

4.7 Sonstige Motive

Zwei Tympana ließen sich nicht unter die obigen Themenbereiche einordnen.

In dem Bogenfeld der Kirche von *Varenne-l'Arconce* befindet sich, umgeben von einem Rosettenfries, das Lamm. Es ist nach links gerichtet und kniet mit den Vorderfüßen so, dass zusammen mit dem zurückgewandten Kopf eine S-förmige Linie entsteht. Unter diesem ist der Halter des Kreuzes, welches nimbiert über dem Rücken wieder erscheint. Drei der fünf Rosetten im Fries sind sechs-, zwei fünfblättrig[1]. Eine besondere Seitensymbolik ist nicht festzustellen.

Oursel rechnet das Portal der Dorfkirche in *Prusly* der Romanik zu (Abb. 6 und 7)[2]. Die einfache, flache, fast zeichnungsartige Arbeit fällt sowohl formal als auch inhaltlich völlig aus dem Rahmen der übrigen romanischen Skulpturen in Burgund. Es kann hier weder die stilistische noch die inhaltliche Frage abschließend geklärt werden, trotzdem sollen ein paar Hinweise dazu angebracht werden, weil sich in der gängigen Fachliteratur keine Abbildungen und Beschreibungen finden ließen.

Das Bogenfeld teilt ein griechisches Kreuz. Links ist ein geflügeltes Tier, welches sich rückwärts nach rechts wendet; der Kopf auf dem überlangen Hals trägt menschliche Züge. Entlang dem linken Bogenlauf biegt sich ein langstieliges Gewächs. Die rechte Hälfte des Tympanons wird von einem Baum halbiert, den zwei sich gegenüberstehende, ebenfalls geflügelte Tiere mit ihren spitzen Mäulern berühren; jedes hebt einen Vorderfuß und berührt den

1 Oursel zählt das Tympanon zu den frühen romanischen Werken.
2 Oursel, 1981, S. 41

Abb. 16 Prusly. Tympanon des Westportals der Pfarrkirche

Abb. 17 Prusly. Tympanon des Westportals der Pfarrkirche

Stamm ein zweites Mal. Auf dem Baum sitzt ein Vogel. Den unteren Streifen des Bogenfeldes schmückt eine Palmettenranke (jede der neun Palmetten hat sieben einzelne Blätter), und die Wulst um das Bogenfeld wird mit einem ähnlichen Rankenornament geziert. Außen, unter einem etwas vorspringenden Bogen, ist ein Fries mit elf, meist neunblättrigen Gewächsen. Zur Seitigkeit kann hier wenig gesagt werden, weil die einzelnen Symboliken nicht völlig geklärt sind.

Vielleicht ist dieses Portal früher als die übrigen hier behandelten entstanden, zumindest entstammt es einer ganz anderen Tradition. Es ähnelt in vielem mitteleuropäischen Arbeiten an kleineren Kirchen aus dem 12. Jahrhundert, zum Beispiel im Ornament dem Tympanon von St. Johann im Elsass und bei den Bäumen etwas dem von Gumperda (Sachsen-Altenburg)[1].

4.8 Ergebnisse

Die Untersuchung ergab, dass die traditionellen Seitenbedeutungen am stärksten auf die Platzeinteilung in den romanischen Portalen Burgunds eingewirkt haben. Dabei war die linke Seite die abgewertete und die rechte die bevorzugte, wie es in dieser Arbeit für andere Gebiete und andere Kunstwerke auch schon festgestellt wurde.

In den Tympana, die der hervorgehobenste Teil des Portals sind, wurde diese Seitigkeit von den dargestellten Personen (meist Christus) aus bestimmt. Für den Betrachter ist die Seiteneinteilung dann umgekehrt: Die Hölle ist von ihm aus rechts und das Paradies links, z. B. in Autun, Mâcon, Anzy-le-Duc (Klostermauer). Bei der Anordnung der Evangelisten-Symbole ist eine Rangordnung, weniger eine direkte Abwertung, zu beobachten.

Diese Seitenordnung kann auch im Türsturz weiter übernommen werden, so in Autun, Anzy-le-Duc (Portal an der Klostermauer) und mit Einschränkungen im südlichen Seitenportal in Avallon und Mâcon.

Überraschenderweise wechselt in Gewändekapitellen die Seitenaufteilung von „Gut und Böse“: Manchmal ist Christus im Tympanon eindeutig der Bezugspunkt, wie in Semur-en-Brionnais und in Perrecy-les-Forges.

1 Bauerreiss, Romuald, Das „Lebenszeichen“. Studien zur Frühgeschichte des griechischen Kreuzes und zur Ikonographie des frühen Kirchenportals. Birken Verlag, München, 1961, Abbildungsnummer 51 und 32.

Dann gibt es Portale ohne erkennbare bewertende Seitenaufteilung hinsichtlich rechts und links bei den Kapitellthemen, z. B. im Westportal von Anzy-le-Duc, und wieder andere, in denen an beiden Seiten Dämonen, Fabeltiere und Faune abgebildet sind (eben Wesen, denen der Zugang zur Kirche versperrt ist), z. B. im südlichen und nördlichen Seitenportal der Schiffsfassade von Vézelay, in Mâcon und in Fleury-la-Montagne.

Und schließlich gibt es noch die erstaunlichen Fälle, in denen die Seitensymbolik gerade umgekehrt wie im Tympanon und Türsturz ist, sodass nur der Betrachter als Bezugspunkt für die Abwertung der linken und für die Aufwertung der rechten Seite infrage kommen kann. Eine solche Einteilung findet man in Monteceau-l'Étoile, an der Leibung am Nordportal des Narthex in Charlieu und in Neuilly-en-Donjon (hier schon im Sturz). In zwei Fällen sind in ein und demselben Portal konträre Seitenaufteilungen im Tympanon und in den Gewändekapitellen gegeben, und zwar in Anzy-le-Duc (Portal an der Klostermauer) und in Autun.

Diese Entdeckung ist ziemlich unerwartet und wirft die Frage nach den Ursachen solcher Erscheinungen auf. Es gibt hauptsächlich zwei Erklärungsmöglichkeiten:
1. Diese Umkehrung ist Resultat eines getrennten Arbeitsganges.
2. Man beabsichtigte bewusst, zwei Bezugspunkte im Portal zu integrieren, im Tympanon den von Christus und in den Gewändekapitellen den der Gläubigen.

Zu 1. Es ist durchaus denkbar, dass nicht überall von Anfang an ein Gesamtkonzept für den Portalschmuck vorlag, sondern bei so großen Arbeiten, wie es z. B. bei dem Bogenfeld von Autun der Fall war, der Auftrag für Tympanon und Sturz an einen Bildhauer vergeben wurde, und dass man dann erst an die Gewändekapitelle dachte und diese zwischenzeitlich von einem anderen Bildhauer ausführen ließ. Dieser kannte zwar sicherlich das Thema des Tympanons, verfuhr aber nach seinem eigenen Gutdünken und setzte sich selbst als Bezugspunkt für die Aufteilung der Gewändekapitelle.

Zu 2. Dieser Erklärungsversuch schließt die bewusste Absicht des Auftraggebers ein, die Seitigkeit möglichst vollständig – und mit dem Kompromiss zweier entgegengesetzter Bezugspunkte – zu integrieren und dem Gläubigen deutlich zu machen. Ich kann diese These nicht literarisch belegen, doch scheint mir viel dafür zu sprechen, dass die beiden verschiedenen Bezugspunkte nicht bloßer Zufall sind.

Der zweite Erklärungsversuch widerspricht dem ersten nicht, der Unterschied ist eher ein gradueller; im zweiten Fall beabsichtigte der Auftraggeber von Anfang an diese Umkehrung, im ersten entstand sie während des Arbeitsprozesses.

Die Untersuchung von Kapitellen unter dem Aspekt der Seitigkeit ist meiner Ansicht nach ein sehr fragwürdiges Gebiet[1]. Anders als bei den Portalprogrammen, ist die Versetzung der Kapitelle bis zum letzten Moment ziemlich leicht manipulierbar und von Zufällen abhängig. Doch selbst wenn man meint, ein Gesamtkonzept in einer Kirche feststellen zu können, bleibt der Unsicherheitsfaktor von Renovierungen im 19. Jahrhundert, bei denen manchmal Kapitelle vertauscht wurden, ohne dass diese Platzänderung überliefert ist (dies ist wahrscheinlich sogar mit dem Tympanon in Mâcon geschehen[2]). Und auch dann, wenn über den originalen Anbringungsort Sicherheit besteht, können – als weitere Störfaktoren bei der Suche nach direkten Links-Rechts-Symboliken – andere Bedeutungszusammenhänge durch die Themen anderer nahe angebrachter Kapitelle hinzukommen. Aus diesen Gründen wurde hier auf eine Berücksichtigung der Kapitelle weitgehend verzichtet.

An den Türstürzen wurden oft Szenenfolgen und Szenen mit scheinbaren Bewegungsabläufen dargestellt. Häufig sind es Themen aus dem Leben Jesu. Die überwiegenden Bewegungsrichtungen (BR) sowie die Szenenfolgen (SF) sind *von links nach rechts*, wie aus der schematischen Übersicht hervorgeht:

Anzy-le-Duc, Portal an der Abteimauer

Tympanon (BR) ⟶ (SF) ⟶

Sturz (BR) ⟶

Avallon, dreiportalige Anlage

(BR) ⟵ Tympanon ⟶ (BR)

Sturz (SF) ⟶ | Sturz (SF) ⟶ | Sturz (SF) ⟶

1 Besonders Ingeborg Tetzlaff hebt in ihrer Arbeit über „Romanische Kapitelle in Frankreich" (Köln, 1976) die Bedeutung von Links und Rechts in Kapitellen hervor. Bedenklich halte ich dabei, dass sie den Bezugspunkt zur Bestimmung der Seiten in den Betrachter und nicht in die Figur legt, z. B. S. 136 f.

2 Sauerländer, S. 273.

La Charité-sur-Loire

Sturz (SF) → Sturz (SF/BR) → ←

Charlieu, Verkündigungsrelief

(BR) ● ←

Neuilly-en Donjon

Tympanon (BR) →

Nevers

Tympanon (BR) → ●

Perrecy-les-Forges

Sturz (SF und z. T. BR) → → → →

Vézelay, Südportal

Tympanon (BR) ←

Sturz (SF) →

Vézelay, Nordportal

Sturz (SF) →

Die Untersuchung der romanischen Skulptur in Burgund hat Folgendes ergeben: Der Traditionsfaktor von Links und Rechts ist die dominierende Kraft bei der Seitengestaltung. Die Blickbahn und die Kompositionsrichtung erschlossen sich an den Skulpturen jedenfalls kaum einer Untersuchung, aber Ansätze fanden sich in Szenenfolgen und scheinbaren Bewegungsabläufen, die in der überwiegenden Zahl der Fälle von links nach rechts erfolgten. In einigen Portalen konnte die überraschende Entdeckung gemacht werden, dass zwei gegensätzliche Bezugspunkte für die üblichen Seitenbedeutungen des Traditionsfaktors auftraten.

Durch die Anwendung der Ergebnisse der ersten beiden Teile dieser Arbeit wurden die theoretischen Schlussfolgerungen für die bildende Kunst (Zusammenfassung Kap. 3.10) an den ausgewählten Kunstwerken weitgehend bestätigt, soweit dies für eine so fern zurückliegende Epoche überhaupt noch möglich ist. Es zeigte sich sehr deutlich, dass die Seitigkeit mit all ihren Aspekten ein Phänomen darstellt, das bei der Bildanalyse beachtet werden sollte.

5 Anhang zur Dissertation

5.1 Schema des Himmelstemplums von Heinrich Nissen

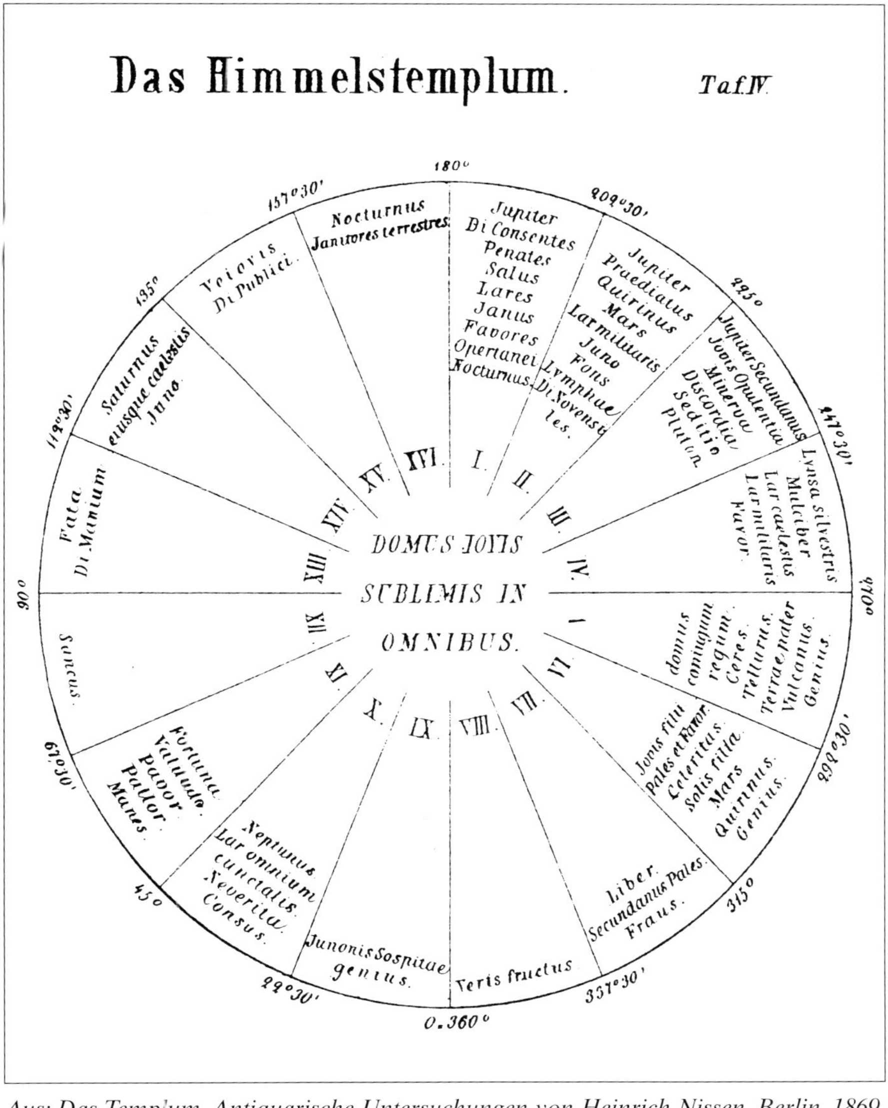

Aus: *Das Templum. Antiquarische Untersuchungen von Heinrich Nissen. Berlin, 1869. Tafel IV.*

5.2 Bemerkungen zur Linkshändigkeit

Da in den weiteren Kapiteln die Linkshändigkeit oder genauer die sensorische und motorische Dominanz der rechten Gehirnhemisphäre eine wichtige Rolle spielen wird, erscheint es mir notwendig, kurz auf einige Fragen zur Geschichte, zum Ursprung und zur Statistik der Linkshändigkeit einzugehen. Doch bleiben diese Ausführungen – trotz einer gewissen Länge – oft fragmentarisch und die Literaturangaben können nur weiterführende Hinweise sein; eine umfassende Darstellung, eine kritische Diskussion und Stellungnahme sind nicht beabsichtigt und wären bei der Komplexität der Problematik in diesem Rahmen auch ein höchst fragwürdiges Unternehmen.

5.2.1 Fragmente zu einer noch nicht geschriebenen Geschichte der Linkshänder

Wann die Leidensgeschichte der Linkshänder begonnen hat, lässt sich wohl kaum noch feststellen. Ja, selbst eine ausführliche Geschichte der Linkshändigkeit ist bis heute noch nicht geschrieben worden.

In der Bibel werden in dem recht frühe (12./11. Jh. v. Chr.) Traditionen verarbeitenden „Buch der Richter" Linkshänder an zwei Stellen erwähnt (Richter 3,15 f. und 20,16). Es handelt sich in beiden Fällen um den außerordentlich geschickten Gebrauch der Waffen mit der linken Hand. Linkshändigkeit scheint demnach damals schon eine Ausnahmeerscheinung gewesen zu sein, sonst wäre die spezielle Hervorhebung nicht verständlich. Wie üblich oder zwingend die Erziehung zum Gebrauch der rechten Hand war, lässt sich aber meiner Ansicht nach aus diesen Quellen nicht abschätzen. Aus diesen und anderen oben schon zitierten Bibelstellen (s. Kap. 1.4.3) geht hervor, dass die rechte Hand bei den Israeliten als die stärkere, aktivere galt (man sucht Schutz an Gottes Rechter, der Segen mit der rechten Hand ist der wertvollere). Ich meine, dass man aus all diesen Quellen schließen kann, dass die Israeliten während der Zeit der Entstehung des Alten Testaments hauptsächlich Rechtshänder waren bzw. Rechtshändigkeit bereits das Erziehungsziel gewesen sein könnte.

Auch bei den Griechen, zur Zeit von Platon und Aristoteles, war die Situation kaum anders: *Rechtshändigkeit war die Norm*. Beidhändigkeit kam hin und wieder vor. Von Linkshändigkeit reden Platon und Aristoteles nicht[1].

---

1 Das Wort „linkshändig" scheint es zur damaligen Zeit nicht gegeben zu haben. In der griechischen Bibelüberstzung, der Septuaginta, wird das Wort „aristereuo", „die linke Hand gebrauchen", verwendet (etwa 3. Jh. v. Chr.) und möglicherweise hier erstmals in die griechische

Schon der alte Homer hebt die Beidhändigkeit eines Helden als etwas Besonderes hervor: „… allein zwei Lanzen zugleich warf Asteropaios, der Held, der rechts mit jeglicher Hand war“[1]. Interessant ist der Ausdruck „rechts mit jeglicher Hand“, d.h. Homer gebraucht rechts in dem übertragenen Sinn von „geschickt“.

Von den Skythen berichtet Platon die Fähigkeit der Beidhändigkeit[2]. Außerdem übermittelt er uns die wertvolle Information von der damaligen Auffassung, dass der bevorzugte Gebrauch der rechten Hand auf den Einfluss der Kindermägde und Mütter zurückzuführen sei: „Was aber den Gebrauch der Hände anlangt, so ist es dem Unverstand der Wärterinnen und Mütter zuzuschreiben, dass wir da alle gleichsam hinkende Geschöpfe geworden sind. Denn ungeachtet der natürlichen Gleichwertigkeit dieser Gliedmaßen auf beiden Seiten haben wir sie doch durch gewohnheitsmäßig falschen Gebrauch verschieden gemacht“[3]. Er plädiert aus dem praktischen Grund der größeren Geschicklichkeit – z.B. beim Lyraspiel, Wagenlenken und Bogenschießen, wo beide Hände benutzt werden – für eine Erziehung zur Beidhändigkeit. Anders ist die Lage bei Aristoteles: Er hält die Überlegenheit der rechten Hand als von der Natur gegeben; *Beidhändigkeit scheint er für eine Sitte, die nicht der menschlichen Natur entspricht,* zu halten: „Welches Recht aber in den Dingen, die auch anders sein können, natürlich ist und welches es nicht ist, sondern auf Gesetz und Übereinkunft beruht, obschon beides gleichermaßen beweglich ist, ist von selbst einleuchtend. Diese Unterscheidung gibt es ja auch sonst. Die rechte Hand ist z.B. von Natur stärker, und doch kann es Menschen geben, die beide Hände gleich gut gebrauchen“[4]. Dass Rechtshändigkeit nicht naturgegeben, sondern auch ein Erziehungsziel sein kann und Beidhändigkeit dementsprechend als Ergebnis einer bewusst erstrebten Umerziehung des Linkshänders auftreten könnte, steht bei seinem Denkansatz außerhalb der Diskussion. Bei der Bedeutung, die den aristotelischen Schriften, besonders seit dem Mittelalter, in der theologisch-philosophischen Diskussion zukommt, lässt sich ein prägender Einfluss auf die Vorstellung von der Händigkeit im abendländischen Denken vermuten.

Sprache eingeführt. Das altgriechische Wort „aristeros“ (αριστεροζ) für „links“ kommt von „aristos“ (αριστοζ) der „Beste“ und ist als Euphemismus, als eine verhüllende und beschönigende Bezeichnung, zu verstehen, „weil links eigentlich so viel wie unglückbedeutend war“ (Gemoll, Wilhelm, Griechisch-Deutsches Schul- und Handwörterbuch. G. Freytag Verlag, 9. Aufl., München, Wien, 1965).

1 Homer, Ilias, XXI, 163.

2 Platon, Gesetze, VII. Buch, 795. Übersetzt u. erläutert von Otto Apelt (v. Felix Meiner Verlag). Leipzig, 1940.

3 Ebenda, 794 d ff.

4 Aristoteles, Nikomachische Ethik, V, 10, 1134 b, 31–34.

Plutarch (um 45–120 n. Chr.) war, zitiert nach Rett, der Meinung, „dass eine Dressur der Händigkeit bei Kindern schon bei der Einnahme der Nahrung zweckmäßig sei; er erkannte also die Bedeutung der Erziehung für die Händigkeitsentwicklung“[1]. Nach dem Kontext bei Rett zu schließen, ist die Erziehung zur Rechtshändigkeit gemeint. Das würde bedeuten, Plutarch setzt in seinem Plädoyer auch eine Umerziehung der Linkshänder voraus, ohne dass dies in dem Text seine spezielle Aussageabsicht wäre.

Das Christentum, das die moralische Bewertung der Seiten besonders von den Pythagoreern und aus dem Manichäismus übernahm und auch im Ritus den bevorzugten Gebrauch der rechten Hand vorschrieb, hat sicher die Erziehung zur Rechtshändigkeit weiter unterstützt.

Da die Priester sprach- und schriftbegabt sein mussten, ist es kaum anzunehmen, dass viele Linkshänder und Pseudo-Rechtshänder (also umgeschulte Linkshänder) zu ihnen stießen; außer den Hochbegabten unter ihnen, die sich durch Überkompensation durchsetzten, wird die große Mehrheit durch legasthenisches Verhalten ausgegrenzt worden sein[2]. Die größten Chancen werden Linkshänder wahrscheinlich in handwerklichen Berufen gehabt haben, wo sie – ohne das durch die Umschulung für sie verhängnisvolle Lernen des Schreibens und Lesens – zwar beide Hände gebrauchen mussten, aber die Möglichkeit hatten, ihr Handwerkszeug nach ihren eigenen Bedürfnissen zu gebrauchen und zu gestalten.

Auch im Kampf mit dem Schwert werden sich die Linkshänder noch behauptet haben. Interessant ist dazu die Beobachtung der Drehrichtung von Wendeltreppen in alten Burgfrieden; jene waren die letzte Bastion einer Burg und es wäre lebensgefährlich, wenn die Verteidiger gegenüber den Eindringlingen von unten benachteiligt gewesen wären, deshalb wurden die Treppen so angelegt, dass der von oben Kommende die bewaffnete Hand außen hielt und Bewegungsfreiheit für das Schwert hatte, d. h. für einen rechtshändigen Burgherren musste die Treppe im Uhrzeigersinn (von unten aus gerechnet) verlaufen. Manchmal kann man aber einen Treppenverlauf im entgegengesetzten Uhrzeigersinn feststellen, der nur einen Linkshänder, welcher von oben kommt, begünstigen würde. Dabei ist das Jahrhundert der Entstehung zu beachten, denn bei späteren Bauten brauchte dieser funktionale Sinn nicht mehr beachtet zu werden und wurde ganz vergessen.

---

1 Rett, Kohlmann, Strauch, Linkshänder. Analyse einer Minderheit. Wien, München, 1973, S. 25; leider ohne Quellenangabe.
2 Siehe dazu Rett, S. 26 f.

Seit der Erfindung von Schusswaffen wird es den Linkshändern sicher schlechter gegangen sein und in Armeen, die das Exerzieren liebten, wie die preußische, dürfte das Leben für einen ausgeprägten Linkshänder eine besondere Qual gewesen sein. Rett spricht in diesem Zusammenhang von einer besonders großen Zahl an Deserteuren[1].

Bei persönlichen Jagdwaffen hätte der Besitzer dagegen die Möglichkeit gehabt, sich das Gewehr nach seinen eigenen Bedürfnissen anfertigen zu lassen, da die Jagdgewehre meistens teure Einzelstücke waren. Daher habe ich in den vier folgenden bedeutenden Sammlungen von Prunkgewehren Nachforschungen über Linkshändergewehre betrieben:
- Waffensammlung des Regierenden Fürsten von Liechtenstein auf Schloss Vaduz,
- Deutsches Jagdmuseum, München,
- Waffensammlung des Kunsthistorischen Museums, Wien,
- Heeresgeschichtliches Institut, Prag (Vojenský historický ústav).

In der privaten fürstlichen Sammlung in Liechtenstein, zu der ich durch die Großzügigkeit S. D. Erbprinz Hans-Adams Zugang hatte, befindet sich ein Gewehr, das zwar nicht direkt umgekehrt konstruiert ist, aber doch eventuell für einen Linkshänder mit dominantem linkem Auge brauchbar wäre. Bei diesem Gewehr ist die Backe wie gewöhnlich an der linken Seite des Kolbens und das Schloss an der rechten. Doch hat es einen so genannten Krüppelschaft (ein Knie nach links), sodass der Schütze bei der allgemein üblichen Haltung mit dem linken Auge zielen kann. Dieses Gewehr kann also sowohl für einen einäugigen Schützen hergestellt worden sein als auch für einen, dessen linkes Auge stark dominant war, eine Eigenschaft, die oft mit Linkshändigkeit gepaart ist (darüber, wie zwingend das gleichzeitige Auftreten dieser beiden Eigenschaften ist, besteht noch wenig Einigkeit, man vgl. z. B. die Statistiken bei Rett, S. 49 (zu wenig Versuchspersonen) und bei Gramm S. 46 und S. 50 (seine Zahlen sind nicht ganz schlüssig)[2].

Auch im Deutschen Jagdmuseum, München, gibt es nur ein einziges dem Liechtensteiner Exemplar vergleichbares Gewehr (Perkussionszwilling, Nr. 2824, Wien um 1840, Abb. 18).

---

1 Rett, S. 27 f.; leider ohne Quellenangabe.

2 Experimentelle Ergebnisse der neueren Forschung weisen immer mehr darauf hin, dass zwischen Händigkeit und Augenpräferenz (Äugigkeit) kaum eine Beziehung zu erkennen sei. Springer, Deutsch, Linkes Rechtes Gehirn, 1995 (3), S. 142 f.

Abb.18 Perkussionszwilling mit Krüppelschaft, Wien um 1840. Im Deutschen Jagdmuseum, München, Nr. 2824

In der oben genannten Wiener Waffensammlung findet sich laut einer Mitteilung von Dr. Gamber kein echtes Linkshändergewehr[1].

Auf meine Anfrage im Heeresgeschichtlichen Museum in Prag bekam ich vom Heeresgeschichtlichen Institut die Antwort, dass sich sowohl mehrere Gewehre mit einem Krüppelschaft als auch vier typische Linkshändergewehre in ihren Sammlungen befänden. Nach den Angaben des Direktors (Brief vom 22. 3. 1982) wurden dort auf meine Anfrage spezielle Recherchen unternommen und der Bestand an folgenden Linkshändergewehren festgestellt:

Inv. Nr. II – 1650 Stutzen (Büchse) mit einem holländischen Steinschloss, ohne Signierung, beschädigt;

1 Anmerkung: Bei einem späteren persönlichen Besuch der Waffensammlung des Kunsthistorischen Museums in Wien stellte ich fest, dass es dort doch mehrere Gewehre für Linkshänder gibt: Inv. Nr. D 132 , *Kleinkaliber-Büchse* für Linkshänder, Vorderlader mit Elfenbeineinlagen (Rollwerk u. a. Ornamente, Kartusche mit Stadtansicht), Sachsen um 1610. Inv. Nr. G 402, 1 Paar *Steinschloss-Büchsen*, Vorderlader von Kajetan Zelner, Salzburg 1750–1780. Die Beschriftung auf dem einen Gewehr ist in Spiegelschrift. Inv. Nr. G 73 und G 74, 2 Gewehre mit Krüppelschaft von Joseph Hamerl, um 1730. Inv. Nr. G 397, *Steinschloss-Büchse* mit Krüppelschaft von Kajetan Zelner.

Inv. Nr. II – 421 Stutzen (Büchse) mit einem französischen Steinschloss, Schlossblech bezeichnet: B/DAISENPERGER/MÜNCHEN;

Inv. Nr. II – 1696 einläufiges Schrotgewehr (Flinte) mit Perkussionsschloss, Lauf bezeichnet: JOSEF SAMUELIS A BUDWEIS;

Inv. Nr. II – 1756 einläufiges Schrotgewehr (Flinte) mit Perkussionsschloss System Console, Schloss signiert: GIUSEPPE CONSOLE/MILANESE INVENTO: Lauf signiert: FERD. FRUWIRTH IN WIEN.

Aus diesen eher mageren Funden darf man wohl schließen, dass auch in höheren Gesellschaftskreisen auf Linkshänder keine besondere Rücksicht genommen wurde, diese wahrscheinlich meist umerzogen wurden. Allenfalls trat noch die Äugigkeit bei den häufiger anzutreffenden Krüppelschäften hervor. Wer mit den gewöhnlichen Gewehren nicht zurecht kam, wurde zum Jagen möglicherweise gar nicht erst zugelassen.

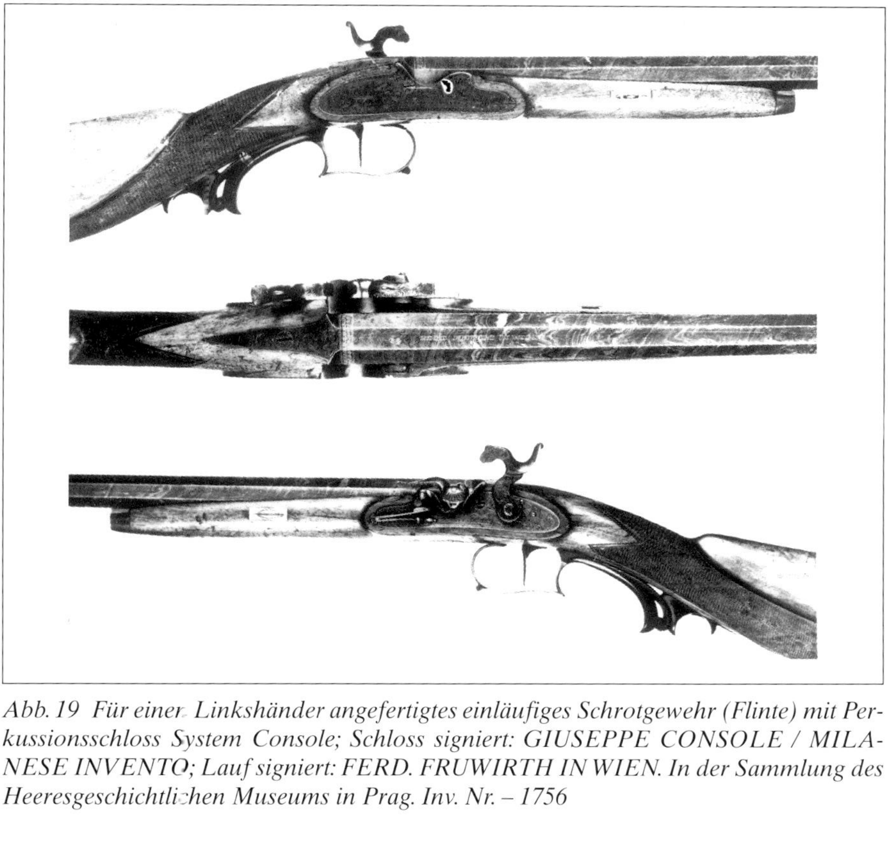

Abb. 19 Für einen Linkshänder angefertigtes einläufiges Schrotgewehr (Flinte) mit Perkussionsschloss System Console; Schloss signiert: GIUSEPPE CONSOLE / MILANESE INVENTO; Lauf signiert: FERD. FRUWIRTH IN WIEN. In der Sammlung des Heeresgeschichtlichen Museums in Prag. Inv. Nr. – 1756

Auf der anderen Seite beweisen aber die vier Prager Exemplare, dass man Linkshändergewehre herstellte, und zwar nicht nur in Böhmen, sondern nachweislich auch in Holland, Bayern und Italien. Man muss sich verdeutlichen, dass *wenn solche Waffen überhaupt angefertigt wurden, sie eher zum täglichen Gebrauch bestimmt waren* als dazu, eine Prunkwaffensammlung zu zieren (eine Aufnahme des vierten Prager Gewehrs zeigt eine schlichte Waffe – nur um das Schloss herum finden sich einige Ziselierungen, Abb. 19). Und außerdem waren solche Gewehre sicher durch den Gebrauch abgenutzt, und da für die Nachfahren solche speziellen Waffen meistens nicht von praktischem Nutzen waren, wurden sie wahrscheinlich einfach nicht aufbewahrt (oder eventuell sogar zum rechtshändigen Gebrauch umgebaut).

Eine schlimme Zeit begann für die Linkshänder dort, wo seit Anfang des 18. Jahrhunderts die Schulpflicht eingeführt wurde. Von Felbinger, dem großen Schulreformer des 18. Jahrhunderts, berichtet Rett, dass er den Lehrern empfahl, den „stumpfen“ Schülern nur das Allernötigste beizubringen[1]. Zu den stumpfen Schülern wird ein großer Teil solcher Kinder mit Schulproblemen zu zählen gewesen sein, die diese aufgrund der Umschulung von der linken auf die rechte Hand bekommen haben.

Selbst von den liberalen USA wird berichtet, dass Franklin eine „Bittschrift der linken Hand“ verfasst habe (um 1800)[2]. Dass aber dieser Appell nur einen begrenzten Einfluss auf die amerikanische Pädagogik gehabt haben kann, zeigt die etwa ein Jahrhundert spätere Handhabung in dem Bericht von M. Mead über die Umerziehung ihrer beiden linkshändigen Schwestern (siehe 5.2.5).

Die Industrialisierung brachte für die Linkshänder zwar einige Erleichterungen, aber auf der anderen Seite eine große Anzahl neuer Gefahrenquellen durch genormte Maschinen, die ausschließlich mit der rechten Hand zu bedienen waren und bei deren Steuerung sich das Unfallrisiko für die Linkshänder (Gleiches gilt natürlich auch für umgeschulte Linkshänder) sprunghaft erhöhte.

Eine Ausnahme macht die Anordnung der Typen auf der Schreibmaschine, auf welcher die häufigsten Buchstaben (a, e, t, s, r) mit der linken Hand geschrieben werden[3].

---

1 Rett, S. 27.
2 Rett, S. 28. – Abgedruckt in: Sattler, Der umgeschulte Linkshänder, S. 127 f.
3 Ausführlicher analysiert bei Rett, S. 28.

Im 20. Jahrhundert setzte langsam, parallel mit dem anwachsenden Wissen über die Gehirnhemisphären und der Beobachtung der häufig mit umgeschulter Linkshändigkeit gleichzeitig auftretenden Schulprobleme, wie z. B. Legasthenie, die Liberalisierung bei der Wahl der bevorzugt gebrauchten Hand ein. Eine Verzögerung (die leider bis heute noch Früchte trägt) erhielt diese Entwicklung durch Versuche der Schulung beider Hände zum Schreiben (also der Beidhändigkeit) auch bei Rechtshändern vor dem 1. Weltkrieg in Deutschland[1]. Rett bemerkt dazu, dass „vom heutigen Stand des Wissens aus gesehen, ... die seinerzeit viel beachteten Versuche zu keinem positiven Erfolg kommen" konnten. „Beidhändigkeit ist eben nicht das wünschenswerte Ziel"[2]. Aber verschiedene mir persönlich bekannte Fälle zeigen, wie ignorant sich auch heute noch manche Lehrer und sogar Ärzte über diese wissenschaftlichen Erkenntnisse hinwegsetzen und an alten mythischen Vorstellungen über die Linkshändigkeit hängen bleiben können[3].

5.2.2 Entstehung der Händigkeit – wissenschaftliche Erklärungsversuche

Über das Zustandekommen des bevorzugten Gebrauchs der einen Hand und über die Verteilung der Händigkeit überhaupt gehen die Meinungen bis heute z. T. weit auseinander.

In der zweiten Hälfte des 19. Jahrhunderts waren verschiedene Gelehrte der Ansicht, dass die Menschen in frühgeschichtlichen Zeiten vornehmlich Linkshänder gewesen seien und sich im Laufe der Zeit zu Rechtshändern entwickelt hätten. Zum Beispiel bringt der Schweizer Gelehrte J. Bachofen (1815–1887) die Linkshändigkeit mit dem prähistorisch herrschenden Matriarchat in Verbindung und setzt links = weiblich und rechts = männlich. Mit dem Übergang zum Patriarchat sei es zu der Zurücksetzung der Linkshän-

1 Rett, S. 41. – Kramer, Josefine, Linkshändigkeit. Wesen, Ursachen, Erscheinungsformen. Mit Übungen für linkshändige und gehemmte Kinder und Jugendliche. Solothurn, 1961, S. 29 ff. – Sovak, 1968, S. 306.

2 Rett, S. 41. – Das Ende des „alten platonischen Traums der Ambidextralität" deklariert auch Fritsch, S. 122–123

3 Selbst der Berater in einer großen deutschen Illustrierten scheint ziemlich unwissend über die Folgen der Umerziehung zu sein. In der „Quick" (Nr. 26, vom 24. Juni 1982, S. 73) wird den jungen Müttern wärmstens empfohlen, darauf zu achten, dass ihr Kind von klein auf die rechte Hand gebraucht: „... Besonders wichtig, in der Praxis freilich meist vernachlässigt, ist es auch, das Baby richtig zu tragen, und zwar auf dem rechten Arm. Viele Mütter tragen es links, um die eigene Rechte freizuhaben. Dann hält das Kind seine rechte Hand um den Hals der Mutter und gewöhnt sich daran, nach allem mit der linken zu greifen. Und gerade das fördert die Neigung zur späteren Linkshändigkeit." !!!

digkeit gekommen, und die Rechtshändigkeit wurde das allgemeine Erziehungsziel[1].

Kobler ist der Auffassung, dass in der Vorzeit die Linkshändigkeit verbreitet war und dass es zu der Bevorzugung durch die Lokalisation des Guten in der linken Seite und des Bösen in der rechten gekommen sei. Seine These von der ehemals vorherrschenden Linkshändigkeit will er dadurch stützen, dass er meint nachweisen zu können, dass die gemachten Werkzeugfunde aus der Vorzeit für den Gebrauch mit der Linken gefertigt worden seien und dass auf Wandmalereien die Bogenschützen mit der Linken die hauptsächlichen Verrichtungen leisteten[2]. Gegen diese These wendet sich z. B. Siegrist aufgrund der unzureichenden methodischen Sicherheit bei Kobler[3].

Eine differenzierte, aber knappe Diskussion der Frage nach der frühgeschichtlichen Händigkeit findet sich bei Rett, der abschließend feststellt: „Es gibt ... viele und unübersehbare Hinweise, dass in der Urbevölkerung die Zahl der permanenten Linkshänder größer war als heute“[4].

Man geht sicher nicht falsch mit der Vermutung, dass die Zahlen in der Urbevölkerung etwa denen des heutigen Anteils an Linkshändern entsprochen hätten, wenn die heutigen statistischen Verzerrungen durch die Umschulung eliminiert wären (vgl. den bis zu 50% starken Linkshänderanteil; nächstes Kapitel).

Andere Autoren möchten durch die Schriftrichtung die hauptsächliche Händigkeit früherer Völker festlegen. Wenn man die grafische Übersicht auf der nächsten Seite zum Vergleich heranzieht, so fällt tatsächlich eine häufige Linksläufigkeit bei früheren Schriften auf (früheste griechische Schrift, semitische Schriften), d. h. eine Richtung, die für einen linkshändigen Schreiber geeigneter ist. Es fällt aber auch die Indifferenz einiger Schriften bezüglich ihrer Richtung auf (frühe Runen, Hieroglyphenschrift der Hethiter, dorischer Dialekt auf Kreta). So möchte ich mit einigen Vorbehalten dem vorsichtig formulierten Schluss von Rett zustimmen, dem es nicht ganz unberechtigt erscheint, dass die ursprüngliche Linksläufigkeit einer Schrift der Linkshändigkeit der Schreiber entspreche[5]. Doch stellt sich für mich dann die Frage, ob man von der eventuell anzunehmenden Händigkeit einiger weniger – der Schrift mächtiger – Gelehrter auf die allgemeine Händigkeit des Volkes schließen darf?

---

1 Bachofen, Johann, Jakob, Das Mutterrecht. Basel, 1861.

2 Kobler, Richard, Der Weg des Menschen vom Linkshänder zum Rechtshänder. Moritz Perles Verlag, Wien, Leipzig, 1932.

3 Siegrist, Ernst, Zur Händigkeit des Menschen. Diss., Basel, 1957.

4 Rett, S. 20.

5 Rett, S. 22.

Abb. 20 Griechische Rechtsinschrift in einem altertümlichen dorischen Dialekt in Gortyna oder Gortyn (heute Górtis) auf Kreta um 500 v. Chr. „Die Schrift läuft in der so genannten ‚ordo bustrophedicus' (βουστροφηδόν, d. h. so, wie der Ochse die Furche zieht). Das Auge beginnt rechts oben zu lesen, läuft nach links und liest in der darunter liegenden Zeile weiter von links zurück nach rechts. In dieser Zeile erscheinen die Buchstaben spiegelbildlich"[1].

Mir scheint außerdem die Schriftrichtung nach links bei einer Schrift, die von oben nach unten verläuft (altchinesische, ägyptische Schrift) kein absolut sicheres Indiz für die Linkshändigkeit der Schreiber zu sein: selbst ein flüssiger Schreibstoff würde nicht verwischen (bis man oben die nächste Zeile wieder

Grafische Übersicht der Richtung einiger alter und neuerer Schriften

Alte chinesische Schrift[2],
aber auch heutiger ostasiat. Schriftenkreis
chines., korean., japan. Schrift[3]

Ägyptische Schrift
(Hieroglyphen)

1 Bowman, John, Kreta. Ein Reiseführer. Übersetzt und bearbeitet von Hanni Guanella. Flamberg Verlag, Zürich, Stuttgart, 1965, S. 184.

2 Rett, S. 21.

3 Meyers Enzyklopädisches Lexikon. Bd. 21. Mannheim, 1977, S. 268 f.

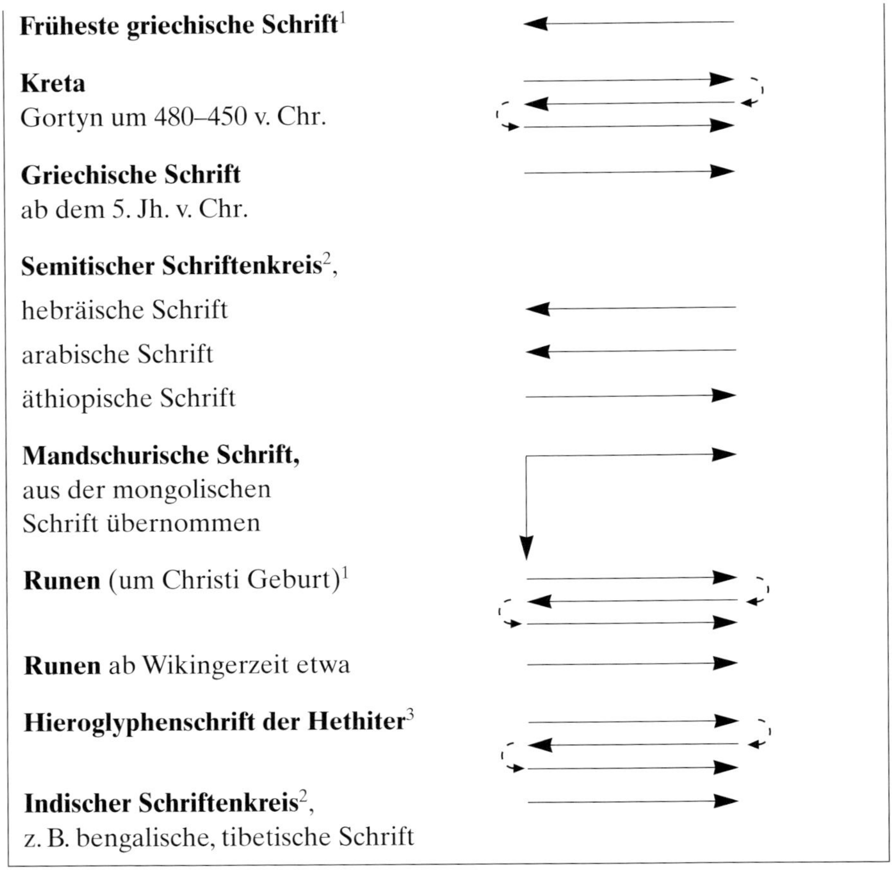

anfängt, ist dieser vermutlich getrocknet), die eine Zeile genügt als Überblick zum kontinuierlichen Fortsetzen der Gedanken[4].

Vielleicht bestand aber noch ein anderer Zusammenhang zwischen dem Durchsetzungsvermögen der Linkshänder und dem Entstehen der Schrift. In

1 Rett, S. 21.

2 Meyers Enzyklopäd. Lexikon, Bd. 21, 1977, 268 f.

3 Jensen, Hans, Die Schriften in Vergangenheit und Gegenwart. 2., neubearbeitete und erweiterte Auflage, VEB Dt. Verlag der Wissenschaften, Berlin, 1958.

4 Interessante Fragestellung bei Anton Leischner, Die Störungen der Schriftsprache (Agrafie und Alexie). Stuttgart, 1957, S. 8–11. Kritische Diskussion von Leischner und seinen Anhängern bei Rett, S. 33. Mit größten Vorbehalten sei hier noch ein grafologischer Artikel erwähnt von Rudolf Pophal, „Zum Problem des Rechts und Links im Schriftbilde“ (Psychologische Rundschau, 2, 1951, S. 81–93). Der Autor scheint stark unter dem Einfluss von Bachofen und dessen mythischen Vorstellungen von Links und Rechts zu stehen.

den Kapiteln 2.2.3 und 2.2.4 ist viel Material über die besonderen Fähigkeiten der rechten Hemisphäre im synthetischen Verarbeiten und bei der Raumwahrnehmung zusammengestellt worden und auch über ihre weniger starke sprachliche und analytische bzw. aufeinanderfolgende Art zu Denken. Linkshänder, die sich von Rechtshändern besonders durch die motorische Dominanz dieser rechten Hemisphäre absetzen, könnten in einem Volk, das weniger auf die Schrift und das analytische Denken als auf den Überlebenskampf, im Krieg gegen Feinde und auf die Jagd, spezialisiert ist, durch ihre bessere Fähigkeit, Gesamtzusammenhänge und Raum wahrzunehmen, gegenüber den Rechtshändern im Vorteil gewesen sein und sich daher stärker durchgesetzt haben.

Als sich die Völker aber immer mehr mit der Niederschrift ihrer Sprache und dem damit zusammenhängenden zeitlichen aufeinander folgenden Denken beschäftigt haben, konnten sich die Rechtshänder immer mehr behaupten. Vielleicht ist die unterschiedliche Entwicklung der frühen Schriften ein Symptom für den evolutionären „Kampf" zwischen den beiden Gruppen. Dass schließlich die Rechtshänder die Oberhand bekommen haben, kann damit zusammenhängen, dass ihnen auf diesen Gebieten die sprachlich etwas schwächeren Linkshänder unterlegen waren, und da sich die Elite hauptsächlich sprachlich manifestierte (vor allem in friedlichen Zeiten), musste, wer dazu gehören wollte, mithalten.

Die Bedingungen und Anforderungen an die geistigen Fähigkeiten haben sich, wenn man z. B. die Philosophie verfolgt, die zusammen mit der Theologie lange Zeit alle wissenschaftlichen Betätigungen beherrschte, seit dem Beginn der abendländischen Philosophie in Griechenland nicht sehr verändert, sondern das analytische Denken und der reine Intellekt sind nach wie vor sehr gefordert. Dieser Prozess beginnt nicht zuletzt in der Schule, und so wird das „Rechtshänder-Denken und -Reproduzieren" bis heute in unserem Leben im Allgemeinen eher bevorzugt.

Man versuchte auch durch die Beobachtung des Verhaltens von Affen eine bevorzugte Handpräferenz herauszufinden, um durch die vergleichende Verhaltensforschung Hinweise auf die Händigkeit der Urmenschen ziehen zu können; aber wie sich die Meinungen schon über die Möglichkeit eines Vergleichs von Affe und Mensch unterscheiden, sind bei den Tierversuchen und ihrer Auswertung auch große Differenzen feststellbar. Einige Forscher meinen eine ausgeprägte Händigkeit (bedingt durch Milieu oder angeboren) feststellen zu können, andere sprechen sich für eine Beidhändigkeit der Affen aus[1].

1 Siehe Rett, S. 16. – Fritsch, S. 91 ff.

In der Diskussion über das Entstehen der Linkshändigkeit gibt es die verschiedensten ontogenetischen Herleitungsthesen und Spekulationen (einen relativ kritischen und kurzen Überblick findet man z. B. bei Rett, S. 32–40). Abgesehen von den seinsgeschichtlichen Erklärungsversuchen gibt es aber zwei Komponenten, zu denen jeder Autor Stellung beziehen muss: *Ist die individuelle Händigkeit erblich, oder rekrutiert sie sich hauptsächlich aus den Umwelteinflüssen*, denen der betreffende Mensch ausgesetzt ist. Leider ziehen sich Rett und seine Koautoren, deren Ausführungen ich ansonsten wegen ihres kritischen Blicks und der überaus treffenden Beschreibungen der Pseudo-Rechtshänder sehr schätze, auf diplomatische Weise zurück und machen wohl den Vertretern der Milieutheorie Zugeständnisse (als trauten sie sich doch nicht ganz, dem „mythischen Denken" zu widersprechen): Händigkeit des Einzelnen sei das Produkt einer ererbten Disposition plus dem Milieu[1]. (Ich gehe davon aus, dass sie bei dieser Definition den „Pseudo-Rechtshänder", der sich zwar durch viele Tätigkeiten mit der rechten Hand anscheinend als Rechtshänder ausweist, in Wirklichkeit aber zu den Linkshändern zu rechnen ist, auch zu den Linkshändern zählen. Sollten sie den Pseudo-Rechtshänder aber zu den Rechtshändern zählen, dann stimmt die Formel natürlich.)

Die Begriffe Disposition und Anlage werden in der Vererbungslehre benutzt, wenn es sich um Eigenschaften handelt, die zwar erblich angelegt sind, deren Hervortreten oder Ausbrechen aber von äußeren Einflüssen während der Entwicklung ins Erwachsenenalter oder allgemein im Leben des Menschen abhängt. Als Beispiel sind Charaktereigenschaften oder auch Krankheiten zu nennen. Das heißt, die Anlagen dazu sind da, aber die Umgebung beeinflusst das Hervortreten.

Wenn die Händigkeit nun nur eine erbliche Disposition für die eine oder andere Seite wäre, dürfte es z. B. bei „Nichtentfaltung der Anlage zur Linkshändigkeit" nicht zu massiven Störungen wie Legasthenie und/oder anderen Schulproblemen kommen (denn Linkshändigkeit ist ja keine Krankheit, wie Rett an anderer Stelle betont [S. 40]). Um einen Vergleich zu ziehen: Ein musikalisch veranlagtes Kind wird sicher unglücklich sein, wenn von ihm nur Sprachliches und Handwerkliches gefordert werden, aber es wird dadurch nicht anfangen, zu stottern und Schreib- und Lernschwierigkeiten zu zeigen, wie es viele umgeschulte Linkshänder tun. Die Entfaltung der erblichen Disposition zur Musikalität ist sehr von ihrer Förderung abhängig, die ererbte Händigkeit ist – nach den Ergebnissen meiner Studien und Beobachtungen –

1 Rett, S. 37.

eine Eigenschaft, die angeboren, also im genetischen Erbmaterial von Anfang an festgelegt ist. Dem widerspricht meiner Ansicht nach nicht, dass spätere äußere Einflüsse, wie Milieu und Erziehung, trotzdem sehr starke negative Einwirkungen auf die Händigkeit haben können und dass bei der Umschulung die tatsächlichen Fähigkeiten eines Menschen eingeschränkt werden. So bietet sich hier ein Vergleich mit der Sitte der Chinesen an, nach welcher früher die Füße der kleinen Mädchen durch Bandagen zu verkrüppelten Klumpen verunstaltet wurden, auf denen man nur noch trippeln, aber nicht mehr laufen konnte. Niemand würde ernsthaft behaupten wollen, dass diese Chinesinnen die Disposition für deformierte Füße gehabt hätten, obwohl die meisten dieses „Symptom“ zeigten. Und gerade bei der Händigkeit hat man es dagegen mit einem weit empfindlicheren Organ zu tun: dem Nervensystem, das bei aller Regenerationsfähigkeit sehr störungsempfindlich und verletzlich ist.

In diesen Zusammenhang gehört auch noch ein anderes mir eigentümlich erscheinendes Vorgehen in manchen Arbeiten, in denen versucht wird, die Händigkeit möglichst früh zu bestimmen, und in denen weil das anscheinend wohl doch nicht geht, Tabellen über die Veränderung der Händigkeit im Entwicklungsverlauf des Kindes aufgestellt werden, aus denen dann der Leser tiefgehende Schlüsse über die Frage nach der Erbbedingtheit der Händigkeit ziehen soll. Niemand würde z. B. ernsthaft aus den zunächst blonden Haaren vieler Kleinkinder, die mit der Zeit braun werden (was erfahrungsgemäß oft passiert), schließen, dass deren eigentliche Haarfarbendisposition blond sei, aber *direkte* Umwelteinflüsse (ich meine bei diesem Vergleich nicht Umwelteinflüsse über Generationen hin) sie braun werden ließen. Oder aus dem Schreien des Säuglings und Kleinkindes würde wohl kein ernsthafter Forscher dessen genauen Grad der Musikalität bestimmen wollen. Bei der Händigkeit lässt man dagegen sein Denken noch von ziemlich vielen Spekulationen leiten.

Generell soll hier natürlich nicht der Nutzen solcher Untersuchungen abgestritten werden, denn vielleicht gibt gerade die zeitweise bevorzugte Hand Auskunft über bestimmte Vorgänge in der Gehirnstrukturierung, z. B. beim Erlernen der Sprache, in denen sich das Sprachzentrum funktional formiert. Es ist gewöhnlich in der linken Hemisphäre veranlagt, und die daraus resultierende Beeinflussung der anderen Hemisphäre könnte sich u. a. auch in dieser Änderung der Händigkeit manifestieren[1]. Meine Vorbehalte gelten den sofortigen Schlüssen auf die tatsächliche Händigkeit, die als Symptom für eine motorische Hemisphären-Dominanz eher etwas über die Lateralität im Gehirn aussagen könnte.

---

1 Dazu Steingrüber, S. 14.

5.2.3 Einige Hinweise zum statistischen Material über die Händigkeit

Statistische Zahlen über die Quoten der Linkshänder variieren sehr stark. Ältere Arbeiten tendieren eher zu niedrigeren Prozentsätzen, während sich in jüngeren Untersuchungen im Allgemeinen höhere Zahlen (bis zu 50 %) finden. Gründe für die Unstimmigkeiten gibt es natürlich viele: zum Beispiel die Messmethoden (Befragung, Beobachtung, Test) und der strengere oder lockerere Maßstab, der angelegt wurde. Weiter ist zu beachten, zu welcher Gruppe die umgeschulten Linkshänder (Pseudo-Rechtshänder) gezählt wurden (wenn dieser Befund überhaupt noch aufzudecken war). Mit Letzterem steht im Zusammenhang, dass Linkshändigkeit zeitweise als etwas Minderwertiges galt, was man seinem Kind schon früh auszutreiben hatte und was dann dieser Mensch in seinem weiteren Leben geflissentlich unterdrückt und verschwiegen haben wird. Dazu gehört weiter die Gepflogenheit, nicht sicher bestimmbare Personen einfach als Beidhänder zu klassifizieren, wobei Gramm z. B. auf die stolze Zahl eines fünfzigprozentigen Anteils kommt, indem er seine Punktzahl (die er für Händigkeitstests ausgibt) metrisch teilt und die große Mitte als Beidhänder bezeichnet[1]. Im begleitenden Text will er das dann recht locker untermauern mit seinem eigenen Erleben: Da seine rechte Hand das Steuer nicht allein bewältigen konnte und er die linke Hand zu Hilfe nehmen musste, meint er (der sich zuvor für einen Rechtshänder gehalten hatte), in Wirklichkeit ein Beidhänder zu sein. Das hieße dann aber wohl, ein Beidhänder, der seinen gesamten Anteil an Geschicklichkeit auf zwei Hände verteilen muss, der quasi zwei ‚linke Hände' hätte. Der Schluss wäre dann, dass ein Beidhänder ein reduzierter Rechts- oder Linkshänder wäre, wo man doch eher einen Menschen mit doppelter Geschicklichkeit, eben in jeder Hand, erwarten würde.

Rett ist aufgrund eigener Ausführungen über die Häufigkeit der Linkshändigkeit und nach Beobachtungen in den freier erziehenden USA der Meinung, dass „mit großer Wahrscheinlichkeit rund ein Drittel aller Erwachsenen als anlagemäßige Linkshänder" anzusehen ist[2]. Aus dem Vergleich der Zahlen aus den USA und Großbritannien – die im Ganzen liberaler als Österreich, Deutschland und die Schweiz sind – formuliert er seine These, „dass die Zahl der permanenten Linkshänder in einer Gesellschaft ein Maßstab für den Grad ihrer Toleranz sein könnte"[3].

1 Gramm, S. 27–28.
2 Rett, S. 37.
3 Rett, S. 41.

Ähnliches bestätigt auch eine anthropologische Studie von John L. Dawson, der bei der „konformistischen Temnekultur" nur 3,4 % Linkshänder fand, während eine Vergleichsgruppe der liberaleren australischen Ureinwohner (Arunta) 10,5 % linkshändige Versuchspersonen aufwies[1].

5.2.4 Negative Folgen der gewaltsamen Umschulung des Linkshänders auf die rechte Hand, zitiert nach Dieter Gramm und anderen

„Bei einer gewaltsamen Umdressur des Linkshänders auf den Gebrauch der für ihn unterwertigen Rechten (vor allem durch das Schreiben im ersten Schuljahr) wird über den Mehrgebrauch der rechten Hand die motorische Region und das latent daliegende Brocafeld der linken Seite angeregt. Es tritt dabei häufig ein Zustand ein, bei dem durch gleichzeitige Funktion zweier Sprachzentren die für normale Verhältnisse nötige unilaterale Dominanz fehlt, bzw. durch die neuausgebildeten Bahnen (in statu nascendi, d. i. im Entstehen) die physiologische Leitung der Nervenelemente gestört wird. Dieser Umbildungsprozess im Großhirn findet dann nach außen seinen Ausdruck im Auftreten von Sprachfehlern bei den so behandelten Kindern."[2]

Auch Alfred Zuckrigl hält eine „Umerziehung eines Linkshänders zum Rechtshänder" für bedenklich[3].

Eine ausführliche Untersuchung der Störungen bei Umerziehung findet sich in der schon zitierten Arbeit von Rett und Koautoren[4].

5.2.5 Biografischer Bericht von Margaret Mead über ihre beiden linkshändigen Schwestern

Um zu verdeutlichen, wie unterschiedlich Art und Verhältnis der Händigkeitsausprägung (und damit in Verbindung stehender bestimmter Begabungen und der Störbarkeit des Wahrnehmungs- und Reproduktionsapparates) selbst zwischen Geschwistern des gleichen Geschlechts sein können, sei der Bericht von Margaret Mead beigefügt: „Meine beiden Schwestern waren Linkshänder, und Großmutter, die an Experten glaubte, nahm sie mit nach

1 Dawson, John L., „Temne-Arunta hand-eye dominance and cognitive style". In: International Journal of Psychology. 7. Bd. (4), (1972), S. 219–233.

2 Gramm, S. 35

3 Zuckrigl, Alfred, Linkshändige Kinder in Familie und Schule. Ernst Reinhardt Verlag, München, Basel, 2., verbesserte Auflage, 1981, S. 15.

4 Siehe auch die Veröffentlichung der Autorin 1995: „Der umgeschulte Linkshänder oder Der Knoten im Gehirn".

Philadelphia und konsultierte einen berühmten Psychologieprofessor von der Universität von Pennsylvania. Nach guter damaliger Tradition riet er ihr, ihnen den Gebrauch der rechten Hand beizubringen. Sie selbst, die jahrelanges Unterrichten von Kindern im Grunde zu einer viel besseren praktischen Psychologin hatte werden lassen, überlegte, ob es nicht günstiger wäre, wenn die Mädchen ihrer natürlich angeborenen Präferenz folgten. Aber der Psychologe argumentierte, es werde dann Schwierigkeiten mit der sozialen Anpassung geben; es wäre zum Beispiel unschicklich, wenn sie die „falsche" Hand beim Essen benutzten und dabei immer Gefahr liefen, an den Ellenbogen des Nachbarn zu stoßen.

Also brachte Großmutter, die Respekt vor intellektueller Autorität hatte, die kleinen Mädchen nach Hause zurück und lehrte sie, die rechte Hand zu benutzen.

Priscilla lernte wie gestochen schreiben und gewann einen großen Rechtschreib-Wettbewerb in New-Jersey. Elizabeth hatte eine fürchterliche Handschrift und schrieb jedes zweite Wort falsch. Als sie sich am College für Architektur entschied, machte sie Skizzen mit der linken Hand und führte die Zeichnung dann mit ihrer trainierten und disziplinierten Rechten aus – und sie fing an zu stottern. Zu der Zeit war schon etwas über den Zusammenhang zwischen dem Gebrauch der Hände und dem Stottern bekannt, und ich überredete Elizabeth dazu, ihre linke Hand zu gebrauchen – und ihr Stottern hörte auf. Nur Elizabeth war bis in ihre Fingerspitzen hinein künstlerisch und gleichgültig, welches ihrer Talente sie benutzte, sie benutzte es ganz anders als wir übrigen. Ihre Art, Dinge wahrzunehmen, die von der unseren so verschieden war ..."[1] .

Diese Beschreibung ist natürlich als autobiografischer Bericht und nicht als objektiv wissenschaftliche Falldarstellung zu betrachten, und man muss beim Interpretieren sehr vorsichtig sein. So zum Beispiel könnte das intellektuelle Niveau von Priscilla ohne die Umerziehung noch um einiges höher gewesen sein, wenn man bedenkt, dass die IQs von Geschwistern durchaus vergleichbar sind und der IQ von Margaret Mead ziemlich hoch gewesen sein dürfte. Auch könnte es sein, dass sich Margaret Mead mit der Angabe des Beginns des Stotterns bei Elizabeth (erst im College) irrt, zumal sie acht Jahre älter war (d. h. sie die Entwicklung ihrer beiden viel jüngeren Schwestern nicht unbedingt kontinuierlich verfolgen konnte) und erst dann, als sie selbst schon Großmutter war, ihre Biografie schrieb.

---

1 Mead, Margaret, Brombeerblüten im Winter. Ein befreites Leben. Rowohlt Taschenbuch Verlag, Reinbek bei Hamburg, 1978, S. 55–56. – Margaret Mead ist Jahrgang 1901, Elizabeth 1909, Priscilla 1911.

5.3 Liste der skulptierten romanischen Portale in Burgund[1]

ANZY-LE-DUC, ehemalige Prioratskirche Saint-Trinité, Saint-Croix-et-Sainte-Marie, Mère-de-Dieu

Westportal um 1100, Tympanon evtl. etwas jünger als der Sturz (Oursel, 1981)
Tympanon: Christus in der Mandorla, zwei Engel.
Türsturz: Maria und zwölf Apostel (Pfingsten?) .
Archivolte: zwanzig Älteste der Apokalypse mit Kronen, Harfen und Schalen.
Gewändekapitelle: je zwei der vierundzwanzig Ältesten.
Konsole je eine Stützfigur.

Tympanon und Sturz, heute in Paray-le-Monial, Musée Hiéron. Gegen 1150, Sturz evtl. später.
Tympanon: Christus in der Mandorla zwischen zwei Engeln.
Türsturz: Maria sitzend, das Kind stillend, männliche und weibliche Heilige.

Portal an der ruinösen Abteimauer, wohl Mitte 12. Jh. (Oursel, 1981)
Tympanon: Anbetung der Könige, Adam und Eva im Paradies.
Türsturz: links Paradies, dann Vertreibung aus dem Paradies; ab der Mitte nach rechts: Leviathan, Teufel und Verdammte.
Kapitelle: links gebeugte bekleidete Figur wird von einer anderen am Schopf gepackt; rechts eine an Armen und Füßen gefesselte und aufgehängte Figur und kniende Gestalt, die einen Gegenstand an den Hals drückt.
Konsolen: links Löwe (?), Reste eines weiteren Tieres, darunter an der Leibung Hinterteil und Beine einer Figur; rechts Reste eines Tieres, an der Innenseite der Konsole eine Figur mit einem zum Kreuz geschlungenen Gürtel, ein erhobener Arm ist erkennbar.

AUTUN, Kathedrale Saint-Lazare

Westportal 1130–1145
Tympanon: Jüngstes Gericht, signiert „Gislebertus hoc fecit". Thronender Richter-Christus in Mandorla, vier Engel, Sonne und Mond; zur Rechten Christi: Maria, Posaunenengel, darunter neun Apostel, himmlisches Jerusalem (Paradies), Engel, Selige, Posaunenengel; links von Christus: zwei Figuren mit Heiligenschein (wohl Apostel, nach Rupprecht), Posaunenengel, darunter bei der Mandorla ein Apostel, Erzengel Michael, Seelenwägung, Teufel,

1 Datierungen ohne Quellenangaben stammen von Rupprecht. – Rechts und links werden, sofern nichts anderes angegeben ist, vom Betrachter aus angegeben.

Verdammte, Luxuria (mit Schlange an der Brust), Höllenbau und -rachen, Verdammte werden hineingezogen und -geworfen, Posaunenengel.
Türsturz: rechts von Christus Gräber, aus denen Selige auferstehen, unter anderem zwei Bischöfe (oder Äbte) und ein Mönch; links von Christus Auferstehung der Verdammten, Darstellung des Geizes und nochmals Luxuria.
Archivolte: Jahreszeitenbilder, Monatsarbeiten, Tierkreiszeichen.
Gewändekapitelle: (links von innen nach außen) Reiter auf Fabeltier, sechs Älteste der Apokalypse, Verstoßung der Hagar, Wolf und Kranich nach einer Tierfabel; (rechts von innen nach außen) Balaam auf der Eselin und der Engel, Mariä Reinigung und Darstellung im Tempel, heiliger Eustachius und Hieronymus.

Südliches Seitenportal (im Westen)
Kapitelle: links Mann mit Affen; rechts grotesker Kopf.

Nördliches Seitenportal (im Westen)
Kapitelle: links David mit Schleuder; rechts David und Goliath.

Portal am Nordquerhaus, um 1130, Angaben über Figurenschmuck nach Rupprecht, S. 114.
Tympanon: Auferweckung des Lazarus und andere Szenen.
Türsturz: Sündenfall, Fragment der liegenden Eva erhalten, rechts von ihr war Satan, Eva gegenüber links vermutlich Adam.
Trumeau: Lazarus-Statue.

AVALLON, Saint-Lazare (ursprünglich dreiportalige Anlage)

Hauptportal, nach 1150
Tympanon und Türsturz verloren[1].
Archivolten: innen Engel; mittlere Reihe thronende Gestalten, u. a. wohl David; außen Monatsbilder, Tierkreiszeichen, Elemente.
Gewände: rechts eine einzelne Gewändefigur mit Buch[2]; Figuren an den Basen der Säulen und der Gewändefigur: rechts ein bärtiger, fast liegender

1 Jean Vallery-Radot untersucht in seinem Artikel „L'iconografie et le style des trois portails de Saint-Lazare d'Avallon" (in: Gazette des Beaux-Arts, 52 (1958), S. 23–34) die Portalprogramme mittels historischer Quellen. Bei ihm finden sich auch Abbildungen der Stiche von Plancher aus dem 18. Jahrhundert. Im Tympanon des Hauptportals soll sich die Maiestas Domini zwischen zwei Engeln befunden haben und im Sturz in der Mitte das Gastmahl des Simon und ganz rechts die Kreuzigung. Außerdem waren noch andere Figuren im Gewände und am Trumeau der heilige Lazarus.

2 Prophet, nach Vallery-Radot. Er sei später zu Unrecht an diesen Platz eingestellt worden (S. 24).

Mann, weitere Figuren bei ihm zerstört; Tier; links: Reste eines Tieres und hockende Figur; am Trumeau Reste eines Tieres.

Südliches Seitenportal, nach 1150
Tympanon; sehr zerstört, links Anbetung der Könige, Ritt der Könige und rechts ihr Besuch bei Herodes[1].
Türsturz: sehr zerstört, Auferstehung, Christus in der Vorhölle.
Figurenfries am unteren Gewände, unter den Sockeln der eingestellten Säulen: (rechts von innen nach außen) Mann mit Bär an der Kette, laufender Mann mit länglichem Gegenstand in der rechten Hand, Kampf zwischen zwei Tieren (?), Gestalt (?), Tänzerin, Gestalt und zwei Tiere (mit menschlichen Gesichtern?); (links von innen nach außen) zwei Vogelsirenen, Figur unter Bäumen wird von Kentaur beschossen, Tier mit Menschenkopf und ein Reiter.

(BOIS-SAINTE-MARIE)

Südportal, Kopie des 19. Jahrhunderts (Oursel, 1981)
Tympanon: Flucht nach Ägypten.

CERVON, Kollegiatskirche Saint-Barthélémy

Portal, Ende 12. Jahrhundert (Bußmann)
Tympanoneinsatz: Maiestas Domini und Evangelisten-Symbole.

LA CHARITÉ-SUR-LOIRE, ehemalige Prioratskirche Saint-Croix-Notre-Dame

Nördliches Seitenportal der Westfassade, kurz vor oder um 1150 (um 1140 Bußmann)
Tympanon: Christus in der Mandorla, Aufnahme Mariens in den Himmel, rechts und links Engel und eine noch erkennbare Gestalt (ansonsten sehr zerstört).
Türsturz: (nicht gleichzeitig mit dem Tympanon und auch stilistisch abweichend, Rupprecht) Verkündigung, Heimsuchung, Geburt, Verkündigung an die Hirten.

Ehemaliges südlicheres Seitenportal der Westfassade unter dem Nordturm (heute an der Innenseite der Südwand des Querhauses) um 1140 Bußmann
Tympanon: Christus stehend in der Mandorla und fünf Heilige.
Türsturz: Anbetung der Könige, Darbringung im Tempel.

1 Bußmanns Identifizierung dieser Szene als Darstellung im Tempel ist abzulehnen (S. 178).

CHARLIEU, ehemalige Prioratskirche Saint-Fortunat

Westportal der ehemaligen Kirche, um 1090
Tympanon: Christus in der Mandorla, zwei Engel.
Türsturz: zwölf Apostel.

Nordportal des Narthex, Mitte 12. Jahrhundert (um 1130 bis 1140 nach Oursel, 1981)
Tympanon: Maiestas Domini, zwei Engel, Evangelisten-Symbole.
Türsturz: Maria zwischen zwei Engeln und den zwölf Aposteln.
Archivolte: rechts und links eine musizierende Figur, oben das mystische Lamm (Hinweis auf Christi Opfertod).
Gewändekapitelle: rechts Johannes der Täufer, Heiliger (Bischof Ratbert, nach Bußmann) mit Kirchenmodell.
Konsolen: je zwei stützende Engel.
Türleibung: links Luxuria und Ornamente mit Tier- und Dämonendarstellungen; rechts Pflanzenornament.

Bogenschmuck über Fenster an der Nordseite des Narthex, Mitte 12. Jahrhundert (um 1130 bis 1140 nach Oursel, 1981)
Tympanon: Abendmahl.
Fenstersturz: Tieropfer oder Hochzeit von Kana.
Archivolte: Verklärung Christi (von links nach rechts: Jakobus, Johannes, Christus, Moses, Elias, Petrus); darüber in der Mauer Hand Gottes (?).
Rechte Konsole: Brotbrechen in Emmaus.

Museum
Reliefplatte: Verkündigung, sitzender und stehender Heiliger.

CHÂTEAUNEUF-EN-BRIONNAIS, Saint-Paul

Südportal, um 1150 (Oursel, 1976)
Tympanon: nicht erhalten.
Türsturz: zwölf Apostel stehend.
Kapitelle: rechts vier Figuren; links Bischof, Mann, Tier (?).
Konsolen: je drei Köpfe mit Tonsur.

Westportal
Tympanon und Türsturz nicht erhalten.
Konsolen: links Vogel; rechts zwei Figuren.

CLUNY, Saint-Pierre-et-Saint-Paul

Ehemaliges Westportal, 1109–1115 (Conant)

Tympanon: (laut Kerber, der sich auf die Forschungen Conants bezieht, S. 17): Christus in der Mandorla, Engel, zwei Seraphim, Evangelisten-Symbole.
Türsturz: links Frauen am Grabe, in der Mitte Maria und zwölf Apostel, rechts Christus im Limbus (Vorhölle) und die beiden weißen Männer des Himmelfahrtsberichtes.
Archivolte: an der zweiten von innen vierzehn kniende Engel und Büste Gottvaters; an der äußeren die vierundzwanzig Ältesten und Gottvater.

Chorkapitelle, 1115–1120

DIJON, Saint-Bénigne, die beiden erhaltenen Tympana sind heute im Musée-Archéologique, Datierung umstritten (es werden Zahlen von 1147 bis etwa 1170 genannt[1])

1. Tympanon: Maiestas Domini, vier Engel, Evangelisten-Symbole.
2. Tympanon: Abendmahl.

Ehemaliges Westportal[2]
Tympanon: Maiestas Domini, zwei Engel, Ecclesia und Synagoge.
Türsturz: Anbetung der Könige, Traum der Könige, Verkündigung an die Hirten, Geburt.
Archivolte: innen Engel, an den drei äußeren andere figurale Szenen.
Gewände: Propheten, Apostel und andere Heilige.

FLEURY-LA-MONTAGNE

Westportal, zweite Hälfte 12. Jahrhundert (Oursel, 1981)
Tympanon: Christus in der Mandorla, zwei Figuren.
Türsturz: Anbetung der Könige, links ein Elefant, auf dem nach Oursel (1981) Joseph reitet.
Gewändekapitelle: Links spielt ein Ziegenbock Fidel und ein Esel (?) Harfe; rechts ein gegen einen Dämon kämpfender Ritter.

MÂCON, Reste des beschädigten Portals aus Saint-Vincent im Museum; nach Sauerländer vermutlich vor Autun zu datieren[3]

Tympanon: Weltgericht, links unten Paradies und Auferstehung der Seligen; rechts Hölle und ein Engel, der Verdammte vertreibt.
Konsolen: Links kämpft ein Engel mit einem geflügelten Teufel; rechts entweder Versuchung Christi oder ein Heiliger rettet eine Seele vor dem Teufel.

---

1 Diskutiert bei Kerber, S. 41–44 und Anmerkung 151.
2 Nach Stich von Plancher. Abbildung Fig. 2 und Diskussion S. 41 ff. bei Kerber.
3 Sauerländer, S. 273: Portal ist vermutlich nicht im alten Versetzungszusammenhang im Museum aufgestellt worden.

MONT-SAINT-VINCENT, Saint-Vincent

Westportal, Frühwerk nach Sauerländer (S. 266)
Tympanon: Christus in der Mandorla, Petrus und Paulus (nach K. Porter).

MONTCEAU-L'ÉTOILE, Pfarrkirche Saint-Pierre-et-Saint-Paul

Westportal, um 1130
Tympanon und Türsturz: Himmelfahrt Christi, Christus in der Mandorla, getragen von zwei Engeln, darunter Maria, die Apostel und ein weiterer Heiliger.
Gewändekapitelle: links kämpfender Faun (siehe Entenfüße und Lendenbekleidung bzw. -haare); rechts Engel mit einem Heiligen (nach Oursel, 1981, der Apostel Johannes).
Konsolen: links ein mit Kettenhemd und Helm bekleideter Engel im Kampf mit einem Dämon, rechts Sirene kurz vor dem Auffliegen.

NEUILLY-EN-DONJON, Pfarrkirche Sainte-Madeleine

Westportal, nach 1120
Tympanon: Anbetung der Könige, Engel hinter Thron der Maria, vier Horn blasende Engel, rechts und links ein Tiermonster.
Türsturz: Sündenfall und Gastmahl im Hause des Simon (nach Rupprecht).
Gewändekapitelle: links Saul und David und Bestrafung der Amalekiter (nach Rupprecht); rechts Daniel in der Löwengrube.

NEVERS, Portal aus Saint-Sauveur, heute im Musée de la Porte du Croux

Tympanon: Christus gibt die Schlüssel an Petrus, vier weitere Heilige (Apostel).
Türsturz: Tiere und Vogelsirene in ornamentalen Ranken.

PARAY-LE-MONIAL, Musée Hiéron. Siehe Anzy-le-Duc

PERRECY-LES-FORGES

Westportal, um 1130 (Oursel, 1976)
Tympanon: Christus in der Mandorla mit zwei Engeln (Seraphim).
Türsturz mit Verlängerung in der Zone der Archivolten: (von links nach rechts) Christus am Ölberg, Judaskuss, Gefangennahme, Petrus schlägt einem Soldaten das Ohr ab, Christus vor dem Hohen Priester (?), Christus mit zwei Jüngern und zwei weitere Personen.
Gewändekapitelle: links Besuch des heiligen Antonius bei Paulus, dem ersten Eremiten, dazwischen ein Teufel; rechts phallischer Faun im Kampf mit dreiköpfigem Vogel, dahinter eine zusammengekrümmte Gestalt.
Konsolen: links Engel auf einem Drachen; rechts kämpfender Engel und eine Gestalt, die sich hinter seinem Schild versteckt.

PRUSLY

Westportal
Tympanon: Kreuz in der Mitte, links ein geflügeltes Tier (mit menschlichen Zügen), langes Gewächs; rechts zwei geflügelte Tiere, sie stehen sich gegenüber, dazwischen ein Baum mit Vogel.
Türsturz: Palmettenornamentik.
Archivolte: elf meist neunblättrige Sterne.

SAINT- JULIEN-DE-JONZY, Saint-Julien

Westportal, Mitte 12. Jahrhundert
Tympanon: Christus in der Mandorla von zwei Engeln gehalten.
Türsturz: Abendmahl.

SEMUR-EN-BRIONNAIS, Unklarheit über die Bauskulptur des Westportals, nach Bußmann soll sie der Restaurierung im 19. Jahrhundert zum Opfer gefallen sein (S. 107). Oursel hält es für ein stark überarbeitetes Tympanon aus der zweiten Hälfte des 12. Jahrhunderts (1981, S. 328).

Tympanon: Christus in der Mandorla, zwei Engel, Evangelisten-Symbole.
Türsturz: links Paradies, vielleicht dann die Verurteilung und Strafe eines häretischen Bischofs, rechts Hölle.
Gewändekapitelle: rechts eine Schlange und Kröte, säugende weibliche Stützfigur (Luxuria).

TIL-CHÂTEL

Südportal, später als das Maiestas-Domini-Tympanon in Dijon, von einem Steinmetz mit Namen Pierre.
Tympanon: Maiestas Domini, vier Engel.
Konsolen: je eine Stützfigur.

Westportal, Datierung sehr unsicher, evtl. in einem späteren Jahrhundert überarbeitet (Deschamps)
Tympanon: Christus in der Glorie (Thron mit Dreiblattlehne), Evangelisten-Symbole, Paradiesflüsse (?).
Konsolen: je ein stützender Mann.

VARENNE-L'ARCONCE

Portal, nach Oursel (1981) Frühwerk der Romanik.
Tympanon: Lamm mit Kreuz.
Archivolte: fünf Rosetten mit fünf oder sechs Blättern.

VÉZELAY, ehemalige Abteikirche Sainte-Madeleine

Hauptportal der Schiffsfassade, 1125–1130

Tympanon: Christus und die Aussendung des Heiligen Geistes als Missionsauftrag an die Apostel.

Türsturz: Völkerschaften und heidnische Tieropfer. „Links Stieropfer mit Zug von Figuren mit entsprechenden Gerätschaften, als Römer und Skythen gedeutet, generell wohl für vorchristliche Völker stehend ... Rechts Panotier mit großen Ohren, nach mittelalterlicher Vorstellung in Skythien hausend, daneben Pygmäen und Giganten. Der ganze Zug angeführt von Petrus und einem zweiten Apostel, vermutlich Paulus“ (Rupprecht, S. 108).

Radialfelder um das Tympanon: die zu missionierenden Völker: (von links nach rechts) zwei schreibende Apostel, Juden (?), Kappadozier (?), zwei Männer, zwei dozierende Bärtige, rechts zwei Kynokephalen für Indien, buckelige Gestalten für Äthiopien, drei Figuren, von denen die linke eine phrygische Mütze trägt, diese ist ein allgemeines Symbol des Heidentums, zwei diskutierende Männer, vier Gestalten auf hohen Schuhen (Rupprecht, S. 108).

Archivolte: Tierkreiszeichen und Monatsarbeiten.

Trumeau: Johannes der Täufer und zwei Apostel.

Türpfosten: links zwei Apostel; rechts Petrus und Paulus.

Gewändekapitelle: links außen gebeugte Figur, stützte sich ursprünglich auf einen Stock; nackter Mann mit einem rechteckigen, geflochtenen Gegenstand auf dem Rücken; auf der rechten Seite desselben Kapitells ein Engel im Wasser stehend, das Gewand hochgerafft und mit der Hand ins Blattwerk des Kapitells greifend[1]. Am linken inneren Kapitell kämpft eine dämonische Jägerin gegen einen dreiköpfigen Vogel; Vogelsirenen mit Menschenkopf und Kugel in den Klauen[2]. Am rechten inneren Kapitell Sauls Opfer und junger Mann; am äußeren Kapitell: Samuel salbt David; Sauls Melancholie (eine weitere Gestalt ist zerstört).

Nördliches Portal der Schiffsfassade, 1125–1130

Tympanon: Erscheinung Christi bei den Aposteln (oder Himmelfahrt?).

Türsturz: Emmaus-Geschichte, Weg nach Emmaus, Mahl zu Emmaus, Rückkehr der Jünger.

Gewändekapitelle: links Basilisk; rechts ein Mann mit einem Trumscheit und ein anderer mit einer Stange, an der Glocken hängen.

Konsolen: links Engel und Dämon; rechts Engel und Dämon.

---

1 Bei P. Diemer findet sich eine ausführliche ikonographische Diskussion; er neigt dazu, das Dargestellte als eine nicht ganz richtig verstandene Illustration von Bethsaida zu interpretieren (nicht als Adam und Eva), S. 246–250.

2 Diemer nennt das Dargestellte „Phantastische Jagd“, S. 251.

Südliches Portal der Schiffsfassade, 1125–1130
Tympanon: Anbetung der Könige.
Türsturz: Verkündigung an Maria, Heimsuchung, Verkündigung an die Hirten, Geburtsszene.
Gewändekapitelle: links bärtige Sirene mit Fischschwanz und in der linken Hand eine Fidel, in der rechten ein Schwert, davor eine kleine hockende Gestalt mit geschlossenen Augen und Schwanz mit Quaste[1]. Rechts ein Dämon und ein Faun.
Konsolen: links ein Engel mit Horn; rechts ein Engel mit Horn und Fahnenlanze.

5.4 Fundortnachweis von Abbildungen der im III. Teil behandelten Skulpturen[2]

ANZY-LE-DUC

Westportal: Oursel, 1981, Abb. 119.
Tympanon und Sturz (heute in Paray-le-Monial, Musée Hiéron): Rupprecht, Abb. 191.
Portal an der ruinösen Abteimauer: Oursel, 1976, Abb. 47. Oursel, 1981, Abb. 120. Sowie die Abbildungen 11 (S. 213), 12 und 13 (beide S. 214) in dieser Arbeit (eigene Aufnahme).

AUTUN

Westportal: Rupprecht, Abb. 169–175. Sowie die Abbildungen 1 (S. 96), 8 (S. 208), 9 (S. 209) und aus dem Musée Rolin, Türsturzdetail Abbildung 15 (S. 220) in dieser Arbeit (eigene Aufnahmen).
Rest des ehemaligen Portals am Nordquerhaus: Rupprecht, Abb. 185.

AVALLON

Hauptportal: Fotoarchiv Marburg, Nr. 182862. Bußmann, Abb. 117–119. Zeichnung des ursprünglichen Hauptportalschmucks von Plancher bei Kerber, Fig. 4.

(BOIS-SAINTE-MARIE)

Südportal: Kingsley Porter, 2, Abb. 142.

1 Ikonographische Beschreibung bei Diemer, S. 257–258. Rupprecht gibt das Thema mit Odysseus und Sirene an.
2 Diese Liste soll zur schnellen Orientierung jeweils nur auf ein bis zwei Abbildungen hinweisen, welche die obigen Ausführungen anschaulich dokumentieren und relativ leicht in der kunstwissenschaftlichen Literatur zu finden sind.

CERVON

Westportal: Fotoarchiv Marburg, Nr. CA 1283/10.

LA CHARITÉ-SUR-LOIRE

Nördliches Seitenportal der Westfassade: Tympanon bei Rupprecht, Abb. 168. Abbildung 4 (S. 199) in dieser Arbeit (eigene Aufnahme).
Ehemaliges südlicheres Seitenportal unter dem Nordturm der Westfassade: Bußmann, Abb. 88. Abbildungen 5 (S. 200) und 10 (S. 212) in dieser Arbeit (eigene Aufnahmen).

CHARLIEU

Westportal: Rupprecht, Abb. 137.
Nordportal des Narthex: Rupprecht, Abb. 194–196.
Bogenschmuck über Fenster an der Nordseite des Narthex: Rupprecht, Abb. 193.
Reliefplatte im Museum: Bußmann, Abb. 36.

CHÂTEAUNEUF-EN-BRIONNAIS

Südportal: Kingsley Porter, 2, Abb. 2.

CLUNY

Zeichnung der Westfassade bei Rupprecht, S. 28.

DIJON

Tympanon mit Abendmahlsdarstellung: Bußmann, Abb. 2. Kerber, Abb. 5.
Tympanon mit Maiestas Domini; Kerber, Abb. 5.
Ehemaliges Westportal: Zeichnung von Plancher bei Kerber, Fig. 2.

FLEURY-LA-MONTAGNE

Westportal: Oursel, 1981, Abb. 124. Abbildung 6 (S. 201) in dieser Arbeit (eigene Aufnahme).

MÂCON

Ehemaliges Portal: Sauerländer, Abb. 7.

MONT-SAINT-VINCENT

Westportal: Kingsley Porter, 2, Abb. 3.

MONTCEAU-L'ÉTOILE

Westportal: Rupprecht, Abb. 190 und 191 oben.

NEUILLY-EN-DONJON

Westportal: Rupprecht, Abb. 192. Oursel, 1976, Abb. 16–34. Abbildung 14 (S. 219) in dieser Arbeit (eigene Aufnahme).

NEVERS

Tympanon: Kingsley Porter, 2, Abb. 133.

PARAY-LE-MONIAL siehe Anzy-le-Duc.

PERRECY-LES-FORGES

Westportal: Oursel, 1976, Abb. 51–55. Oursel, 1981, Abb. 125. Abbildungen 2 und 3 (S. 198) in dieser Arbeit (eigene Aufnahmen).

PRUSLY

Westportal: Abbildung 16 und 17 (S. 222) in dieser Arbeit (eigene Aufnahmen).

SAINT-JULIEN-DE-JONZY

Westportal: Rupprecht, Abb. 197.

SEMUR-EN-BRIONNAIS

Westportal: Oursel, 1981. Abb. 129. Abbildung 7 (S. 207) in dieser Arbeit (eigene Aufnahme).

TIL-CHÂTEL

Westportal: Keine veröffentlichten Abbildungen gefunden. Eigene Aufnahmen vorhanden.
Südportal: Paul Deschamps. „Les deux tympans de Saint-Bénigne de Dijon et de Til-Châtel". In: Bulletin Monumental, 81. Paris, 1922, S. 380–386. S. 383.

VARENNE-L'ARCONCE

Portal: Oursel, 1976, S. 10.

VÉZELAY

Hauptportal: Rupprecht, Abb. 149–153 und Abb. 158. Salet[1], Pl. 22.
Nördliches Portal: Rupprecht, Abb. 154. Salet, Pl. 23 und Pl. 25.
Südliches Portal: Rupprecht, Abb. 155–157. Salet, Pl. 23 und Pl. 26.

---

1 Salet, Francis, La Madeleine de Vézelay. Étude iconographique par Jean Adhémar. Melun, 1948. Die dortigen Identifizierungen des Dargestellten sind heute z. T. nicht mehr aufrechtzuerhalten.

IV. Händigkeitsproblematik

6 Wechselwirkung zwischen Theorie und Praxis

6.1 Linkshändige Künstler

6.1.1 Die erste Ausstellung von Werken linkshändiger Künstler

Häufig hörten wir in den ersten Jahren des Bestehens der Beratungs- und Informationsstelle für Linkshänder und umgeschulte Linkshänder, die sich in München, parallel zu unserer Forschungstätigkeit über Gehirnhemisphären-Lateralisation und Händigkeit bzw. Folgen der Umschulung der Händigkeit entwickelt hatte (siehe Kapitel „Grundlagenforschung" und „Die erste deutsche Beratungs- und Informationsstelle für Linkshänder und umgeschulte Linkshänder"), bei Testuntersuchungen und in Beratungsgesprächen mit Eltern linkshändiger Kinder ihre Enttäuschung heraus, dass ihr Kind linkshändig ist. Manche bedauerten, kein „normales, rechtshändiges Kind" zu haben, sondern so eine Ausnahmeerscheinung mit neuen Problemen und Entscheidungsschwierigkeiten, häufig begleitet von einem latent vorhandenen Konfliktpotenzial in der Familie. Dies konzentrierte sich um die Frage, ob man das Kind links schreiben und essen lässt oder ob man es, wie seit Generationen gewohnt, auf die rechte Hand umschult. Dabei waren dann meist alle Familienmitglieder involviert: Es betraf oft auch die Großeltern, von denen viele selbst als Kind umgeschult worden waren und die häufig behaupteten – natürlich ohne sich über die Folgen genauer informiert und diese bei sich überprüft zu haben –, dass es ihnen selbst nicht geschadet hätte.

Manchmal wurden diese inneren Konflikte und dieses Unbehagen auch sehr drastisch formuliert, und es kam zu Aussagen wie den folgenden:

„Schwangerschaft und Geburt sind bei unserem Kind sehr gut verlaufen. Na ja, es war eine Tochter, ein Stammhalter wäre uns lieber gewesen, doch damit haben wir uns abgefunden, aber jetzt entwickelt sie sich auch noch zu einer Linkshänderin ..."

Die Enttäuschung und die Hilflosigkeit waren deutlich aus solchen Äußerungen herauszuhören. Es waren der Familienkonflikt, der die Stimmung niederdrückte, und die Unsicherheit, dass selbst von Fachleuten die verschiedensten Meinungen vertreten wurden und zum Teil Meinungen, die deutlich nicht mit den Eigenschaften des linkshändigen Kindes übereinstimmten. So wurde zum Beispiel immer wieder behauptet, dass diese Kinder zu größerer Krankheitsanfälligkeit, zu Unfällen, Immunschwäche neigen würden und auch oft Legastheniker wären. Die Eltern hingegen nahmen gerade im Vergleich mit anderen Kindern wahr, dass sich ihr Kind ganz normal entwickelte, wenn da nur nicht diese verwirrende Linkshändigkeit wäre, die offensichtlich ziemlich resistent und zäh haftete. Auch entsprachen die Aussagen mancher Ärzte und anderer Fachleute, dass sich Linkshändigkeit erst mit vier bis fünf Jahren herausbilde und sich das Kind dann selbst für seine Händigkeit entscheiden würde, nicht der tagtäglich beobachteten Realität: Seit Beginn des gezielten Greifens, etwa seit dem ersten Geburtstag, war die Linkshändigkeit meist überaus haftend da. Selbst der für den rechtshändigen Gebrauch bestimmte Kinderlöffel, ein beliebtes Taufgeschenk mancher Paten, der vorne nach links gebogen war, nutzte nichts. Das Kind spuckte, kleckerte, und es gelang oft sogar mit diesem für es absolut ungeeigneten Gerät, mit der linken Hand zu essen. Schließlich flogen Löffel und Spinat in die Ecke, und das Kind weigerte sich überhaupt weiterzuessen, bis die Eltern nachgaben, ihm einen normalen Löffel gaben und es mit der linken Hand hantieren ließen.

Und trotzdem war da das Unbehagen, warum es gerade ihnen passieren musste, ein Kind zu haben, das nicht die allgemeine Norm respektierte, sondern schon bei der Begrüßung auffiel. Der Satz: „Gib doch das schöne Händchen", konnten sie meist nicht mehr hören, wenn der Sprössling freudig der Oma die linke Hand zur Begrüßung entgegenstreckte und so gleich die ersten Belehrungen und Diskussionen über seine Linkshändigkeit anregte.

Wenn sich die Linkshändigkeit doch nur etwas verstecken ließe, aber nein, Begrüßen, Essen, Malen, alles fiel sofort auf, und sogar in der Kirche war dem Kind nicht anzugewöhnen, mit der rechten Hand ordentlich das Kreuzeszeichen zu machen, immer wieder machte es das links. Mit einem Ministrantenamt, das es sich schon jetzt wünschte und bei etwas älteren Kindern bewunderte, wird es wohl so nicht viel werden, denn links das Kreuzeszeichen zu machen sei nicht richtig und solle sogar entheiligend wirken und mit dem Bösen in Verbindung stehen. Manche Eltern waren sogar überzeugt, dass die linke Seite und die Linkshändigkeit etwas mit dem Teufel zu tun hätten.

Wie konnten wir nur gegen diese Vorurteile ankommen?

In diesen Grübeleien erinnerte ich mich oft an die vielen Künstler, die Linkshänder waren und bei denen sicher das Faktum der anderen Gewichtung in ihrem Gehirn, der Betonung ihrer rechten Gehirnhemisphäre durch motorische Aktivität ebendiese Funktion verstärkte, die für Raumwahrnehmung und die gleichzeitige Verarbeitung von vielschichtigen Informationen zuständig war. Dies war sicher mit ausschlaggebend für ihre subjektive Art, die Welt zu sehen, und unterstützte noch ihre künstlerischen Begabungen. So entwickelte sich langsam die konkrete Idee, eine Ausstellung mit Werken von linkshändigen Künstlern zu organisieren. Dadurch ließ sich nicht nur praxisnah demonstrieren, dass Linkshändigkeit nichts Negatives ist, sondern im Gegenteil zeigen, zu welch großartigen Leistungen Linkshänder fähig sind.

Es war eine außerordentlich reizvolle Angelegenheit. Allgemein bekannt ist, dass einige der größten Künstler Linkshänder waren. Leonardo da Vinci hatte sogar seine Aufzeichnungen in Spiegelschrift verfasst, eine typische Eigenschaft vieler Linkshänder. Weiter waren da Rubens, Michelangelo, Rembrandt, Paul Klee, Adolf von Menzel und angeblich auch Picasso. So drängte sich zunächst nur vermutungsweise die Frage auf, ob die Auffassung und Darstellung der Welt von linkshändigen Künstlern in der ganzen Kunstgeschichte nicht überhaupt die führende sei.

In unsere diesbezüglichen Überlegungen traf ein Brief des Künstlers Bernhard J. Keller ein, der, angeregt durch mein „Porträt“ in der Süddeutschen Zeitung, über seine Entdeckungen schrieb. Er schilderte, wie ihm in der Volksschule das rechtshändige Schreiben noch gewaltsam eingebläut worden war und wie er entdeckt hatte, dass er mit links völlig locker Spiegelschrift schreiben konnte, ohne dies jemals vorher geübt zu haben[1].

Bernhard J. Keller lebte und arbeitete im malerischen Pfaffenwinkel, wo er in seinem alten Bauernhaus auch Malseminare veranstaltete.

Die Vorbereitungen für diese Ausstellung nahmen immer mehr Gestalt an, und es wurde beschlossen, dafür unser ganzes zweites Stockwerk in der Sendlinger Straße 18 in München einzubeziehen (Anmerkung: Mit Einführung der neuen Postleitzahlen 1993 wurde die alte Nummerierung der Sendlinger Straße, die erst die eine und dann die andere Seite durchzählte, in die übliche wechselseitige Nummerierung der Häuser umgewandelt, und wir bekamen die Nummer 17). In den beiden anderen Stockwerken lief unsere Arbeit, etwas beengt, weiter.

Ich fand schnell verschiedene Künstler, die Lust hatten, mitzumachen. Neben Bernhard J. Keller meldeten sich zwei sehr junge Künstler, die noch an der Akademie studierten. Ursula Henselmann, die Enkeltochter des in München recht bekannten Künstlers Josef Henselmann, stellte Ölmalereien vor, und

1 Sattler, Der umgeschulte Linkshänder, 1995, S. 231.

Abb. 21 Ursula Henselmann, Selbstporträt, 1986, Tempera, 72 × 52 cm

Abb. 22 Hartmut Majer, Weidengeflecht, 1987

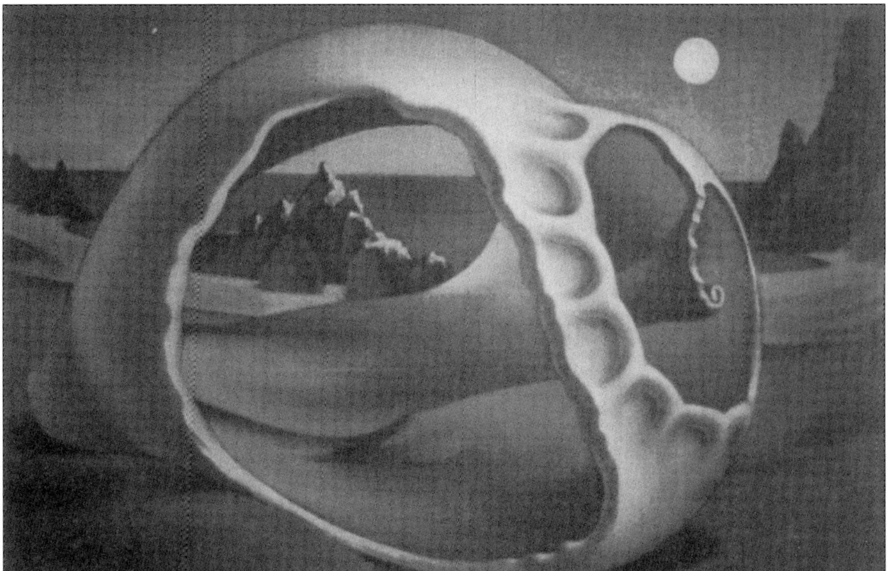

Abb. 23 Hans Soyka, Ausglühende Form, 1962, Öl, 26 × 38 cm

Hartmut Majer brachte mehrere Skulpturen ein. Besonders auffallend waren seine eigenartig verträumt wirkenden Arbeiten aus geweißeltem Weidengeflecht, von fast archaischem Charakter.

Die berühmtesten Namen in unserer Ausstellung hatten der verstorbene Hans Soyka, ehemaliger Präsident der Akademie der Künste in Chile, von dem unsere damalige Vorsitzende der ONRS Akademie, Traudl Weichenrieder, bereit war, ausgesuchte Arbeiten zur Verfügung zu stellen, und Dr. Georg Malin, ein in Liechtenstein lebender, sehr bekannter Künstler. Seine gold-

Abb. 24 Georg Malin, Alpha-Würfel, 1987, polierte Bronze, 16 cm

glänzenden Buchstabenwürfel waren die Schmuckstücke der Ausstellung. Ingeborg Zotz beteiligte sich mit grafischen Arbeiten voller märchenhafter Gestalten wie aus einer anderen Welt.

Mit Bernhard J. Kellers Hilfe haben wir es sogar geschafft, einen kleinen Katalog herauszugeben. Mit Dr. Cizek war ich zuvor in die herrliche Voralpenlandschaft des Pfaffenwinkels gefahren, um im Atelier von Bernhard J. Keller, in dem idyllisch gelegenen Bauernhaus, Fotoaufnahmen für die Einladungskarte zu machen. Die schließlich ausgesuchte Aufnahme zeigte den Künstler an einer von mehreren Arbeiten mit der linken Hand malend, der Text war in Spiegelschrift hineingesetzt. Für mich lag hier sehr bedeutsam die

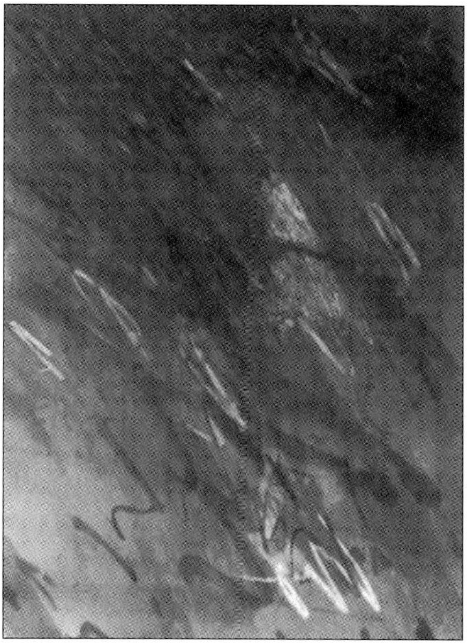

Abb. 25 Bernhard J. Keller, Ins Dunkle geschrieben, 1987, Mischtechnik, 21 × 15 cm

Abb. 26 Ingeborg Zotz, Wächter zum Land der Vögel, 1983, Mischtechnik, 29,7 × 24,5 cm

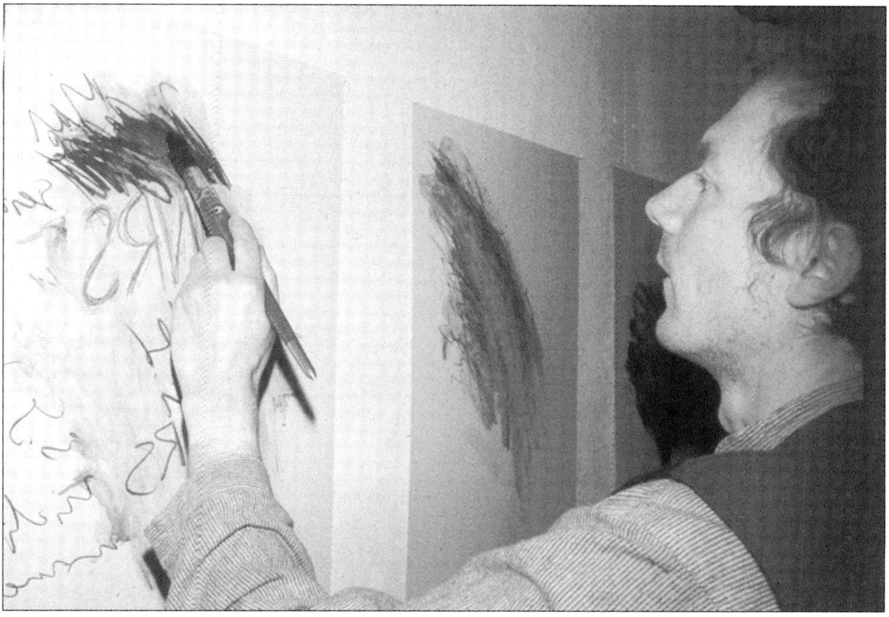

Abb. 27 Bernhard J. Keller bei der Arbeit im Atelier, Einladungskarte zur Ausstellung von Werken linkshändiger Künstler in der ONRS im Sommer 1987

Wirkung auf mehreren Ebenen, nicht direkt auf einer ästhetisch schönen Darstellung, sondern im Ausdruck auffallend und aussagekräftig. Die Karte war sehr erfolgreich und wurde später noch oft abgedruckt.

Und auch Bernhard war ein typischer umgeschulter Linkshänder, mit eigenwilligen Kanten und Ecken in seiner Persönlichkeit. Er wusste, wie sehr mir an seinen Arbeiten in Spiegelschrift lag, weil ich damit neben dem künstlerisch interessanten Effekt etwas vermitteln wollte, nämlich die Fähigkeit, überhaupt Spiegelschrift zu schreiben, die vielen Eltern linkshändiger Kinder an ihren Sprösslingen große Sorgen bereitete.

Als Bernhard dann in München seine von ihm für die Ausstellung ausgesuchten Bilder auspackte, war ich entsetzt: Es waren Variationen auf den Buchstaben „A" … Dieser Buchstabe eignete sich natürlich überhaupt nicht dazu, unser Anliegen zu dokumentieren, und so mussten eben Kopien von Leonardo da Vincis anatomischen und technischen Zeichnungen, beschriftet mit Spiegelschrift, herhalten. Aber ich war traurig, denn es ging ein Teil des Reizes verloren, und viele Besucher standen eher ratlos vor den Bildern von Bernhard und konnten allenfalls die eindeutig linkshändige Schraffierung – von links oben nach rechts unten – als typisch für einen Linkshänder identifizieren. Anstelle einer Vielfalt des Schaffens wirkten sie wie vorläufige Übungen zu einem Thema – und entsprechend kurz verweilte auch mancher Besucher in diesem Raum.

Aber die Vernissage am 14. Mai 1987 war ein voller Erfolg. Es kamen sehr viele Gäste und so viele Politiker und Vertreter der Stadt München, dass ich meine Rede mit den Worten „Verehrte Stadträte und Vertreter der Landeshauptstadt München" beginnen musste und fortfuhr:

„Meine sehr verehrten Damen und Herren,

ich bin sehr glücklich, Sie heute hier begrüßen zu dürfen. Besonders deswegen, weil wir meinen, schon etwas stolz darauf sein zu können, dass es uns gelungen ist, eine Idee zu verwirklichen, an die sich bisher offensichtlich selbst große Galeristen nicht herangewagt haben.

So viel ist mir während der langen Vorbereitungszeit klar geworden: Linkshändige Künstler sind ein wichtiger Teil der Kulturtradition und sie haben sich seit Jahrhunderten immer wieder einen Namen gemacht: Denken wir nur z. B. an Leonardo da Vinci, Michelangelo, Menzel, Picasso …

Die Wertung, Beurteilung und Behandlung der Linkshänder hat eine lange Geschichte, die weit zurückreicht und lange Zeit engstens mit der Bewertung der rechten und linken Seite und der Himmelsrichtungen in Zusammenhang stand.

Die negative Bewertung von allem Linken hatte ihren Höhepunkt im Manichäismus und in der christlichen Liturgie des 3. und 4. Jahrhunderts nach Christus und ist von dort tief in die mythischen Vorstellungen der Menschen eingedrungen.

Noch heute kennt unsere Sprache Ausdrücke, in denen „Links“ in einem abwertenden, negativen Sinn benutzt wird: linkisch, eine linke Methode, die linke Seite (gemeint ist die Innenseite eines Kleidungsstücks), links liegen lassen, bis zu dem Ausdruck, mit dem linken Fuß zuerst aufstehen.

Linkshänder wurden in den vergangenen Jahrtausenden bis zum Beginn des Industriezeitalters, das auf Rechtshänder normierte Maschinen entwickelt hat, und zur Einführung der allgemeinen Schulpflicht bis zu einem gewissen Grad zwar als Minorität betrachtet, aber nach unserem heutigen Wissen nicht kontinuierlich auf die rechte Hand zum Schreiben umgeschult.

Erst dann kam es zu einer „Gleichschaltung“ und einer Einstellung innerhalb der Gesellschaft, die dazu führte, dass die meisten Linkshänder gezwungen wurden, mit der rechten Hand zu schreiben und zu arbeiten.

Bis heute leidet diese Gruppe unter den massiven Auswirkungen dieser Umstellung, und bis heute werden Kinder, meist schon sehr früh, in den ersten Lebensjahren umgeschult, oft frei nach dem Märchen, eine sanfte Umschulung schade nicht ...

Das ist einer der Gründe, warum wir die „Beratungsstelle für Linkshänder und umgeschulte Linkshänder“ gegründet haben. Das Interesse, die Nachfrage und das Bedürfnis an unserer Tätigkeit nehmen laufend zu.

In der Beratungsstelle haben wir es täglich mit den Folgen der Umschulung der Händigkeit zu tun, die da sind: Gedächtnisstörungen, Lese- und Rechtschreibschwierigkeiten, Konzentrations- und Sprachstörungen und motorische Störungen.

Die Händigkeit des Menschen ist ein Symptom einer bestimmten Betonung im Gehirn, einer Dominanz der jeweils kontralateralen Gehirnhemisphäre.

Roger Sperry war der Wegbereiter für eine faszinierende neue Forschungsrichtung über die so genannte Lateralisation, die Erforschung der unterschiedlichen Eigenschaften und Fähigkeiten der linken und rechten Gehirnhemisphäre. Die beiden Gehirnhemisphären besitzen unterschiedliche Verarbeitungsmodi: Die linke Hemisphäre verarbeitet analytisch, aufeinander folgend, die rechte Hemisphäre verarbeitet synthetisch, vielschichtiger. Man entdeckte, dass die rechte Hemisphäre, also die, die bei Linkshändern betont ist, Raum und Perspektive besser verarbeitet sowie körperliche und bildhafte Vorstellung und dass in ihr auch das Erkennen von Gesichtern und Gefühls- und Ausdrucksverständnis situiert sind. Diese Verarbeitung vollzieht sich hauptsächlich sprachfrei.

Der Raumverarbeitung steht dann in der linken Hemisphäre die Zeit gegenüber, und das Sprachzentrum befindet sich auch meistens in der linken Hemisphäre.

Diese Eigenschaften der rechten Hemisphäre sind wesentliches Handwerkszeug des Künstlers und so verwundert es nicht, dass wir unter Künstlern viele Linkshänder finden.

Bei unserer intensiven Arbeit mit und über Linkshänder stellen wir fest, dass sich immer mehr Linkshänder zu ihrer Händigkeit bekennen, und so glaube ich, dass man durchaus die Hypothese aufstellen darf, dass möglicherweise sogar der größere Teil der Künstler linkshändig veranlagt ist.

Zwei Dinge charakterisieren den linkshändigen, bildnerisch schaffenden Künstler besonders:

1. die typische Wahrnehmungs- und Verarbeitungsart des Linkshänders und
2. arbeitstechnisch bedingte Merkmale seiner Linkshändigkeit.

Die „natürliche" Bewegungsrichtung des Linkshänders ist sowohl arbeitstechnisch als auch wahrnehmungsmäßig von rechts nach links im Raum. Schon bei dem linkshändigen Kind finden wir oft das Bedürfnis, oben rechts in der Ecke zu beginnen und nach links herüber zu schreiben und zu lesen. Bei den Rechtshändern ist das umgekehrt.

Linkshändige Künstler legen daher auch häufig ihre Komposition von rechts vorne nach links hinten an. Ein typisches Beispiel dafür in unserer Ausstellung ist das Bild von Hans Soyka „Chilenisches Dorf".

Diese kompositionelle Aufteilung ist sowohl in der – Linkshändern spezifischen – Wahrnehmungsrichtung von rechts nach links als auch in der technisch bedingten Arbeitsrichtung des Künstlers mit der linken Hand begründet. Damit meine ich die praktikablere Arbeitsweise, von der rechten Seite aus zu beginnen, die es dem Linkshänder erlaubt, den fertigen

Teil seiner Arbeit andauernd vor Augen zu haben, indem er nach links weiterarbeitet.

Hier ist auch die *Spiegelschrift* zu nennen, die viele Eltern linkshändiger Kinder sehr beunruhigt. Viele Linkshänder können durch ihre räumliche Verarbeitungsfähigkeit, ohne sie jemals geübt zu haben, Spiegelschrift schreiben.

Ein sehr großer und bedeutender linkshändiger Künstler, Leonardo da Vinci, hat sehr viel Spiegelschrift geschrieben. Ohne sie jemals geübt zu haben, benutzt Bernhard Keller auch die Spiegelschrift als Ausdrucksmittel in seinen Bildern.

Als technische Arbeitsmethode finden wir die Schraffurrichtung als weiteres Erkennungsmerkmal bei vielen linkshändigen Künstlern und diese können wir auch besonders deutlich an den Bildern von Bernhard Keller feststellen.

Bei wahrnehmungspsychologischen Studien wurde entdeckt, dass Rechtshänder die linke Bildseite betonen und wichtige Gegenstände und Personen dort platzieren, während sie die rechte Seite eher vernachlässigen. Bei Linkshändern ist die Dominanz des linken Gesichtsfeldes nicht so ausgeprägt, nicht spiegelbildlich zu Rechtshändern, sondern weniger einseitig, mehr doppelseitig vertreten.

Dieses Gesetz liegt der von Heinrich Wölfflin festgestellten Blickbahn im Bilde, von links vorne nach rechts hinten, zugrunde, die man, vom Kompositionellen her gesehen, in vielen Gemälden feststellen kann. Mit dieser Gesetzmäßigkeit hängt auch die unterschiedliche Seitenwahrnehmung eines Bildes zusammen.

Die Seitenaufteilung in einem Bild ist nicht gleichgültig. Das kann jeder selbst sehr leicht feststellen, wenn er ein ihm bekanntes Dia umdreht und seitenverkehrt betrachtet.

Ebenso wirkt ein Gemälde auf den Betrachter etwas anders, je nachdem, von welchem Standpunkt er es betrachtet, denn auch das menschliche Gesichtsfeld wird kontralateral den Gehirnhemisphären zugeleitet. Wenn man ein Gemälde so betrachtet, dass es im linken Gesichtsfeld erscheint, wird es direkt in die rechte Gehirnhemisphäre geleitet und intensiver räumlich und synthetisch verarbeitet.

Von den ausgestellten Künstlern freue ich mich sehr die meisten persönlich vorstellen zu dürfen:

Frau Ursula Henselmann,

Herrn Bernhard Keller und

Herrn Hartmut Majer.

Für den verstorbenen Hans Soyka ist seine Frau, Frau Traudl Weichenrieder, anwesend und für Herrn Dr. Georg Malin, der leider doch nicht teilnehmen kann, ist seine Ehefrau, Berty Malin, aus Liechtenstein gekommen.

Ich möchte mich hier ganz herzlich bei den vielen ehrenamtlichen Helfern bedanken, die dazu beigetragen haben, dass diese Ausstellung verwirklicht werden konnte, dazu gehört auch, dass unsere Räume völlig neu gestrichen und für die Ausstellung vorbereitet wurden, und ich bedanke mich auch für die viele Arbeit an der Dokumentation, das Mitdenken und das Ideenentwickeln.

Für die ONRS bedeutet diese Ausstellung auf der einen Seite eine große Einschränkung, weil die Beratungstätigkeit in andere Räume verlegt werden muss, um die volle Funktionsfähigkeit zu erhalten, auf der anderen Seite glaube ich, dass alle Mitarbeiter gerne bereit sind, der Sache wegen diese Einschränkungen auf sich zu nehmen.

Ich freue mich auch, dass unsere Ausstellung bei der Presse so großes Interesse findet, und ich glaube, dass wir mit dieser Ausstellung einen weiteren Schritt für die Anerkennung der Linkshänder tun und dagegen kämpfen, dass ein Teil der Bevölkerung noch heute glaubt, sich für eine Eigenschaft schämen zu müssen, die in Wirklichkeit Ausdruck einer Bereicherung ist und einer besonderen Art, die Welt wahrzunehmen und zu verarbeiten.

Die Veranstaltungen, die begleitend zu der Ausstellung stattfinden, sollen auch in dieser Richtung wirken.

Ich danke Frau Solvejg Fiederling, dass sie bereit ist, zu unserer Ausstellung zu musizieren. Solvejg Fiederling studierte an der Münchner Musikhochschule Querflöte und entwickelte in den letzten Jahren eine umfangreiche kammermusikalische Tätigkeit, die große Anerkennung fand.

Dr. Barbara Sattler
Vorsitzende der ONRS“

Abb. 28 Gäste bei der Vernissage zur ersten Ausstellung von Werken linkshändiger Künstler

Abb. 29 Gäste bei der Vernissage zur ersten Ausstellung von Werken linkshändiger Künstler

Der festliche Rahmen wurde dann durch Musik der genannten linkshändigen Flötistin Solvejg Fiederling unterstrichen.

Es war ein wunderschöner Abend, der Wein schmeckte den Gästen und die Schmalzbrote kamen auch an. Viele blieben noch lange, und ihre Stimmen und ihr Lachen waren überall zu hören. Besonders gut amüsierte sich unser hochgeschätzter Dr. Christian d'Orville, ein eingefleischter Analytiker und ein wunderbarer Mensch mit viel Humor und Lebensweisheit. Unter den Gästen waren auch Prinz Ernst-Leopold von Sachsen-Coburg und Gotha und sein Verwandter Prinz Eduard von Sachsen-Anhalt. Die Inhaberin des Linkshänderladens in Hamburg Eva-Maria Strüver war gekommen und viele

Abb. 30 Werke linkshändiger Künstler auf der Terrasse der Beratungsstelle, 1987

uns nahe stehende Menschen, so auch der Diplom-Ingenieur Hans-Joachim Rieger, ein Computerspezialist, der unseren Computer installiert hat und betreute. Bis heute hat er nie seinen Dienst verweigert.

Inzwischen waren die meisten gegangen und ich saß am Rande unserer großen Terrasse, die verschiedenen Skulpturen Platz bot und mit ihrem schlichten rotbraunen Terrakottaboden und den weißen Wänden unaufdringlich die Kunstwerke sich entfalten ließ. Die Lichter des nächtlichen Münchens strahlten bis über den St.-Jakobs-Platz. Es war fast kitschig, wie der

Mond aufging und die Sterne funkelten, aber ich war glücklich, wir hatten etwas geschafft, was mir große Freude bereitete und in mir harmonisch nachklang.

Diese Ausstellung fand auch großes Echo in den Medien. Auf der Vernissage drehte sogar das Bayerische Fernsehen einen Bericht, und über sie wurde in dem Film von Regina Dötsch „Linkshänder in der Kunst“ in der Kulturzeit der Abendschau berichtet. Leider ging die Aufnahme meiner Rede völlig daneben, weil ich durch Aufregung nicht richtig ins Mikrophon gesprochen hatte und Bild und Satz differierten …

Auch Fachzeitschriften, wie z. B. die Ärzte Zeitung, reagierten auf die Ausstellung sehr positiv (siehe S. 270).

Für Solvejg Fiederling war die Erkenntnis, dass viele sie seit ihrer Kindheit plagende Schwierigkeiten mit der umgeschulten Händigkeit zusammenhingen, fast eine Offenbarung gewesen, und sie erinnerte sich, wie sie vor der Einschulung ein lebendiges, fröhliches Kind gewesen war, das sich dann in der Schulzeit mehr und mehr in sich zurückgezogen hat. Sie kam schon längere Zeit vor der Ausstellung regelmäßig in die Beratungsstelle, und aus ihrem Interesse, ihre eigenen Schwierigkeiten besser zu verstehen, hatte sich eine intensive ehrenamtliche Mitarbeit entwickelt. Typisch war ihre Klage, dass sie plötzlich beim Flötenspiel ganz kleine Aussetzer, Stolperer hatte, für die sie keine Erklärung wusste und die nie an der gleichen Stelle auftraten, sodass sie sich nicht darauf einstellen und diese Passage besonders üben konnte. Das Problem war, dass man diese glücklicherweise nur sporadisch beim Flötenspiel auftretenden Fehler – und sie arbeitete viel als Solistin – sofort hörte. Solvejg Fiederling prägte dafür den Ausdruck „musikalische Legasthenie“[1].

Begleitend zu der Ausstellung haben wir verschiedene Veranstaltungen durchgeführt. Die schönste war sicher ein Abend mit Musik und Gedichten: „Was ich Dir schon immer sagen wollte“ – gestaltet von Linkshändern.

Das war besonders der Abend von Angelika Welte. Sie hatte ganz zu Beginn bei uns im Büro gearbeitet und wollte dann eine weiterführende Ausbildung beginnen. Sie schrieb sehr schöne Gedichte, die sie abwechselnd mit anderen vortrug, und dazwischen musizierten wieder Solvejg Fiederling und ihre Freunde.

---

1 Beschreibung von Solvejg Fiederling in: Sattler, Der umgeschulte Linkshänder, 1995, S. 201.

Ärzte Zeitung / Nr. 124 **KULTUR** Mittwoch, 8. Juli 1987 / Seite 23

Ausstellung mit Werken linkshändiger Künstler in München

Zarte Farben und Figuren: Unendliche Harmonie im umgekehrten Raum

Die Bilder sind fantasievoll, die Farben meist zart und von unendlicher Harmonie. Aber es gibt auch grelle Farben, surrealistische Motive. Daneben Skulpturen in Stein, Holz, geometrische Figuren in polierter Bronze. Die Künstler: Hans Soyka, Georg Malin, Bernhard J. Keller, Ingeborg Zotz, Hartmut Majer und Ursula Henselmann.

Eine „ganz normale" Ausstellung also, bis dem Betrachter einfällt, dass dies ausschließlich Kunstwerke von Linkshändern sind. Und sofort erhält die Veranstaltung einen anderen Charakter, weil hier „Außenseiter" etwas geschaffen haben.

Genau aber das will die „Ausstellung linkshändiger Künstler" im Hause der ONRS (Organisation für neutrale Wissenschaften) in der Münchner Sendlinger Straße 18 nicht. Die Kollektion, die noch bis zum 14. August zu sehen ist, will vielmehr zeigen, dass es sich eben um „ganz normale" Künstler handelt, wenn man sie nur lässt – mit links. Denn gerade sie haben eine besondere Begabung, Räumlichkeit wahrzunehmen und zu verarbeiten.

Mit welcher Hand ein Mensch schreibt oder malt, hängt davon ab, welche Seite im Gehirn die dominierende ist. Beim Linkshänder ist das die rechte Gehirnseite. Durch diese umgekehrte Seitenwahrnehmung wird auch die traditionelle Seitenaufteilung eines Bilds durchbrochen. So wird dem aufmerksamen Betrachter auffallen, dass eine Straße, ein Fluss oder ein Esel in der Regel zur linken Seite des Bilds hin verlaufen und nicht wie (meist) beim Rechtshänder zur rechten Bildseite. Am deutlichsten wird das bei der Schraffur, die von den Künstlern oft angewendet wird. Auch sie verläuft völlig „seitenverkehrt".

Vielleicht ist es gerade das Entgegengesetzte, das die eigenartige Schönheit der Bilder ausmacht. Die Werke von Leonardo da Vinci, Michelangelo, Hans Holbein, Rubens, Menzel, Franz von Lehnbach, Ludwig Schwanthaler, Paul Klee oder Pablo Picasso sind gekennzeichnet durch eine unnachahmliche Eigenwilligkeit. Sie alle waren Linkshänder, und ihre kreative Schaffenskraft ist unumstritten.

Und noch einem Aspekt will die Ausstellung Rechnung tragen: Linkshändige Künstler haben sich heute weitgehend von traditionellen Zwängen und kompositionellen Vorschriften befreit, die ihnen von einer rechtshändigen Welt noch immer auferlegt werden. So haben sie Mut gefunden, ihre Wahrnehmungen nach ihren „inneren Gesetzen" in ihrer Kunst darzustellen.

Die Psychologin und Kunsthistorikerin Dr. Johanna Barbara Sattler, Leiterin der ONRS und selbst umgeschulte Linkshänderin, erklärt das so: Die kompositionelle Aufteilung ist sowohl in der Linkshänder-spezifischen Wahrnehmungsrichtung von rechts nach links als auch in der technisch bedingten Arbeitsrichtung des Künstlers mit der linken Hand begründet. Das heißt, die Arbeit wird von der rechten Seite aus begonnen und erlaubt dem Linkshänder so, den fertigen Teil seiner Arbeit ständig vor Augen zu haben, indem er nach links weiterarbeitet.

Als ein wesentliches Merkmal von Linkshändern ist auch die Spiegelschrift zu nennen. Viele Linkshänder können durch ihre räumliche Verarbeitungsfähigkeit Spiegelschrift schreiben, ohne sie jemals geübt zu haben. Ein Beispiel dafür ist Bernhard J. Keller, der sie oft als Ausdrucksmittel in seinen Bildern benutzt. Bei wahrnehmungspsychologischen Studien wurde entdeckt, dass Rechtshänder die linke Bildseite betonen und dass sie wichtige Personen und Gegenstände dort platzieren, während sie die rechte Seite eher vernachlässigen. Bei Linkshändern ist die Dominanz des linken Gesichtsfelds nicht so ausgeprägt, weniger einseitig, mehr doppelseitig vertreten.

Diana Furler

Keine Außenseiter, sondern ganz normale Maler und Bildhauer – wenn man sie nur lässt: Blick in die „Ausstellung linkshändiger Künstler".

Ist selbst umgeschulte Linkshänderin: Psychologin Dr. Barbara Sattler, Leiterin der „Organisation für neutrale Wissenschaften".

Straßen verlaufen zur linken Bildseite: So erkennt der Betrachter den linkshändigen Künstler. Hier „Chilenisches Dorf" von Hans Soyka.

„EIN MÄRCHEN FÜR LINKSHÄNDER
von Angelika Welte

Das rechtshändige Schneiderlein,
das tapfere,
war auf dem Weg zum Glück,
doch schlug er seine Fliegen,
sieben gar auf einen Streich,
mit der „Linken“
und fiel aus lauter rechtshändigem Ungeschick
in den
gleich neben dem Weg zum Glück liegenden
tiefen Teich.

Und als er dann um Hilfe rief,
ein Mann gar eilig zu ihm lief,
musste er,
da die „Rechte war verstaucht“,
die „Linke“ dem noch wohlgesinnten Retter strecken zum Gebrauch,
doch dieser wollte sie nicht nehmen,
er rief, „nein, nicht diese,
die „Rechte“,
die musst Du mir geben“,

doch das Schneiderlein war schon versunken,
wegen seinem linken Streich gar grausig ertrunken.“

Ein anderer Abend war dem Malen gewidmet. Die Veranstaltung hieß: „Mit der falschen Hand gemalt – Malen für Erwachene mit Bernhard J. Keller“. Es war faszinierend, wie unterschiedlich beide Hände das gleiche Thema gestalteten.

Die Ausstellung und ihr Begleitprogramm waren etwas ganz Neues und faszinierten dadurch, und wir hatten mehrere Tausend Besucher. Es war überhaupt die erste Veranstaltung dieser Art, und wir bekamen Angebote aus anderen Städten, dort unsere Ausstellung auch zu realisieren. So haben wir in Deggendorf in den Räumen der AOK und der Volkshochschule die Ausstellung gezeigt. Und weiter wurden wir von Professor Prinz an die Universität Bielefeld eingeladen, in dem zugehörigen ZIF – Zentrum für interdisziplinäre Forschung – auszustellen, und die Eröffnungsrede hielt der Professor selbst.

Abb. 31 Solvejg Fiederling

6.1.2 Weitere Ausstellungen

Für den kommenden Herbst waren zwei weitere Ausstellungen geplant.

Die eine Ausstellung fand vom 4. bis 25. November 1988 in Weinheim an der Bergstraße, in der Galerie der Volksbank, statt, initiiert von Herrn und Frau Zotz. Es waren Werke verschiedenster lebender linkshändiger Künstler aus ganz Deutschland vertreten. Wir lernten das von Kunst durchflutete Haus der Familie Zotz in der Altstadt von Weinheim kennen. Besonders wohl schien sich dort auch der anscheinend linksfüßige Papagei zu fühlen, der auch in dem Film des Süddeutschen Fernsehens eine sehr gute Figur machte. „Kunst aus rechter wie aus linker Hand“, die andere Ausstellung (vom 24. Oktober bis 20. November 1988) veranstalteten wir zusammen mit Isabella Sonntag, der jungen, sehr schönen und intelligenten Inhaberin des Uhren- und Juweliergeschäftes und Besitzerin des Hauses, in dem unsere Arbeitsräume sich über drei Stockwerke erstreckten. Die Initiative war von Isabella Sonntag selbst gekommen.

Es wurde Schmuck aus der Goldschmiedewerkstatt gezeigt, den Freiin Erika von Froenau gefertigt hatte, Bilder von den Malern Maria Daniela Blasi Lo Monaco, Christian Döring und Helmut Karcher und Seidenmalerei von Christina Wagner. Es war keine Verkaufs- oder Werbeausstellung, sondern sie sollte

Abb. 32 Vernissage der Ausstellung „Kunst aus rechter wie aus linker Hand", Oktober 1988

ein „Zeichen für unsere gute Zusammenarbeit und ein Zeichen für eine bestehende Eigenschaft des Menschen – die Händigkeit –, die nicht nur im rein handwerklichen Bereich Ausdruck findet, sondern weit tiefer geht", sein. In unserem Text zur Ausstellung hieß es weiter: „EIN ZEICHEN möchten wir mit dieser Ausstellung setzen, ein Zeichen dafür, dass im Schmuck eine große künstlerische Kreativität verwirklicht werden kann und dass er Verbindungsglied wird zwischen einem alteingesessenen Uhrenfachgeschäft und einer wissenschaftlichen Organisation, sodass sie eine Ebene der lebendigen Zusammenarbeit finden können, die zu dieser außergewöhnlichen Ausstellung geführt hat."

Selten wurde bei einem automatisch stattfindenden Vergleich derartig deutlich, wie die rechtshändige Künstlerin Blasi Lo Monaco ihre Bilder weit weniger räumlich anlegte. Dagegen wurden Formen und Farben betont. Raum wirkte bei den anziehenden Bildern etwas konstruiert und die Perspektive spielte eine sekundäre Rolle. Hingegen waren die abstrakten, Vasarélys Stil nachempfundenen Bilder des umgeschulten Linkshänders Karcher weit räumlicher in ihrem Ausdruck. Noch stärker kam das bei Christian Döring und den Seidenmalereien von Christine Wagner zur Geltung.

Zu der sehr gut besuchten Vernissage kam ein gemischtes Publikum, viele Geschäftsfreunde von Isabella Sonntag, mehrere Rechtsanwälte, die umgeschulte Linkshänder waren, und viele interessierte Linkshänder aus dem Bekanntenkreis von Isabella Sonntag und von uns.

Diese Ausstellung wurde auch von einer Pantomimeveranstaltung begleitet, für die unser durch seine Größe gemütlich wirkender Saal völlig umgestaltet und verkleidet wurde.

Abb. 33 Pantomimeveranstaltung, 1988

In Gesprächen anlässlich dieser Veranstaltungen hörte man oft äußerst überraschende Aussagen, die dort in lockerer Stimmung, in kleinen Gruppen oder unter vier Augen gemacht wurden, und es war manchmal auffällig, wie sich die Menschen wehrten, die Konsequenzen aus ihren Beobachtungen und Gedanken zu ziehen. In so gelockerter Atmosphäre meinte ein Gynäkologieprofessor, dass an meiner Theorie über die umgeschulten Linkshänder, deren Leistungsfähigkeit durch den erhöhten Energieeinsatz im Laufe des Tages weit schneller als erwartet und manchmal sogar schlagartig auf Null geht, etwas dran sei.

Er hatte dazu seine eigenen Beobachtungen und Erfahrungen gemacht: „Meine Frau ist eine umgeschulte Linkshänderin, das ist mir heute bewusst. Sie hat erzählt, dass ihr in der Schule die linke Hand festgebunden wurde, sodass sie nur die rechte zum Schreiben und Malen benutzen konnte. Sie wurde also ziemlich brutal zu dem Gebrauch der rechten Hand gezwungen“, fuhr er fort, „aber sie hat sich daran gewöhnt und hantiert seitdem praktisch nur mit der rechten Hand, die linke bleibt fast etwas steif und untätig, das sind die alten Gewohnheiten", lachte er.

Er erzählte weiter, dass bei ihm selbst nie Probleme mit schnellem Kräfteabfall wie bei seiner Frau aufgetreten seien. „Ich bin Rechtshänder", fügte er erklärend hinzu, „ich kann den ganzen Tag ohne Kräfteabfall oder Koordinationsminderung mit meiner rechten Hand arbeiten. Aber bei meiner Frau habe ich festgestellt, dass sie vormittags sehr gut mit der rechten Hand arbeiten kann, jedoch ab Mittag kommt es bei ihr oft zu unbeabsichtigten Bewegungen, Koordinationsfehlern und mit ihrer Präzision geht es rapide bergab. Hier scheint es, dass Sie tatsächlich Recht haben", sagte er nachdenklich.

Ich wunderte mich etwas darüber, wie er seine Frau so genau beobachten konnte, weil ich angenommen hatte, dass sie zu Hause tätig sei, und sprach das auch aus, und er verneinte überrascht: „Oh nein, nein, meine Frau ist nicht Hausfrau. Wir sind Berufskollegen, meine Frau ist Chirurgin."

Ich schluckte etwas und musste damals ein ziemlich komisches Gesicht gemacht haben, was andere, die sich mittlerweile zu uns gesellt hatten, amüsiert feststellten und kommentierten, aber das hat der Gynäkologieprofessor nicht mehr wahrgenommen.

Die Vorstellung, dass eine Chirurgin unkoordinierte Bewegungen macht, mit fortschreitender Tageszeit dann Probleme mit der präzisen Durchführung ihrer Handgriffe bekommt, fand ich ziemlich grausig. Wenn man noch den bekannten Ehrgeiz der umgeschulten Linkshänder, „die es geschafft haben", die eine Position in der Gesellschaft erreicht haben, hinzurechnet, dann Gnade Gott den Patienten, die der Chirurgin am Nachmittag unter die Hände kommen.

Ähnliches sagten Studenten auch einem Dozenten der Zahnheilkunde nach, der an der Universitätsklinik arbeitete und von dem man sich erzählte, dass man am besten vormittags zu ihm ginge, nachmittags könnte das ziemlich gefährlich werden. Ich kannte diesen Zahnarzt persönlich und habe ihn darauf angesprochen, und er hat das zugegeben, mit den Worten, „alle wichtigen Arbeiten schiebe ich auf den Vormittag und versuche, nachmittags nicht zu belastende Tätigkeiten durchzuführen, weil ich bei mir dann häufig Ermüdungszustände festgestellt habe und mit meiner rechten Hand ziemliche Probleme bekomme". Und er war sehr überrascht, dass dies mit seiner umgeschulten Linkshändigkeit zusammenhängen könnte.

Im Herbst 1990 (14. September bis 12. Oktober 1990) veranstalteten wir wieder eine sehr schöne Ausstellung mit abstrakten Skulpturen und künstlerischen Fotoaufnahmen (Polaroids) in unseren Räumen, und gleichzeitig lief ein breites Akademieprogramm, das sich besonders mit Fragen der Kinderpsychologie befasste. Neben anderen interessanten Veranstaltungen hielt auch Professor Dr. Udo Undeutsch von der Universität Köln einen Vortrag über „Das erste Lebensjahr in seiner Bedeutung für die Persönlichkeitsentwicklung“.

Diese Ausstellung wurde hauptsächlich von zwei Künstlerinnen bestritten: Andrea Legde und Sabine Richter. Mich zogen ihre Arbeiten sehr an. Das Spiel mit Raum und Fläche, ein wesentliches Thema beider Künstlerinnen, war faszinierend.

Abb. 34 Vernissage der Ausstellung im September 1990

Im Text zur Ausstellung erläutert U. Berninger: „Sabine Richter hat sich … als künstlerisches Medium die Fotografie, speziell das Polaroid, gewählt. Mithilfe dieses Arbeitsmittels bildet sie Ausschnitte ihrer alltäglichen Umgebung ab, wobei sie den Aufnahmestandpunkt immer wieder wechselt … In ihrer Gruppe von drei formal gleichen Aluminiumskulpturen setzt sie den inhaltlichen Gedanken ihrer Polaroid-Arbeiten fort. Die eigentliche Skulptur besteht nur im geschlossenen Umriss der mehrfach geknickten Aluminiumteile, sodass der Betrachter optisch eine umgrenzte Fläche assoziieren kann.“[1]

1 Text zur Ausstellung von U. Berninger.

Andrea Legde schuf damals filigrane, schmale, an der Wand zu befestigende Edelstahlkonstruktionen, die sich förmlich in den Raum klappten – „Raumzeichen": „Es entsteht ein Spiel von optischen, durch die Edelstahlumspannungen gebildeten Flächen und einem illusionistischen Raum eines Davor und Dahinter durch Hineinragen von Konstruktionsteilen in den konkreten Betrachterraum."[1] Besonders interessant waren ihre „Minimalgeschichten": Fotos „wurden mit in verschiedenen Winkeln geschnittenen Papierflächen kollagenartig zusammengesetzt. Das Spiel zwischen illusionistischem Raum ergibt sich dabei durch die Möglichkeit, die Kollage entweder flächig zu sehen oder der optischen Täuschung zu erliegen und perspektivisch dreidimensionale Räume wahrzunehmen. Der gewollte ständig wechselnde Sprung zwischen Zwei- und Dreidimensionalität könnte in seiner Wirkung als „räumliches Vexierbild" bezeichnet werden"[2].

Ich war begeistert, musste aber zugestehen, dass gerade die vielen Kinder, die auch in unsere Ausstellung kommen sollten, sicher nicht den erwünschten Zugang zu diesen etwas streng wirkenden, abstrakten, ruhigen Kunstwerken finden würden. So haben wir die Ausstellung noch etwas erweitert und aufgelockert mit künstlerischem Schmuck der Goldschmiedin, Freiin Erika von Froenau, die bei Uhren Sonntag beschäftigt war, weiter mit Figuren aus der Welt von Shakespeares Sommernachtstraum von Lydia Faber und mit verfremdet gestalteten Uhren von Bernd Goldmann.

6.2 Linkshändigkeit in den Medien

6.2.1 Die Karikaturistin Franziska Bielek – eine prominente umgeschulte Linkshänderin

Der „Samstagsclub", eine Talkshow im Bayerischen Fernsehen, beschäftigte sich im Sommer 1985 mit dem Thema Linkshändigkeit. In liebevoller Kleinarbeit hatte die schon oben genannte Redakteurin Regina Dötsch recherchiert und einen interessanten Beitrag zur Linkshändigkeit gedreht.

Eingeladen waren, neben einem rechtshändigen Linkshandprodukt-Händler, ein linkshändiger Handballer aus Siebenbürgen und die linkshändige Künstlerin Franziska Bielek, die durch ihre Karikaturen des bayerischen Grantlers Hirnbeiß, die fast täglich in der Münchner Abendzeitung erscheinen, große Popularität erlangt hatte.

---

1 Text zur Ausstellung von U. Berninger.
2 Ebenda.

Schon eine Stunde zuvor war man da und unterhielt sich bei belegten Brötchen angeregt über die Folgen der Umschulung der Händigkeit. Wir alle drei waren umgeschulte Linkshänder, und bei jedem hatte es Probleme in der Schulzeit gegeben.

Und dann ging es los.

„Nur nicht in die Kamera schauen", dachte ich mir – es war mein erster direkter Kontakt mit dem Fernsehen, und ich war reichlich nervös – , aber da stand schon der Bildschirm, der alles übertrug. Erschrocken wurde mir bewusst, wie viele Menschen das jetzt live sehen würden. Jedoch es gab kein Zurück mehr, und schon kamen die ersten Fragen. Es lief zunächst ganz gut an. Doch halt, was sagte denn Franziska Bielek da plötzlich? Sie sei eigentlich beidhändig, sie könne sowohl mit der linken als auch mit der rechten Hand schreiben! Ja, sie könne auch Spiegelschrift schreiben und sogar von der Mitte aus nach außen gleichzeitig mit beiden Händen, links in Spiegelschrift und rechts in normaler Schrift.

„Aber wissen Sie, das ist zuerst nur mal Konzentration. Drum habe ich aus Gaudi acht Tage vor dieser Sendung noch mit der anderen Hand stricken gelernt."

„Das ist ein Problem, ja?", vergewisserte sich der Moderator.

„Zuerst Konzentration und dann ist es Übung und dann ist es Routine. Und das Schreiben, stellen Sie sich vor, es geht auch auf dem Kopf", strahlte sie den überraschten Moderator an und fuhr gleich fort, „sodass Sie es lesen können. Das ist alles nur eine Frage der Konzentration, der Übung und dann der Routine, mehr nicht."

Der Diskussionsleiter schien einen Moment sprachlos zu sein, dann wendete er sich an mich. Aber auch ich war ziemlich überrascht, unerwartet wieder eine überkompensierende umgeschulte Linkshänderin vor mir zu haben, die nicht bereit war, ihre Schwierigkeiten offen zuzugeben, auch wenn sie diese vorher in der lockeren Runde anders geschildert hatte.

Die Diskussion ging eher zäh voran, und mit einleitenden Worten über die Höhe des linkshändigen Bevölkerungsanteils versuchte der Moderator das Gespräch wieder in Schwung zu bringen. Seine statistischen Zahlen waren sehr niedrig: „Überhaupt sagt man, genaue Prozentzahlen sind nicht bekannt, ein Prozent oder fünf, maximal zehn."

„Maximal fünfzig", ergänzte ich.

„Bitte? ... Waaas?", staunte er, und ich ergänzte: „Es gibt Autoren, die sagen, es gäbe bis zu fünfzig Prozent Linkshänder in der Bevölkerung."

Damit hatte er nicht gerechnet und flüchtete sich auf ein ihm bekanntes Terrain, denn, wie ich erfahren habe, war er eigentlich Sportmoderator und fühlte sich in diesem gesundheitlich-pädagogischen und soziologischen Thema ziemlich unwohl. So begann er den Handballspieler zu interviewen. Wieder wurde nicht über Probleme durch die Umschulung der Händigkeit berichtet, man wird sich doch nicht vor der Öffentlichkeit bloßstellen ... Von der Qual der Umschulung, wie er sie vor der Sendung beeindruckend geschildert hatte, kein Wort, nur über Vorteile, die ein umgeschulter Linkshänder hätte. Verglichen mit dem Gespräch zuvor, kniff hier der Sportler auf der ganzen Ebene.

Da mischte sich Franziska Bielek wieder ein: „Aber ich glaube, die Hälfte der Welt ist rechts und die andere ist links, und wenn wir alle links erzogen worden wären, dann wären die Rechten die Deppen gewesen ...“

Jetzt war der Moderator ganz am Ende seiner Schlagfertigkeit angelangt und versuchte, dem Gespräch verzweifelt einen anderen Verlauf zu geben. Aber gleichgültig, wo er ansetzte, Franziska Bielek hatte nirgends Probleme, und als er das Stricken noch mal ansprach, erzählte sie wieder sehr erfreut: „Vor acht Tagen, aus purer Gaudi, da habe ich es in die andere Hand genommen und da kann ich genauso stricken, das heißt, genauso wenig stricken, weil ich sehr langsam stricke, ich bin keine Handarbeiterin. Aber das brauche ich auch einfach nicht. Es ist nur eine Sache der Konzentration zuerst, dann eine Sache der Übung und dann eine Sache der Routine.“

Der Moderator lächelte gequält und wandte sich den Linkshand-Artikeln zu, die der Händler mitgebracht hatte. Das klappte. Aber nur mühsam schaffte er es, den dritten Anlauf von Franziska Bielek zu überstehen und etwas abzuwehren. Sie glaubte wohl, sich nicht deutlich genug ausgedrückt zu haben und versuchte, ihm ihre Schreibkünste noch mal zu erklären, und auch seine Bemühungen, das Gespräch auf ihre Karikaturfigur, den „Hirnbeiß“, überzuleiten, nützten nicht viel. Die energische Dame ließ das nur kurz zu und kam wieder auf Konzentration, Übung und Routine zu sprechen.

„Also bei mir ist das mühelos, ich kann ganze Briefe mit der linken Hand schreiben, aber ich kann auch ganze Briefe mit der linken Hand nach rechts rüber schreiben und ich kann mit zwei Händen zugleich von innen nach außen, ein bisschen langsam, das ist also eine Übungssache und von außen nach innen, ohne große Schulung, aber wie gesagt, das ist nur eine

Sache der Übung, und dann kann ich es noch so schreiben, dass Sie lesen können, was ich schreibe, also auf den Kopf gestellt. Wie gesagt, es ist nur eine Sache der Vorstellung, der Konzentration und dann der Übung."

„Nun muss ich wirklich sagen," versuchte der Moderator sich wieder einzubringen, „Sie sind eine so große Persönlichkeit, das soll jetzt kein Honig sein, aber ich glaube", fuhr er, mehr an die anderen gewandt, fort, „sie ist fast eine Ausnahme. Wenn Sie aus Ihren Erfahrungen mit Linkshändern erzählen", sprach er mich an, „dann prallt bei ihr (er meinte Franziska Bielek) alles ab, sie macht das alles mit links."

„Wissen Sie, ich bin auch ein bisschen pelzig." Franziska Bielek ließ uns keine Chance, „immer dagegen und immer alles nehme ich nicht an, was man mir sagt."

„Ja, Ihr Hirnbeiß ist …", versuchte der Moderator einen Witz zu machen. Aber sie fiel ihm schon wieder ins Wort, „Na, der ist bräver, den Text machen die ja drin …"

Und dann gab jeder noch ein kurzes Statement ab und die Talkshow war vorbei.

Meine Lehre für die Zukunft, die ich daraus zog, war, dass umgeschulte Prominente mit äußerster Vorsicht zu genießen sind: Um etwas Herausragendes zu erreichen, gehörte bei ihnen neben Begabung, wie Franziska Bielek betonte, auch Konzentration, Übung, Routine und meiner Ansicht nach Wille und Ausdauer dazu, um immer wieder an Fehlern zu üben und Misserfolge zu überwinden. Ihr durch Überkompensation geschaffenes Selbstbild wollen die Prominenten am allerwenigsten ankratzen lassen, sonst würde vielleicht ihr mühsam aufgebautes Image zusammenstürzen und das darf schon aus Popularitätsgründen auf keinen Fall in der Öffentlichkeit geschehen, weder im Fernsehen, Rundfunk noch in der Presse. Durch die Erfahrungen in dieser Sendung, so schmerzlich sie auch waren, arbeitete ich mich zu der Erkenntnis durch, dass wenn hier eine Änderung geschehen sollte, die Probleme beim Namen genannt werden müssen, gleichgültig ob das dem Moderator recht ist oder es sogar die harmonische Stimmung stört.

6.2.2 Interviews und Agenturmeldungen zur Linkshändigkeit

In der folgenden Zeit kamen immer mehr Anfragen um Interviews und um Darstellungen unserer Arbeit und der Problematik der Linkshänder in Fernsehen, Rundfunk und in zahlreichen Zeitschriften.

Besonders ist mir ein Radiointerview im Westdeutschen Rundfunk, Köln, am 10. 3. 1986 in Erinnerung geblieben. Es kam dabei zu einem Missverständnis zwischen dem recherchierenden Redakteur und dem Moderator der Sendung. Dieser hatte wahrscheinlich nicht ganz die Problematik in ihrem Schwierigkeitsgrad begriffen und fragte in einer amüsierten, fast ironischen Art völlig am abgesprochenen Thema vorbei. Ich war verzweifelt, ich wusste, dass dieses Telefoninterview live auf Sendung ging, konnte also danach nichts mehr ändern, ich wusste, dass an Zeit nur drei bis fünf Minuten zur Verfügung standen, und so nahm ich all meinen Mut zusammen und sprach über die Schwierigkeiten umgeschulter Linkshänder, über die Gefahren, die mit einer Umschulung der Händigkeit zusammenhingen und ließ den Redakteur überhaupt nicht mehr zu Wort kommen. Zitternd legte ich den Hörer auf und war entsetzt über diese Panne, nur unsere Telefonnummer war noch über den Äther gegangen. Aber schon klingelte das Telefon, und so ging es dann in einem Zuge weiter. Wir hatten gerade den Hörer aufgelegt, da waren schon wieder andere Eltern am Telefon und suchten Hilfe und Rat. Viele hatten ihre Kinder umgeschult, vielen war es, so ihre meist sehr aufgeregte Aussage, wie Schuppen von den Augen gefallen, und sie hatten in meiner Schilderung ihr umgeschultes Kind wieder erkannt. Unsere Mitarbeiter waren tagelang im Einsatz und nahmen nur schnell die Adressen auf, um gleich die Leitung wieder freizumachen, damit der nächste durchkam. Dieser Ansturm ebbte erst nach mehreren Wochen langsam ab.

Das Interview war in einem Sender mit Verkehrsnachrichten ausgestrahlt worden, damals gab es Verkehrsnachrichten meist nur auf einem Kanal, und da es Spätnachmittag war, haben viele Menschen im Auto unterwegs, auf dem Heimweg, oft im Stau, mitgehört. Ein Vater erzählte furchtbar traurig, dass er nur den Anfang und das Ende mitbekommen hätte, dazwischen steckte er im Tunnel und war verzweifelt, weil er sich endlich eine praktische Hilfe für seinen Sohn erhoffte, der im nächsten Jahr eingeschult werden sollte und über dessen Linkshändigkeit die ganze Familie im Streit lag.

Wohl der erste ausführliche Artikel über unsere Arbeit erschien am 29. April 1986 in der Süddeutschen Zeitung, die Journalistin war Claudia Burges (siehe S. 282).

Sehr erfolgreich war ein dpa-Artikel von Florentine Friedmann, der am 2. Februar 1987 in die Redaktionen flatterte. Viele Zeitschriften, Radio- und

Süddeutsche Zeitung – MSA – Nr. 32, 29. 4. 1986

Die „Linken" fordern ihr Recht

Die „Interessenvereinigung für Linkshänder" findet bundesweites Echo. Bisher jedoch keine Unterstützung von der Stadt

Lokaltermin bei der „Interessenvereinigung für Linkshänder" in der Sendlinger Str. 18 [inzwischen umnummeriert: Nr. 17]. Ergebnis: nicht nur viele Informationen und ein dicker Packen Material, sondern auch die ganz beiläufige und lapidare Erkenntnis, dass ich einen „Knacks" im Gehirn habe. Warum? – Weil ich einen Kurswechsel von links nach rechts durchmachen musste; nicht politisch, dafür aber schriftlich. Die Volksschullehrerin trimmte auch mich ungeachtet meiner Vorliebe für links darauf, mit der „schönen Hand" zu schreiben. Die Umschulung aber, so der Diplom-Psychologe Dr. Ivo-Kurt Cizek, ist „der maximale unblutige Angriff auf das Gehirn, der möglich ist".

Die „Interessenvereinigung für Linkshänder" ist eine Selbsthilfeorganisation, die, so heißt es in einer Selbstdarstellung, „die Probleme der Linkshänder in allen Bereichen des Lebens zu lösen versucht". Denn der Probleme sind viele. Bestimmend für die Händigkeit ist die dominante Gehirnhälfte. In der linken Hälfte (die die rechte Körperseite steuert) liegt unter anderem das Sprachzentrum, logisches und aufeinander folgendes Denken. Das Denken mit der rechten Hälfte (von hier wird die linke Körperseite gesteuert) ist eher ganzheitlich, beziehungsreich und gleichzeitig. In ihr sind die Grundlagen für räumliches und perspektivisches Vorstellungsvermögen. Von dieser Aufteilung rührt es her, dass in der Regel nur Linkshänder Spiegelschrift schreiben können.

Auch nach der Umschulung eines Linkshänders zu einem Pseudo-Rechtshänder bleibt seine rechte Gehirnhälfte dominant – allerdings ist sie gehemmt, während gleichzeitig die linke überlastet wird. Fazit: Die Übermittlungsprozesse sind gestört und können eine Behinderung bei den Gedächtnisleistungen hervorrufen. „Häufig", so berichtet die Münchener Medizinische Wochenschrift von einem Seminar der „Organisation für neutrale Wissenschaft" (ONRS), in die die Selbsthilfeorganisation integriert ist, „kommt es dann zu Situationen, in denen der Betroffene zwar weiß, dass er etwas weiß, es aber nicht mitteilen kann. Je höher seine Intelligenz, desto mehr leidet er unter diesen Gedächtnis-Pannen, fühlt sich ‚dumm' und verunsichert".

Die Psychologin Dr. Barbara Sattler, Initiatorin der Linkshändervereinigung und selber „umgepolt", hat festgestellt, dass von der Umschulung „Gedächtnis, Belastbarkeit, Konzentrations- und Reaktionsfähigkeit negativ beeinträchtigt werden. Legasthenische Eigenschaften sind oft die Folge, bis hin zu Stammeln und Stottern". – So ging es einer jungen Frau, die der Psychologin ihr Leid am Telefon klagt: „Ich habe in der Schule nicht gesprochen. Ich konnte einfach nichts sagen, auch wenn ich etwas wusste".

Hohe Selbstmordrate

Heikel ist die Situation, weil Pseudo-Rechtshänder ihre Probleme nur selten auf die Umschulung zurückführen. „Die halten ihre Unfähigkeit, sich länger zu konzentrieren und Gedanken adäquat wiederzugeben, für persönliches Unvermögen und mangelnde Begabung", erzählt Barbara Sattler. „Die Folgen sind Minderwertigkeitsgefühle, Überkompensation und Gehemmtheit. Der Pseudo-Rechtshänder zieht sich dann immer mehr in sich zurück, wird schweigsam und äußerst vorsichtig, weil er sich nicht durch Versprecher blamieren will". 60 Prozent der Patienten, die das ONRS-Institut für Psychotherapie, Klinische Hypnose und Angewandte Psychosomatik aufsuchen, sind umgeschulte Linkshänder, die mit den genannten Symptomen zu kämpfen haben. Bei dieser Gruppe, so Barbara Sattler, bestünde eine überproportional große Selbstmordrate, auch „entstehen bei ihnen viele existenzielle und partnerschaftliche Probleme, ohne dass der Mechanismus begriffen wird".

Die „Organization for Neutral Research and Science" (ONRS) versteht „neutral" im Sinne von unabhängig, autonom. Sie richtet ihre Forschungstätigkeit auf Ziele und Interessen aus, „die grundlegende Probleme des Lebens und Überlebens der Menschheit zum Inhalt haben", frei von politischen und religiösen Vorstellungen. Die Organisation, die es weltweit gibt, deren nationale Gruppen aber selbstständig arbeiten, will „wissenschaftlich in solchen Bereichen arbeiten, die nicht oder nur zum Teil von bestehenden Institutionen abgedeckt werden" und als „Transmitter zwischen erforschtem Wissenspotenzial und der Praxis" wirken. Gezielte Öffentlichkeitsarbeit wird besonders bei dem Forschungsprojekt über die „Händigkeit und die Folgen der Umschulung" betrieben. Davon können auch Rechtshänder – beispielsweise nach einem Unfall – betroffen sein. „Doch", so Barbara Sattler, „sind die Ausmaße anders, und die Folgen werden anders verarbeitet als bei einem Kind, dem die linke Hand genauso gut wie die rechte ist". Ein Interview vergangenes Jahr im Südwestfunk über die Linkshändigkeit hatte so viel Resonanz, dass Barbara Sattler irgendwann ihr Telefon aushängen musste: An die 300 Anrufe aus der ganzen Bundesrepublik erreichten sie, unzählige Briefe galt es zu beantworten, Informationsmaterial zu verschicken.

Die ONRS, der auch eine „Akademie für postgraduelle Bildung und Bildungsberatung" angeschlossen ist, finanziert sich aus Mitgliedsbeiträgen und Spenden. Große Probleme bereitet allein das viele Informationsmaterial, das auf Anfrage verschickt wird (Sendlinger Str. 17, V. Stock, Telefon 26 86 14 und 2 60 93 31). „Die Leute", erzählt die Psychologin, „sind kostenlose Beratungsstellen gewohnt". Mit jedem Packen Material wird der Einzelne darauf hingewiesen, dass er in der Interessenvereinigung Mitglied werden kann (Jahresbeitrag 20 Mark). Doch die meisten nehmen den Service in Anspruch und senden noch nicht einmal Rückporto. Von staatlicher oder städtischer Seite aber wird die Organisation nicht unterstützt – „da ist kein Problembewusstsein". Barbara Sattler kann nur den Kopf schütteln, wenn sie Anrufe wie vom Jugendamt Bielefeld bekommt, das ihre Arbeit mit den Worten lobte: „Das schaffen nur die Münchner!", und ihr von städtischer Seite die kalte Schulter gezeigt wird.

Der Einzelne mag sich fragen, was ihn das Ganze denn überhaupt angeht: Nur drei bis sechs Prozent der Bevölkerung schreiben links. Bedenkt man aber, dass nach Mendel 50 Prozent der Menschen Linkshänder sind, wird die Thematik brisant. Ivo-Kurt Cizek, geschäftsführender Vorstand des Instituts, nennt die Händigkeit einen „massiv sozialpsychologischen Faktor: Die Umschulung reduziert einen Großteil der Bevölkerung in seinen Fähigkeiten".

Dabei ist es durchaus kein Makel, wenn jemand alles „mit links" macht, „linkisch" ist er deshalb schon gar nicht. „Erstens", so Barbara Sattler, „sind erstaunlich viele Künstler Linkshänder." Leonardo da Vinci, Michelangelo, Picasso, Beethoven, Goethe und Charlie Chaplin, der sich eine „linke" Geige bauen ließ, sind die wohl bekanntesten. „Zweitens scheinen sie andere Fähigkeiten bei der Erfassung des Raumes und bei der Wahrnehmung von Gesamtzusammenhängen zu haben als Rechtshänder." Doch schon in der Altsteinzeit hatte die rechte Hand die Oberhand gewonnen. Und Friedrich der Große verlangte, dass jeder das Gewehr in der Rechten halte – zwecks der Ordnung. In Amerika gab es bis in die 30er-Jahre sogar eine Meldepflicht für Linkshänder.

Heute werden Kinder in der Schule zwar nicht mehr gezwungen, mit rechts zu schreiben, dafür aber hinterlässt oft der Anpassungsdruck seine Spuren: „Ich will so schreiben wie die anderen!" „Linkshänder", so die Münchener Medizinische Wochenschrift in einem Bericht, „sind nach wie vor eine Randgruppe, die sich den ‚rechtsfreundlichen' Bedingungen anzupassen hat und für die Chancengleichheit damit nicht gewährleistet ist." Und, wie das Blatt fortfährt: „Wirtschaftliche Aspekte dürften zudem eine nicht unerhebliche Rolle spielen, wenn beispielsweise der Produktionsteil von Materialien für Linkshänder bisher noch unter zehn Prozent liegt und sich hauptsächlich auf Haushaltsartikeln beschränkt". Diese sind im „Lafli", einem Laden für Linkshänder, im Asamhof erhältlich: Vom Lineal, bei dem die „0" rechts steht, über linksdrehende Korkenzieher, Schreibgeräte, Bügeleisen, Besteck und Küchengeräte bis hin zu Adressbüchern, die ‚andersrum' sind.

Claudia Burges

Anmerkung: Durch einstimmigen Beschluss des Münchner Stadtrats vom 22. 7. 1986 wird die Beratungs- und Informationsstelle für Linkshänder und umgeschulte Linkshänder rückwirkend seit 1. 2. 1986 gefördert.

dpa, 2. Februar 1987

Linkshänder
Die „Linken" pochen auf ihre Rechte

von dpa-Korrespondentin Florentine Friedmann

München (lby) – Marylin Monroe angelte sich ihren Millionär mit links und Leonardo da Vinci hielt den Pinsel auch nicht in der „schönen" Hand, als er seine Mona Lisa malte. Goethe schrieb den „Faust" ohne Rechte. Und Beatle Paul McCartney ist ebenso wie Tennisqueen Martina Navratilova „andersrum". Selbst der rechte bayerische Ministerpräsident Franz Josef Strauß nimmt hin und wieder die Linke zu Hilfe.

„Das mach ich mit links" – außer für Persönlichkeiten jedoch leichter gesagt als getan. Denn die „Durchschnitts-Linken" – nach Expertenschätzungen zählen zu ihnen bundesweit etwa acht Millionen Menschen – werden immer noch benachteiligt. Damit sie nicht länger links liegen gelassen werden, kämpft für ihre Rechte in München eine „Interessengemeinschaft für Linkshänder", die von der Psychologin Barbara Sattler, selbst eine gewaltsam auf Rechts umgepolte Linke, gegründet wurde.

„In unserer Gesellschaft gilt Rechtshändigkeit immer noch als „normal", kritisierte Frau Sattler, die das Lebensschicksal von zu Rechtshändigkeit „vergewaltigten" Linkshändern wissenschaftlich untersuchte. Und dabei Erschreckendes feststellte: Derart auf den rechten Weg Gebrachte litten überpropotional an Gedächtnis-, Konzentrations- und Sprachschwierigkeiten, hatten oft legasthenische Probleme bis hin zum Stammeln und Stottern und trugen als Folge davon gewaltige Minderwertigkeitskomplexe mit sich herum, die nicht selten mit Neurosen und Depressionen endeten. Unter der Gruppe der Umgeschulten bestand eine auffällig hohe Selbstmordrate.

Die Umgewöhnung von der starken auf die schwache Hand nennt der Münchner Therapeut Dr. Ivo-Kurt Cizek, der sich ebenfalls seit Jahren mit den Problemen umgeschulter Linkshänder befasst, den „massivsten Eingriff in das menschliche Gehirn ohne Blutvergießen". Denn auch nach der Umpolung bleibe die rechte Hirnhälfte dominant, nur sei sie jetzt gehemmt, wohingegen die linke ursprünglich weniger ausgeprägte Hemisphäre ständig überlastet sei. „Linkshänder sind ursprünglich Rechtshirner", beschreibt Frau Sattler die biologische Tatsache, dass „wir sozusagen körperlich über Kreuz organisiert sind".

Bis heute umstritten ist bei Wissenschaftlern, warum die Natur jedem Menschen eine „Schokoladenseite" zuweist. Eine Theorie glaubt an einen Überschuss des männlichen Sexualhormons Testosteron, das beim Fötus auch die Entwicklung des Gehirns steuert. Andere spekulieren, dass die Lage des Embryos im Mutterleib, Sauerstoffmangel bei der Geburt oder die Einflüsse der Erdumdrehung ausschlaggebend sind.

Auch die Geschichte der Händigkeit ist noch nicht endgültig geschrieben. Die einen Wissenschafter glauben mit Funden aus der Steinzeit beweisen zu können, dass die damals verwendeten Werkzeuge für die Linke bestimmt waren, die anderen meinen, Rechtshändigkeit hätte sich schon in Urzeiten ausgebildet, weil die Kämpfer den Schild mit links schützend vors Herz hielten, während die Rechte Schwert und Speer führte.

Nach der Vererbungstheorie müsste die Hälfte der Bevölkerung die Linke bevorzugen, laut Statistik sind es jedoch nur zwölf Prozent. Der Rest, so glaubt Frau Sattler, sind verkappte Linke, die auf Rechts manipuliert wurden. „Es wäre interessant zu wissen, wie viele davon die therapeutischen Praxen füllen". Doch wie soll der Therapeut helfen können, „wenn er nicht weiß, dass ein Mensch im geistigen Rollstuhl vor ihm sitzt". Zwar geschieht die Umpolung heute nicht mehr so drastisch wie einst, als sich Lehrer auf die „falsche" Hand setzten oder Eltern die Linke festbanden. Doch immer noch sollen Kinder „bei leichter Linkshändigkeit" in der Schule laut Lehrplan „behutsam zum Gebrauch der rechten Hand angeregt werden", oder sie unterwerfen sich selbst dem Anpassungsdruck, „so wie die anderen" sein zu wollen.

Dabei sind Linkshänder keinesfalls, wie sie nach der Rechtsumpolung und die dadurch entstehenden Probleme oft argwöhnen, dümmer als die Rechten. Im Gegenteil: Sie gelten wegen der dominanten rechten Hemisphäre als besonders kreativ mit gutem räumlichen und perspektivischen Vorstellungsvermögen. Dies zeigt auch eine US-Studie, nach der unter den Architekten auffällig viele Linkshänder zu finden sind.

Die Werkzeugwelt der Unterdrückung ist für die Linken permanent. Tückisch erfanden Rechte die Konservendose und der Linke kann glatt verhungern, wenn er nicht jemanden findet, der ihm den Öffner führt. Auch die Weinflasche bietet keinen Trost, dreht sich doch der Korkenzieher für Linke in der völlig falschen Richtung. Herrenslips haben den Schlitz rechts. Und das Nagelschneiden gerät für Linke zur Manie-Küre. Zwar gibt es inzwischen in Hamburg, Hannover und München Spezialläden für Linkshänder, doch die Industrie hat den großen Markt offenbar noch nicht erkannt. Allerdings müsste sie auch kräftig investieren, da allein die Werkzeuge für die Linksgeräte Zehntausende von Mark kosten würden. Preiswerter als die Behandlung der Umgepolten, die nun mit zwei linken Händen leben müssen, wäre es wohl allemal.

Fest steht jedenfalls – die Diskriminierung von links ist uralt. Die schwarze Katze von links, mit dem linken Fuß aufstehen, zur Linken Gottes zu sein – alles von Übel. Die Rechte dagegen edel genug, um mit ihr zu grüßen und sie gar zum Schwur zu erheben. Nach islamischem Recht steht auf Diebstahl das Abhacken der „guten", rechten Hand, in Amerika gab es gar bis in die 30er-Jahre eine Meldepflicht für Linkshänder. Auch die deutsche Sprache setzt eindeutige Akzente: Rechts ist verwandt mit recht und richtig, links gehört zur bösen Wortfamilie link und linkisch.

(Interessenvereinigung für Linkshänder, Sendlinger Str. 18 [inzwischen umnummeriert: Nr. 17], 8000 München 2, Tel. 089/ 26 86 14, 260 93 31).

auch Fernsehsender übernahmen ihn oder gestalteten, dadurch angeregt, einen eigenen Beitrag.

Einen großen Erfolg hatte eine längere Sendung am Samstagabend zu Beginn der Ferienzeit im Jahr zuvor gehabt, die auch auf dem Verkehrssender im Südwestfunk übertragen wurde, in dem Programm „Ratgeber Gesundheit". Michael Bollinger hatte das Interview geführt, seine Fragen waren ausgezeichnet gewesen und so konnte ich gut antworten. Bollinger war ein Heidenheimer und auf dieselbe Schule gegangen wie ich, aber ich erinnerte mich nur sehr schwach an einen der – wie mir schien – „erwachsenen" Jungen, die ich in meinem ersten, zweiten Schuljahr in einer Ecke des Schulhofes stehen sah und die ich mit ihren gerade gebrochenen Stimmen halbwüchsige Scherze machen hörte. Sie waren für mich damals eigentlich schon Erwachsene, weit weg von meiner sich mir gerade öffnenden Schulwelt mit all ihren Fallen und Haken.

INTERVIEW ZUM THEMA LINKSHÄNDIGKEIT

– Ratgeber Gesundheit –

Südwestfunk

Am: 19. 7. 1986 um 19.00 Uhr – 20.00 Uhr

Gespräch zwischen dem Redakteur des SWF Herrn Michael Bollinger und Frau Dr. Johanna Barbara Sattler

Vorwort von Herrn Michael Bollinger:

Wir wollen doch mal sehen, dass wir dieses Thema nicht mit der linken Hand anpacken.

Guten Abend, meine Damen und Herren!

Heute geht's um Linkshänder, um Rechtshänder, um das angeblich „gute Händchen" und das angeblich „schlechte Händchen" und darum, wie sich in unserer Sprache solche negativen Bemerkungen von der linken Hand eingeschlichen haben.

Es geht darum, was wir Kindern antun können, wenn wir sie dazu zwingen, mit einer Hand so geschickt zu sein, wie sie es eigentlich gar nicht können oder wollen, und wir werden zeigen, wie sehr dieses Thema mit Lebensglück, mit Erfolg und mit Gesundheit zu tun hat. Deswegen das Thema Linkshänder in Ratgeber Gesundheit. Zu Gast heute im Studio: Frau Dr. Johanna Barbara Sattler aus München.

Hr. B.: Fr. Dr. Sattler, mit welcher Hand schreiben Sie einen Namen?

Dr. S.: Ich schreibe mit rechts.

Hr. B.: Sie schreiben mit rechts!

Dr. S.: Ich kann aber auch mit der Linken schreiben.

Hr. B.: Sie sind also eine geborene Linkshänderin?

Dr. S.: Richtig, ich bin eine Linkshänderin, die im Laufe der Einschulung umgeschult wurde.

Hr. B.: Und von Ihnen darf man sagen, Sie haben Ihre eigene Linkshändigkeit, mit der Sie geboren sind, sozusagen zu einem wichtigen Thema Ihres Berufes gemacht, auch Ihrer wissenschaftlichen Betätigung. Wie hieß denn die Doktorarbeit, die Sie geschrieben haben?

Dr. S.: Das war über die Seitigkeit in der menschlichen Wahrnehmung, und zwar mit Schwerpunkt auf der Kunst.

Hr. B.: Die Seitigkeit in der menschlichen Wahrnehmung – das hat etwas mit links und rechts zu tun.

Dr. S.: Mit der linken und rechten Hälfte im Menschen, mit der linken und rechten Körperseite.

Hr. B.: Wenn man über etwas redet, dann sollte man das vorher genau definieren. Versuchen wir doch mal zu beantworten, was sind eigentlich Linkshänder, was ist bei denen anders organisiert oder geschaltet als bei Rechtshändern?

Dr. S.: Linkshänder sind im Grunde Rechtshirner. Das menschliche Gehirn besteht aus zwei Hälften – einer rechten und einer linken Gehirnhälfte. Die beiden Gehirnhälften haben unterschiedliche Funktionen in der Wahrnehmung, in der Verarbeitung, und die rechte Gehirnhälfte steuert hauptsächlich die linke Körperseite und umgekehrt wird die rechte Körperseite von der linken Gehirnhälfte gesteuert.

Hr. B.: Also sind wir sozusagen körperlich oder hirnorganisch über Kreuz organisiert?

Dr. S.: Das ist richtig.

Hr. B.: Das heißt also, der Linkshänder, der steuert das von der rechten Gehirnhälfte und der Rechtshänder von der linken Gehirnhälfte. Wie oft ist das eigentlich „so“ und wie oft ist das „so“. Ich würde mal ganz von vornherein sagen – die meisten Menschen sind doch eigentlich Rechtshänder und sind linksseitig im Gehirn dominant.

Dr. S.: Das stimmt wohl nicht so. Unsere Kultur ist eine rechtsorientierte Kultur. Nach der Vererbungslehre ist es aber sehr wahrscheinlich, dass die Hälfte der Menschen Linkshänder bzw. Rechtshirner und umgekehrt sind. Der Anteil der Rechtshänder in der Bevölkerung erscheint zwar prozentual sehr viel größer als der der Linkshänder, ist aber wahrscheinlich in Wirklichkeit ziemlich ausgewogen, 50 % die einen und 50 % die anderen.

Hr. B.: In dem, was Sie sagen, steckt ja eigentlich eine ganz „tolle“ Tatsache, das heißt ja, dass wir von der Erziehung, von den Gewohnheiten, von unserer Umgebung, von alldem, was uns so etwas beibringt, im Laufe des Lebens umgetrimmt worden sind, wenn wir zur Hälfte als Links- und zur Hälfte als Rechtshänder geboren sind!

Dr. S.: Das ist richtig, und dieser Umschulungsprozess hat auch massive Folgen für den Menschen und für sein ganzes weiteres Leben.

Hr. B.: Das ist ziemlich geläufig, dass Leute, die eigentlich links organisiert sind, die dann auf rechts lernen müssen, Zeit ihres Lebens Schwierigkeiten haben, oder auch, dass Linkshänder, die Linkshänder geblieben sind, doch in der Welt der Rechtshänder nicht so zurechtkommen. Was uns interessiert – und darüber hat Frau Dr. Sattler geforscht, das ist Ihr Thema –, was für Folgen hat es denn eigentlich, wenn Kinder, die links organisiert sind – also eigentlich Linkshänder –, wenn die umgeschult werden auf Rechtshänder?

Dr. S.: Wir unterscheiden zwischen Primär- und Sekundärfolgen. Die Primärfolgen sind Gedächtnis-, Konzentrations- und Sprachschwierigkeiten und vor allem Lese- und Rechtschreibschwierigkeiten (oft auch Legasthenie genannt).

Hr. B.: Also Folgen, die gleich zu Anfang des Lebens auftreten sozusagen?

Dr. S.: Ja, und vor allem bei der Umschulung der Händigkeit und beim Schreiben. Aus diesen Primärfolgen entstehen eine ganze Reihe von Sekundärfolgen. Die sind bei den einzelnen Menschen unterschiedlich, ganz besonders gibt es auch Unterschiede in der Ausprägung. Da sind zunächst Minderwertigkeitskomplexe zu nennen, Überkompensationen, also z. B., dass sich jemand besonders stark einsetzt für eine Sache, stärker als viele andere. Kasperletheaterspielen bei Kindern – aber nicht jeder Klassenkasper ist ein umgeschulter Linkshänder, das kann man nicht sagen – aber oft werden die Schwierigkeiten, sich auszudrücken, die Schwierigkeiten, Erfolg zu erlangen in Schulfächern wie Schreiben und Lesen kompensiert, indem das Kind eben Kasperletheater spielt. Andere ziehen sich wieder vollkommen zurück, sind gehemmt, fangen an, Nägel zu kauen oder bettzunässen, das gibt es auch!

Hr. B.: Wir haben von den Primärfolgen, also von den Erscheinungen gesprochen, die eintreten, wenn das Kind zum Schreiben auf die rechte Hand getrimmt wird. Noch ein bisschen zu den Sekundärfolgen, also zu den späteren Folgen in Lebensschicksalen dieser Leute. Können Sie dazu noch ein bisschen was erzählen?

Dr. S.: Ich möchte hier noch erwähnen, dass diese Schwierigkeiten auch bei einer späteren Umschulung auftreten, auch wenn sich z. B. ein Rechtshänder, bedingt durch einen Unfall, auf links umschulen muss; auch da kommt es dann zu Sprachschwierigkeiten, Gedächtnisblockierungen und Konzentrationsproblemen.

Diese Äußerungsschwierigkeiten bei normaler Intelligenz führen zu dem Gefühl, dass man sich für dumm hält, man kann sich nicht so äußern, wie man denkt, und das wiederum führt zu Minderwertigkeitskomplexen und zu den weiteren Sekundärfolgen. Diese Sekundärfolgen, also Rückzugstendenzen und Minderwertigkeitskomplexe, nehmen überhand – man begreift nicht, warum man sich nicht äußern kann, warum man das, was man denkt, nicht so sagen kann wie andere, und führen dann oft zu neurotischen Prozessen oder auch zu somatischen Prozessen. Manche Menschen bekommen Magengeschwüre oder Gastritis, Symptome, die ohne Verarbeitung der Ursachen bis ins erwachsene Leben weitergehen. Ich möchte noch betonen, dass nicht nur die Sekundärfolgen bis ins Erwachsenenleben verbleiben, sondern auch die Primärfolgen. Über die Umschulung der Händigkeit ist heutzutage noch nicht sehr viel geforscht worden, aber es scheint, dass sie kaum völlig wieder rückgängig zu machen ist.

Hr. B.: Ich habe gerade mal überlegt, was so alles in unserer Sprache drinsteckt an Abwertung von links – man sagt, der ist „link“ oder „links“, wenn man ihn nicht so arg sympathisch findet, je nachdem, wo man politisch steht; dann spricht man von „linkisch“, wenn er ungeschickt ist, man „packt Dinge mit der linken Hand an“, das heißt, die werden nicht so gründlich oder so liebevoll angepackt,und ich glaube, es gibt auch eine „Frau zur linken Hand“, die also nicht rechtmäßig angetraut ist – das führt zurück zu dem, was Sie gesagt haben – unsere Kultur ist eine Rechtshänderkultur. Gibt es denn – ich weiß es nicht, haben die Psychologen auch da mal historisch geforscht – andere Kulturen, in denen die Rechtslastigkeit nicht so ausgeprägt ist?

Dr. S.: Früher war das vermutlich relativ gleichwertig. Es gibt z. B. Schriften – die alte griechische Schrift –, die von beiden Seiten geschrieben wurden, sowohl von links nach rechts wie von rechts nach links, das ist vorteilhaft für beide – sowohl für den Linkshänder als auch für den Rechtshänder – zu schreiben. Wie hoch der offizielle Linkshänderanteil damals war, das weiß man nicht so genau. Man weiß aber aus alten Schriften, dass Linkshänder damals nicht so abgewertet wurden wie heute. Bei den Römern und bei den alten Griechen fing die Abwertung der linken Seite an und steigerte sich im Manichäismus. Im frühen Christentum, im dritten Jahrhundert nach Christus, war es ganz besonders stark.

Hr. B.: Ist die Einstellung Linkshändern gegenüber eigentlich toleranter geworden in den letzten Jahren, oder werden Kinder immer noch auf die rechte Hand getrimmt?

Dr. S.: Die Einstellung ist sicher toleranter geworden, seitdem man weiß, was für negative Folgen die Umschulung hat. Die Problematik besteht aber darin, dass oft Händigkeit als eine bloße Geschicklichkeit angesehen wird und nicht als eine – ich möchte mal sagen – Hirnigkeit, als ein Ausdruck von einer Aufteilung oder Ausprägung im Gehirn. Wenn ich Händigkeit nur als eine Art der Übung und der Geschicklichkeit ansehe, dann ist es eigentlich ein logischer Vorgang, diese umzuschulen – denn viele Sachen sind heutzutage auf rechts eingerichtet: Maschinen, Arbeitsplätze usw. –, und von diesem Gesichtspunkt gehen viele Eltern aus, ohne zu wissen, was sie ihrem Kind damit antun, dass sie dadurch massive Störungen und Schwierigkeiten hervorrufen.

Hr. B.: Wäre es realistisch, in einer Welt der Rechtshänder zu sagen: Wir zwingen dich nicht, alles mit der rechten Hand zu lernen, aber du solltest dich mehr beidhändig zu orientieren versuchen? Kann das bei einer, sagen wir mal, halben Toleranz gegenüber den Linkshändern dann etwas mildere Folgen haben oder ist das nicht so schlimm?

Dr. S.: Das Schlimmste ist die Umschulung beim Schreiben – das steht wohl in Zusammenhang mit dem Sprachzentrum – wobei durch das Schreiben Blockierungen und „Fehlschaltungen" aufgebaut und vertieft werden. Erziehung zur Beidhändigkeit wurde besonders in den 20er-Jahren dieses Jahrhunderts sehr stark propagiert, und so tendieren viele Menschen der älteren Generation noch zur „Beidhändigkeit". Dieses Experiment ist schief gelaufen. Man hat versucht, auch rechtshändige Kinder, von sehr früh an, auf Beidhändigkeit zu erziehen, und man hatte sehr viele Lese- und Rechtschreibprobleme und nicht bessere Schulleistungen. Man hat dann aufgehört, die Beidhändigkeit zu propagieren, aber manche Menschen unterstützen sie heute noch und sind stolz auf ihre erlangte Beidhändigkeit. Jedoch gibt es gegen eine Geschicklichkeit, gegen eine sozusagen „höhere Beidhändigkeit", nichts einzuwenden, solange es nicht das Schreiben betrifft und solange es nicht zu früh vor sich geht. Jeder Rechtshänder ist auch ein bisschen beidhändig. Er muss auch irgendwann die linke Hand für bestimmte Sachen schulen. Nur darf es nicht von Anfang an, in den früheren Entwicklungsjahren des Gehirns, also während der Ausbildung des Sprachzentrums und der ganzen Psychomotorik, passieren.

Hr. B.: Das sollten wir festhalten! Der gefährlichste Punkt ist die Umschulung der Händigkeit für das Schreiben. Ich habe vorhin mal versucht, als ich über das Thema nachgedacht habe, mit der linken Hand zu schreiben, das sieht ziemlich komisch aus, und dann habe ich versucht, Spiegelschrift zu machen. Das führt uns zu folgender Frage: Frau Dr. Sattler, wenn Menschen nun als Rechtshänder aufgewachsen sind – und Sie sagen, etwa die Hälfte sind wahrscheinlich ursprünglich eigentlich linkshändig organisiert von denen, die geboren werden, dann müsste es ja jetzt unter uns Rechtshändern viele geben, die ursprünglich als Linkshänder geboren worden sind. Wie kann man das nachträglich herausfinden?

Dr. S.: Sie können das auf der einen Seite an den geschilderten Primär- und Sekundärfolgen mit ziemlicher Wahrscheinlichkeit feststellen und auf der anderen Seite durch Testmethodik herausfinden.

Hr. B.: Also noch mal, falls wir vergessen haben, was Primär- und Sekundärfolgen waren:

Dr. S.: Zum Beispiel, wenn so genannte legasthenische Schwierigkeiten, Lese- und Rechtschreibschwierigkeiten und Gedächtnis- und Konzentrationsschwierigkeiten auftreten – typisch sind dabei auch Verdrehungen von

Buchstaben oder Zahlen – und das alles bei einer normalen Intelligenz. Probleme gibt es auch beim Ablesen eines Textes; umgeschulte Linkshänder können oft besser einen Stoff frei vorbringen als ihn ablesen. Wahrscheinlich kommt es bei dem Ablesen und dem Umsetzen des Gesehenen in den Vorgang des Sprechens im Gehirn wieder zu Blockierungen und zu Fehlinformationen, und durch diese entstehen dann die Versprecher. Umgeschulte Linkshänder ermüden auch viel früher als Rechtshänder oder nicht umgeschulte Linkshänder. Das ist auch eine Folge. Was weiter noch sehr wichtig ist: Linkshänder und ganz besonders umgeschulte Linkshänder können rechts und links nicht sicher unterscheiden. Wenn sie im Stress sind, im Straßenverkehr etwa, kann das sehr problematisch werden, z. B. wenn man die Richtung links und rechts verwechselt, kann das äußerst unfallträchtig sein!

Hr. B.: Gut, für diese Leute ist das Leben mit den Folgen der Umschulung sehr mühevoll, aber sie sind Rechtshänder geworden! Wäre es denn eigentlich sinnvoll – Sie sind Psychologin und beschäftigen sich mit Erziehungsthemen –, wäre es denn ein Gewinn für diese Leute, wenn die sich bewusst wieder zurückorientieren würden auf ihre anlagebedingte Linkshändigkeit oder macht das auch nur wieder Schwierigkeiten?

Dr. S.: Also zunächst eins, sie sind keine Rechtshänder geworden, sie sind der Erscheinung nach Rechtshänder, sie sind so genannte Pseudorechtshänder und nach wie vor Linkshänder durch ihr Gehirn und in ihrer Begabung. Eine Rückschulung ist ein schwieriges Problem. Bei Kindern sagt man, bis zu 10–12 Jahren ist es sinnvoll zurückzuschulen, aber später ist z. B. Schreiben kein Fach mehr in dem Sinne von „Schönschreiben, Schreibenlernen“, sondern dies wird vorausgesetzt. Das ist genau das Problem, das auch der Erwachsene hat, wenn er wieder die linke Hand zum Schreiben benutzen will und einen Beruf hat, in dem er viel schreiben muss. Erwachsene Pseudorechtshänder haben meist eine linkshändige Schrift, ungefähr wie Zweitklässler, und sie werden nicht so schnell mitkommen und werden neue Nachteile im Berufsleben haben.

Es gibt Fälle erwachsener Pseudorechtshänder, wo es tatsächlich sinnvoll ist, die Umschulung rückgängig zu machen, also die linke Hand zum Schreiben zu trainieren, wo z. B. dann bei Konzentrationsschwierigkeiten die Ermüdbarkeit zurückging, wo auch die Versprecher und Verdrehungen von Buchstaben nicht mehr so schlimm werden, aber inwieweit das generalisiert werden kann, weiß man heute noch nicht. Sie müssen auch noch mit etwas anderem rechnen, das ist ein psychologischer Aspekt, und zwar der Zwang, der dem Kind angetan wurde bei der Umschulung. Wir wissen aus manchen Fällen, dass ein Kind einfach nicht begreift, wieso es mit der ungeschickteren rechten Hand schreiben soll. Das trifft auf großes Unverständnis in dem kindlichen Begreifen, und dieser Zwang wird oft verdrängt; dieses Erlebnis wieder hochzuholen gehört mit zur psychotherapeutischen Aufarbeitung, und das gelingt nicht immer.

Hr. B.: Also in vielen Fällen ist es ein frühzeitig beigebrachter Defekt, den man eigentlich so ganz nicht mehr wieder gutmachen kann.

Dr. S.: Es ist eine frühzeitig beigebrachte Gehirnschädigung.

Hr. B.: Fr. Dr. Sattler, Sie haben Lebensschicksale untersucht von Menschen, bei denen man dann später dahinter kam, dass sie „vergewaltigte" Linkshänder waren, also auf Rechtshändigkeit umgeschulte Linkshänder. Was ist eigentlich diesen Lebensschicksalen gemeinsam?

Dr. S.: Gemeinsam sind diese Primärfolgen in verschiedenen Ausprägungsgraden und daraus entstandene tiefe Minderwertigkeitsgefühle, aufgrund der Tatsache, dass die Umgeschulten zwar die Sachen denken, aber nicht adäquat ausdrücken können, in der Prägnanz, in der Qualität, wie es ihren Gedanken entspricht. Da kommt es dann zu Versprechern, zu Verhedderungen, zu abgebrochenen Sätzen, manche stottern richtiggehend und diese Menschen fühlen sich dadurch stark behindert und schreiben es sich persönlich negativ zu, ohne zu wissen oder ohne sich klar darüber zu sein, dass das durch die genannte Gehirnschädigung im Kindesalter hervorgerufen wurde.

Hr. B.: So ein Mensch traut sich auch nicht so viel zu, aufgrund der negativen Erfahrung, die er mit sich selbst hat?

Dr. S.: Richtig, er macht laufend negative Erfahrungen und kann die nicht richtig einordnen. Das finden Sie bei Erwachsenen sehr oft, z. B. bei Überbeanspruchung – die denken dann auch, dass sie senil werden, dass sie intellektuell abbauen, dass sie viel dümmer sind als die anderen und sie äußern sich auch nicht ihrer tatsächlichen Intelligenz entsprechend.

Hr. B.: Nun werden Sie sicherlich vielen Leuten aus dem Herzen gesprochen haben mit dem, was Sie so festgestellt haben. Bei ihren Forschungen, bei den Erfahrungen, die Sie mit den Linkshändern gesammelt haben, sind Sie auch zu einer bemerkenswerten Diskrepanz zwischen Intelligenzquotienten und dem, was die Leute so meistens zu können glauben, gekommen. Das heißt also, die sind sehr viel klüger, als sie eigentlich glauben.

Dr. S.: … als sie nach außen hin scheinen, sagen wir mal so, das ist gerade der Widerspruch. Der Mensch weiß zwar von seiner Intelligenz und weiß von seinem Können und Wissen und er traut sich auch manchmal was zu äußern und bekommt jedes Mal sozusagen „eins drauf", wenn er was sagen möchte, weil es nicht so klappt; er bekommt das nicht so 'raus, er kann es nicht so sagen, wie er es denkt. Das ist ein sehr großer Ambivalenzwiderspruch gegen sich selbst. Die anderen sehen, dass er sich ungeschickt äußert, unpräzise, dass er oft auch nur halbe Sätze sagt, seine Sätze nicht richtig zu Ende geführt werden, dass er vielleicht stottert und sich verspricht. Er selbst weiß aber, dass er einen richtigen Gedanken hat, und er ärgert sich sehr oder ist frustriert und verunsichert, wenn bei einer Diskussion nach vielleicht einer halben Stunde jemand anderes genau den Gedanken formuliert, den er selbst schon vor einiger Zeit hatte, sich nur nicht getraut hatte, ihn auszusprechen. Ich meine, das ist ein großes Potenzial, um sich selbst Unfähigkeit zuzuschreiben und Minderwertigkeitskomplexe aufzubauen.

Hr. B.: Fr. Dr. Sattler, Sie haben gesagt: Einer, der von angeborener Linkshändigkeit oder Linksorientierung vergewaltigt wird auf die rechte Hand, der trägt regelrechte Schädigungen des Gehirns davon, wie kann man das verstehen, geht da im Gehirn irgendwas kaputt?

Dr. S.: Darüber weiß man noch relativ wenig. Vermutlich kommt es zu Störungen in der Übertragung zwischen den beiden Gehirnhälften, und zwar im Corpus callosum, das ist dieser Nervenverbindungsstrang zwischen den beiden Gehirnhälften. Wir haben verschiedene Gedächtnisfunktionen, wobei wir, grob gesagt, die Aufnahme, das Behalten und das Wiederrufen haben; beim umgeschulten Linkshänder sind besonders einzelne von diesen Gedächtnisfunktionen gestört. Also er kann z. B. lernen. Bei Schülern ist das oft der Fall – zu Hause bei den Eltern kann das Kind alles und in der Schule meldet es sich, wird aufgerufen, und plötzlich ist da ein Blackout. Es ist nichts mehr da. Das Kind ist entsetzt, der Lehrer reagiert erstaunt und meint sogar, es wollte bluffen, weil es sich gemeldet hat, das Kind aber ist am irritiertesten und am meisten erschreckt durch diese Situation und weiß sich keine vernünftige Erklärung. Hier ist also das Lernen und Behalten nicht gestört, aber das Wiederrufen.

Hr. B.: Also das ist dieses Gefühl – das hat vielleicht jeder schon bei sich beobachtet – das Kind meldet sich ganz begeistert, und wenn es drankommt, ist alles weg.

Dr. S.: Das Wiederrufen ist dann gestört und dann kommt es zu der Situation, dass sich das Kind erinnert, dass ihm das schon einmal oder mehrmals passiert ist und dann entsteht ein ganz normaler Kreislauf von Angst vor einer Situation, die bewirkt, dass das Befürchtete auch eintrifft, und diese Angst macht sich selbstständig und die Hemmung macht sich selbstständig. Das geht dann in die Sekundärfolgen.

Hr. B.: Das heißt, man versinkt in so einem Fall, weil man auch eine Empfindung hat für die Unmöglichkeit dieser Situation, in einem Meer von Scham und möchte das nicht mehr erleben!

Dr. S.: Genau, das nächste Mal wird das Kind aus Angst vor dieser Situation entweder von sehr starker Erregung, Herzklopfen und Schweißausbrüchen begleitet, oder das Kind meldet sich überhaupt nicht mehr, es zieht sich zurück oder es gibt noch eine dritte typische Verhaltensform, das ist der Klassenkasper, der platzt damit raus und macht sich überall wichtig, um das zu überspielen.

Hr. B.: Fr. Dr. Sattler, Hilfe für Lehrer, was sollten Lehrer über dieses Thema Linkshändigkeit wissen und wo können sie sich informieren?

Dr. S.: Sie sollten auf jeden Fall wissen, dass jede Umschulung von einem linkshändigen Kind zu diesen Schwierigkeiten führt, dass es keine schwächere oder stärkere Linkshändigkeit in dem Sinne gibt, dass es bei den schwächeren Linkshändern nicht zu den negativen Folgen kommt. Da sind heute die Angaben von Kultusministerien, zumindest in Bayern, noch nicht eindeutig. Denn oft bekommen die Lehrer schon umgeschulte Kinder und wissen überhaupt nicht, dass es sich um einen genuinen Linkshänder handelt. Die Lehrer, die das Kind ab der zweiten oder dritten Klasse haben, die wissen dann auch bei den in der 1. Klasse umgeschulten Linkshändern nicht mehr, dass es sich um ein linkshändiges Kind handelt, haben aber die legasthenischen Erscheinungen, die Gedächtnis- und Konzentrationsschwierigkeiten vor sich und stehen dem Kind dann oft mit Unverständnis gegenüber. Es gibt einen ganzen Teil Lehrer, die auch umgeschulte Linkshänder sind und selbst stark kompensieren und von daher Umschulungsfolgen eher intoleranter gegenüberstehen – es ist die bei sich selbst bekämpfte Schwäche; die rechtshändigen Lehrer aber können die Folgen irgendwie nicht begreifen. Das ist auch die Schwierigkeit später – sowohl an der Universität als auch in der Psychotherapie; ein Rechtshänder kann die Umschulungsfolgen nicht nachvollziehen und tendiert dazu, sie nicht wahrhaben zu wollen, und da die heutige Aufklärungssituation über die Umschulungsfolgen nicht sehr gut ist – da es eigentlich sehr wenig Informationen gibt und Lehrbücher diese Problematik nicht behandeln – hat der Rechtshänder quasi nicht die Möglichkeit, das zu lernen. Die Lehrer sollten, wenn sie bemerken, dass es sich um ein umgeschultes Kind handelt, eine ganze Menge Toleranz für das Kind aufbringen und auch Geduld, bis es das wirklich herausbringt, was es sagen wollte, und das dann auch so werten. Im Ganzen wäre, meiner Ansicht nach, sinnvoll – und das ist meine persönliche Meinung –, einen Bonus für umgeschulte Linkshänder in der Schule einzuführen. Zum Beispiel, wenn ein Kind im Diktat in einem Satz ein Wort richtig schreibt, im nächsten dasselbe Wort falsch und dann wieder richtig, sollte das falsch geschriebene Wort als richtig gezählt werden und nicht als Fehler – das wäre gerecht.

Hr. B.: Also, dass man denen, von denen man weiß, dass sie umgeschult, sozusagen „vergewaltigt" sind, das anrechnet und sagt, im Grunde genommen wisst ihr es ja, es ist nur der Defekt bei euch, sodass es gelegentlich mal falsch geht.

Dr. S.: Ja, der erste kritische Punkt ist eigentlich bei dem Kleinkind, wenn es anfängt, mit dem Löffel und der Gabel zu essen und mit der Tasse zu trinken, dass das Kind nicht auf die rechte Hand gezwungen, sondern gelehrt wird, dass man es so lässt, wie es möchte, dass es den Stift in die Hand nimmt, in die es möchte, und nicht die Benutzung der Hände moralisch attribuiert wird, d. h., dass von dem „schönen Händchen" und dem „schlechten Händchen" gesprochen wird. Das nächste ist der Kindergarten, dort ist das Kind z. T. schon dem direkten Einfluss der Eltern entzogen, da kommt es vor, dass andere Eltern oder die Kindergärtnerin oder auch andere Kinder sagen: „Was, du malst mit der linken Hand …, das ist doch die schlechte, die böse Hand", und da kann es passieren, dass sich Kinder selbstständig umerziehen, „um so zu sein, wie die anderen". Das ist eigentlich das Hauptproblem heutzutage, nach den Erfahrungen, die wir in der letzten Zeit in unserer „Beratungs- und Informationsstelle für Linkshänder und umgeschulte Linkshänder" haben.

Hr. B.: Fr. Dr. Sattler, sagen wir zum Schluss noch die Adresse der Organisation, dieser Hilfsstelle für Linkshänder. An wen kann man sich denn dann wenden, als ein Linkshänder, als ein Lehrer, als ein Elternteil, der Erziehungsprobleme hat mit einem linkshändigen Kind, wohin kann man sich wenden?

Dr. S.: In der ONRS, das ist die Organisation für neutrale Wissenschaften, beschäftigen wir uns schon seit längerem mit der Linkshändigkeit, in Forschungen und in der Psychotherapie, wo viele umgeschulte erwachsene Linkshänder zu uns kommen. Wir haben im letzten Jahr die „Interessenvereinigung für Linkshänder“ gegründet, um das Wissen – das sowohl in der Forschung ist als auch Wissen über Gebrauchsgegenstände und solche Sachen, also von der Praxis – gezielt weitervermitteln zu können und um gezielt auch Informationen an die Öffentlichkeit zu bringen. Aufgabe der Interessenvereinigung für Linkshänder ist es, Informationen zu vermitteln, zu informieren über bestimmte Berufe, Informationsmaterial für Eltern und Lehrer, nicht umgeschulte Linkshänder und umgeschulte Linkshänder zusammenzustellen. Seit einiger Zeit haben wir auch eine „Beratungs- und Informationsstelle für Linkshänder und umgeschulte Linkshänder“, wo man sich direkt hinwenden kann, wo auch informiert wird, wo kostenlos Informationsmaterial verschickt wird und Beratungsgespräche geführt werden. Die Interessenvereinigung für Linkshänder ist bundesweit organisiert, und wir haben auch Kontaktpersonen, in einzelnen Städten und in manchen Orten können wir Kontakte herstellen, sodass sich auch so etwas wie Selbsthilfegruppen bilden können und auch Psychologen empfohlen werden, die sich z. B. mit dem Umschulungsproblem auseinander setzen und Erfahrungen haben.

Hr. B.: Gut, sagen wir dann zum Schluss Ihre Adresse der Münchner Zentrale.

Dr. S.: Das ist die:

Interessenvereinigung für Linkshänder
ONRS – Sendlinger Straße 18 (inzwischen umnummeriert, Nr. 17)
80331 München
Tel.: 0 89/26 86 14

Nachtrag:

Spezielle Untersuchungen, Sammlung von Materialien, Auswertung und gleichzeitig Vertretung der Beschädigten durch Händigkeitsumschulung (Brain-Breaking) ist Aufgabe der „Deutschen Brain-Breaking-Hilfe“, ONRS – Sendlinger Str. 17, 80331 München, Tel. 0 89/26 86 14.

Die Medien spielten bei der präventiven Arbeit zur Verhinderung der Umschulung der Händigkeit und bei der Aufklärung der Eltern ebenso wie der Erzieher, Lehrer und Therapeuten eine entscheidende und positive Rolle. Dem fachlichen Interesse und Engagement vieler Journalisten ist es zu verdanken, dass am Ende dieses und zu Beginn des neuen Jahrtausends das Wissen über die Folgen der Umschulung der Händigkeit endlich in Deutschland einem größeren Bevölkerungsanteil bewusst ist. Es wird heute sogar oft bereits die – wohl etwas zu optimistische – Meinung vertreten, dass man angeblich überhaupt nicht mehr umschult und dass dies eine längst der Vergangenheit angehörende Thematik sei. Leider ist das noch nicht so. Aber die tatsächlich stattgefundene Aufklärung ist enorm, und dieser Meinungsumschwung zeugt von der Wirksamkeit der journalistischen Arbeit.

In unzähligen kleinen und großen Artikeln, im Radio und im Fernsehen wurde auf Linkshändigkeit eingegangen. Auch wenn es oft zu Wiederholungen kam, manchmal auch zu kleinen Ungenauigkeiten, so schmälert das nicht das Verdienst der Medien, hier eine entscheidende Hilfestellung bei der Vorbeugung geleistet und dadurch viele Kinder vor den unnötigen und meist mit tief empfundenem Leid verbundenen Umschulungsfolgen der Händigkeit bewahrt zu haben. Auch erwachsene umgeschulte Linkshänder profitierten davon, und vielen wurde so klar, womit bestimmte Probleme auf ihrem Lebensweg zusammenhängen könnten, und so linderten auch hier die Information und Aufklärung für viele schmerzliche, zuvor nicht begriffene seelische Wunden und erleichterten durch Erklärungen der möglichen Zusammenhänge etwas ihr Leben.

Aus Respekt vor dieser Arbeit der Journalisten wurde bewusst an keiner Stelle in ihren Artikeln etwas verändert, ausgelassen oder gekürzt. Meine Absicht ist es, die *Auffassung* des Themas und die *Vermittlung* an die Leser zu dokumentieren.

Einer der ersten Hinweise, die ich von Professor Undeutsch für meine Vorträge bekommen habe, war: „Es wird Ihnen im Laufe der Zeit immer wieder so vorkommen, dass Sie dies oder jenes schon unzählige Male wiederholt haben, dass Sie es schon so oft gesagt haben, dass es inzwischen langweilig ist. Aber Sie dürfen nicht vergessen, dass dies Ihr subjektives Gefühl ist und Ihre Zuhörer zwar immer anscheinend die gleiche Menge bilden, aber es jedesmal andere Einzelmenschen sind, die den vorgetragenen Stoff praktisch das erste Mal hören." Diese Worte kann man auch auf die journalistische Arbeit übertragen. Niemand liest alle Zeitungen, Zeitschriften, hört alle Sender und sieht jedes Fernsehprogramm. Darum ist es angebracht, wenn die ausgesuchte Dokumentation so präsentiert wird, wie sie für die Leser erarbeitet wurde.

Die Journalisten mit ihren Veröffentlichungen zur Linkshändigkeit haben dazu beigetragen, dass Eltern auf die Problematik aufmerksam wurden und Pädagogen, Ärzte und Therapeuten ansprachen und diese wiederum sich neu informierten über Fragestellungen, die, außer im Sonderschulbereich, kaum in der Aus- und Fortbildung thematisiert wurden.

Die folgende Auflistung der uns bekannten Medienveröffentlichungen zur Linkshändigkeit im Zusammenhang mit unserer Arbeit zeigt die Vielfältigkeit der verschiedenen Publikationen und soll auch einen Dank für die jeweilige Zusammenarbeit darstellen.

Anmerkung:

Diese Zusammenstellung wurde aufgrund von aufgezeichneten oder live übertragenen Sendungen sowie aufgrund der Vorlage der Artikel gemacht. Letztere haben wir als Belegexemplare oder direkt von Lesern bekommen, die sich bei uns gemeldet haben. Es wurde nie ein Recherchierdienst beauftragt. Daher ist diese Aufzählung auch nicht vollständig, sondern man kann annehmen, das etwa nur die Hälfte der tatsächlichen Veröffentlichungen und Sendungen uns zur Kenntnis gelangten und hier verzeichnet sind.

Dokumentation und Berichterstattung über ONRS-Tätigkeiten

zum/zur

- Forschungsprojekt „Linkshändigkeit und Folgen der Umschulung der Händigkeit“
- Interessenvereinigung für Linkshänder
- Ersten deutschen Beratungs- und Informationsstelle für Linkshänder und umgeschulte Linkshänder

Fernsehsendungen (mit Dr. Johanna Barbara Sattler):

ARD Bay. Fernsehen „Samstagsclub“	20. 7. 85	ARD Bay. Ferns. „Stadtrundschau“	22. 10. 85
RTL Luxemburger Fernsehen	30. 10. 85	RTL Studio München	8. 11. 85
Telezeitung	15. 11. 85	TV weiß-blau	13. 1. 86
ZDF „WISO“	20. 1. 86	Dt. Welle (USA, England, Kanada)	27. 2. 86
SAT 1	12./14./15./16./17. 4. 86	ARD Saarländ. Ferns. „Telejournal“	5. 8. 86
TV weiß-blau	10. 3. 87	Bay. Fernsehen „Sag die Wahrheit“	1. 4. 87
KMP „Live“	26. 5. 87	KMP „Auf Zack“	6. bis 9. 6. 87
Bay. Fernsehen „Kulturmagazin“	15. 6. 87	RTL „Auf Zack“	17. bis 20. 6. 87
Bay. Fernsehen	8. 7. 87	Norddt. Fernsehen „Prisma“	13. 7. 87
EUREKA TELEVISION	18. 12. 87	Bay. Fernsehen „Familienjournal“	4. 8. 87
WDR III „Die aktuelle Stunde“	20. 1. 88	Tele 5	7. 6. 88
ZDF „Info Verbraucher“	20. 9. 88	SDR 3 „Abendschau“	7. 11. 88
SAT 1 „Teletip Gesundheit“	4. 1. 89	Tele 5 „Bazar“	5. 4. 89
Bay. Fernsehen „Abendschau“	April 1989		
BR 3 „Live a. d. Schlachthof“	10. 4. 89	ZDF (Selbsthilfegruppen)	7. 12. 89
SAT 1 „Teletip Erziehung“	25. 3. 90	SWF (Zum intern. Tag der Linksh.)	13. 8. 90
Bay. Fernsehen „Bayernstudio“	25. 9. 90	SAT 1 „Frühstücksfernsehen“	2. 10. 90

WDR „Initiativen“	9. 11. 90	Tele 5 „Zuhause“	14. 11. 90
ZDF „Gesundheitsmagazin Praxis“	7. 2. 91	ARD „ZDF-info Gesundheit“	23. 2. 91
1 plus	25. 3. 91	RTL „München live“	16. 10. 91
3 SAT „Wissen im Kreuzverhör	20. 10. 91	TV weiß-blau „München aktuell“	3. 1. 92
NDR „Rechts ist da, wo der Daumen links ist.Das gespielte Universum“			22. 3. 92
Bay. Fernsehen „Initiativen: Die Linken fordern ihre Rechte – Interessenvereinigung für Linkshänder“			22. 7. 92
ARD Disney Club	14./15. 11. 92	Bay. Fernsehen „Rechts ist da ...“	27. 1. 93
tv weiß-blau	26. 3. 93	RTL „Bayern aktuell“	2. 6. 93
RTL 9-Uhr-Show	3. 6. 93	SAT 1	7. 12. 93
SAT 1 „Schreinemakers live“	16. 6. 94	NDR 3 „Visite“	24. 8. 94
Deutsche Welle „Boulevard Deutschland“	6. 9. 94	M eins	31. 10. 94
WDR „Kind und Kegel“	5. 5. 95	RTL „Ilona Christen“	9. 6. 95
Bay. Fernsehen „espresso“	14. 7. 95	tv münchen „münchen aktuell“	24. 7. 95
M EINS live	11. 8. 95	VOX „Exakt“	24. 10. 95
MDR „Telethek“	23. 1. 96	ARD „Boulevard Bio“	30. 1. 96
SAT 1 „Deutschland heute morgen – Experten“	12. 8. 96	tv münchen „aktuell“	6. 9. 96
PRO 7 „SAM“	22. 10. 96	tv münchen „Große Freizeit“	11. 11. 96
tv münchen „münchen aktuell“	3. 4. 97	Schweizer Fernsehen	.. 5. 97
WDR „aktuelle Stunde“			17. 10. 97
Sonderkanal SO9 Arbeitsgemeinschaft in den Medien „LINKSHÄNDER“			25. 10. 97
ARD „Morgenmagazin“ (über Füßigkeit)			8. 12. 97
DSF Arbeitsgemeinschaft in den Medien „LINKSHÄNDER“			28. 12. 97
NDR „NordZeit“	13. 1. 98	ARD „Wunschbox“	21. 1. 98
NDR „Schlagzeile Sport“	20. 2. 98	Kinderkanal ARD/ZDF „AktivBoXX“	10. 6. 98
Kinderkanal ARD/ZDF „AktivBoXX“	10. 6. 98	ARD „Brisant“	22. 6. 98
ARD „Mittagsbuffet“	23. 6. 98	NDR „NordZeit“	15. 9. 98
M EINS	16. 12. 98	PRO 7 „Galileo“	15. 3. 99
Deutsche Welle, Berlin	13. 8. 99		
ZDF „Volle Kanne, Susanne“ Service-Magazin			28. 10. 99

Rundfunksendungen (Interviews mit Dr. Johanna Barbara Sattler):

Südwestfunk	12. 9. 85	Radio Gong 2000	23. 10. 85
BR 1 „Musikjournal“	2. 12. 85	Radio Bremen	26. 2. 86
SWF	Febr. 86	WDR Mittagsmagazin	10. 3. 86
SWF „Ratgeber Gesundheit“	19. 7. 86	BR 2 „Notiert“	6. 8. 86
Radio I	1. 9. 86	BR 3 „B 3 Kurier“	21. 10. 86
BR 2 „Familienfunk“	22. 10. 86	BR 3 „Radio Show“	15. 1. 87
Radio 1	3. 2. 87	Südwestfunk (SWF 3)	4. 2. 87
Sender Freies Berlin	4. 2. 87	Saarl. Rundf. „Journal am Morgen“	4. 2. 87
RIAS Berlin	4. 2. 87	RTL	23. 2. 87
SWF 1	28. 2. 87	BR 2 „Mittagsmagazin“	8. 3. 87
Radio Rheinland Pfalz	26. 5. 87	RTL	26. 5. 87
BR 1 „Notizbuch“	31. 7. 87	SDR „Für Sie notiert“	18. 8. 87
Radio In	26. 8. 87	pro Radio 4, Ludwigshafen	18. 11. 87
Radio Primavera Aschaffenburg	16. 12. 87	WDR I	19. 1. 88
Radio Gong 2000	23. 3. 88	BR 1 „Musikjournal“	30. 3. 88
Radio Bamberg	21. 4. 88	Radio Xanadu	7. 6. 88
SFB Hannover	8. 6. 88	Radio Charivari	9. 6. 88
Radio Kempten	8. 6. 88	RIAS Berlin	9. 6. 88
Südd. Rundfunk	4. 11. 88	Radio Ohr	8. 11. 88
Radio Mainwelle Bayreuth	15. 11. 88	Radio AWN-Akt. Welle Niederbay.	15. 11. 88
Jazzwelle	29. 11. 88	RTL	29. 12. 88
Hochrheinradio Antenne 3	9. 1. 89	Radio Mainwelle Bayreuth	18. 1. 89
WDR I Jugendmagazin	20. 1. 89	SWF 1 „Für junge Hörer“	23. 1. 89
RTL	20. 2. 89	Radio Regenbogen	2. 3. 89
Radio Neue Welle Ostallgäu	10. 3. 89	WDR	22. 3. 89

Radio Charivari	April 89
Radio Donau 1	25. 7. 89
Radio Passau	18. 8. 89
Radio Charivari	3. 9. 89
BR 1 „Bayern Magazin“	22. 3. 90
BR 1 „Musikjournal“	14. 9. 90
Radio 7 Ulm	24. 9. 90
BR 3 Radioreport	25. 9. 90
Radio Xanadu	25. 9. 90
Radio Charivari	25. 9. 90
Radio Charivari Regensburg	27. 9. 90
Radio Charivari Rosenheim	28. 9. 90
Radio Trausnitz	6. 10. 90
Radio Bremen 1	9. 10. 90
Jazzwelle	10. 10. 90
WDR	17. 10. 90
SFB	18. 10. 90
SFB	31. 12. 90
Radio Gong	18. 4. 91
BR 2 „Radius“ (Diese Sendung	13. 5. 91
wurde mehrmals wiederholt u. auch	
von anderen Sendern übernommen)	13. 8. 91
SWF Baden-Baden (Zum in-	13. 8. 91
ternen Tag der Linkshänder)	
DLF (Wissenschaftl. Stellung-	9. 9. 91
nahme zur frühen Sterbl. bei Linksh.)	
Hessischer Rundfunk	8. 12. 91
BR 3 TV-Tipp	27. 1. 93
BR 1 „Musikjournal“	1. 6. 93
WDR „Riff“	22. 7. 93
Energy Berlin	5. 7. 94
BR 3 „Second Hand“	16. 10. 94
Deutschland Radio Berlin	20. 6. 95
Saarländischer Rundfunk	4. 7. 95
Antenne Niedersachsen	6. 7. 95
Radio Free FM	14. 7. 95
Englischer Sender in Wien	25. 7. 95
BR 1 „Wissenschaft“	19. 10. 95
WDR	12. 6. 96
BR 1 „Mittagsmagazin“	20. 6. 96
Energy Hamburg „Jazz und Talk“	23. 6. 96
MDR Halle	13. 8. 96
Antenne Bayern	6. 11. 96
Hessischer Rundfunk	15. 11. 96
Radio Offenburg	4. 2. 97
SFB Sender Freies Berlin	8. 4. 97
Radio Charivari Regensburg	17. 4. 98
WDR 1	27. 10. 97
Antenne Thüringen	13. 8. 98
Antenne Bayern	7. 10. 98
Radio Paradiso, Berlin	11. 12. 98
dpa für Radiobeiträge	9. 2. 99
Unser Radio, Passau	10. 2. 99
Belgischer Rundfunk	8. 3. 99
WDR 5	12. 8. 99
Radio Offenburg	13. 8. 99
Deutsche Welle, Köln	13. 8. 99
MDR 1	13. 8. 99
Bayern 1 „Musikjournal“	13. 8. 99
Radio ISW	26. 11. 99

Antenne Bayern	Juni 89
Radio Gong	3. 8. 89
Radio Danubia	19. 8. 89
Pro Radio 4	6. 9. 89
Radio Charivari	12. 7. 90
Antenne Bayern	14. 9. 90
Radio Arabella	25. 9. 90
Radio Ramasuri, Weiden	25. 9. 90
Antenne Niedersachsen	26. 9. 90
Hessischer Rundfunk	26. 9. 90
Radio Pro 7	26. 9. 90
NDR „Treffpkt. d. Welle Nord“	4. 10. 90
Radio Bremen 4	9. 10. 90
Hessischer Rundfunk	10. 10. 90
Radio Ladies first Baden-Baden	12. 10. 90
SFB „Expresso“	17. 10. 90
SWF Baden-Baden	19. 10. 90
DLF „Journal am Vormittag“	2. 1. 91
Radio Xanadu	6. 5. 91
Radio Gong Nürnberg	17. 6. 91
WDR 2 „Quintessenz“	12. 7. 91
Radio Charivari Rosenheim	2. 8. 91
Radio Bremen	18. 8. 91
WDR 2 „Mittagsmagazin“	13. 8. 91
Radio Charivari Rosenheim	12. 9. 91
Radio Fashion, Kempten	22. 10. 91
WDR 2 Daheim u. unterwegs: „Verkehrte Welt? Von der Lust und der Last, Linkshänder zu sein“	22. 6. 92
Radio Melody	7. 6. 93
Ostdeutscher Rundfunk	10. 1. 94
Radio Charivari	7. 9. 94
Antenne Bayern	3. 1. 95
SWF 3 (Vorstellung des Buches)	20. 6. 95
BR 1 „Musikjournal“	5. 7. 95
Radio Energy	8. 7. 95
Hessischer Rundfunk „Ratgeber“	21. 7. 95
Radio Arabella	10. 10. 95
Schweizer Radio DRS „Familienrat“	26. 12. 95
Hessischer Rundfunk	13. 6. 96
Antenne Bayern	20. 6. 96
MDR Weimar	23. 7. 96
NewsTalk, Berlin	13. 8. 96
BR 1 „Musikjournal“	7. 11. 96
MDR	18. 11. 96
NDR 4 „Horizonte“	22. 3. 97
Ostdt. Rundfunk Brandenburg „Außerhalb und Mittendrin“	12. 4. 97
BR 5 „Gesundheitsmagazin“	7. 12. 97
DLF Deutschlandfunk „Corso Extra“	26. 9. 98
Radio NRW	9. 12. 98
Hessischer Rundfunk /HR 4)	14. 12. 98
Radio Charivari, Nürnberg	10. 2. 99
Radio Primadon Schweinfurt	1. 3. 99
SWF „IQ for you“	14. 3. 99
Spree-Radio, Berlin	13. 8. 99
Radio Luxemburg	13. 8. 99
Berlin Aktuell	13. 8. 99
Radio Bruchsal	13. 8. 99
Saarländischer Rundfunk	13. 8. 99

Artikel in Fachzeitschriften/Fachpublikationen:

- J. B. Sattler, „Linkshänder – Psychische Probleme durch Umschulung". In: Psychologie heute, Heft 10/85, S. 8–10.
- B. Fischl, „Umgeschulte Linkshänder – Der Knacks im Gedächtnis". In: Münchener Medizinische Wochenschrift, Nr. 8/86, S. 28.
- F. Friedmann, „Manipulation der Hand: Massiver Eingriff im Gehirn ohne Blutvergießen". In: Ärzte Zeitung, 5. 2. 1987, S. 28.
- J. B. Sattler, „Umschulung der Händigkeit. Ein massiver Eingriff ins menschliche Gehirn". In: Lernen Fördern. Zeitschrift für Eltern, Lehrer und Erzieher, Heft 5, 10/86, S. 10–11.
- J. B. Sattler, „Umgeschulte Linkshänder – Links vorbeitherapiert". In: Münchener Medizinische Wochenschrift, Nr. 14/87, S: 16.
- J. B. Sattler, „Hilfe für Linkshänder". In: Psychologie heute. Heft 5/87, S. 15–16.
- I.-M. Richberg, „Linkshänder soll man nicht auf den ‚RECHTEN WEG' zwingen". In: Ärzte Zeitung Nr. 90, 15./16. 5. 1987, S. 87.
- D. Furler, „Zarte Farben: Unendliche Harmonie im umgekehrten Raum". In: Ärzte Zeitung Nr. 124, 8. 7. 1987, S. 27.
- J. B. Sattler, „Psychische Probleme durch Umschulung der Händigkeit". In: 9. Congress on Physiological Sciences, Istanbul; Faculty of Medicine, University of Istanbul, 22.–25. 9. 1987, S. IV.
- „Linkshänder – Umerzogene leiden oft ihr ganzes Leben lang". In: Selbsthilfe-Gruppen. Eine Dokumentation der Ärzte Zeitung mit Unterstützung der Bundesärztekammer und des Deutschen Ärztetages, Neu-Isenburg 1988. S. 100/1.
- J. B. Sattler, „Das linkshändige Kind bei Schuleintritt". In: Materialien für Schulberatungsstellen: Staatsinstitut für Schulpädagogik und Bildungsforschung, Herbst 1987.
- J. B. Sattler, „Die Linkshändigkeit. Ein Problem auch in der Zahnarzt-Praxis". In: Dental Prisma, Nr. 10, Juli/August 1988, S. 1.
- J. B. Sattler, „Das linkshändige Kind bei Schuleintritt". In: Empfehlungen zur Aufnahme des Kindes in die Grundschule: Staatsinstitut für Schulpädagogik und Bildungsforschung, 1989, S. 139–149.
- B. L., „Die Linke und die Rechte – alles über das Händigkeitsproblem". In: pais. Fachzeitschrift für praktische Kinder-Jugendheilkunde und allgemeine Medizin, Nr. 5, Mai 1989, S. 89–90.
- Adrian Vatter, „Linkshänder fordern ihre Rechte zurück". In: INTRA, Psychologie in der Gesellschaft, Nr. 3, Februar/März 1990, S. 42–45.
- J. B. Sattler, „Linkshänder in der Arztpraxis". In: Bayerisches Ärzteblatt, Nr. 4. April 1991, S. 139.
- R. W. Meyer, Linkshändig? Ein Ratgeber. Fachliche Beratung: Dr. J. B. Sattler, München 1991, 1998 (3).
- R. W. Meyer, „Ist Händigkeit genetisch bedingt?". In: Unterricht Biologie. Zeitschrift für alle Schulstufen, September 1991, S. 28–31.
- C. Grecht, Aspekte der Betreuung und der Umschulung linkshändiger Schulkinder unter besonderer Berücksichtigung der Arbeit der Beratungs- und Informationsstelle für Linkshänder und umgeschulte Linkshänder München, Wissenschaftliche Hausarbeit, Ludwigsburg, 1991.
- J. B. Sattler, „Der Linkshänder. Ein irrationales Phänomen unserer Gesellschaft". In: Motorik: Zs. für Motopädagogik und Mototherapie, 3. Sept. 1992, S. 148–156.
- J. B. Sattler, „‚Beidhänder' sind hirngeschädigt". In: Münchener Medizinische Wochenschrift, Nr. 21, 28. 5. 93, S. 35–40.
- J. B. Sattler, „Linkshändigkeit: Sauerstoffmangel im Gehirn". In: Psychologie heute, Febr. 94, S. 15–16.
- J. B. Sattler, Das linkshändige Kind in der Grundschule. Erarbeitet im Auftrag des Bayerischen Staatsministeriums für Unterricht, Kultus, Wissenschaft und Kunst. Herausgeber: Staatsinstitut für Schulpädagogik und Bildungsforschung, München 1993, Vertrieb: Auer Verlag, Donauwörth, 1993, 1999 (8).
- J. B. Sattler, Der umgeschulte Linkshänder oder Der Knoten im Gehirn. Auer Verlag, Donauwörth, 1995, 1998 (4).
- J. B. Sattler, „Links ist nicht linkisch". In: Kinder. Das Journal des Kindergartens, Sept. 1995, S. 6–10.
- J. B. Sattler, Übungen für Linkshänder. Schreiben und Hantieren mit links. Auer Verlag, Donauwörth, 1996, 1998 (3).
- J. B. Sattler, Schreibunterlagenblock für Linkshänder. Auer Verlag, Donauwörth, 1996, 1999 (4).
- J. B. Sattler, Übungsheft für Linkshänder. Auer Verlag, Donauwörth, 1996, 1999 (3).
- J. B. Sattler, Die Psyche des linkshändigen Kindes. Von der Seele, die mit Tieren spricht. Auer Verlag, Donauwörth, 1998, 1999 (2).
- J. B. Sattler, „Linkshänder und umgeschulte Linkshänder in der Ergotherapie". In: praxis ergotherapie, Heft 2/99, S. 98–110.
- J. B. Sattler, „Zur Testung der Linkshändigkeit". In: Left Hand Corner, Nr. 2, 1/98.
- J. B. Sattler, „Chancen und Gefahren einer Rückschulung der Händigkeit bei Erwachsenen". In: Left Hand Corner, Teil 1, Nr. 6, 1/99, S. 10–20; Teil 2, Nr. 7, 4/99, S. 24–29; Teil 3, Nr. 9, 10/99, S. 12–16.

– J. B. Sattler, I.-K. Cizek, „Zur Bedeutsamkeit einer Händigkeitsdiagnostik für die berufliche Praxis aus der Sicht der Beratungs- und Informationsstelle für Linkshänder und umgeschulte Linkshänder. In: Left Hand Corner, Nr. 8, 7/99, S. 16–21.

Presseartikel:

Abendzeitung (AZ)	12. 9. 85	tz (Tageszeitung)	23. 10. 85
Münchner Merkur	23. 10. 85	Mangfall-Bote	ca. 5. 11. 85
Süddeutsche Zeitung	27. 12. 85	HÖRZU	Heft 3/10. 1. 86
Bild-Zeitung	14. 1. 86	TV-Hören und Sehen	Heft 7/86
Eltern	Heft 2/86	Freundin	Heft 7/86
Süddeutsche Zeitung	10. 2. 86	FAZ	7. 3. 86
Rems-Zeitung	12. 3. 86	praline	Heft 14/86
Frankfurter Allgemeine Zeitung	7. 3. 86	Münchner Stadtzeitung	Nr. 7/86
Süddeutsche Zeitung/MSA Nr. 32	29. 4. 86	Gong	Heft 16/86
Frankfurter Neue Presse	18. 5. 86	Echo Pressedienst	Heft 9/86
tz	30./31. 8. 86	Frau Aktuell Nr. 43	15. 10. 86
Junge Zeit	Heft 11/86	Süddeutsche Zeitung/MSA Nr. 87	14. 11. 86
AZ (Abendzeitung)	20./21. 12. 86	Münchner Merkur	12. 1. 87
Brigitte	Heft 2, 14. 1. 87	Süddeutsche Zeitung	23. 2. 87

dpa 2. 2. 87, dieser Artikel wurde von vielen Zeitungen in der ganzen Bundesrepublik Deutschland übernommen, z. B. Berliner Zeitung, Mannheimer Morgen, Aachener Nachrichten, Nürnberger Zeitung, Hamburger Abendblatt u. v. a. m.

Schwäbische Zeitung	8. 3. 87	Rat u. Tat, Zs. d. DRK Berlin	März 87
Frau aktuell Nr. 16	8. 4. 87	Heidenheimer Zeitung	10. 4. 87
Süddeutsche Zeitung Nr. 112	16./17. 5. 87	Bild + Funk	April 87
Journal für die Frau Nr. 11	20. 5. 87	dpa (Deutsche Presse Agentur)	14. 5. 87
Süddeutsche Zeitung Nr. 122	29. 5. 87	ELTERN	Heft 6/87
Rhein-Neckar-Zeitung	12. 6. 87	Weinheimer Nachrichten	1. 7. 87
Neue Revue Nr. 33	7. 8. 87	PAN Heft 9	28. 8. 87
7 Tage Nr. 33/5	August 87	Bio spezial magazin Nr. 4	8. 9. 87
Berliner Morgenpost	6. 9. 87	Neue Presse Coburg	12. 9. 87
Goldene Gesundheit	September 87	Quick Nr. 43	14. 10. 87
„MACK"-Magazin	2/87	OASE, Leutkirch	2/87
Deggendorfer Zeitung	30. 11. 87	Deggendorfer Zeitung	3. 12. 87
Deggendorfer Zeitung	5./ 6. 12. 87	Plattlinger Anzeiger	7. 12. 87
Pinneberger Tageblatt	Januar 88	Gießener Allgemeine Zeitung	Januar 88
Neue Westfälische	13. 1. 88	Neue Westfälische	18. 1. 88
Bielefelder Tageblatt	18. 1. 88	Westfalen-Blatt	19. 1. 88
Aachener Volkszeitung	19. 2. 88	Nordbayerischer Kurier	27./28. 2. 88
meine Familie & ich	4/88	Starnbg. Kindergartenzeitung	März 88
AZ	6. 6. 88	Nürnberger Zeitung	7. 6. 88
Freizeit Revue	Nr. 32/88	2 die zwei	Nr. 34/88
Münchner Merkur	20./21. 8. 88	tz	6. 9. 88
Für Sie	26. 10. 88	Weinheimer Nachrichten	2. 11. 88
Rhein-Neckar-Zeit. Heidelb.	4. 11. 88	Weinheimer Nachrichten	7. 11. 88
Rhein-Neckar-Zeit. Heidelb.	8. 11. 88	Neue Apotheken Illustr.	Dez. 88
IWZ Illustrierte Wochenz.	6. 11.–2. 12. 88	Neue Post	16. 12. 88
petra	Januar 89	Goslarsche Zeitung „extra"	12. 1. 89
Panorama	Januar 89	Schwäbische Zeitung	24. 1. 89
Ratgeber Gesundheit Nr. 2	27. 1. 89	Westfalenpost	4. 3. 89
SZ	13. 3. 89	Münchner Merkur	22. 3. 89
SZ Vierkirchen	23. 3. 89	SZ	10. 4. 89
Frankfurter Neue Presse	24. 6. 89	Eltern	Heft 4/89
pais	5/1989	Augsburger Allgemeine	25. 7. 89
SZ Dachau	23./24. 9. 89	Echo Pressedienst	Aug. 89
Bild Post	1/89	Grafschafter Nachrichten	16. 9. 89
MADAME Nr. 10	Okt. 89	monika	Okt. 89
Trierischer Volksfreund	14./15. 10. 89	Nürnberger Nachrichten	25./26. 11. 89
Treuchtlinger Kurier	29. 11. 89	Altmühlbote	30. 11. 89

Das GELBE BLATT	30. 11. 89	Treuchtlinger Kurier	7. 12. 89
Augsburger Allgemeine	31. 1. 89	Rheinische Post	20. 3. 89
reform-rundschau	4. 4. 90	MAXIMILIANEUM	Nr. 4, Mai/1990
Frankfurter Rundschau	12. 5. 90	Südkurier	5/90
burda	5/90	Die Weltwoche	7. 6. 90
Eltern	7/90	Schrot und Korn	7/90
TAZ Hamburg	9. 7. 90	pons, Nr. 511	14. 7. 90
7 Tage	18. 7. 90	Süddeutsche Zeitung	13. 9. 90
Süddeutsche Zeitung	14. 9. 90	AZ	14. 9. 90
dpa (Deutsche Presse Agentur)	25. 9. 90	ap (associated press)	26. 9. 90
SZ	26. 9. 90	Bild	26. 9. 90
AZ	26. 9. 90	tz	26. 9. 90
Münchner Merkur	26. 9. 90	DIE WELT	27. 9. 90
Heidenheimer Zeitung	28. 9. 90	lby	9/1990
Der Tagesspiegel, Berlin	30. 9. 90	playboy	ca. 10/90
Marbacher Zeitung	8. 10. 90	Landshuter Zeitung	13. 10. 90
Auto Bild	50/1990	Schwäbische Zeitung	3. 11. 90
Donau-Kurier	3./4. 11. 90	Journal für die Frau	27. 12. 90
Frau im Spiegel	52/1990		
Vital	2/1991	BHW – Wohnen	2/1991
CHRIS REVUE	2/1991	Deggendorfer Zeitung	14. 3. 91
Plattlinger Anzeiger	16. 3. 91	Eltern Schulbegleiter 2. Kl.	1. 4. 91
Mutter und Kind	2/91	Bayerisches Ärzteblatt	4/91
Flohkiste	1. 4. 91	Flohkiste	15. 4. 91
Super-tv	23/1991	Westfälische Nachrichten	13. 4. 91
Rheinld. Volkszeitung „Panorama“	13. 4. 91	Eltern Schulbegleiter 2. Kl.	15. 4. 91
QUICK	18. 4. 91	Stern	25. 4. 91
Süddt. Zeitung Dachau	27./28. 4. 91	Bild	25. 5. 91
AZ	25./26. 5. 91	Mitteldt. Express, Halle	8. 6. 91
Vital	8/1991	meine Familie & ich	8/91
tz	26./27. 10. 91	AZ	26./27. 10. 91
AZ	1. 11. 91	Süddeutsche Zeitung	8. 11. 91
Münchner Merkur	10./11. 8. 91	tz	10./11. 8. 91
AZ	10./11. 8. 91	Süddeutsche Zeitung	10./11. 8. 91
spielen und lernen	1/1992	selbst ist der Mann	März 1992
Main-Echo	7. 3. 92	Main-Echo/Obernburger Bote	5. 2. 92
Bote vom Untermain	ca. 20. 3. 92	Nordbayer. Kurier	23./24. 5. 92
Gesundheit	Juni 1992	tz	4. 9. 92
Münchner Merkur	4. 9. 92	Berliner Zeitung	ca. 10/92
Fürstenfeldbrucker Tagblatt	24. 9. 92	Frankfurter Rundschau	10. 10. 92
Main-Echo	10. 10. 92	Bleib gesund – Das AOK-Magazin	3/92
Main-Echo	20. 1. 92	Westdt. Allgemeine Zeitung	26. 10. 92
mein Kind und ich	11/92	Eltern	12/92
spielen und lernen	5/93	Münchner Merkur (Ottobrunn)	29. 4. 93
Münchner Merkur (Dachau)	21. 5. 93	dpa (Deutsche Presse Agentur)	28. 5. 93
Münchner Merkur	29./30./31. 5. 93	taz Berlin	29. 6. 93
Süddeutsche Zeitung	2. 6. 93	BUMMI	2/93
Das NEUE BLATT	16. 6. 93	Main-Echo	15. 9. 93
Münchner Wochenblatt	16. 6. 93	Rhein-Main-Presse/Allgemeine	
Menschen im Blickpunkt –		Zeitung Mainz	17. 7. 93
Schwarzwälder Bote	23. 7. 93	Bay. Rotes Kreuz	Sept. 93
Main-Echo	27. 9. 93	SZ Stadtanzeiger	18. 11. 93
Hessisch/Niedersächsische Allgemeine – Mitteldeutsche Allgemeine			2. 1. 94
Bild + Funk	2/94	Westfälische Nachrichten	1. 4. 94
„panorama“	1./2./3. 10. 94	Die Welt am Wochenende	... 8. 94
Kirchenzeitung für das			
Bistum Hildesheim	2. 10. 94	Die Tageszeitung	26. 4. 94
SZ am Wochenende	6. 5. 95	Heidenheimer Zeitung	4. 7. 95
Deutscher Depeschen Dienst	4. 7. 95	AP (Associated press)	5. 7. 95
Main-Echo	6. 7. 95	Straubinger Tagblatt	6. 7. 95
Badisches Tageblatt	6. 7. 95	Teckbote Kirchheim	6. 7. 95

Esslinger Zeitung	6. 7. 95	Münchner Merkur	6. 7. 95
Augsburger Allgemeine	6. 7. 95	Heidenheimer Zeitung	7. 7. 95
Generalanzeiger Bonn	7. 7. 95	Luzerner Neuste Nachrichten, CH	7. 7. 95
Südwestpresse Ulm	7. 7. 95	dpa (Deutsche Presse Agentur)	10. 7. 95
Rhein-Neckar-Zeitung	7/95	Münsterländische Volkszeitung	7/95
Passauer Neue Presse	14. 7. 95	Oberösterreich. Nachrichten, AUT	15. 7. 95
Berliner Morgenpost	16. 7. 95		
Main Post Würzburg	7/95	Berliner Morgenpost	23. 7. 95
Donauwörther Zeitung	22. 7. 95	Donauwörther Zeitung	28. 7. 95
Die Presse, Wien, AUT	25. 7. 95	Ruhr-Nachrichten	7/95
Bremer Tageszeitung	7/95	Donauwörther Zeitung	31. 7. 95
Weserkurier	7/95	Kinder, Journal für den KiGa	9/97
Bild Zeitung	18. 8. 95	spielen und lernen	8/95
Die Welt, AUT	30. 8. 95	EPD (Evangelischer Pressedienst)	12. 9. 95
Oberbayerisches Volksblatt,		Münchner Merkur	12. 9. 95
Rosenheim	12. 9. 95	Westfälische Rundschau (WR)	16./17. 9. 95
Eltern	Nr. 9/95	Karlsruher Zeitung	23. 9. 95
BRIGITTE	4. 10. 95	Ärztliche Praxis	7. 10. 95
BHP – Heilpädagogen, Info	Heft 4, 1995	Heidenheimer Zeitung	28. 10. 95
monika	11/95	Kölner Anzeigenblatt	4./5. 11. 95
WZ (Westdeutsche Zeitung)	21. 11. 95	Waldkraiburger Nachrichten	12. 11. 95
HOPPLA, Das Kindermagazin	12/95	Rheinische Post	20. 1. 96
Altöttinger Nachrichten	13. 2. 96	Der Tagesspiegel	18. 2. 96
Die Rheinpfalz	20. 2. 96	Glücks Revue, Nr. 10	28. 2. 96
Familie & Co	Nr. 3/96	Neue Post	Nr. 15, 3. 4. 96
Mielen Terveys (FINNLAND)	Nr. 2/96	Die Kreisseite (?)	19. 4. 96
dpa (Deutsche Presse Agentur)	13. 6. 96	tz	13. 6. 96
Nürnberger Nachrichten	13. 6. 96	Schweriner Volkszeitung	14. 6. 96
AZ (Mainz)	ca. 14. 6. 96	WZ (Westdeutsche Zeitung)	15. 6. 96
Remscheider Generalanzeiger	17. 6. 96	Kölner Stadtanzeiger	... 6. 96
Mainzer Rheinzeitung	ca. 21. 6. 96	Ärzte Zeitung	10. 7. 96
Journal am Sonntag, Hameln	8. 9. 96	Schule aktuell	3/96
Natur & Heilen	9/96	Gesundheits-Nachrichten	10/96
Rheinische Post	21. 10. 96	Schweringer Volkszeitung	21. 10. 96
Norddeutsche Neuste Nachrichten	22. 10. 96	Deggendorfer Zeitung	26. 10. 96
Donau-Zeitung	30. 10. 96	dpa (Deutsche Presse Agentur)	6. 11. 96
Stadtblatt Bielefeld	7. 11. 96	Coburger Tageblatt	7. 11. 96
Mein Kind und ich	12/96	ddp/ADN-Nachrichtenagentur	11. 11. 96
Ostseezeitung	13. 11. 96	Lauritzer Rundschau	13. 11. 96
Rostocker Nachrichten	13. 11. 96	Deggendorfer Zeitung	15. 11. 96
Super Sonntag	17. 11. 96	bella	ca. 17. 11. 96
Deggendorfer Zeitung	26. 11. 96	Stadtexpress Mönchengladbach	... 12. 96
Süddeutsche Zeitung	13. 12. 96	Münchner Merkur (Würmtal)	14./15. 12. 96
Bild der Frau, Nr. 51	16. 12. 96	Munich Found	Winter 1996/1997
Together, Jugendzeitschrift des Deutsch-Türkischen Freundeskreises Gelsenkirchen			1/97
Präsent. Österr. Wochenzeitung für Politik, Religion, Gesellschaft und Kultus			30. 1. 97
Nordkurier	4. 1. 97	Rheinische Post	25./26. 1. 97
Bild der Frau	Nr. 6/8. 2. 97	Naumburger Tageblatt	21. 2. 97
Die Rheinzeitung	1. 3. 97	Neue Rhein-Ruhr-Zeitung	4. 3. 97
gesichertes leben – Zeitschrift der Landes-		Volksstimme	12. 4. 97
versicherungsanstalt Rheinland-Pfalz	2/97	Deutsche Lehrerzeitung	17. 4. 97
point, Die Zeitschrift für die Pfalz	5/97	wir Eltern, CH	6/97
Die neue Schulpraxis	6/97		
Main-Post (Würzburger Raum)	9. 6. 97	Schaumburger Wochenblatt	2. 7. 97
Frau mit Herz	Nr. 30/ 7. 97	Super Illu	Nr. 31/24. 7. 97
Abendzeitung	13. 8. 97	Bummi	Nr. 9/21. 8. 97
Schaumburger Report	29. 8. 97	Münchner Merkur	29. 9. 97
Akzente (3. Vierteljahr)	Nr. 1/1997	LNP (Landau)	16. 10. 97
Landauer Zeitung	16. 10. 97	WAZ	17. 10. 97
Sport-Bild	Nr. 48/26. 11. 97		
Main-Echo	16. 1. 98	Allgemeine Zeitung Mainz	23. 1. 98

familie & Co.	1/98
dpa	
Eltern	3/98
Münchner Merkur	5. 3. 98
Bunte	Nr. 16/8. 4. 98
Eltern	5/98
Family	6/98
Westfälische Rundschau	22. 6. 98
Magdeburger Volksstimme	13. 8. 98
Rundschau (Dortmund)	28. 8. 98
Bergisches Land	6. 10. 98
Augsburger Allgemeine	14. 10. 98
mein Kind und ich	11/98
Kleine Zeitung (gr. steierische Zeitung)	9. 11. 98
tz	10. 12. 98
Bild	10. 12. 98
Fränkischer Tag (Bamberg)	10. 12. 98
Trostberger Tagblatt	10. 12. 98
Thüringer Nachrichten	10. 12. 98
ddp	11. 12. 98
Zeitung in Bad Honnef	31. 12. 98
Wilhelmshavener Zeitung	2. 1. 99
WAZ	18. 1. 99
Bild-Woche	Nr. 2/7. 1. 99
AZ	22. 1. 99
Münchner Wochenblatt (Laim)	11. 2. 99
Sport-Bild	Nr. 9/2. 3. 99
Meine Familie & ich	Nr. 3/99
Darmstädter Echo	6. 3. 99
dpa	2. 3. 99
Schwäbische Zeitung	10. 4. 99
unbekannt über Fr. Bayer	16. 4. 99
Journal für perfektes Haushalten	Mai/99
Hess./Niedersächsische Allgemeine	2. 5. 99
Tölzer Kurier	18. 5. 99
Münchner Merkur	18. 5. 99
Generalanzeiger (Bad Honnef)	24. 4. 99
Trott-war	Nr. 7/99
OZ	30. 6. 99
Auf einen Blick	Nr./99
Kinder	Nr. 5/99
Der Sonntag „Menschen und Märkte"	31. 10. 99
Recklinghäuser Zeitung	15. 12. 99
Kölner Stadtanzeiger	15. 12. 99
Westfalenpost	16. 12. 99
Heilbronner Stimme	20. 12. 99
Burersche Zeitung	20. 12. 99
Mainpost	3. 1. 00
Schweinfurter Zeitung	3. 1. 00
Wolfsburger Nachrichten	4. 1. 00
Iserlohner Kreisartikel	5. 1. 00
Marburger Zeitung	19. 1. 00

Ruhr-Nachrichten	... 1. 98
Straubinger Tagblatt	31. 1. 98
Eltern for family	3/98
SZ (Lokalteil Nördl. Landkreis)	24. 3. 98
Apotheken-Umschau	April 1998
Donauwörther Zeitung	15. 5. 98
Tina	
Funk-Uhr	Nr. 28/18. 7. 98
Salzwedeler Volksstimme	13. 8. 98
Westfälische Nachrichten Münster	17. 9. 98
Berliner Morgenpost	13. 10. 98
Rhein-Sieg-Rundschau	14. 10. 98
Leben und Erziehen	11/98
2 dpa Pressemeldungen	9. 12. 98
Neuer Tag in Weiden	10. 9. 98
Nordkurier (Brandenburg)	10. 12. 98
Mittelbayerische Zeitung	10. 12. 98
Amberger Zeitung	10. 12. 98
korso	12/98
Heidenheimer Zeitung	31. 12. 98
Badisches Tagblatt	2. 1. 99
Lübecker Nachrichten	5. 1. 99
AZ	5. 1. 99
AZ	20. 1. 99
Ebersberger Wochenblatt	11. 2. 99
Münch. Wochenblatt (Haidhausen)	11. 2. 99
Rheinzeitung	4. 3. 99
Schwäbische Nachr. „Gränzbote"	6. 3. 99
Heidenheimer Zeitung	9. 3. 99
Hertner Allgemeine	13. 3. 99
Der Standard	13. 4. 99
General-Anzeiger (Bad Honnef)	24. 4. 99
Heilbronner Stimme	17. 4. 99
Kasseler Sonntagszeitung	12. 5. 99
tz	18. 5. 99
Freisinger Tagesblatt	18. 5. 99
Mitteldeutsche Zeitung	10. 6. 99
Merkischer Anzeiger	30. 6. 99
Journal für perfektes Haushalten	9. 7. 99
dpa	12. 8. 99
mach mal pause	... 9. 99
dpa	14. 12. 99
Hamburger Morgenpost	15. 12. 99
Aachener Nachrichten	15. 12. 99
Hohenloher Zeitung	20. 12. 99
Südwestpresse	20. 12. 99
Erkelenzer Nachrichten	23. 12. 99
Neue Westfälische	3. 1. 00
Lippische Nachrichten	4. 1. 00
Braunschweiger Zeitung	5. 1. 00
Ostseezeitung	8. 1. 00

München, den 19. Januar 2000

6.3 Einstellung der Wirtschaft zur Linkshändigkeit

Um unsere Arbeit im Zusammenhang mit der Linkshändigkeit finanziell unabhängig zu machen und die an uns herangetragenen Nachfragen nach Informationen, Beratung und Testung besser befriedigen zu können, versuchten wir für unsere Projekte in der freien Wirtschaft Unterstützung zu finden und verschickten Ende 1985 2250 Briefe mit Informationsunterlagen an Firmen und verschiedene öffentliche und wirtschaftliche Einrichtungen in der ganzen Bundesrepublik Deutschland.
Nachdem diese Spendenaktion ein sehr geringes Echo zeigte und wir neben einigen freundlichen und einigen ablehnenden Briefen ohne wirkliche Erklärung für dieses Scheitern dastanden, haben wir einen Fragebogen an alle Angesprochenen nachgeschickt, um die Gründe für diese geringe Reaktion aufzudecken und eventuelle Fehler zu eruieren.
Das Ergebnis war überraschend positiv, wir bekamen 126 Fragebögen und 98 z.T. ausführliche individuelle Briefe zurück. Viele davon waren überaus freundlich bis herzlich geschrieben, und wir konnten uns durch sie das Scheitern der vorherigen Aktion erklären. Wir haben auch Spenden bekommen, die allerdings leider die Kosten der Aktionen nicht gedeckt haben. Besonders drei Gründe hatten zum Misserfolg der Spendenaktion geführt:

1. Der Zeitpunkt in der Vorweihnachtszeit war schlecht gewählt.
2. Es bestand in der Öffentlichkeit bei weitem kein ausreichendes Problembewusstsein über die Schwierigkeiten der Linkshänder und die Folgen durch Umschulung der Händigkeit (Brain-Breaking). Diese zwei *völlig verschiedenen Gruppen* – nicht umgeschulte Linkshänder und umgeschulte Linkshänder – wurden oft nicht getrennt betrachtet, sondern die Problemkreise vermischt.
3. Der ONRS Verein konnte diesen in Punkt 2 angesprochenen Informationsmangel über das Thema der Linkshändigkeit und Folgen der Umschulung der Händigkeit nicht durch seinen eigenen Bekanntheitsgrad ausgleichen.

Die Antworten auf die Fragebogenaktion waren keine Normbriefe, es waren oft Schreiben von Führungspersonen der Unternehmen, und es wurde deutlich, dass neben dem unzureichenden Problembewusstsein zur Linkshändigkeit auch die hohe Besteuerung der Wirtschaft in Deutschland ein wichtiger Grund war, dass – anders als in den USA – weit weniger gespendet wurde. Viele bedachten eine bekannte Projektgruppe mit dem Geld, das von staatlicher Seite die Unternehmen selbstständig, außerhalb der Steuern, von ihrem Gewinn an gemeinnützige Projekte verteilen konnten. Die Ehrlichkeit und Offenheit vieler Antworten haben uns überrascht, uns aber auch eine Schnell-

Lektion über Sorgen und Belastungen einzelner Wirtschaftsunternehmen gegeben, wie man sie wohl nur aus der Praxis erfahren kann und die mir persönlich recht nützlich zum Verständnis von solchen Abläufen werden sollte.

Nur wenige Briefe waren rüde bis verletzend, aber damit muss man wohl auch rechnen, wenn man den Kopf etwas weiter nach draußen steckt.

Stellvertretend für die vielen Briefe sollen hier einige abgedruckt werden, da sie interessante soziologische Aspekte der von uns behandelten Problematik zeigen und die allgemeine gesellschaftliche Haltung jener Zeit gegenüber Fragen der Händigkeit demonstrieren.

- Einheitlich umgeschriebene Briefe von Unternehmern (mit Auslassung von firmenidentifizierenden Teilen) S. 306–308.
- Verkleinerte Kopien von Originalbriefen von Unternehmern S. 308–310.

30. 1. 1986

Sehr geehrte Frau Dr. Sattler,

Ihr Spendenaufruf vom letzten Jahr hat mich nicht beeindruckt, wohl aber Ihre Nachfolgeaktion.

Darum nehme ich mir Zeit für ein paar Zeilen:

1. Ihr Spendenaufruf musste vergeblich sein, denn jede deutsche Firma über 10 Mio DM Umsatz bekommt jährlich Berge von Spendenaufrufen. Sie mögen alle sinnvoll, gut und edel sein, aber man kann sie einfach nicht befriedigen. Fast alle Unternehmen spenden in der einen oder anderen Form. Meistens aber langjährig auf ein oder einige ganz wenige Projekte verteilt.

2. Die deutsche Mentalität und finanzielle Möglichkeit, zu spenden, ist begrenzt durch überdurchschnittlich hohe soziale Abgabenbelastungen. Das ist Teil unseres Sozialsystems, in dem der Staat sich alles holt und dann umverteilt.

In den USA z.B. sind Steuern und Abgaben geringer, dafür ist auch die Spendenfreudigkeit weit ausgeprägter. Dadurch besteht auch mehr Raum für Organisationen und Initiativen Ihrer Art.

3. Ich könnte mir vorstellen, dass das Problem der umgeschulten Linkshändigkeit größer ist als allgemein erkannt. Sicherlich rangiert es aber in der Spendenbedürftigkeit hinter Hunger, Krankheit und anderer Not in der Welt. Und knappe Ressourcen, sprich Spendengelder, werden nun einmal nach Prioritäten verteilt:

Mein professioneller Rat an Sie ist:

Stecken Sie alle Ihre Ressourcen in professionelle PR (mithilfe einer PR-Agentur!), um das Problem der umgeschulten Linkshändigkeit als gravierendes Problem in der öffentlichen Meinung zu verankern. Das haben Sie ja bereits sehr gut begonnen! Dann werden auch private und staatliche Gelder fließen. Jede Mark, die Sie in reine Spendenakquisitionen stecken, ist verloren, siehe Ihr bisheriges Ergebnis.

Ich hoffe, Sie nehmen meine offenen Worte nicht übel.

Zum Trost einige Kosmetikprodukte anbei.

Ich freue mich, sagen zu können, dass sie von Links- und Rechtshändern gleich gut benutzt werden können.

Mit freundlichen Grüßen

27. 1. 1986

Sehr geehrte Frau Dr. Sattler,

Ihr Schreiben vom 22. Januar 1986 möchten wir nicht unbeantwortet lassen.
Zunächst möchten wir jedoch um Verständnis bitten, dass Ihre Aktion in unserem Haus keine Resonanz gefunden hat. Tatsächlich sind die von Ihnen geschilderten Auswirkungen des Linkshändigkeits-Problems für uns noch nie konkret in Erscheinung getreten; dies ist für uns ein völlig neues Thema. Dadurch wurde Ihren Informationen zugegebenermaßen nur am Rande Beachtung geschenkt. Die von Ihnen dargelegten Fakten sind - wie wir meinen - der Öffentlichkeit viel zu wenig bekannt, als dass Ihre Initiative auf Anhieb ein Erfolg hätte sein können. Viele ähnliche Problemkreise - z.B. auch die Legasthenie - mussten erst zum „Schlagwort" mit einem gewissen Bekanntheitsgrad werden, ehe sie im allgemeinen Bewusstsein als sinnvolles Forschungsobjekt erkannt wurden.

Dies mag für Sie nur ein schwacher Trost sein, aber wir hoffen und wünschen Ihnen, dass das unbefriedigende Ergebnis Ihrer Aktion nicht das „Aus" für Ihre Arbeit und Ihre Laufbahn bedeutet, sondern dass es Ihnen doch noch gelingt, das Ohr der Öffentlichkeit zu gewinnen.

Den von Ihnen ausgearbeiteten Fragebogen haben wir ausgefüllt und beigefügt. Wir hoffen, dass das Resultat für Sie von Nutzen ist.

Mit freundlichen Grüßen

Aktiengesellschaft

13. Februar 1986

Sehr geehrte Frau Dr. Sattler,

Ihr zweites an mich gerichtetes Schreiben vom 23.1.1986 habe ich erhalten.

In meiner Familie sind von 9 Enkeln zwei Linkshänder, Junge und Mädchen, 17 und 16 Jahre alt; beide sind nicht umgetrimmt auf Rechtshänder. Nach einem eingehenden Gespräch bestätigten mir beide, keinerlei Schwierigkeiten und Beeinträchtigungen durch die Linkshändigkeit zu haben. Das Einzige, was ihnen hin und wieder begegnet, sind Maschinen, die absolut auf rechtshändige Bedienung eingerichtet sind.

In unserem Unternehmen mit ca. 600 Mitarbeitern (Bekleidungsindustrie) wurde bisher noch kein gravierendes Problem der Linkshändigkeit an die Unternehmensleitung herangetragen.

Haben Sie bitte Verständnis dafür, wenn wir nach diesen Erfahrungen Ihre wissenschaftliche Arbeit für nicht so unterstützungswürdig halten. Bei den vielen Bittbriefen, die uns täglich erreichen, sind ganz gewiss förderungswürdigere Projekte.

Mit freundlichen Grüßen

4. Februar 1986

Sehr geehrte Frau Dr. Sattler,

als mich in der vergangenen Woche die Grippe etwas am Wickel hatte (ich befinde mich bereits wieder im Geschäft), las ich Ihr neuerliches Schreiben vom 24. 1. 86 aufmerksam durch.

Beim Erhalt Ihres Dezember-Briefes war meine erste Reaktion: Du lieber Himmel, haben die Leute Sorgen! Eine Menge anderer Bettelbriefe lag vor, die mir wichtiger dünkten.

Beim Lesen Ihres Briefes vom 24. 1. 86 schließe ich messerscharf, dass Herr Bornemann oder gar Bornemanns Erben grüßen lassen. Sollte ich mich jedoch geirrt haben, so empfehle ich Ihnen, sehr verehrte gnädige Frau, sich einen Mann einzutun, gemeinsam Kinder zu zeugen und diese mit Anstand aufzuziehen. Als Familienvater weiß ich, dass Sie damit genügend beschäftigt wären, um sich nicht fürderhin brotlosen Künsten widmen zu müssen.

Trotz allem würde mich noch interessieren, wie Ihre neuerliche Aktion ausgegangen ist. Um wenigstens die Portokosten zu ersparen, lege ich einen Freiumschlag bei

Mit freundlichem Gruß

Frau
Dr. Barbara Sattler
Vorsitzende der ONRS e.V.
Sendlinger Straße 18

8000 München 2

29.1.1986

Sehr verehrte Frau Dr. Sattler,

Ihr Brief vom 27.1.1986 hat mich beeindruckt, obwohl er mit viel zu viel Informationen vollgestopft war. Ich möchte zu Ihren Ausführungen bemerken, daß das Spendengesuch selbstverständlich in den Papierkorb wanderte.

1. Jede etwas größere Firma wird von einer Unzahl von Spendengesuchen heimgesucht. Deswegen werden diese Anfragen kanalisiert, indem zum Beispiel wie bei uns ein Budget und die Verteilung samt Trägern zu über 90 % feststehen. Nur in ganz wenigen Ausnahmefällen werden Spendengesuche "individuell" behandelt, so wie nun im Fall Ihres zweiten Briefes. Meine und die Arbeitszeit meiner Geschäftsführer-Kollegen ist zu eng bemessen, als daß wir jedes Gesuch lesen könnten.

2. Wir haben eindeutige Prioritäten, und zwar in Richtung Katastrophenhilfe und "mildtätige" Spenden. Wissenschaftliche Projekte unterstützen wir nur indirekt in unsere Firma tangierenden Fällen, kulturelle Unterstützung geben wir nur in unserem engen, regionalen Umkreis. Von daher ist das Budget für Zwecke wie den Ihrigen sowieso enorm eingeschränkt.

3. Es tut mir leid, daß Sie aufgrund Ihres Engagements als Wissenschaftlerin und Vorsitzende dieser Vereinigung ein beruflich/persönliches Desaster erlebten. Hierzu kann ich nur bemerken, daß Spendenaufrufe immer ein enorm hohes Risiko bezüglich der Kosten sind, und in dem Falle Ihrer Organisation anscheinend "zu wissenschaftlich", nach statistischen Wahrscheinlichkeiten verfahren wurde. Die Grundgesamtheit ist halt nun einmal keine Menge, die nach den Prinzipien des Zufalls bzw. Wahrscheinlichkeiten arbeitet, sondern die Trefferwahrscheinlichkeiten müssen durch methodisches Arbeiten von Anfang an konzipiert werden.

Blatt 2 z.Schrb. an Frau Dr. B. Sattler vom 29.1.1986

4. Obwohl Ihnen dies zum jetzigen Stadium nichts mehr hilft, möchte ich doch dazu beitragen, dank Ihrer Hartnäckigkeit die negativen Folgen Ihrer Aktion etwas zu mildern. Ich bitte deshalb um eine Spendenbescheinigung für die DM 200,--, die diesem Brief als Verrechnungsscheck beiliegen.

Mit freundlichem Gruß

Anlage
Fragebogen
Spendenscheck DM 200,--

[redacted]

[redacted]

Frau
Dr. Johanna Barbara Sattler
Vorsitzende der ONRS
Organisation für Neutrale Wissenschaften e.V.
Sendlinger Str. 18

8000 München 2

[redacted]

Ihr Zeichen	Ihre Nachricht vom	Unser Zeichen	Braunschweig, den
-	23.01.1986	[redacted]	30. Januar 1986

Sehr verehrte Frau Dr. Sattler,

es gibt nur einen Grund, weswegen ich Ihr Schreiben vom 23.1.86 beantworte: Ich habe den Eindruck, daß Sie sich tatsächlich über alle Maßen persönlich für die von Ihnen durchgeführte Aktion engagiert haben und nun maßlos enttäuscht sind über die Reaktion der von Ihnen Angeschriebenen. Wenn sich jemand in dieser Weise für eine Sache einsetzt, so hat er ein Recht darauf, auch etwas über die Gründe der nicht Reagierenden zu erfahren. Dabei kann ich natürlich für mich nicht in Anspruch nehmen, daß meine Beweggründe repräsentativ sind.

Sie wollen der großen Gruppe von Linkshändern in unserer Gesellschaft helfen. Für die meisten Rechtshänder sind Linkshänder diejenigen, die den häufigen Befehl der Mutter: "Gib das richtige Patschi" nicht beachtet haben. Ich gehöre nicht zu diesen Kritikern, die das Problem derartig leicht abtun, aber - ich gebe ehrlich zu - daß ich bisher Linkshänder nicht als Personen betrachtet habe, die meiner Hilfe oder der Hilfe der Allgemeinheit bedürfen. Alle Menschen, die mehr oder weniger vom Normalen abweichen bzw. von dem, was wir als normal reglementiert haben, müssen in irgendeiner Weise mit ihrem Problem fertig werden, sei es, daß die "Langen" am Türsturz anstoßen, die Übergewichtigen mit zu leicht gebauten Sitzgelegenheiten zusammenbrechen oder schließlich auch die Linkshänder die Tastatur auf der falschen Seite vorfinden.

Das ist die eine Seite des Problems: Für mich sind Linkshänder ganz normale Menschen.

Nun zur anderen Seite: Wir werden fast täglich mit einer Vielzahl von Bitten um Unterstützung konfrontiert. Das beginnt bei der Krebshilfe, geht über die Spende für politische Parteien, Tierschutzvereine, Wandergruppen bis hin zur Pfarrgemeinde oder für den Polizeiball, und wir müßten, würden wir alle diese Anfragen bearbeiten, fast eine zusätzliche Person dafür einstellen. Auch die finanzielle Belastung ist dann erheblich, denn viele Hundertmarkscheine ergeben auch einen stattlichen Betrag. Wir haben es uns daher zur Angewohnheit gemacht, in erster Linie für regionale Aktionen Hilfe zu leisten, z.B. "Essen auf Rädern" für Behinderte und alte Bürger usw. usw. Natürlich spielt bei

[redacted] -Seite 2-

dieser Auswahl nicht nur Lokalpatriotismus, sondern auch der Umstand eine Rolle, daß wir unmittelbar die Wirkung unserer Hilfe beobachten können.

Sehr verehrte Frau Dr. Sattler, ich hoffe, ich konnte Ihnen mit diesen Ausführungen klarmachen, welche Gründe für die Reaktion auf Ihr Anliegen maßgeblich gewesen sein können. Ganz sicher war es nicht die Tatsache, daß ein weibliches Wesen, und noch dazu ein sehr junges, Initiator der Aktion war.

Lassen Sie mich zum Schluß noch einen Punkt aufgreifen: Wenn ich in Ihrer Aktion überhaupt etwas Negatives finde, so dies, daß ich den Eindruck habe, daß Sie etwas übertreiben, was das Problem der Linkshänder betrifft, insbesondere wenn Sie von "neurotischen Behinderungen bis zu erhöhter Suizidgefahr" sprechen. Ich gebe aber zu, daß ich ein Laie bin und zumindest bisher das Problem der Linkshänder als unbedeutend betrachtet habe. Ein Beispiel: Einer meiner Mitarbeiter ist 1,95 m groß und totaler Linkshänder; er hat nur Probleme, sich nirgends den Kopf anzustoßen, über seine Linkshändigkeit spricht er nie.

Konnte ich Ihr Bild über unsere offenbar desinteressierte Gesellschaft wieder etwas zurechtrücken?

Ich wünsche Ihnen viel Erfolg bei Ihrer Aktion, auch wenn ich selbst nicht dazu beitrage.

Mit freundlichen Grüßen

[redacted]

Anlage:
Fragebogen ausgefüllt zurück

Dr. [redacted]

Frau
Dr. B. Sattler
Vorsitzende des ONRS
Organisation für Neutrale
Wissenschaften e. V.
Sendlinger Str. 18

8000 München 2

Sehr geehrte Frau Dr. Sattler,

um Sie nicht nochmal zu kränken, werde ich Ihnen eine kurze Antwort auf Ihren Brief vom 30.01.86 geben.

Wir werden sicherlich nicht eine Organisation, die sich eines Nebenproblems wie der Linkshändigkeit annimmt, finanziell oder in irgendeiner Weise unterstützen. Auch in unserem Betrieb sind einige Linkshänder tätig, die in keiner Weise in ihrer Arbeitsleistung und in ihrem psychischen Verhalten beeinträchtigt sind.

Wir haben also nicht die Absicht, uns mit dieser Problematik zu beschäftigen, weil es arbeitsmedizinisch sehr viel wichtigere Probleme zu lösen gibt. Künftige Schreiben Ihrer Organisation werden wir nicht mehr beantworten.

Wir bitten Sie, Mühe und Porto zu sparen.

Mit freundlichen Grüßen

[redacted]

Prof. Dr. [redacted]

[redacted]

03. Februar 1986

Frau
Dr. Barbara Sattler
ORGANISATION FÜR NEUTRALE
WISSENSCHAFTEN e.V.
Sendlinger Str. 18

8000 München 2

Sehr geehrte Frau Sattler !

Ihr Brief vom 24.01.86 hat mich sehr betroffen gemacht. Allerdings muß ich vorweg sagen, daß ich nicht mehr Vorstandsvorsitzender [redacted] bin, sondern im Augenblick andere Aufgaben wahrnehme. Ich habe deshalb Ihr Schreiben damals an meine frühere Firma weitergeleitet und weiß im Augenblick nicht, was damit geschehen ist. Da ich aber in vielen Wirtschaftsverbänden, Aufsichtsräten usw. noch tätig bin und insofern auch sowohl gewissen Einfluß als auch Interesse an Ihrem Problem habe, möchte ich doch noch antworten.

Sie haben sicher nichts falsch gemacht, nur die Tatsache, daß Sie die Fülle von Bitten um Spenden und Hilfen, die ein Unternehmen täglich erreicht, unterschätzt haben. Es gehen fast jeden Tag viele solche Gesuche ein, und Sie dürfen den Angeschriebenen dann nicht übelnehmen, daß man außerordentlich streng und kritisch auswählen muß. Dabei werden vor allem die Interessen des Unternehmens und natürlich auch persönliche Neigungen den Ausschlag geben. Es gibt so viele charitative Organisationen, die Hilfe brauchen, daß sich eine strenge Auswahl nicht vermeiden läßt. Nur so sollten Sie sich erklären, daß Ihre Aufforderung nicht die von Ihnen erhoffte Resonanz gefunden hat.

Die Art, wie Sie nun mit Hilfe des Fragebogens eruieren wollen, ob und welche Fehler Sie gemacht haben, gefällt mir. Ich habe daher den Fragebogen ausgefüllt und hoffe, daß Sie aus der Aktion noch etwas lernen können. Fehler, außer einer zu hoch gesteckten Erwartung, haben Sie meines Erachtens nicht gemacht.

Ich hoffe, daß Sie sich nicht allzu sehr entmutigen lassen und daß Ihnen die Antworten dies bestätigen werden.

Mit freundlichen Grüßen

[redacted]

Anlage

[redacted]

2

Frau
Dr. Johanna Barbara Sattler
Vorsitzende der ONRS
Organisation für
neutrale Wissenschaften e. V.
Sendlinger Str. 18

8000 München 2

27.01.1986 [redacted]

Ihr Schreiben vom 22.02.1986

Sehr verehrte Frau Dr. Sattler,

anliegend übersende ich Ihnen – wie von Ihnen gewünscht – den ausgefüllten Fragebogen zum Thema "Spendengesuch der ONRS". Es tut mir leid, daß Sie mit Ihrer Aktion keinen Erfolg hatten.

Vielleicht helfen Ihnen ein paar Gedanken meinerseits, warum Ihre Aktion ein Mißerfolg war.

Ich bin sicher, daß hinter Ihrem Projekt "Linkshändigkeit" eine ernsthafte wissenschaftliche Tätigkeit steht, und daß die Problematik durchaus untersuchenswert ist. Für mich ist es allerdings auch ziemlich einleuchtend, daß Sie mit Ihrem Spendenaufruf wenig Resonanz hatten. Sie wissen sicher auch, daß sowohl Privatpersonen wie auch Unternehmen und andere Institutionen im Laufe eines Jahres mit Hunderten von Spendenbriefen konfrontiert werden, und es ist unmöglich, jeden Spendenbrief zu lesen, geschweige denn, auf jede Bitte hin positiv, d. h. mit einer Spende, zu reagieren. Die Adressaten sind auch meist unsicher, ob es sich um ein seriöses Projekt handelt oder nicht (diese Unsicherheit haben Sie durch Ihre gut vorbereitete Arbeit genommen), allerdings machen sich die wenigsten die Mühe – und können dies auch kaum –, alle Projekte auf ihre Seriosität hin zu überprüfen.

Viele Unternehmen und Privatpersonen – so auch ich und unser Unternehmen – sind dazu übergegangen, sich auf ein oder wenige förderungswürdige Projekte zu konzentrieren, von denen sie überzeugt sind, daß dort das gespendete Geld richtig verwendet wird.

Spontane Spenden, die Sie mit Ihrem Schreiben erwartet haben, und hier spreche ich etwas als Direct Mail-Experte, fließen meist nur dann, wenn es sich um Spenden für Naturkatastrophen oder andere Extremsituationen handelt. Ihr Projekt wird sicher als sehr seriös

...

[redacted]

angesehen, jedoch nie den notwendigen Aufmerksamkeitsgrad erreichen. Die sogenannte Volksmeinung wird ihr Projekt mehr bei Hochschulen und anderen Forschungsinstituten sehen, die durch staatliche Hilfe oder Stiftungen unterstützt werden.

Ich hoffe, Ihnen mit meinen Ausführungen etwas erläuternd geholfen zu haben.

Mit freundlichen Grüßen

[redacted]

Dr. [redacted]

Anlage
Ausgefüllter Fragebogen

Dr. [redacted]

[redacted]

Frau
Dr. Johanna Barbara Sattler
Organisation für neutrale
Wissenschaften
Sendlinger Str. 18

8000 München 2

Sehr geehrte Frau Dr. Sattler,

Ihr Schreiben vom 23.1.1986 habe ich mit großer Aufmerksamkeit gelesen, und ich gestehe, es hat mich nachdenklich gemacht. Es hat mich deshalb nachdenklich gemacht, weil es kein alltägliches Schreiben war, und weil Ihr anhängender Fragebogen mich überhaupt erst für das Thema Linkshänder sensibilisiert hat. Insofern war also Ihr Schreiben erfolgreich, was mich betrifft.

Beeindruckt hat mich die Ehrlichkeit, mit der Sie Ihre tiefe Enttäuschung darlegen, und ich fühle mich aufgefordert, Ihnen Mut zuzusprechen. Dabei lassen Sie mich ratlos sein, weil ich nicht abschätzen kann, ob dies die Reaktion einer Wissenschaftlerin oder (nach Lektüre Ihres Fragebogens) einer Linkshänderin ist.

Ich finde, Sie haben recht, wenn Sie sich für die Aufgabe engagieren die Sie sich gestellt haben, und Sie haben trotz Ihres Misserfolgs wohl nicht das Recht, klein beizugeben. Und ich bin auch nicht sicher ob Ihre Organisation hieraus ein Scherbengericht ableiten muß (dies wäre inhuman, und die gesamte Organisation müßte sich dann in Frage stellen lassen).

Sie fragen nach dem Warum des Scheiterns. Meine Antwort lautet: die Zahl der Bittbriefe, welche die Unternehmen täglich erreichen, ist so groß, daß es unmöglich ist, ohne strenge Auswahl durchzukommen. Leichtfertig wird wohl kaum ein für Spenden Verantwortlicher Absagen erteilen, aber er wird immer im Subjektiven verharren, wenn er nicht Minimalbeträge mit der Gießkanne zuweisen will (was wohl auch nicht hilfreich ist). Wir z.B. sind ein auf dem Gebiet der Krebsbekämpfung engagiertes Unternehmen und setzen daher unseren Spendenschwerpunkt auf diesem Gebiet, geben also z.B. namhafte Spenden an Frauenselbsthilfegruppen.

Im Grunde, so meine ich, ist es eine Art von Reizüberflutung, die Briefe der Not bei uns Unternehmern auslösen, und das Problem der Linkshänder ist vermutlich nicht spektakulär genug, um Soølidarbeitr freizusetzen. Und jede Spendenmark läßt sich nun eben nur einmal ausgeben.

Ich weiß nun nicht, ob mein Brief Ihnen die Hilfe bringen konnte, di ich mir wünsche, daß er bringt. Aber Sie sollten spüren, daß ich Ihr Anliegen ernst genommen habe. Ihre Erwartung hat sich nicht erfüllt, aber aus Niederlagen zu lernen und stärker daraus hervorzugehen, das sollte doch wohl möglich sein?

Mit freundlichen Grüßen

Ihr [redacted]

Anlage

[redacted] [redacted]

Frau
Dr. Johanna B. Sattler
c/o ONRS e.V.
Sendlinger Str. 18

8000 München 2

München, 06.02.86
R-st

Sehr geehrte Frau Dr. Sattler,

im Auftrag meiner Großtante, die im 86 Lebensjahr steht, antworte ich Ihnen auf Ihren Spendenwerbebrief vom 30.01.86. Wir verstehen nicht, warum Sie uns nochmals behelligen. Hätten wir eine Spende für sinnvoll gehalten, dann hätten wir sie Ihnen rechtzeitig zugeleitet. Bitte streichen Sie uns deshalb sofort aus Ihrem Adressenstamm.

Mit freundlichen Grüßen

[redacted]

6.4 Benefizkonzert zugunsten der Linkshänder

Im Frühjahr 1989 versuchten wir mit einem Benefizkonzert unsere zunehmend angespannte Finanzsituation aufzubessern. Das Konzert war wunderschön, aber Gelder haben wir fast keine eingenommen.

Es spielten wieder die Flötistin Solvejg Fiederling Querflöte und Eva und Franz Kohlhuber Zither, Christian Singer vom Theater in Ingolstadt Gitarre, und wir hatten zwei Sängerinnen mit Chansonnettes und einen faszinierenden Opernsänger, Tenor am Gärtnerplatz-Theater, David de Ruijter. Er sang Tangos aus den Dreißigerjahren, begleitet von Maria Reiter, einer jungen Akkordeonspielerin des Theaters Ingolstadt, die ihn mit jedem Blick anhimmelte. Unser Saal wurde bis in alle Ecken von der Musik ausgefüllt – es war herrlich.

Abb. 35 Die Künstler des Benefizkonzertes, 1989

Aber man ist hier nicht in Amerika, wo durch private Benefizkonzerte und Veranstaltungen große Spender gewonnen werden können. Wir kamen nicht auf unsere Kosten und konnten sogar nicht einmal die Ausgaben für den Abend decken, aber trotzdem war es ein wunderschönes Erlebnis, und die Stadträtin, Frau Inge Hügenell, die in Vertretung des Bürgermeisters Dr. Klaus Hahnzog bei uns war, unter dessen Schirmherrschaft das Konzert stand, blieb weit länger, als sie beabsichtigt hatte, und verspätete sich zu ihrem nächsten Termin.

In Deutschland funktioniert das mit den Spenden sowieso nicht besonders gut, außer die Anwesenheit und Nennung ist für die Wohltäter mit einem sehr großen Imagegewinn verbunden, möglichst noch im Fernsehen ausgestrahlt (was allerdings bei uns auch der Fall war) oder in einer großen Zeitung veröffentlicht; ansonsten findet man kaum größere Spender und kleinere nur in einem sehr geringen Ausmaß. Hinzu kommt aber auch noch, dass die Problematik der Linkshänder für Uneingeweihte einfach nichts hergab. Das Thema war zu kompliziert, um den Hilfebedarf plausibel auszudrücken, man konnte keine ergreifenden Bilder von verhungerten Menschen zeigen oder von kranken und leidenden Kindern.

Die durch eine Umschulung der angeborenen Händigkeit gestutzten Seelen, die oft unter der Enttäuschung über ihre nicht erbrachten Leistungen und nicht erfüllten Erwartungen zusammenbrechen, kann man nicht zeigen, auch nicht die Verzweiflung des „verknoteten Gehirns" und der verhedderten Denkvorgänge, die sich dreimal im Kreise drehen, bis endlich eine Andeutung des an sich guten und einleuchtenden Gedankens sprachlich unvollkommen geäußert wird. Das alles und die verpatzten Leben vieler umgeschulter Linkshänder kann man nicht in Bildern festhalten, das ist kaum vermittelbar, auch wenn es oft noch so weh tut. Dass man kaputt gemacht wurde, die Qualen des täglichen Daseins kehrt niemand gern nach außen und auch nicht, wenn ihn das sein Leben lang bedrückt; man zerfrisst sich lieber innerlich und schweigt und tut, als ob nichts wäre. Wer „outet" sich schon gern freiwillig …

Zu diesem Benefizkonzert kam auch der Bezirksrat Herr Werner Schmidt in Vertretung des Bezirkstagspräsidenten. Der Bezirk Oberbayern war auch für präventive Leistungen auf dem Gebiet der Medizin und Psychologie zuständig. Herrn Schmidt gefielen die Aktivitäten bei uns sehr, und er verstand sich erstaunlich gut mit der Stadträtin Frau Hügenell, obgleich beide verschiedenen politischen Parteien angehörten, und Herr Schmidt versprach, auch beim Bezirk sich für eine Förderung einzusetzen.

Leider kam es trotz aller Bemühungen zu keiner Förderung durch den Bezirk; das ist aber eine ganz andere Geschichte.

Seit 1986 bekamen wir für die Betreuung der Münchner Bürger durch die Beratungs- und Informationsstelle für Linkshänder und umgeschulte Linkshänder Förderung durch die Stadt München. Für 1986: 78 855 DM, für 1987: 128 063 DM im Rahmen der Förderung über Selbsthilfe und in der städtischen Regelförderung für die Jahre 1988, 1989 und 1990. Die Zuschüsse der

Regelförderung beliefen sich auf 134 470 DM 1988, 135 470 DM 1989 und 134 470 DM 1990. Es sieht nach viel Geld aus – und als Privatgeld wäre es das auch –, aber wenn man Lohnkosten und Arbeitgeberbeiträge ausrechnet und dann Miete, Strom, Telefon und andere Nebenkosten addiert, reichte es nicht, um die laufenden Ausgaben zu decken.

Zitat aus dem Beschluss des Sozialhilfeausschusses vom 7. 11. 91: „Für die anfallenden administrativen Arbeiten, wie Organisations-, Büro- und Buchhaltungsarbeiten und verschiedene Aufgaben des laufenden Betriebes, wird hauptamtliches Personal beschäftigt und von der Stadt und zum Teil vom Arbeitsamt im Rahmen der Eingliederungshilfe bezuschusst. Daneben erhielt das Projekt bisher einen städtischen Zuschuss für anteilige Miet- und Sachkosten."

Bezahlt wurden die Personalkosten für $2^1/_2$ Stellen für Verwaltungskräfte und die Miete für ein Stockwerk. Gelder für eine hauptamtliche Fachkraft wurden uns nicht genehmigt. Die ehrenamtlich eingebrachten Stunden, die von Vereinsmitgliedern geleistet wurden, beliefen sich z. B. im Jahr 1989 auf ca. 21 000 Stunden. Wenn man die mit einem durchschnittlichen Stundenhonorar hochrechnet, ergibt das eine Summe von über 2 Millionen Mark. Entsprechende Leistungen wurden auch in den anderen Jahren ehrenamtlich und kostenlos eingebracht.

An die städtische Förderung war noch eine Bedingung geknüpft, und zwar dass wir grundsätzlich nur administratives Personal über das Arbeitsamt einstellten, Langzeitarbeitslose, Behinderte und Kranke. Eine Fachkraft wurde uns – wie gesagt – nie genehmigt, die Facharbeit wurde ausschließlich ehrenamtlich und kostenlos geleistet, aber ihr Wert überstieg, darin waren sich alle einig, mehrfach den Förderungsbeitrag von der Stadt München.

Da wir die Gelder, die für ein Münchner Projekt bestimmt waren, nur für Münchner Bürger verwenden durften (ansonsten war das eine nicht den Regeln entsprechende Nutzung der Fördermittel, und wir konnten unsere Regelförderung wieder verlieren), hatten wir auf Rat des Sozialreferates schon 1986 auch einen Antrag auf Förderung beim Land Bayern gestellt. Aber die Bearbeitung zog sich hin. Als Münchner Bürger galt eigentlich nur, wer in München gemeldet war. Was sollten wir aber mit denen machen, die in Vororten wohnten, aber in München arbeiteten oder deren Kinder in München in die Schule gingen? Uns wurde sogar von einer führenden Abgeordneten aus dem Bayerischen Landtag geraten, solange wir die Förderung durch das Land noch nicht erhalten hätten, müssten wir eben die Gelder der Stadt München für die Beratung von Bürgern aus dem Land Bayern mitbenutzen. Aber gerade das wäre der Förderungsmissbrauch, den wir uns auf

26. 9. 90

„Linkshänder sein ist wie rote Haare haben"

Bundesweit einzige Beratungsstelle für Linkshänder in München kämpft gegen Umerziehung und für leichteren Alltag
Nach Dunkelziffern bis 50 Prozent der Bevölkerung betroffen

Von AP-Korrespondentin Berrit Gräber

München – Nach der Medizinstatistik werden tagtäglich rund zwölf Prozent der Bundesbürger – ob Kinder oder Erwachsene – an ihr „Anderssein" erinnert: Der Dosenöffner rutscht beim Ansetzen mit der linken Hand immer wieder ab, beim Handschlag zur Begrüßung schnellt spontan die Linke nach vorn, und im Restaurant muss das Besteck umgelegt werden, bevor das Fleisch geschnitten werden kann. Dr. Barbara Sattler, Psychologin und Leiterin der bundesweit einzigen Beratungsstelle für Linkshänder in München, berichtete am Dienstag vor Journalisten, dass Dunkelziffern zufolge sogar bis zu 50 Prozent der Bevölkerung von dem Problem betroffen sein sollen. Die Mehrzahl sei jedoch schon von Kindesbeinen an „umerzogen" worden.

„Linkshänder sein ist ähnlich wie rote Haare haben. Die Händigkeit ist erblich bedingt und durch eine bestimmte dominante Ausprägung in der linken Seite des menschlichen Gehirns festgelegt", erklärte die Psychologin die Ursache des „Andersseins". Die Problematik für Linkshänder entstehe jedoch erst dadurch, dass ihr Alltag in der „gängig rechtshändig ausgerichteten Gesellschaft" zum Teil sehr schwierig sei. Handwerkliche Ausbildungen an Spezialgeräten wie dem Reißbrett, dem Zahnarztstuhl oder an Registerkassen sind Frau Sattlers Erfahrungen zufolge für nicht umgeschulte Linkshänder von vornherein unmöglich. Sogar das Musizieren oder Sporttreiben scheidet oft ganz aus.

Als weit größeres Problem für die Betroffenen sieht die Expertin jedoch die nach wie vor weit verbreiteten Umerziehungsversuche, die Kinder schon frühzeitig im Elternhaus, im Kindergarten oder erst später in der Schule über sich ergehen lassen müssen. So würden die Kleinen ständig dazu ermahnt, rechts zu schreiben, zu malen, den Löffel zu führen oder die Hand zu geben und dabei auf ihre wesentlich geschicktere linke Seite zu verzichten. „Im Vergleich dazu: Welche Eltern setzen alles daran, ihren Kindern die roten Haare umfärben zu lassen?", schilderte die Psychologin den Ehrgeiz der Erziehungsberechtigten, die meist hilflos der Linkshändigkeit gegenüberstünden und keinen Rat mehr wüssten.

Der ständige Zwang zum Gebrauch der rechten Hand löst Untersuchungen zufolge bei betroffenen Kindern oder Jugendlichen in vielen Fällen Lese- oder Rechtsschreibstörungen aus. Auch Sprachschwierigkeiten wie Stottern oder gar massive Verhaltensstörungen und Hirnschädigungen können oftmals Folgen der „Umpolungsmaßnahmen" sein. „Die Menschen, die auf Druck ihre rechte Hand benutzen, halten sich dann selbst für ungeschickt, unfähig und unbegabt", erläuterte Frau Sattler. Deshalb müsse die Umschulung von Linkshändigkeit bekämpft werden und verstärkt Aufklärungs- und Präventivarbeit geleistet werden. Neben den Eltern müssten aber auch die Lehrer und Kindergärtnerinnen dazu gebracht werden, Linkshändigkeit als „Normalzustand" zu sehen, der den Betroffenen alles andere als schade, der jedoch das Alltagsleben in vielen Momenten aufgrund der allgemeinen Rechtsausrichtung erschwere.

Da Linkshänder in der Kindheit nicht in jedem Fall stets ihre dominante Seite benutzen, sich selbst unbewusst am Modell ihrer Umgebung orientieren und dadurch des Öfteren auch mal rechts schreiben oder essen, sind viele Eltern und Erzieher nach den Worten Frau Sattlers unsicher, was die tatsächliche Veranlagung anbetrifft. In diesen Fällen kann die Linkshändigkeit mithilfe von Tests und Gesprächen in der Beratungsstelle genau festgestellt und danach leichter damit umgegangen werden. „Linkshänder müssen sich endlich wehren gegen die Benachteiligungen in Alltag, Schule und Beruf und gegen die Verharmlosung der Umerziehung. Es wird Zeit zum Umdenken", betonte Frau Sattler.

Die Münchner Beratungsstelle und Selbsthilfegruppe, in der Ärzte und Psychologen seit 1986 ehrenamtlich beschäftigt sind, will allen Hilfesuchenden Rat anbieten und über vielfältige Möglichkeiten zur Erleichterung der täglichen Probleme informieren. Obwohl die Organisation seit rund vier Jahren um finanzielle Unterstützung und Zuschüsse seitens des bayerischen Staats kämpft, bewältigen die Fachleute nach Darstellung Frau Sattlers mehr als 1000 kostenlose mündliche Beratungen pro Halbjahr sowie im gleichen Zeitraum über 3000 schriftliche Anfragen und 3500 Anrufe aus allen Teilen der Bundesrepublik.

keinen Fall zuschulden kommen lassen wollten, und wie gesagt, durch die unerwartet große Inanspruchnahme der Leistungen der Beratungsstelle haben die Förderungsgelder selbst für die Münchner Bürger nicht gereicht.

Wir hatten auch Anträge bei verschiedenen Stiftungen gestellt, aber keine fand das Thema einer Förderung wert. Wir hörten sogar einmal, dass wir schon fast alle Hürden der Genehmigung genommen hatten und dann bei der eigentlich nur noch formellen Behandlung in der Beiratssitzung sich plötzlich ein umgeschulter Linkshänder zu Wort meldete, dem die Umschulung angeblich nichts ausgemacht hätte und der gerade seine Tochter in der ersten Klasse auch erfolgreich umgeschult hätte, und nach den ersten Monaten Unterricht schreibe sie jetzt angeblich ohne Probleme mit der rechten Hand.

Die maßgeblichen Stiftungen waren:

- Robert Bosch Stiftung GmbH, 2. 5. 1986, abgelehnt am 16. 3. 1987
- Stiftung Volkswagenwerk, 18. 4. 1987, abgelehnt am 6. 5. 1987
- Gottlieb Daimler- und Karl-Benz-Stiftung, 18. 4. 1987, abgelehnt am 15. 7. 1987
- Deutsche Bank Stiftung, „Hilfe zur Selbsthilfe", 25. 12. 1989, abgelehnt am 19. 1. 1990.

Ein Antrag beim Bundesministerium für Jugend, Familie und Gesundheit in Bonn wurde gleichfalls negativ beschieden. Auch dort war eine umgeschulte linkshändige Ärztin maßgeblich mit der Bearbeitung betreut.

6.5 Wissenschaftliche Kontakte

6.5.1 Forschung und Schicksale

Schon seit Anfang der 80er-Jahre fuhren wir häufig wegen unseres Forschungsprojekts über die Händigkeit und Folgen der Umschulung der Händigkeit nach Köln. Besonders intensiv waren die Gespräche mit Professor Dr. Udo Undeutsch und Professor Dr. W. F. Angermeier.

Anlässlich eines dieser Besuche lud uns Professor Angermeier zusammen mit seiner Frau in den amerikanischen Club ein – ein Barbecue-Essen wurde gegeben. Frau Angermeier war Amerikanerin und auch ihr Mann hatte die amerikanische Staatsbürgerschaft und sie lebten in Bonn direkt in dem amerikanischen Viertel.

„Barbara und Ivo", sagte Professor Angermeier in seiner herzlichen Art, er nannte uns schon lange beim Vornamen und fuhr gleich fort: „Ich muss etwas sehr Wichtiges mit euch besprechen. Ich weiß nicht, wie lange ich noch an der Universität in Köln als Lehrstuhlinhaber tätig sein werde, aber ich finde das Thema der Umschulung der Händigkeit mit seinen physiologischen und soziologischen Folgen so interessant, ich biete an, Barbara für die Habilitation darüber vorzubereiten."

Ich war sprachlos. So einen Vorschlag hatte ich nicht im Traum erwartet. Es war ein echtes Angebot. Aber wie sollte ich das bewerkstelligen? In München weitete sich die Arbeit immer mehr aus und zog größere und größere Kreise. Hatte ich überhaupt eine Entscheidungsfreiheit? All die in Gang gesetzten Aktivitäten zur größeren Akzeptanz der Linkshänder in unserer Gesellschaft und die sich immer mehr anbietenden Möglichkeiten in den Schulen, tatsächlich etwas für linkshändige Kinder zu ändern, beanspruchten alle meine Kräfte. Es stand in Aussicht, durch das Organisieren von Fortbildungen für Erzieherinnen in Kindergärten den Kindern noch vor dem Schulbesuch zu helfen. Es war wichtig, verschiedene Vorträge durchzuführen, so zum Beispiel bei dem gemeinsamen Elternbeirat für Eltern, deren Kinder in diesem Jahr eingeschult wurden. Von der Kontaktaufnahme einer Mitarbeiterin des Staatsinstituts für Schulpädagogik und Bildungsforschung mit uns in nächster Zeit ahnte ich damals noch gar nichts.

Die Alternative der Habilitation wäre ein Rückzug aus diesen Tätigkeitsbereichen, die ich nur zu einem sehr kleinen Teil delegieren konnte, denn viel hing von mir ab und wurde letztendlich von mir initiiert. Natürlich hätte Dr. Cizek einiges übernehmen können, aber er war sehr mit der Arbeit im Institut für Psychotherapie beschäftigt, dessen Verdienst die Beratungsstelle zu einem großen Teil direkt und indirekt mittrug.

Ich bedankte mich herzlich für dieses großartige Angebot und bat mir Bedenkzeit aus. Dass dieser Weg auch wegen der Einwirkung anderer Geschehnisse richtig war, zeigte sich unmittelbar danach.

Ein herausragender Wissenschaftler an der Universität Köln war auch Dr. Niels Galley, später Privatdozent und inzwischen Professor. Ein Hauptgebiet seiner Forschung waren die Blickbewegungen, aber er zeigte auch großes Interesse an den Ergebnissen unserer Arbeit, und wir konnten immer mit seiner Rückmeldung rechnen und kontaktierten ihn daher häufig. Sehr wichtig zeigte sich aber eine menschliche Komponente: Dr. Galley war nicht nur Psychologe, sondern auch ein begnadeter Arzt und hervorragender Diagnostiker. Diesen Fähigkeiten verdankt Dr. Cizek wahrscheinlich sein Leben, denn er war es, der bei ihm eine schleichend sich anbahnende, zwar nicht ansteckende, aber ohne Behandlung sehr gefährliche Krankheit entdeckte und die entsprechenden Heilungsmaßnahmen einleitete.

Bald danach starb Frau Angermeier plötzlich und unerwartet. Wir fuhren an einem tristen Märztag nach Bonn und nahmen an der traurigen Beisetzung teil.

6.5.2 Physiologischer Kongress in Istanbul: Linkshändigkeit ist ein Thema

Auf der wissenschaftlichen Ebene wurde unsere Forschung immer bekannter und so bekam ich 1987 eine persönliche Einladung zu einem internationalen Kongress nach Istanbul, um vor diesem Plenum einen Vortrag zu halten. Das war für mich Belohnung und Herausforderung gleichzeitig, und ich nahm diese Einladung sehr gern an und bereitete mich darauf vor. Der Beitrag musste auf Englisch gehalten werden, er wurde aber ins Deutsche übersetzt und in dem die Tagung begleitenden Buch veröffentlicht.

In Istanbul traf ich auf interessante Menschen, die sich mit Fragen der Händigkeit beschäftigten. Am Flughafen holte mich Professor Üner Tan ab, zusammen mit der Leiterin des Kongresses, Professor Nuran Gökhan, und es begannen traumhafte Tage, überzogen von dem orientalischen Charme Istanbuls. Ich war noch nie dort gewesen und sog die Atmosphäre mit all meinen Sinnen ein. Es war ein wunderbarer Kontrast zu den vorherigen Jahren der Schufterei, der permanenten Überanstrengung und der andauernden Sorgen, was den Teil der Tätigkeit unserer Beratungsstelle für Bürger von außerhalb Münchens betraf.

Professor Tan arbeitete an der Atatürk Universität in Erzurum im Osten der Türkei, wo er auch im Auftrag der Nato mit Hirnhemisphären-Lateralisation, vor allem an Hunden, experimentierte.

Die ersten Tage verbrachten wir in einem Hotel in der Innenstadt und erwarteten Marian Annett, Ph. D., und ihren Mann, die aus England anreisten. Marian Annett war eine anerkannte Koryphäe, und wir verstanden uns sofort sehr gut und unser Kontakt nahm eine immer freundschaftlichere Art an.

Marian Annett hat eine recht komplizierte Theorie des right-shift bezüglich der Vererbung von Linkshändigkeit aufgestellt, und ihr Mann, ein Mathematikprofessor, untermauerte sie statistisch.

Üner Tan war sehr wissbegierig und konnte hervorragend Deutsch, denn er hatte auch in Deutschland studiert. Er war immer bereit zu Diskussionen, gleichgültig, ob sie im Innenhof einer Moschee oder in einem der kleinen Lokale unter der Galata-Brücke stattfanden. Über uns donnerte der Verkehr, und wenn es ein besonders schwerer Wagen war, klirrten die Gläser. Er wollte von Marian den right-shift erklärt bekommen und an einem Punkt ging jedes Mal die Verständigung nicht weiter. Aber dann kamen der Fisch, der Salat und die türkische süße Nachspeise, und für den ersten Abend war die Diskussion aufgeschoben, aber nicht aufgehoben.

Schließlich kam mein Vortrag heran. Ich hatte mithilfe von Marian Annett und ihrem Mann die Begriffe im Englischen noch mal überprüft und ergänzt. Es war schwer, das alles auf Englisch zu erklären, aber es ging. Zuletzt zeigte ich noch einen Film, den die junge Fernsehredakteurin Jutta Rapp im Sommer über die Beratungsstelle für Linkshänder gedreht hatte, der Text wurde eifrig ins Türkische übersetzt, und es war ein voller Erfolg.

Inzwischen waren wir in ein Gästehaus der Universität direkt am Bosporus umgezogen, und man konnte die riesigen Tanker beobachten, die vom Marmarameer ins Schwarze Meer und umgekehrt fuhren. Nur die fürchterlich rasanten Taxifahrten mit Fahrern, die wild entschlossen durch die vielen Löcher auf den ziemlich ungepflegten Straßen Istanbuls rasten und fast ununterbrochen hupten, vertrug ich nicht. Ich wurde richtig seekrank, oder war es das fremdartige Essen?

Anlässlich eines Ausflugs mit Marian Annett und ihrem Mann auf dem Bosporus bis zur Öffnung zum Schwarzen Meer diskutierten wir die Thematik der Linkshändigkeit. Dabei wurden unsere grundlegenden unterschiedlichen Ansatzpunkte ziemlich deutlich, und Marian war etwas beirrt durch meine kritische Einstellung, unter anderem als ich darauf hinwies, dass gerade Briefe und Rückmeldungen von umgeschulten Linkshändern für unsere Forschung sehr wesentlich sind und wichtige Aspekte darstellten. Sie hatte solche Briefe in ihrer Arbeit kaum beachtet und statistisch nicht ausgewertet, wobei ich die Vermutung äußerte, dass dadurch ihre gesamten Forschungsergebnisse verzerrt sein könnten und die right-shift-Theorie eine rein akademisch statistische Richtung einnimmt.

Meine Einstellung basierte auf der Praxis. Ich habe meine Forschung auf der Basis aufgebaut, dass Linkshänder, Rechtshänder und Menschen mit umgeschulter Händigkeit existieren und mich mit den Problemen beschäftigt, die sich daraus ergaben.

Marian Annett und andere Forscher haben ihr Hauptinteresse der Suche nach Gründen, warum eine bestimmte Händigkeit entsteht, gewidmet.

Marian Annett hat ein sehr interessantes genetisches Modell erarbeitet. Sie nimmt an, dass es ein Gen gibt, das Rechtshändigkeit induziert, aber keines für Linkshändigkeit. Falls das Gen für Rechtshändigkeit bei einem Menschen fehlt, ergibt sich die Händigkeit durch Zufall. Sie hält also Linkshänder an sich für normal.

Leider war das bei vielen anderen Forschern nicht der Fall. Oft wurden entweder die Rechtshänder als normale Entwicklung angenommen und dann waren Linkshänder oder angebliche Beidhänder hirngeschädigt oder man hat die Beidhänder als Ziel der Natur angesehen und die Rechtshänder waren eine Unterstufe und die Linkshänder hirngeschädigt[1]. Man konnte schließlich sowohl die Rechtshänder als auch die Linkshänder als hirngeschädigt darstellen. Schon die Terminologie der Schädigung war für mich nicht akzeptabel und am Ende auch nicht wichtig. Die tagtägliche Realität bewies die Existenz dieser Gruppen, und die sollte man auch untersuchen, allein schon im Hinblick auf die Eingliederungsproblematik und ihre Projektion in die Gesellschaft bzw. in deren Prozesse und nicht nur theoretisch grübeln, durch welche Funktionen oder Nicht-Funktionen sie überhaupt zustande kamen.

Warum sie so sind und wodurch sie entstanden sind, ist also für mich bei weitem nicht so relevant. In dieser Ansicht unterstützte mich auch Professor Dr. mult. Johannes C. Brengelmann vom Max-Planck-Institut, an den ich mich immer zur Supervision wenden durfte. Dass genetische Grundlagen zwar wichtig sind, aber erst die Manifestation auf ihrer Basis entstandenen Verhaltens gesamtgesellschaftliche Prozesse beeinflusst, betonte auch Professor Dr. Hartwig Cleve von der Universität München. So gestaltete er mir einen Schutzschild gegen Wissenschaftler, die mir übel nahmen, dass ich mich mehr der Wirkung als der klassischen Erforschung der Ursachen widmete.

Das war auch deshalb wichtig, weil es sich immer mehr zeigte, dass der Prozentsatz der Linkshänder in der Bevölkerung weit höher als angenommen ist, und da die Linkshänder in der Geschichte nicht herausselektiert wurden, mit anderen Worten, sie wurden nicht physisch ausgerottet, nahm man derzeit einen Bevölkerungsanteil von sieben bis zehn Prozent Linkshändern an. Es erwies sich aber sogar immer mehr als möglich, dass vielleicht – nach den Mendelschen Gesetzen – 50 zu 50 Prozent Bevölkerungsanteile existieren, 50 Prozent Linkshänder und 50 Prozent Rechtshänder, und das hätte bedeu-

1 Siehe auch Sattler, Der umgeschulte Linkshänder, S. 18f.

Münchener Medizinische Wochenschrift, 129 (1987), Heft 14, 3. 4. 1987

Leser fragen Experten

Umgeschulte Linkshänder

Links vorbeitherapiert

Ein Leser, der sich selbst als Fall von Pseudorechtshändigkeit einstuft, fragte: Ist es sinnvoll oder aber gefährlich, einen umgeschulten Linkshänder wieder umzuerziehen, von „rechts" nach „links" also? Wo finde ich Rat?

Um negative Folgen einer Umschulung der Händigkeit – Gedächtnis-, Konzentrations-, und Leistungsstörungen, Sprachschwierigkeiten bis zum Stottern sowie motorische Störungen – zu eliminieren bzw. zu lindern, reicht eine rein mechanische Rückschulung nicht aus.

Zwar hat die Wiederbenutzung der ursprünglich dominanten Hand in uns bekannten Fällen zum Rückgang mancher Symptome geführt, ersetzt aber keine gezielte therapeutische Behandlung und ist in vielen Fällen weder praktikabel noch empfehlenswert.

In Berufen, in denen viel Schreibarbeit zu bewältigen ist, liegt die Leistung der ursprünglich dominanten linken Hand bezüglich Ausdruck und Schnelligkeit der Schrift meist weit unter dem erforderlichen Niveau und entspricht etwa den Fähigkeiten eines Zweitklässlers. Schwierigkeiten entstehen auch bei Berufen, die bestimmte handwerkliche Abläufe erfordern. Dort handelt es sich oft um Geschicklichkeitsmechanismen, die so eingeprägt sind, dass es bei Umstellung ohne fachliche Hilfe zu neuen Störungen und Fehlhandlungen kommen kann.

Anders ist es mit den psychischen Folgeerscheinungen bei der falschen Verarbeitung von Umschulungsfolgen. Gemeint sind z. B. Ängste, Minderwertigkeitsgefühle, Vermeidungsreaktionen, Hemmungen, Rückzugstendenzen und Depressionen. Hier ist es in schwierigen Fällen empfehlenswert, einen mit der Materie vertrauten Psychotherapeuten heranzuziehen. Pseudorechtshändigkeit zu diagnostizieren ist manchmal sehr schwer und benötigt eine entsprechende Ausbildung des Therapeuten. Das betrifft besonders die verdrängten, nicht offensichtlichen Umschulungsfälle, wo keine Erinnerung mehr an die Umstellung vorhanden ist. Diese lässt sich mit den von uns entwickelten Methoden relativ zuverlässig feststellen (von der ONRS = Organization for Neutral Research and Science). Welche schwerwiegenden Folgen eine Umschulung der Händigkeit haben kann und wie wichtig es für einen Psychotherapeuten ist, die entsprechende differenzialdiagnostische Methodik handhaben zu können, um kausale Zusammenhänge in den beobachteten Störungen richtig einzuordnen, möchte ich an einem Fallbeispiel aufzeichnen (siehe Kasten).

In diesem und vielen anderen Fällen wurde über eine längere Zeitspanne „vorbeitherapiert", da man die verschiedensten, rein psychischen Ursachen bei den Patienten vermutet hatte, nicht dagegen eine somatische Störung der Hirnprozesse, also eine Behinderung durch Umschulung der Händigkeit.

In der ONRS-Akademie werden Weiterbildungsveranstaltungen für Psychotherapeuten und Ärzte zur Behandlung von Pseudorechtshändern angeboten, und im ONRS-Institut für Psychotherapie, klinische Hypnose und angewandte Psychosomatik werden Verbindungen zwischen Umschulung der Händigkeit und neurotischen Verarbeitungsprozessen untersucht.

Inzwischen wurde auch eine kostenlose Beratungsstelle für Linkshänder und umgeschulte Linkshänder eingerichtet, die von der Stadt München gefördert wird und auch Selbsthilfegruppen organisiert. In der deutschen Brain-Breaking-Hilfe haben sich Behandler (Ärzte, Psychologen und Pädagogen) organisiert. (Zum Thema Linkshändigkeit s. auch Münch. Med. Wschr. 128 [1986] 8, S. 28, und 128 [1986] 47, S. 12).

Gelähmte Einserschülerin

Ingrid F. (24) kam halbseitig gelähmt in die psychotherapeutische Behandlung. Sie wurde während ihrer Schulzeit als Einserschülerin ausgezeichnet und bekam nach einem hervorragenden Abitur von ihrem Vater eine Reise in die USA als Belohnung geschenkt. Dort kam es zu einem Autounfall, ihre rechte Körperseite war gelähmt, und die Patientin begann, sich auf links umzustellen. Das betraf hauptsächlich das Schreiben, weil sie sich vorgenommen hatte, Literatur zu studieren und Übersetzerin zu werden. Mit Zielstrebigkeit ohnegleichen schulte sie sich selbst auf die linke Hand um.

Nach einem halben Jahr Bemühungen bekam sie große Probleme mit ihrem Gedächtnis, die sich progressiv entwickelten. Sie konnte den Stoff nicht behalten, hatte Konzentrationsschwierigkeiten und konnte vor allem das Gelernte nicht reproduzieren. Nach einem weiteren halben Jahr begann sie sogar zu stottern. Es wurde der Verdacht auf eine Hirnverletzung geäußert, die Patientin wurde mehrmals gründlich untersucht, aber ohne jeglichen Befund. Die Ursache wurde dann auf psychische Prozesse zurückgeführt.

Sie bekam Minderwertigkeitskomplexe (sie konnte sich auf das Beste, was sie hatte, – ihr Denken – nicht mehr verlassen) und unternahm einen Suizidversuch. Nach diesem stellte sich heraus, dass die Lähmung nachließ. Sie konnte sich wieder bewegen und schrieb wieder mit der rechten Hand. Heute, drei Jahre später, studiert sie mit Erfolg, ihr Stottern ist verschwunden und ihre Gedächtnisprobleme auch.

Interessant war: Die Patientin ist Rechtshänderin, im Zuge der Lähmung wurde sie auf die linke Hand umgeschult, nach Aufhebung der Lähmung wurde sie wieder zur Rechtshänderin.

Dr. Johanna Barbara Sattler, ONRS, Sendlinger Str. 18, [inzwischen umnummeriert: Nr. 17], 80331 München, Tel. 089/26 86 14

tet, dass, diesmal auch nach der Statistik, 40 Prozent Linkshänder mit allen negativen Folgen umgeschult worden waren.

Aber die Vererbungsmechanismen hat bis heute noch kein Forscher eindeutig herausgefunden. Genetiker hielten an der These der multifaktoriellen Vererbung, wie bei der Nasen-Lippen-Gaumenspalte, fest, und frühere Ansichten der autosomal-rezessiven Vererbung wurden inzwischen zum größten Teil verlassen.

Für mich waren, wie gesagt, die Vererbungstheorien nach wie vor nicht von entscheidender Wichtigkeit, zumindest jetzt nicht. Ich sah meine Aufgabe, nicht zuletzt durch meine persönliche Konfrontation mit dieser Problematik seit meiner Kindheit, in den Fragen der Folgen einer Umschulung der Händigkeit. Dass ich hier richtig lag, zeigte sich durch verblüffende Ähnlichkeiten bei praktisch allen Untersuchten in dem Forschungsprojekt und später in der Beratungsstelle. Diese Problematik fand, als der richtige Ausgangspunkt für eine wissenschaftliche Forschung, immer mehr Beachtung besonders unter Ärzten, Psychologen und Soziologen.

Wir hatten inzwischen mehrere Tausend Untersuchungen bei Hilfe- und Ratsuchenden aus verschiedenen Schichten durchgeführt, und es stellte sich immer deutlicher ein Bild des umgeschulten Linkshänders heraus, mit außerordentlich vielen überraschenden gemeinsamen Nennern, die kein bloßer Zufall mehr sein konnten. In unsere Untersuchungen ging nicht nur eine breite Streuung der Berufe ein, sondern auch eine Altersstreuung, es wurden Frauen und Männer erfasst, und die Untersuchten stammten sowohl aus Süddeutschland als auch aus anderen deutschen Gebieten bis in den Norden. Diese Phänomene galten aber auch für Ausländer und nicht nur für deutschsprachige Völker, wie Österreicher und Schweizer, sondern es zeigte sich das Gleiche bei Untersuchungen an Franzosen, Engländern, Italienern und Schweden und sogar an Amerikanern, Japanern und Chinesen, die alle unsere Beratungsstelle im Laufe der Zeit aufgesucht haben, denn das Wissen von deren Existenz hatte sich inzwischen weit über die deutschen Grenzen hinaus ausgebreitet.

Die Erfolge unserer Forschung brachten auch Interesse von anderen Universitäten mit sich, und das sowohl in Deutschland als auch im Ausland. Ein gezielter Kontakt mit uns kam auch von einem Forschungsprojekt des Fraunhofer-Instituts.

In dieser Zeit wurden wir zu den Hochzeitsfeierlichkeiten von Professor W. F. Angermeier eingeladen. Er heiratete in Düsseldorf eine sehr schöne und äußerst sympathische Fotografin, die hervorragende Tieraufnahmen in der ganzen Welt machte, die auch die Tierschützer sehr schätzten. Die Hochzeitsfeier fand in ihrem Atelier statt.

Professor Angermeier nahm mich zur Seite und sagte: „Barbara, ich werde jetzt noch einige Jahre hier an der Universität sein. Möchten Sie nicht doch die Gelegenheit nutzen und sich habilitieren?“ Und er fügte hinzu, dass er beabsichtigte, ganz nach Irland zu gehen, und dann müsse er seinen Lehrstuhl in Köln aufgeben.

Auch Professor Undeutsch hatte mir die Möglichkeit, zu habilitieren, als reale Perspektive dargestellt. Es war sehr verlockend, aber wie sollte ich das finanzieren? Ich hätte meine ehrenamtliche Tätigkeit in der Beratungsstelle für Linkshänder sehr einschränken, ja wahrscheinlich sogar ganz aufgeben müssen. Ich hätte mich um einen Lehrauftrag oder ein Stipendium bemühen müssen, und das hätte sicher keine zeitlichen Möglichkeiten mehr für meine Arbeit in der Beratungsstelle gelassen. Schon jetzt war die Erhebung der Forschungsdaten sehr zeitaufwendig.

Wir waren in diesem Jahr in die Regelförderung der Stadt München übernommen worden und waren sehr froh darüber, aber die beantragte Halbtagsstelle für einen fachlichen Mitarbeiter, vielleicht eine Sozialpädagogin oder eine Psychologin, war nicht genehmigt worden, und ich hatte gehofft, dass mir hier besonders bei der Beratungstätigkeit und der fachlichen Bearbeitung von Anfragen und Briefen kontinuierlich etwas Arbeit abgenommen würde, sodass ich mehr Zeit für andere Dinge gehabt hätte.

Eine Habilitation konnte ich mir auch jetzt nicht als realistisches Ziel setzen, außer die Arbeit der Beratungsstelle würde sehr reduziert. Natürlich versuchten mir die ehrenamtlichen fachlichen Mitarbeiter viel abzunehmen, aber es musste jemand regelmäßig da und ansprechbar sein für spezielle fachliche Anfragen, auch für die vielen Journalisten, die sich meldeten und die selten Geduld hatten. Durch meine bezahlte Arbeit im Institut für Psychotherapie konnte ich diese kostenlos erbrachte Zeit für die Beratungsstelle für Linkshänder und die Erfassung von Forschungsdaten finanzieren, aber Zeit für eine Habilitation wäre nicht mehr drin gewesen. Schweren Herzens lehnte ich ab bzw. bat mir weitere Bedenkzeit aus.

Ich sah die Priorität in der Fortsetzung der Forschung in enger Anlehnung an die Praxis. Mit dieser Tätigkeit stand auch das große Interesse der Rat- und Hilfesuchenden in Zusammenhang, was wieder hohe Anforderungen an entsprechende Öffentlichkeitsarbeit stellte, sowohl über die Medien als auch in Vorträgen und Seminaren, wozu immer mehr Anfragen auf uns zukamen.

6.6 Suche nach Zugängen zur Erinnerung an die Umschulung

6.6.1 Problematik der Rückführungshypnose

In den ONRS Verein war auch die Akademie zur postgraduellen Bildung und Bildungsberatung integriert. Im Rahmen des Akademieprogramms bot Dr. Ivo-Kurt Cizek, der auch aktiv in der Beratungsstelle für Linkshänder und in dem Forschungsprojekt mitarbeitete, Veranstaltungen über die verantwortungsbewusste Anwendung der Klinischen Hypnose an. Es handelte sich hauptsächlich um induktive Hypnose, diagnostische Hypnose und die wirksamste, die somatische Hypnose. Nach der Meinung vieler Fachleute gehört Dr. Cizek zu den besten Hypnoseanwendern in Deutschland. Ich wehrte mich, für ihn den Begriff Hypnotiseur zu benutzen, weil Dr. Cizek mehr als das ist. Er hat angeblich noch nie jemanden getroffen, den er nicht hypnotisieren konnte. Die Erfolgsrate seiner Behandlungen war Ehrfurcht erregend, und er nutzte dabei sein großes Wissen aus der Humanbiologie über Prozesse im menschlichen Körper und konnte durch Einwirkung auf die sensorische Wahrnehmung und u. a. über Wege der Hormonausschüttungen mit somatischer Hypnose auf die jeweiligen Krankheitsbilder einwirken, mit verblüffenden Effekten und spektakulären Erfolgen.

Für mich war vor allem die Zeitregression, also die Rückführung oft bis ins Kindesalter, faszinierend. Beeindruckend war z. B., wie die Sprache und die Wortwahl bei dem erwachsenen Menschen plötzlich zur Kindersprache wurde, beeinflusst von der kindlichen Logik. So hatte Dr. Cizek einen Patienten, bei dem der Verdacht bestand, als Kind etwa im Alter von fünf Jahren ein Schockerlebnis erlitten zu haben, in Hypnose zurückgeführt. Der Patient spielte auf dem Hof mit Kaninchen, und Dr. Cizek fragte: „Wie heißt das Kaninchen?“ Die Antwort und logische Brücke des Patienten war die eines Kindes: „Das Kaninchen hat keinen Namen. Aber unser Kater hat einen Namen, er heißt Peterle.“

Darum hegte ich insgeheim die große Hoffnung, umgeschulte Linkshänder, die sich oft an ihre Umschulung überhaupt nicht mehr erinnern konnten, gerade durch diese Hypnoseart zu untersuchen, und wartete auf einen geeigneten Augenblick. Mein Kollege war nämlich nicht sehr geneigt, irgendwelche Experimente zu versuchen, vor allem wenn sie außerhalb der langzeitigen kontrollierten Therapieprozesse stattfinden sollten. Er stützte sich auf Ethik und Moral, auf seine lange Praxis und auf sein Wissen und Können.

Aber wahrscheinlich führte gerade sein immenses Wissen auf dem Gebiet der Hypnose und der Psychotherapie dazu, dass viele Menschen, die ihn nur oberflächlich kannten, irrationale Angst vor ihm hatten. Manche interpretierten in ihn die eigentümlichsten Eigenschaften hinein, von kompliziert manipulativem Verhalten bis hin zu der Sucht nach Übermächtigkeit und Ähnliches. Er hingegen hielt sich strikt an die medizinische Ethik und benutzte Hypnose nur im klinischen Rahmen.

Wie aber gerade auf diesem Gebiet die menschlichen Ängste vor Manipulation wirken konnten, zeigte ein Erlebnis mit einem Rundfunkgebühren-Eintreiber, welches Dr. Cizek experimentierfreudigen Kursteilnehmern und auch mir immer als warnendes Beispiel angeführt hat.

In der Familie von Dr. Cizek lebten neben seiner Frau und seinen beiden Söhnen auch seine Mutter und Großmutter. Eines Tages klingelte es an der Tür, und ein fremder Mann stand davor und verlangte Einlass in die Wohnung. Die Großmutter war allein zu Hause und sehr erschrocken über sein selbstbewusstes, autoritäres Verhalten und ließ verängstigt den Mann hinein. Die Rundfunkgebühren waren alle ordnungsgemäß abgeführt, nur ein kleiner Radiowecker, ein kürzlich an die Oma überreichtes Geschenk, entdeckte der Eintreiber in ihrem Zimmer, das nicht gemeldet war, das aber angeblich auch gemeldet werden müsste.

Als Dr. Cizek von dem Geschehnis erfuhr, war er zwar sehr verärgert über die sinnlose Ängstigung, die der Mann der alten Dame zugefügt hatte, aber zu einem Zusammentreffen zur Klärung des Ganzen bereit und machte mit ihm ein Treffen in seiner Arbeitsstelle aus, im Institut für Psychotherapie, ohne sich daran zu erinnern, dass dort einige Wochen zuvor Praktikanten aus Spaß ein Schild an seiner Tür angebracht hatten, auf dem stand „Gruselkabinett bei Dr. Cizek“. Der Gebühreneintreiber stutzte und erkundigte sich nach dem Sinn und er bekam eine kurze Erklärung über Klinische Hypnose. Er stellte dann die schon fast obligatorische Frage, ob Dr. Cizek einen Menschen gegen dessen Willen und ohne dessen Bewusstsein hypnotisieren könne und ob es vielleicht sogar möglich sei, sich durch Hypnose zu rächen.

Dr. Cizek, der von seiner Persönlichkeit her im ersten Moment zwar aufbrausend sein kann, aber ansonsten ein sehr umgänglicher, freundlicher Mensch ist, begann ihm zu schildern, dass beides vielleicht möglich sei, aber schon aufgrund der ärztlichen Ethik kein Therapeut so etwas machen würde. Der Besucher insistierte aber, wie denn so etwas überhaupt rein theoretisch möglich wäre? Ob man posthypnotische Befehle verankern und so zum Beispiel jemandem in Hypnose induzieren könne, dass er bei jedem Schalten vom zweiten in den dritten Gang im Auto für wenige Sekunden das Bewusstsein verliere? „Nun ja“, entgegnete Dr. Cizek zögernd, „aber man würde so etwas nie tun, ärztliche Ethik.“

„Und kann man jemanden hypnotisieren, ohne dass derjenige es bemerkt?“, fragte der an seinen eigenen Vorstellungen haftende Gebühreneintreiber und verfolgte nervös den Uhrzeiger, um sicher zu sein, dass er hier keine Minute in Bewusstlosigkeit verbrachte.

„Natürlich kann man den Patienten die Inhalte der Hypnosesitzung völlig vergessen lassen, und dieser richtet sich trotz allem danach, aber auch das macht keiner, außer bei therapeutischer Notwendigkeit: ärztliche Ethik. Ein solches Beispiel könnte eine Selbstmordverhinderung darstellen, wobei es bei der Umsetzung des Suizidimpulses in die Tat zu einem daran gebundenen Versagen der Schließmuskeln käme – mit vollen Hosen macht man keine demonstrative Handlung, aber Sie sehen selbst – es ist eine medizinische Indikation notwendig.“

Der Gebühreneintreiber ließ aber nicht locker: „Ich habe aber gehört, dass man in Hypnose niemanden zu Taten zwingen kann, die er bei vollem Bewusstsein nicht zu tun bereit wäre“, schien er in eigene Gedankengänge versponnen zu sein.

„Das ist eine Sache der Auslegung“, versuchte Dr. Cizek geduldig zu erklären, „selbstverständlich kann ich Ihnen z. B. nicht befehlen, dass Sie unsere Sekretärin ermorden – ob in oder außerhalb der Hypnose. Aber man kann in Ihnen solche Angst vor der Sekretärin wecken, dass Sie diese, in vermeintlicher Selbstverteidigung handelnd, töten. Aber Vorsicht, dazu braucht man keine Hypnose, die ist nur ein Werkzeug, das den Zeitfaktor reduziert. Alles, was man durch Hypnose schafft, kann auch durch jede andere Therapiemethode erzielt werden, nur mit größerem Zeitaufwand. Übrigens, eine solche Beeinflussung geht in Richtung Suggestion und die wendet man auch ohne Hypnose an – das schaffen viele Populisten, ob Politiker oder Sektenführer, am laufenden Band.“

Etwas blass verließ der Mann schließlich das Behandlungszimmer, nachdem man sich über die rückwirkenden Gebühren für das kleine Radio der Oma geeinigt hatte.

Viele Jahre später bat ein Patient aus dem Sozialreferat Dr. Cizek, einen neuen Kollegen zu behandeln, der unter einer eigenartigen Störung leide. Er hätte schon mehrere Getriebe in seinen Autos kaputt gefahren, weil er unter dem Zwang lebt, niemals in den dritten Gang zu schalten, sondern sofort vom zweiten in den vierten und umgekehrt. Es stellte sich heraus, dass es sich um den ehemaligen Gebühreneintreiber handelte. Dr. Cizek hatte bei ihm selbstverständlich überhaupt keine Hypnose angewandt, aber die eigene Angst vor der Hypnose und wahrscheinlich auch das schlechte Gewissen, wie er sich damals sein Opfer nur nach dem Doktortitel an der Klingel ausgewählt hatte und wie rüde und unfreundlich er dann mit der alten Dame, die hilflos allein zu Hause weilte, umgegangen war, hatten ihn veranlasst, nie den dritten Gang in seinem Wagen zu benutzen. Seine eigene Angst ließ ihn die Konsequenzen hineininterpretieren, wobei Dr. Cizek das ganze Erlebnis als unerfreuliche, aber unbedeutende Episode schon lange vergessen hatte.

Dr. Cizek lehnte nach genauer Überlegung eine Behandlung ab; sogar ein persönlicher Kontakt hätte in diesem Fall sehr negativ ansprechen und die Bemühungen hätten ins Gegenteil von dem verfolgten Ziel der Heilung umschlagen können. Er empfahl, ein Auto mit Automatik zu benutzen.

Zu seiner Persönlichkeit ist auch zu bemerken, dass Dr. Cizek ein sehr sozialer Mensch ist. Dies zeigt sich auch darin, wie er mit der Bezahlung seiner Therapieleistungen umging: Wenn die Krankenkasse eines Patienten trotz notwendiger Therapiefortsetzung nicht mehr bereit war, diese zu bezahlen, beendigte er die Behandlung nicht, sondern setzte die Therapie bis zur Heilung fort. Er ließ sich aber wie üblich die Krankenscheine weiterhin geben, die allerdings in die Ablage wanderten. Dr. Cizek war der Meinung, dass er den Patienten sonst in zusätzliche psychische Probleme bringen würde – in das Gefühl von Abhängigkeit, Gnade, Dankbarkeit u. Ä., was nur wieder die Behandlung stören könnte und Konflikte in sich berge. Interessanterweise kamen Störungen und Konflikte unerwartet von einer anderen Seite: Dr. Cizek bekam große Probleme, weil man nicht an seinen Altruismus und eine kostenlose Therapie glaubte und ihn sofort des Schwarzgeldes verdächtigte. Es brauchte viele unschöne Beweisführungen, bevor man mit diesen erniedrigenden Vorgehensweisen aufhörte und gezwungenerweise auf seine Argumentation über den therapeutischen Sinn des Bewahrens von Selbstwertgefühl einging. Soziale Handlungsweisen können für manche Menschen sehr verdächtig sein.

Schon bei seinen Seminaren im Institut für Integrierte Therapie, bevor er die Leitung des ONRS Instituts für Psychotherapie, Klinische Hypnose und angewandte Psychosomatik übernahm[1], hatte Dr. Cizek mit dem späteren geschäftsführenden Vorstand der Akademie, Hans-Joachim – aber alle nannten ihn Jonas – Röthlein intensiv gearbeitet, und dieser damals noch studie-

1 Im Institut wurde ausschließlich über die Kassenärztliche Vereinigung Bayerns bzw. mit Krankenkassen abgerechnet. Es bestand und besteht keine Verbindung mit dem Klientel der Beratungsstelle.

rende Kollege half ihm bei seinen Demonstrationen der Hypnosemethodik als freiwilliges Vorführungsobjekt.

Bei einem Seminar für Ärzte kam es einmal bei der Zeitregression zu einer unerwarteten Panne. Dr. Cizek versetzte seinen Mitarbeiter zurück in dessen Kindheitsalter. Jonas wurde im Verlauf der Hypnose ziemlich unruhig, und als er wieder in die Gegenwart zurückgeführt war, stammelte er, „Flugzeug, Flugzeug, Flugzeug…“ Niemand der Anwesenden hatte aber ein Flugzeug gehört. Erst bei dem Abspielen des Tonbandes, das obligatorisch bei jeder Hypnosesitzung laufen musste, um eine objektive Dokumentation zu garantieren und gleichzeitig die Möglichkeit zu haben, bei eventuellen Fehlern rückwirkend diese erkennen und beheben zu können, hat man tatsächlich ein leises Geräusch eines sehr hoch über München hinwegfliegenden Verkehrsflugzeuges festgestellt. Das war aber durch die Spannung der Hypnose keinem der Anwesenden aufgefallen, nur dem Probanden selbst.

Hier zeigte sich das, was Hypnosetherapeuten am meisten befürchten: mit einem Ereignis der Vergangenheit, von dem sie nichts ahnen, bei der Zeitregression konfrontiert zu werden. In der Kindheit von Jonas Röthlein gab es ein schockartiges Erlebnis: Er spielte vor dem Haus seiner Eltern, als mehrere Tiefflieger über das Haus donnerten; Jonas fiel in Ohnmacht, hatte Probleme mit dem Gehör und musste im Krankenhaus behandelt werden. Jetzt war er in dieses Alter zurückversetzt worden, und das Geräusch des gegenwärtigen Flugzeugs rief die gesamten Erlebnisse der Kindheit wieder wach. Dr. Cizek versuchte das zu eliminieren, aber anscheinend gelang es ihm nicht so, wie er plante, und unser Freund Jonas Röthlein wurde fast ein Jahr lang von andauernden Kopfschmerzen geplagt und Dr. Cizek täglich auf dem Flur mit seinem vorwurfsvollen Blick konfrontiert. Er versuchte ihn zwar durch weitere Hypnosesitzungen von den Schmerzen zu befreien, aber es gelang nicht. Erst nach einem Jahr klangen sie von selbst langsam ab.

Von da an lehnte Jonas Röthlein jede weitere Demonstration strikt ab und war durch nichts zu bewegen, die Rolle des Probanden in einem Hypnoseseminar von Dr. Cizek noch mal zu übernehmen. Ich möchte dazu aber noch betonen, dass es sich um einen einmaligen Fall handelt. Seit dieser Zeit hat Dr. Cizek Experimente mit Rückführungen in die Vergangenheit bis auf wenige Ausnahmen ganz unterlassen und die Zeitregression auch für diagnostische Zwecke fast nie mehr angewandt.

Dazu trug besonders auch noch ein anderes Ereignis bei. Er hatte eine Patientin, die unter starken Trigeminusschmerzen litt und die in der rückführenden Hypnose in die Zeit des Beginns ihrer Krankheit plötzlich beschwerdefrei war – und entschieden ablehnte, wieder zu erwachen und so die Schmerzen zurückzubekommen. Nach zahlreichen erfolglosen Versuchen über mehrere Stunden hinweg wurde Dr. Cizek immer verzweifelter. Und wie er so dasaß, sah er in einem Blumentopf seiner Pflanze am Fenster eine Ameise klettern. Das brachte ihn auf die Idee: durch einen noch stärkeren Reiz als den Schmerz – und das kann ein Juckreiz sein – der Patientin den Hypnosezustand so unangenehm zu gestalten, dass sie freiwillig aufwachte. So „zauberte" er eine Ameise zu seiner noch immer in Hypnoseschlaf liegenden Patientin, dann eine zweite und dritte, und alle haben gekrabbelt und gekrabbelt – und die Patientin wachte endlich auf.

Dr. Cizek hat aus den Erfahrungen gelernt, dass diese Art der Hypnose nur in seltensten Fällen zu empfehlen ist, weil hier quasi der Proband agiert und der hypnotisierende Therapeut nur ein Zuhörer und Beobachter ist bzw. der Reagierende und nie mit Sicherheit voraussagen kann, welche Erlebnisse und Erfahrungen an die Oberfläche kommen, sodass leicht eine ähnliche Panne wieder passieren kann. Und er wollte nie mehr eine neue Panne erleben, dazu ist er zu verantwortungsbewusst gegenüber seinen Patienten eingestellt. Und er wehrte sich auch standhaft gegen Angebote, eine Rückführungs-Hypnose zu Ausbildungszwecken vorzuführen. Nur in einem Fall hat er dem Vorschlag von Prof. Dr. Udo Undeutsch von der Albertus-Magnus-Universität zu Köln zugestimmt und für die amerikanische Armee mittels regressiver Hypnose den Fall eines Berufssoldaten untersucht, dem vorgeworfen wurde, Geld eines Kameraden gestohlen zu haben, und bei dem der zuvor angewandte Lügendetektor keine eindeutige Aussage erlaubte.

Für eine meiner Veranstaltungen für Ärzte und Psychologen erklärte er sich aber nach langem Zögern und dem Aufwenden all meiner Überzeugungskraft doch bereit, diese Regel noch einmal zu verlassen, und schlug mir vor, eine Zeitregression von einer sehr harmlosen Art durchzuführen, um eine Umschulung der Händigkeit, die nach Aussage der Probandin sanft und ohne Probleme verlaufen sei, zu dokumentieren.

Hier lag nämlich das mögliche Kernproblem vieler Umschulungen, was sich immer deutlicher in Beratungen von Hilfesuchenden in den analytischen Gesprächen zeigte. Sie haben die Vergangenheit verdrängt und behaupteten oft, dass die Umschulung ohne jegliche Gewalt geschehen sei. Ausnahmen drastischer Art gab es zwar auch, wenn zum Beispiel die linke Hand eingegipst oder an den Stuhl oder auf den Rücken gebunden wurde. Manche Kinder mussten sich auf ihre linke Hand setzen, um sicherzugehen, dass sie nur die rechte benutzten, und viele wurden früher auch geschlagen. Inzwischen verliefen übrigens die meisten Umschulungen des Handgebrauchs auf der Basis von Belohnungen oder sogar nur durch Eigeninitiative des Kindes als Modell- und Nachahmungsverhalten.

Eine unserer freien Mitarbeiterinnen war von Beruf eine sehr erfolgreiche Opernsängerin, bei der sich herausstellte, dass sie zu der Gruppe der umgeschulten Linkshänder gehörte. Sie erinnerte sich aber äußerst überzeugend, dass bei ihr nie Gewalt angewendet worden war und hatte praktisch keinerlei Erinnerungen an eine gezielte Umschulung. Sie war der Meinung, dass dies in der ersten Klasse in der Schule geschehen sein musste, aber irgendwie automatisch, ohne Aufregung, an die sie sich sonst sicher hätte erinnern können. Sie war gleichzeitig bereit, dies in einer leichten Hypnose, einer halbbewussten, halb in Trance verlaufenden Zeitrückführung vor dem Publikum zu beweisen.

Für die anwesenden Fernsehleute war das die interessanteste Passage des Seminars, und mit einer großen Videokamera haben sie die ganze Demonstration von Anfang an gefilmt. Die Stille bei der Vorführung war absolut.

6.6.2 Hypnoseexploration als Untersuchungsmethode

Um vorzubeugen, dass dem Patienten etwas Unerwünschtes in der Hypnose suggeriert würde, nahmen wir alles, wie schon oben betont, obligatorisch auf Band auf, denn wenn etwas Unvorhersehbares geschehen sollte, konnte man es später genau nachvollziehen. Im Folgenden handelt es sich um so eine Bandmitschrift vom 11. 1. 1986.

Die Probandin lag auf einer Liege, und Dr. Cizek führte sie mit sanften Worten in den Hypnosezustand hinein.

Dr. Cizek: Sie sind ganz ruhig, ganz gelassen, Ihr Körper ist ruhig, Sie fühlen sich in dem ganzen Körper ruhig, der ganze Körper ist locker, Sie liegen unbeweglich an einer Stelle. Sie hören nur, was ich sage, ganz ruhig, ganz ruhig, Sie fühlen sich schwer, als ob Sie die Liege dabei durchdrücken wollen, ganz ruhig, bleiben Sie ganz ruhig und stellen Sie sich einen Kreis vor, einen Kreis, der sich bewegt, der sich dreht, erst langsam, dann rasend schnell um die eigene Achse, rasend schnell. Sie sehen die dunkle Mitte, und um diese Mitte dreht sich der Kreis wie ein Heiligenschein, hinter dem Kreis sind Nebelschwaden, grau, graue Nebelschwaden, lassen Sie den Kreis langsam hineintauchen, langsam eintauchen, in diesen Nebel langsam eintauchen, bis er ganz verschwindet, langsam eintauchen, bis er ganz verschwindet.

Nun folgen Sie dem Kreis. Sie schweben rein in diesen Nebel und immer tiefer und tiefer hinein, immer tiefer und tiefer hinein, immer schneller und schneller, immer tiefer und tiefer fallen Sie hinein, in diesen Nebel hinein, der nicht trocken, nicht feucht, nicht kalt und nicht warm ist, immer tiefer und tiefer, wo Sie nicht wissen, wo vorne, hinten, oben und unten ist, immer tiefer und tiefer hinein. Sie kommen durch die dunkle Mitte hindurch und Sie kommen langsam auf die andere Seite, langsam auf die andere Seite und Sie kommen heraus auf der anderen Seite, Sie kommen raus und Sie schweben im Raum, in einem freien Raum, in einem weit und breit sich ausdehnenden Raum, in einem Raum, der keinen Anfang und kein Ende hat, in einem Raum, wo ein Licht von allen Seiten fließt und nirgendwohin fällt, ein Licht, das sich wie ein Nebel benimmt, ein Licht, ein diffuses Licht, ein Licht, das jede substanziellen Eigenschaften verloren hat, das von nirgendwo kommt und nirgendwohin geht, ein Licht, das keinen Schatten wirft, keine Konturen entstehen lässt, und Sie fallen immer tiefer und tiefer hinein, immer tiefer und tiefer in diesen Raum hinein, immer tiefer und tiefer hinein. Sie sehen plötzlich etwas in diesem Raum schweben, es sieht aus wie eine Röhre, von mehreren Metern Durchmesser, wie ein Schlauch, aus einem honigfarbigen Material, halb durchsichtig und elastisch, der sich in die Tiefen des Raumes ausstreckt, so weit, dass es sich wie ein Fortunahorn zu verengen scheint, aber das ist nur eine optische Täuschung, die Breite bleibt immer die gleiche, und Sie fühlen aus dem Inneren des Schlauches einen Sog, Sie fühlen einen Sog, Sie fühlen sich hineingesogen, hineingezogen in diesen Schlauch, hineingezogen. Sie berühren mit der Hand den Rand der Öffnung, er ist weich und angenehm temperiert, fast wie ein Lebewesen.

Sie schweben hinein in diese Öffnung, Sie kommen hinein, es ist wie eine Schwelle, wie eine Schwelle, und plötzlich fühlen Sie, dass sie 40 Jahre alt sind, und schweben immer tiefer und tiefer in diesen Schlauch, der durch Zeit und Raum sich ausstreckt. Sie sind 39 Jahre alt, Sie sind 38 Jahre alt, Sie sind 37 Jahre alt, Sie sind 36 Jahre alt, Sie sind 35 Jahre alt, Sie sind 34 Jahre alt, Sie sind 33 Jahre alt, Sie sind 32 Jahre alt, Sie sind 31 Jahre alt, Sie sind 30 Jahre alt und schweben weiter, tiefer in die Vergangenheit. Sie sind 29 Jahre alt, Sie sind 28 Jahre alt, Sie sind 27 Jahre alt, Sie sind 26 Jahre alt, Sie sind 25 Jahre alt, Sie sind 24 Jahre alt, Sie sind 23 Jahre alt, 22 Jahre alt, 21 Jahre alt, Sie sind 20 Jahre alt, Sie machen eine kleine Pause, Sie sind 20 Jahre alt. Und weiter schweben Sie in die Vergangenheit, Sie sind 19 Jahre alt, Sie sind 18 Jahre alt, Sie sind 17 Jahre alt, Sie sind 16 Jahre alt, Sie sind 15 Jahre alt, Sie sind 14 Jahre alt, Sie sind 13 Jahre alt, Sie sind

12 Jahre alt, Sie sind 11 Jahre alt, Sie sind 10 Jahre alt. Sie sind im Alter von 10 Jahren mit Erlebnissen aus dem Alter von 10 Jahren.

Sie sind im Alter von 10 Jahren, Sie schweben weiter in die Vergangenheit, Sie sind 9 Jahre alt, Sie sind 8 Jahre alt, Sie sind sieben Jahre alt, Sie sind im Alter von sieben Jahren, Sie sind sechs Jahre alt, Sie sind fünf Jahre alt und pendeln in der Zeit wieder zurück, Sie sind sechs Jahre alt, sieben Jahre alt, 8 Jahre alt, 9 Jahre alt und Sie schweben wieder nach vorne in die Vergangenheit, Sie sind 8 Jahre alt, sieben Jahre alt. In diesem Alter bleiben Sie. Sie sind sieben Jahre alt, Sie gehen in die Schule, Sie sind jetzt in der Schulklasse, Sie sind in Ihrer Schulklasse, im Alter von sieben Jahren, das ist das einprägsamste Erlebnis, das beeindruckendste Erlebnis, das Sie in diesem Alter hatten, in der Kindheit, in der Kindheit, dieses unerwartete Erlebnis, was die Benutzung Ihrer Hände betrifft, im Alter von sieben Jahren, in der Klasse, Sie sind im Alter von sieben Jahren, Sie sind in der Klasse, Sie sind in Ihrer Klasse, Sie sind in der Schulklasse, Sie haben vor sich die Klassenstunde, Sie haben vor sich die Schulstunde, Sie sind sieben Jahre alt, in Ihrer Schulklasse, Sie sind sieben Jahre alt in der Schulklasse, sehen Sie die Schulklasse vor sich? Wie sieht diese Schulklasse aus? Ganz ruhig – wie sieht Ihre Schulklasse aus?

Probandin: Ich bin im Keller, ich bin nicht in der Schulklasse, ich bin im Keller …

Dr. C.: Du bist in der Klasse, in der Schulklasse, du siehst deine Schulklasse, das ist kein Keller, das ist doch eine Schulklasse, du bist in der Schulklasse …

P.: Ich bin im Keller, es ist dunkel!

Dr. C.: Du bist in einer Schulklasse, du bist nicht im Keller, diese Schulklasse *sieht nur wie ein Keller aus!!* Aber das ist eine Schulklasse, du bist in einer Schulklasse! Wie sieht die Schulklasse aus?

P.: Nein, ich bin im Keller!

Dr. C.: Was ist das für ein Raum?

P.: Das ist ein dunkler Keller!

Dr. C.: Ein dunkler Keller! Wie alt bist du?

P.: Vier Jahre!

Dr. C.: Vier Jahre. Was ist das für ein Keller?

P.: Unser Keller.

Dr. C.: Euer Keller?

P.: Die Russen! Ich muss im Keller bleiben!

Dr. C.: Du musst im Keller bleiben – warum?

P.: Weil die Russen kommen!

Dr. C.: Weil die Russen kommen. Was machen die Russen?

P.: Mein Vater ist nicht im Krieg …

Dr. C.: Dein Vater ist nicht im Krieg …

P.: Mein Vater ist zu Hause!

Dr. C.: Dein Vater ist zu Hause – was macht er da?

P.: Meine Mutter versteckt ihn.

Dr. C.: Deine Mutter versteckt ihn?

P.: Er ist oben, im Boden.

Dr. C.: Er ist oben …

P.: Da ist ein Dachzimmer …

Dr. C.: Dachzimmer …

P.: und eine Tapetentür, und dahinter ist noch ein Raum.

Dr. C.: Noch ein Raum.

P.: Da ist nur ein Bett und ein Schrank …

Dr. C.: Ein Bett und ein Schrank …

P.: und ein Stuhl drin.

Dr. C.: Ein Stuhl …

P.: Kein Licht.

Dr. C.: Kein Licht.

P.: Es ist dunkel.

Dr. C.: Es ist dunkel!

P.: Es ist immer dunkel …

Dr. C.: Immer dunkel.

P.: Ich bin allein im Keller.

Dr. C.: Du bist allein im Keller …

P.: Meine Mutter ist oben mit …

Dr. C.: Deine Mutter ist oben. Mit wem ist sie oben?

P.: Mit der Hausfrau und der Oma.

Dr. C.: Mit der Hausfrau und der Oma …

P.: Und draußen bummert immer etwas an die Tür!

Dr. C.: Bummert etwas an die Tür?

P.: Ja, es ist schrecklicher Lärm … Tritte gegen die Tür …

Dr. C.: Gegen eure Kellertür?

P.: Dann gibt es einen Krach – ich glaube die Türe ist eingeschlagen!

Dr. C.: Die Türe ist eingeschlagen …

P.: Drei oder vier Männer stehen über mir, ich verstehe die Sprache nicht …

Dr. C.: Du verstehst die Sprache nicht …

P.: Und die kommen die Kellertreppe herunter …

Dr. C.: Die Kellertreppe herunter …

P.: und meine Mutter reißt die Hintertüre auf!

Dr. C.: Deine Mutter reißt die Hintertüre auf …

P.: und nimmt mich auf den Arm.

Dr. C.: Und nimmt dich auf den Arm.

P.: Und da sagt er, der erste sagt auf Deutsch: „Hast du Mann? Du hast Mann!“

Dr. C.: Du hast Mann …

P.: Meine Mutter sagt: „Nein, Mann ist weg, ist im Krieg!"

Dr. C.: Ist im Krieg.

P.: „Mann ist nicht im Krieg!"

Dr. C.: Mann ist nicht im Krieg.

P.: Mutter hebt mich hoch und sagt ganz leise zu mir: „Rette deinen Vater!"

Dr. C.: Deinen Vater ...

P.: Mann steht vor mir, er ist so dunkel.

Dr. C.: so dunkel ...

P.: Er hat liebe Augen.

Dr. C.: Er hat liebe Augen ...

P.: Und ich – ich umarme ihn einfach!

Dr. C.: Du umarmst ihn einfach ...

P.: Er nimmt mich hoch und umarmt mich auch und lacht ...

Dr. C.: Er lacht ...

P.: Er setzt mich runter, und ich gehe zu dieser Oma.

Dr. C.: Zu der Oma.

P.: Große, dicke Oma – es ist nicht meine Oma.

Dr. C.: Es ist nicht deine Oma?

P.: Es ist die Oma vom Hans. Sie hat die Russen mitgebracht ...

Dr. C.: mitgebracht ...

P.: Und dann sagt er: „Frau, komm mit!"

Dr. C.: Frau, komm mit!

Die Probandin stößt mehrere unartikulierte Laute aus. Die Liege quietscht, als sie sich herumwirft.

Dr. C.: Ganz ruhig, ganz ruhig, ganz ruhig, es ist alles wie ein Traum, ganz ruhig, es ist nur ein Traum, es ist nicht die Wirklichkeit, alles ist wie ein Traum, alles wie ein Traum. Du bist vier Jahre alt, hast alles vergessen, du schläfst ein, noch tiefer, tiefer ein, du bist fünf Jahre alt, du bist sechs Jahre alt, du bist sieben Jahre alt, was gewesen ist, ist vergessen, ein Traum geblieben, du bist sieben Jahre alt, du fühlst dich wohl, du fühlst dich wohl, du fühlst dich wohl, du hast einen schönen Traum gehabt, alles Schreckliche ist weggeschwommen, ist vergessen, einen wunderschönen Traum, wunderschönen Traum hast du gehabt, einen großen wunderschönen Traum, du siehst einen Schmetterling, ein Schmetterling ist zu dir geflattert, du hast einen wunderschönen Kindertraum gehabt, du hast einen wunderschönen Kindertraum gehabt, es ist frühmorgens, du bist sieben Jahre alt, es ist frühmorgens, du wachst auf, und heute ist der erste Tag in der Schule, du wachst auf, du bist aufgewacht, du schaust dich um, du schaust dich um in deinem Zimmer, du bist aufgewacht im Alter von sieben Jahren, du gehst heute in die Schule, du gehst heute in die Schule, du gehst heute in die Schule, du weißt, dass du das erste Mal in die Schule gehst, das erste Mal in die Schule, wie alt bist du?

P.: Ich bin sieben Jahre.

Dr. C.: Sieben Jahre alt, du gehst heute in die Schule. Ist das das erste Mal?

P.: Nein.

Dr. C.: Nein? Aber jetzt freust du dich auf das Frühstück …

P.: Das esse ich nicht gern.

Dr. C.: Was isst du nicht gern?

P.: Brot mit Marmelade.

Dr. C.: Mit Marmelade.

P.: Ich mag nicht die Marmelade.

Dr. C.: Du magst sie nicht?

P.: Nein. Ich gehe jetzt in die Schule.

Dr. C.: Du gehst ohne Frühstück in die Schule?

Es folgt eine lange Beschreibung des Schulwegs, so als ob die Probandin Zeit zu gewinnen versucht und Gedanken an die Schule verschiebt, so lange wie es nur geht. Aber schließlich war sie doch da.

P.: Das ist das Klassenzimmer …

Dr. C.: Dein Klassenzimmer. Wie sieht es aus?

P.: Ganz groß und düster …

Dr. C.: Groß und düster?

P.: Kalt.

Dr. C.: Kalt. Ist ein Kreuz an der Wand oder ist ein Heiligenbild da?

P.: Es ist kein Kreuz an der Wand.

Dr. C.: Es ist kein Kreuz an der Wand.

P.: Nur ein Bild vom Moskauer Kreml.

Dr. C.: Vom Kreml …

P.: und ein Männerbild mit Bart.

Dr. C.: Ein Männerbild?

P.: Ja.

Dr. C.: Wie heißt die Stadt, wo du bist?

P.: Burg Strelitz.

Dr. C.: Burg Strelitz. Und du bist in der Klasse. Wo sitzt du in der Klasse?

P.: Ich sitze in der dritten Reihe, ein Fenster ist offen …

Dr. C.: Ist es kalt?

P.: Nein.

Dr. C.: Ist die Klasse voll?

P.: Sie ist nicht da.

Dr. C.: Wer ist nicht da?

P.: Jetzt ist sie gekommen.

Dr. C.: Sie ist gekommen?

P.: Ich soll schreiben …

Dr. C.: Wie heißt die Lehrerin?

P.: Frau Krischen.

Dr. C.: Frau Krischen. Wie sieht sie aus?

P.: Och, klein.

Dr. C.: Klein.

P.: Sie fragt …

Dr. C.: Was fragt sie?

P.: Sie geht an die Tafel und sagt: „Heute schreiben wir ‚Sonne'."

Dr. C.: Sonne.

P.: Ich nehme meine Tafel und den Griffel …

Dr. C.: In die Hand …?

P.: In die linke Hand …

Dr. C.: In die linke Hand …

P.: und schreib „Sonne", einmal. Und sie sagt – oh – warum? Ich soll schreiben. Sie sagt immer wieder: „schreib es besser".

Dr. C.: Schreib es besser …

P.: und dann kommt sie – sie geht immer die Reihen durch. Sie hält vor dem Griffelkasten …

Dr. C.: Vor dem Griffelkasten …

P.: das Oberteil ist rausgenommen, und das hat sie in der Hand. Sie kommt zu mir …

Dr. C.: Sie kommt zu dir …

P.: und sagt: „Warum hast du den Griffel …"

Dr. C.: Den Griffel …

P.: „wieder in der linken Hand?"

Dr. C.: Wieder in der linken Hand.

P.: Sie nimmt meine Hand …

Dr. C.: Nimmt deine Hand …

P.: sie schlägt ganz kurz drauf.

Dr. C.: Sie schlägt dich?

P.:	Ich halte den Griffel fest, sie schlägt noch einmal drauf, und ich lasse den Griffel fallen.
Dr. C.:	Lässt den Griffel fallen …
P.:	Er fällt zu Boden …
Dr. C.:	Fällt zu Boden …
P.:	und zerbricht in drei Teile.
Dr. C.:	Zerbricht in drei Teile.
P.:	Sie bückt sich und gibt das vordere Teil mir in die Hand …
Dr. C.:	Und gibt das vordere Teil dir in die Hand …
P.:	aber in die rechte Hand und dann hält sie die Hand ganz fest und setzt sie auf und sagt: „Du schreibst jetzt rechts ‚Sonne'."
Dr. C.:	Du sollst schreiben …
P.:	Ich will nicht. Ich sag: „Warum muss ich rechts schreiben? Es geht links einfacher."
Dr. C.:	Es geht links einfacher …
P.:	„Man schreibt rechts, wir schreiben alle rechts."
Dr. C.:	Wir schreiben alle rechts …
P.:	Sie hält die Hand fest.
Dr. C.:	Sie hält die Hand fest.
P.:	Und ich muss mit Gewalt rechts „Sonne" schreiben. Mir ist ganz schlecht vor Angst.
Dr. C.:	Bleib ganz ruhig, ganz ruhig …
P.:	Und sie sagt: „Siehst du, so einfach geht das." Ich fühle Schuld, Schuld …
Dr. C.:	Warum fühlst du Schuld?
P.:	Ich kann es nicht.
Dr. C.:	Gehst du gern in die Schule?
P.:	Ich gehe sehr gern in die Schule.
Dr. C.:	Sehr gern?

P.:	Eigentlich ja. Nur, nur wenn ich nicht schreiben muss, das tue ich nicht gern.
Dr. C.:	Was machen die anderen, wie schreiben die?
P.:	Die schreiben alle rechts.
Dr. C.:	Alle rechts …
P.:	Es geht manchmal, …
Dr. C.:	Was geht manchmal?
P.:	Es macht Spaß. Ich male gern.
Dr. C.:	Du malst gern?
P.:	Ich möchte ihr … nicht, ich werde üben und ich will gefallen …
Dr. C.:	Womit willst du gefallen?
P.:	Ich will rechts schreiben.
Dr. C.:	Rechts schreiben, tut das weh?
P.:	Weh tut das nicht, aber es geht langsam.
Dr. C.:	Es geht langsam …
P.:	es sieht so krakelig aus, …
Dr. C.:	Es sieht krakelig aus …
P.:	… und ich übe jeden Tag.
Dr. C.:	Jeden Tag. Was sagt die Mutter dazu?
P.:	Tja, die Lehrerin hat der Mutter, sie hat ihr alles erzählt …
Dr. C.:	… alles erzählt.
P.:	Die sagt, dass sie darauf achten soll, dass ich immer rechts schreib.
Dr. C.:	Die Lehrerin?
P.:	Die Mutter war böse …
Dr. C.:	War böse …
P.:	… weil die Lehrerin das gesagt hat, dass ich an die Wand …
Dr. C.:	Was hast du an die Wand geschrieben?

P.: Nein, den Griffel runtergeworfen habe.

Dr. C.: An die Wand den Griffel geworfen?

P.: Sie sagte zu meiner Mutter, dass sie gezwungen war, mich zu bestrafen: „Du gehst heute den ganzen Nachmittag in den Keller."

Dr. C.: In den Keller. Was macht sie im Keller. Hast du Angst, in den Keller zu gehen?

P.: Ja, ich habe Angst.

Dr. C.: Vor dem Schulkeller?

P.: Dass die Russen kommen.

Die Patientin weint.

Dr. C.: Sei ganz ruhig, ganz ruhig, ganz ruhig, deine Gedanken sind schwer und langsam, langsam, langsam, du schläfst ein, fühlst dich wohl, entspannt, angenehm entspannt, du nimmst nur diese Entspannung wahr, du bist ganz ruhig, ganz ruhig, ganz ruhig. Es war ein wunderschöner Traum, du hast geträumt, du träumst von Erlebnissen mit den Schmetterlingen, von der blühenden Wiese, die mit Blumen übersät ist, wie mit Edelsteinen. Du bist frei, ganz locker, ganz entspannt.

Es war ein Traum, im Traum läuft die Zeit, in dem Traum läuft die Zeit weiter. Du bist wieder in der Röhre, du bist durch die Wand der Röhre diffundiert, du hast sie durchdrungen, als ob sie aus purer Energie bestünde, du bist wieder zurück in der Röhre, du schwebst nach vorne, du schwebst nach vorne, du bist acht Jahre alt, 9 Jahre alt, 10 Jahre alt, im Alter von 10 Jahren halten wir etwas an, du schaust dich um, du siehst angenehmes Licht außerhalb der Röhre, lass dir Zeit, du bist 11 Jahre alt, du schläfst weiter, du bist 12 Jahre alt, 13 Jahre alt, 14 Jahre alt, 15 Jahre alt, im Alter von 15 Jahren wird angehalten, im Alter von 15 Jahren, und dann schweben wir weiter. Du bist jetzt 16 Jahre alt, 17 Jahre alt, 18 Jahre alt, 19 Jahre alt, Sie sind 20 Jahre alt.

Im Alter von 20 Jahren machen wir einen kleinen Halt, jetzt gehen wir wieder nach vorne durch Zeit und Raum. Sie sind 21 Jahre alt, 22 Jahre alt, 23 Jahre alt, 24 Jahre alt, 25 Jahre alt, 26 Jahre alt, 27 Jahre alt, 28 Jahre alt, 29 Jahre alt, 30 Jahre alt. Sie sind im Alter von 30 Jahren, wir schweben weiter nach vorne, Sie sind 31 Jahre alt, 32 Jahre alt, 33 Jahre alt, 34 Jahre alt, 35 Jahre alt, 36 Jahre alt, 37 Jahre alt, 38 Jahre alt, 39 Jahre alt, 40 Jahre alt.

Sie sind am Ausgang der Röhre. Es ist wieder wie eine Schwelle, die Sie durchschweben, es ist kein Sog mehr da, Sie sind im Alter von heute, im Hier und Jetzt, draußen im Raum, wo ein diffuses Licht ist, ein Licht, das keine Schatten wirft, das keine Konturen entstehen lässt, ein Licht, das von nirgendwo kommt und nirgendwohin fällt, ein Licht, das sich wie ein Nebel benimmt. Die Röhre bleibt hinter Ihnen hängen, Sie bewegen sich frei durch dieses Licht, frei durch dieses Licht, weg von der Röhre, und Sie sehen vor sich wieder graue Nebelschwaden, eine Nebelbank, die auf Sie wartet, die sich freut, dass Sie kommen. Sie tauchen hinein in diesen Nebel, kommen immer tiefer und tiefer hinein, in den Nebel, in den Nebel, der nicht kalt und nicht warm ist, nicht feucht, nicht trocken ist, ein Nebel, der alles grau erscheinen lässt, ein Nebel, wo Sie nicht wissen, wo vorne und hinten oder oben und unten ist. Sie kommen immer tiefer und tiefer hinein. Sie kommen durch die dunkle Mitte durch, Sie kommen langsam auf die andere Seite, Sie kommen langsam auf die andere Seite, wo sich der Kreis dreht, und dieser dreht sich um seine dunkle Mitte, rasend schnell, ein Kreis, der sich auf der Stelle bewegt, wie ein Heiligenschein. Der Kreis symbolisiert Bewegung und Leben, weil Leben Bewegung ist, und Bewegung ist Leben. Sie fühlen sich beweglich und lebend, Sie haben alles in sich behalten, in der Triade der Wirkung – meine Worte, mein Einfluss und ihre eigenen Gedanken verbunden in eine Einheit.

Sie haben das alles in sich behalten, in Erinnerung, es ist wiederholbar, wiederrufbar, wenn Sie daran in einem wachen Zustand denken werden, werden Sie sich erinnern, wie an einen Traum, an diese Erinnerung können Sie dann weiter denken, sie können das verarbeiten, diese ganze Erinnerung wird nicht verdrängt, es bleibt hier und jetzt in der Gegenwart, als eine ganz normale Erinnerung bestehen, es ist nichts, was vergessen wird, es wird alles behalten, es wird alles behalten.

Nur meine Stimme wird vergessen, nur meine Stimme wird vergessen, es wird alles beibehalten. Sie werden sich erinnern können, mit jemandem gesprochen zu haben, aber den Klang der Stimme werden Sie nicht mehr im Gedächtnis haben, es wird eine abstrahierte Stimme, die Sie nicht zuordnen können, eine ganz normale abstrahierte Stimme, wie aus der tiefen Vergangenheit, eine Stimme, die Ihnen fremd ist, fremd in der Persönlichkeit und in den Emotionen, die aus der tiefen Vergangenheit kommt, eine Stimme erinnert an die tiefe Vergangenheit, man weiß, dass eine Stimme da war, dass eine Stimme gesprochen hat, aber man hat die Stimme aus der tiefen Vergangenheit abstrahiert, sie ist jetzt unpersönlich, Sie werden sich an alles erinnern können, Sie werden sich an alles erinnern können, in der Gegenwart, was sich damals abgespielt hat, das wird wie eine Erinnerungsspur, die bleibt, Sie werden sich dabei angenehm, wohl und entspannt fühlen, locker, frei und angenehm, wie nach einem erfrischenden Traum, wie nach einem Traum, der zwar eine Alptraumphase hatte, aber die war dann gefolgt von einem sehr angenehmen Erlebnis… und das Ganze wurde übertönt von dem schönen Traum. Sie werden sich wohl, locker und entspannt fühlen, ohne jegliche Ängste. Sie haben keine Ängste mehr, keine an die Situation gebundenen Ängste, auch nicht in der Zukunft, das war ein angenehmes Erlebnis, was Sie wahrgenommen haben, war keine Manipulation, es ist alles nur sehr frisch und aus der eigenen Erinnerung hochgekommen, es ist alles nur herausgekommen, was in der Tiefe der Erinnerung verankert war, es ist keine Manipulation, und es kann auch nicht als eine Manipulation wahrgenommen werden, es wird wahrgenommen wie ein ganz normaler Gedächtnisprozess, mit einer Interaktion, die ihn begleitet hat. Sie fühlen sich locker, frei und entspannt, wohl, locker, frei und entspannt, es ist alles verankert in der Erinnerung… stimulierend wirksam, sich projizierend nur in Ihre Gedanken, Gefühle und Handlungsabläufe, als der normalste Teil der ganzen Entwicklung nur in den Gedanken. Sie fühlen sich locker, frei, ganz locker und frei, entspannt, ganz locker, ganz frei.

Wenn ich Sie zurückzähle in die Gegenwart, wachen Sie bei eins auf, frisch, entspannt und locker, ganz erfrischt, entspannt und locker, wenn ich Sie zurückzähle, Schritt für Schritt, und Sie werden sich entspannt und locker fühlen… 10, 9, 8, 7, 6, 5, 4, 3, 2, 1.

Dr. Cizek berührte sanft den Arm der erwachenden Probandin, auf ihren Lippen war ein leichtes, zufrieden-glückliches Lächeln, sie fühlte sich offensichtlich wohl…

Eines hatte sich jetzt deutlich gezeigt: Die Umschulung war nicht so harmlos verlaufen, wie sich die Opernsängerin erinnert hatte. In der Schule wurde sie von der Lehrerin gezwungen, rechts zu schreiben, mit der Drohung, dass, wenn sie es nicht tut, sie in den Schulkeller eingesperrt wird, und das Mädchen hatte eine riesige Angst vor dem Keller durch Erlebnisse mit den Russen. Und dieser Keller war auch die direkte Verbindung, warum sie, als Dr. Cizek sie in das Schulalter zurückgeführt hatte, aus der Klasse in die mehrere Jahre zuvor stattgefundenen Erlebnisse in dem Kohlenkeller mit ihrer Mutter und ihrem Vater „rutschte“. In der späteren Nachbearbeitung erklärte die Probandin noch, dass ihr Vater ein Raketeningenieur aus Peenemünde war, und darum suchten die Russen nach ihm.

Aus einer zehnminütig geplanten Vorführung wurde allerdings eine Stunde. Minute lief nach Minute ab. Die Spannung war kaum zu ertragen, und wir haben alle wahrgenommen, dass Dr. Cizek, mit zunehmender Zeit grenzenlos erschöpft, irgendwie alterte und alterte.

Als die Stunde zu Ende war und Dr. Cizek die Probandin wieder in die Gegenwart zurückgeführt hatte, trug sie keinen Schaden davon, im Gegenteil, sie fühlte sich sichtlich erleichtert durch das Wiedererleben dessen, was als traumatisches Erlebnis in ihrem Inneren wahrscheinlich verborgen gewesen war und sich in Alpträumen, Depressionen und Ängsten niedergeschlagen hatte. Diese Zustände, gab sie dann zu, wiederholten sich von Zeit zu Zeit, und weil sie sich die Zusammenhänge nicht erklären konnte, wurden sie zu einer Plage. Jetzt wurden sie plötzlich durch diese nochmalige Verarbeitung verringert bis überwunden. Das war der positive Teil des Experiments. Der negative lag darin, dass in der folgenden Pause der Fernsehkameramann zu Dr. Cizek kam, ihn lange anschaute und sagte: „Vorher habe ich Sie für einen Scharlatan gehalten, jetzt habe ich vor Ihnen Angst."

Abb. 36 Fachseminar über Linkshändigkeit und Hemisphären-Lateralisation, 1986

Münchener Medizinische Wochenschrift, 128 (1986) Nr. 8

Aktuelle Medizin

MMW

Kongressbericht

Umgeschulte Linkshänder

Der Knacks im Gedächtnis

Nach einer statistischen Erhebung der Organisation für neutrale Wissenschaften in München stellen in früher Kindheit umgeschulte Linkshänder (Pseudorechtshänder) ca. 60 % aller psychotherapeutischen Fälle. Erklärt wird diese Tatsache durch genuine, unterschiedliche Funktionsweisen der Gehirnhemisphären von Links- und Rechtshändern, die durch Umerziehungsprozesse gestört werden können.

Das rechtshemisphärische Denken der Linkshänder. Statistische Angaben zum Anteil der Linkshänder in unserer Bevölkerung liegen bei ca. 10 %. Wissenschaftler dagegen gehen von einer genotypischen Verteilung der Linkshändigkeit von bis zu 50 % aus. Methodische Schwierigkeiten, Ausprägungsunterschiede und die hohe Dunkelziffer von Pseudorechtshändern führen zu dieser Diskrepanz.

Die genuine Händigkeit eines Menschen wird bestimmt durch die über Kreuz mit der Handlungshand verbundene dominante Gehirnhälfte, bei Linkshändern also die rechte Hemisphäre. Die Überlegenheit einer Gehirnhemisphäre bezieht sich aber nicht nur auf motorische Funktionen, sondern ist auch Grundlage besonderer Begabungen und des Bewusstseinsmodus eines Menschen (vergleiche Tabelle).

Das behinderte Denken des Pseudorechtshänders. Auch nach der Umschulung eines Linkshänders zu einem Pseudorechtshänder bleibt seine rechte Gehirnhälfte dominant. Sie ist nun jedoch gehemmt, während die linke Hemisphäre überlastet wird. Die Folgen sind Störungen der Übermittlungsprozesse im Corpus callosum, die eine Behinderung von Gedächtnisleistungen hervorrufen können. Die Funktionen der Aufnahme von Informationen (Lernen) und vor allem ihrer Reproduktion (Erinnern) sind beeinträchtigt. Häufig kommt es dann zu Situationen, in denen der Betroffene zwar weiß, dass er etwas weiß, es aber nicht mitteilen kann. Je höher seine Intelligenz, desto stärker leidet er unter diesen Gedächtnis-Pannen, fühlt sich „dumm" und verunsichert. Schließlich kann er Minderwertigkeitskomplexe, Ängste und Vermeidungsverhalten, soziale Rückzugstendenzen und Depressionen entwickeln. Auch Sprachstörungen wie Stottern und Stammeln sowie legasthenische Erscheinungen lassen sich pathogenetisch so erklären. Psychotherapeutisch sind diese „Fälle" schwer beeinflussbar, da weder dem Patienten noch dem Therapeuten der Zusammenhang der Symptome mit einem Jahre zurückliegenden Umerziehungsprozess bekannt oder bewusst ist.

Das diskriminierende Denken der Rechtshänder. Obwohl die Händigkeit des Menschen seit Jahrzehnten Gegenstand reger Forschungstätigkeit ist, bleiben wissenschaftliche Erkenntnisse auch heute in weiten Gesellschafts- und Lebensbereichen ohne praktische Relevanz. Besonders in der Schul- und Arbeitswelt sind Linkshänder nach wie vor eine Randgruppe, die sich den „rechtsfreundlichen" Bedingungen anzupassen hat und für die Chancengleichheit damit nicht gewährleistet ist.

Verantwortlich scheinen gewisse Fehleinstellungen zu sein, in denen Händigkeit mit Geschicklichkeit gleichgesetzt, als flexible Eigenschaft oder von einer Beidhändigkeit des Menschen (echte Beidhänder sind nur 1 % der Bevölkerung![1] ausgegangen wird. Wirtschaftliche Aspekte dürfen zudem eine nicht unerhebliche Rolle spielen, wenn beispielsweise der Produktionsanteil von Materialien für Linkshänder bisher noch unter 10 % liegt und sich hauptsächlich auf Haushaltsartikel beschränkt. Interessant wäre jedoch, die „ersparten" Produktionskosten dem finanziellen Aufwand für therapeutische Bemühungen gegenüberzustellen. (fi)

Linke Hemisphäre (rechte Körperseite)	**Rechte Hemisphäre** (linke Körperseite)
analytisches, logisches Denken; linear, d. h. aufeinander folgend	synthetisches, ganzheitliches Denken; beziehungsreich und gleichzeitig
Brocca-Sprachzentrum	räumliches und perspektivisches Vorstellungsvermögen
Zeiterleben	bildhafte Vorstellung Melodiegedächtnis sprachfreies Ausdrucksverständnis
Intellekt	Intuition
Optimismus	Pessimismus

Vorwiegende Funktionsverteilung in den Gehirnhemisphären; individuelle Variationen sind möglich (nach B. Sattler, München).

Seminar „Händigkeit: Rechts- und Linkshänder"; München, 11.–12. 1. 1986; Veranstalter: Organisation für neutrale Wissenschaften (ONRS), München.

1 Anmerkung: Inzwischen wird auch diese Zahl in Frage gestellt, nämlich ob es sich bei solchen Menschen nicht doch um umgeschulte oder zerebral irritierte Menschen handelt. Siehe Artikel: „‚Beidhänder' sind hirngeschädigt". In: Münchener Medizinische Wochenschrift. Wiederabgedruckt in: Sattler, Der umgeschulte Linkshänder, S. 350–355.

Diese Aufnahmen wurden nie zu einer Sendung verarbeitet und verschwanden im Archiv.

Die ganze Veranstaltung hatte aber unter den Fachleuten einen ungeheuren Erfolg, und wir haben noch eine ganze Reihe ähnlicher Vorträge und Seminare durchgeführt, allerdings ohne Hypnose.

Über diese Veranstaltung, auch mit Auslassung der Hypnosesitzung, von der wir nur noch eine Tonbandaufnahme besitzen, berichtet der auf der gegenüberliegenden Seite abgedruckte Artikel aus der Münchener Medizinischen Wochenschrift.

6.7 Zusammenarbeit mit dem Staatsinstitut für Schulpädagogik und Bildungsforschung und dem Kultusministerium

Seit die Beratungs- und Informationsstelle für Linkshänder und umgeschulte Linkshänder von der Stadt München gefördert wurde (1986, 1987 und 1988 in Regelförderung), benutzten auch andere Gruppen, die dem Selbsthilfezentrum angeschlossen waren, unseren kleinen Saal. Sehr regelmäßig traf sich dort der Waerlandkreis, dessen Mitglieder sich vornehmlich vegetarisch und von Rohkost ernährten. Ihre Themen waren wohl gesundheitlicher Art und bezogen sich vor allem auf die Ernährung. Gerade im Sommer bekamen wir öfter herrliche Pflaumen als Geschenk. Und dann wurde ich eingeladen, bei einem ihrer Treffen über unsere Tätigkeit zu berichten, und hielt an einem Samstagnachmittag einen Vortrag „Der Linkshänder und die Erziehung des linkshändigen Kindes“ (4. 7. 87).

Diese Veranstaltung fiel gerade in die Zeit unserer ersten Ausstellung von Werken linkshändiger Künstler, und unser die Ausstellung betreuender Mitarbeiter hatte mir berichtet, dass eine sehr interessierte Dame vom Kultusministerium sich die Bilder angesehen hätte, und sie wollte auch zu dem Vortrag im Waerlandkreis kommen.

Da die Mitglieder des Waerlandkreises durch ihre gesunde bis etwas nährstoffarme Ernährung durchweg alle sehr schlank und sogar sehnig waren und es oft nach ihrer Veranstaltung würzig nach Kräutern und getrocknetem Gras in unserem Saal duftete, fiel mir eine ganz in Schwarz gekleidete, etwas burschikose, sehr magere Dame mit ausgesprochen kurzem Haarschnitt und einer originellen Kopfbedeckung überhaupt nicht auf. Aber ich erwartete andauernd den angekündigten Besuch vom Kultusministerium, jedoch niemand kam.

Nachdem ich meinen Vortrag gehalten und noch einige Fragen beantwortet hatte, trat die zierliche bis dürre Dame auf mich zu und stellte sich als Dorothea Krippner, Referatsleiterin im Staatsinstitut für Schulpädagogik und Bildungsforschung vor.

Ich war perplex, diese Überraschung war gelungen, und ich werde sie nie vergessen.

Noch beeindruckender waren aber die Energie, die von ihr ausging, die Begeisterung und auch das künstlerische Verständnis, das sie zeigte, und ihre Entschlossenheit, dass mehr für linkshändige Kinder vonseiten des Kultusministeriums, mit dem ihre Institution zusammenarbeitete, ja dem sie direkt unterstellt war, getan werden müsse.

Sie erzählte mir auch, wie sie von unserer Ausstellung gelesen hätte, sofort auf die Suche gegangen sei und der Linkshandprodukt-Händler im Asamhof – wahrscheinlich aus Gram, dass man sich für uns und nicht für seine Waren interessierte – ihr gesagt habe, er hätte noch nie etwas von einer Beratungsstelle für Linkshänder oder von einer Ausstellung von Werken linkshändiger Künstler gehört. Aber es wäre nicht Frau Krippner gewesen, wenn sie sich nicht ein zweites Mal auf die Suche nach unserer Ausstellung begeben hätte und sie auch fand.

Sie erzählte mir, dass sie eine Arbeitsgruppe leitete, die sich mit verschiedenen Problemen bei Grundschülern beschäftigte und schlug mir vor, einen Artikel über linkshändige Kinder zu schreiben.

Das war der Beginn einer äußerst fruchtbaren Zusammenarbeit, die später zu einer der wesentlichen Veröffentlichungen für linkshändige Kinder im Grundschulalter führen sollte.

Im Herbst 1987 erschienen dann auch im Staatsinstitut für Schulpädagogik und Bildungsforschung die ausgearbeiteten Materialien über „Das linkshändige Kind bei Schuleintritt“, die an alle bayerischen Schulberatungsstellen verschickt wurden:

„Staatsinstitut für Schulpädagogik und Bildungsforschung, München

Materialien
für Schulberatungsstellen

Unter Mitarbeit von Dorothea Krippner zusammengestellt von Dr. Johanna Barbara Sattler, München

Das linkshändige Kind bei Schuleintritt

Linkshändige Kinder brauchen anfangs etwas mehr Aufmerksamkeit vonseiten der Lehrer, bzw. es soll mehr Rücksicht auf ihre Andersartigkeit genommen werden. Hier ist einiges schwerpunktmäßig zu beachten, damit der Schulablauf und das Schreiben- und Lesenlernen ohne Komplikationen vor sich geht:

1. Das linkshändige Kind sollte so sitzen, dass es mit dem linken Arm Bewegungsfreiheit hat, also links in der Bank oder neben einem anderen Linkshänder.
2. Auf die richtige Blatthaltung (Richtwert um ca. 30 Grad nach rechts geneigt) ist von Anfang an zu achten und nicht erst, wenn mit dem Füller zu schreiben begonnen wird. Dann sind bestimmte motorische Abläufe schon eingelernt, die Haltung ist nur noch sehr schwer zu korrigieren, und es kann zu der verkrampften Handhaltung „von oben“ (hakenförmig) kommen, die im ungünstigsten Fall zu migräneartigen Erkrankungen im Erwachsenenalter führen kann.

Das Kind soll gerade sitzen, und das Stiftende soll etwa in Richtung auf die linke Schulter zeigen. Das Blatt soll leicht nach links von der Körpermitte verschoben liegen.

Die Hand- und Armhaltung soll locker und nicht verkrampft sein.

Die Drehung des Blattes nach rechts sollte individuell bestimmt werden und dem Kind ein gewisser Grad an eigener Bestimmung gelassen werden (der richtige Winkel der Blattdrehung nach rechts kann auch in Zusammenhang mit der Augendominanz stehen).

3. Lichteinfall ist von rechts und von vorne.
4. Das richtige Arbeits- und Schreibgerät für Linkshänder:

In den meisten Fachgeschäften sind Füller für Linkshänder erhältlich, deren Feder etwas abgeflacht ist, sodass beim Schreiben das Papier nicht aufgerissen wird, denn der Linkshänder „schiebt" im Gegensatz zum Rechtshänder, der die Feder über das Papier „zieht".

Linkshänderscheren sind insofern wichtig, als bei diesen Scheren das Kind genau auf die Schnittlinie sehen kann und dazu nicht die Hand verdrehen muss – dies geschieht, wenn es eine Rechtshänderschere benutzt; weiter sind Schliff und Hebeldruck der Schnittflächen bei einer Linkshänderschere anders, sowie oft auch der Griff für Daumen und Zeigefinger. Auch Linkshänderscheren kann man heutzutage in den meisten Fachgeschäften kaufen.

Weiter gibt es Spitzer und Lineale speziell für Linkshänder, die allerdings nur in Spezialläden für Linkshänder zu beziehen sind bzw. die man bestellen kann (Adressenliste unten). Im Unterricht sind diese Geräte insofern sinnvoll, als beide wieder den typischen Eigenschaften des Linkshänders entgegenkommen. Der Spitzer für Linkshänder dreht nach außen und das Lineal zählt von rechts nach links, so, wie es zum Zeichnen mit der linken Hand adäquater ist. Diese Lineale sind aber besser erst in höheren Klassen zu verwenden, wenn sich das linkshändige Kind an die ihm „entgegenlaufende" Schriftrichtung gewöhnt hat, bei Schulanfängern hingegen sollte die Richtung von links nach rechts geübt werden, und ein solches Lineal könnte eventuell verwirrend für das Kind sein.

Es gibt auch Stühle mit Kollegplatten auf der linken Seite, die im Musikunterricht manchmal Verwendung finden und die nach unseren Informationen ohne Aufpreis auf Anfrage von verschiedenen Firmen hergestellt werden. Schnell trocknende Filzstifte verhindern das Verwischen.

5. Wichtig sind auch Lockerungsübungen der Schreibhand und Zeichenübungen, die die Bewegung von links nach rechts, entsprechend der Schriftrichtung, nachvollziehen.

6. Handarbeits- und Handwerksunterricht:
Eine Anleitung zum Stricken und Häkeln mit der linken Hand findet man in dem Buch von Maria Natter, Stricken (Falken-Handbuch).

Wenn es dem Lehrer besonders schwer fällt, seitenverkehrt anzuleiten, können eventuell ältere linkshändige Schüler hinzugezogen werden, die den jüngeren Stricken, Häkeln und Sticken mit der linken Hand zeigen (pädagogisch positiver Effekt und Gefühl, als Linkshänder nicht so allein dazustehen).

Im Handwerksunterricht können z. B. beim Sägen Schwierigkeiten auftreten. Sägeblätter mit runden Zähnen erleichtern das Arbeiten, und in den Spezialläden für Linkshänder ist zu erfahren, wo es spezielle Sägeblätter für Linkshänder gibt.

7. Musikunterricht: Blockflöten für Linkshänder führen gute Musikgeschäfte. Manche Kinder benützen lieber diese, andere haben keine besonderen Schwierigkeiten mit den üblichen Blockflöten.

Beim Erlernen eines Musikinstruments ist besonders darauf zu achten, dass die linke Hand schneller lernt und der Linkshänder mit der rechten Hand länger üben muss. So gibt es Klavierstücke, in denen der linken Hand der schwierigere Teil zukommt.

Inwieweit frühes Erlernen des Klavierspielens zu Umschulungsfolgen führen kann, ist noch nicht geklärt.

Geigen und Gitarren können umgestellt werden, sodass die linke Hand den Bogen hält bzw. die Saiten anschlägt, denn mit diesen Tätigkeiten scheint der künstlerische Ausdruck besonders verbunden zu sein, während das richtige Greifen der Saiten eine akkurate technische Tätigkeit ist, die von der nicht dominanten Hand übernommen wird.

Bei Bewegungsspielen und rhythmischer Erziehung ist die spontane Drehbewegung des linkshändigen Kindes gerade „andersherum", und durch „normierte" Bewegungsabläufe, die dem Kind „gegen den Strich gehen", ist schon manchem linkshändigen Kind die Freude an der Bewegung zur Musik genommen worden.

8. Manche Kinder schreiben am Anfang hin und wieder Spiegelschrift, d. h., sie schreiben die Buchstaben seitenverkehrt, z. B. „d" statt „b". Das ist eine Eigenschaft, die sich normalerweise schnell gibt, die aber auch ein Hinweis auf Umschulungsversuche auf die rechte Hand sein kann. Diese Spiegelschrift hängt mit der „anders herum" verlaufenden Blickbewegung bei Linkshändern – von rechts nach links – zusammen und wahrscheinlich auch mit deren größerer Fähigkeit der Raumwahrnehmung.

Entsprechend lesen diese Kinder manchmal sogar ganze Wörter von rechts nach links und fangen folgerichtig oben rechts auf dem Blatt zu lesen an. Eltern kann man eventuell den Tipp geben, mit Büchern von Sigrid Heuck (siehe Literaturliste) die Richtung unserer Schrift zu üben. Diese Bilderbücher sind so gestaltet, dass in dem Text kleine Bilder eingefügt sind, die

Wörter ersetzen und wo auch Kinder, die noch nicht so gut lesen können, die Schriftrichtung von links nach rechts einüben können. Erfahrungsgemäß stellt sich das linkshändige Kind schnell auf diese ein, und derartige Fehler verschwinden.

Es kann notwendig sein, die Eltern zu beruhigen, die diesem Phänomen erstmals gegenüberstehen und manchmal dadurch höchst beunruhigt sind. Damit im Zusammenhang steht auch die Raum-Lage-Labilität; das ist die Links-Rechts-Unsicherheit bei manchen Linkshändern. Um dem Kind die dauernde Unsicherheit und das Gefühl des Versagens hier zu ersparen, ist eine Fixation z. B. auf das Herz in der linken Brust, einen Ring am Finger oder die Armbanduhr hilfreich.

Linkshändige Kinder bei Schuleintritt erscheinen aber leider nicht immer ganz eindeutig als Linkshänder. Umschulungsversuche auf die rechte Hand, im Elternhaus oder im Kindergarten, können verantwortlich dafür sein, dass bei dem schulreifen Kind die Handpräferenz nicht eindeutig zu sein scheint.

Einfache Händigkeitstests kann der Lehrer selber machen, wie Beobachtung der Hand, mit der sich das Kind meldet, mit der es die Türe oder das Fenster öffnet, einen Lichtschalter bedient oder Blumen gießt.

Zur genaueren Feststellung muss man auch beobachten, welche Hand das Kind für folgende Tätigkeiten benutzt:

Schreiben, Zeichnen, Malen, Zähneputzen, Kämmen, Hämmern, Werfen, Schneiden und Schraubenzieher, Nähnadel, Häkelnadel gebrauchen. Es ist wichtig, in welcher Hand das Kind das Messer mit Gabel hält, weiter Messer ohne Gabel und Gabel ohne Messer, und dann auch, welche Hand bei Geschicklichkeitsarbeiten die Führungshand ist.

Händefalten, Armeeinschlagen und Klatschen (die obere Hand bzw. der obere Daumen und Arm sind ausschlaggebend) sind kein signifikanter Hinweis. Häufig gebrauchen Linkshänder auch bevorzugt den linken Fuß, was ein weiteres Indiz für Linkshändigkeit sein kann: hüpfen auf einem Bein, Ballschießen.

Bei total auf rechts umgestellten Linkshändern (Typ A und B) hat der Lehrer meistens wenig Möglichkeiten, zu agieren bzw. Rückschulungsversuche vorzunehmen. Hier ist Rücksichtnahme auf die Primärfolgen der Umschulung notwendig und die Betonung der Intelligenz, die trotz Umschulung erhalten bleibt.

Bei Kindern, die erst kurz vor Schuleintritt zum Schreiben umgeschult wurden (Typ C), ist die Chance, diese Umschulung wieder rückgängig zu machen, weit größer.

Adressen:

Beratungs- und Informationsstelle für Linkshänder und umgeschulte Linkshänder, ONRS – Sendlinger Str. 18 (inzwischen umnummeriert, Nr. 17), 8000 München 2, Tel.: 089/268614.

Die Beratungsstelle wird von der Landeshauptstadt München gefördert und arbeitet eng mit dem Psychologischen Institut der Universität Köln zusammen. Es werden Beratungen und Testuntersuchungen angeboten. Die Tests und Beratungen sind kostenlos und werden von Fachleuten der ONRS durchgeführt. Es geht dabei besonders um die Entdeckung und Bestimmung der Händigkeit beim Kind und um die Einstellung zu seiner Händigkeit.

Beratung in der Kindergartenzeit, der Zeit der Einschulung – die richtige Schreibhaltung. Die Ratsuchenden werden über Gebrauchsgegenstände für Linkshänder, die richtige Berufswahl des Linkshänders u. v. a. informiert und bei Schulschwierigkeiten ihrer schon umgeschulten, linkshändigen Kinder beraten.

Weiter fördert die Beratungsstelle Selbsthilfegruppen für Eltern linkshändiger Kinder und veranstaltet Spiel- und Malgruppen für kleine Linkshänder.

Gebrauchsgegenstände wie Scheren und Füller für Linkshänder gibt es bereits in vielen guten Schreibwarengeschäften und Haushaltsgegenstände in entsprechenden Läden.“

Dann folgten eine Auswahl empfehlenswerter Läden und Versandunternehmen mit Linkshändergegenständen und eine Zusammenstellung von wichtigen Büchern für die Bewältigung des Alltags mit linkshändigen Kindern und eine lange Liste mit Fachliteratur. Der Artikel endete mit folgendem Hinweis:

„Es ist hier nicht möglich, eine auch nur annähernd vollständige Literaturliste der wichtigen Veröffentlichungen aufzuführen. Es handelt sich hier um eine kleine Auswahl der Literatur, die wir auch besonders verarbeiten.

München, den 10. Juli 1987“

6.8 Anmerkungen zu Läden und Versandhandel mit Produkten für Linkshänder

Kontakt und Zusammenarbeit mit dem Münchner Händler für Linkshandprodukte brachten uns viel Ärger ein. Wir hatten nicht rechtzeitig bemerkt, was für eine schwierige Persönlichkeit er hatte, und wir trennten uns bald von ihm. Danach stellten wir fest, dass nicht er der erste Händler mit Produkten für Linkshänder in Deutschland sein konnte, wie er es uns und der Presse vermittelt hatte, sondern dass bereits um 1980 der Stuttgarter Laden ABC mit Jürgen Ullrich in der Königstraße Linkshandprodukte verkaufte in enger Anlehnung an den Londoner Laden, der etwa zwölf Jahre früher – angeblich als erster Laden für Linkshänder in der Welt – eröffnet worden war.

Zu den ersten Läden und Versandhandlungen mit Linkshandprodukten in Deutschland gehörten auch der LAV – Linkshand-Artikel-Vertrieb mit Versand und Großhandel seit 1986 in Schwanewede und Laden in Bremen von Luise Däumler, Lefti von Christoph Lechtermann in Bielefeld, die Spezialgeschäfte für Linkshänder von Manfred Spiker in Berlin, der Versand von Horst Fricke in Georgsmarienhütte, Laden und Versand von Eva-Maria Strüver und ihrem Mann in Hamburg sowie der Versand von Elisabeth Höhn in Worms seit 1978.

Inzwischen ist die Liste der Läden und Versandgeschäfte sehr angewachsen, aber es besteht eine große Fluktuation. Viele schaffen es nicht, durchzuhalten, und müssen wieder schließen. Das Motiv zur Gründung eines Ladens oder Versandhandels für Linkshandprodukte war oft die Linkshändigkeit eigener Kinder und die Beobachtung der Schwierigkeiten, die diese in der auf Rechtshändigkeit genormten Welt haben.

Die oft äußerst idealistischen Grundhaltungen, verbunden mit großem Engagement für die Sache, genügen aber meist nicht, um ein ausreichendes Einkommen zu erwirtschaften. Die Käuferschaft ist eher kompliziert: Die erwachsenen Linkshänder haben sich recht und schlecht an die für rechtshändigen Gebrauch hergestellten Gegenstände gewöhnt und haben aus Gründen der visomotorischen Automatisierung Probleme, die für sie eigentlich günstigeren Linkshandprodukte richtig zu gebrauchen. Linkshändige Kinder hingegen bekommen oft zu spät die eigentlich passenden Gebrauchsgegenstände zur Verfügung gestellt und haben daher dann auch oft ihre Probleme mit diesen.

Aber der Durchhaltekraft der Pioniere auf dem Gebiet des Verkaufs von

Linkshandprodukten ist es zu verdanken, dass diese Idee, die sich meist nicht als clevere Geschäftsidee entpuppt, sondern als mühevolle Arbeit, die auch aus vielen Beratungsgesprächen mit Betroffenen und relativ geringen Umsätzen besteht, nicht gestorben ist, sondern mehr denn je oft in zäher Geduld und Ausharrungskraft durchgetragen wird.

6.9 Multiplikationsprozesse

6.9.1 Außenstelle auf dem Land

Für unsere inzwischen äußerst zahlreichen ehrenamtlichen Mitarbeiter in München waren die Tätigkeiten in Mittelfranken zur Integration von Lernbehinderten in einen Beruf zwar ein Begriff, aber nur als etwas Gehörtes, was jedoch uns in München nicht weiter tangierte.

Es handelte sich um ein Projekt der internationalen ONRS, autark und von unserem deutschen Verein organisatorisch getrennt. Ziel dieses Projektes war eine Ausbildung von Lernbehinderten in verschiedenen Betrieben mit einer neu entwickelten Lernmethodik. Eine weitere Besonderheit sollte das praktisch umgekehrte Lernsystem gegenüber der klassischen Schule sein. Dort ist die Zeit eine Konstante (jeweilige Klassen) und der Inhalt des gelernten, verstandenen und behaltenen Stoffs ist variabel (divergierende Benotung); hier sollte der Inhalt konstant sein, hingegen die Lernzeit variabel, unterstützt durch die Flexibilität von sehr kleinen Gruppen. Unser Verein hatte die Möglichkeit, die Räumlichkeiten kostenfrei mitzunutzen, und da wir für eine Tätigkeit außerhalb von München keine Förderung bekamen, stellten jene eine sehr willkommene Gelegenheit dar.

Als dieses Arbeitslernprojekt aus einer Reihe von externen Gründen beendet wurde, interessierte sich für die Geschehnisse ein amerikanischer Journalist, jüdischer Herkunft – die er andauernd betonte –, der perfekt Deutsch sprach und lange Zeit an Ort und Stelle genau und inkognito recherchierte. Er war ursprünglich durch das gestellte Ziel dieses Projektes motiviert: u. a. die Exploration eines Systems, das dann vor allem in der Dritten Welt angewandt werden sollte: Jede Einrichtung dieser Art muss ohne Zuschüsse auskommen, sich selbst finanzieren und die unterschiedlichsten vorherigen Bildungsstufen und -arten der Auszubildenden zu einem vergleichbaren Endergebnis, gerichtet auf die Praxis, integrieren. Bei seinen Recherchen stieß er auch auf unsere eingegliederte Außenstelle und ihre Arbeit weckte gleichfalls sein Interesse, u. a. als mit dem Ende des Projektes die Räumlichkeiten verloren gingen und unsere Tätigkeit dort eingestellt werden musste. Sein Buch ist bissig-ironisch verfasst und trägt den Arbeitstitel „Dallas und Dynasty (Denver) in Mittelfranken". Es kommt wahrscheinlich zuerst in den USA heraus, nachdem meine bereits übersetzten Bücher dort veröffentlicht sind.

Nur am Rande wurde registriert, dass in Mittelfranken in den Räumen des wissenschaftlichen Teils des Arbeitslernprojektes auch eine Nebenstelle für Linkshänderberatungen eingerichtet worden war und neben sehr erfolgreichen dort stattfindenden Veranstaltungen auch direkt in Kindergärten gezielte Aktionen durchgeführt wurden.

Auf dem Lande wurden noch viele Kinder auf die rechte Hand umgeschult. Ein Ergotherapeut in einer südlicher gelegenen kleinen Stadt schulte sogar linkshändige Kinder auf Krankenschein auf rechts um und hatte einen Einzugsbereich von über hundert Kilometern. Wir hatten einige Testuntersuchungen und Beratungen bei Eltern durchgeführt, die direkt oder indirekt von ihm beeinflusst worden waren und dann entsetzt zu uns kamen, als sich die ersten Probleme in der Schule zeigten. Ulrike Hörst, die im wissenschaftlichen und Betreuungsbereich des Arbeitslernprojektes tätig war, hat sich dort für die Beratungen äußerst engagiert, und unsere führenden Mitarbeiter Johann Kramer und Georg Riedel haben zahlreiche Kindergärten angesprochen, um sie auf unsere Arbeit aufmerksam zu machen, und beide haben viele positive Samen für die Zukunft gelegt.

Ein Erlebnis in diesem Zusammenhang werde ich nie vergessen. Es kam schon fast eine Art Hilferuf von der Kindergartenleiterin in einem kleinen Ort. Dort gab es einen Lehrer, der bei den Erstklässlern äußerst beliebt war, er machte Späße mit ihnen, übertrieb es nicht mit seinen Ansprüchen an Ordnung und Disziplin, aber die Kinder lernten bei ihm besser schreiben und lesen als bei manchen streng, amtlich genau arbeitenden Kollegen; kurz, die Kinder gingen mit Begeisterung zu ihm in die Schule. Er brüstete sich jedoch damit, dass bei ihm seit achtzehn Jahren noch kein linkshändig schreibendes Kind die erste Klasse auch so verlassen hätte.

Die Kindergartenleiterin war verzweifelt, sie hatte versucht, mit diesem Lehrer zu sprechen, aber er sah kein Problem in seinem Verhalten, denn er zwang doch kein Kind dazu, sich umzuschulen, sie taten das freiwillig. Jedoch sah er nicht die weitere Entwicklung der Kinder, die Schwierigkeiten, die sie in den kommenden Klassen bekamen, und er beeinflusste massiv die Eltern schon vor der Einschulung, linkshändige jüngere Geschwister seiner Schüler auf rechts umzustellen.

Lernen – Fördern. Zeitschrift für Eltern, Lehrer und Erzieher, Heft 5, Oktober 1986

Dr. Johanna Barbara Sattler

Umschulung der Händigkeit

Ein massiver Eingriff ins menschliche Gehirn

Die Händigkeit des Kindes wird auch heute noch von vielen Menschen als eine Frage der Geschicklichkeit angesehen.

Die Händigkeit ist jedoch ein Ausdruck der Hirnhemisphären-Lateralisation (Struktur und Dominanz bzw. der Funktionteilung der Hirnhälften). Wird diese Struktur durch Umschulung der Händigkeit gestört, kann es zu massivsten Störungen im Bereich der Gedächtnisprozesse (Lernen, Behalten und Wiederrufen des Gelernten) und der Konzentrationsfähigkeit kommen. Dabei ist es übrigens gleichgültig, ob die Umschulung von der linken auf die rechte oder von der rechten auf die linke Hand – im Falle eines Unfalls – vorgenommen wurde.

Bei Kindern und, mit Einschränkungen auch bei Erwachsenen, äußert sich so eine Umschulung in legasthenischen Eigenschaften, in geminderten Durchhaltevermögen, geringer geistiger Belastbarkeit, motorischen Störungen und in Sekundärfolgen wie Überkompensation, unregelmäßigen Schulleistungen, geminderter Reproduzierungsfähigkeit des gelernten Stoffes. Weitere häufige Folgen sind Verhaltensreaktionen wie „Kaspertheaterspielen" oder Rückzugstendenzen, verbunden mit starken Minderwertigkeits- und Versagergefühlen; auch Stottern und Bettnässen können oft damit in Verbindung gebracht werden.

Diesen Schwierigkeiten stehen Eltern und oft auch Lehrer relativ hilflos gegenüber. Gerade für Eltern kann es äußerst schmerzhaft sein, wenn das Kind, das sie bis zum Schuleintritt „gut über alle Gefahren gebracht haben" (Schwangerschaft, Geburt, erste Entwicklungsjahre) und das sich zunächst geistig wach und hoffnungsvoll entwickelte, dann in der Schule durch seine Leistungen enttäuscht und somit versagt. Ein solcher Bruch trifft die Eltern meist völlig unerwartet. Mit dieser Enttäuschung finden sie sich zunächst nicht so schnell ab, es dauert geraume Zeit, bis dann das Kind endgültig als das „dümmere", „unbegabtere" in der Familie neu eingeordnet wird und alle Hoffnungen gegebenenfalls auf eines der Geschwister verlagert werden.

Für das Kind selbst führt diese Veränderung des Sicherheitsgefühls in Bezug auf sein eigenes Können und seine Fähigkeit – verbunden mit der Wahrnehmung der stolzen Zuwendung der Eltern – zu der Erfahrung des unbegreiflichen Versagens und Nichtfunktionierens. Das ist ein äußerst massiver Eingriff in die ganze weitere psychische und kognitive Entwicklung. Das Kind empfindet das als einen unerwarteten Bruch, „der alles ins Wanken bringt" und es nimmt oft sehr deutlich die manchmal kaum kaschierte Enttäuschung der Eltern (und schließlich ihr Abfinden mit der neuen Situation) wahr. Es entwickelt sich ein neues Selbstbild des Versagers, des Unbegabten, Dummen. Dies drückt sich nicht nur in dem ganzen Erscheinungsbild des Kindes aus, sondern bedeutet oft sogar gesundheitliche Beeinträchtigungen mit tief einschneidenden, persönlichkeitsdeformierenden Prozessen.

Es wird oft gefragt, wie es heute noch zu diesem „massivsten unblutigen Eingriff" in das menschliche Gehirn kommen kann, „denn es wird doch nicht mehr umgeschult". Umgeschult wurde aber noch bis vor wenigen Jahren und oft sogar drastisch, z. B. durch Schläge auf die linke Hand oder auch durch Umwickeln der Hand mit einem Handtuch (in mehreren Fällen hat sich der Lehrer sogar auch noch auf die „falsche Hand" gesetzt) oder „humaner" durch einen nassen Waschlappen und Festbinden der linken Hand.

Solche Methoden und Strafen sind heute nicht mehr üblich, eher noch der Versuch, dem linkshändigen Kind durch Versprechungen (Geld, Süßigkeiten) oder durch moralischen Druck („Du hast es mir doch versprochen ...") von dem Gebrauch der nicht dominanten rechten Hand zu überzeugen.

Laut Lehrplan für die Grundschule (1.–4. Jahrgangsstufe, Erstschreiben) kann nämlich der Lehrer bei „leichter Linkshändigkeit eines Kindes behutsam zum Gebrauch der rechten Hand anregen". Ausgeprägte Linkshänder dürfen nicht gezwungen werden, die Schreibhand zu wechseln. Das heißt aber in der Praxis, dass Kinder, die angeblich keine ausgeprägte Linkshändigkeit aufweisen, weiter umgeschult werden dürfen!

Viele Kinder werden schon vor ihrem Eintritt in die Schule beim Gebrauch ihrer Händigkeit beeinflusst und schulen sich, unter Druck von außen oder sogar aus eigenem Bedürfnis, selbst von der linken auf die rechte Hand um.

Die erste kritische Phase entsteht beim Lernen mit Messer und Gabel umzugehen und beim Handgeben. Gerade in dieser Zeit haben Verwandte und Bekannte großen Einfluss auf das Kind und manchmal genügt relativ wenig Einsatz, das Kind zu überzeugen, „wie alle anderen auch", rechts, mit dem „schönen Händchen", alles zu tun.

Diese Umwelteinflüsse können Eltern bis zu einem gewissen Grad kontrollieren. Die Kindergartenzeit ist aber die nächste, äußerst kritische Phase, wo das Kind durch Einfluss der Gruppe (Vorbild, Modell, Nachahmung), Erzieherin oder Eltern anderer Kinder selbst zu dem Entschluss, sich von der linken auf die rechte Hand umzuschulen, kommen kann. Gerade die Kinder, die angeblich keine „stark ausgeprägte Händigkeit" zeigen, sind äußerst gefährdet.

Durch das Schreiben- und Lesenlernen in der Schule werden die Störungen im Gehirn quasi verfestigt und vertieft und durch Leistungsvergleiche mit Mitschülern die Schwierigkeiten erst richtig manifestiert. Durch Rückkoppelung des Versagens an Ängste vor neuem Versagen verschlimmert sich alles noch weiter. Dabei sind besonders Blockierungen, „Fadenverlieren und Nichterinnernkönnen", typisch.

Oft kann das Kind zu Hause alles ganz genau; in der Schule aber, wenn es sich gemeldet hat und aufgerufen wurde, kann es das Gelernte und Gewusste plötzlich nicht mehr vorbringen. Eine weitere Schwachstelle sind die so genannten Flüchtigkeitsfehler, die für den umgeschulten Linkshänder typisch sind. Das Kind schreibt z. B. das gleiche Wort auf einer Seite einmal richtig und zweimal falsch. Lehrer und Eltern sind erzürnt und verzweifelt und das Kind tief deprimiert; für dieses ist das eine Qual und Plackerei, die oft jeden Spaß und jede Freude an Schule und Lernen für viele Jahre verdirbt.

Tadel hilft wenig

Dieses Fehlverhalten wirkt manchmal so, als sei bei den Umgeschulten die Verbindung von Gehirn und Ausführungsorgan (Hand und Mund) gestört, als wirke dort ein „Wackelkontakt", der manchmal den richtigen Befehl und manchmal den falschen Befehl weitergibt. So kommt es zu Flüchtigkeitsfehlern, Verdrehungen von Buchstaben und ganzen Wörtern, Versprechern und manchmal auch zu motorischen Schwierigkeiten. Es hilft dann wenig, das Kind zu tadeln oder durch noch größere Belastungen weiter zu ermüden, denn der Umgeschulte setzt sowieso andauernd ein Vielfaches an Kräften und Anstrengungen ein. Wenn er etwas Erfolg haben will, muss er sich oft komplizierte „Eselsbrücken" bauen, sich überanstrengen, um mit seinen Mitschülern vergleichbare Leistungen zu liefern.

Für das umgeschulte Kind und oft auch für seine Eltern ist besonders irritierend, dass Denkprozesse und Intelligenz an sich nicht gestört sind, dass aber das Erinnerungsvermögen bzw. die entsprechende Wiedergabe von Gedanken nicht funktionieren. So geben gerade Umgeschulte ein sehr zwiespältiges Erscheinungsbild ab; auf der einen Seite zeigen sie schlechte mündliche und schriftliche Leistungen und äußern sich eher wenig und unpräzise; auf der anderen Seite überraschen sie wieder durch ihre plötzlichen und unerwartet guten Leistungen z. B. bei Klassenarbeiten oder im Mündlichen. So stellen sie den Lehrer vor Rätsel bei der gerechten Beurteilung der Leistung und dieser führt dann oft die dazu im Kontrast stehenden Minderleistungen auf „Faulheit" zurück – eine moralische Besetzung, die dann zu weiteren negativen Persönlichkeitsentwicklungen führt (Rückzugs- und Ausstiegstendenzen, Verweigerung; „Faulenzen" bzw. Lügen usw.).

Für die Persönlichkeitsentwicklung des umgeschulten Kindes ist das Vertrauen von den Eltern und den Lehrern in seine Fähigkeiten genauso wichtig wie Essen und Trinken für den Körper. Umgeschulte Linkshänder sind, wie kaum eine andere Gruppe, abhängig von positiver Verstärkung, von genügend Erholung und einem ausgeglichenen Lebensrhythmus.

Eltern fühlen sich oft hilflos, wenn sie entdecken, dass ihr Kind linkshändig ist; sie wissen nicht, wo sie Informationen oder Unterstützung bekommen können und sind oft ratlos gegenüber den verschiedensten Meinungen, die über Linkshändigkeit und die Behandlung des Kindes verbreitet werden.

Schon die Fähigkeit, Spiegelschrift schreiben zu können, Buchstaben bedenkenlos umzukehren und in der „falschen" Ecke des Blattes zu beginnen, irritiert sie äußerst – dabei ist es eine besondere Eigenschaft der Linkshänder, mit Leichtigkeit Buchstaben umdrehen zu können, eine Fähigkeit, die mit einer anderen Wahrnehmung zu tun hat. Auch über die angeblich unüberwindbaren Schwierigkeiten beim Schreiben und Basteln (wegen Haltung und Schreib- und Handwerksgerät) fehlt es an Informationen; es gibt Spezialläden, die Füller und Scheren für Linkshänder führen. Die lockere Schreibhaltung kann das Kind lernen.

Oft wird auch die Frage nach Möglichkeiten und Chancen einer Rückschulung bei bereits mit der rechten Hand schreibenden linkshändigen Kindern gestellt, wenn massive Schwierigkeiten in den ersten Schuljahren aufgetreten sind.

In München führen die ONRS (Organisation für neutrale Wissenschaften) und die Interessenvereinigung für Linkshänder kostenlose Beratungen und Informationsgespräche für Linkshänder und umgeschulte Linkshänder bzw. für Eltern linkshändiger Kinder durch. Inzwischen ist es auch zu einer Zusammenarbeit mit dem Bayerischen Landesverband zur Förderung Lernbehinderter gekommen. Vertreter der Interessenvereinigung und der ONRS haben z. B. an deren Vorstandssitzung teilgenommen. Geplant ist eine weitere Zusammenarbeit auf dem Gebiet der Aufklärung und Beratung über Händigkeit.

Beratung ist wichtig

Aufklärung und Beratung sind sehr wichtig, denn je älter das Kind ist, desto schwieriger wird eine Rückschulung. In den höheren Klassen werden immer größere Leistungsanforderungen gestellt (eine schnelle, flüssige und leserliche Handschrift) und die ungeübte linke Hand schreibt meist in einer Schrift, die an Schnelligkeit und Ausdruck etwa der eines Zweitklässlers entspricht. Auf der anderen Seite haben sich Ängste und Fehlverhalten oft schon so tief eingeprägt, dass ein Rückschulungsprozess sehr schwierig ist. Therapeutische Interventionen sind aber auch in diesem Alter wichtig, um die eventuell massiven Folgen der Umschulung psychisch zu verarbeiten und um eine neurotische Umsetzung mit oft gravierenden Persönlichkeitsschäden zu verhindern.

In den ersten Schuljahren dagegen, so bestätigen auch Fachpädagogen, besteht noch eine Möglichkeit, mit Einfühlung und psychotherapeutischer Erfahrung diese Rückschulung vorzunehmen. So ein Eingriff sollte aber möglichst unter therapeutischer Begleitung durchgeführt werden und von allen Seiten erwünscht und akzeptiert sein. Mit dem Kind sollten Lockerungsübungen gemacht und therapeutische Gespräche geführt werden, die ihm helfen, eine entspannte Haltung beim Schreiben zu finden und eine positive Einstellung zu seiner ursprünglichen Händigkeit und der Rückschulung zu gewinnen.

Die Zahl der Therapeuten, die diese Rückschulung fachlich vornehmen können ist allerdings nicht sehr groß (Informationen gibt die ONRS, Sendlinger Str. 18 [inzwischen umnummeriert: Nr. 17] 80331 München, Tel. 0 89/26 86 14).

Ein sinnvoller Beitrag zur Chancengleichheit wäre in diesem Zusammenhang, einen Bonus bei der Beurteilung der schulischen Leistungen von umgeschulten Linkshändern einzuführen, sodass zumindest der gesellschaftlich aussondernde Prozess, der den Umgeschulten von Anfang an massiv trifft (durch die hohen Anforderungen gerade auf den Gebieten, auf denen das Kind durch die Umschulung besonders behindert ist), etwas abgeschwächt wird. Nur so kann die Ungerechtigkeit und die immense Mühe, mit der der Umgeschulte dann oft auf dem Zweiten Bildungsweg an Zeugnissen und „Passierscheinen" nachholt, was seiner eigentlichen Intelligenz entspricht, gemildert werden. Auf diese Weise können auch Persönlichkeitsdeformationen verhindert werden, die sich aufgrund der von außen zugefügten, aber nicht genau bestimmbaren Ungerechtigkeit aufbauen. Durch die offizielle Anerkennung der umgeschulten Händigkeit als Behinderung könnten diese Menschen zur offenen Auseinandersetzung mit ihren Störungsinhalten, aber auch zum Akzeptieren ihrer Schwierigkeiten (wenn sie die wahre Ursache kennen) kommen und somit lernen, sich auf ihre Behinderung einzustellen um mit ihr zu leben – also ohne Minderwertigkeitskomplexe und ohne eine entsprechende neurotische Entwicklung.

An einem Abend kam es dann zu einer Veranstaltung in dem Kindergarten, und auch dieser Lehrer hatte sich bereit erklärt, zu kommen. Es war ein sehr geschickter Schachzug der Erzieherin, ihn auch einzubeziehen, herzlich einzuladen und sein Kommen öffentlich bekannt zu geben. Und er kam. Er war von imponierender Gestalt, weißes, volles Haar und ein sympathisches Gesicht, und alle die Mütter waren gekommen, die linkshändige Kinder hatten, die entweder zu ihm in die Klasse kommen sollten, von ihm gerade unterrichtet wurden oder früher bei ihm gewesen waren. Mir kam es wie eine stumme, vorwurfsvolle Gemeinde vor.

Der Lehrer hörte sich alles aufmerksam an, und ich hatte eine harte Auseinandersetzung erwartet, die aber nicht kam. Wir sprachen danach noch zusammen, und er sagte, dass man früher über die Gehirnprozesse noch nichts wusste und nichts gelernt hatte, und dann wies er auf den damals aktuellen bayerischen Lehrplan hin, in dem stand: „Bei leichter Linkshändigkeit eines Kindes kann der Lehrer behutsam zum Gebrauch der rechten Hand anregen.“ Zum Schluss sagte er, er möchte die linkshändigen Kinder in Zukunft ihre Händigkeit frei entwickeln lassen und die ganze Problematik genau beobachten. Ich war ziemlich beeindruckt, nicht jeder Lehrer reagierte so.

Die Umschulung von linkshändigen Kindern war aber keine Spezialität nur von Bayern, sondern auch aus anderen Bundesländern erreichten uns nach wie vor Anfragen und verzweifelte Hilferufe der Eltern, die im Nachhinein feststellen mussten, dass sie die Händigkeit ihrer Kinder selbst umgeschult hatten, oder zuließen, dass das andere taten, und ihnen so eine Zukunft voller Nachteile und Schaden bereitet haben.

Ein besonders ergreifender Brief hat uns 1987 erreicht:

Sehr geehrte Damen und Herren,

heute, 4. 2. 1987, habe ich Ihr Interview mit dem Sender SWF 3 gehört. Das, was Sie über die Kinder, die Linkshänder sind und darunter leiden, gesagt haben, trifft ausnahmslos auf unseren Sohn Georg zu.

Unser Georg, 1. 10. 1976, war im Kindergarten eine „führende Persönlichkeit“. Die Kindergärtnerin hat oft, wenn die anderen Kinder etwas nicht verstanden, Georg den anderen Kindern erklären lassen, worum es geht. Alles deutete darauf hin, dass unser Sohn leicht durch die Schule kommt. Wir hatten von Georg nie Bestleistungen erwartet, sondern Noten um „befriedigend“. Aus diesem Traum sind wir ganz kalt erwacht, mit jedem

Monat ging es mit Georg bergab. Er wurde Klassenletzter, und auch Nachhilfeunterricht brachte keine Besserung. Die Lehrerin von Georg, die 2 Jahre die Klasse hatte, beschwor uns mindestens einmal im Monat, wir sollten Georg an die „rechte Hand“ gewöhnen, denn links kann man keine Schule absolvieren!

Je mehr bei Georg gegen seine Linkshändigkeit angegangen wurde, desto weniger lernte er. Ich musste zur Nervenärztin, da ich total fertig war. Ich hatte mir die ganze Schuld gegeben, war sicher, dass ich die schlechteste Mutter war, unfähig, ein Kind zu erziehen. Nach viermonatiger Schlaflosigkeit und einer längeren Behandlung ging es mir langsam besser. Als Georg in die dritte Klasse kam, war ich froh, dass uns die Lehrerin nicht mehr im Nacken saß. Die 3. Klasse verlief nicht gut, und in der vierten Klasse haben wir Georg in die 3. Klasse zurückversetzen lassen.

Das war im September 1986.

Unser Sohn will immer bei den Ersten in der Klasse sein, schafft es aber nicht, was ihn ungeheuer deprimiert. Da aber weder mein Mann noch ich glauben wollen, dass für Georg kein Aufwärtstrend mehr möglich ist, schreiben wir Ihnen. Ihr Interview lässt uns wieder hoffen!

Werden Sie uns antworten?

Mit freundlichen Grüßen

Und hier wollten wir wirken und wir haben gewirkt.

6.9.2 Medientransformation der Linkshänder-Problematik

Wir nahmen jede Gelegenheit wahr, Öffentlichkeitsarbeit zu machen und Informationen zu vermitteln, wann immer wir gebeten wurden. Es kamen Einladungen zu Vorträgen in Volkshochschulen, in Kindergärten, Grundschulen, und es kam auch immer mehr Interesse von Lehrern, die durch die Sorgen der Eltern um eine angemessene Erziehung ihrer linkshändigen Kinder immer stärker auf das Defizit an Informationen über die Behandlung linkshändiger Kinder in ihrer eigenen Aus- und Fortbildung aufmerksam wurden und ihr diesbezügliches Interesse an ihren Schulrat weitergaben. So erreichten uns immer häufiger Einladungen von Schulräten zu Fortbildungsvorträgen für Lehrer. Diese Fortbildungen fanden in ganz Bayern statt und auch in anderen Bundesländern.

Besondere Bedeutung hatten die Veranstaltungen für Erzieher und Lehrer im Pädagogischen Institut der Stadt München, die allein im Jahr 1988 viermal in dem kleinen Saal der Beratungsstelle für Linkshänder stattfanden. Die Teilnehmerzahlen waren immer überschritten, und oft mussten Interessenten abgewiesen und auf die Zukunft vertröstet werden.

Unter den Erziehern und Lehrern waren regelmäßig auch umgeschulte Linkshänder, denen meist zum ersten Mal die Tragweite der Folgen ihrer Händigkeitsumschulung bewusst wurde. Sehr erschütternd war für mich, als eine Frau noch während des Vortrags in Tränen ausbrach und schilderte, dass sie sich ihr ganzes bisheriges Leben für dumm, minderwertig, zumindest aber für leicht beschränkt gehalten hätte und schluchzend, aber absolut präzis schildernd die Umschulungsfolgen bestätigte.

Auch das Fernsehen interessierte sich immer mehr für die Linkshänder. Ein typischer Artikel für diese Arbeit ist der aus der Ärzte Zeitung (siehe S. 360).

Besonders die folgende Sendung ist, neben verschiedenen anderen sehr informativen Berichten, hervorzuheben.

Sag die Wahrheit

Im Bayerischen Fernsehen gab es eine amüsante Serie namens „Sag die Wahrheit". Dort sollte aus drei Kandidaten jeweils einer als die tatsächlich beschriebene Person herausgefunden werden, in meinem Fall, wer „Barbara Sattler, die Leiterin der Beratungsstelle für Linkshänder und umgeschulte Linkshänder" war.

Das vorbereitende Fernsehteam arbeitete ausgezeichnet. Die Thematik traf einige sehr persönlich, weil sie entweder selbst umgeschult waren oder Verwandte hatten, die umgeschult worden waren, an denen sie die traurigen Folgen der Umschulung der Händigkeit im Einzelleben manifestiert sahen. Meine Bedingung war gewesen, dass bei allem Unterhaltungswert, den diese Sendung haben sollte, auch die Ernsthaftigkeit der Problematik herüberkommen muss.

Das Rateteam setzte sich aus Sabrina Lallinger, Saskia Sperl, Günther Jauch und Heiner Lauterbach zusammen.

Ich konnte meine Nervosität immer noch nicht ganz beherrschen, aber das ging den anderen beiden Kandidatinnen auch so, die vorgeben mussten ebenfalls „Barbara Sattler, die Leiterin der Beratungsstelle für Linkshänder und umgeschulte Linkshänder" zu sein. Wir wurden nummeriert, ich war Nummer drei. Und dann ging es los.

Ärzte Zeitung Nr. 90, 15./16. 5. 1987

Linkshänder soll man nicht auf den „rechten Weg“ zwingen

Von Inga-Maria Richberg

München. Wer einen Linkshänder gewaltsam auf den „rechten Weg“ bringt, tut ihm keinen Gefallen, sondern sorgt unter Umständen für lebenslange Probleme des Umerzogenen. Solches Unheil zu verhindern, hat sich die Beratungs- und Informationsstelle für Linkshänder und umgeschulte Linkshänder in München zum (langfristigen) Ziel gesetzt.

Anlass für die Gründung dieser Beratungsstelle im Jahre 1985 waren die Ergebnisse eines Forschungsprojektes über „Händigkeit und die Folgen der Umschulung“, das die Organisation für neutrale Wissenschaften (ONRS) unter Leitung des Kölner Psychologie-Professors Dr. Udo Undeutsch 1984 startete. Dabei kam zum Teil Verblüffendes heraus: Umgeschulte Linkshänder haben schon in Kindergarten und Schule ganz massive Probleme. Sie reichen von Gedächtnis- und Sprachstörungen bis hin zum Stottern. Konzentrations-, Lese- und Rechtschreibschwächen treten ebenso häufig auf. Nicht selten werden auch motorische Störungen bei den Kindern beobachtet.

Aber damit nicht genug. Weil der Zusammenhang mit der Umschulung der Händigkeit nicht erkannt wird, werden solche Kinder, wenn überhaupt, falsch therapiert, ihre Situation verschlimmert sich, Minderwertigkeitsgefühle treten auf, ebenso Hemmungen, Rückzugstendenzen. Sogar die Suizidgefährdung sei erhöht, erläuterte ONRS-Mitglied und Leiterin der Beratungsstelle, Dr. Johanna Barbara Sattler, selbst eine umgeschulte Linkshänderin. Das Kind versucht in der Folge, seine Probleme selbst zu kompensieren.

Ähnliches gilt für die umgeschulten Linkshänder, die bis zum Eintritt der Pubertät noch nicht beim (Schul-)Psychologen oder Arzt gelandet sind. Auch sie werden nach den Erfahrungen der Psychologin in den kommenden Lebensjahrzehnten selten therapeutische Hilfe suchen, sondern sich mit der Kompensation ihrer Schwierigkeiten befassen. Erst wenn diese misslungen oder, was eher der Fall ist, zusammengebrochen ist, tauchen die umgeschulten Linkshänder wieder als Patienten beim Arzt oder Psychotherapeuten auf.

Hier aber stehen natürlich die aktuellen Beschwerden im Vordergrund. Meist findet sich, so Dr. Sattlers Kollege Dr. Ivo-Kurt Cizek, auch rasch eine Diagnose, etwa eine Hypertonie oder eine gestörte Mutter- oder Vaterbeziehung. Der wahre Grund der Probleme aber bleibt verborgen.

Nach Schätzung von Dr. Sattler benötigt der Umerzogene etwa 30 Prozent seiner Nervenkraft, um die Umerziehung zu kompensieren. Tritt ein unvorhergesehenes Ereignis, meist emotionaler Art, ein, dann bricht der Schutzwall zusammen. Die Patienten reagieren dann entsprechend ihrem Persönlichkeitstyp: Der „Starke“, der eher zur Selbstüberforderung und Überkompensation neigt, entwickelt psycho-somatische Beschwerden wie Herz-/Kreislauferkrankungen, Magen-/Darmstörungen oder Migräne, der „Schwache“, der sich eher als benachteiligt empfindet, flüchtet sich in neurotische Störungen.

Dr. Sattler und Dr. Cizek haben in ihrer bisherigen Forschungstätigkeit und praktischen Arbeit nach eigener Aussage unzählige solcher Patienten kennen gelernt. Die Rückerziehung zur Linkshändigkeit hilft allerdings so spät meist nichts mehr. Die Patienten müssen vor allem lernen, so Dr. Cizek, ihre Situation zu akzeptieren. Eine spezielle Therapie für erwachsene Linkshänder hält Cizek für überflüssig: Sei erst einmal der Grund, die Umerziehung, erkannt, könne der Arzt oder Psychologe mit den bekannten Methoden ausreichend helfen.

Damit es aber erst gar nicht so weit kommt, hat die ONRS mit Unterstützung der Stadt München die Beratungsstelle eingerichtet. Hier finden Eltern linkshändiger Kinder, erwachsene Linkshänder und umgeschulte Linkshänder genauso Rat wie Psychologen, Ärzte, Lehrer und Kindergärtnerinnen. Mutmaßliche Linkshänder werden zunächst mit Computers Hilfe auf ihre tatsächliche Händigkeit untersucht. Daneben gibt es Selbsthilfegruppen für die Betroffenen. Oft, so Dr. Sattler, helfe es den Ratsuchenden schon sehr, wenn sie ihr Versteckspiel endlich aufgeben könnten.

Außerdem stehen die beiden Berater für Vorträge zur Verfügung und verschicken jährlich pfundweise Informationsmaterial auch über technische Hilfsmittel für Linkshänder an Betroffene und Interessierte im gesamten Bundesgebiet.

Kontaktadresse: Beratungs- und Informationsstelle für Linkshänder und umgeschulte Linkshänder, ONRS, Sendlinger Str. 18 [inzwischen umnummeriert: Nr. 17], 80331 München, Telefon 089/26 86 14.

Der Moderator Bernd Stephan kündigt die Raterunde an.

Frage: Nummer 1, wer sind Sie?

Nr. 1: Ich heiße Barbara Sattler und bin Leiterin der Beratungsstelle für Linkshänder.

Frage: Nummer 2?

Nr. 2: Ich heiße Barbara Sattler und bin Leiterin der Beratungsstelle für Linkshänder.

Frage: Nummer 3?

Nr. 3: Ich heiße Barbara Sattler und bin Leiterin der Beratungsstelle für Linkshänder.

Einsprache: Nur eine dieser drei Damen ist wirklich Barbara Sattler und nur für sie gilt: „sag die Wahrheit".

Applaus

Stephan: Sie haben es gehört, meine Damen und Herren, Beratungsstelle für Linkshänder, das gibt es wirklich, und die echte Barbara Sattler hat uns noch ein Briefchen geschrieben. Ihr (an das Rateteam gewandt) dürft die Umschläge jetzt bitte öffnen. Darin sagt sie Folgendes: Ich heiße Barbara Sattler und bin Leiterin der Beratungsstelle für Linkshänder. Ich fordere, dass das Problem der Linkshändigkeit nicht weiter verniedlicht wird, viele von uns sind umgeschulte Linkshänder und wissen es gar nicht. So können Krankheiten begünstigt und seelische Stresssituationen ausgelöst werden. Umgeschulte Linkshänder benötigen etwa 30 Prozent mehr Energie für alltägliche Vorgänge. Unsere Beratungsstelle bietet Hilfe für Linkshänder und Eltern und Lehrer von linkshändigen Kindern. Wir setzen uns dafür ein, dass die Industrie mehr Geräte für Linkshänder herstellt und bieten Tests für jeden an, der wissen will, ob seine Rechtshändigkeit angeboren oder erlernt ist. Gezeichnet Barbara Sattler.

Dazu muss ich anmerken, dass ich meinen Beitrag nicht so hart bis scharf zusammengeschrieben hatte, aber die Redaktion kürzte und pointierte.

Stephan: So, Ihr seid dran, unser Rateteam darf herausfinden, wer denn nun wirklich die Dame, die Leiterin der Beratungsstelle für Linkshänder, ist, wer ist Barbara Sattler, und wir fangen an bei Saskia, bitte Saskia.

Saskia Sperl: Nummer 1, sind Sie selber Linkshänder?

Nr. 1: Ja

Saskia: Nummer 2?

Nr. 2: Ja.

Saskia: Nummer 3?

Nr. 3: Ja.

Saskia: Nummer 1, an welcher Hand tragen Sie Ihre Uhr?

Nr.1: An der linken.

Saskia: Auch heute?

Nr. 1: Ja.

Saskia: Nummer 2, in den ersten beiden Lebensjahren ist da jedes Kind mehr rechts, mehr links oder sind beide Hände gleich?

Nr. 2: Nein, es ist also mehr links.

Saskia: Aha, und was sagen Sie, Nummer 1, dazu?

Nr. 1: Ich habe die Frage nicht richtig verstanden.

Saskia: In den ersten beiden Lebensjahren eines Kindes, macht es da mehr rechts oder mehr links oder mit beiden gleich?

Nr. 1: Das hängt von der Veranlagung ab.

Saskia: Nummer 3?

Nr. 3: Richtig.

Ich wusste nicht, was ich noch hätte hinzufügen sollen. Meine Mitspielerinnen haben übrigens die ganze Problematik nicht nur sofort begriffen, sondern auch exzellent gelernt und vorgetragen.

Saskia: Von der Veranlagung würden Sie sagen. Hm. Nummer 1, welche Krankheiten werden denn begünstigt?

Nr. 1: Psychosomatische Krankheiten, es gibt Sekundärfolgen, die sich durch das ganze Leben ziehen, wie ein roter Faden.

Schlusssignal

Stephan: Danke schön, Saskia, Heiner ist dran.

Heiner Lauterbach: Nummer 3, wann haben Sie gemerkt, dass Sie Linkshänder sind?

Nr. 3: Als ich in die Schule gekommen bin, in der 1. Klasse.

Heiner: Nummer 2, ist das grundsätzlich so, dass man das in der Schule merkt?

Nr. 2: Ja, weil man dann zum Schreiben kommt.

Heiner: Nummer 1, wie viele Leute sitzen in Ihrer Beratungsstelle?

Nr. 1: Wir haben ca. 50 ehrenamtliche Mitarbeiter und drei Mitarbeiter, die im administrativen Dienst tätig sind.

Heiner: Nummer 3, nennen Sie mir doch mal den für Sie berühmtesten Linkshänder.

Nr. 3: Leonardo da Vinci.

Heiner: Nummer 2, kennen Sie Steffi Graf und Martina Navratilowa, welche von beiden ist denn Linkshänderin?

Nr. 2: Ja, Navratilowa.

Heiner: Nummer 4, eh, Nummer 3, beziehen Sie …

Schlusssignal

Stephan: Die Nummer 4 hat ihn zu viel Zeit gekostet, Sabrina ist dran, bitte.

Sabrina Lallinger: Nummer 2, Sie haben etwas am rechten Auge.

Nr. 2: Das glaube ich nicht.

Sabrina: Wollen Sie nicht hinlangen und sich …

Nr. 2: Nein …

Allgemeines Lachen.

Sabrina: Nummer 1, was würden Sie machen, es gibt doch solche Tassen, die man so rechts- und linkshändig kaufen kann, finden Sie so etwas gut, dass es so etwas gibt?

Nr. 1: Ja.

Sabrina: Und Sie, Nummer 2?

Nr. 2: Es kommt darauf an, ob ein Motiv darauf ist, es kommt ja nicht auf den Henkel an, wenn ein Motiv darauf ist, dann ist es sinnvoll, dass es eine Tasse für einen Linkshänder ist.

Sabrina: Wenn ein Motiv darauf ist …?

Nr. 2: Auf der Seite, wenn auf einer Seite nur ein Motiv ist.

Sabrina: Ach so. Nummer 3, würden Sie einen Mann heiraten, der Rechtshänder ist?

Nr. 3: Warum nicht?

Sabrina: Nummer 1, haben Sie eigentlich das Gefühl, dass Sie benachteiligt werden als Linkshänder?

Nr. 1: In gewisser Weise ja.

Schlusssignal

Stephan: Danke schön, wir sind durch, und Günther darf noch.

Günther Jauch: Nummer 1, Sie fordern mehr Geräte der Industrie für Linkshänder, wie sieht die Waschmaschine für Linkshänder aus?

Lachen

Nr. 1: Höchstens die Tastatur auf der linken Seite, also die Bedienungstasten.

Günther: Ich bin nicht Linkshändler, Linkshänder (verbesserte er sich sofort, viele Leute sagen übrigens Linkshändler), aber Linksfüßler, wer kümmert sich um mich?

Lachen

Nr. 2: Die gleiche Stelle.

Günther: Ach ja, bin ich auch zu 30 Prozent mehr Energie …, bin ich kränker, Stresssituationen?, er macht ein entsprechendes Gesicht, …

Nr. 2: Nein!

Günther: Nicht. Nummer 3, wählen auch 58 Prozent aller Linkshänder in Bayern die CSU?

Lachen

Nr. 3: Ja, weil Doktor Franz Josef Strauß auch Linkshänder ist.

Klatschen

Stephan: Das ist auch eine klare Antwort gewesen.

Günther: Das reicht mir völlig. (Er schien ganz perplex zu sein).

Stephan: Das reicht dir?

Schlusssignal

Stephan: So, jetzt ist alles klar, ihr legt euch bitte fest, sagte er zu dem Rateteam, schreibt eine deutliche Zahl auf eure Zettel, ich gebe Ihnen (gemeint sind die Fernsehzuschauer) die Gelegenheit, unsere drei Kandidatinnen noch mal zu sehen. Ist die Richtige unsere Nummer 1 oder Nummer 2 oder unsere Nummer 3? So, ich hoffe, ihr habt es schon, Saskia kaut noch an ihrem Stift, noch nicht klar, entschuldige, ich wollte dich nicht bevormunden hier, ich wollte nur fragen, ob du jetzt votieren kannst, du darfst.

Saskia: Ja, schwierig. Nummer 3, ich habe so diesen Eindruck gehabt von dem Lesen dieses Briefes, dass da ein gewisser Fanatismus dahinter steckt, und Nr. 3 schaut so unfanatisch, was ich bei 1 und 2 nicht ganz so den Eindruck habe, also da sieht man schon, dass da Kraft dahinter steckt, dass sie etwas erreichen wollen, ja – mein Problem ist immer noch nicht geklärt, mit welchen Händen ein Kind greift. Ich denke mir, alle Kinder greifen eher links, und das hat Nr. 2 gesagt, und daher ist es für mich die Nummer 2.

Stephan: Gut, einmal die 2, und Heiner ist dran.

Heiner: Ja, da fange ich mal mit der Nummer 2 an, die gesagt hat, Linksfüßler haben die gleiche Beratungsstelle, das glaube ich einfach nicht, das kann ich mir nicht vorstellen.

Stephan: Sie sind beim DFB wahrscheinlich?

Heiner: Genau. Bei der Nummer 3 irritiert mich ein bisschen die Uhr an dem linken Arm, das glaube ich nicht, und die Nummer 1 ist die Einzige, bei der man die Uhr nicht sieht, und sie hat zwar gesagt, sie hat sie links, aber das glaube ich ihr auch nicht, deswegen sage ich Nummer 1.

Stephan: Einmal die 2 und einmal die 1, Sabrina.

Sabrina zu Heiner gewandt: Du glaubst relativ wenig, gell. Also Nummer 1, das ist auswendig gelernt und zwar mühsam zu Hause gesessen, drei Tage lang und das ist alles runtergerattert, die ist es, glaube ich, nicht. Nummer 2 machte mir am Anfang einen sehr verkniffenen Eindruck, jetzt ist sie sehr gelöst, sie hat so das Gefühl, jetzt ist die Hälfte schon vorbei, es kann nichts mehr passieren, die ist es auch nicht. Und Nummer 3 guckt so, als wenn sie mit dem Ganzen überhaupt nichts zu tun hätte, und das ist nämlich Mache, die ist nämlich ganz energisch dahinter, und jetzt macht sie so einen auf cool, die ist es.

Stephan: Also die 3. Ja, Günther, wo tendierst du hin?

Günther: Nummer 1 sitzt etwas linkisch da, das disqualifiziert sie noch nicht, Nummer 3 behauptet, dass unser Ministerpräsident Linkshänder sei, also an dem ist nichts links, nirgendwo.

Großes Lachen

Günther: Ich glaube, die Nummer 2 kümmert sich um meine Belange, falls tatsächlich Linksfüßler bei ihr vertreten werden, trete ich nach Ende der Sendung bei. Was kostet der Jahresbeitrag?

Nr. 2: Wir arbeiten ehrenamtlich.

Günther: Ausgezeichnet.

Stephan: Einmal die 1, zweimal die 2 und einmal die 3, wir lösen auf. Wer ist Barbara Sattler, ich bitte Sie aufzustehen.

Wir alle drei machten einen Ansatz aufzustehen, aber ganz stand nur ich auf. Sabrina jubelt.

Klatschen

Stephan: Nummer 1, Ihnen wurde eben nachgesagt, Sie machen das Ganze etwas verbissen, gut gelernt, drei Tage hat Sabrina gesagt, was sind Sie, was machen Sie?

Nr. 1: Ich heiße Maria Siegel und bin Müllermeisterin.

Stephan: Müllermeisterin, da schau her, und Nummer 2?

Nr. 2: Ich heiße Ingrid Kneiding und bin Heilpraktikerin.

Stephan: Aha, und Sie sind Barbara Sattler und haben sich gleich hier etwas auf den Tisch legen lassen, nämlich Demonstrationsobjekte, was ist das für ein Ding?

Nr. 3: Das ist ein Dosenöffner für Linkshänder, und zwar halte ich das mit für einen der wichtigsten Gegenstände für Linkshänder, man hält ihn so fest und dreht so.

Stephan: Aha.

Nr. 3: Für Kinder sind die Scheren sehr wichtig, für Kinder gibt es auch Füller, die sind etwas abgestumpft, dann gibt es auch Nagelscheren, die sind für Rechtshänder und Linkshänder, weil sich die Rechtshänder ja auch die rechte Hand schneiden müssen.

Stephan: Ja, ja, sicher.

Nr. 3: Dann habe ich einen Kreisel mitgebracht, den benutze ich für die Kinder, um zu sehen, wie sie greifen.

Stephan: Das ist ein Linkskreisel?

Nr. 3: Nein, das ist ein Rechts- oder Linkskreisel, aber das Kind findet ihn interessant und greift danach. Ich trage die Uhr tatsächlich rechts, obwohl ich Linkshänderin bin.

Stephan: Moment, links, links ...

Nr. 3: Ja, das ist typisch, ich verwechsele links und rechts oft.

Stephan: Werden Sie in irgendeiner Form unterstützt von der Öffentlichkeit her?

Nr. 3: Wir werden von der Stadt München unterstützt, seit letztem Jahr, und wir sind der Stadt sehr dankbar, sonst könnten wir die Arbeit überhaupt nicht machen.

Die Sendung ging weiter mit Erläuterungen zum Testen, wobei auch der anwesende Dr. Cizek half und dies an Günther Jauch manifestierte. Dann kam die Raterunde „vis-à-vis“ und es wurde angesagt, wer wen befragt und was es zu erraten gilt.

Die Sendung hat viele positive Reaktionen gehabt, und noch Jahre später erinnerten sich Menschen daran oder kamen, nachdenklich geworden durch diese Sendung, zu uns.

Eine gute Sendung über Linkshändigkeit und die Beratungsstelle wurde im Sommer vom ZDF, „Info Verbraucher“, gedreht und im Herbst 1988 gesendet. Diese Dreharbeiten hatten es aber in sich. Mit den Aufnahmen von Kindergruppen, Testuntersuchung und Beratung lief alles sehr gut, aber der verfluchte Text, den ich über die Gehirnhemisphären-Lateralisation sagen sollte, klappte einfach nicht und erinnerte entfernt an die Aufnahmen des Lottogewinners von Loriot.

Ich war damals insgesamt sehr erschöpft. Dr. Cizek war mit einem großen Packen Gutachten, die er bearbeiten wollte, und seiner Familie in Urlaub nach Spanien gefahren. Dort sollte er auch mit dem spanischen Psychologen Fernando Lozano Nogales und seiner wunderschönen Frau Pilar, die interessanterweise eine nicht umgeschulte Linkshänderin war, unsere Kontakte weiterpflegen und fachliche Informationen austauschen.

Die Projekte um das Arbeitslernprojekt zur Eingliederung von lernbehinderten Jugendlichen waren weiter fortgeschritten und die Fragen und Besprechungen, die Dr. Cizek ansonsten erledigte, lasteten auch noch zusätzlich auf mir. Dieser Film musste aber gedreht werden und er musste aussagekräftig und gut sein.

Die Redakteurin hatte das Gehirnmodell mit den überkreuzt verbundenen Nervenbahnen, die von den Händen ins Gehirn führten, vergrößert kopiert, und ich sollte, während ich sprach, die Nervenbahnen von der rechten Hand zur linken Gehirnhemisphäre mit blauem und von der linken Hand zur rechten Gehirnhälfte mit rotem Filzstift nachziehen.

Ich versprach mich mehrmals, sodass wir das Ganze wiederholen mussten. Der erste Teil war dann ganz gut, aber im zweiten kam ich wieder durcheinander, und wir begannen noch mal, und ich zeichnete noch mal die farbigen Verbindungen von Händen und Gehirnhälften ein. Der zweite Teil klappte jetzt hervorragend, und die Redakteurin wollte im Studio dann die jeweils besseren Aufnahmen zusammenschneiden. Ich war erleichtert, aber schon hörte ich die Redakteurin aufstöhnen – ich hatte bei den zwei Durchgängen die Farben gewechselt, und beim zweiten Durchgang waren linke Hand und rechte Gehirnhälfte anstatt mit einem roten mit einem blauen Strich verbunden.

Zum Glück waren genügend Vergrößerungen von dem Gehirnmodell kopiert worden, und ich nahm meine letzten Kräfte zusammen und begann noch einmal.

Es ging dann doch ganz ordentlich, und die Redakteurin schaute nachdenklich vor sich hin. Warum war sie nicht zufrieden, was war schon wieder falsch? Ich saß erschöpft in einem Stuhl und sah im Hintergrund unsere Sekretärin, die mir Zeichen machte, dass ein wichtiger Telefonanrufer wartete. Da bat die Redakteurin den Tonmeister: „Bitte, spielen Sie mir den Text noch mal vor."

Tatsächlich, etwas stimmte nicht, ich hatte im zweiten Teil versehentlich links und rechts verwechselt. Am liebsten hätte ich die Aufnahmen auf den nächsten Tag verschoben, und die Redakteurin willigte zunächst ein.

„Aber nein, halt", sagte sie, „machen wir es lieber heute, sonst haben Sie morgen etwas anderes an, und dann passt der erste Teil wieder nicht zum zweiten Teil, wie schön und richtig Sie auch sprechen und zeichnen."

Also noch mal; es gelang trotz einiger Schnaufer diesmal endlich inhaltlich richtig, kein Verwechseln von Links und Rechts oder von Rot und Blau.

Bei solchen Gelegenheiten fühlte ich mich oft kurz vor dem physischen und psychischen Zusammenbruch, ich war dann so erschöpft, als ob mir gleich der

Boden unter den Füßen wegrutschen würde, und bekam kaum noch mit, was um mich herum vorging, und der auch so wichtige Anrufer sollte sich morgen noch mal melden, für heute konnte ich nicht mehr.

Im Herbst drehte wieder Jutta Rapp, dieses Mal für SAT 1, in „Teletip Gesundheit“, eine sehr erfolgreiche Sendung über Linkshänder. Mit ihr ging es glatt und unproblematisch, wir kannten uns auch schon lange, und sie wusste genau, was sie wollte.

Im Sommer 1988 kam es aber noch zu einer für das Fernsehen nicht untypischen, für die Betroffenen aber bitteren Erfahrung mit den schnell wechselnden Entscheidungen bei Journalisten. Anfang Juni meldete sich eine Mitarbeiterin vom ZDF und lud mich zur „Tele-Illustrierten“ für die kommende Woche ein. Dazu sollte auch ein Film mit ansprechenden Bildern zur Tätigkeit der Beratungsstelle gedreht werden.

Gerade an diesem Wochenende konnte sie zu einer Kindergruppe eingeladen werden. Ich telefonierte mit Anni Rabenstein und Frau Flogaus, die sich der Gruppenarbeit ehrenamtlich und aufopfernd widmeten, und wir beschlossen, das Fernsehen in der Kindergruppe drehen zu lassen, wenn es der Sache diente. Es kamen viele Eltern mit ihren Kindern, und ich bat alle einzeln um ihr Einverständnis, dass gefilmt werden durfte. Die Kinder waren

Abb. 37 Kindergruppe in der Beratungsstelle

Feuer und Flamme, und das Fernsehteam mit einer sehr netten Redakteurin passte sich hervorragend der Situation an. Alles klappte sehr gut.

Am folgenden Dienstag rief dann die ZDF-Mitarbeiterin aus Mainz an und teilte mit, dass das Thema wegen aktueller Ereignisse leider vom Programm abgesetzt worden sei, vielleicht käme es später dran, es täte ihr sehr Leid. Ich persönlich konnte damit leben, ich war diesbezüglichen Kummer bzw. Unsicherheiten gewohnt, aber die Kinder …

Ich rief alle Eltern an und erzählte ihnen, dass das Thema abgesetzt beziehungsweise verschoben worden war, und bedankte mich noch mal für ihre Bereitschaft, mitzumachen.

Der Film wurde aber nie gesendet, und die Kinder fragten mich später bei jedem Gruppentreffen, jeder Veranstaltung und jedem Fest bei uns, wann denn der Film endlich gesendet würde, sogar ein Jahr danach war das noch nicht vergessen.

6.9.3 Lehrerfortbildungen

Einen der wichtigsten Aufgabenbereiche sah ich in der Fortbildung von Multiplikatoren, besonders von Lehrern und Erziehern, und war sehr glücklich, dass ich, nachdem ich schon jahrelang im Pädagogischen Institut der Landeshauptstadt München für Erzieherinnen und Erzieher und Lehrerinnen und Lehrer Fortbildungen über „Das linkshändige Kind – seine Begabungen und seine Schwierigkeiten“ halten konnte, auch an die Bayerische Akademie für Lehrerfortbildung (Dillingen) eingeladen wurde, was sich dann regelmäßig wiederholte. Der erste Vortrag war bei dem späteren Schulrat Klaus Kastl, der bald an das Schulamt in München und dann nach Nürnberg wechselte.

Vornehmlich war es die Institutsrektorin Christa Wege, die mich in der folgenden Zeit in ihre verschiedenen Lehrerfortbildungsveranstaltungen einlud und der ich zu verdanken habe, dass sie klar und deutlich ihre Wünsche darüber, was ich weglassen, vertiefen oder straffen sollte, formulierte und mir so eine objektive Rückmeldung gab: Dadurch konnte ich meine Referate deutlich verbessern. Allerdings muss ich zugeben, dass ich anfangs innerlich tief gekränkt war und mir ernsthaft überlegte, ob ich da noch mal hingehe. Aber Christa Wege hatte letztendlich Recht, das sah ich auch immer mehr ein, und sie trug so maßgeblich zum Erfolg meiner Vorträge bei.

Als ich eines der ersten Male bei ihr war, saß hinten eine Dame, die immer wieder nachfragte, und ich gab munter Antwort, verbesserte sie beim Üben des Schreibens mit der linken Hand, das alle Teilnehmer selber ausprobieren mussten, denn wie sollten sie es, als meist rechtshändige Lehrer, sonst den linkshändigen Kindern zeigen, wenn es ihnen selbst nicht richtig klar war. Diese Dame machte alles falsch und stellte dazu noch sehr kritische Fragen, akzeptierte dann aber meine Antworten, wenn sie plausibel und der Praxis entsprechend waren.

Ich wäre vor Schreck fast gestorben, als ich am Ende der Fortbildung feststellte, dass es sich bei dieser Zuhörerin um die bekannte Münchner Schulpsychologin Dr. Maria Staudacher handelte, von der ich schon viel gehört hatte, der ich aber noch nicht begegnet war. Sie hatte sich unter die Lehrer gemischt und wollte mal sehen, was ich so zu sagen hätte. Und sie schien zufrieden zu sein Frau Dr. Staudacher nahm mich in ihrem Auto nach München mit, und auf dieser Fahrt lernte ich einen humorvollen und den Kindern gegenüber äußerst liebevollen Menschen kennen und verstand mich sofort sehr gut mit ihr, wie es, glaube ich, allen Menschen, die ihr begegnen, auch geht. Sie hat das kindliche „Sichwundern über Menschen und Dinge“ nicht verlernt, jeden Menschen und jede Sache sah sie neu und individuell, und ich habe in der Zukunft viele meiner Sorgenkinder mit Schulproblemen zu ihr geschickt.

Ich fuhr immer sehr gern nach Dillingen, und es macht mir bis heute große Freude. Es herrscht dort eine äußerst konstruktive Atmosphäre, das Interesse der Lehrer ist echt, und es überrascht mich immer wieder, dass ich nicht auf eine routinemäßige Professionalität stieß, sondern auf echte soziale Einstellungen. Sie standen der Erziehung der Kinder offen gegenüber, zeigten überzeugend Verständnis und vermittelten menschliche Nähe und Wärme.

Dann wurde ich auch zu Fortbildungsveranstaltungen von dem Institutsrektor Bernd Ganser nach Dillingen eingeladen, der selbst umgeschulter Linkshänder ist und dessen Seele, glaube ich, manchmal richtig aufatmete.

Inzwischen wurden auch im Thüringer Institut für Lehrerfortbildung, Lehrplanentwicklung und Medien, „Thillm“, initiiert durch Ute Eckert, in Baden-Württemberg an der Pädagogischen Hochschule Weingarten, initiiert durch Herrn Ronellenfitsch und die Ergotherapeutinnen Andrea Kisch und Sabine Pauli, und auch in der Staatlichen Akademie für Lehrerfortbildung in Donaueschingen offizielle Lehrerfortbildungen zur Linkshändigkeit gehalten.

6.10 Kindergruppen – eine Hilfe zur Integration

Neben der Ausstellung von Werken linkshändiger Künstler zum besseren Verständnis und zur größeren Anerkennung der Linkshänder hatten wir bereits seit 1986 Kindergruppen eingerichtet, in denen gebastelt, gemalt und gespielt wurde. Gerade diese Gruppen, an denen linkshändige, aber auch rechtshändige Kinder zusammen mit ihren Eltern teilnahmen, waren äußerst beliebt und haben vielen Eltern und ihren linkshändigen Kindern geholfen, sich bezüglich ihrer speziellen Linkshändigkeits-Problematik dann im alltäglichen Leben besser zurechtzufinden, und die Gefahren beim Schuleintritt (z. B. falsche Schreibhaltung, Umschulung auf die rechte Hand) wurden zunehmend vermindert.

Abb. 38 Kindergruppe in der Beratungsstelle

Anni Rabenstein, von Beruf Erzieherin und Sozialpädagogin, eine ehrenamtliche Mitarbeiterin, die im Laufe der Zeit feststellte, dass sie ihre eigene Tochter umgeschult hatte, leitete mit großem Einfühlungsvermögen und Geschick diese Kindergruppen. Hier waren die linkshändigen Kinder endlich einmal in der Mehrzahl und konnten sich mit anderen Linkshändern vergleichen und nicht nur mit den wenigen mehr oder weniger akzeptierten manifesten Linkshändern, die es in den Kindergärten damals gab. Sehr viele Kinder wurden noch umgeschult und die anderen manchmal verspottet oder als Sonderlinge ausgegrenzt.

Abb. 39 Linkshändige Kinder bemalen ihr Haus

Natürlich durften die rechtshändigen Geschwister als Gäste auch in die Gruppe mitkommen. Es wurde gebastelt, gemalt und gespielt, und die Eltern saßen beim Kaffee zusammen und konnten sich miteinander aussprechen über die Schwierigkeiten, die sie und ihre Kinder mit der Linkshändigkeit hatten. Thema war oft das Akzeptieren der Linkshändigkeit als solcher in der Gesellschaft. Weiter ging es um Vorsichtsmaßnahmen, dass das linkshändige Kind im Kindergarten nicht umgeschult wurde, dass der Kindergarten Linkshänder-Scheren besorgte, und schließlich informierte man sich über Lehrer, die hin und wieder Umschulungsversuche machten und in der Regel leider noch sehr wenig Erfahrung im Umgang mit linkshändigen Kindern hatten. Diese Unkenntnis begann bei der Wahl des richtigen Sitzplatzes des Kindes und reichte bis zu der Vorbereitung der Schreibhaltung, sodass es nicht zu der so genannten Hakenhaltung, dem verkrampften Schreiben von oben, kam, das sich viele Linkshänder in Ermangelung einer besseren Unterweisung angewöhnt haben.

Die Kinder kamen sehr gern zu uns und manche wehrten sich ganz verbissen, wenn die Eltern versuchten, einen Termin ausfallen zu lassen. Besonders wichtig war es für den kleinen Haile, ein Adoptivkind aus Afrika, der die Einwände des Vaters, dass sie doch im Kindergarten genügend bastelten, damit entkräftete: „Das stimmt schon, aber bei den Linkshändern, da macht es Spaß."

Schon einen Tag zuvor lief er stolz durch den kleinen Ort und verkündete

Abb. 40 Selbsthilfegruppe von Eltern linkshändiger Kinder

seinen verdutzten Freunden, er würde am Samstag nach München in eine Kindergruppe fahren. „Aber", fügte er gleich vorsorglich einschränkend hinzu, „dorthin dürfen nur Linkshänder und Neger!"

Wegen seiner Schwester Sera, einem indischen Adoptivkind, und deren Vorbehalten gegenüber ihrer eigenen Linkshändigkeit kamen die Eltern mit den Kindern in die Gruppen, was beiden sehr gut tat. Das Selbstbewusstsein der Schwester wuchs, und sie vergrub nicht mehr ihre linke Hand tief in der Manteltasche, wenn sie durch den Ort ging, damit niemand bemerken sollte, dass sie Linkshänderin sei.

Ab Herbst 1987 organisierten wir auch Kindergruppen zum Thema „Handarbeiten mit der linken Hand", die von der 12-jährigen Beate Flogaus und ihrer Mutter geleitet wurden. Beate selbst hatte Häkeln und Stricken mit links von ihrer Großmutter gelernt. Hier entstand ein pädagogisch sehr wertvoller Effekt dadurch, dass die kleineren Linkshänder von der größeren Beate das linkshändige Handarbeiten gezeigt bekamen (siehe S. 376).

Erst Jahre später (16. 11. 1992) kam es zu der ersten Lehrerfortbildungsveranstaltung von Brigitte Sehardt „Linkshändige Schüler in Textilarbeit und im Werkunterricht" über das Schulamt München Land in Unterschleißheim.

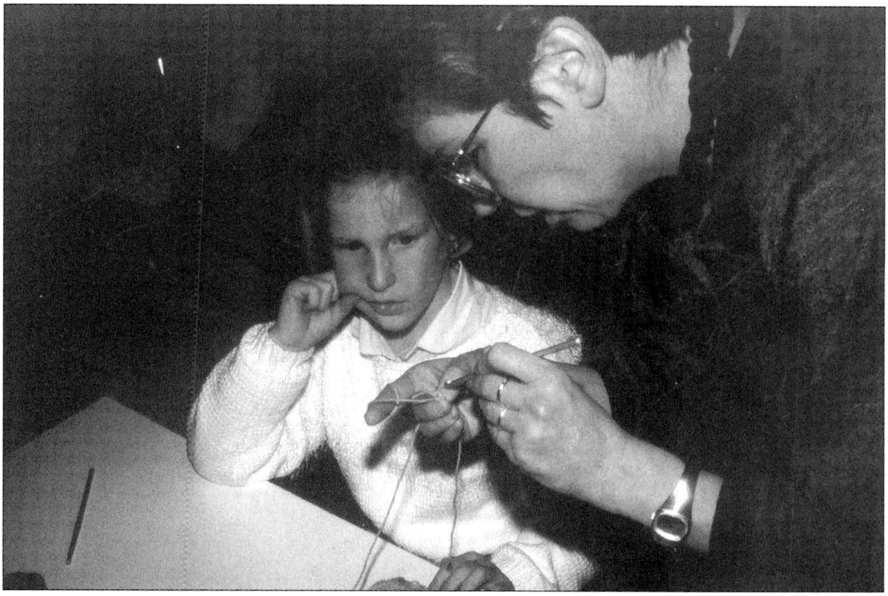

Abb. 41 Handarbeiten mit links

Einmal wurden wir mit einem besonders traurigen Schicksal von linkshändigen Kindern konfrontiert. Es war kurz nach der Machtergreifung von Ajatollah Khomeini. Ein persischer Ingenieur, der vor dem Geheimdienst des Schahs geflohen war, kehrte mit seiner deutschen Frau und zwei linkshändigen Töchtern, die in Deutschland geboren waren und bereits die 2. und 5. Klasse besuchten, in den Iran zurück. Kurz darauf bekamen wir einen verzweifelten Anruf der Mutter, die weinend erzählte, dass den beiden Mädchen in der Schule im Iran die linken Hände in siedendes Öl getaucht worden seien, denn „mit links dürfe man nicht den heiligen Koran beschmutzen".

Hier konnten wir nicht helfen und standen selbst tief erschüttert da.

6.11 Finanzierungshürden

Große Probleme bereitete uns der finanzielle Erhalt der Beratungsstelle. So wie in den zitierten Briefen von Vertretern der Wirtschaft (Kapitel 6.3) wurde die Thematik auch von Stiftungen und Bundesministerien behandelt. In Bayern fanden wir zwar offene Ohren und Interesse, unsere Erkenntnisse zum Wohle der Bevölkerung zu nutzen, aber in dem Moment, wo es um das Geld ging, zog man sich zurück.

Freizeit Revue Nr. 32/1988

FREIZEIT REVUE

EINFACH TOLL

Die jüngste Lehrerin für Linkshänder ist erst zwölf!

Mit viel Geduld und Einfühlungsvermögen hilft Beate Flogaus (12) ihren Schülern, wenn sie Probleme beim Umschulen auf die linke Hand haben

Selbstgebastelt – mit links! Stolz präsentiert Beate ihre Puppe

Beate Flogaus mit ihrer Klasse im Münchner Linkshänderzentrum, der Organisation für neutrale Wissenschaften

„Du bist ein Schmierfink." Jahrelang mußte das Beate Flogaus (12) in der Schule hören. Der Grund: Sie ist Linkshänderin und konnte mit der rechten Hand weder richtig schreiben, basteln noch handarbeiten. Nur – sie wußte es nicht!

Obwohl das Mädchen einen aufgeweckten Eindruck machte, wurden die Leistungen in der Schule immer schlechter. Die Eltern waren ratlos. Bis sie schließlich Verdacht schöpften, daß Beate Linkshänder sein könnte. Sie wandten sich an das Münchner Linkshänderzentrum ONRS (Organisation für neutrale Wissenschaften). Und tatsächlich wurde der Verdacht der Eltern durch wissenschaftliche Tests bestätigt. Das Mädchen war, entgegen seiner Veranlagung, jahrelang auf die rechte Hand geschult worden. Deshalb die „Schmierschrift", und vor allen Dingen verlor Beate mehr und mehr ihr Selbstvertrauen.

„Ein Problem, das alle Eltern und Lehrer unbedingt ernst nehmen sollten", sagt ONRS-Projektleiterin Dr. Barbara Sattler. „Denn eine verkannte Linkshändigkeit kann bei Kindern zu Gedächtnislücken, Konzentrationsmängeln, Unlust am Lernen und, wie bei Beate, zum völligen Verlust des Selbstvertrauens führen."

Deshalb organisierte die ONRS Bastel- und Handarbeitsgruppen für betroffene Kinder. In diesen Kursen sollen die Kinder lernen, mit ihrer Linkshändigkeit umzugehen. Dazu Dr. Sattler: „Die Kinder sollen fühlen, daß sie keine Minderheit sind, sondern daß Linkshänder etwas völlig Normales sind!"

Der Fall Flogaus nahm im ONRS-Test eine besonders glückliche Wende. Die Projektleiterin wurde auf das intelligente Kind aufmerksam und bot ihr einen Platz als Leiterin für Handarbeitskurse an. Heute ist Beate die jüngste Lehrerin Deutschlands. Einen Samstag im Monat leitet sie einen Handarbeitskurs für Kinder. Mit viel Geschick und Liebe meistert sie ihre Aufgabe. Bei Beate lernen die Kinder im Alter von acht bis zwölf, wie sie als Linkshänder mit Strick- und Häkelnadeln, Farbstiften und Pinseln umzugehen haben.

Die junge Lehrerin hat gelernt, mit ihrer Linkshändigkeit zu leben und ist wieder ein fröhliches, aufgewecktes Mädchen. Und wenn ihr heute Schüler von Problemen mit ihrer Umwelt erzählen, dann tröstet sie diese, indem sie auf berühmte Linkshänder verweist – Goethe, Napoleon, Paul McCartney, Martina Navratilowa. Beate: „Bei so berühmten Leidgenossen braucht sich doch keiner zu schämen oder gar zu verzweifeln . . .!" *Melanie Maiberg*

FOTOS: INTER-NEWS

Ähnlich erging es uns mit dem Antrag an das Bayerische Staatsministerium für Arbeit und Sozialordnung. Anfangs zeigte sich Interesse an unserer Arbeit, aber gegenüber dem Wunsch einer finanziellen Unterstützung zur Betreuung der Bürger von außerhalb Münchens verhielt man sich ablehnend, obgleich die Notwendigkeit sowohl inhaltlich (u. a. durch unsere Materialien) als auch durch die große Anzahl der Anfragen von Rat- und Hilfesuchenden ausführlich in unseren Anträgen auf Förderung begründet worden war.

1988 wurden unsere Anregungen in den Text des kostenlosen Telefonansagedienstes dieses Ministeriums für interessierte Bürger „Aktuelles im Gesundheitswesen" unter dem Titel „Mein Kind ist Linkshänder" verarbeitet und im Februar 1990 sogar noch einmal. Der umgeschriebene Text lautete:

Guten Tag meine Damen und Herren,

hier ist der Ansagedienst „Aktuelles im Gesundheitswesen“.

Das vom Bayerischen Staatsministerium für Arbeit und Sozialordnung bearbeitete Thema lautet: „Mein Kind ist Linkshänder“.

Vielleicht hat mancher von Ihnen als Kind die Erfahrung gemacht, dass er bei der Begrüßung einer Person immer die linke Hand angeboten hat und dafür prompt von der Mutter ausgeschimpft wurde: „Gib das ‚schöne Händchen‘, das rechte Händchen.“

Aber es fiel sehr schwer, etwas mit der rechten Hand zu tun, man machte nun mal alles mit links.

Heute weiß man, dass das Umgewöhnen eines linkshändig veranlagten Kindes auf die rechte Hand zu Problemen führen kann. Es ist deshalb sehr wichtig, die Entwicklung der Händigkeit nicht zu stören, sondern es dem Kind zu überlassen, welche Hand es bevorzugt.

Die Händigkeit ist Ausdruck einer bestimmten Anordnung im Bereich des Gehirns. Wenn diese Ausprägung bei einem linkshändigen Kind durch Umschulungsversuche auf die rechte Hand gestört wird, werden auch bestimmte Vorgänge im Gehirn beeinträchtigt. Die Folge für kleinere Kinder kann sein, dass sie kein Vergnügen mehr am Malen und Basteln haben. Bei größeren Kindern lösen Umschulungsversuche oft motorische Störungen aus. Sie ziehen sich in der Gruppe verunsichert zurück und können später in der Schule an Konzentrationsschwierigkeiten, Gedächtnisstörungen, Sprachstörungen sowie an Lese- und Rechtschreibschwäche leiden.

Woran erkennt man, ob ein Kind zur Linkshändigkeit neigt?

Die Schwierigkeiten fangen früh genug an, das betroffene Kind kommt z. B. mit dem Messer in der rechten Hand nicht zurecht und versucht, mit der linken Hand zu schneiden. Viele Eltern verhindern dies immer wieder. Dann das „artige Händchen“ geben, wie sieht denn das aus mit der Linken?

Die Händigkeit Ihres Kindes lässt sich also daran erkennen, mit welcher Hand das Kind bestimmte Bewegungen am liebsten ausführt, z. B. malt, nach dem Löffel, nach dem Essen und nach seinen Spielsachen greift, einen Ball wirft, die Zähne putzt, den Reißverschluss öffnet oder den Waschbeckenstöpsel herauszieht.

Besonders kritisch wird es, wenn Ihr Kind beginnt, die ersten Buchstaben zu schreiben. Die Hand, die schreibt, ist die führende Hand.

Sind linkshändige Kinder linkisch und dumm?

Die Antwort lautet: nein.

Linkshänder sind nicht anders als Rechtshänder. Ihre Intelligenz ist nicht beeinträchtigt und Linkshändigkeit, die toleriert und auch gefördert wird, bedeutet keinerlei Nachteile für die Persönlichkeit des Linkshänders.

Lassen Sie also Ihr Kind weiterhin alles mit der linken Hand machen, verhindern Sie, dass Verwandte und Bekannte die Händigkeit Ihres Kindes mitbestimmen. Besonders auf Kleinkinder haben Verwandte und Bekannte großen Einfluss, und manchmal genügt relativ wenig Einsatz, das Kind zu überzeugen, wie alle anderen Kinder auch rechts, mit dem „schönen Händchen", alles zu tun.

Linkshändigkeit allein schafft keine schlechteren Voraussetzungen als Rechtshändigkeit. Sie erfordert lediglich von der Umwelt und der Familie zunehmende Akzeptanz und im Interesse des Kindes vor allem mehr Geduld seitens der Eltern.

Besonders wichtig ist, dass das linkshändige Kind eine positive Einstellung zu seiner Händigkeit bekommt. Es sollte wissen, dass es weder behindert noch gestört ist und dass Linkshändigkeit kein Makel und auch keine Krankheit ist, deren es sich schämen müsste. Sagen Sie ihm, dass linkshändige Kinder intelligent sind, wie der kleine, pfiffige Pumuckl.

Auf Wiederhören im März mit dem Thema „Selbsthilfegruppen".

Auf diesen Text stützte sich auch ein Telefonansagedienst in Nordrhein-Westfalen einige Jahre später. Dort wurden wir aber zumindest direkt genannt.

Wir haben sehr viel ehrenamtliche Arbeit eingebracht und boten die Leistungen kostenlos, wie in dieser Zeit die meisten Beratungseinrichtungen, an. Es ist, glaube ich, unter Berufsgruppen wie Ärzten, Psychologen, Psychotherapeuten, Pädagogen, Sozialpädagogen und Lehrern sehr schwer, zu bewerkstelligen, dass diese ihre Arbeitskraft kostenlos zur Verfügung stellen, und jeder weiß, wie schwer es ist, besonders unter Freiberuflern so ein Engagement zustande zu bringen, ja dass es fast als unmöglich gilt. Man sagte oft, dass professionelle Helfer fast nie kostenlos arbeiten. Bei uns hatte es aber sehr gut funktioniert.

Die Arbeit wuchs umfangmäßig immer mehr und damit auch die zeitlichen Belastungen. Es geschah nicht selten, dass ehrenamtliche Helfer erst mitten in der Nacht, völlig erschöpft, die Beratungsräume verließen.

Die Anzahl der Hilfe- und Ratsuchenden erreichte fast nicht mehr zu bewältigende Höhen und unsere Finanzierungsproblematik auch.

Wir mussten Löhne der administrativen Angestellten (es waren zeitweise über zehn angestellte Mitarbeiter, die fast ausschließlich mit administrativen Arbeiten für die Linkshänder-Projekte beschäftigt waren), die sich für Hilfe- und Ratsuchende von außerhalb Münchens einsetzten, bezahlen und natürlich Miete und Büromaterial. Wegen einer immer größeren Anzahl an Beteiligten aus den Reihen der Interessenvereinigung für Linkshänder hatten wir schließlich für unsere Arbeit drei Stockwerke gemietet und trotzdem reichte der Platz bald nicht mehr aus. In unserer Verzweiflung haben wir nicht nur einen großen Teil der eigenen Einnahmen aus beruflich völlig unabhängig von der Beratungsstelle für Linkshänder erwirtschafteten Geldern in diese gesteckt, sondern auch einen persönlichen Kredit im Ausland aufgenommen, für den sogar Familienschmuck der im Ausland lebenden Vorfahren von Dr. Cizek als Garantie zur Verfügung gestellt wurde.

Schließlich wendeten wir uns an das bayerische Parlament und reichten eine Petition ein. Wir fanden bei vielen Abgeordneten offene Ohren, quer durch alle Parteien. Ganz besonders setzten sich für uns Dr. Elisabeth Biebl (CSU) und Max Weber (SPD) ein, die unsere Petition im Ausschuss als Berichterstatter vertraten. Weiter kam Unterstützung von dem Fraktionsvorsitzenden der SPD, Karl-Heinz Hiersemann, von Dr. Klaus Hahnzog (SPD), Johann Böhm, damals Vorsitzender des Ausschusses für Sozial-, Gesundheits- und Familienpolitik (CSU), Max von Heckel (SPD), Marianne Deml (CSU), Professor Dr. Jürgen Doeblin (FDP), bei den Grünen besonders Christine Scheel, und ein stetiger Kontakt bestand zu Ernst Michl (CSU) und seinen Mitarbeiterinnen auch in unserer schlimmsten Zeit.

Sehr treffend wurden unsere Bemühungen in dem Artikel aus dem „Maximilianeum“, das zur Bayerischen Staatszeitung gehört, beschrieben (siehe S. 381 f.).

Besuch beim Sozialminister

Wir hatten den Sozialminister, Herrn Dr. Gebhard Glück, um einen Gesprächstermin gebeten. Dieser wurde uns auch eingeräumt und fiel zufällig auf den gleichen Tag, den 22. März 1990, an dem auch die Petition um Förderung der „Beratungs- und Informationsstelle für Linkshänder" mittags mit „Berücksichtigung" (die höchste erreichbare Einstufung) „und der Maßgabe, dass im Hinblick auf die in den vergangenen Jahren erbrachten Leistungen bei Aufklärung und Beratung eine angemessene finanzielle Förderung der ONRS e.V. erfolge", im Parlament behandelt worden war.

Herr Minister Dr. Glück interessierte sich sehr für unsere Arbeit und war äußerst entgegenkommend. Er suchte nach Möglichkeiten, uns gleich zu unterstützen, und schlug vor, dass wir die Kosten für unsere Informationsmaterialien dem Ministerium vorlegen, sodass man sie erstatten kann.

Weiterhin wollte er sich mit Professor Dr. Hans Joachim Sewering, dem damaligen Präsidenten der Bayerischen Landesärztekammer, in Verbindung setzen und ihm unseren Vorschlag unterbreiten, Händigkeit in das „Untersuchungsheft für Kinder" aufzunehmen. Dieses Heft, das jeder Mutter nach der Geburt ihres Kindes ausgehändigt wird und in das die Ergebnisse der verschiedensten medizinischen Vorsorgeuntersuchungen vom Arzt regelmäßig eingetragen werden, ist eine äußerst günstige Möglichkeit, flächendeckend, kostengünstig Aufklärungsarbeit zu leisten und der Umschulung linkshändiger Kinder durch Eltern zuvorzukommen. Es wurde an die sechste Untersuchung im zehnten bis zwölften Lebensmonat und an die achte, etwa im Alter von vier Jahren, gedacht. Denn wie wir festgestellt hatten, zeigten viele Kinder bereits im Alter von einem Jahr eine eindeutige Bevorzugung der linken oder rechten Hand. Aber eine andere Gruppe der Kinder wechselte dann noch im Handgebrauch, und diese Kinder legten sich erst später, im Alter von vier bis fünf Jahren, fest, und das war die kleinere Gruppe. Hier standen wir gegen die allgemein vertretene Meinung vieler Ärzte und Heilpädagogen von einer problemlos beeinflussbaren Handdominanz. Aber unser Beweismaterial aus der Praxis war umfangreich und überzeugend und durch die Aufnahme der Frage nach der Händigkeit bei diesen beiden Untersuchungen in verschiedenen Lebensaltern wären beide Gruppen der Händigkeitsmanifestationen abgedeckt worden.

An dem Gespräch mit dem Minister nahmen mein Kollege Dr. Cizek teil und auch der neue Ministerialrat, der wohl die Stelle einer sehr freundlichen Ärztin bekommen hatte, die inzwischen pensioniert worden war.

Bayerische Staatszeitung – Maximilianeum Nr. 4/90

Werden die Linkshänder in Bayern von der Regierung links liegen gelassen?

Der Kummerkasten: Bürger bitten den Landtag um Hilfe

Das mach' ich mit links“, sagt man salopp, wenn man eine Sache so leicht in den Griff zu bekommen glaubt, dass sich ein Einsatz der fürs Zupacken geschulten Rechten gar nicht lohnt. Dass das Staatsministerium für Arbeit und Sozialordnung und im Verein mit diesem auch das Finanzministerium ihre Sache „mit links“ angegangen haben, diesen Eindruck hat zumindest die Beratungs- und Informationsstelle für Linkshänder und umgeschulte Linkshänder in München gewonnen, nachdem sie dort zwar nicht auf taube Ohren, aber auf zugeknöpfte Portemonnaies gestoßen war.

Diese Interessenvereinigung ist eine Selbsthilfemodelleinrichtung für jene rund acht Millionen Bundesbürger, deren „schöne“ Hand

Hohe Selbstmordrate unter den umgeschulten Linkshändern

nicht die rechte, sondern die linke ist, und die deswegen in unserer rechtsgetrimmten Arbeitswelt neben so mancher Benachteiligung im Umgang mit Alltagsutensilien auch eine abwertende Einschätzung ihrer Mitmenschen in Kauf nehmen müssen. Den Maßkrug für Linkshänder hat ein Witzbold schon lange erfunden, aber bei den trivialen Gebrauchswerkzeugen, von anspruchsvollen Spezialgerätschaften ganz zu schweigen, sieht es noch finster aus. Scheren, Dosenöffner, rechtsgedrallte Korkenzieher, Reißbrett, Zahnarztstuhl und Registrierkassen, Sportgeräte und Musikinstrumente und vieles andere mehr zwingen den Linkshänder, sich abzuplagen oder sich umzuschulen, was für die meisten von ihnen gleichbedeutend ist mit „umpolen“.

Spielgruppe von Linkshändern in München: Ist ihre Problematik wirklich nur von „untergeordneter Bedeutung“?

Für den Münchner Therapeuten Dr. Ivo-Kurt Cizek kommt dies aber einem „massiven Eingriff in das menschliche Gehirn ohne Blutvergießen“ gleich. Für die Wissenschaft steht längst fest: Linkshänder auf den „rechten Weg“ zu bringen, ist der falsche Weg, weil er eine Vergewaltigung ist, die ihre Folgen haben kann. Gedächtnis-, Konzentrations- und Sprachschwierigkeiten, etwa legasthenische Probleme bis hin zu Stammeln und Stottern. Minderwertigkeitskomplexe: ja, selbst eine hohe Selbstmordrate ist unter der Gruppe der umgeschulten Linkshänder festgestellt worden. Bewegung und Geschicklichkeit machen angesichts dieser Erkenntnisse aus dem psychischen Bereich nur einen kleinen Teil der Linkshänderproblematik aus. Deren Kern sitzt tiefer.

Es gibt viele berühmte Linkshänder – Leonardo da Vinci, Goethe, Rubens, Picasso, Beethoven, Bach sollen zu ihnen zählen; aber dieses Wissen um die Unsterblichen hilft den Sterblichen nicht über ihre banalen Alltagssorgen und -schwierigkeiten hinweg. Die Interessenvertretung für Linkshänder hat es sich daher zur Aufgabe gemacht, einerseits den Linkshändern und „Pseudorechtshändern“, wie sie die Umgeschulten nennt, mit Rat und Tat zur Seite zu stehen und andererseits den „Rechten“ klarzumachen, dass dieses Bemühen von eminenter sozialer Bedeutung für unsere Gesellschaft ist. Die fachlichen Leistungen werden dabei von Ärzten, Psychologen, Pädagogen, Sozialpädagogen und anderen ehrenamtlich und kostenlos erbracht. Verwaltungsarbeit, Informationsdienste und die Vorbereitung von Veranstaltungen schlagen aber finanziell zu Buche, weil sie auf Dauer nicht auch noch zusätzlich von den ehrenamtlichen Helfern geleistet werden können.

Deren Bitte um eine entsprechende öffentliche Förderung der Betreuungs- und Förderstelle ist 1986 bei der Landeshauptstadt München auf wohlwollendes Gehör gestoßen. Das Sozialministerium lehnte sie dagegen 1986 und 1987 jeweils mit der Begründung ab, dass diese Einrichtung „unter den Gesichtspunkten der Behindertenhilfe und der Gesundheitshilfe nach dem Bayerischen Haushaltsrecht nicht als förderungswürdig angesehen werden konnte". Linkshänder seien „weder krank noch behindert", die Behauptung, eine Umschulung führe zu psychischen Störungen, sei wissenschaftlich nicht haltbar, die Probleme seien im Vergleich z. B. mit der förderungswürdigen Betreuung Schwerstbehinderter oder Schwerkranker „von untergeordneter Bedeutung", meinte das Sozialministerium dazu.

Da half auch ein reger Briefwechsel mit dem Ministerium nicht weiter, das „die ganze Problematik mit dem Hinweis auf verschiedene Verwaltungs- und Regelungslinien abgeblockt und abgelehnt hat". „Wir sehen keinen Ausweg mehr", schrieb daher die Leiterin der Betreuungs- und Informationsstelle, Dr. Barbara Sattler, im Juli vergangenen Jahres in einem Petitionsantrag an den Landtag und bat, die Rechtmäßigkeit der Ablehnung ihrer Förderungsanträge aus den Jahren 1986 und 1987 zu überprüfen und die Institution, gleich der Landeshauptstadt, auch durch das Land Bayern zu fördern. München hat die Beratungsstelle, die ihre

Die Hilfesuchenden aus ganz Bayern werden ständig mehr

Dienste grundsätzlich kostenlos anbietet, 1988 in die Regelförderung einbezogen.

„Wir haben Kredite aufgenommen und einen Teil unseres Privatverdienstes leihweise in die Beratungsstelle einfließen lassen", heißt es in der Petition, die darauf verweist, dass derlei existenzgefährdende private Opfer wie auch die Ausschöpfung der physischen Reserven aller Mitarbeiter nur eine improvisierte Überbrückung der unlösbar erscheinenden Probleme sein könnten. Die Zahl der Hilfesuchenden aus ganz Bayern wachse nämlich ständig weiter und mache heute bereits vier Fünftel aller Hilfesuchenden aus, während nur noch ein Fünftel auf München entfalle. Es gehe letztlich auch darum, diese Ungleichheit zu bereinigen.

Der mit der Eingabe befasste sozialpolitische Ausschuss des Landtags wollte sich diesen und weiteren detaillierten Argumenten der umfangreichen

Der Sozialausschuss spricht sich für eine Förderung aus

Petition nicht verschließen und billigte ihr ohne lange Debatten die Benotung „Würdigung" zu. Die investierten Geldmittel kämen, so gab Max Weber (SPD) als Berichterstatter zu bedenken, ja auch der Gesellschaft zugute. Der Ausschuss ersuchte daher das Sozialministerium am 26. Oktober 1989 dringend, baldmöglichst Haushaltsmittel zur Förderung der Beratungsstelle für Linkshänder bereitzustellen.

An der ablehnenden Haltung des Ministeriums konnte dies allerdings ebenso wenig ändern wie ein persönliches Nachfassen der beiden Berichterstatter Dr. Elisabeth Biebl (CSU) und Max Weber bei der Ministerialbehörde: Diese war bei einem Gespräch im Dezember 1989 allenfalls bereit, das Finanzministerium „um wohlwollende Überprüfung" der Angelegenheit zu ersuchen, was dann im Januar auch geschah. Das Schreiben war aber derart abgefasst, so beklagte sich Barbara Sattler postwendend beim Landtag, „dass eine Mittelbereitstellung nach den gesetzlichen Regelungen auch bei größter wohlwollender Haltung des Finanzministeriums unmöglich geworden ist". Und zugleich zerpflückte die ebenso fachkundige wie engagierte Anwältin der Linkshänder die haushaltsrechtlichen Bedenken des Ministeriums Punkt für Punkt. Was geschieht, wenn dies nicht hilft? „Dann schließen wir – wie uns im Ministerium empfohlen wurde – die Beratungsstelle nicht zu", schrieb Barbara Sattler ans Parlament; aber die Beratungsstelle müsste dann jene Angestellten entlassen, die für Nicht-Münchner Hilfesuchende administrativ tätig sind.

Da sattelte auch der Sozialausschuss noch einmal drauf, setzte eine erneute Behandlung der Eingabe an und beschloss im März ohne viele weitere Worte deren „Berücksichtigung" mit der Maßgabe, dass die Beratungs- und Informationsstelle im Hinblick auf ihre unbestrittenen Verdienste angemessen gefördert werden soll. An diese höchste vom Parlament zu vergebende Benotung knüpft sich wohl auch die Hoffnung, dass die Staatsregierung die Linkshänder nicht weiterhin links liegen lässt. Walter Drexl

Der Ministerialrat berichtete von der Petitionsbehandlung am Mittag im Ausschuss, und ich war etwas irritiert, wie harmlos er die Sache darstellte. Er überging praktisch ganz, dass hier ein Berücksichtigungsbeschluss gefasst worden war und dass das Parlament auch Taten sehen wollte.

Dieser Missklang wurde aber schnell durch seinen offensichtlichen Willen, zu helfen, übertönt, und wir haben mit dem Ministerialrat, er war Arzt, noch lange im Ministerium gesessen und gesprochen und ihm unsere Arbeit dokumentiert. Er hat die gesamte Problematik genau verstanden und versprach, unser Anliegen um Förderung mit allen Kräften zu unterstützen. Persönlich war er der Meinung, dass wir mit Sicherheit die Förderung erlangen könnten, man müsste das nur richtig präsentieren. Dafür bräuchte er weitere Unterlagen von uns und meinte damit unsere detaillierten und statistisch ausgewerteten Forschungsergebnisse.

Wir hatten in dieser Zeit schon über zweitausend Personen mit unseren Untersuchungsapparaturen und Verfahren getestet, und aus den uns zur Verfügung stehenden Zahlen ließen sich klare Schlüsse ziehen. Der verständnisvolle Ministerialrat war vor allem von der Möglichkeit begeistert, hier praktisch auf ideale Art und Weise auf administrativem Wege allgemein wirksame Hilfe zu leisten mit einer Wirkungsart, die durch die üblichen medizinischen präventiven Maßnahmen bei weitem nicht in vergleichbarem Umfang zu erreichen ist und die ansonsten zusätzlich noch außerordentlich hohe Kosten verursacht.

Er hatte sofort begriffen, welche Möglichkeiten hier bestehen und was man alles erreichen könnte. Man brauchte auf der einen Seite nur die Ärzteschaft zu informieren und dann vor allem Kindergärten und Grundschulen. Der dritte Bereich waren Informationen an die Eltern, und alles sollte von Öffentlichkeitsarbeit begleitet werden, die man in unserer Art weiter fortsetzen konnte, das bedeutete: über die Medien.

Er wunderte sich sehr, dass diese ganze Problematik mit so tiefgreifender Wirkung auf gesellschaftliche Prozesse bis heute der Wissenschaft praktisch entgangen war. Es war zwar Wissen durch Forschung da, aber jeder wissenschaftliche Bereich beschäftigte sich mit einem eigenen Segment der Gesamtproblematik.

Die Pädagogen wussten von den Problemen durch Umschulung der Händigkeit, die sich in den Leistungen der Schüler manifestierten. Deswegen war auch in dem Bayerischen Lehrplan die Linkshändigkeit erwähnt. Die Formulierung war aber zu dehnbar: „Bei leichter Linkshändigkeit eines Kindes kann der Lehrer behutsam zum Gebrauch der rechten Hand anregen. Ausgeprägte Linkshänder dürfen nicht gezwungen werden, die Schreibhand zu wechseln."

Wir haben gemeinsam darüber gelacht, dass, wenn man das Wissen aus der medizinischen Forschung hinzunimmt, wonach die Händigkeit durch die motorische Hirnhemisphären-Dominanz festgelegt ist, diese Formulierung des Lehrplans der Definition von einer leichten Schwangerschaft ähnelte. Man ist entweder schwanger oder nicht schwanger, aber eine leichte Schwangerschaft, im Sinne von „ein bisschen schwanger", ist ein pures rhetorisches Unding, ebenso wie eine leichte Linkshändigkeit.

In den Seminaren bei Professor Müller hatte ich präzise erfahren, wie auch manche Psychologen sich darüber im Klaren waren, dass bei der Umschulung der Händigkeit häufig massive Folgeerscheinungen auftraten. Die sich daraus ergebende Sekundärproblematik konnte sich weit drastischer auswirken als ein schiefer Blick oder manches unüberlegte Wort der Eltern in der Kindheit eines Menschen, das dann, nach der Freudschen Theorie, im Erwachsenenalter zu massiven psychischen Störungen führen sollte.

Es ist hier nicht der Ort, Freud und seine Epochen verändernde Psychoanalyse zu kritisieren, aber es soll bedacht werden, wie häufig und massiv sich nachweisbare Störungen, hervorgerufen durch die Umschulung der Händigkeit in der Kindheit, bis ins Erwachsenenalter umsetzen und sich dann später in einem entsprechend starken Störungspotenzial dokumentieren.

In der Humanbiologie war man sich immer noch nicht einig über die Vererbungsart der wohl vornehmlich motorischen Hirnhemisphären-Dominanz, man blieb bei einer multifaktoriellen Vererbung.

In der Industrie, bei der Sicherheitsforschung bzw. in Bezug auf Sicherheitsfragen wusste man, wie Linkshänder Probleme mit der Bedienung von bestimmten Maschinen haben können und wie umgeschulte Linkshänder im Moment von Stress und Gefahr manchmal falsch reagieren und es dann leicht zum Unfall kommt.

Mir selbst fiel häufig die Ausrichtung auf rechtsdominanten Gebrauch bei Gegenständen auf, die ich noch nicht gewohnt war zu benutzen. Zum Beispiel war eine Eier- oder Küchenuhr selbstverständlich so konstruiert, dass die rechte Hand nach außen drehen musste. Ich hätte meine neue Eieruhr fast gleich kaputt gemacht, als ich sie energisch mit der linken Hand nach außen, vom Körper weg, drehte.

Auch bei Wasserhähnen hatte ich, wie viele Linkshänder, Schwierigkeiten, den „richtigen" Hahn zu gebrauchen. Ich neigte immer dazu, mit links den traditionell dort installierten Hahn mit heißem Wasser aufzudrehen, und verbrannte mir fast regelmäßig die Finger.

Und ich erinnerte mich an eine Arbeit, die wir schon vor Jahren begonnen hatten, und zwar eine Art „schwarzer Liste" von Berufen, in denen Linkshänder aufgrund von bestimmten Werkzeugen oder Maschinen Schwierigkeiten bekamen. Es keimte in mir die Hoffnung, hier im Sozialministerium endlich offene Ohren für diese Fragen zu finden, entsprechende Hilfe, Problemlösungen auszuarbeiten und Vorschläge zu machen. Die Linkshänder, die nicht mehr auf rechts umgeschult werden, sind selbstbewusster und immer weniger bereit, Kompromisse und Benachteiligungen im Berufsleben auf sich zu nehmen. Es war also dringend notwendig, Vorbereitungen zu treffen, die einzelnen Berufsbilder durchzuforschen und die Ergonomen und die Biotechniker, die sich mit Fragen der Arbeitsplatzgestaltung und der Gesundheit beschäftigen, auf diese Bereiche aufmerksam zu machen.

Und was die Benutzung der falschen Hand alles hervorrufen kann, lässt sich leicht nachvollziehen, wenn man sich als Rechtshänder die rechte Hand einbindet und versucht, alle Tätigkeiten mit der linken auszuführen. Ungeschicklichkeit und Unsicherheit dabei sind frappierend. Das Gleiche erlebt ein Linkshänder mit der rechten Hand.

Was fehlte, war eine umfassende Betrachtungsweise und auch eine Überprüfung der Umsetzung in soziologische Manifestationen. Die hier stattgefundenen Benachteiligungen hatten Auswirkungen auf gesamtgesellschaftliche Prozesse, und diese Wirkungen wurden auch vielfach beobachtet, aber meist dann in den falschen Zusammenhängen gedeutet und interpretiert. Man hatte nicht erkannt, dass hier eine physiologische Ursache für viele Folgen verantwortlich ist, und auch nicht, dass diese anfangs nicht beachtete Ursache am Ende eine riesige Wirkung hat und sich sogar in soziale und politische Prozesse umsetzen kann, in Haltungen und Handlungen.

Und auch die Gynäkologie musste mit ihren Auswirkungen auf die Händigkeitsentwicklung durchdacht werden. Diese Fragen beschäftigten mich immer mehr, da ich bei vielen Testuntersuchungen und Beratungsgesprächen festgestellt hatte, dass fast immer bei Kindern, die noch keine eindeutig erkennbare Händigkeit hatten, es bei der Geburt oder in der Schwangerschaft zu Problemen gekommen war. Auch das habe ich gegenüber dem Ministerialrat angesprochen und mich über seine absolute Verständnisbereitschaft gewundert und sein positives Echo darauf. Wir stellten ihm sukzessiv alle unsere Materialien, die auf der Basis der praktischen Untersuchungen theoretisch verarbeitet worden waren, zur Verfügung. Und wir warteten voll Hoffnung und Zuversicht und warteten und warteten, und es geschah wieder nichts Konkretes.

Wir haben lange Zeit nicht bemerkt, dass hinter diesem großen Interesse und der angeblichen Offenheit des Ministerialrates sehr persönliche eigene Ziele verfolgt wurden, die möglicherweise auch nicht mit denen des Ministeriums konform gingen.

Der Minister hingegen hat sein Versprechen, sich mit dem Präsidenten der Bayerischen Ärztekammer in Verbindung zu setzen, eingehalten. Zu weitergehenden Überlegungen zur Aufnahme der Linkshändigkeit in das medizinische Untersuchungsheft für Kinder kam es leider nicht, jedoch wurde ich aufgefordert, einen Artikel für das Bayerische Ärzteblatt zu schreiben (siehe S. 387).

Max Weber schied 1990 aus dem Landtag aus; seine letzte Rede im Parlament widmete er der Linkshändigkeit und der Beratungsstelle für Linkshänder. Wir haben selten jemanden erlebt, der so wach und ideenreich und so jugendlich fähig war, sich eine als bedeutsam erkannte Problematik zu Eigen zu machen, und sich dann derartig einsetzen konnte. Sein Abschied hat nicht nur bei uns eine große Lücke hinterlassen.

Haushaltsdebatten im Parlament

Im Sommer 1991 sollte in Sitzungen des Haushaltsausschusses im Bayerischen Parlament über die Förderung unserer Beratungsstelle unter einem eigenen Titel im Haushaltsplan entschieden werden. Diese Sitzungen waren öffentlich, und ich ging hin, um genau informiert zu sein. Ich hatte zuvor Kontakt zu den einzelnen Parteien bzw. zu ihren Vertretern im Haushaltsausschuss aufgenommen und ganz besonders natürlich zu Herrn Abgeordneten Ernst Michl von der CSU, der unsere Bemühungen schon lange kannte und der Thematik sehr offen gegenüberstand.

Die allgemeinen Debatten waren bereits in vollem Gange, als ich kam und hörte, dass der Vertreter der SPD, Herr Herbert Eckstein, die Förderung der Beratungsstelle in seinen Vortrag miteinbezogen und beantragt hatte, dass sie für den Nachtragshaushalt eingeplant werden sollte.

Ich war sehr erstaunt, weil ich angenommen hatte, dass ein eigener Titel im Haushaltsplan für die Förderung der Beratungsstelle eingeplant worden sei,

Bayerisches Ärzteblatt Heft 4/1991, Seite 139

Linkshänder in der Arztpraxis

Mit Linkshändigkeit wird der Arzt auf verschiedene Arten konfrontiert.

Zum einen sind es natürlich Eltern mit linkshändigen Kindern, die manchmal schon sehr früh sich Rat und Hilfe bei dem Arzt holen. Sie werden oft alarmiert durch die ersten gezielten Greifbewegungen des kleinen Kindes (ab ca. 12 bis 15 Monaten), die entgegen den Erwartungen mit der linken Hand ausgeführt werden. Es handelt sich um das Greifen nach Spielsachen, nach dem Essen, und bald um das Handgeben beim Begrüßen. Und leider beginnen schon oft bei dem Kind in diesem Alter die ersten Umschulungsversuche auf die rechte Hand durch gezieltes Geben der Spielsachen, des Löffels in die Rechte, durch erzieherische Hinweise und durch den weit verbreiteten Spruch „gib doch das schöne Händchen“, und leider suchen gerade diese selbstständig maßregelnden Eltern nicht den Rat des Arztes, sondern schulen nach dem Motto „man hat das doch immer so gemacht“ oder „mir hat es auch nicht geschadet“ auf die rechte Hand um.

Dabei weiß man inzwischen, dass Umschulung auf die nicht dominante Hand einen zum Teil schwerwiegenden Eingriff in das menschliche Gehirn bedeutet und viele umgeschulte Linkshänder besonders in der Schulzeit Probleme mit Konzentration, Gedächtnis, Lese- und Rechtschreibung, Feinmotorik und Sprache haben und diese mehr oder weniger starken Störungen – bei nicht verringerter Intelligenz – sich wieder in Sekundärstörungen umsetzen können, wie zum Beispiel Minderwertigkeitsgefühlen, Rückzugstendenzen, Verhaltensstörungen, die sich in den neurotischen und/oder psychosomatischen Bereich auswirken, und bei Kindern zusätzlich auch zu Bettnässen und Nägelkauen führen können.

Heutzutage stellen sich aber auch viele an sich linkshändige Kinder (durch Nachahmungs- und Anpassungsverhalten an die rechtshändige Umwelt) selber auf die rechte Hand um, um nicht aufzufallen, und irritieren damit Eltern und Betreuungspersonen, wie Ärzte, Erzieher, Lehrer, durch „pseudorechtshändiges“ Verhalten.

Es wäre hier sicher von großem Nutzen, wenn schon bei frühen ärztlichen Vorsorgeuntersuchungen auf Anzeichen einer Linkshändigkeit bei den Kindern geachtet würde und Eltern zumindest einen Hinweis auf die Gefahren einer Umschulung der Händigkeit von fachlicher Seite bekommen.

Erst kurz vor Schuleintritt oder manchmal auch erst danach beginnen sich nämlich heute viele Eltern wirklich um die Händigkeit ihres Kindes zu kümmern, suchen Rat und sind oft besonders verunsichert durch die bei linkshändigen Kindern häufig auftretende Spiegelschrift und das Lesen von rechts nach links: Beides irritierende Anzeichen, die sich aber bei nicht gestörter Linkshändigkeit bald wieder geben.

Einfache Verhaltensregeln für linkshändige Kinder bei Schuleintritt, wie die richtige Schreibhaltung (Blatt nach rechts geneigt, Schreibhand unter der Zeile und Stiftende in Richtung linker Schulter zeigend), weiter die Notwendigkeit, keinen Rechtshänder links neben den Linkshänder zu setzen, Lichteinfall von rechts durch Sitzmöbelumstellung zu ermöglichen und auch sinnvolle Gebrauchsgegenstände für Linkshänder zur Verfügung zu stellen, werden oft nicht beachtet und führen zur Benachteiligungen des linkshändigen Kindes.

Die Folgeerscheinungen einer Umschulung der genuinen Händigkeit decken sich in manchem mit den Folgen einer MCD und werden manchmal damit verwechselt. Auf die nicht dominante Hand umgeschulte Kinder leiden oft ihre ganze Schulzeit über und manche rätseln noch als Erwachsene über die Ursprünge ihrer Schwierigkeiten und des Gefühls, ständig irgendwie benachteiligt zu sein, gehen zum Hausarzt, Neurologen oder zum Psychologen und zweifeln oft an der eigenen Intelligenz, und selten wird ihnen adäquat geholfen, weil ohne das Wissen über die Umschulung der Händigkeit im Kindesalter oft kausale Zusammenhänge nicht oder falsch verstanden werden.

Für diese Menschen gibt es auch heute leider kein Patentrezept der Hilfe (ein linkshändiges Schreiben führt nur in manchen Fällen zu einer Linderung der beklagten Symptome), aber oft ändert sich die Betrachtungsweise der Schwierigkeiten, wenn Ursprung und Wirkung der Probleme unter einem anderen Aspekt gesehen werden, und führt häufig zu einer Entspannung im psychischen und psychosomatischen Bereich.

Dr. Johanna Barbara Sattler
Leiterin der Beratungs- und Informationsstelle für Linkshänder und umgeschulte Linkshänder, Sendlinger Str. 18 [inzwischen umnummeriert, Nr. 17], 80331 München

wie zum Beispiel für die „Landeszentrale für Gesundheitsbildung in Bayern e.V.“ am Rotkreuzplatz in München, für die über 1 Million Mark im Haushaltsplan angesetzt waren (1030000 DM). In diesem Sinne hatte ich auch Herrn Michls Aussagen bisher verstanden. Ich ging die Punkte der Tagesordnung durch, fand aber nichts.

Inzwischen hatte der Minister des Staatsministeriums für Arbeit und Sozialordnung, Dr. Glück, seine Rede begonnen, und dann wurde ich hellwach, als er sagte, die Linkshänderförderung sei bislang zwar nicht spektakulär, aber doch, zum Beispiel für Veranstaltungen und Veröffentlichungen, spürbar gewesen; für nachträgliche Entschuldungsaktionen habe man – auch aufgrund des eigenen Haushaltsverständnisses – keinen Spielraum gesehen. Wenn gewünscht, müsste der Landtag in dieser Richtung aktiv werden.

Fast wäre ich von meinem Platz aufgesprungen, ich konnte mich nur mit Mühe beruhigen, denn es war bisher keine einzige Mark bei uns spürbar geworden, es war keine einzige Mark bezahlt worden. Der Minister erinnerte sich also hier genau an das versprochene Geld für Infomaterial, das er uns im März 1990, also vor über einem Jahr, zugesagt hatte. Es ist einfach in der Bürokratie untergegangen und wurde nicht umgesetzt. An welche Veranstaltungen er aber dachte, war mir nicht verständlich, hatte er vielleicht etwas von der geplanten Multiplikatorenschulung gehört, für die ich das Konzept im Frühjahr für sein Ministerium erarbeitet hatte, dann wusste er mehr als ich, denn ich hatte noch keine Rückmeldung bekommen. Was lief hier wieder schief, wie war der Minister in letzter Zeit informiert worden, von wem und zu welchem Zweck?

Und ich sah, wie ein hoher Ministerialbeamter sich eilig zu ihm vorschlängelte und ihm etwas ins Ohr flüsterte.

Dann hatte der Abgeordnete Herr Michl von der CSU das Wort und am Ende seiner Rede sagte er: „Ich bin der Meinung, dass sich das Ministerium und Parlament mit der Problematik der Linkshänder beschäftigen sollen. Ich bin selbst Linkshänder und ich wäre sehr froh gewesen, wenn meine Eltern damals richtig beraten worden wären.“

Das war mutig, alle Achtung, dachte ich mir, und überhörte fast das Amüsement bei den Linken und ihre leisen Wortspielereien über einen Rechten, der ein Linker war.

Aber Herr Michl fuhr unbeirrt fort: „Da der Beratungsbedarf für Linkshänder seit den letzten Jahren weit über den Einzugsbereich der Landeshauptstadt München hinausgeht, in der bayernweit die einzige derartige Einrichtung betrieben wird, könnte die Förderung nicht mehr als alleiniges Problem der Landeshauptstadt definiert werden, zumal in den Schulen immer noch keine Beratung in wünschenswertem Umfang stattfindet. Zudem liegt die Beratungsstelle auch in meinem Wahlbezirk in der Sendlinger Straße."

Und dann sprachen sich noch Abgeordnete der SPD und auch der Grünen für eine Förderung der Beratungsstelle aus und schließlich wieder der Sozialminister, und ich traute meinen Ohren nicht, als er sagte: „Das Ministerium ist in sehr engen Kontakt mit Frau Dr. Sattler von der Beratungs- und Informationsstelle für Linkshänder gekommen, und ein Konzept zur Multiplikatorenschulung, das in Zukunft umgesetzt werden soll, wird bearbeitet. Wir sehen das als eine Aufgabe unseres Hauses an, aber auch als eine Aufgabe des Kultusministeriums."

Es kam dann auf dem Flur noch zu einem Gespräch mit einem Ministerialbeamten, der mir kompliziert erklärte, wer was gerade machte und wie die Lage sei, ziemlich unverständlich allerdings, und ich sollte mich in der nächsten Woche melden.

Irgendetwas war also doch wieder schief gelaufen. Offensichtlich wurde, anders als Herr Abgeordneter Michl erwartet hatte, vom Ministerium kein Haushaltstitel für die Förderung der Beratungsstelle oder für eine Forschungsstelle zur Linkshändigkeit, in die angeblich die Beratungsstelle umgewandelt werden sollte, in den Haushaltsentwurf eingebracht. Und dieser Beamte riet mir dann, einen Förderantrag beim Sozialministerium für das Jahr 1991 mit Bezug auf diese Haushaltsdebatten zu stellen, was wir sofort getan haben.

Aber es sollte noch weit schlimmer kommen.

Kuriose Angriffe auf die Selbsthilfe

Im Jahr 1991 kam es zu einer sehr unschönen und für die Stadt München sehr blamablen Hetzkampagne gegen die Selbsthilfegruppen. Diese war nicht nur für die soziale Atmosphäre in München untypisch, sondern stellte sich gegen den Geist der Zeit in Deutschland, Europa und in der ganzen Welt.

Es wurden Überraschungsbesuche gemacht und verschiedene Gruppen besucht und diese dann in der Zeitung diskreditiert, zum Beispiel, dass die Stadträtinnen bei ihren Besuchen in einer Einrichtung für Frauen keine Rat suchenden Frauen antrafen: „Die Belegschaft saß bei Kuchen und Whisky beieinander", berichteten sie. Es folgte ein wütender Aufschrei der Betroffenen, dass in den Gläsern Tee serviert wurde – aber die Wahrheit interessierte niemanden.

Weiter wurde bemängelt, dass die Gruppen angeblich untereinander verwebt seien und viele Personen sich in verschiedenen Gruppen gleichzeitig betätigten, für die Extraförderungen beantragt worden seien. Die Initiative „Neuperlach soll blühen", welche sich mit der Umweltgestaltung beschäftigte und sogar einen Preis aus Bonn für ihre Arbeit bekommen hatte, wurde lächerlich gemacht und mit bissiger Ironie durch die Presse gezogen.

Obgleich wir schon lange in der Regelförderung waren und jedes Jahr einen ausführlichen, genauen Bericht über unsere Tätigkeiten und die finanzielle Verwendung der Gelder vorlegen mussten, wurden die Linkshänder praktisch schon der Bezeichnung wegen das aufreißerisch geeignetste Opfer dieser äußerst polemisch geführten Kampagne. Dazu hat sicher auch der Umstand beigetragen, dass wir keiner großen organisierten Selbsthilfegruppierung mit politischem Akzent zugeordnet waren, vielleicht aber auch tief in der Geschichte verwurzelte Vorbehalte gegenüber Linkshändern, die man aus diesem Grunde leicht der Lächerlichkeit preisgibt.

Als die ersten Presseberichte gegen die Selbsthilfegruppen erschienen und wir am Rande, u. a. mit einer ganz falschen Hausnummer, auch erwähnt wurden, wendete ich mich an den CSU-Fraktionsvorsitzenden im Stadtrat, Gerhard Bletschacher, von dem die ganze Kampagne ausging. Ich bat um einen Besuchstermin, bekam ihn auch umgehend und ging mit einer großen Tasche ins Rathaus. Darin bewahrte ich unsere Pressemappe auf, Nachweise über unsere Tätigkeit einschließlich detaillierter Berichte über Fortbildungsveranstaltungen in Kindergärten und Schulen und die Bilddokumentation von Kindergruppen, den Ausstellungen und anderen Aktivitäten.

Herr Bletschacher interessierte sich überraschend intensiv für unsere Arbeit und ließ sich alles genauestens erläutern. Ich habe ihm unseren Aufgabenbereich und gleichzeitig unsere Einmaligkeit erklärt und wie wir den immer zahlreicher werdenden Ansprüchen der Hilfe- und Ratsuchenden nur mit Mühe gerecht werden können. Herr Bletschacher sagte nachdenklich, dass er selbst in der Verwandtschaft Kinder hätte, die Linkshänder bzw. möglicherweise sogar umgeschulte Linkshänder seien, und beschäftigte sich detailliert mit unseren Materialien, die ich ihm dann dagelassen habe. Er bestätigte mir auch in einem folgenden Brief wörtlich, „dass wir Ihre verdienstvolle Arbeit schätzen".

Man ließ uns dann vorläufig in Ruhe. Der Schlagabtausch zwischen Herrn Bletschacher, den Selbsthilfegruppen und dem Sozialreferat setzte sich zwar weiter fort, aber wir hatten eigene Sorgen und viel unerledigte Arbeit. Aber dann, im August, ging es wieder los.

Herr Bletschacher ließ sich in Zeitungen folgendermaßen zitieren: „Es sei aber nicht einzusehen, dass zum Beispiel Homosexuelle, Emanzen oder auch Linkshänder mit enormen Zuschüssen gefördert würden."

Und in seiner populistischen Art sagte er weiter: „Schwule sind ein Teil der Gesellschaft, so wie auch zum Beispiel Linkshänder. Warum bitte sollten sie besonders gefördert werden?"

Oder eine andere Zeitung zitierte: „Den Geldhahn abdrehen will die CSU vor allem den Selbsthilfeprojekten aus der Minderheitenszene, wie etwa Lesben, Schwulen und Linkshändern."[1]

Warum verschwieg Herr Bletschacher immer, dass es sich bei uns nicht um einen Linkshänder-Treff handelte, in dem, wie er vielsagend andeutete, sogar Geld an Linkshänder verteilt werden sollte, sondern um eine Beratungsstelle, die präventiv im medizinischen und pädagogischen Bereich arbeitete? Das war pure bösartige Absicht mit dem Mittel einer Manipulation bis Demagogie, und er wusste genau, was er tat.

Ich wollte einen erneuten Termin bei Herrn Bletschacher haben, aber er war für uns nicht mehr erreichbar und ließ sich verleugnen. Er war es aber, der uns in der folgenden Zeit andauernd durch Artikel bei jeder Gelegenheit angriff. In dieser Zeit kamen noch verschiedene andere Artikel heraus, in denen die Linkshändigkeit und unsere Arbeit immer weiter diskreditiert wurden.

Dann war für kurze Zeit wieder etwas Ruhe, aber Ende Oktober ging es wieder weiter. Die Angriffe auf Linkshänder steigerten sich, und Herr Bletschacher äußerte pointiert: „Wenn die Linkshänder gefördert werden, kann auch Bürgermeister Ude als Linkshänder einen Zuschuss beantragen." Als Gipfel der verlogenen Frechheit formulierte er seine Äußerungen in der Art, dass die Meinung aufkommen musste, dass unsere ganze

1 Wenn man in Kapitel 6.13 vergleicht, wie schnell Linkshänder und Homosexuelle in äußerst bedenklichem historischem Zusammenhang nicht nur verhöhnt und verpönt wurden, sondern man ihnen wohl auch nach dem Leben trachtete, so bekommen die obigen Zitate – und es waren mehrere Varianten ähnlicher Art – eine ganz besondere Akzentuierung (siehe S. 420 f.).

Existenz nur auf der Verteilung der Förderungsgelder an Linkshänder basiert und besteht!

Weiter wurde behauptet, dass gegen uns die Staatsanwaltschaft auf Antrag des Münchner Rechtsamtes ermittele. Die Überzeugungskraft von Herrn Bletschacher war so groß, dass keiner dieser Journalisten, bevor er über die Thematik schrieb, sich bei der Staatsanwaltschaft oder dem städtischen Rechtsamt informierte oder zuvor uns besuchte, um auch hier zu recherchieren, unsere Meinung dazu zu hören oder zumindest telefonisch nachzufragen und dann erst seinen Artikel zu veröffentlichen. Eine Stadträtin hat uns entsetzt berichtet, dass uns Herr Bletschacher bei Sitzungen derart angriff, dass sie so etwas Grobes noch nie gehört habe.

Wir fragten bei der Staatsanwaltschaft und beim Rechtsamt nach. Erstere bestritt jegliche Ermittlungen und das Rechtsamt äußerte sich sogar dahin gehend, dass man über unsere Existenz erst durch dieses Telefonat erfahren habe.

Die Presse trug die Angriffe von Herrn Bletschacher weiter an die Öffentlichkeit und zitierte Wortspiele: „Das freut die Rechten: Staatsanwalt ermittelt gegen Linke“ und „Die Links-Berater haben die Stadt gelinkt“. Weiter: „Melk-Kuh Rathaus – bei der Stadt kommt man mit links ans große Geld“.

Herr Bletschacher hörte erst dann mit seinen Angriffen auf, als Herr Ernst Michl, Landtagsabgeordneter (CSU) und Präsidiumsmitglied – nachdem er unsere Unterlagen studiert hatte –, mit ihm sprach – was und wie, wissen wir nicht, können dies aber aus dem plötzlichen Verstummen des Stadtrates Bletschacher deduzieren …

Die politischen Hintergründe dieser Aktion sind ziemlich kompliziert und hatten nichts mit unserer Arbeit zu tun. Allerdings eines stand fest: Keine andere Gruppe wurde derart hart, umfangreich und ausgiebig angegriffen!

Die ganze Aktion gegen die Selbsthilfegruppen, die z. T. sehr peinlich ausgegangen ist, wurde von Herrm Bletschacher anstelle der ursprünglich vorbereiteten Wahlkampagne durchgeführt: Man hatte im Frühjahr 1991 ein Gerichtsurteil erwartet, wonach die letzte Stadtratswahl wiederholt werden sollte. Die „Junge Liste“ war nämlich als eigene Partei abgelehnt worden, weil ihr unterstellt worden war, dass sie eine „Unterpartei“ oder ein „Ableger“ der CSU sei. Von dem Gerichtsurteil wurde erwartet, dass sie doch als eigene Partei zugelassen würde, und infolgedessen hätte die Stadtratswahl wiederholt werden müssen. Dazu ist es allerdings erst im Frühjahr 1994 gekommen.

Kommentar:

Gerade die Idee der Selbsthilfe, des engagierten, zum größten Teil ehrenamtlich geleisteten Einsatzes für andere, der Übernahme von Verantwortung im Kleinen, ist ein sehr wesentlicher Faktor in unserer Gesellschaft und auch ein Teil des Subsidiaritätsprinzips. Hier wurde aus der Anonymität heraus geholfen, um aus dem Gefühl der Hilflosigkeit und Einsamkeit, in dem viele Menschen lebten und das Ausdruck in dem Satz fand: „Ich kann ja doch nichts tun …, es lohnt nicht, sich zu engagieren“, herauszukommen. Die Selbsthilfegruppen entwickelten ein großes ehrenamtliches Engagement in Bereichen, die ansonsten von gesellschaftlichen Hilfseinrichtungen im Staat nicht berücksichtigt werden konnten, vernachlässigt oder ganz übersehen wurden. Selbsthilfegruppen wurden als eine wichtige Kraft angesehen, wo oft Betroffene ehrenamtlich halfen, gesundheitliche, soziale und gesellschaftliche Probleme aufnahmen und zum Wohl der Gemeinschaft Hilfestellungen leisteten.

Wenn die Gesellschaft bzw. die verantwortlichen Politiker nicht fähig sind, Initiativen von Menschen auch in kleinen Lebensräumen als sinnvoll und unterstützenswert zu pflegen und zu schützen, dann leisten sie einer Verrohung Vorschub, einer Hilflosigkeit der Gesellschaft, einem nur auf sich selbst gerichteten Egoismus und einem brutalen „Turbokapitalismus“, wie wir ihn in den nächsten Jahren immer mehr erleben sollten.

Zu den Neuwahlen kam es zum damaligen Zeitpunkt also nicht, aber München konnte sich damit rühmen, praktisch die einzige Stadt in Deutschland zu sein, die sich gerade gegen diese positive Strömung wandte, die besonders auch in den Vereinigten Staaten herrschte und in anderen Ländern, in denen man Selbsthilfegruppen, -bewegungen, -initiativen und -organisationen unterstützte, weil sie einen großen Teil an Finanzmitteln durch ihre Tätigkeit einsparten und oft weit effektiver und flexibler arbeiteten als staatliche Einrichtungen.

Es scheint, dass gerade die Selbsthilfeorganisationen und -gruppen in den USA ein wichtiges Mittel der Demokratie bilden, um eine übermäßige Durchsetzung der Starken bis Rücksichtslosen gegenüber den Schwachen und Existenzbehinderten in der Gesellschaft zu verhindern. In München wandte man sich gegen diese Entwicklung und gegen diese Einrichtungen.

Für uns persönlich waren die Folgen aus der Aktion gegen die Selbsthilfegruppen katastrophal und ruinös, weil man uns wegen des Rufmordes alle Unterstützung und sogar persönliche Kredite kündigte. So verlor Dr. Cizek seinen als Kreditgarantie gegebenen Familienschmuck, der sogar zwei Jahrzehnte zuvor das Leben seines Vaters gekostet hatte, durch einen Trick. Wir verloren unsere Krankenversicherung, wurden als ehrenamtlicher Vorstand in Haftung gezogen, und unsere junge und sehr fähige Rechtsanwältin starb überraschend und sehr schnell an Krebs: Wir standen also auch noch ohne kompetenten Rechtsschutz da.

Wir haben damals und sukzessiv auch später ziemlich genaue Informationen über die internen Vorgänge bekommen, z. T. direkt von in städtischen Einrichtungen tätigen linkshändigen Angestellten und Beamten. Daraus ging hervor, dass es nicht zufällig zu diesem einmaligen Vorgehen gegen Selbsthilfegruppen in München gekommen ist.

In München war das Selbsthilfezentrum sehr stark geworden und stand politisch den Grünen und anderen „bunten" Parteien nahe. Die SPD, die mit Unterstützung der Grünen und bunten Parteien im Rathaus regierte und auf deren Wohlwollen angewiesen war, sah sich andererseits angeblich gezwungen, wegen der steigenden Autonomieansprüche des Selbsthilfezentrums (auch bei der Verteilung der städtischen finanziellen Mittel) dieses in die Schranken zu weisen, ohne die Unterstützung der Grünen und bunten Parteien im Rathaus zu verlieren. Also musste der „Feind" einspringen – die CSU mit ihrem Fraktionsvorsitzenden Gerhard Bletschacher. Über diesen war angeblich schon damals intern bekannt, dass er u. a. Probleme mit dem städtischen Finanzamt hatte, und man stellte ihm möglicherweise eine angemessene Zeitspanne in Aussicht, um seine Angelegenheiten zu ordnen. Dafür konnte er aber einen Gefallen schuldig sein …

Es war tatsächlich ein furchtbarer und unerwarteter Schlag gegen das Selbsthilfezentrum und alle Selbsthilfegruppen. Allerdings verpuffte er dann in Nichtigkeiten und Bedeutungslosigkeit (als Gegenleistung für das Überstandene haben manche Funktionäre der Selbsthilfegruppen und des Zentrums angeblich später Karriere bei der Stadt gemacht).

Um der Öffentlichkeit aber einen Enthüllungserfolg nachzuweisen, ein Alibi, musste zumindest ein geeignetes Opfer gefunden werden, möglichst aus nicht politisch wirkenden und organisierten Gruppen. Als ein solches Opfer hat man schließlich die Linkshänder auserkoren. Die Linkshändigkeit kann man so gut populistisch ironisieren … Vorwurf: Wir hätten städtische, für Münchner Bürger bestimmte Regelförderung auch für Hilfe- und Ratsuchende von außerhalb Münchens verwendet. Man wusste, dass die Förderung für Nicht-Münchner Bürger, die vom Land Bayern geleistet werden sollte, trotz dreimaliger höchster Entscheidungen im Parlament noch nicht realisiert worden war. Dass wir zur Überbrückung eigene Gelder samt Krediten eingesetzt haben, überstieg jedoch die Fantasie der Beamten … In dieser Zeit war es in unserer Bank auch noch zu einem Direktorenwechsel gekommen, und viele nichtprivate Konten wurden u. a. zeitweise eingefroren, und die städtische Förderung lag dort fest, und was man nicht hat, kann man auch nicht missbrauchen.

Die internen Informationen über die anscheinend zugrunde liegenden politischen Zusammenhänge wurden uns von manchen auch mit der Hoffnung gegeben, dass wir damit an die Öffentlichkeit gehen. Es war sehr verlockend, so für das erlittene Leid öffentliche Aufklärung in Gang zu setzen, vielleicht auch Genugtuung zu bekommen. Aber wir waren damals innerlich tief davon überzeugt, dass unsere Angelegenheit auch anders zu klären sei. Unsere vorherigen Kontakte mit städtischen Behörden waren immer so verlaufen, dass man bei Unklarheiten zu einem Gespräch eingeladen wurde und mittels des normalen Menschenverstandes eine Lösung gesucht hat. (Wir waren auch der Meinung, dass wir, nach unseren vorherigen Erfahrungen mit der Stadt, ihr gegenüber auch zu einer gewissen Loyalität verpflichtet seien.) Wir haben auf diese Einladung lange Zeit gewartet und mehrfach versucht, selbst die Initiative zu ergreifen und um so ein Gespräch gebeten. In dieser Zeit wandten sich manche der Informanten von uns enttäuscht ab, vielleicht weil sie sich von den „Enthüllungen", zu denen es auch auf anderen Gebieten gekommen wäre, persönlich etwas versprochen haben. Man versuchte uns auch zu spektakulären Demonstrationen zu bewegen, Sitzstreik, Hungerstreik und Ähnliches.

Am meisten fühlten wir uns betroffen, als man andererseits über dieses Puzzlespiel schallend gelacht hat mit der Begründung, dass eine der wichtigsten ersten Regeln der Kriminalistik empfiehlt, zuerst zu fragen *wem* die Tat (die Angriffe auf die Selbsthilfe) gedient hat bzw. *wer* davon Vorteile hatte, und dies sei hier so eindeutig, dass man sich weitere Nachforschungen und weiteres Informationssammeln ersparen könnte. Dr. Cizek wehrte sich gegen diese „triviale Vereinfachung", die Emotionen schossen öfters hoch, der Ton steigerte sich manchmal bis zum Geschrei und das Ende war immer unversöhnlicher, ich spürte, dass man froh war, uns etwas vorwerfen zu können.

Uns ging es um die Tätigkeit für die Linkshänder, und es waren oft schwere interne Kämpfe, welches der richtige Weg sei, um diese Aufgabe weiter durchzuführen. Das formulierte Dr. Cizek in einem einberufenen Ausschuss, wo er kalt und pragmatisch jeden skandalträchtigen Weg an die Öffentlichkeit ablehnte: „Wir haben keine Anwälte zu unserem Schutz, keinen einflussreichen politischen Rückhalt oder wirtschaftlichen Hintergrund. Den einzigen Ausweg bietet die Psychologie, und zwar, dass wir versuchen, uns an die Gegebenheiten anzupassen, sie als Realität akzeptieren, um eine Eskalation zu verhindern. Denn jede Aktion ruft eine Reaktion hervor, die ganze Angelegenheit schaukelt sich dann hoch in rhetorische Gefechte, wird zerredet, und am Ende wird die öffentliche Meinung angewidert durch einen immer undurchsichtigeren und an sich langweiligen Streit, und man wird sagen: ‚Alle sind schuld …', und die Problematik wird verdrängt und vergessen – und gemieden, um die Lächerlichkeit der Akteure zu vermeiden. Ich erinnere an eines der psychologischen Gesetze: Wenn jemandem Unrecht angetan wurde, versucht der Täter meist nicht, das wieder gutzumachen, sondern er greift weiter und weiter an – um sich selbst nachträglich zu beweisen, dass er im Recht mit seiner ursprünglichen Einstellung war. Wir müssen weiter arbeiten im Bereich unserer Aufgaben, arbeiten und arbeiten."

Bei der folgenden Abstimmung wurde Dr. Cizeks Vorschlag mit knapper Mehrheit angenommen, aber die kämpferischen Mitglieder zogen sich mit der Zeit immer mehr zurück, bis für uns – „die Feiglinge, Leisetreter, Harmonisierer usw." – keiner mehr etwas riskierte. Um unerwartete, spontane Handlungen zu verhindern, brachte Dr. Cizek alle Dokumente über die Hintergründe der städtischen Aktion gegen die Selbsthilfegruppen zu Freunden ins Ausland.

Fazit:

Kleinbürgerliches Denken und kurzsichtige politische Intrigen greifen bis heute bereitwillig die aus Aberglauben und letztendlich mythischem Denken (siehe S. 60) entstandenen, weit in die Geschichte zurückreichenden Vorurteile gegenüber Linkshändern auf. Und man hat immer noch keine Hemmungen, diese pejorativ und schlagkräftig anzuwenden, im Vertrauen auf eine schweigende Zustimmung zu dieser historisch bedingten, lange tradierten Abwertung in der Gesellschaft. Man stößt auf keine empörte Reaktion der Allgemeinheit.

Über alle politischen Querelen setzten sich wenige so mutig und sachbezogen wie das Staatsinstitut für Schulpädagogik und Bildungsforschung und das Pädagogische Institut der Stadt München hinweg. Letzteres war praktisch die einzige Stelle der Stadt München, die unsere Tätigkeit wirklich schätzte und von wo man die Beratungsstelle und ihre Arbeit ohne Wenn und Aber brauchte und dies auch dadurch ausdrückte, dass man regelmäßig weiter Vorträge für Erzieherinnen und Erzieher und Lehrerinnen und Lehrer anbot. Allerdings konnte das nicht mehr bei uns in der Beratungsstelle geschehen – wir hatten zwei Stockwerke, darunter auch das mit dem kleinen Saal für Veranstaltungen, verloren –, sondern in den etwas strenger wirkenden Räumlichkeiten des Pädagogischen Instituts.

Keine andere von der Problematik der Linkshändigkeit an sich betroffene Stelle der Stadt München kümmerte sich ansonsten um uns. Nach vergeblichen Anstrengungen in der Hoffnung „wer sucht, der findet", schrieb uns 1993 das Sozialreferat lediglich: „Ergänzend darf festgehalten werden, dass die im Beschluss angekündigte Überprüfung der Rechtsabteilung des Sozialreferates, inwieweit Strafanzeige gestellt werden muss, zu folgendem Ergebnis führte: Da kein Straftatbestand vorliegt, wird keine Strafanzeige erstattet."

Es scheint so, als ob diese Entwicklung die Stadtvertreter selbst äußerst und unangenehm überrascht hat. Bemerkenswert ist, wie ihre nachträglichen Begründungen für den voreiligen Entzug unserer städtischen Förderung u. a. motiviert waren durch eigentlich schon krampfhafte Bemühungen, nichts nach außen geraten zu lassen. Sie schafften es sogar, sich um 180 Grad zu drehen: In den früheren Jahren wurden wir sehr für die Aufopferungsbereitschaft engagierter Vereinsmitglieder gelobt, die sich entschlossen haben, das finanzielle Loch, das ausschließlich – und das muss wiederholt werden – durch die ausgebliebene Landesförderung entstanden war (trotz drei entsprechender Parlamentsbeschlüsse), mittels eigener Gelder und Bürgschaften zu stopfen. Einem gemeinnützigen Verein ohne Eigentum leiht sonst keine Bank auch nur eine einzige Mark. Diese Gelder wurden dem Verein, ohne notarielle Verträge und zeitliche Begrenzung, ohne Zinsen- und Tilgungsbedingungen bzw. Vereinbarungen, mit dem vollen Bewusstsein des Risikos, zur Verfügung gestellt. Die Stadt kannte auch unsere Satzung, die das möglich machte und wusste, dass keiner der Helfer eine Erinnerung, Zahlungsaufforderung, Mahnung u. Ä., gar nicht zu sprechen von einem Gerichtsvollzieher, je geschickt hatte – und das ist bis heute so. Und trotzdem nannte man plötzlich diese Hilfe „Schulden", der Verein sei angeblich „hoch verschuldet" und eine verschuldete Einrichtung dürfe die Gesellschaft nicht fördern. Dass diese Situation über Jahre der Stadt bekannt war und niemanden gestört hatte – im Gegenteil – vergaß man nun gezielt und erdreistete sich sogar zu der schriftlichen und in den Akten festgehaltenen Vermutung, dass wir die städtische Förderung zur Tilgung unserer Schulden genutzt hätten!

Eine *Vermutung*, ungeachtet der Tatsache, dass jede Förderung obligatorisch nur bei jährlichen detaillierten Rechenschaftsberichten an den Münchner Stadtrat weiter genehmigt wird – also wäre alles sofort sichtbar gewesen.

Trocken kommentierte dies eine Grundschullehrerin, die seit Gründung des Vereins intensiv, ehrenamtlich mitarbeitete: „Meiner Erfahrung nach kann eine derartige Vermutung wegen der klaren Zahlendiskrepanz nur von jemandem verfasst worden sein, der entweder eine rein böse Absicht bzw. eine pure Intrige verfolgte, nach dem Motto – man braucht nur Dreck zu werfen, etwas bleibt schon hängen – oder der schon als Kind unter Rechenschwäche litt und nicht behandelt, sondern verbeamtet wurde."

Bei einer unserer Versammlungen nannte man diese Vorgehensweise „ein Paradoxon der pervertierten Moral". So muss es als Demagogie wahrscheinlich auch von der Stadt wahrgenommen worden sein, weil das Verschuldungsargument immer mehr in den Hintergrund tauchte (vielleicht auch deshalb, weil es sich um keine buchhalterischen Schulden handelte). Allerdings kam ein anderes Argument auf, das über Prioritäten der Förderung sprach. Das bezieht sich jedoch auf eine weit spätere finanzielle Situation der Stadt, betraf vor allem die neuen Sparmaßnahmen, wurde aber hier irgendwie hellseherisch rückwirkend angewandt – und darüber kann man endlose Diskussionen führen, weil vor allem die Rhetorik entscheidet. Es verblieb nur „mangelhafte Geschäftsführung", die nach der aktuellen städtischen Logik durch die Schulden bewiesen sei. Wieder eine Kapriole: Beweist eine Geschäftsführung nicht gerade durch die Beschaffung der zum Erhalt der Tätigkeit nötigen Überbrückungsgelder eigentlich das Gegenteil von „mangelhaft"?

Zu uns gelangten Informationen, dass das Sozialreferat eine Order „von oben" erhielt (von dieser sollen angeblich sogar Telefonnotizen existieren), in der gesagt wurde, dass man mit allen Mitteln verhindern müsse, dass unsere Sache an die Öffentlichkeit käme, einschließlich der Empfehlung: „Verzögern, verzögern, verzögern, irgendwann gehen sie zugrunde." Das könnte die Tatsache erklären, dass wir auf unseren Widerspruch die offizielle Antwort erst nach etwa *vier Jahren* erhielten, um gegen den Förderungsentzug überhaupt offiziell vorgehen zu können.

Das andauernde Verwirrspiel der Stadt mit Vorschriften, Schulden, unbezahlten Löhnen und Mieten und Ähnliches, ohne im Geringsten die kausale Kette – Ursache – Wirkung – zu beachten, führte eines unserer Mitglieder, einen erfahrenen Gewerkschaftssekretär, zu der lapidaren Aussage: „Es wirkt auf mich so, als ob man einen Menschen in die Jauche stößt und dann sich pharisäerhaft empört wundert, dass er stinkt."

Schlimm war aber, dass praktisch alle Kontakte mit der Stadt plötzlich untermalt wurden durch mehr oder weniger deutlichen Spott über die Problematik der Linkshänder und umgeschulten Linkshänder (siehe möglichen Zusammenhang, auf den im letzten Kapitel des Buches „Unendliche Geschichte der anderen Art" unter dem Stichwort „Nationalsozialismus", S. 420 hingewiesen wird).

Unsere Mitglieder, die mit den Geschehnissen konfrontiert wurden, konnten es nicht mit ihrem Rechtsgefühl vereinbaren und glauben durch Erklärungen die vermuteten Missverständnisse ausräumen zu können. So haben zwei unabhängig voneinander und ohne unser Wissen nach Erscheinen des Buches „Der umgeschulte Linkshänder oder Der Knoten im Gehirn", welches großes Medienecho brachte und in dem sich viele umgeschulte Linkshänder wiedererkannten ..., wie sie sagten „als sei es direkt über sie geschrieben worden", je ein Exemplar mit persönlichem Brief an den Münchner Oberbürgermeister, Herrn Rechtsanwalt Christian Ude (SPD), geschickt, als Beweis für den Wert unserer Arbeit. Sie wurden überrascht durch die Reaktion bzw. durch Nicht-Reaktion. Das brachte uns zu der fast schon abenteuerlichen Vermutung: Es ist bekannt, dass Herr Oberbürgermeister ein Linkshänder ist. Nach unseren Beobachtungen seiner Auftritte ist er jedoch ein umgeschulter Linkshänder und in dem genannten Buch werden in den Kapiteln 2, 3, 5 und 8 mögliche Persönlichkeitsmerkmale umgeschulter Linkshänder beschrieben und auch manchmal bei ihnen auftretende typische Verhaltensweisen in wichtigen Führungsfunktionen[1]. Wir hatten schon früher verfolgen können, wie die Linkshändigkeit des Oberbürgermeisters bei Diskussionen im Stadtrat in Verbindung mit uns ironisch eingebracht und sogar in der Presse betont wurde und man kann sich rein menschlich vorstellen, wie möglicherweise manche seiner Freunde und Kollegen „witzig" über solche Sachen herziehen. Damit aber die Wahrscheinlichkeit der Einstellung des Oberbürgermeisters und der Stadt uns gegenüber psychologisch zu analysieren und erklären zu

1 In dem, im Auftrag des Kultusministeriums vom Staatsinstitut für Schulpädagogik und Bildungsforschung 1993 herausgegebenen Buch „Das linkshändige Kind in der Grundschule", S. 78 f., steht in Kapitel 6.2.5 über die häufige Nicht-Akzeptanz der Problematik der umgeschulten Händigkeit in der Gesellschaft „Verhindernde Mechanismen bei Prävention und Aufklärung": „...Dazu tragen auch die umgeschulten Linkshänder selbst entscheidend bei. Wenn sie es geschafft haben, mit den Umschulungsfolgen mehr oder weniger gut fertig zu werden und sich einen Platz in der Gesellschaft erkämpft haben, wehren sie sich, die Störungen zuzugestehen... Oft sind die Betroffenen auf ihre ‚erfolgreiche Umschulung' paradoxerweise sogar stolz und bringen die ihr folgenden Probleme überhaupt nicht mit der Umschulung der Händigkeit in Verbindung. Manche wehren sich sogar, mehr darüber zu erfahren, und sind höchstens bereit, sich als Ausnahmen von der Regel zu sehen. So bagatellisieren sie die Schwierigkeiten, die andere mit ihren Umschulungsfolgen haben."

versuchen, in dem Sinne, dass man sich durch die Bücher provoziert fühlen könnte, würde über den Rahmen dieses Buches weit hinaus gehen[1]. Allerdings haben wir öfters schon Entscheidungsträger erlebt, die eine negative Einstellung uns gegenüber an den Tag legten, nur aus der Befürchtung heraus, dass ihnen jemand vorwerfen könnte, sie würden uns protegieren, weil sie selbst Linkshänder sind.

1994 verlor ich meine Eigentumswohnung durch Zwangsversteigerung. Der rumänisch-deutsche Makler, der sie ersteigert hatte, griff mich tätlich auf offener Straße an, schlug mich zusammen und bespuckte mich, weil er den vom Gericht bestimmten Auszugstermin nicht abwarten wollte. Die Staatsanwaltschaft wies meine Anzeige zurück, ich lebte doch noch. Auch die Familie von Dr. Cizek wurde in Mitleidenschaft gezogen. Ein Sohn musste die Schule verlassen, um Geld zu verdienen, der andere konnte seine angestrebte Ausbildung nicht antreten. Seine als Filmcutterin bei einer Fernsehproduktion arbeitende Frau verlor ihren Vertrag. Die Familie bekam einen Räumungsbefehl wegen nicht bezahlter Mieten, und auch die privaten Konten wurden gepfändet.

Wir mussten praktisch alle Angestellten entlassen, die meisten haben uns vor dem Arbeitsgericht verklagt und mangels eines Rechtsbeistandes unsererseits auch gewonnen. Ansprüche auf Lohnfortzahlungen, Entschädigungen u. Ä. trieben unsere Schulden (als ehrenamtlicher Vorstand hafteten wir – trotz hauptamtlicher Geschäftsführung und Betriebsleitung – voll für den Verein) in eine astronomische Höhe. Dazu kamen auch Leasing-Abfindungen, Mahngebühren, Zinsen und Zinseszinsen, juristische Eintreibungskosten usw. Unsere Mieten und sogar die Telefonrechnungen schafften wir nur mit Verspätung zu überweisen.

Es war nichts zu machen, alle Hoffnungen, dass irgendjemand doch begreifen müsste, was hier geschah, alle Versuche – z. B. durch eine persönliche Petition im Bayerischen Landtag –, verantwortliche Politiker darauf aufmerksam zu machen, misslangen. Es gab einzelne Politiker, die versuchten, uns zu helfen, aber die ganze Sache war von zu vielen politischen und z. T. auch persönlichen Interessen durchflochten, sodass es zu keinem wirklichen Durchbruch kam. Manche Menschen, die unsere Situation näher

---

1 Wir haben mehrfach erfolglos versucht, einen Termin bei Herrn Oberbürgermeister Ude zu bekommen. Unser persönlicher Besuch, ein Verzweiflungsakt, direkt im Rathaus hat uns nur die Antwort seiner Mitarbeiterin beschert: „Mit Dieben und Betrügern verkehrt Herr Ude nicht."

kannten, äußerten in dieser Zeit sogar, dass sie an unserer Stelle das nicht aushalten würden, dass es eine ausweglose suizidale Situation sei.

Es wurden auch Anstrengungen unternommen, um aus dieser verfahrenen Situation herauszukommen und an einem anderen Ort unsere Tätigkeit fortzusetzen. Wir hatten gute Verbindungen zur Universität Dresden und überlegten uns, ob wir nicht dorthin umsiedeln könnten. Herr Landtagsabgeordneter Ernst Michl war von dieser Idee so angetan, dass er dies zweimal in persönlichen Kontakten mit Herrn Ministerpräsident Kurt Biedenkopf angesprochen hat. Sehr positive Verbindungen verliefen mit der Kassenärztlichen Vereinigung Sachsens und ihrem stellvertretenden Geschäftsführer Dr. Ing. N. Adam. Es kam auch zu Interventionen auf höchster politischer Ebene, aber selbst der Staatssekretär Werner Wagner im Sächsischen Staatsministerium für Kultus konnte trotz aller Bemühungen keine Lösung finden.

Für uns war es unmöglich, mit Schulden und Pfändungen aus München wegzuziehen, und die Stadt war nicht bereit, eine Lösung zu suchen.

Vermächtnis an die Linkshänder

In der ersten schlimmen Zeit 1992 forderte mich Frau Krippner auf, etwas Ausführlicheres zur Linkshändigkeit zu schreiben. Es wurde immer mehr, mir fiel immer wieder noch etwas Wichtiges ein, und ich empfand die Aufzeichnungen quasi als mein Vermächtnis an die Linkshänder. Ich wollte einen mir sehr wichtig erscheinenden Teil von meinem Wissen weitergeben und dann – Schluss machen.

Das Kultusministerium ließ sich Zeit mit den Korrekturen und der Genehmigung des Textes. Man wollte dieses und jenes geändert haben. So lange musste ich irgendwie durchhalten, und so kam es zu dem Schluss nicht …

Es wäre falsch zu behaupten, dass man sich an die schlimme Situation gewöhnen kann, an die Gerichtsvollzieher, Räumungsbeschlüsse, eidesstattlichen Versicherungen u. Ä., eher ist die zermürbende Zähigkeit, die Undurchdringlichkeit so einer Lage, die nicht zu lösen ist, sehr belastend und manchmal kaum zu ertragen. Aber es tauchten immer wieder Silberstreifen am Horizont auf, die uns hoffen und durchhalten ließen, Freunde, die uns halfen, die uns sogar Essen und Kleidung brachten und uns Mut gaben.

Besonderer Dank kommt den tatkräftigen Menschen zu, die, ohne viel darüber zu reden, durch ihre Hilfe zu unserem Überleben und der Fortsetzung der

Tätigkeit für die Linkshänder maßgeblich beigetragen haben: unsere langjährigen Freunde Iris und Michael Nabholz, Gerda Behse mit ihrem Mann und Sohn, Rolf-Peter Antoni, Margot Utermann von der Interessenvereinigung für Linkshänder, Dipl.-Ing. Josef Dvořák aus Rokycany, weiter Gertrud Sieger und Angelika Held, Claudia Molnar, Solvejg Fiederling und RA Christian von Pfuel-Jahnsfelde, RA Klaus Geuther, RA Peter H. Wittmann, Dr. med. Christian d'Orville, PD Dr. med. Dr. phil., Dipl.-Psych. Hans Peter Kapfhammer, Dipl.-Päd. Univ. Hans-Joachim Röthlein, Dr. med. Stefan Böhm, Dr. med. Hans Bake v. Bakin, Nicole Trippen, Alan Cizek und auch unser treuer Mitarbeiter Eugen Kremer, der bis zu seiner Berentung die ausweglose Zeit mit uns durchgestanden hat. Margot Utermann organisierte die Tätigkeit der ehrenamtlichen Helfer und setzte ihre gesamte Kraft in der Freizeit – bei Vollzeitbeschäftigung – in ausgeklügelte Funktionssysteme ein und unterstützte uns so maßgeblich durch ihre unermüdliche ehrenamtliche Hilfe.

Wir bekamen zeitweise von einer guten Seele täglich Essen aus der Kantine des Münchner Finanzamtes gebracht. Einmal wollten wir gerade zu essen beginnen, als es klingelte und zwei Vollzugsbeamte des Finanzamtes vor der Tür standen, um bei uns zu pfänden. Wir schilderten kurz unsere Misere. Erst als die Beamten das Essen sahen, welches sie sofort als aus ihrer Kantine stammend erkannten, waren sie überzeugt, dass es uns wirklich schlecht ginge, und sie behandelten uns gnädig. Wir waren froh über das Essen, und uns hat es geschmeckt.

Frappierend war für mich allerdings, wie zwei hohe Ämter, das Kultus- und das Sozialministerium, unterschiedlich reagieren, und die Erfahrung, wie man dort unterschiedlich behandelt wird und wie unterschiedlich mit Sachfragen umgegangen wurde. Es bestätigte sich damit für mich wieder, dass es sich meist nicht um eine neutrale demokratische Auseinandersetzung oder Kooperation mit Institutionen handelte, sondern dass überall einzelne Menschen wirken, die maßgeblich die Handlungen der Institutionen prägen und beeinflussen.

Dies zeigte sich auch in der Antwort des Sozialministeriums an eine Mutter, die sich nach der Testuntersuchung ihres Sohnes und der Beratung bei uns an Herrn Minister Dr. Glück wandte und eine fast sarkastisch wirkende Antwort von einem leitenden Beamten bekommen hat, besonders unter dem Gesichtspunkt, dass man dort die tatsächlichen Hintergründe kannte, vor allem wenn man wusste, dass die vom Sozialministerium angeführten Leistungen zu einem großen Teil von der Beratungsstelle für Linkshänder und umgeschulte Linkshänder selbst erbracht worden waren und dann vom Kultusministerium, mit sehr positiver Unterstützung vor allem von dem Ministerialdirigenten Dr. Helmut Wittmann, weiter dem Staatsinstitut für Schulpädagogik und Bildungsforschung und dort maßgeblich der Institutsrektorin Dorothea Krippner und ihrem Redaktionskreis. Die fachlichen Bemühungen hatten nur Erfolg durch die Unterstützung des Leiters der Abteilung für Grund- und Hauptschule, Dr. Peter Igl, und in der Akademie für Lehrerfortbildung vornehmlich von Christa Wege. Vieles wurde auf der Basis der Beratung mit Dr. Maria Staudacher umgesetzt.

Die tatsächlichen „Leistungen" des Sozialministeriums waren leider nur Abblocken, Verzögern und Verhindern. Ich befürchte, dass der Minister Dr. Glück selbst keine Ahnung davon hatte, was wirklich geschah. So wie wir ihn in dem Gespräch kennen gelernt hatten, passte diese Handlungsweise nicht zu ihm. Es entstand mehr der Eindruck, dass unsere Angelegenheit delegiert worden war oder sich jemand gefunden hatte, der sich angeboten hat, ihm dieses „untergeordnete Problem abzunehmen".

Der Brief der betroffenen Mutter lautete:

> Frau L. 17. Dezember 1992
>
> Herrn Dr. Gebhard Glück
> Bayerischer Staatsminister
> für Arbeit, Familie und Sozialordnung
>
> Sehr geehrter Herr Staatsminister Dr. Glück,
>
> ich möchte mich heute als betroffene Mutter eines „gewaltsam umgeschulten Linkshänder-Kindes" an Sie wenden. An Sie, weil ich glaube, dass dieses Problem nicht nur die Gesundheit eines Menschen berührt, sondern Familien, Arbeitsstellen und unsere Sozialordnung betrifft.
>
> Welche körperlichen und geistigen Schäden bei einem umgeschulten Linkshänder irreparabel verursacht werden, möchte ich Sie bitten den beigelegten ärztlichen Berichten zu entnehmen. Wenn es auch Ihre Zeit nicht erlaubt, alles durchzulesen, so glaube ich doch, dass bereits die Überschriften bzw. Leitartikel genügend Auskunft über die gesamte Problematik geben, Tatsachen, die nicht nur hier auf dem Papier stehen, sondern die ich tagtäglich erlebe und bestätigen kann.
>
> „Umgeschult" auf rechts wurde unser Kind (heute 15 Jahre) im Kindergarten von einer Erzieherin, die sicher das Beste für unser Kind wollte und mir

dies als Grund der Maßnahme auch immer nahe legte, aber dadurch (unwissend) an unserem Kind einen Eingriff vornahm, der es für sein ganzes Leben behindern wird. Ich als Mutter (ebenfalls uninformiert) habe diese Aktion zugelassen, eine Tatsache, die mir zeitlebens Gewissensbisse einbringt).
Während der Kindergartenzeit blieben die Schäden relativ „harmlos", erste Probleme gab es dann in der Schule mit Schrift, Malen, Basteln, Handarbeiten usw. Bei Anschneiden des Themas „umerzogener Linkshänder" wurde ich von den jeweiligen Lehrkräften entweder desinteressiert/unverstanden oder milde belächelt verabschiedet, bis ich und auch mein Sohn schließlich kapitulierten, an mangelndes Talent oder gar fehlende Intelligenz glaubten und uns nicht mehr aufregten über schlechte Noten aufgrund des Schriftbildes, der äußeren Form einer Arbeit usw.
Zufällig wurden wir unlängst bei einer Fernsehsendung auf eine in München bestehende Beratungsstelle für Linkshänder und umgeschulte Linkshänder aufmerksam. Wir nahmen einen Untersuchungs- und Beratungstermin wahr, und dabei wurde von der Leiterin der Beratungsstelle, Frau Dr. Sattler, echte Lebenshilfe für unseren Sohn (und für mich) geleistet, aufklärend, aufbauend und richtunggebend für sein weiteres durch diese Behinderung sicherlich nicht so einfaches Leben. Wir werden Frau Dr. Sattler für immer zu großem Dank verpflichtet sein, innerlich mit Schuldgefühlen, denn: Zu unserem großen Erstaunen mussten wir erfahren, dass diese Untersuchungs- und Beratungsstelle durch unser Gesundheitswesen nicht gefördert wird (wir dachten zuerst an die Beibringung eines Überweisungsscheines, wie es für viele Fachärzte üblich ist). Mit Beschämen mussten wir feststellen, dass uns diese Hilfe „umsonst", nur durch das persönliche Engagement von Frau Dr. Sattler, die selber ein „umgeschulter Linkshänder" ist, zuteil wurde und die aus diesem Grunde freiwillig bereit ist, diesen Kindern zu helfen und über die Medien versucht, weitere Aufklärung zu diesem Thema zu erreichen.
Dies ist der Grund, sehr geehrter Herr Staatsminister, warum ich mich innerlich verpflichtet fühle, an Sie zu schreiben.
Bitte setzen Sie sich dafür ein, dass trotz aller derzeitig notwendigen Sparmaßnahmen, diese so wichtige und hilfreiche Anlaufstelle für geschädigte Kinder erhalten bleibt und von unserem Sozialsystem getragen wird, da dort nicht nur „Nachsorge" betrieben wird, sondern durch rechtzeitige Aufklärung in Kindergärten und Schulen weitere „Umschulungsopfer" vermieden werden können.
Für Ihr Verständnis und Ihre Hilfe möchte ich mich im Voraus sehr herzlich bedanken und Ihnen und Ihrer Familie ein frohes Weihnachtsfest wünschen.

Die Antwort ließ nicht lange auf sich warten:

München, 5. 1. 1993

Sehr geehrte Frau L.,

vielen Dank für Ihr Schreiben vom 17. 12. 1992. Staatsminister Dr. Gebhard Glück hat mich beauftragt, Ihnen auf dieses Schreiben zu antworten.

In der Vergangenheit wurden viele Fehler dadurch gemacht, dass versucht wurde, Linkshänder unter Zwang zu Rechtshändern umzugewöhnen. Die Probleme der Linkshänder im Bildungsbereich sind inzwischen allerdings erkannt und bereits weitgehend berücksichtigt. So wird in einer Handreichung des Staatsinstituts für Schulpädagogik und Bildungsforschung, an der Frau Sattler mitgearbeitet hat, auf das Problem der Linkshändigkeit ausdrücklich eingegangen.

Sowohl während des Studiums wie auch im Vorbereitungsdienst werden für Grundschullehrer Veranstaltungen zum Thema Linkshändigkeit angeboten. Auch im Bereich der Lehrerfortbildung werden in Dillingen seit Jahren einschlägige Lehrgänge durchgeführt. Insofern hat sich die Situation im Vergleich zu früher grundlegend geändert.

Angesichts dieser Tatsache und aus haushaltsrechtlichen Gründen sehe ich keine Möglichkeit, die von Frau Sattler betriebene Beratungsstelle zu unterstützen.

Ich bedauere, Ihnen keine bessere Mitteilung machen zu können.

Mit freundlichen Grüßen

i. A.

Dr. …

Ltd. Ministerialrat

Wie geschickt man sich hier wieder aus dem Obligo zog, auf Leistungen hinwies, von denen nicht eine in den Bereich dieses Ministeriums gehörte und nicht eine durch das Engagement diese Ministeriums in die Wege geleitet worden war, ist schon beeindruckend. Über den Aufgabenbereich des Sozialministeriums fiel kein Wort, kein Wort über medizinische Prävention, Informationsblätter, zum Beispiel für Eltern mit kleinen Kindern, oder Aufklärung in den verschiedenen Gesundheitseinrichtungen.

Allerdings ein gutes Argument für das Staatsministerium war jetzt unser städtischer Skandal – solche Leute wie wir sind doch nicht förderungswürdig. Auf unsere Anfrage antwortete man lapidar: „Warten wir ab."

Seit Sommer 1994 sammelten uns unterstützende Menschen Unterschriften zum Erhalt der Beratungs- und Informationsstelle für Linkshänder und umgeschulte Linkshänder, die dem Ministerpräsidenten Edmund Stoiber übergeben werden sollten. Es kamen innerhalb von etwa einem Jahr über 2400 Unterschriften mit Adressen zusammen. Aber nach einem nicht viel Hoffnung erweckenden Briefwechsel mit der Regierung haben wir uns nicht entschließen können, die Listen abzugeben. Trotz allem jedoch gaben sie uns ein Stück Kraft, weiter durchzuhalten.

Im Staatsinstitut für Schulpädagogik und Bildungsforschung habe ich mich hingegen auch menschlich geborgen gefühlt, ob das der Leiter der Abteilung Grund- und Hauptschule, Dr. Peter Igl, oder andere hohe Beamte wie Peter Huber oder Alexander Brüning und ganz besonders Dorothea Krippner waren. Später kam der für die Thematik sehr verständnisvolle, einfühlsame, gebildete und humorvolle damalige Leiter des Auer Verlags, Peter Kastner, dazu. Dieser Schulbuchverlag arbeitet traditionsmäßig eng mit dem Kultusministerium und dem Staatsinstitut zusammen. Sie alle haben mir einen kleinen Teil Vertrauen in Institutionen und zu Menschen allgemein zurückgegeben, und ich fand langsam wieder eine etwas positivere Einstellung zum Leben und damit meine ich, zu meinem eigenen Leben und der Frage des Überlebens.

Im August 1993 erschien endlich das Buch. Dr. Igl hat alles Geld seiner Abteilung zusammengekratzt und es geschafft, das Versprechen des damaligen Staatssekretärs im Kultusministerium, Hermann Leeb, einzuhalten, dass allen Grundschulen in Bayern das Buch über die Schulämter zugeleitet wird.

Zu meiner größten Überraschung wurde dann das Buch von Herrn Kultusminister Hans Zehetmair persönlich der Presse vorgestellt und folgende Presseerklärung formuliert:

> „13. September 1993
>
> ‚Franꓘ, ИAITƧAB‘ (übernommene Kinderschrift vom Buchumschlag) Kultusminister Zehetmair stellt neue Broschüre über linkshändige Kinder in der Grundschule vor
>
> Auf die Umschulung von linkshändigen Kindern wird in den Schulen längst verzichtet. Um darüber hinaus modifizierte Lern- und Arbeitsbedingungen

für Linkshänder zu schaffen, hat das Staatsinstitut für Schulpädagogik und Bildungsforschung im Auftrag des Kultusministeriums eine Broschüre erarbeitet, die Lehrern und Erziehern erstmals ausführliche Hilfen zum Umgang mit diesen Kindern an die Hand gibt. Wie Kultusminister Zehetmair am Montag in München erklärte, seien die Folgen einer Umschulung der angeborenen Händigkeit wie Schulunlust oder Verhaltensstörungen bis vor kurzem oft nicht erkannt worden. Die neue Handreichung gebe Lehrern und Erziehern gerade dort brauchbare Hilfen, wo die Weichenstellung stattfindet, nämlich in der Grundschule, und helfe so mit, auch Eltern von den nach wie vor bestehenden Vorurteilen zu befreien.

Die Studie des ISB geht davon aus, dass bei der überwiegenden Mehrzahl der Schüler eine irreversible Funktionsverlagerung im Gehirn Ursache der Linkshändigkeit ist. Versuche in der Vergangenheit, dieser gehirnbedingten Fixierung gegenzusteuern und die angeborene Linkshändigkeit umzuschulen, führten bei Schülern, Lehrern und Eltern zu Frustrationen. Die linkshändigen Schüler reagierten mit Aggressivität, Schulunlust, Konzentrationsstörungen und einem Leistungsabfall, sodass die Erziehung zur Beidhändigkeit letztendlich als nicht erstrebenswert angesehen werden muss.

Die Broschüre gibt einen Überblick über die heutige Situation des linkshändigen Kindes in der Schule und im Elternhaus. Sie zeigt Testmöglichkeiten zur Diagnostizierung von Linkshändigkeit und gibt praktische Hinweise für den grundlegenden Unterricht sowie spezielle Hinweise auf den Fachunterricht in Musik, Handarbeiten, Werken und Sport. Ein eigenes Kapitel befasst sich mit den Problemen umgeschulter linkshändiger Kinder und den Möglichkeiten einer Rückschulung auf die dominante Hand.

In den Statistiken der letzten Jahre ist der Anteil der Linkshänder kontinuierlich gestiegen. Dies liegt zum einen an den Kriterien, nach denen ein Kind als Linkshänder diagnostiziert wird, und zum anderen an der steigenden Toleranz gegenüber dem Schreiben mit der linken Hand. So ist es heute keine Seltenheit mehr, einen Anteil von 20 bis 30 % nicht umgeschulter Linkshänder in Grundschulklassen zu finden, wobei es immer noch eine Dunkelziffer an umgeschulten Linkshändern gibt.“

Die Presse berichtete darüber, es kam zu einem überwältigenden Interesse aus der Bevölkerung, und weil das Staatsinstitut für Schulpädagogik und Bildungsforschung als Herausgeber angegeben wurde, kam es dort zu einem riesigen Schwall von telefonischen Anfragen, die zeitweise fast alle übrigen Tätigkeiten lahm legten.

Zunächst wurde ich im Staatsinstitut verdächtigt, diesen Presserummel selbst verursacht zu haben, aber ich war auf einer Fortbildung in Nordrhein-Westfalen und hatte wirklich nichts damit zu tun. Ich war ähnlich überrascht und verband mich sofort mit dem Münchner Merkur, der diese Meldung auch abgedruckt hatte, kam dann zur dpa und stellte fest, dass es sich um eine Pressemeldung des Kultusministers persönlich handelte. Man hatte nur versäumt, das Staatsinstitut für Schulpädagogik und Bildungsforschung zu warnen, aber niemand hatte mit einer derartigen Flut von Anrufen gerechnet. Noch ein Jahr später erinnerten sich die Sekretärinnen und auch die Bibliothekarin mit Verwunderung und Schrecken an diesen Ansturm.

In diesem Sommer war ich auch zu einem Vortrag an die Universität Berlin eingeladen bei Professor Angelika Benamara-Nordmann. Schon der Name gefiel mir sehr und noch viel mehr die herzliche, spontane Art, mit der sie mich aufnahm und sich bei ihren Studenten für das Thema der linkshändigen Kinder einsetzte. Neugier und Interesse weckten mein folgender Vortrag und Workshop auch an der berühmten Charité.

Auch seitens der Münchner Universität kam es zur Kontaktaufnahme. Frau Professor Dr. Angelika Speck-Hamdan schickte öfter Studenten zu mir, die sich Informationen für ihre Referate holten, und regte einen Vortrag in der Vorlesung bei Professor Dr. Gertraud Heuß-Giehrl im November 1993 an.

Informationsdefizit

Hunderte von Briefen waren liegen geblieben, Betroffene beschwerten sich, wollten Infomaterial, das Buch vom Staatsinstitut war damals noch nicht erschienen, und wir hatten keine Möglichkeit, zumindest über die Existenz des Ratgebers im Humboldt-Taschenbuchverlag zu informieren, wo 1991 ein Buch zur Linkshändigkeit von Rolf W. Meyer erschienen war, in das auch unsere Erfahrungen und Kenntnisse einfließen konnten durch das Interesse und die Flexibilität der Lektorin, Ursula Ludwig, und des Autors.

Wir versuchten unter dem Einsatz sämtlicher Kräfte, mit den Beratungen auf dem Laufenden zu bleiben, aber die Anfragen mehrten sich immer weiter und die Warteliste wuchs in die Länge. Und hier half überraschend der „Ladies Circle München".

Eine Mutter war mit ihrem Sohn zur Beratung bei mir gewesen, hatte unsere Notsituation wahrgenommen und lud mich entschlossen zu einer Sitzung ein, um ein Referat über das Thema Linkshändigkeit zu halten.

Die „Ladies" waren junge Frauen aus den verschiedensten Berufsbereichen, die neben Familie und Arbeit auch etwas Positives für die Gesellschaft tun wollten und unter denen Freundschaft ein wichtiger Begriff war. Die Bewegung ging von England aus, und in Deutschland gab es schon verschiedene „Tables", wie sich ihre Gruppierungen nannten.

Mein Referat war eine eigenartige Erfahrung. Die „Ladies", alles erfolgreiche, meist verheiratete Frauen mit Kindern und viele intensiv im Beruf eingebunden, zeigten sich fachlich sehr interessiert. Manche waren selbst oder in der Familie „von Linkshändigkeit betroffen".

Sie verstanden auch unsere Ängste, weil wir nicht mehr krankenversichert waren: Auch nur die kleinste Unpässlichkeit, ein Zahn, der behandelt werden müsste, weil er schmerzt, oder ein gebrochenes Bein, das ärztlichen Einsatzes bedurfte, war fähig, alles wie ein Kartenhaus zusammenfallen zu lassen. Die letzten dünnen Fäden, an denen wir noch hingen, konnten unmittelbar reißen und uns auf den Boden durchfallen lassen, auf die Sozialhilfeebene. Und dann wäre alles zu Ende gewesen. Wir hätten mit der Arbeit aufhören müssen, hätten nach den neuen Bestimmungen, dass man zu leichten administrativen Tätigkeiten herangezogen wird, in irgendeinem Amt Akten ordnen müssen – nicht dass wir etwas dagegen gehabt hätten, aber wir konnten einfach nicht einsehen, dass hier Menschen aus der ganzen Bundesrepublik, aus dem ganzen deutschsprachigen Raum zu uns wegen Beratung und Hilfeleistungen kamen und wir die Tätigkeit, die niemand anders sonst übernehmen konnte und wollte, aufgeben sollten, aufgrund des bürokratischen Erfüllens einiger Gesetze, die wegen der Gleichbehandlung aller und insbesondere wegen mancher, die sich hier unrechtmäßige Unterstützung erschlichen hatten, besonders hart und streng gehandhabt wurden.

Und selbst in dieser fürchterlichen Zeit kamen Kollegen und missgönnten uns das Stück Arbeitserfolg, wobei sie nicht sahen, mit welchen Opfern es erkauft ist. Und was will ich, immerhin durfte ich studieren, habe jahrelang Wissen und Kenntnisse schöpfen können. Mein Studium wurde nur als ein reines Privileg betrachtet, sie sahen auch dort nicht die harte Arbeit des Lernens, begleitet von zeitfressenden, erschöpfenden Jobs, das Leben oft unter dem studentischen Minimum.

Aber, wie wir erst später analysiert haben, sucht der Mensch in den meisten Fällen in einer solchen Situation Halt in übergeordneten Werten, auf die er sich stützen kann, in Ethik und Moral, die ähnlich wie eine Flucht in eine Religion wirken, wenn man die Realität ertragen muss in zermürbender tagtäglicher negativer Monotonie, ohne daran verrückt zu werden.

Ich glaube nicht, dass die „Ladies" wirklich die Tragweite unserer schwierigen Situation begriffen haben, aber sie wollten helfen mit den Mitteln, die ihnen zur Verfügung standen. Es wurde beschlossen, dass sie eine Infokarte und Porto sponsern, auf der unsere Situation erklärt und um Verständnis gebeten wird, sodass die vielen Anfragen zumindest nicht völlig unbeantwortet blieben. Der Text der Karte lautete:

> „Sehr geehrte Interessentin, sehr geehrter Interessent,
>
> wir bedauern, Ihnen nur mit dieser Karte antworten zu können. Ein finanzieller Engpass zwingt uns dazu, derzeit kein Infomaterial verschicken zu können. Wir kämpfen seit 1986 um eine landesweite Förderung der Beratungsstelle, jedoch, bedingt durch die allgemeinen Sparmaßnahmen, bisher mit wenig Erfolg. Es wird trotzdem versucht, mit allen unseren Kräften die Arbeit für Linkshänder aufrechtzuerhalten sowie persönliche Beratungen und Tests durchzuführen. Die präventive Aufklärungsarbeit in den Medien, Fachveröffentlichungen und Fortbildungsveranstaltungen werden ebenfalls nach besten Kräften geleistet. Wir sind sehr froh darüber, dass wir Ihnen inzwischen ein Taschenbuch empfehlen können, in das viele Ergebnisse unserer praktischen und theoretischen Forschungsarbeit eingegangen sind und in welchem Sie auch eine Ladenliste für Linkshandprodukte finden: ‚Linkshändig? Ein Ratgeber'. Von Rolf W. Meyer, Humboldtverlag Nr. 669. Des Weiteren erscheint 1993 ein Handbuch: ‚Das linkshändige Kind in der Grundschule', Staatsinstitut für Schulpädagogik und Bildungsforschung, München.
>
> Unsere telefonische Beratungszeit ist fast jeden Mittwoch von 14–15 Uhr."
>
> „PS: Die Interessenvereinigung für Linkshänder wird, wenn wir diese Durststrecke überwunden haben, wieder mit Informationen und Hinweisen ihre Mitglieder versorgen. Wer Interesse hat, kann einfach schreiben. Wir melden uns zur gegebenen Zeit.
>
> Karte und Porto wurden vom ‚Ladies Circle München' gespendet. Für diese unmittelbare Hilfe unseren herzlichsten Dank."

Die „Ladies" schrieben auch die Adressen, und die Aktion wurde im Sommer 1993 durchgezogen und erleichterte mein Gewissen, dass die Anfragen nicht ohne Antwort blieben.

Als sehr belastend empfand ich die fast schizophrene Situation – auf der einen Seite die große Not und auf der anderen Seite sich nach außen so zu geben, als sei alles mehr oder weniger in Ordnung. Denn viele Menschen zogen sich sofort zurück, wenn sie wahrnahmen, in welcher Notlage wir waren. Manche hatten wahrscheinlich Angst, dass wir sie um finanzielle Hilfe angehen würden, andere wussten mit der Situation überhaupt nicht umzugehen.

Um irgendwie weiterarbeiten zu können, war es also notwendig, nach außen nicht zu viel über unsere Probleme zu sprechen, die meisten hätten sie sowieso nicht verstanden. Wir wurden gezwungen, sozusagen die Fassade zu wahren und Vorträge und Seminare, gleichgültig ob in Universitäten, Pädagogischen Akademien, Schulämtern, therapeutischen Einrichtungen, Volkshochschulen, Kindergärten und Grundschulen, durchzuziehen und ein nach außen „normales" Bild abzugeben. Bei allem Leid und an die Grenze der menschlichen Kräfte gehenden Belastungen hatten wir trotz allem Erfolg in der Arbeit für die Linkshänder. Und sofort kamen auch die Menschen, die nur die Außenfassade sehen wollten, Neid verspürten und gegenüber den anderen Umständen Augen und Ohren verschlossen hielten. Unverständlich ist für mich aber der Neid bei Menschen, die unsere Lage gut kannten. Es gab sogar Menschen, die behaupteten, mit uns tauschen zu wollen, auch beim Wissen der ganzen Situation. Das ging über meine Vorstellungen – oder habe ich die beiden Rollen zu gut gespielt?

Das Jahr 1995, nach dem unrühmlichen Abgang von Gerhard Bletschacher, dem CSU-Fraktionsvorsitzenden im Münchner Stadtrat, dem „Saubermacher", der selbst mehrere Millionen an Spendengeldern von seinem Verein „Stille Hilfe Südtirol" in die eigene Käseschachtelfabrik umgeleitet hatte, verurteilt wurde und ins Gefängnis kam, brachte kurzfristig etwas Bewegung in unsere Sache, aber das war nur eine kurze Episode, bald zog sich alles wieder in die Länge.

6.12 Fortsetzung von Öffentlichkeitsarbeit und Publikationen

Mehrere sehr wichtige Fernsehsendungen in diesen Jahren beschäftigten sich ausführlich mit dem Thema Linkshändigkeit.

Im Sommer 1994 in der Sendung „Schreinemakers live" stellte sich heraus, dass Margarete Schreinemakers selbst umgeschulte Linkshänderin ist und ihr das Thema nicht fremd war. Die Sendung hatte eine große Breitenwirkung für die Linkshänder und umgeschulten Linkshänder und für ihre Akzeptanz in der Gesellschaft[1].

---

1 Siehe auch Hinweis auf gesellschaftlichen Effekt der Sendung in: Sattler, Der umgeschulte Linkshänder, S. 210.

Im Sommer 1995 behandelte Ilona Christen die Problematik. Eingeladen waren Linkshänder, umgeschulte Linkshänder und mit der Thematik befasste Fachleute. Unter ihren Gästen war eine Studentin der Zahnmedizin, die ihre Ausbildung noch in der DDR-Zeit begonnen hatte und jetzt eine Assistenzstelle bei einem linkshändig arbeitenden Zahnarzt suchte: Dieser Teil der Sendung war besonders interessant, weil quasi in vivo dokumentiert wurde, wie selbstverständlich auch in dem anderen Teil Deutschlands Linkshänder umgeschult worden waren.

Ilona Christen: Ich mache alles mit links, Linkshänder und umerzogene sind heute meine Gäste. Horst und Sabine Glänzer, Vater und Tochter. Horst hat – zusammen mit seiner Frau – Sabine als Baby auf die Rechte umerzogen, das ist ein Riesenproblem heute für sie, denn sie studiert Zahnmedizin und sucht jetzt für die Assistenzzeit einen linkshändigen Zahnarzt … Horst, warum hat man das Kind nicht einfach machen lassen, was es wollte?

Herr Glänzer: Obwohl da schon einige Jahre dazwischen liegen, kann ich mich aber noch gut erinnern, als wir feststellten, dass unsere Tochter Sabine Linkshänder war. Sie nahm das Spielzeug in die linke Hand, später dann den Malstift und, wenn es ans Essen ging, den Löffel. Zunächst haben wir das relativ locker gesehen. Meine Frau ist Lehrerin, aber dann sagten wir uns, da wird doch wohl nichts draus, jemand, der dann links schreibt und so, der wird bestimmt später Nachteile haben. So haben ich damals gedacht und so muss ich das jetzt mal so sagen, und wir haben nun begonnen, Sabine das Ganze abzugewöhnen.

Ilona: Aber nicht so feine Geschichten wie Hand auf den Rücken binden.

Herr Glänzer: Nein, so schlimm war das nicht. Sie hat uns auch da gar nicht so viel Widerstand entgegengebracht. Wir haben ihr eben das Spielzeug, was es da so gab, Entchen und so, in die andere Hand gegeben. Das war eine Weile da drin, aber dann war es wieder in der Linken, und eigentlich wurde das krimineller, als es dann in den Kindergarten ging, oder auch schon früher, als sie anfing, selbst zu malen und mit der linken Hand. Und das wollten wir wirklich nicht haben, wir wollten, dass sie rechts schreibt.

Ilona: Das hat sie dann auch gemacht und das rechts Schreiben ist eigentlich das Einzige, was Sie mit rechts tun.

Sabine Glänzer: Ja, rechts schreiben, ansonsten alles mit links.

Ilona: Essen aber auch rechts!?

Sabine: Ja, weil es sich so gehört.

Ilona: Weil es sich so gehört.

Sabine: Ja.

Ilona: Klingt gut.

Sabine: Das Messer gehört in die rechte Hand, die Gabel in die linke und das ist ja nun auch nicht so schwer, sich daran zu gewöhnen.

Ilona: Sonst braucht man wieder ein anderes Besteck.

Sabine: Ja, oder man wird eben komisch angeguckt, wenn man das nun andersherum hält, als könnte man das nicht, wüsste nicht, wie es sich gehört.

Ilona: Da ist er wieder, der Pedant, der alles richtig machen will – Schulzeit gut gelaufen, geschrieben bestens, am Anfang, auch so hie und da noch Spiegelschrift, so merkwürdig andere Kringel gemacht …

Sabine: Genau, ich hatte auch die Probleme, die hier schon erwähnt wurden, also Spiegelschrift, Zeile von rechts angefangen, obwohl ich schon rechts geschrieben hatte, aber trotzdem immer rechts angefangen und, na ja, aber mithilfe der Mutter, da die eben auch Lehrerin war, habe ich das dann in den Griff gekriegt.

Ilona: Wie ging das dann mit dem Studium der Zahnmedizin, damals noch zu DDR-Zeiten, war das da kein Problem, ein Linkshänder, der Zahnmedizin studiert?

Sabine: Doch, das war ein großes Problem, aber als ich mich für das Zahnmedizinstudium beworben habe, wusste ich nicht, dass es zur Bedingung gemacht wurde, zu DDR-Zeiten, dass man Rechtshänder sein muss.

Ilona: Das stand irgendwo geschrieben?

Sabine: Das stand irgendwo, aber das wusste ich nicht. Und das habe ich erst so richtig mitgekriegt, als ich ein Praktikum gemacht hatte, also nach dem Abitur musste ich ein praktisches Jahr machen, vor dem Studium, und da habe ich gemerkt, Mensch, die machen das alles rechts, man muss von der rechten Seite behandeln, man muss mit rechts alles machen, was will ich denn da machen. Da traten dann die Probleme auf. Na ja, und dann habe ich eben …

Ilona: Haben das die Professoren irgendwie gemerkt?

Sabine: Nein, Professoren waren das damals noch nicht, das waren dann auch normale Zahnärzte, bei denen ich das Praktikum machen musste, aber …

Ilona: … da mussten Sie schummeln?

Sabine: Ja, ich hatte eben Angst, weil es hieß, die müssen eine Beurteilung schreiben an die Universität, dass die das eventuell dann mit reinschreiben konnten: ‚sie ist Linkshänderin' und dass ich dann vielleicht eine Absage kriegen könnte, deshalb habe ich versucht, dass man das nicht sieht, dann den Zement, alles, was ich anrühren musste, habe ich mit links gemacht, weil rechts es ja nicht ging, und ich habe mich aber dann so mit dem Rücken hingestellt, dass die das auf keinen Fall mitkriegen würden.

Ilona: Es kam die Wende und mit der Wende die Wende. Sie durften alles mit links machen, aber es war trotzdem das Problem nicht vom Tisch.

Sabine: Ja, – na ja, mein Glück war dann, dass ich gegen Ende des praktischen Jahres einen Vertreter getroffen habe aus dem Westen, damals, und der sagte mir dann, dass die Möglichkeit bestünde, auch als Linkshänder Zahnmedizin zu studieren oder auch dann als Zahnarzt tätig zu sein, weil es eben Linkshänder-Einheiten, also Behandlungs-Einheiten auch gibt, im Westen.

Ilona: Was sind denn Linkshänder-Einheiten, Behandlungs-Einheiten, wie muss ich mir das vorstellen?

Sabine: Ja, das ist so ein ganz normaler Stuhl für den Patienten, aber der Behandlungstisch steht auf der linken Seite und der Spucknapf rechts, genau, und ich sitze eben dann auf der linken Seite und behandle auch von links.

Ilona: Und der Bohrer?

Sabine: Der Bohrer hängt am Behandlungstisch dran und das funktioniert alles ganz genauso, wie bei Rechtshänder-Einheiten auch.

Ilona: Ja, muss sich denn der andersrum jetzt drehen, der Bohrer?

Sabine: Ja, das kann ich variieren.

Ilona: Das kann man. Aber alle anderen Werkzeuge kann man benutzen, keine Probleme.

Sabine: Ja, die Handinstrumente sind nicht unterschiedlich.

Ilona: ... ob man diesen Spiegel hat oder wie auch immer, das kann man.

Sabine: Ja, das ist alles identisch.

Ilona: Das ist alles gleich. Jetzt kommt aber bald der praktische Teil, ja und es muss ein Zahnarzt gefunden werden, der auch Linkshänder ist, damit Sie ihm assistieren können, denn das gehört ja dazu, Ihre Assistenzzeit.

Sabine: Nein, nicht ihm assistieren. Ich muss ja da selber behandeln. Assistieren wäre ja kein Problem, und deshalb bin ich ja auf so eine Linkshänder-Behandlungseinheit angewiesen.

Ilona: Wir suchen einen Linkshänder-Zahnarzt, zu dem Sie gehen können, um Ihre Assistenzzeit zu machen.

Sabine: Ja, die zwei Jahre.

Ilona: Diese zwei Jahre, mit einem Linkshänder-Behandlungsstuhl, Spucknapf rechts.

Sabine: Der frei ist für mich, ja.

Ilona: Der frei ist für Sie. Horst, jetzt ist Sabine rechts, ich muss anders anfangen, damit ich richtig liege: Sie schreibt rechts und bohren muss sie jetzt links. Hat nicht ganz geklappt mit der Umerziehung, nicht wahr?

Herr Glänzer: Nein, es hat nicht geklappt, das muss man so sagen, und wenn man es noch mal zu tun hätte, wir sind uns da einig, wir würden den Versuch gar nicht wieder unternehmen. Man hat, ich meine, wenn es gelungen wäre, und so blauäugig waren wir damals, dann wäre das schon gut gewesen, dann hätten wir diese Nachteile jetzt nicht, aber die Chancen sind wohl gleich Null, und heute bin ich da noch mal bestärkt worden von Frau Dr. Sattler und anderen, es ist wirklich wahr, das hat keinen Zweck.

Ilona: Die Natur lässt sich nicht überlisten, es bleibt immer drin.

Sattler: Man bleibt so, wie man ist, man bleibt Linkshänder, auch wenn man auf rechts umgestellt wird, das ändert sich nicht, man kriegt halt die Schwierigkeiten, die Probleme, in der Schule, aber man bleibt Linkshänder.

Ilona: Aber gibt es denn die Probleme heute noch in der Schule, ich meine, es gibt immer uneinsichtige Lehrer, Kindergärtnerinnen, wie auch immer. Auf der anderen Seite gibt es auch die Einsichtigen, allein schon das Infoblatt aus der Schule bei der Einschulung, was eigentlich dafür spricht, dass man auch nachdenkt, dass da was anders ist.

Sattler: Also das Infoblatt ist sicher eher die große, große Ausnahme. Wir brauchen viel mehr Aufklärung, und zwar schon in den Kindergärten, durch die Kinderärzte, in der Schule, wir brauchen viel mehr Fortbildungsveranstaltungen für die Lehrer und wir brauchen mehr Literatur, es gibt ...

Ilona: Da gibt es ja eigentlich gar nichts?

Sattler: Es gibt über umgeschulte Linkshänder gar nichts, da kommt jetzt ein Buch auf den Markt, das ist das erste Buch über umgeschulte Linkshänder überhaupt, sonst gibt es gar nichts, das heißt, jemand, der umgeschult ist, kann sich auch nirgends richtig informieren, was für Probleme er haben könnte, dort müsste viel mehr gemacht werden, viel mehr Öffentlichkeitsarbeit für die Linkshänder getan werden und von Anfang an den Eltern ganz deutlich gesagt werden, was für Schäden sie ihrem Kind für sein ganzes Leben durch eine Umschulung der Händigkeit bereiten.

Ilona: Gibt es denn Berufsgruppen, die wirklich nicht Linkshänder sein dürfen?

Sattler: Also ich meine, dass man praktisch in fast allen Berufsgruppen als Linkshänder durchkommt, es gibt ganz wenige, aber es gibt eben solche Probleme, dass ein Behandlungsstuhl nicht da ist oder dass bestimmte Gerätschaften nicht da sind.

Ilona: Ich danke Ihnen ganz herzlich.

Sehr wirkungsvoll war auch die Sendung von Alfred Biolek „Boulevard Bio" im Januar 1996. Als prominente linkshändige Gäste waren der Schauspieler Peter Weck und der bekannte Sportredakteur Harry Valerien eingeladen, weiter eine umgeschulte junge Linkshänderin als Betroffene und ich als Expertin. Besonders aufschlussreich waren die Ausführungen von Harry Valerien, der lange Zeit wie ein Rechtshänder Golf spielen musste, weil es keine Schläger für Linkshänder gab, und der sich dann mit einem Linkshänder-Golfschläger sozusagen zurückgeschult hat und inzwischen zufrieden als Linkshänder golfte.

Nach dem großen Erfolg des Buches „Das linkshändige Kind in der Grundschule", das an alle Schulen in Bayern verteilt und schnell hintereinander mehrmals neu aufgelegt wurde, veröffentlichte ich weitere Bücher:

Heidenheimer Zeitung – 9. 11. 1996

Dr. Barbara Sattler pocht seit Jahren auf die Rechte der Linkshänder

Das Leben mit links bewältigen

Die aus Heidenheim stammende Psychologin gibt Hilfestellung: ein neues Buch

Von Erwin Bachmann

Als Linkshänderin, die auf ihre Rechte pocht, hat sie sich bereits seit Jahren bundesweit einen guten Namen gemacht. 1995 präsentierte die Psychologin Dr. Johanna Barbara Sattler ihr Buch „Der umgeschulte Linkshänder", mit dem die aus Heidenheim stammende Autorin ebenso vehement wie kompetent gegen die Umschulung der von Geburt an festgelegten Händigkeit plädiert. Jetzt lässt die Verfasserin zahlreicher Fachveröffentlichungen ein weiteres, sehr praxisbetontes Werk folgen: „Übungen für Linkshänder - Schreiben und Hantieren mit links"

Dass die Umstellung der angeborenen Händigkeit einen der massivsten Eingriffe in das menschliche Gehirn darstellt, die den Menschen individuell massiv belasten und Auswirkungen aufs ganze Leben haben können, ist gewissermaßen das Credo der heute 41-jährigen Frau, die ihre Kindheit auf dem väterlichen Talhof in Heidenheim erlebt hat und Mitte der 70er-Jahre nach München gezogen ist. Dort, beim Psychologie-Studium, war ihr dann auch klar geworden, warum sie während der 13 Schuljahre in Heidenheim solche Schwierigkeiten gehabt hatte: Sie erkannte sich als typische „Pseudo-Rechtshänderin" wieder, die in früherer Kindheit auf die „gute" Hand umgeschult worden war, obwohl sie doch alles viel lieber mit links gemacht hätte.

Typische Merkmale dieser – wie so oft – nicht folgenlosen Umschulung waren Konzentrationsschwierigkeiten und das Gefühl, sich nicht auf die eigene Leistung verlassen zu können. „Ich habe zwar viel gewusst, es aber nur mit Mühe schriftlich oder mündlich loswerden können", erinnerte sich Barbara Sattler in einem Jahre nach dem Studium geführtem HZ-Interview. Aufgearbeitet hat sie ihre Komplexe im Laufe des Studiums. Sie promovierte über Linkshändigkeit und über linkshändige Künstler, übernahm in Zusammenarbeit mit der Universität Köln die Leitung eines Forschungsprojekts über Linkshändigkeit und ist bis heute Leiterin der in München beheimateten Beratungsstelle für Linkshänder und umgeschulte Linkshänder.

Sattler will sich damit nicht abfinden, dass Linkshändern noch immer das Leben unnötig erschwert wird. Engagiert pflegt sie das Thema ins rechte/linke Bild zu rücken, ist zum einen auf der wissenschaftlichen Ebene zu Hause, scheut aber gerade auch nicht den Gang in die für gewöhnlich weniger informierte Öffentlichkeit. So ist Dr. Barbara Sattler nicht allein den Studenten der Ludwig-Maximilians-Universität ein Begriff, sondern spätestens seit einem Auftritt in Alfred Bioleks TV-Sendung „Boulevard Bio" einem weitaus größeren Personenkreis bekannt.

Ihre Bücher tun ein Übriges, das Klima der Selbstverständlichkeit zu verbreiten, wenn's um Linkshändigkeit geht. „Übungen für Linkshänder" ist der Titel ihrer neuesten Veröffentlichung in Buchform, mit der die Expertin die Ergebnisse ihrer Beschäftigung mit der Schreibhaltung bei Linkshändern publiziert. Erstmals kommt damit eine Handreichung auf den Markt, die in sehr umfassender, praxisbezogener und verständlicher Form Erziehern, Eltern und Lehrern linkshändiger Kinder hilft, auf eine unverkrampfte Schreibhaltung vorzubereiten. Das im Auer Verlag, Donauwörth, erschienene Buch ist auch für erwachsene umgeschulte Linkshänder geeignet, die sich auf ihre dominante linke Hand zum Schreiben zurückschulen möchten.

Dem alten Vorurteil, dass Linkshänder langsamer beim Schreiben wären, die Tinte verschmieren würden und überhaupt nicht ganz „so normal" wie Rechtshänder seien, soll damit entschieden entgegengewirkt werden. Darauf weist auch schon das Titelbild mit dem linkshändig schreibenden amerikanischen Präsidenten Bill Clinton in seiner ausgezeichneten, vorbildhaften Schreibhaltung hin. Er, der wohl momentan politisch mächtigste Mensch der Welt, ist Linkshänder, und in seine Hände wurde die amerikanische Geschichte und die damit verbundene Weltgeschichte gelegt. Das Titelfoto wurde der Autorin direkt vom Weißen Haus für diese Veröffentlichung zur Verfügung gestellt, begleitet von einer persönlichen Karte des Präsidenten.

Der prominenteste Linkshänder: Das Foto steht auf der ersten Innenseite des Buches von Dr. Barbara Sattler – von US-Präsident Bill Clinton zusammen mit einer persönlichen Karte zugesandt.

Die aus Heidenheim stammende Autorin Dr. Barbara Sattler: Engagierter Einsatz für den rechten Umgang mit Linkshändern. (Foto: Posch)

1995:	„Der umgeschulte Linkshänder oder Der Knoten im Gehirn“
1996 und 1997:	„Übungen für Linkshänder. Schreiben und Hantieren mit links“ zusammen mit einem „Schreibunterlagen-Block“ und einem „Übungsheft für Linkshänder“
1998:	„Die Psyche des linkshändigen Kindes. Von der Seele, die mit Tieren spricht“.

Für das letzte Buch schrieb Dr. Cizek Geschichten von dem linkshändigen Aljoscha und seinen sibirischen Erlebnissen mit Tieren und zur allgemeinen Überraschung landete das Buch an achter Stelle auf der Bestsellerliste der Zeitschrift DIE ZEIT, ermittelt aus den Verkäufen des führenden deutschen Buchgroßhändlers Libri (18.–29.1.99) an den Buchhandel weltweit.

Die Honorare für diese Bücher wurden übrigens sofort eingezogen.

Ein weiteres Buch wurde schon früher geschrieben, aber noch nicht veröffentlicht. Sein Arbeitstitel lautet: „Abenteuer Linkshändigkeit. Bitte verzeihen Sie, dass ich noch lebe“. Dr. Cizek und ich haben zusammen unsere Geschichte detailliert und z. T. mit bitterem Humor zu Papier gebracht. Ungewöhnlich ist (neben der Zusammenstellung von schriftlichen Materialien) auch die Methodik – unseres Wissens nach das erste Mal in dieser Art angewandt. Man kann nur vermuten, wie weit ein Zusammenhang besteht zwischen Dr. Cizeks Hypnosefähigkeiten (siehe Kapitel 6.6.1 und 6.6.2) und seinem fotografischen Gedächtnis. Seit etwa 30 Jahren übt er die Benutzung dieser Gabe auch im akustischen Bereich. Seine Patienten wunderten und wundern sich immer noch, dass er in der Therapiestunde keine Aufzeichnungen macht, kein Tonbandgerät benutzt, sogar keine Stichwortnotizen anfertigt und trotzdem jede Kleinigkeit behält, die ihm berichtet wurde … ja, er ist sogar fähig – und das erzielt jedes Mal einen verblüffenden Effekt – ganze Sätze des Patienten wortwörtlich auch nach mehreren Wochen zu reproduzieren. Daher brauchte ich bei Gesprächen, Verhandlungen, Sitzungen u. Ä. keine Stenografie. Die beeindruckende dokumentarische Präzision mit bemerkenswert authentischer Wirkung wurde auch dadurch untermauert, dass Dr. Cizek noch am gleichen Tag das im Gedächtnis Bewahrte in das Bandgerät diktierte und wenn es wichtig war, wurde es noch umgeschrieben. Somit konnte „Abenteuer Linkshändigkeit. Bitte verzeihen Sie, dass ich noch lebe“ auch zur psychologischen Analyse der deutschen Legislative, Exekutive und Judikative werden, bezogen auf die *Wirkung von Einzelmenschen*, ihre Motivation und Moral. Denn „ES“ geschieht nichts über-

dpa, 9. 12. 1998

Vom „guten" und „schlechten" Händchen: Die Psyche der Linkshänder

Von Paul Winterer

München (dpa/lby) - „Gib dein gutes Händchen her", bläuen Mütter ihren Kindern ein. „Das mach ich doch mit links", sagt der Erfolgsmensch lässig, und „so ein linkischer Kerl" argwöhnt so mancher Zeitgenosse. All diese Redensarten belegen die weit verbreiteten Vorurteile gegen Linkshänder. Noch immer tun sich Linkshänder in der zivilisierten Welt recht schwer. Der Umgang mit alltäglichen Gebrauchsgegenständen wie einer Schere kann zur Tortur werden. Linkshänder sind eben anders, selbst wenn sie so prominente Vorbilder wie US-Präsident Bill Clinton, die Weltklasse-Tennisspielerin Monica Seles oder Telekom-Chef Ron Sommer haben.

In der Münchner Beratungs- und Informationsstelle für Linkshänder und umgeschulte Linkshänder - einzige Einrichtung dieser Art in ganz Deutschland - sind Menschen mit dem „schlechten" Händchen geradezu willkommen. Deren Chefin, die promovierte Psychologin Barbara Sattler, gilt seit Jahren als anerkannte Expertin für alle Fragen um die Links- und Rechtshändigkeit der Menschen. Aus ihrer Feder stammen die Standardwerke „Das linkshändige Kind in der Grundschule", „Der umgeschulte Linkshänder oder Der Knoten im Gehirn" und „Übungen für Linkshänder".

Dieser Tage erscheint ihr neuestes Werk. In dem Buch „Die Psyche des linkshändigen Kindes - Von der Seele, die mit Tieren spricht" (Auer-Verlag Donauwörth, 328 Seiten, DM 29,80) beweist die Autorin, dass Linkshänder nicht nur deshalb anders als Rechtshänder sind, weil sie sich die Zähne mit der linken Hand putzen. Sie trügen auch unterschiedliche Wesenszüge. „Linkshänder sind unter anderem mehr auf sich bezogene Menschen, Rechtshänder dagegen gruppenbezogener", bringt Sattler ihre Untersuchungen auf einen gemeinsamen Nenner.

Denn darin ist sich die 45-Jährige sicher: „Links- und Rechtshändigkeit des Menschen sind nicht nur Ausdruck der motorischen Dominanz der jeweiligen Gehirnhälfte, sondern sie erscheinen mit bestimmten Persönlichkeitszügen und typischen Handlungsweisen verbunden, die Links- und Rechtshänder unterscheiden." Das Buch zeigt diese Unterschiede auf.

Sattler wendet sich vor allem an Eltern von Linkshändern, aber auch an die Betroffenen selbst. „Gleichzeitig will ich Pädagogen und Therapeuten auf unterschiedliche Reaktions- und Denkweisen von Links- und Rechtshändern aufmerksam machen." Immerhin sitzen heute über 30 Prozent Linkshänder in Schulklassen, obwohl es noch immer Lehrer gibt, die versuchen, Kinder auf rechts umzuschulen.

Kopfschüttelnd erzählt Barbara Sattler von einem Rechtsanwalt, der seine Tochter zum Schreiben mit der rechten Hand regelrecht zwingen wollte. „Gottseidank hatte das Mädchen eine mutige Lehrerin, die den Vater davon abbringen konnte." Auf der Basis von mehr als 10 000 Untersuchungen linkshändiger Menschen innerhalb der vergangenen 15 Jahre hält es die Wissenschaftlerin für sehr wahrscheinlich, dass von Geburt an praktisch jeder Zweite Linkshänder ist, aber oft aus den unterschiedlichsten Motiven auf rechts wechselt.

Die Psychologin verweist zur Untermauerung ihrer These auf andere Untersuchungen, wonach in der Steinzeit nachweislich viele Werkzeuge sowohl von Links- als auch von Rechtshändern benutzt wurden. „Die Dominanz der rechten Hand ist eine typische Zivilisationserscheinung." Sowohl im Christentum als auch im Islam sei die Fixierung auf die Rechtshändigkeit sehr ausgeprägt.

In den Räumen der Münchner Beratungsstelle wird auch ganz praktisch geholfen. Es gibt Adressen für Geschäfte in ganz Deutschland, in denen Gebrauchsgegenstände speziell für Linkshänder zu haben sind, wie Schere oder Dosenöffner. Viele Wochen im Jahr ist Barbara Sattler von Flensburg bis Passau unterwegs, um in Seminaren Lehrer und Erzieher davon zu überzeugen, dass Linkshänder auch Linkshänder sein dürfen. Die Streiterin für links hat es selbst leidvoll erfahren: Ihr Lehrer leitete sie konsequent zum Rechtsschreiben an. „Inzwischen hab ich's verarbeitet."

geordnet Gerechtes und Unparteiisches in Form eines objektiv und vorurteilslos funktionierenden Apparates; es wird von konkreten Menschen und durch ihre subjektiven Ansichten und Interessen, von Menschen, die einen Namen tragen, beeinflusst und durchgesetzt …

Das Buch wartet auf das Ende der bisher nicht gelösten Situation. Wir möchten nicht in die noch offene Geschichte, verbunden mit den von uns eingeleiteten Gerichtsprozessen, meinungsbildend eingreifen.

6.13 Unendliche Geschichte der anderen Art

Was uns immer wieder Mut und Kraft gegeben hat, die Arbeit fortzusetzen, sind die Reaktionen der betroffenen Linkshänder und umgeschulten Linkshänder und auch ihrer Familienangehörigen.

Es wächst auch zunehmend die Anzahl der neuen Mitkämpfer, die in ihrer pädagogischen und therapeutischen Arbeit Linkshändigkeit für wesentlich halten und darauf eingehen. Auch eine kleine Zeitschrift für Linkshänder gibt Norbert Martin in Wuppertal seit 1997 heraus, die Zeitschrift „Left Hand Corner". Er kämpft wacker für die Belange der Linkshänder. Ebenso ist die etwa zeitgleich eingerichtete Deutsche Linkshänderseite von der Ärztin Inken Spreda im Internet zu nennen. Beides sind herausragende Ansätze, um den Linkshändern in ihrer Art und auf ihrem Weg mehr Bedeutung zu geben. Unter der neuen deutschen nicht-wissenschaftlichen Literatur ist ein humoristisches Buch sehr bedeutungsvoll, von Martin Zips und Ernst Hürlimann. Dort macht man sich nicht plump über Linkshänder und ihre Probleme lustig oder bagatellisiert sie, sondern auf leise, humorvolle Art werden Situationen und Geschehnisse geschildert und in Bildern wiedergegeben, die Linkshändern eben das Leben schwer machen können.

Sehr Nachdenkliches findet man unter dem Stichwort „Nationalsozialismus":

„Die Nazis wollten uns ausrotten. 1935 gab Heinrich Himmler die Studie „Zusammenhang zwischen Linkshändigkeit einerseits und geistiger Verfassung der Homosexuellen andererseits in Auftrag", die nur einen Sinn hatte: Schwule und Linkshänder als krankes Gesindel darzustellen. Da hört der Spaß auf."[1]

---

1 Zips, Martin, Linkshänder. Ein fröhliches Wörterbuch. Zeichnungen Ernst Hürlimann. Tomus Verlag, München, 1997, S. 61.

Abb. 42 Zeichnung zum Nationalsozialismus von Ernst Hürlimann, 1997

Meine Großtante Gertrud Kleinhempel hätte hier in ihrer unnachahmlichen Art sicher hinzugefügt: „Eine Steigerung wäre nur noch ein linkshändiger, homosexueller Jude."

Diese Großtante hatte am eigenen Leib schmerzlich erfahren, wie man mit vielen nicht konform innerhalb der herrschenden Ideologie denkenden – wenn auch sehr verdienten – Menschen umging. Sie war die erste Professorin, d. h. der erste weibliche Professor, in Preußen überhaupt und hat sich einen bedeutenden Namen gemacht – heute veranstaltet man sogar ganze Ausstellungen über sie und ihr künstlerisches Werk. Da Gertrud Kleinhempel aber nicht bereit war, eine Galionsfigur der nationalsozialistischen Frauenbewegung zu spielen und sich von der NS-Politik deutlich und durch Taten distanzierte, musste sie schließlich die Akademie und die Stadt verlassen und lebte zurückgezogen in einem Dorf an der Ostsee bis zu ihrem Tod kurz nach dem Krieg. Darüber, wie weit die gesundheitlichen Auswirkungen der Erlebnisse, die sie zu diesem inneren Exil getrieben haben und der Mangel an Nahrungsmitteln mit ihrem langsamen Sterben in Zusammenhang stehen, wird heute noch diskutiert. Meine Großmutter, Dr. med. Johanna Haupt, hat dieses Schicksal mit den Worten kommentiert, dass „das Wesen der ethischen und moralischen Standfestigkeit als Nahrung die Lebensqualität des Menschen verzehrt".

Ich habe meine Tante bewundert, aber nicht im Traum gedacht, dass mehrere Aspekte unserer beiden Lebensläufe bestimmte Parallelen aufweisen, einschließlich des damit verbundenen Leids.

Die größte Anerkennung ist, wenn etwas von einzelnen Menschen Initiiertes und Gestaltetes als ein Stück Allgemeingut empfunden wird, quasi als selbstständiger, im Laufe der Zeit entstandener Ausdruck einer eigenständigen Zeitströmung, die unsere Gesellschaft sich als Ganze sozusagen vereinnahmt hat. Von Komponisten und Liedermachern ist bekannt, dass sie es als die ultimative Anerkennung empfinden, wenn ihre Melodie, ihr Lied plötzlich in aller Munde ist, sich zu einer „Volksweise", einem „Volkslied" entwickelt, welches von der ganzen Gemeinschaft akzeptiert und geliebt wird. Der Komponist bzw. Autor ist dann meist nur noch einigen Menschen bekannt, denn sein Werk ist ein Stück Allgemeingut geworden.

Ähnlich erscheint es inzwischen manchmal mit der Linkshändigkeit. Viele Fachleute halten es für selbstverständlich, dass nicht mehr umgeschult wird, ja, sie wollen es kaum glauben, dass das heute noch geschieht und verlangen Beweise. Diese soll man ihnen möglichst direkt vor die Augen führen, damit sie es auch ihren Familienmitgliedern bzw. Freunden und Kollegen beweisen können. Sie wollen meist nicht glauben, dass eine von Gewissensbissen geplagte Mutter freiwillig in der Öffentlichkeit erzählt, dass sie ihre jetzt 6-jährige Tochter im Alter von drei Jahren umgeschult hat und Hilfe sucht.

Manche hören von Kollegen von der Linkshänderthematik, sind überzeugt, z. B. durch eine Kollegin über dieses Allgemeingut informiert worden zu sein, und wissen gar nicht, dass gerade diese Kollegin alles in einem der ersten Vorträge gehört hat und sie das bis heute so tief beschäftigt, dass sie als Multiplikatorin quasi zum Primärträger der Gedanken geworden ist. Dies ist eigentlich die höchste Art der Anerkennung, und in diesem Sinne ist zu hoffen, dass die Gesellschaft sorgfältig mit dem Wissen umgeht, Linkshänder, ob Kinder oder Erwachsene, besser integriert und sie als einen wertvollen Bestandteil ihrer selbst empfindet. Dann haben sich die Mühe und das Leid gelohnt und ein Stück zu einem Emanzipationsprozess in der Geschichte der Linkshänder beigetragen.

Stellvertretend für die vielen Zuschriften, über die wir uns alle sehr gefreut haben, sollen hier zwei Schilderungen sozusagen Zeugnis ablegen über die Erlebnisse von Linkshändern, die in der ersten Hälfte des zwanzigsten Jahrhunderts geboren wurden und aufwuchsen. Sie sollen daran erinnern, wie noch vor kurzem mit Linkshändern umgegangen wurde, und zeigen, wie sich jeder auf seine Weise durchgesetzt hat und eigentlich jetzt erst wahrnimmt, welche Rolle die Linkshändigkeit in seinem Leben gespielt haben könnte.

Dr. Barbara Mohr

Calw, 30. 1. 99

Liebe Frau Sattler,

aus der Zeitung hatte ich von Ihrem neuen Buch[1] erfahren, - jetzt habe ich es gelesen.

Ich selber bin geborene Linkshänderin, Jahrgang 1926. Ich kam in einer Jugendstil-Villa zur Welt, mit einem riesigen Garten (knapp 5.000 qm Garten) ringsum. Vater Einzelkind, Vater, Mutter und Stiefvater früh verstorben, Mutter Lehrerstochter, Hausfrau. Vater Ing. für Maschinenbau und Elektrotechnik, später Lehrer an einer Ingenieurschule. Ich war ein sog. unerwünschtes Kind, was ich lange nicht begriff – nach den Dramen mit den vergewaltigten bosnischen Frauen, die auch alle die Kinder ablehnten, verstand ich einiges: Meine Mutter hatte sich eine platonische Ehe vorgestellt – also *ohne* sexuelle Kontakte(!) – und sie selber sagte mir einmal nach Jahren, ihr Mann habe sie vergewaltigt (zwei Jahre *nach* der Hochzeit!).

Vater hatte zwei Schäferhunde, damals noch weit wolfsähnlicher und größer als heute. Er hielt mich sofort nach Freigabe durch die Hebamme den Hunden zum Beriechen und Ablecken hin!! Vater wünschte sich eine Tochter, die, wie er hoffte, seiner Mutter ähnlich sein möchte! In Wesen und Aussehen war das, wie man später sah, auch so.

Allerdings musste mich der Hausarzt und Geburtshelfer erst einmal mühsam beleben: Nabelschnur dreimal um den Hals und blau. Dies wurde in einer Untersuchung und Studie schon einmal vor Jahren als Ursache für die Linkshändigkeit betrachtet – die rechte Hirnhälfte habe die größere Überlebensfähigkeit!?

Ich kenne nur eine distanzierte Mutter, dafür einen äußerst zugewandten Vater! Mit knapp drei Jahren wusste ich, was Elektrizität ist. Um die Gewitterfurcht der Mutter gar nicht erst entstehen zu lassen, setzte Vater mich bei Gewittern auf unsere große, überdachte Veranda, mit einem Zeichenblock und dem Auftrag, ihm die schönsten Blitze aufzumalen! Ich war begeistert und malte. (Ich habe dieses Patent bei ängstlichen Enkeln immer wieder mit gutem Erfolg angewendet.) Ehe ich in die Volksschule kam, konnte ich defekte Stecker von elektrischen Geräten reparieren (!), linkshändig versteht sich, mit Schraubenzieher und Isolierband, kleiner Zange usw. Die Mutter nörgelte zwar dauernd wegen der „schönen" Hand – Vater lachte und ließ mich gewähren. Er war handwerklich sehr geschickt und machte in den Ferien im Hause fast alle Reparaturen, vor allem wurden in dem Haus (Baujahr 1895) alle Leitungen *unter* Putz gelegt! Wir hatten für die damalige Zeit einen erstaunlich elektrifizierten Haushalt, auch schon eine elektrische Bohrmaschine, Kaffeemühle, Kühlschrank und Waschmaschine sowieso, Staubsauger, eine umgebaute Nähmaschine mit Motor (alte Seidel und Naumann), Ventilator und einen elektrischen Mixer für die Leimfarben – die alten Tapeten wurden durch Anstrich ersetzt, die Möbel im Stil von Bruno Taut nach und nach ersetzt – es wurde „getautet": neue Sachlichkeit mit Stahlrohrmöbeln.

Die beiden Schäferhunde waren meine Geschwister und Spielkameraden – mit den „Straßenkindern" durfte ich als Akademikerkind nicht spielen! Mit den Hunden lief ich in

1 Anmerkung: Es handelt sich um das Buch „Die Psyche des linkshändigen Kindes. Von der Seele, die mit Tieren spricht", Auer Verlag, 1998.

den Wald, außerdem hatten wir etwa 20 Hühner, die ich alle kannte, und sie mich. Wenn ich eines fangen wollte, duckte es sich schon so und ließ sich greifen! Ich kam dann auf die Idee, die Hühner statt einer Puppe in den Puppenwagen zu legen. Wenn Sie ein Huhn rasch auf den Rücken drehen, ist es hypnotisiert und rührt sich nicht mehr, es verharrt in dieser Lage. (*Das* wurde mir erst später klar!)

Vater war ein guter und begeisterter Reiter, ich lernte Pferde von ganz klein auf kennen und lieben. Mit drei Jahren hatte ich ein Kinderköfferchen mit Würfelzucker, wenn ich mit dem Dienstmädchen zum Einkaufen ging. Bald kannten *alle* Gespanne im Ort die kleine Gestalt und drängten an den Straßenrand, um ihren Zucker in Empfang zu nehmen! Den Tieren mit Maulkorb „praktizierte" ich mit spitzen Fingern den Zucker ins Maul, alle beugten sich herunter, denn ich war ja noch recht klein. Den „Schmeißern" (= Ausschlägern) konnte ich unterm Bauch durchkriechen – mir hätte *nie* eines etwas getan!

Ich habe in meinem ganzen Leben *nie* Angst oder Widerwillen gegenüber einem Tier empfunden. Auch bei völlig fremden Tieren stehe ich mit zugewandter Aufmerksamkeit da und signalisiere – *Ihre* Version des Aljoscha mit den „Bildern" ist großartig ausgedrückt! Es sind nonverbale Signale, die man empfängt und aussendet, *ohne* Angst! Auch bissige oder schwierige Tiere, vor allem große, sind irgendwie erstaunt, dass da ein Mensch so anders reagiert und nicht nach Angst *riecht*! Sie werden neugierig und suchen die Bekanntschaft! Dann dauert es gar nicht lange, und ein Rüssel, eine Nase kommt nahe und möchte am Mund mehr riechen, an den äußeren Gehörgängen und an der Achselhöhle, wo der Körpergeruch am stärksten ist.

Ist man *so* weit, kann man mit ständigem Reden und Senden dem Tier ein wenig Spucke auf die Nase reiben und weiteren Körperkontakt aufnehmen – immer nach dem entsprechenden Gegensignal! Wenn man dann die „Höflichkeitsregeln" der Hundeartigen und Katzenartigen, die sich stark unterscheiden, einhält – nicht anstarren, etwas blinzeln oder der gerade Blick –, ist die Grundlage für eine lange und wundervolle Freundschaft gelegt. Man kann sogar – im Notfall – bei dem Tier einen notwendigen Eingriff machen, es wird mitmachen und nicht angreifen, es „versteht", dass ihm geholfen wird!

Doch zurück zur Einschulung: Wir sollten mit Bleistift auf Kästchenpapier die ersten Buchstaben malen – schreiben konnte ich noch nicht – lesen und rechnen hatte ich in der Küche bei den Dienstmädchen gelernt und las schon fließend. Der sehr autoritäre Lehrer schimpfte, band mir den linken Arm mit Bindfaden auf dem Rücken fest, und nun sollte ich mit *rechts* zu schreiben anfangen! Ich trat in Streik. Zu Hause verkündete ich: In *diese* Schule gehe ich *nicht*! Mutter schlug mich zuerst, Vater hängte sich ans Telefon, rief den Lehrer an, dann das Schulamt und erreichte einen Schulwechsel für mich.

Der Schulweg war sehr viel länger, aber einem alten, kurz vor der Pensionierung stehenden Lehrer gelang es, meinen *Ehrgeiz* zu wecken! Er lobte meine linkshändige Leistung und ließ mich dasselbe mit *rechts* probieren! So schrieb ich abwechselnd mit beiden Händen! Ich kann es noch heute, nur sieht links etwas anders aus als rechts[1] . In den 50er Jahren hatte ich eine Verletzung der rechten Hand, arbeitete aber weiter als Ärztin, – ich rief die Krankenkassen an und schilderte die Sachlage der verschiedenen Unterschrift auf Krankenmeldungen und es ging! In der Volksschule gab es nochmals eine Schwierigkeit: Schönschreiben! Man sollte die Sütterlinschrift *rechts*-schräg schreiben – ich schrieb nach *links* geneigt! Drei Strafstunden unter dem Klassenlehrer am Mittwoch nachmittags saß ich ab – dann streikte ich! Vater telefonierte – Ende der Qual!

---

1 Anmerkung: Frau Dr. Mohr schrieb dann normalerweise mit rechts.

Auf der höheren Schule war Schönschreiben sowieso nicht mehr wichtig. Lernen fiel mir in allen Fächern – besonders aber in Sprachen – sehr leicht. Ich las fast ständig – bin im Lernen ein optischer Typ, lerne also das Bild des Pensums und kann das dann vor dem inneren Auge erstehen lassen.

Einmal, mit 14 Jahren, wechselte ich noch die Schule, weil ich mich mit der Klassenlehrerin – einer überzeugten Parteigenossin und dem „geliebten Führer" stramm ergeben – nicht vertragen konnte.

Im Dresdener Mädchengymnasium, wie bereits vorher, war ich in der Klasse zwar zum Abschreiben oder zur Hilfe bei nicht verstandenem Lehrstoff gesucht – Freundinnen hatte ich *nie.*

1940, nach einem Zoobesuch, meldete ich mich dort als Hilfs-Tierpflegerin *neben* der Schule, an allen Wochenenden und in allen Ferien. Der dortige Inspektor, Otto Sailer-Jackson, gehörte neben Hagenbeck zu den Begründern der sanften Dressur für Raubkatzen und Elefanten. Nach wenigen Tagen stellt er fest: „Mädchen, du bist ein Tiermensch" (siehe Ihr Aljoscha): von Kaninchen über Vogelhaus, Wölfe, Füchse, junge Bären bis zu Löwen, Tigern, Pumas und als Krönung – Elefanten!

Bis dahin war ich oft etwas gehemmt und mit nicht allzu großem Selbstvertrauen ausgerüstet, nun änderte sich das! Meine Klassenkameradinnen konnten mich am „billigen Sonntag" mit den Elefanten sehen, in den Raubtiergehegen beim Saubermachen und im Spiel mit den Wölfen oder beim Versuch, aus vier jungen Bären eine Spielgruppe zu formen. Es gab damals eine Art Mini-Zirkus in der großen Zoo-Anlage mit regelmäßigen Vorführungen: ein Schimpanse namens Pitt und eine Inseltigerin, sie hieß Kitty. Diese Tiger sind viel kleiner und schlanker als die riesigen sibirischen Tiger. Kitty war vom Inspektor mit der Flasche aufgezogen und trainiert worden – ein sehr liebes, schönes Tier. Ich schloss bald Freundschaft mit ihr, wir liebten uns! Von den anderen war es ein riesiger sibirischer Tigermann, „Sibir", mit dem mich ebenfalls eine enge Freundschaft verband. Ich ahmte das Begrüßungsschnurren nach, mit dem Erfolg, dass die Tiger sich freundlich-erstaunt zeigten, aber irgendwie anerkennend, so ähnlich, wie wenn im Ausland Griechen oder Italiener teils erfreut, teils gerührt sind, wenn der deutsche Gast sich in ihrer Sprache unvollkommen versucht – Zuneigung ist aber sicher! Die allabendlichen Gute-Nacht-Sagen-Gänge mit dem Inspektor durchs Raubtierhaus – der Zoo war längst geschlossen, der Nachtwächter war da – sind mir eine bleibende, kostbare Erinnerung. Von Käfig zu Käfig gehend, redend und durch die Gitterstäbe kraulend, während sich die „guten Jungs" mauzend und mit Schnurren an den Gitterstäben rieben!

Mein letztes Erlebnis war in der Silvesternacht 1942/43 die Stallwache im Elefantenhaus – drei indische Elefantenkühe und ein Spitzmaulnashorn.

Im Januar begannen die Abiturprüfungen, danach kam ich sofort zum Arbeitsdienst. Dort im Lager sollte ein angeblich äußerst scharfer Schäferhund die Maiden bewachen – man hatte keinen Ausgang – Hasso und ich waren bald die besten Freunde!

Anschließend Kriegshilfsdienst im Lazarett Naumburg/Saale. Das Operationslazarett befand sich in der Mittelschule, und ich landete sehr rasch im Operationssaal. Medizin wollte ich seit dem 8. Lebensjahr studieren, hier ergab sich – als Krankenschwester – ein Teil der beruflichen Laufbahn. In den verbleibenden Jahren bis Kriegsende absolvierte ich eine Schwesternausbildung beim Roten Kreuz (damals genügten zwei Jahre) und stand nach Kriegsende wenigstens mit einem Beruf da.

Auf abenteuerlichen Wegen gelangte ich – immer in Schwesterntracht – nach Hause und meldete mich im örtlichen Kreiskrankenhaus. Gebraucht wurde zuerst jemand auf der Typhusstation, später bei Diphtherie und Scharlach und offener Tuberkulose. Endlich gelang es mir, auf die Chirurgie versetzt zu werden! Im OP und als Verbandsschwester in der Ambulanz – ich war glücklich! Meine beiden Brüder – es kamen noch zwei Jungs nach mir, wesentlich jünger – gingen noch zur Schule.

Mit der Wiedereröffnung der Universitäten im Oktober 1946 gelang es mir, einen Studienplatz in Rostock zu bekommen. Ich wohnte bei dortigen Verwandten. Vor den ersten mündlichen Prüfungen im Vorphysikum hatte ich panische Angst – war ich doch lange aus dem Schulbetrieb heraus durch den dauernden Krieg und glaubte zu versagen. Ich lernte wie besessen, ging aber unruhig in das erste Fach. Da kam mir die Idee: Ich stellte mir vor, *was* wohl der Prüfer tun oder sagen würde, wenn gerade *jetzt* ein Tiger oder ein Leopard oder Elefant zur Tür hereinkommen würde? – *Ich* wüsste, was da zu tun sei!

Die Prüfung selbst enttäuschte mich, sobald ich anfangen wollte, zu der Frage etwas zu sagen, winkte der Prüfer ab: Danke, das genügt! Der spürte wohl meine reichlichen Kenntnisse – und ich stand da, mit Bestnoten und einer leisen Enttäuschung, *wie* einfach das alles gewesen war! Seitdem hatte ich *nie* wieder mit Prüfungsangst zu tun.

1949 wechselte ich die Universität und ging nach Halle, wo ich auch 1952 das Staatsexamen ablegte und doktorierte. In allen Semesterferien arbeitete ich im heimischen Kreiskrankenhaus, wo ich unterdessen schon zu einer festen Größe geworden war: Man rechnete mit mir als Urlaubsvertretung! Zuerst noch als Schwester, später, in den klinischen Semestern, als Famulus, und das *immer* auf der Chirurgie! *Vor* dem Staatsexamen hatte ich bereits eine Reihe Blinddarmoperationen selbstständig gemacht – damals war eine so genannte wilde Zeit – heute wäre das unmöglich. Knochenbrüche einrenken, Gipsverbände anlegen, Abszesse öffnen – alles vor dem Examen!

Alle meine Prüfungen hatten die Note „sehr gut“, außer der Prüfung in Politik (russische Zone, später DDR – da gab es eine Drei).

Sofort nach Abschluss trat ich meinen Dienst im Kreiskrankenhaus an.

Ich war und blieb eine Linkshänderin: Zähne putzen, kämmen, einen Knopf annähen, einen Saum abstecken, essen mal rechts, wenn die Sitzordnung das erforderte, aber lieber links! Aber einen Hautschnitt, das Durchtrennen der Haut bei einer Operation oder Inzision, habe ich *nie* mit rechts machen können und keiner meiner Assistenten, die einem ja gegenüberstehen, hat das je gemerkt! Mit Schere und Nadelhalter kann ich beidhändig sehr gut arbeiten und hatte in schwierigen Situationen sehr große Vorteile!

Ich war glücklich!

1954 verließ ich die DDR aus einem Kreiskrankenhaus Wismut-Sperrgebiet (Uranbergbau der Russen), weil der Staat mich zur kasernierten Volkspolizei (Vorläufer der Nationalen Volksarmee) als Arzt stecken wollte. Im Westen suchte ich mir in Oldenburg eine Stelle, kam zu Professor Herbert Junghanns, dem Begründer der Wirbelsäulenforschung und einem exzellenten Chirurgen. Einzige Frau unter lauter Männern, die anderen Krankenhäuser am Ort hatten eine Frau als Assistenten abgelehnt! Ich war am Evangelischen Krankenhaus knapp neun Jahre und ging, als unser Chef nach Frankfurt ging, in ein Krankenhaus am Mittelrhein, als chirurgischer Oberarzt.

Meine beiden jüngeren Brüder hatten ebenfalls Medizin studiert und sind beide Chirurgen geworden. Beide sind Rechtshänder.

In Oldenburg war es das Erste, als ich genügend verdiente – ich fuhr noch immer mit dem Fahrrad –, eine Wohnung im ländlichen Stadtteil zu suchen und einen Bernhardinerhund anzuschaffen! Bei mir wohnte eine ältere Tante, eine pensionierte OP-Schwester, die am Tage den Hund versorgte, wenn ich in der Klinik war. Die Hunde-Erziehung – ich nahm als Erstes vier Wochen Urlaub – war vor allem darauf abgestellt, den Hund ungefährlich für kleine Kinder (deren es genug in der Verwandtschaft gab) sein zu lassen. Ich gewöhnte ihn daran, beim Fressen gestreichelt zu werden, den Napf wegzunehmen, ohne dass er ärgerlich wurde. Da immer etwas Fressbares da war, wurde er nicht ein futterneidischer Hund – ein Babysitter par excellence, den die Kinder heiß und innig liebten! Ein Schutzhund für mich, wenn ich oft nachts mit ihm spazieren ging.

Als ich dann an den Mittelrhein umzog, war „Pascha" eine Sensation in der kleinen Stadt. Am Mittelrhein arbeitete ich 12 Jahre und lernte auf einem Kongress meinen ersten Partner, einen jugoslawischen Kollegen, kennen. Ich baute ein Haus auf den Höhen des Hunsrück mit Blick auf die Loreley und zog die kleine uneheliche Tochter meines Mannes auf. Kurz danach verunglückte er tödlich. Er war hoch begabt, sehr musikalisch, hatte geschwankt, ob er Pianist (er hatte Konzerte gegeben) oder Chirurg auf Dauer werden sollte. Unsere Partnerschaft war nicht immer einfach – ein Rechtshänder – ich sehe auch heute seinen Unfall als verkappten Selbstmord.

Nun – Hund, Kind, Tante, Haus, Garten und Beruf – es waren schöne Jahre. Weitere Bernhardiner ersetzten den Pascha nach dessen Tod.

Die Trägerschaft des Krankenhauses änderte sich und damit die Atmosphäre. Ich wollte weg. Damals begann sich die Handchirurgie als eigenes Fach zu etablieren, sie ist kräftemäßig nicht so anstrengend wie die allgemeine und Unfallchirurgie, und ich wechselte nach Köln in eine BG (berufsgenossenschaftliche Klinik) für Handchirurgie. Meine Zeugnisse und vor allem meine Ausbildung bei Junghanns, der, wie man sagte, nichts von Frauen in diesem Fach hielt, öffneten mir die Türen.

Junghanns war übrigens ein schwieriger Chef, sehr wechselnd in den Stimmungen, aber er liebte Hunde, hatte selbst eine Spanielhündin. Ich hatte meine Stellung bei ihm bekommen, weil er mich fragte: „Warum wollen Sie durchaus in die Chirurgie? Frauen werden doch Kinderärzte oder Internisten oder sitzen im Gesundheitsamt?"- Ich habe nur kurz gesagt: „*Das* ist mir *zu zahm*, Herr Professor!" Er stutzte, musste lachen und – ich hatte diese Stelle! Mir gelang es fast immer, seine schlechten Stimmungen auszubügeln, entweder schweigend bestens zu assistieren oder nach seiner Hündin zu fragen, von meinem Hund zu erzählen – ich hatte eine Art Witterung, wie bei Tieren, für ihn! Wir waren bis zu seinem Tod sehr nett befreundet.

Und mit seinem Sohn, der in Ludwigsburg Chef ist, bin ich es noch heute. Mein Kölner Chef war auch ein Hundeliebhaber – er hatte einen Pudel.

Meine beiden Brüder, 6 und 13 Jahre jünger als ich, wurden von unserer Mutter mit einer umklammernden Liebe umgeben, zum Vater hatten sie kaum Kontakt dadurch. Mit dem

Jüngsten, der sich als kleines Kind – vergeblich – gegen die dominante Mutter zu wehren versuchte – Essensverweigerung und Erbrechen mit 1½ Jahren –, hatte ich in den späteren Jahren einen sehr guten Kontakt, wenn wir auch weit entfernt voneinander arbeiteten. Mit unserem Vater hatte ich, auch nach meiner Flucht in den Westen, engen brieflichen Kontakt, er schickte mir über Westberlin alle meine Bücher nach und er besuchte mich in Oldenburg, zur Zeit der Hannover-Messe. Er war unterdessen Chefredakteur der Zeitung „Technik" in Ostberlin und bekam zur Messe eine Reiseerlaubnis. Er starb 1969 an zwei Schlaganfällen.

Einige Jahre vorher hatte er sich von Mutter scheiden lassen, denn sie, die im Nazireich dem geliebten Führer so ergeben war, dass sie ihre Söhne als Partisanen zum „Werwolf" schicken wollte und noch am 20. April 1945 die Hakenkreuzfahne im Garten hissen wollte – der Großvater hat das verhindert –, unterwarf sich, nach einer Missionsveranstaltung von Franziskanern, dem nächsten autoritären Regime – der katholischen Kirche!

Mit dem Überschwang, der fast alle Konvertiten auszeichnet, überzeugte sie ihre beiden Söhne, die ihr auch folgten. Vater war dies verständlicherweise zu viel, und er ließ sich scheiden. Wenig später heiratete er seine Chefsekretärin und war noch einige Jahre sehr glücklich.

Vom Vater habe ich übrigens schon in der frühen Jugend eine Art Streichelmassage für Tiere gelernt, für Pferde und Hunde besonders, die allen Tieren derart gefällt und wohl tut, dass sie sich förmlich drängeln – aus Amerika kam etwas Gleiches, der sog. LTT = Linda-Tellington-Touch.

Von Köln aus hielt ich für eine Firma, die einen neuen Gewebekleber für Nervennähte unter Mikrochirurgie herstellte, mit noch zwei Kollegen anderer Fachrichtungen Vorträge über diesen neuen Stoff, der sich bei uns sehr bewährt hatte. Bei einem dieser Vorträge, an einem Wochenende in Heidelberg, war ein älterer Kollege unter den Zuhörern und fragte sehr sachverständig in der Diskussion. Vor dem festlichen Abendessen fragte er mich, ob ich einen Begleiter habe? Ich bejahte, war doch mein derzeitiger Begleiter ein weißer Pudelhund, den mir nach dem Tod des letzten Bernhardiners mein Kölner Chef geschenkt hatte! Wir gingen also zu dritt in Heidelberg spazieren, auch noch lange Zeit nach dem Abendessen. Ich erfuhr seine Lebensgeschichte: Witwer seit drei Jahren, eigene Frauenklinik in Calw, fünf Kinder, drei kleine Enkel. Auf diesem Abendspaziergang sagte er mir: „Ich suche und brauche eine patente Frau – und ich bin der Meinung, in Ihnen habe ich sie gefunden!"

Wir vereinbarten einen Termin für den Besuch in Calw. Dort – immer mit Hund reisend – fand ich unter den drei kleinen Jungen einen Linkshänder, der die Umerziehungsversuche von Mutter, Großmutter Mohr und anderen immer schwerer ertrug.

Großmutter Mohr, die Mutter meines Mannes, war noch richtig vom alten Schlage: „Man *muss* mit *rechts essen* und alles *tun*!!!" Und da kam nun ein Hund mit, herrlich, denn es gab keine Tiere im Haus, und die Frau dazu aß mit der linken Hand und strich ein Brot mit links!

Wir haben ein Wochenende gemalt, gekritzelt und gespielt – alles links! Und der kleine Philipp mit seinen drei Jahren sagte spontan: „Bleib doch gleich hier – ich brauche dich sehr!" – Nun, es dauerte fast noch ein Jahr, bis ich aus meinen Kölner Verpflichtungen aussteigen konnte und dann in Calw Wurzeln schlug. Meine kleine Tochter, nun halb erwachsen, war glücklich, sie lebte auf und war kaum wieder zu erkennen! So wurde der Adler ein Mohr.

Meine Tochter ist jetzt in Südafrika verheiratet und erwartet im Spätsommer Zwillinge, die drei Enkel sind in Amerika, wo man Linkshändern ja schon lange ihre Freiheit lässt, alle haben ihren Beruf, zwei sind verheiratet. Die anderen Mohrenkinder sind auch alle verheiratet. Insgesamt habe ich bis jetzt 14 Enkel in aller Welt, in Kanada, Mexiko, USA, Berlin, Neuseeland und Zell am Hammersbach. Dazu eine Menge Nichten, Neffen um mehrere Ecken, die sich gern und oft in Calw einfinden – aus dem Ausland manchmal nur für einige Stunden!

1985 erkrankte mein Mann an der Alzheimerkrankheit, wir mussten die Klinik schließen und die Praxis abgeben an eine Frauenärztin. Ich habe meinen Mann bis zu seinem Tode 1991 gepflegt, es war nicht leicht, aber ich habe da entdeckt, dass ich Musik im Kopf auswendig lernen und mir bei notwendiger Gelegenheit wieder – im Kopf – erstehen lassen kann! Das hilft einem wunderbar über schwierige Zeiten. Alle Mozart-Konzerte – Violine und Klavier, die Sinfonien, Beethovens „Gassenhauer-Trio“ und noch mehr. Ich hole mir das noch heute bei langen Autofahrten vor und freue mich daran.

Im Einverständnis mit den Kindern habe ich die Klinik verkauft, dort ist heute das örtliche Gesundheitsamt und eine Dialyse-Abteilung für den Kreis. Ich lebe mit dem Nachfolger des ersten Pudels nebenan im großen Wohnhaus, bis zu sechs Gäste sind mühelos unterzubringen.

Nun eine Bemerkung zu den Hunden: Pudel sind sehr intelligent und versuchen, stets Lob zu erhalten. Der erste war für die Klinik ein „Wehenhund“: Eine Frau mit zu schwachen Wehen wurde ein wenig spazieren geschickt, oft ging der Mann mit. Manchmal nahm ich den „Sancho“ an der Leine mit, der sich ausgezeichnet dem langsamen Tempo der Patientin anpasste! Wir gingen immer dieselbe kurze Strecke. Später genügte es, der Frau die Leine in die Hand zu geben und eine Küchenhilfe mitzuschicken!

Und der jetzige, Tamino, ist mir ein sehr wertvoller „Mitarbeiter“ im Gesprächskreis in einer psychosomatischen Klinik hier in der Nähe. Er ist ruhig unter meinem Stuhl, wenn aber ein Teilnehmer in Tränen ausbricht, geht er hin, setzt sich und schaut oder er legt beschwichtigend die Pfote aufs Knie! Die Patienten haben ihn schon den „Dosenöffner“ getauft – er bringt sie zum Reden, die da stumm und in sich verkrochen leiden!

Die von Ihnen beim Linkshänder beobachtete Neigung zum Dogmatisieren und Ritualisieren habe ich auch bei mir gefunden, aber: Ein operatives Fach geht ja auch mit nicht wenigen Ritualen der Sterilität, des Waschens usw. einher, und ein geordneter Ablauf auf den Stationen und der chirurgischen Abteilung – mit der notwendigen straffen Zeiteinteilung, all das ist ein Vorteil. Auch der Schwesternunterricht, den ich viele Jahre gehalten habe, braucht ein Gerüst und einen festen Standard – man kann [dann] immer die Stunden durch Episoden aus der Praxis auflockern, damit der Unterricht spannend für die Schüler und Schülerinnen wird! Und mein Tageslauf ist auch von den festen Spaziergeh-Zeiten mit dem Hund geprägt – Tiere *wollen* ihre feste und verlässliche Ordnung haben, wobei unser Pudel sehr viel Wort-Klangbezeichnungen kennt und sie versteht, z.B. „Heute ist *alles* anders!“ oder „Es ist noch *viel zu früh*!“ Er wird demnächst 13 Jahre, sieht etwas schlecht (grauer Star), aber wir verständigen uns viel verbal, und er hat seit einiger Zeit um das Anleinen „gebeten“! Er fühlt sich dann sicherer und – stärker! Alles claro – immer wieder zur Beruhigung, dann genießt er die Spaziergänge, deren Länge und Richtung er sich selber aussuchen darf.

Solange mein Mann noch lebte, hatte er einen speziellen Bell-Laut, wenn mein Mann gestürzt war im Haus. Nach dem Tode von „Papa" hat er diesen Laut nie mehr hören lassen!

Der Ältere meiner beiden Brüder hat sich *nie* von der mütterlichen Umklammerung lösen können – er war Chefarzt einer chirurgischen Abteilung in einem katholischen Krankenhaus (1973 flüchteten beide Brüder mit der Mutter aus Berlin, mit einer Schweizer Fluchthilfe-Organisation, die viel später aufflog).

Beide kamen im Westen rasch wieder in gute Stellungen, wobei der ältere die Mutter bei sich behielt. Mutter war einige Monate bei mir am Mittelrhein, aber sie zankte sich dauernd mit der Tante und der Tochter!

Der jüngste [Bruder] ging als Missionsarzt nach Afrika, um seine Freundin heiraten zu können! Mutter wollte ihn als Mönch und *für sie* betend erleben! Er heiratete eine Krankenschwester von den Philippinen – eine liebe gescheite kleine Frau und bekam zwei Töchter. Leider entwickelte sich bei ihm nach einer Hepatitis C (keine Impfung bisher möglich) ein primäres Leber-CA mit Metastasen. Daran starb er – trotz aller möglichen intensiven Behandlungen – nach 6½ Jahren (1993). Ich bin nun eine Art Vaterersatz, auch in finanzieller Hinsicht, vor allem aber durch Zuwendung, für die drei.

Der ältere [Bruder] hat *nie* eine Partnerin gehabt, pflegte Mutter bis zum 100. Geburtstag, den sie im Koma nach mehreren Schlaganfällen eben noch lebend überstand. Seit ihrem Tode leidet er an Asthma und Herzschwäche, ist mit 65 pensioniert und sitzt in seinem großen Haus und hat durch übermäßig viel Cortison (wegen dem Asthma) einen entsprechenden Schaden (Mondgesicht, Neigung zur Zuckerkrankheit, Herzschwäche). Er meidet den Kontakt mit mir. Die drei Frauen, Frau und beide Töchter des Jüngsten, wohnen in der gleichen Stadt wie er und kümmern sich um ihn. Durch sein abweisendes Wesen und die schwer zu ertragenden Launen ist der Umgang mit ihm schwierig. Mit mir will er nichts zu tun haben – er ist Rechtshänder. Ich sei viel zu sehr ohne Richtung, zu sprunghaft und habe zu viel Fantasie – eine Märchentante! Sein Umgang mit seinen nachgeordneten Ärzten und Schwestern (Nonnen) war immer durch Schwierigkeiten geprägt. Mir sagte er einmal: „Sie sollen mich *nicht* lieben! Arbeiten für mich sollen sie!"

Ich habe mich immer um eine harmonische Atmosphäre auf den Stationen und im OP bemüht, und ich hatte *nie* Schwierigkeiten bei einem Übermaß an Arbeit Freiwillige zu finden, die da mitmachten. Ich habe immer auf das Vorbild in der Arbeit gesetzt –, wenn *ich* dadurch die Linie zeige, kommen die anderen mit und ein Lob zur richtigen Zeit bringt die Leute dahin, wo man sie gerne hätte!

Was mir immer auffiel: Überall hatte ich Patienten, die man als „geistig Arme" bezeichnen kann, die mir anhingen und sich zu meiner Behandlung drängten! Da war sicherlich eine Art Instinkthandlung da. Die Kollegen lächelten immer über diese Klientel, waren aber froh, sich nicht damit befassen zu müssen!

Mit den jüngeren Kollegen, die zur Facharztausbildung am Krankenhaus waren, hatte ich nie Probleme. Ich habe ihnen immer gesagt: „Ihr dürft *das* machen, was ihr sicher könnt, wenn etwas Neues kommt, bitte, ruft mich an! Ihr dürft es selbst machen, aber ich assistiere und halte den Kopf dafür hin!"

Mein Bruder war immer der Meinung: *Nur er* macht alles richtig und muss möglichst *alles selber* machen!

Meine „Eingemeindung“ in die Männerwelt ging so weit, dass bei einer Geburtstagsfeier des internen Oberarztes, seine Assistentinnen ausgeladen wurden und man diese Feier als Herrenabend deklarierte. *Ich* war aber eingeladen! Das Geburtstagskind brachte einen Toast aus: „Wie schön dass wir heute *keine Weiber* dabei haben!“ Ich trank mit, sagte dann aber: „Ihr habt vergessen, dass ich zu der Nation gehöre, die wo *links* knöpft!“

Stille, das erste war: „Gottes Dunner! Wir haben vergessen, dass die Adlerin eine Frau ist!“ Großes Gelächter.

So, dies war ein kleiner Roman. Ich bin sehr froh, dass Sie die Linkshänder-Problematik so gründlich und mit Ihren Beratungsstellen angepackt haben – es nützt nun den Jüngeren. Mir ist das Leben doch so gelungen, dass ich zufrieden bin und meine, viel Glück gehabt zu haben!

Vielen Dank für dieses Buch!

Mit sehr herzlichen Grüßen

Ihre Barbara Mohr

Karl-Heinz Sannecke

Dienstag, 4. Mai 1999

Betreff: Das Buch „Die Psyche des linkshändigen Kindes“

Sehr geehrte Frau Sattler,

von unserer ältesten Tochter bekam ich Ihr Buch zu Weihnachten geschenkt. Ich las es mit einiger Verwunderung, denn etliches davon traf auch auf mich zu, und so bin ich nun genötigt, meine Vorstellungen über mein Leben als Linkshänder in einigen Punkten zu revidieren.

Allerdings ist durch Ihre Statistik (die Auswahl von >60 % entspricht wohl dem Begriff der Signifikanz) nicht gesichert, dass die von mir entdeckte Übereinstimmung durch die Linkshändigkeit verursacht wird. Man kann gewisse Anlagen ja auch auf anderem Wege erworben haben. Hier beginnen für den Laien die Probleme mit der Statistik. Ich glaube doch, dass weitergehende (Rück-)Schlüsse aus Ihren Untersuchungen als diejenigen, die von Ihnen stammen, nicht gewonnen werden können.

In fast 70 Jahren trennt man sich nur sehr ungern von Vorurteilen und vorgefassten Meinungen. Dass etliche Probleme aus der Jugendzeit nicht (nur) im Versagen meiner Erzieher, sondern auch in der Andersartigkeit meiner Anlagen begründet sind (bzw. sein können), ist mir ein ungewohnter Gedanke.

Heute schreibt man, so man sich allgemeiner Beliebtheit erfreut, seine Memoiren mit 25 ... 35 Jahren. Mithilfe eines kundigen Schreibers. Ich begann mit Erreichen des Rentenalters, meine Erinnerungen aufzuzeichnen, und muss dies selbst tun. Für meine Töchter und Enkelkinder. Die anliegenden 4 Blätter sind also, obwohl an Sie gerichtet, letztlich Teil dieses Nachlasses an unsere Kinder. Deshalb die merkwürdige Form. Denn es gab in diesem Rahmen ältere Aufsätze zum gleichen Thema, die ich nun teilweise berichtigen muss (?). Aber ich will sie nicht ändern oder gar zurückziehen, denn sie wurden in Unwissenheit geschrieben, die für mich ein Leben lang real war. (Es ist wahr, weil es immer wahr war!) Es wäre unaufrichtig, wollte ich jetzt so tun, als hätte es in meinem Leben diese Irritationen nicht gegeben!

Mit freundlichen Grüßen

H. Sannecke

Die rechten Linken!

Dass ich Linkshänder bin, war nicht mein erstes und wichtigstes Problem. Aber als einziges blieb es mir bis ins Alter erhalten. Und, wie ich aus Ihrem Buch entnehmen konnte, ist es viel komplexer, als ich vermutete. Doch einige von den Dingen, die mir ein Leben lang unerklärlich blieben, werden nun ganz offenbar einer angeborenen Eigenheit, eben der Linkshändigkeit, zugeordnet.

Zunächst einmal machte ich all die damals üblichen Foltererfahrungen für linke Kleinkinder durch, musste auch mit dem abgeknickten Löffel essen, und als ich mich damit geschickter arrangierte, als meine Erzieher erwarteten, wurde der linke Arm auch versuchsweise am Folterstuhl festgebunden. Meine Pflegeeltern befürchteten Schlimmes für mich und hofften auf Abhilfe, wenn sie mir diese „dumme Angewohnheit", alles mit links erledigen zu wollen, abgewöhnten.

In der Schule erwartete mich dann die Fortsetzung, und ich wurde mit Gewalt „umgeschult". Ich lernte also mühsam mit der für mich schlechten Hand zu schreiben. Das geschah mithilfe von „Tatzen", also von Schlägen auf die Hand mit einem kurzen Stock oder Lineal. So wurde ich der Prügelknabe der Klasse, und wenn ich danach keine Freude mehr an der Gemeinschaft mit meinen Schul- und Jungvolk-Kameraden verspürte, also meine eigenen Wege ging, vermutete ich als Ursache die ungerechtfertigten Schläge meiner rechten Lehrer. Während der ersten 4 Jahre hatte ich einen Lehrer der ganz rechten Szene zu ertragen; er kam zu meinem Geburtstag in der SA-Uniform mit dem EK 1 [Eisernes Kreuz 1. Klasse] an der Brust zur Schule und pflegte mit uns auf dem Schulhof das ganze Deutschlandlied sowie das Horst-Wessel-Lied zu singen. Mit erhobenem, für mich wieder falschen Arm. Dieser Singsang war für mich noch unerträglicher als eine Stunde Kopfrechnen! Während eines Urlaubs in Dänemark 1967 las ich dann in einer Hamburger Zeitung, dass ebendiesem Lehrer das Bundesverdienstkreuz verliehen wurde. Sagte ich es schon? Ich bin am 30. Januar 1930 geboren, also exakt 3 Jahre vor der Machtergreifung!

Weil mein Pflegevater ein überzeugter Sozialist war, ist mir der Begriff politischer Links- bzw. Rechtsorientierung früh klar geworden. Ich konnte aber diese politische Präferenz nicht von der Schreibpräferenz trennen.

Für mich waren es die Nazis, die mir infolge ihrer Rechtslastigkeit übel wollten. Aber der Lehrer, der mich schließlich mit Erfolg „umschulte", lebte in Bayern, und so bin ich immer noch der Meinung, dass man in Bayern viel rechter ist als anderswo. Doch damals war man ganz allgemein rechts und national. Und ich bin immer noch links und sozial gesinnt, was meiner Meinung nach zwingend zusammengehört. Die Ambivalenz in diesem Begriff „links" ist mir erst spät bewusst geworden.

Der Begriff des „umgeschulten Linkshänders" scheint mir etwas an der Wirklichkeit vorbei definiert. Mir wurde *das Schreiben* mit der rechten Hand aufgezwungen, im Übrigen bin ich Linkshänder geblieben. In allem, nicht nur im Zeichnen, welches ich immer noch mit links ausübe. Man kann keinen Linkshänder ganz umschulen – jedenfalls keinen so ausgeprägten Linkshänder wie ich. (Eine bessere Bezeichnung für den umgeschulten Linkshänder fällt mir jedoch auch nicht ein.) Ich fühle mich immer noch als verborgen andersartig, als Linker in einem Meer von Rechten. Als mich eine Kollegin, mit der ich seit vielen Jahren arbeitete, beim Zeichnen mit der linken Hand überraschte und in dem üblicherweise überheblichen Ton mit angehobener Stimme fragte: „Ach nee, Sie sind ein Linkspot?", schrieb ich ihr mit der rechten Hand ein echtes Pamphlet. Ihre späte Entschuldigung, sie hätte sich dabei rein gar nichts gedacht kassierte ich mit der Anmerkung: „Leute, die beim Reden an *nichts denken*, habe ich besonders lieb." Die arme gedankenlose Dame bekam meine ganze Verbitterung, die ich in 50 Lebensjahren angesammelt hatte, zu spüren. In dieser Situation benahm ich mich sicher *nicht* besser als sie!

Während meiner Berufszeit in einem globalen Konzern arbeitend, bekam ich häufig Besuch von Kollegen aus England, Frankreich und den Niederlanden, und wie es so ist, waren überraschend viele von ihnen linkshändig. Ganz offen, ohne Probleme. Wie habe ich sie beneidet! Was ich glaubte im Geheimen tun zu müssen, die Briten durften es ganz selbstverständlich. Hatten wir sie deshalb bekriegt?

In drei Vereinen habe ich mich versucht, am längsten hielt ich es im ersten, einem Fotoverein in Hamburg, aus. Immer hatte ich Gründe für mein Ausscheiden, wie ich glaube. Nun also erfahre ich von Ihnen, dass ein Gemeinschaftsleben für uns Linkshänder grundsätzlich Probleme mit sich bringt. Dass meine Zwangsmitgliedschaft beim Jungvolk und der HJ [Hitler-Jugend] von mir boykottiert wurde, so es denn möglich war, müsste aus dem Vorhergehenden schon klar geworden sein. Ich buchte dies natürlich unter *politische Unverträglichkeit* ab. Dass ich trotzdem freiwillig der Flieger-HJ kurz und dem Luftschutz bis zuletzt angehörte, ist meiner Einsicht der Notwendigkeit zuzuordnen.

Immerhin denke ich nun, dass auch dies zu einem großen Teil der von Ihnen gefundenen Abneigung gegen Vereinigung anzulasten ist. Mehr als drei Leute auf einem Haufen sind ein Menschenauflauf. Ich hasse Menschenaufläufe!

Kleine Gesellschaften von maximal 6 Menschen genieße ich, wenn es eben die richtigen Leute sind. Altersschäden am Gehör verleiden mir zusätzlich größere Gesellschaften (Party-Effekt). Aber diese von Ihnen ausgesprochene Abneigung der Linkshändigen gegen Gesellschaften oder ganz einfach gegen die Gesellschaft verschafft ganz bestimmten Rechtshändern ein Argument gegen uns. Dass „die Linken" immer und überall „dagegen" sind, vor allem in rechten Gesellschaften und Gruppen, wird man dankbar vermerken und vielleicht auch verwenden. Warten wir es ab.

Sie gehen mit Ihren Analysen weit über das hinaus, was man bislang von der Linkshändigkeit wusste. Ich fand Erklärungen für Probleme, die ich bereits aus Kindheit und Jugend kannte. Meine Pflegeeltern erklärten mich immer wieder und grundsätzlich für „unverständlich" in meinem Denken und Handeln. Das gilt auch umgekehrt, also verstand ich sie ebenfalls nicht. Sie waren einfache Menschen, denen es nicht abzuverlangen war, sich tiefgreifende Gedanken über Zusammenhänge ganz allgemein zu machen. Unter Taktlosigkeiten habe ich ständig gelitten und ich bin noch immer entsetzt, wenn ich solchen begegne. Doch das kann ich sicherlich nicht einer bestimmten Seitenpräferenz, mehr einer Lebenserfahrung zuordnen. So solidarisiere ich mich automatisch mit benachteiligten oder diskriminierten Menschen – seit meiner Schulzeit. Sehr zu meinem Nachteil, weil ich dann regelmäßig diesem Kreis zugeordnet werde.

Ich kann es nicht schildern, wie sehr es mich traf, als ein Psychotherapeut in einer FS-Sendung im Rahmen einer Demonstration des *autogenen Trainings* den Schülern empfahl, den rechten Arm als „schwer" zu empfinden – den Linkshändern selbstverständlich ihren linken Arm! In der Jugendzeit hatte man mir beigebracht, dass ein Mann nicht weinen darf. Angesichts des Satzes, den der Therapeut so selbstverständlich von sich gab, war ich dem Weinen nahe. Wie tief die Verletzung aus der Kindheit reichte, habe ich erst dabei verstanden.

Während ich also viele meiner jugendlichen Probleme irgendwelchen anderen Menschen anlastete, muss ich nun von Ihnen erfahren, dass sie in meiner Natur liegen. Das ist mir kein Trost; muss ich mich doch posthum bei vielen Menschen entschuldigen, die in meinem Leben – wie ich meinte – eine negative Rolle gespielt haben. Das Missverstehen lag doch wohl auf beiden Seiten. Und es wird sich daran wohl auch nichts ändern. Denn „rechte" Leser Ihres Buches sehe ich in der Minderheit.

Mit einer anderen Unterscheidung habe ich Schwierigkeiten. In Absatz 4.3 beschreiben Sie die Gestaltung der Tagesplanung und sehen sie beim Linkshänder mehr räumlich und bildlich, vernetzt. Dem folgenden Text entnehme ich, dass wir ein straffes Korsett an Terminen gern meiden. Im heutigen Geschäftsleben ist dies aber gefordert, und so hatte ich auch meine Probleme damit und musste mich anpassen. Wenn es jedoch möglich ist, gehe ich gern meinen Gedanken nach, sehe in mich hinein und genieße den Makro- und Mikrokosmos in (m)einer ländlichen Umgebung. Dass dies für die meisten Rechtshänder anders ist, konnte ich bislang nicht feststellen. Wenn ich als Kind und auch später auf Wanderschaft ging, um meinen höchst eigenen Weg zu erkunden, was mir enorm viel Freude bereitete, folgten mir nur ganz selten andere Menschen. Was ich dann als besonders schön empfand, zeigte ich in der Folge jedoch gern meinen Kindern auf einer folgenden Ausfahrt. Keine meiner Töchter hat für ihr späteres Leben daraus Nutzen gewonnen, sie alle leben ganz anders als ich – und sind rechtshändig. Ich empfinde es so, dass sie von mir nichts gelernt haben, und bedauere dies.

Eine weitere Eigenschaft kann ich nicht klären. Über 37 Jahre lang machte ich meine Arbeit in einem Qualitätslabor der Elektronik-Industrie, und es gab durchaus tägliche Missverständnisse, die mich vermuten ließen, dass ich für diese Arbeit nicht die richtigen Voraussetzungen mitbringe. Aber immer wieder kamen Probleme auf mich zu, die von Vorgängern mit höherer Qualifikation nicht gelöst worden waren. Oft genug konnte ich dann durch bloßen Augenschein eine Analyse abgeben, die sich dann später, oft nach langen und gründlichen Untersuchungen, als richtig erwies. Es muss nicht immer reiner Unglaube meiner Vorgesetzten dazu geführt haben, dass ich später in teuren Arbeiten beweisen musste, dass meine Theorie richtig war. Das ist in unserem Metier durchaus üblich und notwendig. Als Zulieferer für die Industrie ging es häufig genug um extrem hohe Summen. Meine schriftlichen Berichte verfasste ich dann auch in einer Serie von 3 ... 4 Exemplaren: zunächst im Laborbuch, das so etwas wie eine Tageskladde ist, dann einen ersten und zweiten Entwurf und sodann die Reinschrift für die Sekretärin. Dass man beim Schreiben eines Berichtes erst auf Lücken oder Mängel in der Untersuchung aufmerksam wird, muss ich Ihnen nicht erklären. So wird im Allgemeinen eine weitere, also die 3. Version notwendig. Diese Labor-Berichte von 2 ... 20 Seiten Umfang fielen oftmals so aus, dass mein Chef sie als „an der Grenze der Verständlichkeit" sah. Ich lernte jedoch im Laufe der Jahre, mich präziser auszudrücken. Doch meine verbale Erklärung blieb nahezu immer unzulänglich – bis heute. Den Nutzen Ihres Buches sehe ich für mich in der Selbsterkenntnis und darin, dass ich auch die Rechtshänder in ihrem für mich oftmals unverständlichen Gehabe besser verstehen kann. Sehr froh macht es mich immer noch nicht. Denn ich muss erkennen, dass ich in meiner Art in viel weiterem Maße „anders" als andere Menschen bin. Und in meiner Jugend habe ich mir doch immer gewünscht, einfach ganz „normal" sein zu dürfen, wie meine rechtshändigen Freunde eben auch.

Mit freundlichen Grüßen

Karl-Heinz Sannecke

Literaturverzeichnis

Die mit einem Spiegelstrich (–) gekennzeichnete Literatur ist nach der Veröffentlichung der Dissertation erschienen oder war damals für diese nicht relevant.

Abkürzungen der häufig verwendeten Literatur:

CC	Corpus Christianorum. Typographi Brepols Editores Pontificii, Turnholti, 1945ff. (Herausgegeben von der Abtei St. Peter in Steenbrugge/Belgien; Series Latina, Turnhout, 1953ff.; Series Graeca, Turnhout, 1977ff.; Continuatio Mediaevalis, Turnhout, 1966ff.; Series Apocryphorum Turnhout, 1983ff.)
CSEL	Corpus Scriptorum Ecclesiasticorum Latinorum. Ed. Consilio et Impensis Academiae Scientiarum Austriacae Vindobonae, Hoelder-Pichler-Tempsky, Wien, 1866ff.
GCS	Die griechischen christlichen Schriftsteller der ersten drei Jahrhunderte. Hrsg. v. d. Kirchenväter-Comission d. könig. preußischen Akademie der Wissenschaften, J.C. Hinrich'sche Buchhandlung, Leipzig, 1897ff. Später hrsg. v. d. Kommission für spätantike Religionsgeschichte d. Dt. Akademie der Wissenschaften, Akademie-Verlag, Berlin
Kirschbaum	Lexikon der christlichen Ikonographie. Herausgegeben von Engelbert Kirschbaum S. J., in Zusammenarbeit mit Günter Bandmann, Wolfgang Braunfels u.a., 8 Bde., Verlag Herder, Rom, Freiburg, Basel, Wien, 1968–1976
Lex. f. Th. K.	Lexikon für Theologie und Kirche. Begründet von Michael Buchberger. 2., völlig neu bearbeitete Aufl., 10 Bde. und 1 Registerband, Verlag Herder, Freiburg i. Br., 1957–1967, 3 Bde.: Das Zweite Vatikanische Konzil. Verlag Herder, Freiburg i. Br., 1966–1968
Migne PG	Migne, Jacques Paul, Patrologiae Cursus Completus. Omnium SS. Patrum, Doctorum, Scriptorumque Ecclesiasticorum Series Graeca. Paris, 1857ff.
Migne PL	Migne, Jacques Paul, Patrologiae Cursus Completus. Omnium SS. Patrum, Doctorum, Scriptorumque Ecclesiasticorum. Series Latina. Paris, 1857ff.
Pauly	Paulys Real-Enzyclopädie der classischen Altertumswissenschaften. Stuttgart, 1839ff. Neue Bearbeitung, Hrsg. Georg Wissowa, J. B. Metzlerscher Verlag, Stuttgart, 1894ff.

RDK	Reallexikon zur deutschen Kunstgeschichte. Begonnen von Otto Schmitt; fortgeführt von Ernst Gall u. L. Heydenreich u.a.; inzwischen hrsg. vom Zentralinstitut für Kunstgeschichte München, Redaktion Karl-August Wirth. Bd. 1, J. B. Metzlersche Verlagsbuchhandlung, Stuttgart, 1937; Bde. 2–6, Alfred Druckenmüller Verlag, Stuttgart, 1948–1973; Bde. 7–8 in Kommission bei der C. H. Beck'schen Verlagsbuchhandlung, München, 1981–1987
RGG	Die Religion in Geschichte und Gegenwart. Handwörterbuch für Theologie und Religionswissenschaft. 5 Bde. und 1 Registerband, 1927–1932; zitiert wird aus der 3., völlig neu bearbeiteten Auflage, 6 Bde., J. C. B. Mohr (Paul Siebeck), Tübingen, 1957–1962 und 1 Registerband, 1965
Schiller	Schiller, Gertrud, Ikonographie der christlichen Kunst. Bde. 1 bis 5,1 und Registerbeiheft, Gütersloher Verlagshaus Gerd Mohn, Gütersloh, 1969–1990

Vollständiges Literaturverzeichnis:

- Annett, Marian, „The binomial distribution of right, mixed and left handedness". In: Quarterly Journal of Experimental Psychology, 19, 1967, S. 327–333
- Annett, Marian, „A classification of hand preference by association analysis". In: British Journal of Psychology, 61, 1970, S. 303–321
- Annett, Marian, „The right shift theory of handedness and developmental language problems". In: Bulletin of the Orton Society, 31, 1981, S. 103–121

Aristoteles, Die Lehrschriften. Hrsg., übertr. u. in ihrer Entstehung erl. von Paul Gohlke. Schöningh Verlag, Paderborn, 1952 ff.; Band 7.3: Nikomachische Ethik. 1956; Band 8.1: Tierkunde. 2. Aufl., 1957; Band 8.3: Über die Zeugung der Geschöpfe. 1959

Arndt, Karl, Dürers Apokalypse. Versuche zur Interpretation. Diss., Göttingen, 1956

- Arnheim, Rudolf, Die Macht der Mitte. Eine Kompositionslehre für die bildende Kunst. Neue Fassung, DuMont, Köln, 1996

Aubert, Marcel, La sculpture française au moyen-âge. Flammarion, Paris, 1946

Bachofen, Johann Jakob, Das Mutterrecht. Eine Untersuchung über die Gynaikokratie der alten Welt nach ihrer religiösen und rechtlichen Natur. Benno Schwabe, Verlagsbuchhandlung, Basel, 1897 (2. unveränderte Auflage), 1. Auflage, 1861

Badt, Kurt, Modell und Maler von Jan Vermeer. Probleme der Interpretation. Eine Streitschrift gegen Hans Sedlmayr. DuMont, Köln, 1961

Baltrusaitis, Jurgis, La stylistique ornamentale dans la sculpture romane. Librairie E. Leroux, Paris, 1931

- Barocka, A., H. Feistel, D. Ebert, E. Lungershausen, „SPECT in der Psychiatrie". In: Münchener Medizinische Wochenschrift, 135 (1993) Nr. 32/33, S. 418/40–422/40

Bauerreiss, Romuald, Das „Lebenszeichen". Studien zur Frühgeschichte des griechischen Kreuzes und zur Ikonographie des frühen Kirchenportals. Birken Verlag, München, 1951

Benninghoff/Goerttler, Lehrbuch der Anatomie des Menschen. Bd. 3. Neubearbeitet von H. Ferner. Urban und Schwarzenberg, München, Wien, Baltimore (10), 1977. Dieses Lehrbuch wurde inzwischen überarbeitet und besonders aus didaktischen Gründen gestrafft und erscheint nur noch in zwei Bänden: Benninghoff, Alfred, Anatomie. Makroskopische Anatomie, Embryologie und Histologie des Menschen. Herausgegeben von Detlev Drenckholm und Wolfgang Zenker. Urban und Schwarzenberg, München, Wien, Baltimore, 1993, 15., völlig neubearbeitete Auflage

Bérence, Fred, Leonardo da Vinci. Dt. Ausgabe, Galerie Somogy, Paris, Lizenzausgabe Bertelsmann, Gütersloh, 1965

Betz, Dieter, Psychophysiologie der kognitiven Prozesse. Reinhardt, München, 1974

- Blakeslee, Thomas R., Das rechte Gehirn. Das Unbewußte und seine schöpferischen Kräfte. Aurum Verlag, Braunschweig, 1982, 1992 (4)

Blount, Patricia, Janet Holmes, Jill Rodger, „On the ability to discriminate original from mirror-image reproductions of works of art". In: Perception, 4 (1975), S. 385–389

Boeck, Wilhelm, „Rechts und Links in Rembrandts Druckgraphik". In: Wallraf-Richartz-Jahrbuch, XV (1953), S. 179–219

Boehm, Laetitia, Geschichte Burgunds. Politik – Staatsbildungen – Kultur. Verlag W. Kohlhammer, Stuttgart, Berlin, 1971

Bogen, Joseph E., „The other side of the brain: An appositional mind". In: Bulletin of the Los Angeles Neurological Societies, 34 (3), 1969, S. 135–162. Nachdruck in: Robert E. Ornstein (Hrsg.), The Nature of Human Consciousness. W. H. Freeman, San Francisco, 1973, S. 101–125

– Borries, Johann Eckart von, „Richard Jung 1911–1986“. In: Zeichnungen des 16. bis 18. Jahrhunderts. Vermächtnis Richard Jung. Katalog zur Ausstellung in der Staatsgalerie Stuttgart, Graphische Sammlung, 12. August bis 1. Oktober 1989, S. 8–11
– Bowman, John, Kreta. Ein Reiseführer. Übersetzt und bearbeitet von Hanni Guanella. Flamberg Verlag, Zürich, Stuttgart, 1965
Braun S. J., Joseph, Der christliche Altar in seiner geschichtlichen Entwicklung. 2 Bde., Alte Meister Guenther Koch & Co., München, 1924
Braun S. J., Joseph, Liturgisches Handlexikon. 2. Aufl., Verlag Josef Kösel & Friedrich Pustet, Regensburg, 1924
Brenk, Beat, Tradition und Neuerung in der christlichen Kunst des ersten Jahrtausends. Studien zur Geschichte des Weltgerichtsbildes. Wiener byzantinistische Studien, Bd. III. In Kommission bei Hermann Böhlaus Nachf., Graz, Wien, Köln, 1966
Brenk, B., „Weltgericht“. In: Kirschbaum, 4 (1972), S. 513–523
Bußmann, Klaus, Burgund. Kunst, Geschichte, Landschaft. 3. Aufl., DuMont Buchverlag, Köln, 1980
Butler, Alfred, J., The ancient Coptic churches of Egypt. 2 Bde., Clarendon Press, Oxford, 1884
Cassirer, Ernst, Substanzbegriff und Funktionsbegriff. Untersuchungen über die Grundfragen der Erkenntniskritik. Verlag Bruno Cassirer, Berlin, 1910
Chemtob, Claude M., „Paradoxical complementarity in the esthetic preferences of the cerebral hemispheres: An exploratory study“. In: Perceptual and Motor Skills, 48 (1979), S. 799–806
Cicero, Marcus Tullius, Von der Weissagung. De divinatione. Übersetzt von Raphael Kühner. Wilhelm Goldmann Verlag, München, 1962
Cook, Roger B., „Left-right differences in the perception of dichotically presented musical stimuli“. In: Journal of Music Therapy, 10 (2), (1973), S. 59–63
Corpus Christianorum. Typographi Brepols Editores Pontificii, Turnholti, 1945 ff. (Herausgegeben von der Abtei St. Peter in Steenbrugge/Belgien; Series Latina, Turnhout, 1953 ff.; Series Graeca, Turnhout, 1977 ff.; Continuatio Mediaevalis, Turnhout, 1966 ff.; Series Apocryphorum Turnhout, 1983 ff.)
Corpus Scriptorum Ecclesiasticorum Latinorum. Ed. Consilio et Impensis Academiae Scientiarum Austriacae Vindobonae, Hoelder-Pichler-Tempsky, Wien, 1866 ff.
Curtius, Ernst Robert, Europäische Literatur und lateinisches Mittelalter. 2. Aufl., Francke Verlag, Bern, 1954
Dawson, John L., „Temne-Arunta hand-eye dominance and cognitive style“. In: International Journal of Psychology, 7 (4), (1972), S. 219–233
Deglin, Wadim L., „Unsere zwei Gehirne“. Vortrag Juni 1975 in Varna (Bulgarien), abgedruckt in: Unesco-Kurier, Nr. 1, 17. Jahrgang, Bern, 1976, S. 4–32
Deschamps, Paul, La sculpture française. Époque romane. Paris, 1932. Éditions du Chêne, Paris, 1947. (Deutsch: Die romanische Plastik Frankreichs. 11. und 12. Jahrhundert. Brandussche Verlagsbuchhandlung, Berlin, 1930)
Deutsch, Diana, „Handedness and memory for toanal pitch“. In: Herron, Jeannine (Hrsg.), Neuropsychology of left-handedness. Academic Press, New York, London, 1980, S. 263–271
Diemer, Peter, Stil und Ikonographie der Kapitelle von Ste.-Madeleine, Vézelay. Diss., Heidelberg, 1975
Dimond, Stuart J., J. Graham Beaumont, „A right hemisphere basis for calculation in the human brain“. In: Psychonomic Science, Bd. 26 (3), 1972, S. 137–138
Dinkler, E., v. Schubert, „Rechts und Links“. In: Kirschbaum, 3 (1968), S. 511–515

Dölger, Franz Joseph, Die Sonne der Gerechtigkeit und der Schwarze. Eine religionsgeschichtliche Studie zum Taufgelöbnis. 2., um hinterlassene Nachträge des Verfassers vermehrte Auflage (1. Aufl. 1918), Aschendorffsche Verlagsbuchhandlung, Münster, 1971
Dölger, Franz Joseph, Sol salutis. Gebet und Gesang im christlichen Altertum. 3. Aufl. (1. Aufl. 1920), Aschendorffsche Verlagsbuchhandlung, Münster, 1972
Durandus, R. D. Gulielmus, Rationale divinorum officiorum. Apud Haeredes Iac. Iuntae, Lugdunum, 1559
– Ekman, Paul, „The brain behind that happy face". In: Science, Bd. 262, 15. Oktober 1993, S. 336
Encyclopaedia Judaica. Bd. 14, Keter Publishing House, Jerusalem, 1971, S. 177–180
Evers, Hans Gerhard, Tod, Macht und Raum als Bereiche der Architektur. Neuer Filser-Verlag, München, 1939
Faistauer, Anton, „Aus meinem Tagebuch". In: AMICIS, Jahrbuch der österreichischen Galerie, Wien, 1926, S. 75–78. „Links und Rechts im Bilde", S. 77–78
– Falkai, P., B. Bogerts, „Kraniale Computertomographie in der Psychiatrie". In: Münchener Medizinische Wochenschrift, 135 (1993), Nr 32/33, S. 406/26–409/29
– Fischer, Klaus, „Lateralität und Motorik". In: Motorik. Zs. für Motopädagogik und Mototherapie, 3, 1992, S. 122–133
– Fischl, B., „Umgeschulte Linkshänder – Der Knacks im Gedächtnis". In: Münchener Medizinische Wochenschrift, Nr. 8, 1986, S. 28
Flechsig, Eduard, „Die Lichtführung. Ein nicht beachtetes Hilfsmittel der Forschung". In: Zeitschrift für Kunstgeschichte. Herausgegeben v. Ernst Gall, 8 (1939), S. 41–51
Focillon, Henri, L'art des sculpteurs romans. Recherches sur l'histoire des formes. Librairie E. Leroux, Paris, 1931
Freimuth, Marilyn, Seymour Wapner, „The influence of lateral organization on the evaluation of paintings". In: British Journal of Psychology, 70 (1979), S. 211–218
– Friedmann, F., „Manipulation der Hand – Massiver Eingriff im Gehirn ohne Blutvergießen". In: Ärzte Zeitung, 5. 2. 1987, S. 28
Fritsch, Vilma, Links und Rechts in Wissenschaft und Leben. W. Kohlhammer, Stuttgart, 1964
Gaffron, Mercedes, „Right and left in pictures". In: The Art Quarterly, 13 (1950), S. 312–331
Gaffron, Mercedes, Die Radierungen Rembrandts. Originale und Drucke. Studien über Inhalt und Komposition. Florian Kupferberg Verlag, Mainz, 1950
Gaffron, Mercedes, „Some new dimensions in the phenomenal analysis of visual experience" In: Journal of Personality, 24 (1956), S. 285–307
Gaffron, Mercedes, Karl Zener, „Perceptual experience: An analysis of its relations to the external world through internal processings". In: Psychology: A study of a Science. 4. Band. Biologically oriented fields: Their place in psychology and in biological science. Hrsg: Sigmund Koch. New York, 1962, S. 515–618
Gaillard, Georges (Hrsg.), Rouergue Roman. Zodiaque, La nuit des temps, 17, Paris, 1963
Gates, Anne, John L. Bradshaw, „Music perception and cerebral asymmetries". In: Cortex, 13 (4), (1977), S. 390–401
Gazzaniga, Michael S., „The split brain in man". In: Scientific American, August 1967, S. 24–29. Abgedruckt auch in: Robert E. Ornstein (Hrsg.), The Nature of Human Consciousness. W. H. Freeman, San Francisco, 1973, S. 87–100
– Gemoll, Wilhelm, Griechisch-Deutsches Schul- und Handwörterbuch. G. Freytag Verlag, 9. Aufl., München, Wien, 1965

Geschwind, Norman, „Specializations of the human brain". In: Scientific American, September 1979, Bd. 241 (3), S. 158–168

– Geschwind, Norman, Peter Behan, „Left-handedness: Association with immune disease, migraine, and developmental learning disorder". In: Proceedings of the National Academy of Sciences, USA, Bd. 79, 1982, S. 5097–5100

Ghent Braine, Lila, „Asymmetries of pattern perception observed in Israelis". In: Neuropsychologia, Bd. 6 (1968), S. 73–88

Gibson, James J., Die Wahrnehmung der visuellen Welt. Betz Verlag, Weinheim, Basel, 1973

– Gillen, Otto (Hrsg.), Herrad von Landsberg: Hortus deliciarum. Pfälzische Verlagsanstalt, Neustadt/Weinstrasse, 1979

Glang-Süberkrüb, Annegret, „Peter Paul Rubens' Buchtitelentwürfe für die Officina Platinana (1613–1640)". In: Archiv für Geschichte des Buchwesens, XVIII (1977), S. 555–662

Goldschmidt, Adolph, Der Albanipsalter in Hildesheim und seine Beziehung zur symbolischen Kirchenskulptur des 12. Jahrhunderts. Verlag von Georg Siemens, Berlin, 1895

Goldscheider, Ludwig, Leonardo da Vinci. Leben und Werk. Gemälde und Zeichnungen. Phaidon Verlag, Köln, 1960

Gombrich, Ernst Hans, Kunst und Illusion. Zur Psychologie der bildlichen Darstellung. Eine Studie über die Psychologie von Abbild und Wirklichkeit in der Kunst. Belser Verlag, Stuttgart, Zürich, 1978

Gramm, Dieter, Probleme der Linkshändigkeit. Ein Ratgeber für Lehrer, Eltern und Erzieher. Verlag Ludwig Auer (jetzt: Auer Verlag), Donauwörth, 1977

Die griechischen christlichen Schriftsteller der ersten drei Jahrhunderte. Hrsg. v. d. Kirchenväter-Comission d. königl. preußischen Akademie der Wissenschaften, J. C. Hinrich'sche Buchhandlung, Leipzig, 1897 ff. Später hrsg. v. d. Kommission für spätantike Religionsgeschichte d. Dt. Akademie der Wissenschaften, Akademie-Verlag, Berlin

– Gross, Charles G., Marc H. Bornstein, „Left and right in science and art". In: Leonardo, 11 (1978), S. 29–38

Grundmann, Herbert, Religiöse Bewegungen im Mittelalter. Untersuchungen über die geschichtlichen Zusammenhänge zwischen der Ketzerei, den Bettelorden und der religiösen Frauenbewegung im 12. und 13. Jahrhundert und über die geschichtlichen Grundlagen der deutschen Mystik. 2. Aufl., Georg Olms Verlagsbuchhandlung, Hildesheim, 1961

Gur, Ruben C., Raquel E. Gur, „Handedness and individual differences in hemispheric activation". In: Herron, Jeannine (Hrsg.), Neuropsychology of left-handedness, 1980, S. 211–231

Hecht, Josef, Konrad Hecht, Die frühmittelalterliche Wandmalerei des Bodenseegebietes. 2 Bde., Jan Thorbecke Verlag, Sigmaringen, 1979

– Herholz, K., „PET in der Psychiatrie". In: Münchener Medizinische Wochenschrift, 135 (1993), Nr. 32/33, S. 414/36–417/39

Herron, Jeannine (Hrsg.), Neuropsychology of left-handedness. Academic Press, New York, London, 1980

– Hickethier, Knut, Film- und Fernsehanalyse. 2., überarbeitete Auflage, Verlag J. B. Metzler, Stuttgart, Weimar, 1996

Hochberg, Julian, „Die Darstellung von Dingen und Menschen". In: Gombrich, Ernst H., Julian Hochberg, Max Black, Kunst, Wahrnehmung, Wirklichkeit. Suhrkamp Verlag, Frankfurt am Main, 1977, S. 61–114

Homer, Odyssee. Übersetzt von J. H. Voss. Griechische Klassiker. Verlag Kurt Desch, Wien, München, Basel, 1959
Homer, Ilias. Übersetzt von J. H. Voss. Griechische Klassiker. Verlag Kurt Desch, Wien, München, Basel, 1959
Howard, Ian P., Human visual orientation. John Wiley & Sons Ltd., Chichester, New York, Brisbane, Toronto, 1982
Hubala, Erich, „Figurenfindung und Bildform bei Rubens. Beiträge zum Thema: Rubens als Erzähler". In: Hubala, Erich (Hrsg.), Rubens. Kunstgeschichtliche Beiträge. Leo Leonhardt Verlag, Konstanz, 1979, S. 129–185
– Hufschmidt, Hans-Joachim, „Über die Linksorientierung der Zeichnung und die optische Dominanz der rechten Hirn-Hemisphäre". In: Zeitschrift für Kunstgeschichte, 46. Heft 3 (1983), S. 287–294
Hunger, Herbert, Lexikon der griechischen und römischen Mythologie. Mit Hinweisen auf das Fortwirken antiker Stoffe u. Motive in der bildenden Kunst, Literatur u. Musik des Abendlandes bis zur Gegenwart. Um den Bildteil gekürzte Ausgabe nach der 6., erweiterten und ergänzten Auflage, Rowohlt Taschenbuch Verlag, Reinbek bei Hamburg, 1976
– Itten, Johannes, Bildanalysen. Hrsg. v. Rainer Wick. Ravensburger Buchverlag Otto Maier, Ravensburg, 1988
Jensen, Hans, Die Schrift in Vergangenheit und Gegenwart. 2., neubearbeitete u. erw. Aufl., VEB Deutscher Verlag der Wissenschaften, Berlin, 1958
Johnson, Peter R., „Dichotically-stimulated ear differences in musicians and nonmusicians". In: Cortex, 13 (4), (1977), S. 385–389
– Jourdain, Robert, Das wohltemperierte Gehirn. Wie Musik im Kopf entsteht und wirkt. Spektrum Akademischer Verlag, Heidelberg, Berlin, Oxford, 1998
– Jung, Richard, „Neuropsychologie und Neurophysiologie des Kontur- und Formsehens in Zeichnung und Malerei". In: Psychopathologie musischer Gestaltungen. Hrsg. von Hans Heinrich Wieck, F. K. Schattauer Verlag, Stuttgart, New York, 1974, S. 29–88
– Jung, Richard, „Über Zeichnungen linkshändiger Künstler von Leonardo bis Klee: Linkshändermerkmale als Zuschreibungskriterien". In: Semper Attentus. Beiträge für Heinz Götze zum 8. August 1977. Springer-Verlag, Berlin, Heidelberg, New York, 1977, S. 190–218
Jungmann S. J., Josef Andreas, „Die Abwehr des germanischen Arianismus und der Umbruch der religiösen Kultur im frühen Mittelalter". In: Zs. f. kath. Theol., 69 (1947), S. 36–99
Jungmann S. J., Josef Andreas, Missarum Sollemnia. Eine genetische Erklärung der römischen Messe. 2 Bde., 5., verbesserte Aufl. (1. Aufl. 1948), Herder, Wien, Freiburg, Basel, 1962
Kandinsky, Wassily, Punkt und Linie zu Fläche. (1. Aufl. 1926), Benteli Verlag, Bern, 1955 (3)
– Kanzog, Klaus, Einführung in die Filmphilologie. Reihe: diskurs film, Münchner Beiträge zur Filmphilologie, Bd. 4, Verlegergemeinschaft Schaudig, Bauer, Ledig, München, 1991
Katz, Joan, Patricia Salt, „Differences in task and use of language: A study of lateral eye movement". In: Perceptual and Motor Skills, 52, (1981), S. 995–1002
Katzenellenbogen, Adolf, Allegories of the virtues and vices in mediaeval art. The Warburg Institute, London, 1939
Kelber, Wilhelm, Raphael von Urbino. Leben und Werk. Verlag Urachhaus, Stuttgart, 1979

Keller, Harald, Die Kunstlandschaften Frankreichs. Franz Steiner Verlag, Wiesbaden, 1963

Keller, Hiltgart L., Reclams Lexikon der Heiligen und der biblischen Gestalten. Philipp Reclam, Stuttgart, 1975 (3)

Kerber, Bernhard, Burgund und die Entwicklung der französischen Kathedralskulptur im zwölften Jahrhundert. Verlag Aurel Bongers, Recklinghausen, 1966

Kirschbaum, Engelbert, „L'angelo rosso e l'angelo turchino". In: Rivista di Archeologia Cristiana, 17 (1940), S. 209–248

Kobler, Richard, Der Weg des Menschen vom Linkshänder zum Rechtshänder. Moritz Perles Verlag, Wien, Leipzig, 1932

Kocel, Katharine, David Galin, Robert Ornstein, Edward L. Merrin, „Lateral eye movement and cognitive mode". In: Psychonomic Science, 27 (4), (1972), S. 223–224

– Kolb, Bryan, Ian Q. Whishaw, Neuropsychologie. 2. Aufl., Spektrum Akademischer Verlag, Heidelberg, Berlin, Oxford, 1998

Kramer, Josefine, Linkshändigkeit. Wesen, Ursachen, Erscheinungsformen. Mit Übungen für linkshändige und gehemmte Kinder und Jugendliche. Bd. 19, Arbeiten zur Psychologie, Pädagogik und Heilpädagogik. Antonius Verlag, Solothurn, 1961, 1970 (2)

Künstle, Karl, Ikonographie der Heiligen. 1. Bd., Herder Verlagsbuchhandlung, Freiburg i. Br., 1926

Künstle, Karl, Ikonographie der christlichen Kunst. 2. Bd., Herder Verlagsbuchhandlung, Freiburg i. Br., 1928

Kunze, Gerhard, Lehre, Gottesdienst, Kirchenbau in ihren gegenseitigen Beziehungen. Veröffentlichungen der Evangelischen Gesellschaft für Liturgieforschung, Heft 4, Vandenhoeck & Ruprecht, Göttingen, 1949

– Landsch, Marlene, „Links und rechts in der Wahrnehmung von Bildfolgen". In: Bentele, Günter (Hrsg.), Semiotik und Massenmedien. Schriftenreihe der Deutschen Gesellschaft für Publizistik und Kommunikationswissenschaft, Nr. 7. Verlag Ölschläger, München, 1981, S. 321-340

Lasteyrie, Robert-Charles de, L'architecture religieuse en France à l'époque romane. Librairie Alphonse Picard et fils, Paris, 1912

– Leiber, Berdfried, „Haben Linkshänder andere Krankheiten?". In: pais. Fachzeitschrift für praktische Kinder-Jugendheilkunde und allgemeine Medizin, Januar 1983, S. 19–21

Leischner, Anton, Die Störungen der Schriftsprache (Agraphie und Alexie). Georg Thieme Verlag, Stuttgart, 1957

„Leonardo was a southpaw". In: ART news, 76 (4), (1977), S. 22–23

Levy-Agresti, Jerre, Roger Sperry, „Differential perceptual capacities in major and minor hemispheres". In: Proceedings of the National Academy of Sciences, USA, Bd. 61, 1968, S. 1151

Levy, Jerre, MaryLou Reid, „Variations in writing posture and cerebral organization". In: Science, 194 (1976), S. 337

Levy, Jerre, „Lateral dominance and aesthetic preference". In: Neuropsychologia, 14, (1976), S. 431–445

Levy, Jerre, Ruben C. Gur, „Individual differences in psychoneurological organization". In: Herron, Jeannine (Hrsg.), Neuropsychology of left-handedness. Academic Press, New York, London, 1980, S. 199–210

– Levy, Jerre, „Das Gehirn hat keine bessere Hälfte". In: Psychologie heute, Januar 1986, S. 32–37

Lexikon der christlichen Ikonographie. Herausgegeben von Engelbert Kirschbaum S. J., in Zusammenarbeit mit Günter Bandmann, Wolfgang Braunfels u. a., 8 Bde., Verlag Herder, Rom, Freiburg, Basel, Wien, 1968–1976

Lexikon für Theologie und Kirche. Begründet von Michael Buchberger. 2., völlig neubearbeitete Aufl., 10 Bde. und 1 Registerband, Verlag Herder, Freiburg i. Br., 1957–1967 3 Bde.: Das Zweite Vatikanische Konzil. Verlag Herder, Freiburg i. Br., 1966–1968

Ludwig, Wilhelm, Das Rechts-Links-Problem im Tierreich und beim Menschen. Mit einem Anhang: Rechts-Links-Merkmale der Pflanzen. Monographien aus dem Gesamtgebiet der Physiologie der Pflanzen und der Tiere, 27. Bd., Verlag von Julius Springer, Berlin, 1932

– Lurija, Alexander R., Der Mann, dessen Welt in Scherben ging. Zwei neurologische Geschichten. Rowohlt Verlag, Reinbek, 1991

Mâle, Émile, L'art religieux du XIIème siècle en France. Étude sur les origines de l'iconographie du moyen âge. Librairie Armand Colin, Paris, 1922

– Mann, K., „Kernspintomographie in der Psychiatrie". In: Münchener Medizinische Wochenschrift, 135 (1993), Nr. 32/33, S. 410/30–413/35

– Mayer, Hans, Theaterraum – Filmraum. Figurenspiel und Kameraperspektive – dargestellt am Emil-Jannings-Film „Der zerbrochene Krug" nach dem Lustspiel Heinrich von Kleists. Dissertation, München, 1987

– Mayer, Hans, „Die Bewegung nach links und rechts. Beispiele aus Literatur, bildender Kunst, Theater und Film". In Reihe: diskurs film, Münchner Beiträge zur Filmphilologie, Bd. 1, Verlegergemeinschaft Schaudig, Bauer, Ledig, München, 1987, S. 87–98

Mead, Margaret, Brombeerblüten im Winter. Ein befreites Leben. Rowohlt Taschenbuch Verlag, Reinbek bei Hamburg, 1978

Mebert, Carolyn, George Michel, „Handedness in Artists". In: Herron, Jeannine (Hrsg.), Neuropsychology of left-handedness. Academic Press, New York, London, 1980, S. 273–279

– Mecacci, Luciano, Das einzigartige Gehirn. Über den Zusammenhang von Hirnstruktur und Individualität. Campus Verlag, Frankfurt am Main, New York, 1986

Meer, Frits van der, „Maiestas Domini", In: Kirschbaum, 3 (1971), S. 136–142

Meer, H. C. van der, „Phänomenale Geschwindigkeitsunterschiede bei Bewegungen in verschiedenen Richtungen". In: Acta Psychologica, 11 (1955), S. 475–503

Merkel, F., „Orientation". In: RGG, 4, 1689–1691

Messerer, Wilhelm, Die Kunst der vorromanischen und romanischen Zeit. Literaturbericht. Geht bis 1955

Messerer, Wilhelm, Romanische Plastik in Frankreich. DuMont, Köln, 1964

Meyer, Peter, Europäische Kunstgeschichte. 1. Bd.: Vom Altertum bis zum Ausgang des Mittelalters. 4. Aufl. (1. Aufl. 1947), Verlag C. H. Beck, München, 1978

– Meyer, Rolf W., Linkshändig? Ein Ratgeber. Humboldt-Taschenbuchverlag, München, 1991, 1997 (3)

Migne, Jacques Paul, Patrologiae Cursus Completus. Omnium SS. Patrum, Doctorum, Scriptorumque Ecclesiasticorum Series Graeca. Paris, 1857 ff.

Migne, Jacques Paul, Patrologiae Cursus Completus. Omnium SS. Patrum, Doctorum, Scriptorumque Ecclesiasticorum. Series Latina. Paris, 1857 ff.

Müller, Kurt, „Über visuell wahrgenommene Geschwindigkeit sagittal gerichteter Bewegungen". In: Zs. für experimentelle und angewandte Psychologie, 4 (1957), S. 307–318

– Murray, Elizabeth A., „Hemisphärenlateralisation“. In: Fisher, Anne G., Elizabeth A. Murray, Anita C. Bundy, Sensorische Integrationstherapie. Theorie und Praxis. Rehabilitation und Prävention. Bd.41, Springer-Verlag, Berlin, Heidelberg, New York, 1998, S. 282–329

Nelson, Thomas M., Gregory A. MacDonald, „Lateral organization, perceived depth and title preference in pictures“. In: Perceptual and Motor Skills, 33 (1971), S. 983–986

– Nieuwenhuys, R., J. Voogd, Chr. van Huijzen, Das Zentralnervensystem des Menschen. Ein Atlas mit Begleittext. Springer Verlag, Berlin, Heidelberg, New York, 1980, 1991 (2)

Nissen, Heinrich, Das Templum. Antiquarische Untersuchungen. Weidmannsche Buchhandlung, Berlin, 1869

Nussbaum, Otto, „Die Bewertung von Rechts und Links in der römischen Liturgie“. In: Jahrbuch für Antike und Christentum, 5 (1962), S. 158–171

– Olsson, Bo, Andreas Rett, Linkshändigkeit. Verlag Hans Huber, Bern, Stuttgart, Toronto, 1989

Oppé, A. Paul, „Right and left in Raphael's cartoons“. In: Journal of the Warburg and Courtauld Institutes, 7 (1944), S. 82–94

Ornstein, Robert E. (Hrsg.), The Nature of Human Consciousness. W. H. Freeman, San Francisco, 1973

Ornstein, Robert E., Die Psychologie des Bewußtseins. (1. dt. Ausgabe 1974). Zitiert wird aus der Taschenbuchausgabe, Fischer Taschenbuch Verlag, Frankfurt am Main, 1976 (2)

Oursel, Raymond, Itinéraires romans en Bourgogne. Zodiaque, St. Léger Vauban, 1976

Oursel, Raymond, Romanisches Burgund. Echter Verlag, Würzburg, 1981

Paulys Real-Enzyclopädie der classischen Altertumswissenschaften. Stuttgart, 1839 ff. Neue Bearbeitung, Hrsg. Georg Wissowa, J. B. Metzlerscher Verlag, Stuttgart, 1894 ff.

Peterson, John M., „Left-handedness: Differences between student artists and scientists“. In: Perceptual and Motor Skills, 48 (1979), S. 961–962

Peterson, John M., Leonard M. Lansky, „Success in architecture: Handedness and/or visual thinking“. In: Perceptual and Motor Skills, 50 (1980), S. 1139–1143

Platon, Sämtliche Werke. Übersetzt von Friedrich Schleiermacher. 6 Bände, Rowohlt Taschenbuchverlag, Hamburg, 1957–1959

Plinius, Secundus Gaius (d. Ältere), Naturkunde. Naturalis historiae. Lat.-deutsch, 37 Bde., hrsg. u. übers. von Roderich König, Heimeran Verlag, München, 1973 ff.

Pophal, Rudolf, „Zum Problem des Rechts und Links im Schriftbilde“. In: Psycholog. Rundschau, 2 (1951), S. 81–93

Porac, Clara, Stanley Coren, „The dominant eye“. In: Psychological Bulletin, 83/5 (1976), S. 880–897

Porter, Arthur Kingsley, Romanesque sculpture of the pilgrimage roads. 10 Bde., Marshall Jones Company, Boston, 1923

– Razum, Hannes, „Die räumlichen Wirkungsgesetze der Regie“. In: Maske und Kothurn, Vierteljahrsschrift für Theaterwissenschaft, Univ. Wien, 11. Jg., Heft 1, 1965, S. 233–244

Reallexikon zur deutschen Kunstgeschichte. Begonnen von Otto Schmitt; fortgeführt von Ernst Gall u. L. Heydenreich u. a.; inzwischen hrsg. vom Zentralinstitut für Kunstgeschichte München, Redaktion Karl-August Wirth. Bd. 1, J. B. Metzlersche Verlagsbuchhandlung, Stuttgart, 1937; Bde. 2–6, Alfred Druckenmüller Verlag, Stuttgart, 1948–1973; Bde. 7–8 in Kommission bei der C. H. Beck'schen Verlagsbuchhandlung, München, 1981–1987

Die Religion in Geschichte und Gegenwart. Handwörterbuch für Theologie und Religionswissenschaft. 5 Bde. und 1 Registerband, 1927–1932; zitiert wird aus der 3., völlig neu bearbeiteten Auflage, 6 Bde., J. C. B. Mohr (Paul Siebeck), Tübingen, 1957–1962 und 1 Registerband, 1965

Rett, Andreas, Thaddäus Kohlmann, Günter Strauch, Linkshänder. Analyse einer Minderheit. Jugend und Volk Verlag, Wien, München, 1973

– Richberg, I.-M., „Linkshänder soll man nicht auf den ‚rechten Weg' zwingen". In: Ärzte Zeitung, 90, 15./16. 5. 1987, S. 10

Rigterink, Roger J., „Puccetti and brain bisection: An attempt at mental division". In: Canadian Journal of Philosophy, 10 (1980), S. 429–452

Rock, Irvin, „The perception of disoriented figures". In: Image, object, and illusion. With introductions by R. Held. Massachusetts Institute of Technology. San Francisco, 1974, S. 71–78

Röhrig, Floridus Helmut, Rota in medio rotae. Forschungen zur biblischen Typologie des Mittelalters. Diss., Wien, 1959

Roosen-Runge, Heinz (Rez.), „Mercedes Gaffron: Die Radierungen Rembrandts. Orginale und Drucke". Rezension in: Kunst-Chronik, 4 (1951), S. 63–67

Ross, Bruce M., „Minimal familiarity and left-right judgement of paintings". In: Perceptual and Motor Skills, 22 (1966), S. 105–106

– Roth, Gerhard, Das Gehirn und seine Wirklichkeit. Kognitive Neurobiologie und ihre philosophischen Konsequenzen. Suhrkamp Verlag, Frankfurt am Main, 1994, 1996 (5)

Ruch, F. L., P. G. Zimbardo, Lehrbuch der Psychologie. Springer-Verlag, Berlin, Heidelberg, New York, 1975

Runciman, Steven, The medieval Manichee: A study of the Christian dualist heresy. Univ. Pr., Cambridge, 1955. Inzwischen auch auf Dt: Häresie und Christentum: der mittelalterliche Manichäismus. Fink Verlag, München, 1988

Rupprecht, Bernhard, Romanische Skulptur in Frankreich. Aufnahmen von Max und Albert Hirmer. Hirmer Verlag, München, 1975

– Sacks, Oliver. Stumme Stimmen. Reise in die Welt der Gehörlosen. Rowohlt Verlag, Reinbek bei Hamburg, 1990

Salet, Francis, La Madeleine de Vézelay. Étude iconographique par Jean Adhémar. Librairie d'Argences, Melun, 1948

– Sattler, Johanna Barbara, Ikonographische und psychologische Aspekte der ‚Seitigkeit' in der Kunst. Diss., München, 1983

– Sattler, Johanna Barbara, „Psychische Probleme durch Umschulung". In: Psychologie heute, 10, 1985, S. 8–10

– Sattler, Johanna Barbara, „Umschulung der Händigkeit. Ein massiver Eingriff ins menschliche Gehirn". In: Lernen fördern. Zeitschrift für Eltern, Lehrer und Erzieher, 5, 1986, S. 10–11

– Sattler, Johanna Barbara, „Umgeschulte Linkshänder – Links vorbeitherapiert". In: Münchener Medizinische Wochenschrift, Nr. 14, 1987, S. 16

– Sattler, Johanna Barbara, „Linkshänder – linkisch in Kunst und Leben?" In: PAN, Zeitschrift für Kunst und Kultur, 28. 8. 87, S. 75

– Sattler, Johanna Barbara, „Linkshänder in der Arztpraxis". In: Bayerisches Ärzteblatt, 4, 1991, S. 139

– Sattler, Johanna Barbara, „Der Linkshänder. Ein irrationales Phänomen unserer Gesellschaft". In: Motorik. Zs. für Motopädagogik und Mototherapie, 3, 1992, S. 148–156

– Sattler, Johanna Barbara, „‚Beidhänder' sind hirngeschädigt". In: Münchener Medizinische Wochenschrift, Nr. 21/1993, S. 291/35–294/40

– Sattler, Johanna Barbara, Das linkshändige Kind in der Grundschule. Erarbeitet im Auftrag des Bayerischen Staatsministeriums für Unterricht, Kultus, Wissenschaft und Kunst. Herausgegeben vom Staatsinstitut für Schulpädagogik und Bildungsforschung, München. Auer Verlag, Donauwörth, 1993, 1998 (8)
– Sattler, Johanna Barbara, Der umgeschulte Linkshänder oder Der Knoten im Gehirn. Auer Verlag, Donauwörth, 1995, 1999 (5)
– Sattler, Johanna Barbara, Übungen für Linkshänder. Schreiben und Hantieren mit links. Auer Verlag, Donauwörth, 1996, 1998 (3)
– Sattler, Johanna Barbara, Schreibunterlagenblock für Linkshänder. Auer Verlag, Donauwörth, 1996, 1999 (4)
– Sattler, Johanna Barbara, Übungsheft für Linkshänder. Auer Verlag, Donauwörth, 1997, 1999 (3)
– Sattler, Johanna Barbara, Die Psyche des linkshändigen Kindes. Von der Seele, die mit Tieren spricht. Auer Verlag, Donauwörth, 1998, 1999 (2)
– Sattler, Johanna Barbara, „Linkshänder und umgeschulte Linkshänder in der Ergotherapie". Praxis Ergotherapie, Jg. 12 (2), April 1999, S. 98–110
Satz, Paul, „Incidence of aphasia in left-handers: A test of some hypothetical models of cerebral speech organization". In: Herron, Jeannine (Hrsg.), Neuropsychology of left-handedness. Academic Press, New York, London, 1980, S. 189–198
Sauer, Joseph, Symbolik des Kirchengebäudes und seiner Ausstattung in der Auffassung des Mittelalters. Mit Berücksichtigung von Honorius Augustodunensis, Sicardus und Durandus. 2. Aufl. (1. Aufl. 1902), Herder Verlagsbuchhandlung, Freiburg i. Br., 1924
Sauerländer, Willibald, „Über die Komposition des Weltgerichts-Tympanons in Autun". In: Zeitschrift für Kunstgeschichte, 29 (1966), S. 261–294
Schade, Herbert, Dämonische Monstren. Gestaltungen des Bösen in der Kunst des frühen Mittelalters. Regensburg, 1962
– Schäfer, Ernst L., Das Hand-Buch. Die Linke und die Rechte. Geschichte und Alltag unserer zwei Seiten. Droste Verlag, Düsseldorf, 1988
Schiller, Gertrud, Ikonographie der christlischen Kunst. Bde. 1 bis 5,1 und Registerbeiheft, Gütersloher Verlagshaus Gerd Mohn, Gütersloh, 1969–1990
– Schilling, Friedhelm, „Linkshändigkeit, Graphomotorik und Schreibenlernen". In: Motorik. Zs. für Motopädagogik und Mototherapie, 3, 1992, S. 135–147
Schlosser, Julius von, Beiträge zur Kunstgeschichte aus den Schriftquellen des frühen Mittelalters. Sitzungsberichte der Kais. Akademie der Wissenschaften in Wien. Philos.-historische Classe. Band CXXIII, Wien, 1891
Schlosser, Julius von, Schriftquellen zur Geschichte der karolingischen Kunst. In der Reihe: Quellenschriften für Kunstgeschichte und Kunsttechnik des Mittelalters und der Neuzeit. Begründet von Rudolf Eitelberger von Edelberg. 4. Bd., Verlag von Carl Graeser, Wien, 1892
Schlosser, Julius von, „Intorno alla Lettura dei Quadri". In: La Critica, 28 (1930), S. 72–79
Schmarsow, August, Kompositionsgesetze in der Kunst des Mittelalters. 4 Bde.; 1. Halbband: Grundlegung u. romanische Architektur; 2. Halbband: Tafeln; 3. und 4. Bd.: Darstellende Künste, Verlag B. G. Teubner, Leipzig, Berlin, 1915 und 1922
– Schmauder, Martin, Johannes Josef Solf, Einfluß der Händigkeit bei der Handhabung von Arbeitsmitteln. Schriftenreihe der Bundesanstalt für Arbeitsschutz. Dortmund, 1992
– Schmidt, Robert F. (Hrsg.), Neuro- und Sinnesphysiologie. Springer Verlag, Berlin, Heidelberg, New York, 1993, 1998 (3)

Schuhmacher, W. N., „Traditio legis“. In: Kirschbaum, 4 (1972), S. 347–351
Schwartz, Gary E., Richard J. Davidson, Foster Maer, „Right hemisphere lateralization for emotion in the human brain: Interactions with cognition“. In: Science, 190 (1975), S. 286–288
Selhorst, Heinrich, Die Platzordnung im Gläubigenraum der altchristlichen Kirche. Diss., Münster i. W., 1931. (Teildruck. – Diese Arbeit wurde nur als Teildruck veröffentlicht, war die Antwort aus Münster auf Anfrage der Fernleihe der Staatsbibliothek München).
Seneca, Lucius Annaeus, Ödipus, Thyestes u. a., Lat.-dt., übersetzt von Theodor Thomann. 2. Bde., Bibliothek der Alten Welt, Artemis-Verlag, Zürich, München, 1969
Shanon, Benny, „Writing positions in Americans and Israelis“. In: Neuropsychologia, 16 (5), (1978), S. 587–591
Siegrist, Ernst, Zur Händigkeit des Menschen. Diss., Basel, 1957
– Smetacek, Victor, „Mirror-script and left-handedness“. In: Nature, Bd. 355, 9. 1. 1992, S. 118–119
– Smits, Rik, Alles mit der linken Hand. Geschick und Geschichte einer Begabung. Rowohlt, Berlin, 1994
– Sovak, Milos, Pädagogische Probleme der Lateralität. Bd. 16 der Schriftenreihe des Instituts für Sonderschulwesen an der Pädagogischen Fakultät der Humboldt-Universität Berlin. VEB Verlag Volk und Gesundheit, Berlin, 1968
Sperry, Roger, „Mental unity following surgical disconnection of the cerebral hemispheres“. In: The Harvey Lectures, Series 62, Academic Press, New York, London, 1968, S. 293–323
Sperry, Roger, „Differential perceptual capacities in major and minor hemispheres“. In: Proceedings of the National Academy of Sciences, USA, Bd. 61, 1968, S. 1151
– Springer, Sally P., Georg Deutsch, Linkes Gehirn/Rechtes Gehirn. Funktionelle Asymmetrien. Spektrum der Wissenschaft Verlag, Heidelberg, 1987. Überarbeitete 3. deutsche Auflage, Spektrum Akademischer Verlag, Heidelberg, Berlin, Oxford, 1995
Steingrüber, Hans-Joachim, „Entwicklung und Veränderung der Händigkeit“. Unveröffentlichter Aufsatz, um 1980, 17 Seiten
Stemplinger, Eduard, Antiker Volksglaube. W. Spemann Verlag, Stuttgart, 1948
– Steurer, Rita Maria, Das Alte Testament. Interlinearübersetzung Hebräisch-Deutsch und Transkription des hebräischen Grundtextes nach der Biblia Hebraica Stuttgartensia 1986. Band 1: Genesis – Deuteronomium, 2. Aufl., 1989 und Band 2: Josua – Könige, 1993, Hänssler-Verlag, Neuhausen-Stuttgart
Storm, Ursula, Die Bronzetüren Bernwards zu Hildesheim. Diss., Berlin, 1966
Swartz, Paul, David Hewitt, „Lateral organization in pictures and aesthetic preference“. In: Perceptual and Motor Skills, 30 (1970), S. 991–1007
Swartz, Paul, Shirley Swartz, „Lateral organization in pictures and aesthetic preference: II. A predictive study“. In: Perceptual and Motor Skills, 33 (1971), S. 319–324
Swartz, Paul, Shirley Swartz, Donna di Carlo, „Lateral organization in pictures and aesthetic preference: III. A search for additional predictor variables“. In: Perceptual and Motor Skills, 38 (1974), S. 867–874
Swartz, Paul, Shirley Swartz, „Lateral organization in pictures and aesthetic preference: IV. Construction with original vs mirror-image elements“. In: Perceptual and Motor Skills, 42 (1976), S. 1023–1027
Takala, Martti, Asymmetries of the visual space. Suomalainen Tiedeakatemia, Bd. 72,2, Helsinki, 1951

– Tan, Üner, „The distribution of hand preference in normal men and women“. In: Intern. Journal of Neuroscience, Vol. 41, 1988, S. 35–55
– Tegeler, J., „Bildgebende Verfahren in der Psychiatrie“. In: Münchener Medizinische Wochenschrift, 135 (1993) Nr. 32/33, S. 404/24–405/25
Tetzlaff, Ingeborg, Romanische Kapitelle in Frankreich. Löwe und Schlange, Sirene und Engel. DuMont Buchverlag, Köln, 1976
Thoby, Paul, Le crucifix des origines au Concile de Trente. Étude iconographique. A. Bellanger, Éditeur, Nantes, 1959
– Tolstoj, Leo, Auferstehung. Band 2, I. Teil. Manfred Pawlak Verlagsgesellschaft, Herrsching, 1979
Tomer, Rachel, Matti Mintz, „Hemisphere laterality and smooth pursuit in normal individuals“. In: Perceptual and Motor Skills, 51 (1980), S. 31–35
Tucker, Don M., „Sex differences in hemispheric specialization for synthetic visuospatial functions“. In: Neuropsychologia, 14 (1976), S. 447–454
Vallery-Radot, Jean, „L'iconographie et le style des trois portails de Saint-Lazare d'Avallon“. In: Gazette des Beaux-Arts, 52 (1958), S. 23–34
Vergil, M. Publius, Aeneidos, Opera, Scriptorum Classicorum. Oxonii (Oxford), 1969. Übersetzung von W. Plankl. Reclam, Stuttgart, 1976
Vöge, Wilhelm, Die Anfänge des monumentalen Stiles im Mittelalter. Eine Untersuchung über die erste Blütezeit französischer Plastik. Universitätsdruckerei Ed. Heitz, Straßburg, 1894
Vorländer, Karl, Philosophie des Mittelalters. Geschichte der Philosophie II. Rowohlt Taschenbuch Verlag, Reinbek bei Hamburg, 1964
Waal, de, „Rechte und Linke“. In: F. X. Kraus, Real-Enzyklopädie der christl. Altertümer, 2. Bd. (1886), S. 681–684
– Wais, Mathias, „Hirnforschung: Computer-Verhalten“. In: Psychologie heute, April 1981, S. 8–10
Watzlawick, Paul, Die Möglichkeit des Andersseins. Zur Technik der therapeutischen Kommunikation. Verlag Hans Huber, Bern, Stuttgart, 1977
Weckwerth, Alfred, „Die Zweckbestimmung der Armenbibel und die Bedeutung ihres Namens“. In: Zs. f. Kirchengeschichte, 4. Folge, VI, 68 (1957)
Wehner, Heinrich, „Zur Ostung mittelalterlicher Kirchen“. In: Denkmalpflege, 2 (1899)
Wehr, Marco, Martin Weinmann (Hrsg.), Die Hand. Werkzeug des Geistes. Spektrum Akademischer Verlag, Heidelberg, Berlin, Oxford, 1999
Wehrhahn-Stauch, L., „Bock“. In: Kirschbaum, 1 (1968), S. 314–316
Wehrhahn-Stauch, L., „Esel, Wildesel“. In: Kirschbaum, 1 (1968), S. 681–684
White, John, John Shearman, „Raphael's tapestries and their cartoons“. In: The Art Bulletin, 40 (1958), 193, S. 299–323
Wilpert, Joseph, Die römischen Mosaiken und Malereien der kirchlichen Bauten vom IV. bis XIII. Jahrhundert. 4 Bde., Herder, Freiburg i. Br., 1916 ff.
Witelson, Sandra F., „Neuroanatomical asymmetry in left-handers: A review and implications for functional asymmetry“. In: Herron, Jeannine (Hrsg.), Neuropsychology of left-handedness. Academic Press, New York, London, 1980, S. 79–113
Wölfflin, Heinrich, „Über das Rechts und Links im Bilde“. In: Münchner Jahrbuch der bildenden Kunst. Neue Folge, Band 5, Heft 3 (1928), S. 213–224. Wieder abgedruckt in: Wölfflin, Heinrich, Gedanken zur Kunstgeschichte. Benno Schwabe Verlag, Basel, 1940, S. 82–90
Wölfflin, Heinrich, „Das Problem der Umkehrung in Raffaels Teppichkartons“. In: Belvedere. Monatsschrift für Sammler und Kunstfreunde. 9. Jahrgang, Heft 7–12, Amalthea-Verlag, Zürich, Leipzig, Wien, 1930, S. 63–65. Wieder abgedruckt in:

Wölfflin, Heinrich, Gedanken zur Kunstgeschichte. Benno Schwabe Verlag, Basel, 1940, S. 90–96
Wölfflin, Heinrich, Kleine Schriften. Herausgegeben v. J. Gantner, Benno Schwabe Verlag, Basel, 1946
Wölfflin, Heinrich, Kunstgeschichtliche Grundbegriffe. 8. Aufl., Bruckmann Verlag, München, 1943
Yarbus, Alfred L., Eye movements and vision. Plenum Pr., New York, 1967
– Zips, Martin, Linkshänder. Ein fröhliches Wörterbuch. Zeichnungen von Ernst Hürlimann. Tomus Verlag, München, 1997
Zoepfl, Friedrich, „Brauttüre“. In: RDK, 2, 1134–1137
Zoepfl, Friedrich, „Ostung“. In: Lex. f. Th. K., 7 (1962), Sp. 1293–1295
Zuckrigl, Alfred, Linkshändige Kinder in Familie und Schule. 5., ergänzte Aufl. (2., verbesserte Aufl. 1981), Ernst Reinhardt Verlag, München, Basel, 1995
Zürcher Bibel. Die Heilige Schrift. Das Alte und das Neue Testament. Verlag der Zwingli-Bibel, Zürich, 1955

Verzeichnis der Artikel, Briefe und Interviews

Verzeichnis der Abbildungen und Bildnachweise

Verzeichnis der Figuren und grafischen Übersichten

Adressen

Erste deutsche Beratungs- und Informationsstelle für Linkshänder und umgeschulte Linkshänder
Sendlinger Str. 17, 80331 München, Tel./Fax 0 89/26 86 14

Deutsche Brain-Breaking-Hilfe
Sendlinger Str. 17, 80331 München, Tel./Fax 0 89/26 86 14

Interessenvereinigung für Linkshänder
Sendlinger Str. 17, 80331 München, Tel./Fax 0 89/26 86 14

Register